中国劳動関係学院
CHINA UNIVERSITY OF LABOR RELATIONS

新时代工会工作
改革创新（2021）

| 主 编 刘向兵

光明日报出版社

图书在版编目（CIP）数据

新时代工会工作改革创新 . 2021 / 刘向兵主编 . --北京：光明日报出版社，2022.6
 ISBN 978－7－5194－6603－9

Ⅰ. ①新… Ⅱ. ①刘… Ⅲ. ①工会工作－体制改革－研究－中国 Ⅳ. ①D412.6

中国版本图书馆CIP数据核字（2022）第084385号

新时代工会工作改革创新（2021）

XINSHIDAI GONGHUI GONGZUO GAIGE CHUANGXIN（2021）

主　　编：刘向兵	
责任编辑：郭思齐	责任校对：蔡晓亮
封面设计：何成宝	责任印制：曹　诤

出版发行：光明日报出版社
地　　址：北京市西城区永安路106号，100050
电　　话：010－63169890（咨询），010－63131930（邮购）
传　　真：010－63131930
网　　址：http：//book.gmw.cn
E－mail：gmrbcbs@gmw.cn
法律顾问：北京市兰台律师事务所龚柳方律师
印　　刷：北京建宏印刷有限公司
装　　订：北京建宏印刷有限公司
本书如有破损、缺页、装订错误，请与本社联系调换，电话：010－63131930
开　　本：170mm×240mm
字　　数：620千字　　　印　张：32.75
版　　次：2022年6月第1版　　印　次：2022年6月第1次印刷
书　　号：ISBN 978－7－5194－6603－9
定　　价：98.00元

版权所有　　翻印必究

序

全国工会学研究会是中国科学社会主义学会的分支学会和团体会员。1983年10月,中国科学社会主义学会第一次全国代表大会及成立大会在南京召开,中国劳动关系学院(中国工运学院)是创会单位。从1983年起,中国劳动关系学院(中国工运学院)每年召开一次全国工会理论教学讨论会。1987年8月,第四次全国工会理论教学讨论会在山东省威海市召开,此次会议正式成立了全国工会学研究会,中国科学社会主义学会副会长、中国劳动关系学院(中国工运学院)院长李生林任理事长。目前,会长是中国劳动关系学院党委书记刘向兵同志。

从1983年开始,中国劳动关系学院(中国工运学院)每年(1985年除外)召开1次全国工会理论教学讨论会,至今已召开35次;从1987年开始每年(1989年除外)举办1次全国工会学研究会年会暨全国工会理论教学研讨会,至今已举办36次,参会人员主要是全国各省市总工会干部院校领导、教师和部分企业工会主席。主要研讨当前工会和劳动关系领域的各种理论和实践问题。

为系统总结2020年全国工会学研究会各成员单位在工会与劳动关系领域理论与实践研究成果,充分发挥优秀研究成果的激励和引领作用,进一步提升工会理论研究质量,服务工会工作,提高工会干部院校科研、教学和培训水平,全国工会学研究会对2020年参会论文进行了评奖,本书就是获奖论文的论文集,希望本书的出版能够对新时代中国工会改革创新有所助益,为提高新时代中国工会和劳动关系学术研究水平做点贡献。

刘向兵

2021年9月

目 录

一、工会工作研究

工会在工作贫困职工脱贫过程中的作用发挥——基于北京市职工队伍
调查数据的实证分析 　　　　　　　　　　高春雷　左文琦　王　琦 / 3

职工之家建设价值论 　　　　　　　　　　　　　　　　　　汪　钢 / 23

疫情防控下工会工作的特点、优势与创新——以湖北省为例　单　真 / 37

工会组织工作创新之常熟工会样本探析 　　　　　　　　　　施　宏 / 50

新时代加强和改进职工思想政治工作的思考——关于全省工会加强和
改进职工思想政治工作集中调研报告 　　　　　　　　　　杨　静 / 57

非公企业工会组建和运作：问题、原因与对策——基于苏州市W区非
公企业的实地调查　　叶鹏飞　吴建平　原会建　孟宪红　王彬彬 / 65

坚持三个导向　做实改革文章　以习近平总书记讲话精神统领工会工作
　　　　　　　　　　　　　　　　　　　　　　　　　　李崇禧 / 76

加强"智慧工会"建设，提升工会服务能力——浙江省"智慧工会"
普惠服务的探索与思考 　　　　　　　　　　　　　　　　刘若实 / 80

二、群团改革研究

先锋型工人阶级群团组织的政治形态与中国实践——兼论中国特色社
会主义工会发展道路的政治性 　　　　　　　　　　　　　刘　佳 / 97

赋权增能：职业化工会工作者的发展路径探析——基于深圳经验
　　　　　　　　　　　　　　　　　　　　　　　　　　朱志惠 / 111

激励机制与基层工会改革——上海顾村经验的理论与政策意义探析

                    吴建平 / 130

新时代深化群团改革的实践载体研究——以天津经开区群团组织"三基地一中心"为例

  天津经济技术开发区总工会、天津市工会管理干部学院联合课题组 / 154

三、工会参与国家和社会治理研究

创新发展新时代"枫桥经验"与工会参与社会治理研究——基于浙江省绍兴市总工会的实践分析 浙江省绍兴市总工会课题组 / 171

国家治理现代化视域下的企事业单位民主管理研究

              上海工会管理职业学院课题组 / 192

关于加强群团组织建设推进创新社会治理工作的思考 周虹琼 / 230

社会治理创新背景下工会向枢纽型社会组织转型的实现路径 陈俊洁 / 242

社会治理体系中工会的角色定位和路径分析   杨　婷 / 256

对城市社区治理视域下发挥基层工会组织作用参与化解重大卫生公共危机的调研——以T城市H城区3社区为对象

                    高　文　蒋　毅 / 270

坚持和完善中国工会的优势——兼论中国工会在国家治理中的作用

                        乔　昕 / 290

四、产业工人队伍建设与改革研究

民营企业中的高素质产业工人队伍建设研究——以绍兴市产业工人队伍建设改革工作为例 绍兴市总工会课题组（课题负责人　赵爱庆）/ 299

关于推进我省纺织行业产业工人队伍建设改革的建议——南通市纺织行业产业工人队伍情况调研报告 江苏省总工会干部学校课题组 / 315

疫情防控常态化背景下制造业农民工就业问题研究——以浙江省某纺织企业为例   赵晨寅 / 325

关于推动宁夏产业工人队伍建设改革的调研报告

              刘文平　陈永福　李翔宇 / 338

五、劳模精神、劳动精神、工匠精神研究

工匠精神、战略共识与组织韧性   段升森　迟冬梅 / 355

劳动模范的作用及新时代解读   李　欢 / 377

传承中国传统工匠技能加强工艺美术行业产业工人队伍建设——基于广东省"一市一品"理念的工会改革创新 王学真　黄玉良　林海松 / 389

"经权"之道：地方联动主体治理群体性劳动争议的行为逻辑　王　潇 / 396
我国现行法律和政策中的"罢工"规定　郭　辉 / 409
快递职工权益保障现状及其维权路径——基于J省快递行业从业人
　员权益保障状况调研　刘　瑛 / 423
从控制理论与集合论透析疫情下的集体协商　龚　申 / 434

六、教育教学改革研究

上海市工会干部素质能力分析研究报告
　　　　陈　超　洪　慜　徐振珏　陈亚男　朱　虹 / 447
集体协商模拟教学对协调劳动关系实践能力的重要影响——以青海集
　体协商模拟教学为例　徐　良 / 468
运用大数据推进工会干部教育培训创新发展　杨志强 / 475
职工教育培训需求调查报告——以广东省为例　周　芳 / 483
以红色工运资源为依托探索新时代广东工会党员干部党性教育的新途径
　　　　　　冯　惠 / 503

一、工会工作研究

工会在工作贫困职工脱贫过程中的作用发挥

——基于北京市职工队伍调查数据的实证分析[*]

高春雷[1]　左文琦[2]　王　琦[3]

（1. 北京市工会干部学院　2. 青岛农业大学　3. 北京联合大学）

摘　要：本文利用2017年北京市职工队伍调查数据，从劳动报酬因素、工作时间因素、职业发展因素和职业尊重因素等方面分别设置指标，建立实证模型，分析了工作贫困者就业质量影响因素。结果显示，劳动报酬因素对工作贫困群体就业质量的总体作用相对薄弱；工作时间因素对工作贫困者就业质量的解释力度不够；职业发展因素和职业尊重因素对工作贫困者就业质量具有较显著影响；人力资本在工作贫困者就业质量上的"信号"作用显著。最后，从工会作用发挥视角提出提高工作贫困者的人力资本水平、建立和完善工作贫困甄别体系和完善针对工作贫困职工的医疗补贴制度三个提升工作贫困者就业质量的政策建议。

关键词：工作贫困　工会　就业质量　影响因素

一、引　言

党的十九大报告中指出，要把"脱贫攻坚"作为决胜全面建成小康社会的三大攻坚战之一。经济学和社会学等领域对反贫困问题的深入研究，得出了较为一致的结论，认为贫困往往是劳动者被排挤出劳动力市场的结果，同时提出了各种反贫困对策，其中通过就业减贫的途径是各领域学者提及最多的，也是被认为最为有效的方式。以往文献研究往往倾向于将失业和就业不足与城市贫困联系到一起，要么认为失业和就业不足是导致城市贫困的重要原因（钱林，2007），要么指出失业和就业不足是城市贫困的特征之一（王愿如，2018）。同时，研究者一致认为拓宽就业平台（创造就业机会）、增加就业是解决城市贫困问题的重要途径（蒋贵凰和宋迎昌，2011；陈润卿和徐丽敏，2017），认为就业可以增加劳动者收入，进而降低贫困发生概率。与此相呼应，中国坚持积极的就业政策，不断扩大就业渠道和路径，取得了显著成就，为脱贫攻坚贡献了很大力量。

不难发现，传统研究往往将"贫困"和"就业"两个概念对立对待，在研究过程中假设两者是完全独立的现象，不会发生重合。然而，DuBois（1899）的研究结果显示，费城黑人社区的贫困人口并非当时社会所认定的或懒惰或残疾或笨拙的无业游民，完全相反，很多贫困人口处于每天辛勤工作、疲于奔波的状态中，却碍于学历、种族、社会阶层等方面的因素，不得不去从事环境恶劣、劳动强度大且收入低下的临时性工作，进而导致整个家庭也长期陷入贫困状态。该研究打破了学术界以往关于"就业"和"贫困"二元对立的假设，首次提出了"工作贫困（working poor）"的概念。就业一直被视为脱贫的重要途径和手段，因此，已经处于就业状态的人群的贫困问题（工作贫困）很容易被忽视和掩盖。因此，在开展脱贫攻坚工作的过程中，应该关注工作贫困者的脱贫问题，推动和实现这一群体的更高质量就业。研究和判别工作贫困者就业质量的影响因素及其作用机理，在学术层面和政策层面都具有十分重要的意义。

本文基于北京市职工队伍调查数据，对北京市职工工作贫困现象进行统计性描述，同时对工作贫困职工就业质量影响因素进行分析，在此基础上提出相应的政策建议。本文接下来的安排是：第二部分对北京市职工工作贫困现象进行描述；第三部分通过建立计量模型，对北京市职工工作贫困者就业质量的影响因素展开实证分析；第四部分从工会作用发挥视角提出提升工作贫困者就业质量的政策建议。

二、北京市职工工作贫困的基本描述

（一）数据介绍

本文使用的是2017年第八次全国职工队伍状况调查数据库中北京市的数据，即基于2017年北京市职工队伍调查数据对工作贫困群体就业质量影响因素进行分析。

中国历来重视通过调查研究分析职工队伍现状及其发展变化，并以此为基础联系实际，对工人运动和工会工作进行有效的指导。从 1982 年开始，在党中央的领导下，中华全国总工会（以下简称全总）每 5 年开展一次全国职工队伍状况调查，截至 2017 年已经开展了 8 次。作为一项大规模的基础性调查，全国职工队伍状况调查每次的主题都会与时代背景和社会发展状况紧密契合。该调查项目已经成为工会工作的一大品牌，调查所得出的结论能比较客观真实地反映职工队伍状况，为实际开展工作提供了很多翔实的数据参考，有助于准确把握一定时期内职工队伍现状及其发展变化，并在科学的数据分析的基础上有效发现问题和短板，从而制定和出台有针对性的政策措施，具有重要的现实意义。

2017 年 1 月 3 日，全总下发《第八次全国职工队伍状况调查方案》，标志着调查工作的正式启动。全总成立了由主要负责人任组长的调查领导小组，下设调查办公室，具体负责调查方案的实施。本次调查过程中还首次重点依托互联网平台开展工作，突破了历次全国职工队伍状况调查的传统方式。2017 年 5 月 2 日至 8 日，调查办公室依托全总门户网站等多个网站和工会微信公众号、微博等多个新媒体平台启动面向全社会的网络调查，在线填写问卷的网民多达 12.8 万人，其中职工有 8.9 万人，占网络调查总数的 69.5%。

本次调查覆盖了 15 个省（区、市）的 150 个城市。该调查结合了文献研究、问卷抽样、专题调研、典型调查等多种方式，历时 8 个多月。其中，抽样问卷分为职工问卷和工会主席问卷两部分，职工问卷共调查 45026 个样本，回收有效问卷 45002 份，有效回收率为 99.9%；工会主席问卷共调查 3750 个样本，回收有效问卷 3744 份，有效回收率为 99.8%，充分保证了调查的广泛性和可靠性。本文使用的是北京市职工队伍状况调查中的职工问卷，回收有效问卷 6098 份。

（二）北京市职工工作贫困的界定

本文研究的样本群体是北京市职工队伍中的工作贫困者，因此界定和筛选样本群体很重要，首先就是要界定工作贫困。通过前文国内外文献综述的梳理可知，关于工作贫困的界定尚未形成统一的意见，不同的国家和地区均有不同的做法和标准。在研究过程中，本文主要依据了 3 个标准对工作贫困进行界定。

首先，遵循了国际贫困标准中的做法，使用 "50% 标准线"。具体地，以 2017 年北京市职工队伍调查样本的家庭人均收入的 50% 作为工作贫困的标准线。以家庭人均收入作为界定基础，而非个人月收入水平的原因在于，工作贫困本身就不是简单的基于独立个人样本的问题，而是综合了个体所处的环境因素如家庭环境和工作环境等所探讨的问题，这也是与传统的贫困研究的差异所在。家庭人均收入有效考虑了整个家庭的收入总水平在每个家庭成员身上的分配,更能反映样本个体的家庭承担与责任。此外,笔者在处理数据过程中发现有一些家庭的收入数据是无效的,例如家庭总收入取值居然小于家庭日常吃饭花费。为了保证数据的可靠性和模型结果的有效性,笔者通过变量间比对的方式剔除了一些样本。通过数据处理得出,2017年北京市职工家庭人均月收入为5820元,依据"50%标准线",工作贫困标准线设定为2910元。若家庭人均月收入小于或等于2910元,则认定为工作贫困,赋值为1,即 wp = 1;若家庭人均月收入大于2910元,则认定为非工作贫困,赋值为0,即 wp = 0。

其次,参照寇竟和胡永健(2014)的做法,遵循了"20分位数标准线"。具体地,以2017年北京市职工队伍调查样本的家庭人均收入的20分位数作为工作贫困的标准线。经过计算,2017年北京市职工家庭人均收入的20分位数为2250,则依据"20分位数标准线",工作贫困标准线设定为2250元。若家庭人均月收入小于或等于2250元,则认定为工作贫困,赋值为1,即 $wp_1 = 1$;若家庭人均月收入大于2250元,则认定为非工作贫困,赋值为0,即 $wp_1 = 0$。

最后,参照王晓琦和顾昕(2015)等人的做法,将工作贫困的标准设置为约等于人均收入的1/3,遵循了"1/3标准线"。具体地,以2017年北京市职工队伍调查样本的家庭人均收入的1/3作为工作贫困的标准线。经过计算,2017北京市职工家庭人均收入的1/3为1940元,则依据"1/3标准线",工作贫困标准线设定为1940元。若家庭人均月收入小于或等于1940元,则认定为工作贫困,赋值为1,即 $wp_2 = 1$;若家庭人均月收入大于1940元,则认定为非工作贫困,赋值为0,即 $wp_2 = 0$。

在实证模型中,选择第一种工作贫困的界定标准("50%标准线")对样本进行筛选,即选择了 wp = 1 的样本,为了检验模型估计结果的稳健性,又通过后面两种标准($wp_1 = 1$ 和 $wp_2 = 1$)进行了样本的再选择,对原模型进行稳健性检验。根据"50%标准线"划分工作贫困群体,在剔除模型所有变量中有缺失值和无效值的样本之后,工作贫困群体样本为632个,占总体样本的10.36%。

(三)样本的描述性统计

样本主要变量的描述性统计结果(见表1)显示,样本的性别比(男性51.11%,女性48.89%)与第六次全国人口普查数据的结果(男性51.27%,女性48.73%)基本一致。样本中已婚的工作贫困者占多数,拥有农业户口的工作贫困者占比大约为33.23%。关于工作贫困群体的具体分布,为了方便比较分析,本文已经根据惯例做法，将工作贫困者所在单位的所有制性质、行业以及工作贫困者的职业分类进行了归并。根据样本主要变量的描述性统计结果可知，此次参与调查的工作贫困群体中，绝大多数具有大专以上学历，国有部门占大多数（77.85%），垄断行业的工作贫困者样本明显多于非垄断行业，白领工作贫困者样本比蓝领工作贫困者样本更多。

表1 样本主要变量的描述性统计结果

	变量	样本量（个）	占比（%）	变量说明
性别	男	323	51.11	
	女	309	48.89	
婚姻	未婚	167	26.42	
	已婚	465	73.58	
户口	农业户口	210	33.23	包括本地非农业户口、本地农业户口、不再区分农业或非农业的本地居民户口、外地非农业户口、外地农业户口、不再区分农业或非农业的外地居民户口
	非农业户口	422	66.77	
受教育程度	小学及以下	8	1.27	
	初中	55	8.7	
	高中或职高	99	15.66	
	中专或中技	64	10.13	
	大专或高职	208	32.91	
	大学本科	192	30.38	
	硕士研究生及以上	6	0.95	
所有制	国有	492	77.85	
	非国有	140	22.15	

续表

	变量	样本量（个）	占比（%）	变量说明
行业	垄断行业	480	75.95	参考苏丽锋和陈建伟（2015）的做法，本文将问卷答案设置的行业分为垄断行业和非垄断行业两类，其中垄断行业包括采矿业，电力、热力、燃气及水生产和供应业，交通运输业、仓储及邮政业，信息传输、软件和信息技术服务业，金融业，房地产业，科学研究和技术服务业，水利、环境和公共设施管理业，公共管理、社会保障和社会组织，国际组织
	非垄断行业	152	24.05	
职业	白领	555	87.82	白领包括公务员、专业技术人员和单位（非机关单位）高层管理人员
	蓝领	77	12.18	
企业规模	大型企业	92	14.56	
	中型企业	175	27.69	
	小型企业	303	47.94	
	微型企业	62	9.81	

由表2可知，样本集中在17~71岁，平均年龄大约为35岁。对年龄变量分布密度进一步核算发现，27~36岁的年龄取值较为集中，将近一半的样本集中在这一年龄区间。就业质量应该重点关注那些年轻且具有新时期特征的群体，而从该调查数据中所筛选出的正是年龄偏年轻化的工作贫困群体，因此，该样本的年龄分布特征与本文的分析需求比较契合。样本的个人月收入平均为4286.91元。据住户收支与生活状况调查资料显示，2017年北京市居民人均可支配收入为57230元，平均人均可支配月收入为4770元。与之相比，在该调查中，工作贫困群体的平均个人月收入低了10.13%。调查样本的家庭月收入平均为7412.83元，家庭规模均值大约为4人。在工作时间方面，北京市工作贫困职工

的平均周工作时间为43.99小时，按照一周5个工作日进行核算，平均每天的工作时间高于国家法定工作时间标准。由此可见，工作贫困群体的工作时间明显过长。

表2 主要变量的描述性统计

变量	均值	标准差	最小值	最大值
年龄（岁）	35.38	8.56	17	71
个人月收入（元）	4286.91	2672.25	500	48200
家庭月收入（元）	7412.83	2826.71	500	23000
家庭规模（人）	3.92	1.21	1	10
周工作时间（小时）	43.99	11.56	3	92

三、工作贫困者就业质量的影响因素分析

（一）理论分析与方法

计量分析方法与实证模型建立过程如下。

由上述分析可知，本文定义的因变量是以工作满意度作为测量的就业质量EQ，是对现在工作很不满意、不太满意、一般满意、比较满意、非常满意五种程度的量化，即取值为（1，2，3，4，5）的有序变量。结合该取值特征，选择使用有序Probit模型。

结合已有文献有关就业质量影响因素的研究，以及北京市职工队伍中工作贫困群体的实际情况和数据的可获得性，本文建立了如下所示的工作贫困群体就业质量影响因素分析模型。

$$EQ_i = \sum_{j=1}^{n} \beta_j LI_j + \sum_{j=1}^{n} \beta_j WT_j + \sum_{j=1}^{n} \beta_j CD_j + \sum_{j=1}^{n} \beta_j CR_j + \sum_{j=1}^{n} \beta_j PER_j + e$$

式中，EQ_i表示工作贫困群体的就业质量；

LI_j表示工作贫困群体的劳动报酬因素；

WT_j表示工作贫困群体的工作时间因素；

CD_j表示工作贫困群体的职业发展因素；

CR_j表示工作贫困群体的职业尊重因素；

PER$_j$ 表示工作贫困群体的个人特征因素；

e 表示其他可能会影响劳动者工作贫困的因素。

（二）变量选取和描述

1. 因变量设置

本文在界定"就业质量（employment equlity，EP）"时主要参考了苏丽锋和陈建伟（2015）的做法，将个人就业满意度作为衡量就业质量的代理变量。将北京市2017年职工队伍状况调查问卷中"您对目前这份工作的满意程度"一题及其答案作为本节就业质量指标量化的基础，根据程度大小依次赋值：1 = 很不满意；2 = 不太满意；3 = 一般满意；4 = 比较满意；5 = 非常满意。

2. 自变量的设置

本文主要考察工作贫困群体就业质量影响因素问题，以及不同受教育水平下的工作贫困群体就业质量影响因素的差异性问题，在设置自变量过程中参考了苏丽锋和陈建伟（2015）所设置的指标体系，结合北京市职工队伍特征和数据的可获得性形成了北京市工作贫困群体就业质量影响因素指标体系，即计量模型中所需的自变量。自变量的设置主要包括劳动报酬因素（labor income，LI）、工作时间因素（working time，WT）、职业发展因素（career development，CD）和职业尊重因素（career respect，CR）四个维度的指标。劳动报酬因素从个人月收入（income）、五险一金（sp）、工资拖欠（delay wage）等方面进行指标的量化；工作时间因素从是否加班（overtime）、加班态度（overactive）、加班补偿（overpay）等方面进行指标的量化；职业发展因素从岗位稳定性（job transfer）、工作稳定性（job num）、劳动合同签订（contract）、职业发展机会（career）和单位培训（train）等方面进行指标的量化；职业尊重因素从企业与员工关系（relationship）、劳动安全保护（safety）等方面进行指标的量化。

3. 控制变量的设置

为了更好地分析上述自变量对因变量可能产生的影响，根据理论分析以及已有的相关经验研究，本文设置了涉及样本个人特征和工作特征的一系列控制变量。具体地，包括年龄（age）、婚姻状况（marriage）、性别（gender）、受教育程度（edu）、户口（hukou）等个人特征，还包括企业类型（enterprise type）、企业规模（enterprise size）、行业（industry）和职业（job）等工作特征。

所有指标的设置和说明如表3所示。

表3 变量设置及取值说明

变量名称		变量解释	变量取值说明
因变量			
EQ		就业质量	1=很不满意；2=不太满意；3=一般满意；4=比较满意；5=非常满意
自变量			
劳动报酬因素（LI）	income	个人月收入	将个人月工资取对数
	sp	五险一金	根据问卷中养老保险、医疗保险、工伤保险、生育保险、失业保险和住房公积金的参与情况生成是否参与五险一金变量，1=是，0=否
	delay wage	工资拖欠	是否拖欠工资，1=是，0=否
工作时间因素（WT）	overtime	是否加班	是否有加班加点情况，1=是，0=否
	overactive	加班态度	是否愿意加班，1=是，0=否
	overpay	加班补偿	是否按劳动法规定足额拿到加班费，1=是，0=否
职业发展因素（CD）	job transfer	岗位稳定性	最近五年是否有过下岗、待岗、安置转岗的经历，1=是，0=否
	job num	工作稳定性	现在的工作是第几份工作
	contract	劳动合同签订	是否签订正规合同，1=是，0=否
	career	职业发展机会	在单位的发展机会，1=没啥机会，2=机会较少，3=机会一般，4=机会较多
	train	单位培训	最近一年是否参加过单位组织的培训，1=是，0=否
职业尊重因素（CR）	relationship	企业与员工关系	单位经营管理者与普通职工之间的关系，1=很不融洽，2=不太融洽，3=一般融洽，4=比较融洽，5=很融洽
	safety	劳动安全保护	工作岗位或工作环境是否存在高温或低温作业、粉尘污染、噪声污染、容易伤及肢体的机械故障隐患等劳动安全问题，1=是，0=否

续表

变量名称		变量解释	变量取值说明
控制变量			
个人特征	age	年龄	周岁
	marriage	婚姻状况	1=已婚，0=未婚
	gender	性别	1=男，2=女
	hukou	户口	1=农业户口，0=非农业户口
	edu	受教育程度	1=小学及以下，2=初中，3=高中或职高，4=中专或中技，5=大专或高职，6=大学本科，7=硕士研究生及以上
工作特征	enterprise type	企业类型	所有成分，1=国有部门，0=非国有部门
	enterprise size	企业规模	1=大型企业，2=中型企业，3=小型企业，4=微型企业
	industry	行业	1=垄断行业，0=非垄断行业
	job	职业	1=白领，0=蓝领

（三）实证结果

根据本文的研究设计，笔者进行了有序 Probit 模型回归分析，通过应用 Stata 15.0 软件得出如表 4 所示的回归结果。从模型自变量的系数显著性来看，北京市工作贫困职工的劳动报酬因素（IL）、工作时间因素（WT）、职业发展因素（CD）和职业尊重因素（CR）对其就业质量的影响效应不尽相同。

1. 劳动报酬因素对工作贫困群体就业质量的总体作用相对薄弱

个人月收入（income）、五险一金（sp）、工资拖欠（delay wage）三个因素对工作贫困职工的就业质量产生了不同影响。结果显示，随着个人月收入的增加，工作贫困者的就业满意度会增加。但是个人月收入变量的系数并不显著。这与以往研究中得出劳动者收入是影响就业质量的重要因素的结论不一致。一方面，本文选择的样本是工作贫困群体，即家庭人均收入相对较低的人群，换句话说，这些人群中有一部分人的收入水平并不低，但是均摊到家庭成员身上变成家庭人均收入时就陷入了工作贫困的窘境，这一部分工作贫困者往往对自己的收入水平比较满意，也能够从正面影响就业满意程度；另一方面，还有一部分工作贫困者自身的收入水平比较低，即使收入水平有所提高，在解决基于家庭人均收入测量的工作贫困问题上也是杯水车薪，因此，对于这部分人而言，收入对于就业满意程度的影响并不明显。综合以上两种情况，得出整体不显著的结果就具有一定的可能性了。

值得注意的是，模型估计结果显示，与劳动报酬关系十分密切的工资发放变量已然成了工作贫困群体就业质量的显著性影响因素。在中国推进市场化的进程中，就业相关部门已经在解决劳动者工资拖欠问题上做出很大努力，并且取得了显著成效，但是工资不能按时足额发放的现象仍然存在，工资能否正常发放甚至成为影响其就业质量的重要因素。本次调查数据显示，北京市工作贫困职工中约有4%的人表示目前单位有拖欠自己工资的问题。该结果意味着，解决工作贫困者的工资发放问题对提高工作贫困群体的就业质量具有重要意义。

2. 工作时间因素对工作贫困者就业质量的解释力度不够

模型结果显示，在工作时间因素方面，是否加班、加班态度、加班补偿等因素并未显示对工作贫困群体就业质量的显著影响效应。关于工作时间，调查数据显示，只有62.34%的工作贫困者表示周工作时间在40小时以内，其他工作贫困者则均处于周工作时间超过40小时的状态，更有13.45%的工作贫困者表示其周工作时间超过了55小时，这意味着每8个工作贫困者中至少有1个人面临着每天至少要加班3小时的工作状态。通过梳理以往相关文献不难发现，越来越多劳动者表示难以有效兼顾工作与家庭的互相冲突，很容易陷入两难困境中。超长的工作时间、持续的加班状态成为一些工作贫困者工作生活中的突出问题，却未能脱离贫困，这使得他们像陷入绕不出的迷宫一样，深受工作贫困的煎熬。调查数据显示，在加班加点意愿方面，绝大多数（63.92%）工作贫困者表示愿意接受加班加点。其中，10.28%的工作贫困者表示"希望能加班加点，加班多工资收入也多"；53.64%的工作贫困者表示"可以接受适度加班，能增加些收入"。可见，在休闲与增加收入之间，绝大多数工作贫困者倾向选择后者，从而愿意加班加点。然而，现实并未如其所愿。根据对加班补偿的调查结果，72.15%的工作贫困者都表示不能按劳动法规定足额拿到加班费。通过以上分析可知，工作贫困者很难选择一种相对高效的平衡状态去应对工作和生活，这在很大程度上影响其就业满意程度。因此，相关部门应该从劳动立法的角度对工作时间问题进行详细规制，以改善工作贫困者就业质量低下的问题。

3. 职业发展因素和职业尊重因素对工作贫困者就业质量具有较显著影响

在职业发展因素方面，岗位稳定性、劳动合同签订和单位培训三个因素未显示出对工作贫困者就业质量的显著影响。工作稳定性、职业发展机会则均在1%

的显著性水平下对就业质量产生了影响。其中，在工作稳定性上，随着更换工作次数的增加，工作贫困者的就业满意度显著下降。这表示工作贫困者要脱离困境，频繁跳槽并不是有效途径。在职业发展机会上，随着机会的增多，工作贫困者的就业满意度显著增长。对于工作贫困者而言，良好的发展机会预示着良好的职业发展前景，有利于其更加专注于当前工作，进而有效提升工作积极性和稳定性，提高工作效率；对于企业而言，能够降低员工流动带来的损失。该模型估计结果不仅揭示了工作贫困者职业发展机会的多少显著影响着其就业质量的高低，也在一定程度上反映了工作贫困者面临的职业发展机会可以影响其参与就业的社会效益。所以，引导企业为职工尤其是工作贫困职工创造良好的职业发展平台，增加其职业发展机会，是增强就业稳定性的重要手段。

在职业尊重因素方面，劳动安全保护因素并未显示出对工作贫困者就业质量的显著影响。而作为体现着企业与员工彼此互相尊重程度的企业与员工关系因素，则显示出对工作贫困者就业质量的显著正向影响。随着企业与员工之间关系融洽程度的加深，工作贫困者就业满意度显著增强。这表明工作贫困群体虽然身陷贫困，但是仍然十分注重在工作中的尊严问题，并且其职业尊严与其就业满意度具有非常紧密的联系。

4. 人力资本在工作贫困者就业质量上的"信号"作用显著

本文将工作贫困者的受教育程度放入模型中，一方面控制其个人特征，另一方面想检验人力资本在工作贫困者满意度上的影响效应。结果十分出乎意料，以小学及以下作为参照组，其他所有受教育水平的工作贫困者均显示出就业满意度显著下降的趋势，而且，随着受教育水平的提高，影响系数显著增大。表面上看，该结果似乎与传统的人力资本投资理论相违背，没有体现出人力资本水平增加劳动者收益的基本结论，其实不然。对于普通劳动者而言，随着人力资本水平的提升，其收益（物质收益和精神收益）一般情况下是增长的，进而也会提高其对就业状况的满意程度，这是众多国内外文献所得出的较为一致的意见，也是人们认为理所应当的认知。然而，本文研究的群体是工作贫困者，属于贫困者中的特殊群体，对于该群体而言，人力资本水平的提高能够在一定程度上带来自身收益的增加，但是综合其整体生活环境和家庭环境因素，这部分增加的收益杯水车薪，并未能有效帮助其脱离贫困的窘境。这就会增强较高人力资本水平的人与其周围人的可比性，越发对自身的就业环境和待遇产生更高的预期，越发想要改变自身的贫困状态，从而越发对实际的就业状况产生不满的情绪。因此，该结果揭示了在解决工作贫困问题过程中，既要注重人力资本提升劳动者技能进而增加其收益的维度,也要兼顾那些人力资本水平已经很高但仍然贫困的职工的脱贫问题。

表4 工作贫困者就业质量影响因素分析

变量	EQ	变量	EQ
income	0.191	gender	0.110
	(0.126)		(0.101)
sp	-0.100	edu	以"小学及以下(edu=1)"作为参照组
	(0.105)	edu=2	-1.017*
delay wage	-0.739***		(0.549)
	(0.233)	edu=3	-1.421***
overtime	-0.0324		(0.539)
	(0.278)	edu=4	-1.775***
overactive	0.166		(0.548)
	(0.109)	edu=5	-1.663***
overpay	0.138		(0.539)
	(0.116)	edu=6	-1.783***
job transfer	-0.0428		(0.547)
	(0.105)	edu=7	-2.433***
job num	-0.118***		(0.729)
	(0.0453)	marriage	-0.0489
contract	0.0806		(0.128)
	(0.248)	hukou	0.199*
career	以"没啥机会(career=1)"作为参照组		(0.114)
career=2	-0.193	enterprise type	0.0337
	(0.191)		(0.135)

15

续表

变量	EQ	变量	EQ
career = 3	0.554***	enterprise size	以"大型企业（enterprise size =1）"作为参照组
	(0.170)	enterprise size = 2	0.208
career = 4	1.526***		(0.167)
	(0.195)	enterprise size = 3	0.149
train	−0.0428		(0.164)
	(0.126)	enterprise size = 4	0.543**
relationship	以"很不融洽（relationship =1）"作为参照组		(0.222)
relationship = 2	0.268	industry	0.109
	(0.549)		(0.119)
relationship = 3	0.816*	job	0.343**
	(0.435)		(0.153)
relationship = 4	1.063**	(cut$_1$）	−1.612
	(0.436)		(1.440)
relationship = 5	1.436***	(cut$_2$）	−0.728
	(0.445)		(1.429)
safety	0.0969	(cut$_3$）	0.938
	(0.235)		(1.430)
age	−0.0145	(cut$_4$）	2.447*
	(0.0431)		(1.432)
age 2	0.000145	样本量	632
	(0.000548)		

注：***，**，* 分别表示在1%、5%、10%的水平下显著。

（四）稳健性检验

如前文所述，本文为了检验回归模型估计结果的稳健性，对样本范围进行了变换，分别依据"20分位数标准线（$wp_1=1$）"和"1/3标准线（$wp_2=1$）"再次对工作贫困群体进行划分,然后再次进行有序 Probit 回归,得出如表 5 所示的工作贫困群体就业质量影响因素分析模型的稳健性检验结果。除了个别变量的显著性水平有所差异外,其他所有变量的显著性水平和系数方向基本与原模型保持一致,这在一定程度上增强了原模型结果的可靠性和结论的可信度。

表 5 工作贫困就业质量影响因素分析模型的稳健性检验

变量	EQ	
	(1)	(2)
income	0.209	0.460*
	(0.140)	(0.238)
sp	-0.102	-0.116
	(0.116)	(0.176)
delay wage	-0.728***	-0.401
	(0.274)	(0.478)
overtime	0.0612	-0.383
	(0.287)	(0.454)
overactive	0.137	-0.0938
	(0.121)	(0.190)
overpay	0.0695	0.287
	(0.128)	(0.199)
job transfer	-0.0515	-0.0202
	(0.115)	(0.175)
job num	-0.122**	-0.175**
	(0.0487)	(0.0740)
contract	0.233	-0.289
	(0.261)	(0.379)
career	以"没啥机会(career=1)"作为参照组	
career=2	-0.116	-0.120
	(0.206)	(0.331)
career=3	0.549***	1.062***
	(0.182)	(0.294)

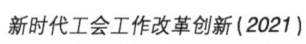

续表

变量	EQ	
	(1)	(2)
career = 4	1.545***	2.261***
	(0.210)	(0.333)
train	-0.0612	-0.0858
	(0.138)	(0.204)
relationship	以"很不融洽（relationship = 1）"作为参照组	
relationship = 2	0.116	0.678
	(0.594)	(1.379)
relationship = 3	0.757	1.587
	(0.469)	(1.201)
relationship = 4	1.019**	2.005*
	(0.469)	(1.208)
relationship = 5	1.344***	2.117*
	(0.479)	(1.207)
safety	0.0881	-0.0582
	(0.265)	(0.392)
age	-0.0253	-0.0809
	(0.0466)	(0.0750)
age 2	0.000208	0.000955
	(0.000595)	(0.000986)
gender	0.148	0.243
	(0.111)	(0.176)
edu	以"小学及以下（edu = 1）"作为参照组	
edu = 2	-0.744	-0.688
	(0.587)	(0.691)
edu = 3	-1.163**	-0.935
	(0.575)	(0.669)
edu = 4	-1.595***	-1.324*
	(0.584)	(0.692)

续表

变量	EQ	
	(1)	(2)
edu = 5	-1.523***	-1.470**
	(0.574)	(0.685)
edu = 6	-1.620***	-1.529**
	(0.584)	(0.710)
edu = 7	-2.436***	-2.367**
	(0.774)	(0.990)
marriage	0.0517	0.184
	(0.141)	(0.205)
hukou	0.196	0.0797
	(0.125)	(0.189)
enterprise type	0.0787	0.170
	(0.149)	(0.232)
enterprise size	以"大型企业（enterprise size = 1）"作为参照组	
enterprise size = 2	0.100	-0.112
	(0.187)	(0.273)
enterprise size = 3	0.0568	0.0321
	(0.185)	(0.272)
enterprise size = 4	0.471*	0.632*
	(0.253)	(0.384)
industry	0.124	0.125
	(0.131)	(0.219)
job	0.366**	0.235
	(0.170)	(0.264)
(cut$_1$)	-1.334	-0.407
	(1.590)	(2.640)
(cut$_2$)	-0.550	0.119
	(1.580)	(2.635)

续表

变量	EQ	
	(1)	(2)
(cut₃)	1.101	2.330
	(1.583)	(2.643)
(cut₄)	2.545	3.865
	(1.585)	(2.648)
样本量	525	253

注：***，**，* 分别表示在1%、5%、10%的水平下显著。

四、提升工作贫困者就业质量的政策建议

（一）提高工作贫困者的人力资本水平

随着知识经济和经济全球化的到来，千变万化的市场环境对劳动者的技能水平提出了更高的要求。为了解决北京市职工工作贫困群体的脱贫问题，也就是改善工作贫困群体较差的工作生活条件的状况，作为职工利益的代表，工会组织首先要做的就是充分发挥教育的职能，提高工作贫困者的人力资本水平，可以通过增加对工作贫困者的教育投入的方式来实现。具体地，主要包括加强对普通教育的投入、加大职业教育的投入、完善职业技能培训等几个方面的措施。

（二）建立和完善工作贫困甄别体系

工会对于职工贫困状况及问题的解决一直比较关注，也相继出台相关政策大力支持困难帮扶项目，取得了明显成效。然而，现有获此政策支持的往往是绝对贫困职工，即将最低工资水平作为参考线进行对贫困的定义和群体范围的界定。随着经济社会的不断进步和国家对于市场经济的不断调整，这部分绝对贫困的规模越来越小。而在不断提倡提高就业质量的当今背景下，工会在推进扶贫过程中应该立足一个崭新的视角，对工作贫困这种相对贫困的群体给予更多的关注和资源的投入，其中很关键的是对于工作贫困的政策性定义和群体的甄别。因此，为了有效对工作贫困职工进行关怀和帮扶，工会应该加强该领域的研究工作，通过大量课题论证和实际调研，快速建立和形成符合区域经济社会发展的工作贫困群体甄别体系，并随着职工队伍特征的转变而不断进行调整和完善。前文中关于工

作贫困标准线的实证分析,为工会对工作贫困进行政策界定和甄别提供了一定的参考。

(三)完善针对工作贫困职工的医疗补贴制度

2015年,为实现工会组织全覆盖的目标,努力建设服务型工会,扎扎实实为会员办好事、办实事,缓解职工医疗费用负担,根据北京市基本医疗保险政策,结合职工医疗保险实际情况,北京市总工会专门制定了《在职职工医疗互助保障计划》,是面向参加北京市基本医疗保险、由北京市总工会管理的工会会员且持有工会互助服务卡、所在用人单位按时缴纳工会经费的在职职工推出的一项免费互助保障。根据该计划,对于工会会员在北京市基本医疗保险报销后的"自付"部分,扣除起付线后,还可以进行"二次报销";门诊、住院医疗费用在本市医保封顶线以上的费用也可按比例报销,最高可获补助200653元。以上医疗保障服务具有一定的普及性,而对于经过甄选确定为工作贫困职工的,可以考虑给予职工本人及其直系家属以额外的医疗补贴支持,为这部分职工减轻医疗支出带来的更加严峻的贫困情况。因此,在职工医疗互助计划中,针对工作贫困职工,设立专项的补贴支持,不断完善医疗补贴制度,也是工会在帮助职工脱离工作贫困过程中的一个重要举措。

参考文献:

[1] DuBois W E B. *The Philadelphia Negro:A Social Study* [M]. Philadelphia:University of Pennsylvania Press,1899:15 - 17.

[2] 陈润卿,徐丽敏. 新时代下我国城市新贫困问题研究 [J]. 现代城市,2017 (2):26 - 28.

[3] 蒋贵凰,宋迎昌. 中国城市贫困状况分析及反贫困对策 [J]. 现代城市研究,2011 (10):7 - 13.

[4] 寇竞,胡永健. 城镇劳动者个人和家庭因素对工作贫困的影响分析 [J]. 贵州财经大学学报,2014 (6):90 - 94.

[5] 李长安,高春雷,左文琦. 农村流动人口工作贫困问题研究——基于全国流动人口数据的实证分析 [J]. 中国劳动,2019 (6):5 - 18.

[6] 钱林. 当前中国城市贫困问题研究 [J]. 经济与社会发展,2007 (1):179 - 181.

[7] 苏丽锋,陈建伟. 我国新时期个人就业质量影响因素研究——基于调查

数据的实证分析 [J]. 人口与经济, 2015 (4): 107-118.
[8] 王晓琦, 顾昕. 中国贫困线水平研究 [J]. 学习与实践, 2015 (5): 76-87.
[9] 王愿如. 社会主要矛盾转化下宁夏城市贫困问题研究 [J]. 当代经济, 2018, 8 (16): 88-89.

职工之家建设价值论

汪 钢

（沈阳市工人运动学会）

摘 要：职工之家建设价值由价值度和价值量衡量，以政治性、时代性、同一性、二重性和多样性为特性，以调整工会与党组织、工会与职工、工会与企业、企业与职工关系和促进工会职能落地为价值取向，以讲政治、讲战略、讲策略、讲效能为价值判断标准，必须在价值目标、价值层级、价值原则定位的基础上开展实践。

关键词：职工之家建设 价值论

把工会建设成职工之家是工会对组织建设所要达到的目标的形象说法，是工会组织建设的重要愿景、基本取向和长期任务，体现了工会组织的阶级性、政治性、群众性。职工之家建设内容涵盖工会组织的各个方面，是新时代工会实现工作职能、推动各项工作的重要载体。在新时代中国工会为中华民族伟大复兴的中国梦而奋斗的主题实践中，用好这一工作载体有利于进一步提升工会组织开展自身建设的能动性，对工会组织有效发挥连接党组织与职工、企业行政与职工的桥梁和纽带作用具有重要意义。深化对职工之家建设的价值认识，决定着新时代各级工会建设职工之家的深度、广度和正确方向。客观地认识建设职工之家的价值有利于形成正确的建家价值观，有利于确立符合实际的建家价值取向，聚焦建家的目标重点，提高工会建家工作的有效性；有利于增强工会组织对职工的影响力、凝聚力和组织力，提升职工对工会组织的信任度；有利于更好地激发和调动职工群众参与新时代中国特色社会主义建设的主动性、积极性和创造性。因此，有必要对职工之家建设价值进行深入研究和探讨。

一、职工之家建设价值的定义

工会职工之家建设价值是工会通过职工之家建设实现工会组织自身职能和社会功能所产生的有用性的总和，其实质是工会以职工为中心，有效服务职工、教育职工、维护职工权益、凝聚团结职工开展的实践活动所体现的组织职能和社会功能，是工会组织推进服务型管理所采取的组织建设的重要措施。工会职工之家建设价值由自身价值和社会价值两个方面构成。

工会职工之家建设的自身价值是工会通过职工之家建设实现自身职能所体现的组织价值。从微观层面看，工会职工之家建设的自身价值反映的是单项活动的价值；从宏观层面看，工会职工之家建设的自身价值反映的是同一组织单元内各项建家活动的综合价值。同一组织单元内建家活动和工作的综合价值不是各项活动和工作价值的简单相加，而是通过系统策划，以实现综合愿景为目标形成活动的集成联动，这种组织联动所形成的集成价值是在各项活动目标协同、资源协同、组织协同、系统推进的前提下实现的。单项活动的价值只有放在组织的系统目标中去衡量，才能最终成为组织的有效价值。如各项建家活动和工作没有形成组织建设的目标合力，其单项活动和工作的价值越高，反而可能削弱组织的整体价值。因此，工会职工之家建设的各项活动付出只有达成最大的有效性，其自身价值才能与所投入的组织代价的有效性成正比。工会职工之家建设所产生的自身价值体现了工会的组织力、执行力和学习力。

工会职工之家建设的社会价值是工会职工之家建设对社会发展所产生的正向的推动作用和影响力所创造的社会政治价值、经济价值和文化价值，是各级工会组织职工之家建设综合价值的交织作用所形成的集成价值，体现为工会组织对职工和社会的有用性，是工会建家活动对象化的结果。相对于职工之家建设的社会价值而言，职工之家建设工作和活动作为一种满足工会组织职能要求和职工利益需求的实践，其价值体现了工会组织与职工之间的关系。这种关系是主体和客体的关系。职工之家建设活动是主体，工会组织和职工是客体。职工之家建设活动体现了主体对客体的有用性。这种有用性表现为建设职工之家具体目标价值的实现值。每个组织的价值实现值都是工会职能实现值的构成单元，职工之家建设每个具体组织单元所创造的建家社会价值的总和，构成了建家活动的全部社会价值。因此，职工之家建设活动对工会职能落实的有用程度越高，对维护职工权益的有用程度越大，其社会价值的体现就会越明显。工会职工之家建设所产生的社会价值体现了工会的领导力、影响力和文化力。

二、职工之家建设价值的衡量要素

职工之家建设价值大小可用价值度和价值量两个指标来衡量。

职工之家建设的价值度是职工之家建设作用范围内所产生价值的幅度。从建家的单个活动视角判断，工会职工之家建设自身价值的价值度由活动目标的有效性决定。从工会组织的系统视角判断，工会职工之家建设自身价值的价值度由一定时间范围内的工会组织建家活动和工作所产生的最大综合价值决定。从社会视角判断，工会职工之家建设的价值度由工会建家活动和工作对工会组织发挥政治功能的领导力、执行力及对社会经济和文化的影响力大小决定。

工会职工之家建设的价值量是工会组织投入必要劳动时间和必要资源产生作用和影响的范围。建家工作的有效程度决定建家最大价值量的多少。建家工作的有效性越高，则达成组织职能的可靠性越强。从建家单个活动视角看，每一项建家活动的价值多少与活动组织付出的必要劳动时间和必要资源等要素的有效性相关，各要素的有效性决定活动的最大价值量的多少。从建家系统推进的视角看，各项活动和工作的协同效应大小决定综合价值最大价值量的多少。从社会价值视角看，工会职工之家建设的价值量，由各级工会组织建家的愿景目标设定范围和实践愿景目标的组织力大小决定。

职工之家建设价值度决定职工之家建设价值的性质和本质，是职工之家建设价值的衡量基础；职工之家建设价值量是职工之家建设价值的作用范围，是职工之家建设价值的衡量条件。职工之家建设的价值度通过价值量发挥作用，价值量为价值度的实现提供保障。没有价值度的价值量所产生的职工之家建设价值是无效价值，没有价值量依托的职工之家建设价值度是无法实现的虚价值。职工之家建设价值度和价值量相互依存、相互作用、互相制约，只有始终处于平衡状态，才能保证职工之家建设价值的最大化。在一定价值期内，职工之家建设的社会价值量越大，职工之家的自身价值度越高，反之，越低；在一定的价值域内，职工之家建设的自身价值量越大，职工之家建设的社会价值度就越高。自身价值的需求决定价值期的长短，价值域的变化决定社会价值的实现效果。

三、职工之家建设价值的特性

（一）政治性

中国工会是中国共产党领导的工人阶级的群众组织，必须对党忠诚。自觉接受党的领导，承担起团结引导职工群众听党话、跟党走的政治责任，这是一切工会工作的政治基础。习近平同志强调，政治性是群众组织的灵魂，是第一位的。工会工作是党的群团工作、群众工作的重要组成部分，职工之家建设是工会工作的重要内容，开展职工之家建设必须强化党的领导。以强化党执政的阶级基础和群众基础为出发点和落脚点，增强"四个自信"、坚决维护党中央权威，始终坚持职工之家建设价值选择的政治标准，使工会组织在政治立场、政治方向、政治原则、政治道路同党中央保持高度一致，使工会工作者在思想上、政治上、行动上同党中央的政治要求保持高度一致，这是工会职工之家建设必须首要坚持的价值选择和工作原则。

（二）时代性

工会工作是党治国理政的一项经常性工作、基础性工作，因此工会工作必须为党治国理政服务，为实现党和国家的奋斗目标服务。职工之家建设作为工会工作的组成部分，其价值取向也必须服从、服务于不同时期党的治国理政任务和奋斗目标。任务目标的重点不同，工会建家工作的切入点和着力点就会有所不同。所以，不同阶段的职工之家建设活动选择、工作选择和价值取向也必然会打上时代的烙印。党的十九大开启了建设中国特色社会主义新时代，实现中华民族伟大复兴，离不开工人阶级在内的全体人民的劳动、创造、奉献。职工之家建设只有把握时代脉搏，融入时代进程，聚焦时代主题，与时俱进、有所作为，才能创造出时代价值，做出时代贡献，才能在强化工会组织团结职工群众、调动职工群众劳动创造积极性方面发挥应有作用，才能推动工会组织建设与时代发展和党的要求相契合。

（三）同一性

建设职工之家是中国特色社会主义工会道路的价值选择，建家工作必须贯彻以人民为中心的执政理念，把党全心全意依靠工人阶级的要求，转化为以职工为中心的工作理念，以职工为中心开展工作和活动。尽管工会建家工作由于地域不同、行业不同、内部组织文化不同，其实践的具体工作目标、路径、方式、内容、措施、办法可能会有所不同，但通过建家工作和活动促进工会工作群众性的内在要求应当是相同的，建家愿景应当是一致的，工作理念应当是统一的，对建家工作有效性的价值判断的内在标准也应当是统一的。职工之家建设价值的这种同一性决定职工之家建设价值只有通过竭诚为职工服务才能实现。各级工会组织只有真正建设成为以职工为中心的学习型工会、服务型工会、创新型工会，只有不断增强服务职工群众的自觉性和主动性，切实让职工感受到工会组织"家"的温暖和关爱，真正成为职工群众最可依赖的"娘家人"、贴心人，职工群众才能真正接受工会、信赖工会、依靠工会。各级组织的建家工作不管如何切入和深化，都离不开以职工为中心这一工会职工之家建设价值衡量的根本标准，这是工会建家工作价值实现最重要的特性。

（四）二重性

职工之家建设价值如前所述，既包含自身价值，也包含社会价值。自身价值和社会价值的统一构成了工会职工之家建设价值。开展职工之家建设实现工会组织的自身价值是工作的切入点，实现工会组织的社会价值是落脚点。自身价值是社会价值的基础，社会价值通过自身价值起作用。没有自身价值，社会价值就缺少实现的内在动力；没有社会价值，自身价值也无法最终实现。如果建家的自身价值偏离了坚持党的领导的要求和以职工为中心的工作方向，职工之家建设的社会价值就会被削弱，并可能变为零价值或负价值。因此，在建家工作实践中，各级工会组织必须促成自身价值和社会价值的高度统一，切实防止建家工作价值偏移。

（五）多样性

职工之家建设价值的多样性表现为职工之家建设价值实现形式的多样性。从价值时限上看，职工之家建设价值体现为现实价值或潜在价值；从价值形态上看，职工之家建设价值体现为显性价值或隐性价值；从价值功能上看，职工之家建设价值体现为实用价值或基础价值；从价值时态上看，职工之家建设价值体现为眼前价值或长远价值。职工之家建设价值实现形式的多样性，要求各级工会组织在策划建家工作时，要避免为建家而建家的形式主义倾向，对建家价值的效能进行科学的预判和有效控制，坚决防止职工之家建设工作虚转、空转。

四、职工之家建设价值的基本取向

职工之家建设的价值取向是根据工会组织的内在规定性确立的价值选择方向。职工之家建设价值的基本取向，由职工之家建设的价值追求、党组织的要求和企业内部的行政需求及职工的价值追求决定。在价值选择上应坚持五个方面的取向。

（一）坚持以调整工会组织与党组织的关系为导向的价值取向

中国工会的最显著的特点是党的领导。作为党联系职工群众的桥梁和纽带，工会职工之家建设必须在团结职工、组织职工、引导职工、服务职工方面发挥组织优势。只有落实以职工为本的工作原则，通过独立自主、创造性地开展建家工作，把党对职工群众的关怀落实到职工的心坎上，切实搭建起党组织与职工群众的连心桥，工会才能更好地贯彻落实党全心全意依靠工人阶级的方针，动员和组织职工参加和促进经济、政治、文化、社会与生态文明建设，切实体现工会组织职工建家的自身价值和社会价值。坚持党对工会工作的领导，是实现工会与党组织政治联动、任务联动、目标联动、行动联动的保障，职工之家建设只有在党的领导下才能体现其价值功能。党的领导是工会职工之家建设的必由之路。同时，工会组织必须独立自主、创造性地开展建家工作。党组织是工人阶级和中华民族的先锋队，工会组织是职工群众自愿结合的群众组织，党组织的先进性和工会组织的广泛性决定其组织运行模式不应与党组织的运行模式等同。不同的运行模式决定不能用党组织开展的工作直接代替工会开展的工作。如果由党组织直接开展职工之家建设工作，工会就会失去独立自主、创造性地开展工作的能力，工会组织就无法真正实现其自身价值和社会价值。实现党的领导和工会创造性工作的统一是职工之家建设价值的根本选择。

（二）坚持以调整企业与职工关系为导向的价值取向

中国特色社会主义市场经济的深化发展，带来了职工与企业关系的深刻变化，原国有企业职工的铁饭碗已经被劳动合同制度打破，职工与企业的劳动关系已经进入契约化时代。由于各种所有制企业并存，社会劳动关系日趋复杂。在劳资关系二元化结构形态之下，作为国家政权的重要社会支柱，工会组织代表职工、维护职工、服务职工的社会需求不断增大，因此，工会组织必须承接起协调劳动关系的社会责任。工会职工之家建设就是要在解决劳动争议、融洽劳资关系、推动职工利益和企业利益最大限度趋同上发挥独特作用，努力培育职工与企业的伙伴关系，促进社会主义劳动关系和谐发展，通过职工之家建设发挥工会组织减震器的作用，最大限度地保护、调动和发挥广大职工的积极性、创造性，架设职工与企业的同心桥。因此，努力创造劳动关系良性发展、推动和谐企业创建是职工之家建设的一项基本任务和价值选择。

（三）坚持以调整工会组织与职工关系为导向的价值取向

工会组织是会员和职工利益的代表，最大限度地把职工组织到工会中来，最大限度地团结职工，这是工会建设职工之家的应有之义。作为职工自愿结合的工人阶级群众组织，如果不团结职工，工会组织就无法实现职工的自愿结合；不团结职工，不真心实意为职工办事，工会组织就不会得到职工的认可。习近平同志要求工会"要更多关注、关心、关爱普通群众，进万家门、访万家情、结万家亲，经常同群众进行面对面、手拉手、心贴心的零距离接触，增进对群众的真挚感情"，就是针对新时代工会与职工关系建设所提出的根本举措，是工会职工之家建设的行动指南。因此，工会组织在新时代要重视建立和完善工会干部与职工联系沟通的渠道和机制，建立和完善职工意见与呼声的响应机制和争议调解与问题整改机制，探索和完善工会开展群众工作的方法和路径，创新工作载体，通过职工之家建设，切实消除工会工作机关化、行政化、贵族化、娱乐化的现象，坚决避免职工之家建设中的形式主义、官僚主义，真正把党对工会的要求和工会组织对职工群众的真心实意，转化为开展职工之家建设的有价值的行动，并落实到基层，使职工之家建设成为工会组织搭建的服务职工的爱心桥，通过工会职工之家建设让职工群众受益，被职工群众认可，使各级工会组织都能形成职工之家建设的"品牌"，切实提高职工对工会组织的满意度、信任度。这是工会建家工作的长期任务。

（四）坚持以调整工会与企业关系为导向的价值取向

企业与工会是两个在利益的对立统一中相伴存在、互相制约的组织。工会组织要维护职工的利益，离不开企业的支持；企业要发展也离不开工会组织的参与。如果企业与工会没有良好的合作关系，就会增加工会维护职工权益和服务职工的难度和成本。没有工会对职工的组织、发动，职工的积极性、创造性也很难全面迸发出来。因此，在建设职工之家过程中建好企业，提高企业对工会组织的信任度和满意度,这是体现职工之家建设价值的重要方面,是职工之家建设的常规性任务。现实地看,工会组织在维护职工权益的工作中处于相对弱势的地位。面对职工利益,工会要坚持在党组织和上级工会组织的领导下正确处理与企业的关系。既要避免无谓的对立,也要避免无原则的调和。要加强工会组织与企业行政方各层级的友好沟通和良性互动。在代表和组织职工参与国家和社会事务管理,组织职工参与企业民主管理、维护职工群众的合法权益、传递职工群众的意见和呼声等工作中,要不断推动工会和企业的互动机制建设和企业维权文化建设,通过建立职工、工会与行政的共赢格局,持续开创工会职工之家建设的新局面。

(五)坚持以促进工会职能落地为导向的价值取向

工会章程规定,中国工会以宪法为根本活动准则,按照《中华人民共和国工会法》和工会章程,在党组织的领导下,独立自主地开展工作,依法行使权利和履行义务。工会开展职工之家建设是工会履行组织义务、促进组织健康发展的自觉选择,责任担当是推进建家工作的内在动力。因此,工会职工之家建设必须涵盖工会的全部职能,在结合实际、突出重点的前提下,有计划地完善以职工为中心、以问题为导向、以职能任务落地为切入点的职工之家建设工作,注重职工之家建设常态化、规范化、系统化,并形成长效机制建设,实现职工之家建设有序推进、创新落地、科学管理、有效评价、协调发展,这是工会组织在中国特色社会主义新时代更好地承担和落实维护职工合法权益、竭诚为职工群众服务的重要职责,体现了其应有的历史担当。

五、职工之家建设实践的价值标准

正确开展职工之家建设实践,必须以正确的价值判断为前提,以建家实践是否满足工会组织职工之家建设的自身价值和社会价值的基本属性为判断标准。一项职工之家建设工作或活动是否有价值,必须满足以下四项前提条件。

(一)必须旗帜鲜明讲政治

建家活动是否有价值,要从是否符合新时代党的建设总要求来判断,从是否有利于增强"四个意识"、坚定"四个自信"来考虑,从是否做到坚决维护党中央权威和集中统一领导来对照,用政治立场、政治方向和政治原则是否同党中央保持一致来衡量。工会各级组织的职工之家建设工作和活动都要以对党的基本理论、基本路线、基本方略的政治认同、思想认同、情感认同为前提，使职工之家建设成为体现党的意志的坚定性与工会为职工服务的实效性相统一的自身价值和社会价值创造活动。

（二）必须不折不扣讲战略

工会职工之家建设必须在坚定不移地充分发挥工人阶级主力军作用方面发挥助推作用。各项工作和活动的推进都要把是否有利于培养"四有"职工，是否有利于激发职工群众投身新时代中国特色社会主义建设、以实现中国梦的积极性和创造性作为工作策划和实施的着眼点，确保工会职工之家建设与工人运动的时代主旋律合弦、与本地区的工会工作合拍、与本单位的中心工作同步同向同调。从建设知识型、技能型、创新型产业大军的战略高度设计、规划建家工作，不断拓展服务职工、让职工受益的范围、领域和方式，在搭建提升平台、提供建功舞台、打造交流擂台上下功夫，将营造职工文化、组织群众、宣传群众、教育群众、引导群众与建家工作有机结合起来，用职工之家建设增强工会组织的传播力、引导力、影响力。这是职工之家建设助推工会参与社会和企业管理的重要任务。

（三）必须实事求是讲策略

在职工之家建设推进过程中，要充分考虑职工之家建设面临的内外部环境和组织条件，在目标设定、活动设计、决策管理、计划安排等方面，都要把可能性、可行性、可操作性作为价值管理的重要依据，把创造和发现职工与企业利益的最大公约数转化为职工之家建设的最大和最优价值。在职工权益的维护方面，要多借用党组织的政治优势和上级的政策能量，策划推进，协调实施，顺势而为，不断增强创造维权价值的主动性，善于乘势而上扩大工作成果。在目标选择上，既要防止盲目设定过高目标，也要防止不愿作为所造成的目标虚化，确保维护自身权益和维护职工权益的有机统一。

（四）必须统筹兼顾讲效能

实现职工之家建设价值组织效能优劣是关键。组织效能的影响因素主要包括组织领导、推进实施和资源保障三个方面。在组织领导方面，要保证建家工作和活动的方案既有利于提高工会职能的实现值，又有利于提高职工的受益值、提升工会推动企业发展的贡献值，确保三值平衡，才能获得最理想的价值产出，这样的建家活动才可能最有意义。这三个值如果有一个不平衡，建家工作就无法获得这一不平衡的相关方的支持，这样的活动就很难达到价值最大化。在推进实施方面，建家任务落实既要在不同业务领域的横向上注重统筹兼顾，也要在同一业务领域的纵向上注重统筹兼顾，只有目标协同管理、任务协同落实，各项工作的效能才更易于达成。在资源保障方面，职工之家建设应引入资源成本的概念。只有树立以最适量的劳动投入、最科学的时间付出、最有效的资金投入创造最优的建家价值的理念，才能在最大的价值域内创造出最大的价值量、实现最高的价值度，才能以最小的自身价值创造出最理想的社会价值。

六、职工之家建设管理的价值定位

职工之家建设千头万绪，其价值目标非常之多，当多种类、不同层级的价值目标出现矛盾时，最终的价值选择，就是对职工之家建设管理进行的价值定位。职工之家建设管理主要需要进行三个方面的定位。

（一）价值目标的层级定位

根据职工之家建设的实际需求和能够满足实际需求的程度，我们可以把职工之家建设的价值创造目标定位为三个层级类型。一是功能型。所实施的职工之家建设能够落实工会组织职能的基本要求，满足职工的基本服务需要，职工群众对工会组织基本满意。二是优质型。在满足建家价值主体基本要求的同时，还能从更大范围实现职工的权益保障，做到工会工作富有成效，工会组织得到职工群众的拥护。三是品牌型。通过职工之家建设，职工的需求得到正确的引导，工会组织完全赢得了职工群众的信任，职工群众与工会组织心心相印，亲如一家，相互理解。

（二）价值管理的工作定位

根据职工之家建设的内在要求，职工之家建设在价值管理上应从三个方面进行定位。一是思维定位必须把握服务大局的方向。这是我国工会性质的根本要求。只有在大局中找准职工之家建设的位置和角度、找准服务大局的着力点，才能充分发挥职工群众在改革、发展、稳定中的重要作用，推动全心全意依靠工人阶级方针的贯彻落实。二是职责定位必须落实维护职能。要组织起来，切实建立多层次、全方位、法治化的维权机制，切实维护职工群众的各项权益，争取与其他阶层均等的政治权益、经济权益、文化权益。充分发挥工会组织在协调劳动关系和群体利益矛盾过程中的组织作用，坚决避免得过且过、有权不维现象的发生。三是操作定位必须着力于创新。要学会用发展的眼光、创新的意识来处理新时代的新问题，彻底改变工作方式行政化、工作作风机关化的工作习惯和工作模式，更新观念，努力从思想上、组织上、作风上全面加强工会的自身建设，真正把工会建设成为党组织放心、政治上可靠、职工信赖、充满生机活力的群众组织。

（三）价值实践的原则定位

在职工之家建设时，要坚持以下三个原则。一是坚持实事求是原则。在活动设计上要实事求是，根据本单位职工的维权需求和本单位工会组织的实施能力设计工作内容。在建家实践上要实事求是，要克服重形式轻效果、重过程轻目的的活动组织作风。在工作评价上要实事求是，杜绝政绩工程，杜绝教条评价，把职工满意度作为建家价值评价的基准。二是坚持有所为有所不为的原则。由于工会组织维权条件的局限性，工会干部的地位与行政领导和经营者的地位存在着事实上的不平等，加上有关法律法规执行不到位，客观上限制了工会的维权能力。因此，工会维护职工的合法权益要善于抓住主要矛盾，在主要矛盾一时无法解决时，要善于抓住次要矛盾的主要方面，抓住时机，最终推动主要矛盾的解决。三是坚持原则性和灵活性相结合的原则。在对职工具体利益和个案问题的维权上，对于由于客观原因一时确实无法解决的问题，在与职工群众达成共识的前提下，工会有必要采取适当妥协的策略。如果只有原则性，没有灵活性，或者只有灵活性而没有原则性，在现有条件下维护职工权益的效果都不会获取最大的价值度。

总之，不同单位的职工之家建设完全可以有不同的定位，采取完全不同的建家策略。职工之家建设进行价值定位的意义在于为各组工会组织开展建家活动提供决策依据，使企业工会组织能够厘清建家的价值目标，强化建家价值的实践管理，明确建家价值的实践原则，保证职工之家建设价值定位的准确性，防止职工之家建设在价值定位上失衡。

七、职工之家建设价值的实现对策

外力作用是建家价值实现的重要条件，内力作用是建家价值实现的根本。职工之家建设离不开党组织的正确领导、离不开企业行政的支持、离不开职工群众的参与，但最根本的还是要从组织自身建设抓起，把工会组织打造成学习型、服务型、创新型组织，切实提高工会的组织效率，这是职工之家建设价值实现的最好对策。我们要通过培养弥漫于整个组织的学习氛围，充分发挥工会组织成员的创造性思维能力，提高工会组织的团队学习力，把基层工会建成高度柔性的、扁平的、具有持续学习能力的、综合绩效高于个人绩效总和的、能持续发展的群众组织。

（一）抓实党建带工建

加强党组织对工会的思想领导、政治领导和组织领导，以党的基层组织建设带动工会基层组织建设活动。一是坚持在政治思想建设上带。加强对工会的思想引领和理论武装，建立党组织负责人与工会领导班子集体谈话制度和工会定期向党委汇报工作制度，从严从实加强工会系统党的建设，推动工会系统党组织不忘初心、牢记使命，进行长效机制建设，以守初心、担使命、找差距、抓落实推动工会建家实践，确保基层工会组织建设政治方向的正确性。二是坚持在组织建设上带。加强工会组织的设立管理。定期对同级工会组织的运行情况进行考核，建立和完善党建带工建的例会制度和工作沟通机制，推动基层党委把定期研究党建带工建工作和工会组织建设工作抓实。三是坚持在领导班子和队伍建设上带。加强党组织对工会主席人选的提名管理，严格执行工会主席职级管理规定和政治待遇。四是坚持在作风建设上带。充分发挥工会组织密切联系群众的优势，在党组织开展调查研究工作过程中，推动工会与职工的联系渠道建设，对工会干部联系群众的情况定期进行评估和考核，将工会建家工作的评价结果纳入党建责任制考核管理。

（二）建立工会组织开展职工之家建设的共同愿景

实践证明，任何一项决策不论人们自觉与否总是围绕并服务于某一项目标的。当人们自觉地围绕正确的目标进行活动时，就可以得到丰硕的成果。而任何失当的决策不是目标处于盲目或者朦胧状态，就是目标确定不当。明确目标是制定和实施决策中的一个关键环节。我们应当避免建家工作的随机性，把职工之家建设作为一个系统工程进行策划，有计划地构建职工之家建设的价值目标体系，提高建家目标的透明度，并把这一目标体系描绘为工会工作的组织愿景，使基于个性化的建家愿景成为各级工会组织职工之家建设的目标导向。

（三）实施以服务职工为中心的职工之家建设价值链管理

落实对创造职工之家建设价值的全过程管控。以职工对工会的满意度、工会对工厂的贡献度、工会职能的实现度为价值趋向，坚持职工之家建设工作和活动的守正创新。通过对职工之家建设价值创造全过程进行细分管理，确定合理的建家活动规模，以职工满意度最大化为原则，规范建家推进流程，赢得职工对工会组织的认可，从而最大限度地发挥工会组织的职能实现值，提升工会组织对企业的贡献值，增加职工的受益值，最终实现工会组织职能长期价值的最大化，使各级工会组织的建家工作形成长效机制、实现常态运行，切实提高职工之家建设价值度，扩大职工之家建设的价值量。

（四）全面深化工会改革

党的十九届三中全会对群团组织改革提出了新的要求，落实这一新要求，各级工会组织必须把党对工会的改革要求化作推动职工之家建设深化发展的新动能，在构建联系广泛、服务职工的工作体系上勇于探索，合理调整管理结构，完善管理机制，实施流程再造。建立适应组织职能发展需求，有利于创造工会社会价值的运行管理体系，减少工会组织的决策层级，最大限度地将决策权向基层转移，让最下层组织拥有充分的自决权，并对产生的结果负责，最大限度地增加基层的资源配置，在经费使用、工作力量、政策制定等方面向基层倾斜下沉，注重强化基层建家工作的实效性，工会组织才能真正成为职工群众想得起、找得到、靠得住的"职工之家"。

（五）推进文化建家

各级工会组织要在推进福利建家、维权建家、生活建家、思想建家、民主建家、阵地建家、活动建家、服务建家、网上建家等建家任务的同时，注重深化职工之家建设的文化内涵，要结合基层工会组织的实际，将职工之家建设工作上升到文化管理层面，建立各级工会组织的特色化理念识别系统，完善工会的组织理念、工作理念、服务理念、建设理念、教育理念和参政理念，实现工会工作由例行性运转向创意型运转、由粗放型执行向精准性服务、由事务管理向文化创新管理的全面转化。用文化理念建设带动各项工作转型升级，形成工会职工之家建设的文化推进机制，建立工会组织的管理文化，重塑工会工作的品格境界，实现对各项工作的精品策划、精益实施、精心管理，打造品牌活动、创建品牌工会，形成品牌效应，用职工之家建设文化管理，打造家庭型工会组织新氛围，创造职工之家建设的长效价值。

（六）建立和完善与新时代需求相适应的职工之家建设标准

基于新时代的新形势、新特点和职工群众的新需求，工会组织必须确立职工之家创建的新要求。要建立以习近平新时代中国特色社会主义思想为指导的职工之家建设指导思想，按照新时代对工会工作的新要求修订职工之家建设的基本原则，按中国工会十七大确定的工作任务重新构建新时代职工之家建设的目标和标准，明确新时代职工之家的创建路径，按党中央对群团建设的要求完善职工之家建设的工作规范，建立与新时代职工之家建设要求相匹配的考核奖惩机制，完善职工之家建设责任制。通过界定和规划新时代建家内涵和建设标准，努力构建上级统筹与下级自主实施相结合、个性化实践和规范化操作相结合的建家工作管理新格局。

（七）加强工会组织的能力建设

按照中国工会十七大要求完善工会干部培养、交流和使用制度，注重在基层一线和职工群众中培养工会干部，完善基层工会干部的选拔、培养和使用制度，加大基层工会专兼职干部的业务知识培训和实践训练，强化基层工会积极分子队伍建设，建立工会工作全过程研究课题实践机制，注重工人运动理论研究的实践转化，推进基层工会工作知识管理，改进工会工作的信息化建设。坚持以问题为导向的能力提升训练，加强工会干部和骨干推进建家工作和学习建家知识相结合的管理机制建设。创建基层工会自主选定职工之家建设的具体目标、自主进行现状调查、自主诊断问题、自主分析原因、自主制定对策、自主组织实施、自主判断效果、自主评定总结的职工之家建设自主管理模式。同时，加强工会组织之间横向对标管理，竞赛推进，形成有效的建家奖惩机制，逐步建设建家工作上级推动和自主管理相结合的建家管理机制。

参考文献：

[1] 习近平. 保持和增强党的群团工作和群团组织的政治性先进性群众性 [M] //习近平. 习近平谈治国理政：第二卷. 北京：外文出版社, 2017.

[2] 习近平. 团结动员亿万职工积极建功新时代 开创我国工运事业和工会工作新局面 [N]. 人民日报, 2018-10-30.

[3] 中国工会章程 [M]. 北京：中国工人出版社, 2019.

[4] 李玉斌. 中国工会十七大报告 中国工会十七大报告学习问答 [M]. 北京：中国工人出版社, 2018.

疫情防控下工会工作的特点、优势与创新
——以湖北省为例

单 真

（湖北省工会干部学校）

摘 要：新冠肺炎疫情给我国经济社会发展和人民群众的生活工作带来极大的影响，疫情发生后，全国各级工会勇于担当作为，组织工会干部和职工群众积极参与疫情防控，全力支持复工复产，充分展现了工会组织"围绕中心、服务大局"。在疫情防控阻击战的主战场湖北，全省工会在组织号召工会干部和职工群众投身疫情防控的同时，积极做好服务职工的工作。本文以湖北省为例，系统阐述了工会组织在疫情防控期间的担当作为，由此分析了特殊时期工会工作政治性、先进性、群众性的特点与优势，以网上工会工作应对调整为角度进行分析，研究疫情防控下工会工作的创新之处。

关键词：疫情防控 工会工作 担当作为 特点与优势 创新思考

"新冠肺炎疫情是百年来全球发生的最严重的传染病大流行，是新中国成立以来我国遭遇的传播速度最快、感染范围最广、防控难度最大的重大突发公共卫生事件。"[①] 在疫情防控过程中，全国各级工会组织坚决贯彻落实习近平总书记关于疫情防控的系列重要讲话、重要指示精神和党中央决策部署，勇于担当，主动作为，组织动员广大工会干部和职工群众积极投身疫情防控的人民战争，在做好疫情防控工作的同时，全力支持复工复产，切实维护特殊时期职工的合法权益，充分发挥了工会组织在统筹推进疫情防控和经济社会发展中的重要作用。

---

① 习近平：在全国抗击新冠肺炎疫情表彰大会上的讲话［EB/OL］．新华网，2020 - 09 - 08．

"武汉和湖北是疫情防控阻击战的主战场,武汉胜则湖北胜、湖北胜则全国胜。"① 防控疫情的关键时期,湖北省工会系统党员干部主动担当作为,发挥职工力量,为守护百姓奉献自己的力量。

一、关于疫情防控期间工会组织担当作为的综述

疫情防控期间,工会组织在党中央的领导下,积极动员职工群众参与疫情防控工作,正面引导宣传职工,积极推动复工复产,出台相关政策为企业纾困解忧,维护职工群众的合法权益,重点关注特殊群体,为持续稳定劳动关系,夺取抗疫和发展双胜利主动担当作为。

(一)坚持党的领导,动员职工群众参与抗疫

疫情发生后,党中央高度重视,习近平总书记亲自指挥部署,做出重要指示和批示,并且亲自到武汉视察,到火神山医院亲切看望正在接受治疗的患者,关心慰问日夜奋战在抗击疫情第一线的医务工作者,详细询问社区群众生活物资采购和供应情况。中华全国总工会和各地工会对全国职工和工会干部发出关于抗击新冠肺炎疫情的倡议,号召"全国各行各业的广大职工和各级工会干部要坚决响应党中央号召,坚决贯彻落实党中央、国务院的决策部署,迅即行动起来,为做好疫情防控工作贡献智慧和力量"②。

全国各级工会组织积极响应,主动作为,把人民群众生命安全和身体健康放在第一位,用实际行动竭诚服务职工群众。在湖北,全省13万个基层工会组织、31万多名工会干部和1400多万名职工,踊跃投身疫情防控,组织投入资金物资3.26亿元支援抗疫。他们纷纷组成工会志愿者服务队,出现在慰问一线,坚守在居民小区门口、村社卡口,当好防控一线守门员、统计员、快递员、宣传员。在疫情防控的特殊时期,工会志愿者服务队用活跃的身影、务实的行动,展示出哪里有职工、哪里就有工会,职工哪里有困难、工会服务就跟到哪里的"娘家人"风采。

(二)号召建功立业,协助企业推进复工复产

进入常态化疫情防控时期后,复工复产成了热词。对于普通职工而言,复工

---

① 习近平:在全国抗击新冠肺炎疫情表彰大会上的讲话 [EB/OL]. 新华网,2020-09-08.
② 中华全国总工会. 中华全国总工会关于抗击新型肺炎疫情的倡议书 [J]. 中国工人,2020(2).

复产也是希望的代名词。全国各级工会积极推动党中央、国务院各项支持复工复产的政策落实,按照"六保"[①]要求,最大限度稳定企业用工、稳定就业岗位。

坚持围绕中心、服务大局是中国特色社会主义群团发展道路的重要内容。当前的大局是承担疫情防控工作与经济社会发展工作的双重任务。工会组织在疫情防控工作和社会经济发展中体现作为的重要表现,就是协助推进复工复产;对于服务群众而言,广义是指对于全体劳动群众,狭义是指基层工会服务的职工,就是要关注到在疫情后复工复产过程中职工的各方面权益的保障和个人成长及其职业发展。

1. 工会组织帮助企业实现复工复产

(1) 尽力帮助遇到生产经营困难的企业渡过难关。对一些微小企业和困难企业,工会组织牵线搭桥,组织职工爱心消费扶贫活动,把落实职工福利与推进消费扶贫结合起来,今年基层工会可按每人不超过500元的标准追加职工福利,采取多种经费保障形式,确保活动落实落地。如英山县总工会号召工会会员购买"英山云雾茶"助力消费扶贫。湖北省总工会组织编写了《支持企业复工复产 维护职工合法权益法律服务指引》电子书,为企业复工提供了惠企政策汇编,为职工朋友们复工复产期间可能出现的劳动关系问题答疑解惑。

(2) 积极助力复工企业解决人、财、物的问题。3月12日,全总开通全国工会就业服务平台——"工会就业服务号",提供近百万人用工需求信息。各地工会通过开通"点对点、一站式"专车、专列、专机等,组织职工返岗复工。一些市州工会,划拨了专项的资金购买防疫物资,赠送给复工复产的企业,如鄂州市总工会为复工复产企业送去防疫物资,武汉市东湖新技术开发区总工会主动为武汉光谷医院和各复工企业牵线,为复工企业职工开展新冠病毒核酸、抗体检测。同时,为了解决招工难、就业难的问题,市州工会还对接当地人社部门,共同开展"春风行动"。对于在疫情防控期间加班加点生产防疫物资和在抗疫一线的企业单位,市州工会还进行了慰问,如宜昌市伍家岗区总工会为部分复工企业送去助力复工专项慰问金。

(3) 重点协调稳定劳动关系。各地各企业工会充分发挥协调劳动关系三方机制,主动对企业、行业解读支持政策,帮助解决实际困难。在工会集体协商指导员指导下,企业方湖北中蔬科技有限公司和职工方达成一致:疫情虽对公司生

---

① "六保"是指保居民就业、保基本民生、保市场主体、保粮食能源安全、保产业链供应链稳定、保基层运转。

产和销售产生影响，但公司承诺工资标准不变，不裁员、不减薪。疫情防控期间，全省 268 名集体协商指导员奔赴一线，力保劳动关系平稳和谐。

（4）主动指导复工企业开展劳动竞赛等经济技术工作。为了实现企业长期良性发展，工会组织积极指导企业开展劳动竞赛，鼓励企业引导职工进行"五小"创新。如枝江市总工会指导当地企业奥美医疗股份有限公司开展劳动竞赛，把劳动竞赛变成看得见、摸得到的企业效益。

2. 工会组织帮助职工平稳回到工作岗位

（1）筑牢职工群众生命健康安全防线。工会组织划拨了专门资金为企业筹措防疫物资用于职工正常工作与劳动，积极响应以习近平同志为核心的党中央的要求，始终把人民生命安全和身体健康放在第一位，做好职工工作中的劳动保护工作。

（2）做好做实服务职工群众的细节。市州工会在复工复产过程中，将服务做到细致入微，如天门市总工会开通了复工专列，并为专门复工复产的职工补贴了交通费用；一些工会组织还安排了点对点包车，安排复工员工宿舍的消杀，给复工职工安排理发。江汉油田工会为了解决员工的后顾之忧，开展会战职工子女爱心托管服务工作，是为职工解决实际困难的一项重要举措。

（3）积极做好职工技能培训。全总于 2 月 7 日开通"技能强国——全国产业工人技能学习平台"，其中"在线视频课堂"包括通用技术、行业技术、先进制造、职工创新、管理课堂等课程体系，高凤林等 55 名工匠人才在平台开展直播。湖北省基层工会也利用不同的方式开展线上职工技术技能培训，不等待，主动学，营造了良好的学习氛围。

（4）创新开展各类职工活动。由于疫情，各基层工会无法如往常举行线下的活动，但工会干部们并没有停滞不前，他们开动脑筋、打开思路，把相应的工会组织的各类教育活动搬到了线上，并利用网络认真地开展了职工线上的心理疏导。部分企业工会还创新了活动方式，如湖北移动工会利用"咪咕"手机 APP 号召职工加入"123 健康运动"，十堰市总工会在线上开展读书活动，富士康武汉园区工会鼓励职工扫码进餐实行打卡抽奖，际华 3542 公司车间工会小组开展"春风里，防疫夺产双手绘"漫画征集评选活动。

（三）着眼权益维护，关爱职工关注特殊群体

中央党的群团工作会议要求，群团组织要履行服务群众和维护群众合法权益的职责。《中国工会章程》指出，中国工会的基本职责是维护职工合法权益、竭

诚服务职工。在疫情防控期间，职工的权益维护工作格外重要。全总专门印发通知，要求各级工会组织进一步做好疫情防控期间支持企业安全有序复工复产和维护职工合法权益、协调劳动关系工作；要求各地结合实际，复工复产后安排孕期、哺乳期的女职工灵活办公，降低感染新冠病毒的风险。

疫情防控期间湖北省各级工会组织高度重视职工合法权益，关爱职工尤其是特殊群体，对不同群体出台相应的帮扶关爱措施。

1. 对医护人员和抗疫一线人员

湖北省内各地工会向奋战在一线的医护人员下拨专项资金，为节日坚守在防疫抗病岗位一线医务工作人员送去温暖。武汉市总工会筹措1亿余元专项资金，对抗疫一线职工进行慰问，按照《武汉市工会送温暖资金使用管理实施细则（试行）》规定，专款专用。各地工会还筹措专款配置医护人员家属"抗疫爱心包"，武汉市青山区总工会将装有口罩、消毒液等防护用品的爱心礼包，送到959名防疫一线医护人员的家属手中。武汉市总工会招募了8名理发经验丰富的志愿者，为武汉火神山医院一线的医务工作人员、后勤保障人员、志愿者义务理发，同时为他们送去工会组织的关怀。

2. 对因疫情致困人员

疫情对低收入家庭带来较大影响，工会组织积极做好困难帮扶。2020年3月，湖北省总工会对8500余户全国级建档困难职工每户发放2500元生活救助；2020年4月，每户又发放2000元疫情特殊生活补贴，两期共计下拨3820万元。此外，对部分感染新冠肺炎致困的职工家庭，各地基层工会做好摸排，按照有关制度规定，对符合条件的及时尽可能建档帮扶，纳入帮扶范围，实施生活救助、子女助学、医疗救助；对不符合条件的临时性困难职工，按照工会送温暖管理办法，及时为他们送去温暖，疏解暂时困难。

3. 对外出务工人员

湖北工会聘请"情报员"，协助外出务工人员维权，利用职工服务中心和"12351"职工维权热线，做外出务工人员"贴心管家"，建立信息员制度，请外出务工人员当"情报员"，掌握外出务工人员就业情况。一是在外出务工人员中建立信息员队伍，收集掌握外出就业和异地维权信息。二是组建律师团队开展异地维权，建立省市县三级地方总工会维权联动机制。对具有普遍性的地域歧视现象和重大劳动侵权案件，运用劳动关系三方协商机制，推动输入地人社部门实施劳动监察。对劳动争议诉讼案件，运用"法院+工会"劳动争议诉调对接工作机制，推动输入地法院依法审理。通过工会组织切实保障外出务工人员的合法权益不受侵害。

（四）稳定劳动关系，夺取抗疫和发展双胜利

在疫情防控过程中，劳动关系是否稳定尤为关键。为妥善应对新形势，全国政协总工会界别委员5月21日向全国政协十三届三次会议提交界别提案——《关于常态化疫情防控期间和谐劳动关系构建的提案》。

在推动常态化疫情防控与经济社会发展双重任务过程中，工会组织在构建和谐劳动关系方面做了多方努力。

1. 就业稳岗

常态化疫情防控形势下，工会组织千方百计做好稳就业工作，湖北省总工会积极帮助职工稳岗就业，并积极推广和优化线上招聘。武汉市总工会搭建"云招聘"平台，举办系列招聘会，开展线上招聘、网上练兵、远程指导，促进解决企业用工荒、职工就业难问题。宜昌市总工会将招聘活动搬到"线上"，打开"宜昌工人"微信公众号，100家企业、单位设立24小时在线"网络招聘会"，求职者可随时投递简历。针对受疫情影响离岗职工、去产能企业分流职工、失业人员、滞留在家的农民工、离校未就业的高校毕业生等群体，湖北工会还积极搭建"云平台"，提供在线劳动力与企业"双选"精准服务。

2. 发挥三方协调机制作用

国家协调劳动关系三方在2月初出台了《关于做好新型冠状病毒感染肺炎疫情防控期间稳定劳动关系支持企业复工复产的意见》，明确提出要通过劳资协商的途径解决疫情中的劳动关系问题。5月，全总联合其他相关部门下发《关于应对疫情影响进一步做好集体协商工作的通知》，要求各级协调劳动三方发挥集体协商协调劳动关系作用，努力做好"六保"工作，保障职工权益，助力企业发展。针对企业复工复产后可能出现的劳动关系矛盾隐患，湖北省总工会及时编发劳动关系方面的法律指引，加强劳动关系三方四家联系协调，推行特殊时期集体协商，畅通12351职工服务热线，推动企业在发展中关爱员工。

3. 切实加强产业工人队伍建设

做好疫情常态化防控，推进全面复工复产，加快恢复生产生活秩序，必须紧紧依靠广大职工群众。助推疫情防控和经济社会发展，建设高素质的产业工人队伍至关重要。湖北省总工会落实产业工人队伍建设改革的牵头责任，主要采取了以下措施：一是大力开展劳动技能竞赛活动，让广大产业工人在竞赛活动中提高技能和素质，建设产业工人培训示范基地，推荐工人进行公共技能培训。二是推

进农民工培训。湖北省总工会千方百计地把省内1100多万名农民工吸收到工会组织中来，采取多种途径进行关爱帮助和法律援助，不断地让他们成为新型产业工人。三是实施职工成长成才行动。在实践中探索新型"师带徒"的机制。四是在推进产业工人队伍建设改革中加大了政策推进，合力为建设一支知识型、技能型、创新型的产业大军提供政策支撑和保障。

二、疫情防控下工会工作的特点与优势分析

习近平总书记强调，加强和改进新形势下党的群团工作，最重要的就是始终保持和增强政治性、先进性和群众性。疫情防控下的工会工作，让政治性、先进性和群众性更为深刻地得以展现，政治性、先进性、群众性不仅召唤着工会改革的方向，也充分体现了疫情时期工会工作的特点与优势。

（一）疫情下工会工作的政治性

习近平做出重要指示，要求各级党组织和广大党员干部团结带领广大人民群众，坚决贯彻落实党中央决策部署，紧紧依靠人民群众坚决打赢疫情防控阻击战。坚持党的领导，全国各级工会组织团结动员广大职工积极投身抗疫工作。

1. 各级工会迅速响应

湖北省总工会在2020年1月底印发《湖北省总工会关于对全省奋战在疫情防控一线职工开展慰问工作的通知》，要求"全省各地各单位工会要把支持疫情防控工作作为当前的头等大事和首要政治任务，迅速采取恰当方式对奋战在疫情防控一线的职工开展慰问工作，为打赢疫情防控阻击战凝心聚力"。省内各基层工会都在第一时间宣传、支持并召集干部职工参与抗疫工作。

2. 工会干部和职工服从指令，听从指挥

全国各级工会组织在人力、物资和专门经费上加大投入，集中收治新型冠状病毒肺炎患者的武汉火神山医院选建在武汉职工疗养院，医院建设指挥部、项目部全部设在此地，武汉市总工会坚决贯彻市委市政府决策，承担了此次工程建设的主要服务工作。

3. 线上线下正面引导职工

各级工会通过微信公众号发放倡议书，线上动员职工加入抗疫工作，湖北省总工会通过官方微信号开设"工会在行动""战疫工友""战疫中的劳模工匠"等8个栏目对疫情防控期间的优秀工会组织、优秀职工、劳模工匠进行正面宣

传。在线下,工会组织积极行动,抓好复工复产,抓好职工抗疫物资的配备,做好职工返岗的服务工作。

(二)疫情下工会工作的先进性

为党分忧,为民谋利,是工会组织先进性的最鲜明特性。工人阶级和广大劳动群众始终是推动我国经济社会发展、维护社会安定团结的根本力量。工会组织作为党政和职工之间的纽带和桥梁,把服务中心大局作为价值所在。关键时期,工会组织的勇于担当和工人阶级的挺身而出是先进性的直接体现。

1. 突出劳模工匠抗疫事迹,用先进典型感召人

在疫情防控期间涌现出了许多感人的事迹,诸多平凡人在特殊时期默默地贡献自己的力量,湖北省总工会微信公众号报道了60多期劳模工匠和工友在疫情中的先进事迹,歌颂工人阶级的担当精神。

2. 引领职工复工复产建功立业,用稳定的劳动关系振奋人

全总下发《关于做好新冠肺炎疫情防控期间支持企业安全有序复工复产和劳动关系协调工作的通知》,要求各级工会组织进一步做好疫情防控期间支持企业安全有序复工复产和维护职工合法权益、协调劳动关系的工作。4月8日,武汉按下了重启键,企业开始有序复工复产,湖北省总工会组织编写了《支持企业复工复产 维护职工合法权益法律服务指引》电子书,为职工朋友们复工复产期间可能出现的劳动关系问题答疑解惑,做好疫情防控下工会维权服务工作,着力协调劳动关系,把工会服务做在紧要处,让工会担当体现在关键时。

3. 关爱职工,关注职工身心健康,用真挚感情温暖人

湖北省总工会微信公众号连续推送了《心理课堂》的线上小知识,时刻关注职工身心健康。中铁武汉电气化局一公司"萤火虫"心理咨询团队的7名女职工组建起"萤火虫同心抗疫 心理援助"公益小组,通过公司工会疫情心理援助平台,为公司员工及家属提供科学、规范、有效的心理援助服务,为他们送去了在线心理咨询和陪伴。

(三)疫情下工会工作的群众性

工会的群众性体现在工会的会员构成在工人阶级范围内具有广泛性,疫情防控期间,群众工作的困难需要大量群众经验丰富、群众基础好的人员一起分担。工会组织和工会干部被称为职工的"娘家人",工会干部更是群众工作的"好手",在关键时刻凝练了工会工作群众性。

1. 发挥工会组织的凝聚力强、号召力广的优势

湖北省总工会第一时间成立防控工作领导小组，召开专题会议，下发系列通知文件，研究部署统筹推进疫情防控和经济社会发展 17 条措施、维护社会大局总体稳定 20 条举措，推进职工消费扶贫和关爱职工、农民工专项行动等工作。湖北省委常委、湖北省总工会主席尔肯江·吐拉洪强调要为夺取疫情防控和经济社会发展双胜利贡献工会力量。

2. 发挥工会干部群众工作能力强、经验丰富的优势

全省 4 万余名工会干部进驻社区（村组），奋战在防控一线，全员无休坚守岗位。还有很多基层工会干部，发挥群众工作本领强的优势，在抗击疫情服务职工群众过程中发挥了强有力的作用。

3. 发挥工会关爱职工群众心贴心、本领强的优势

为帮助困难职工渡过生活难关，湖北省总工会按照每户 2500 元标准，广泛开展关爱慰问职工的活动，对全国级困难职工家庭全面实施生活救助，拨付疫情临时特殊生活补贴。有的基层工会将服务工作做到实处：联想工会包车点对点接职工复工、理发；航天三江工会给返岗的职工安排住宿，生活方面配足物资，准备充分周到。

三、疫情防控期间工会工作的创新——以湖北网上工会的应对调整为例

近几年，随着深化工会改革逐步推进，工会工作与互联网有机融合，也已开展了一些具有成效的工作。疫情发生后，各级工会组织把疫情防控作为最重要、最紧迫的工作，迅速行动，在抗击疫情斗争中发挥了积极作用。在抗击疫情的斗争中，一些工会组织运用网络开展网上工会工作，网上工会工作也通过主动应对调整而实现了"华丽的转身"，取得了创新和突破，展现了积极成效。

（一）疫情给工会网上工作带来的变化

当前，"智慧工会"服务职工模式的构建已经有了一些研究成果和实践经验，常态化疫情防控的形势也从一定意义上检验了该模式在重大危机面前的应对能力。疫情的到来，从外部的工作环境到内部的工作内容，都给网上工会工作的开展带来了深刻的变化。

1. 从外部工作环境的变化来看

（1）新冠肺炎疫情发生后，工会工作面临的最大问题是，线下的正常工作遇到困难无法开展，从而体现出开展网上工作的必要性和唯一性。近几年的智慧工会建设已为开展网上工会工作提供了基础和条件。工会开展网上工作，既符合在家隔离的防疫要求，又展现出传播信息准确、快捷的优势，工会组织还能够通过网络做到精准化、个性化联系服务职工。

（2）复工复产启动推进过程中，有一些劳动关系矛盾，无法在第一时间现场进行沟通和解决，网络沟通则打破了时空壁垒，能够畅通双方，及时解决矛盾，很多决策在线上达成，提升了工作效率，尤其是面临权益维护问题，在一定程度上缩短了时间，推动了矛盾调解。

2. 从工会工作内容的变化来看

（1）现实形势和任务的要求。进入疫情防控常态化后，工会组织的主要任务是，坚持把服务发展作为第一要务、维护稳定作为第一责任，充分发挥工会群众工作优势，尽最大努力把党政所需、职工所盼、工会所能的事情落到实处，最广泛地凝聚职工力量投身疫后重振，切实为党政分忧、为职工解难。这就要求工会服务的过程要高效、快捷、精准。网上开展工作以连接为优势，将双方迅速地衔接起来，更好地服务职工。

（2）社会治理的客观需要。党的十九届四中全会全面系统地阐述了推进治理体系和治理能力现代化的指导思想、总体要求、总体目标和主要内容，结合当前形势，展望未来，工会组织在其中发挥作用，就要不断创新工会制度和治理方式，建设智慧工会，加大力度做好工会网上工作，进一步提升对网上工会工作的认识，有助于不断提升工会治理体系和治理能力现代化水平。

（二）疫情防控期间工会网上工作应对调整的主要内容和举措

疫情防控期间，工会组织主动担当，承担工作职责。网上工会工作在特殊时期成了工会工作的"主会场"，全国各地各基层工会的工会干部们勤于思考，创新工作思路；积极发掘网上平台，针对职工的不同情况开辟了有针对性的工作模式，这一切都得益于"互联网+"工会的良好基础和智慧工会建设的有力推进，以至于工会组织在特殊时期能够主动适应工作变化，积极应对调整。根据梳理和分析，疫情防控期间网上工会做了大量的工作。据不完全统计，有以下几方面的应对调整（见表1）。

表1　疫情防控期间工会网上工作应对调整的主要内容和举措

应对调整的主要内容和举措	做法概述	优势分析
工会网上宣传，正确舆论引导	网上积极组织动员职工参与抗疫；网上正面引导，宣传先模抗疫事迹；网上耐心倾听职工群众的声音、认真解答职工群众的问题	网上宣传成为主旋律、主阵地
工会网上建会，组织换届选举	网上建会、开会避免了聚集；网上交流和动员，使参会代表们有更多的发表意见的机会；网上建会、开会集中到线上，各项工作和程序紧凑高效	突破了时空限制，畅通了沟通渠道，提升了工作效率
工会网上开会，组织民主参与	职代会"云上线"，民主管理"不掉线"，职工代表"云听会""云监督""云选举""云表决""云献策""云培训"等做法	提高工作效率和职工代表的参会率，畅通了民主参与渠道，突破了时空局限，优化了提案工作
工会网上协商，推动复工复产	工会组织邀约相关部门和职工及时召开网络协商会议，就疫情防控期间职工工资和特殊权益保护展开讨论，达成一致意见等做法	特殊时刻能迅速奏效，关键节点能发挥作用。既保障了企业生产，又维护了职工合法权益，达到劳动关系双方共赢
工会网上招聘，稳定劳动关系	利用大数据平台了解供求信息，开放网上信息平台，帮助劳资双方发布求职和招聘信息，分类管理信息	提升就业稳岗工作的效率和质量，快速匹配岗位信息，实现疫情防控期间企业和求职者需求无缝衔接
工会网上带货，组织消费扶贫	工会安排专项补助资金，用于支持基层工会开展职工爱心消费扶贫活动；利用工会服务职工网络平台，将网络直播与技能培训等公益服务结合；设置数字消费券促进消费拉动经济	创新了扶贫模式，丰富了服务职工的内容，突破了关爱职工的方式

续表

应对调整的主要内容和举措	做法概述	优势分析
工会网上培训，提升职工技能	依托"工业和信息化技术技能人才网上学习平台"、"技能强国——国产业工人技能学习平台"、"学习强国"技能频道、"中国职业培训在线"、"中国国家人事人才培训网"等平台，对劳动者实行重点课程免费开放。各地各企业工会也有类似做法	打破时空的制约，共享学习资源，促进劳动者思想政治引导、职业技能教育与学历教育，不断增强产业工人队伍综合素质和能力
工会网上维权，保障职工利益	充分利用网上平台，通过电话、视频等线上方式开展调解，减少当事人往返和聚集；用好工会律师志愿者队伍力量，解答企业、职工在特殊时期的权益疑惑	增强了工会参与处理劳动争议的深度和力度，真正使工会法律援助服务贴近职工，让职工"找得到、看得见、用得上"
工会网上活动，丰富职工生活	充分利用网络平台，将日常丰富多彩的职工活动进行线上改良，"云分享读书会""云逛展""云相亲""云健身"等	缓解疫情防控期间职工的焦虑紧张心态，加深工会组织对职工全方位服务，创新工会工作和职工活动

（三）疫情防控下工会网上工作的调整对工会工作的创新思考

疫情防控下工会网上工作主动应对，积极调整，使得工会组织疫情防控期间不停转，在工会组织推动夺取疫情防控和经济社会发展双胜利过程中发挥了重要作用。工会网上工作不再扮演配角，大胆创新地在关键时刻挺身而出"唱主角"，对今后工会工作的改革发展有着重要启示。

1. 工会工作不能等，要提高主动性

工会工作只有主动一点，往前走一点，才能积极作为。疫情防控期间的法律服务、职工维权以及线上招聘都是工会组织主动走在前面，只有这样才能很好地推动复工复产、维护好职工的合法权益、稳定劳动关系。网上工会使得职工沟通平台更加畅通，就可以提前了解职工心声，把各项工作做在前面。

2. 工会工作不能靠，要提高积极性

工会工作要摒弃以前的"开展工作很难，要与别的部门合作才能干成事"的陈旧想法，要积极创造条件，突破壁垒。例如在疫情防控过程中，工会组织直播带货、消费扶贫的做法，就是独立完成的服务中心和大局的创举。

3. 工会工作不能僵，要增强灵活性

智慧工会的建设推进了工会改革的步伐，也推动了产业工人队伍建设，但疫情防控中工会网上工作的做法，更启示出工会工作还需要更进一步开阔眼界，打开思路，云上职代会、线上工会换届选举、云相亲、线上运动等，开创了工会工作崭新模式，也给予了工会服务职工更广阔的舞台。因此要打破僵化，更灵活地开展工作。

参考文献：

[1] 习近平：在全国抗击新冠肺炎疫情表彰大会上的讲话 [EB/OL]．新华网，2020-09-08．

[2] 杨冬梅．让"网上工会"在抗击疫情中发挥更大作用 [J]．工会博览，2020（3）：23-24．

[3] 李玉赋．中国工会十七大文件汇编 [C]．北京：中国工人出版社，2018．

[4] 杨冬梅．让网上工会在抗击疫情中发挥更大作用 [N]．工人日报，2020-02-17

[5] 图解《全国工会网上工作纲要（2017—2020年)》[J]．中国工人，2017（4）：13．

[6] 李玉赋．新的使命和担当——全国总工会改革试点制度文件与释义 [M]．北京：中国工人出版社，2017．

[7] 李玉赋．新的使命和担当Ⅲ——新时期产业工人队伍建设改革方案解读 [M]．北京：中国工人出版社，2017．

工会组织工作创新之常熟工会样本探析

施 宏[①]

（江苏省总工会干部学校）

摘 要：工会组织改革创新，是新时代对企业改革发展和工会工作实践提出的重要和迫切任务。本课题以常熟市工会组织作为研究样本，通过常熟市总工会组织建设的改革分析入手，归纳、提炼区县一级地方工会组织改革创新的路径、方法。新时代行业工会如何建设、如何有效调动企业工会的积极性将是地方工会组织建设的重点。工会服务形式及内容的创新升级是当下工会效能发挥的关键点。

关键词：常熟 工会组织 创新

一、问题的提出

中国工会恢复工作以来，工会自身建设始终没有停止。总体上来说，中国工会的组织形式、行为方式的发展变化与中国改革开放的整体进程是一致的。当前中国社会结构正在发生巨大的变化，2008年第二次全国经济普查数据显示，当时中国就业人口中，第一产业占40%，在二、三产业单位从业的仅占35%，而到2017年，我国服务业就业人员比重达到44.9%，高于第二产业16.8个百分点。[②] 新业态、新兴行业的出现对传统行业造成了一定的冲击，也使劳动关系特

[①] 本文系江苏省总工会干校与常熟市总工会合作课题，课题组组长：刘瑛，成员：陆国峰、施宏、周虹琼，执笔：施宏。

[②] 《第二次全国经济普查公报》，中华人民共和国国家统计局，2009年12月25日。

征发生了重大变化。作为代表和维护职工群众利益的工会组织，正面临许多新的工作领域、新课题和新挑战。工会组织改革创新，是新时代对工会工作实践提出的重要和迫切任务。江苏南部是我国经济发达地区，苏南地区地方工会组织工作面临的问题具有一定前瞻性，本课题以常熟市工会组织作为研究样本，从常熟市总工会组织建设的改革分析入手，归纳、提炼区县一级地方工会组织改革创新的路径、方法。

二、研究样本的选择及其基本情况

之所以选取常熟为样本，原因如下：

（一）常熟市位于江苏南部地区，该市是苏州市下属县级市，经济发达，其职工职业结构特点在苏南地区具有代表性

2019年常熟全年地区生产总值为2400.23亿元，人均地区生产总值为158332元。农业、工业和服务业比例为1.66:51.25:47.09。[①] 在常熟，服装制造行业为其主要行业之一，这类企业大多采用灵活用工方式，有大量职工从企业领料在家生产，计件领工资；常熟还有大量季节性雇工存在于各类农合组织中；作为经济发达地区，常熟有大量的家政服务从业人员；常熟全市社会组织数量达1100多家，专业社会工作机构作为新兴行业，吸纳了大量专业的社会工作人员，其中持证社会工作者数量为2018人，专职从业人员已经超过200人。[②] 职工数量在全市人口中占比高，其中外来务工人员多、灵活就业人员数量多、三产发达、新型社会组织从业人员众多，这些特点正是苏南地区职工群体共有的典型特点。

（二）常熟地方工会体系样本完整度高

2015年党中央发布《中共中央关于加强和改进党的群团工作的意见》以来，全国各级工会拉开了机构改革的序幕。在此过程中，常熟市总工会紧跟上级工会步伐，以重服务、强基层、广覆盖为目标，进行改革。2017年，随着常熟市总工会机构改革调整到位，常熟市全市工会组织基本形成了完备的市总工会、乡镇街道（开发园区）总工会、村（社区）总工会三级地方工会组织体系，地方工

---

① 数据引自常熟市统计局官网。
② 数据由常熟市总工会基层工作部提供。

会的服务阵地覆盖所有乡镇街道。

（三）常熟市总工会组织工作中面临的问题在江苏南部地区具有典型性

目前苏南地区地方总工会组织工作中面临着两大难题：一是如何将大量散落在工会组织外的灵活用工人员、新兴社会组织的员工纳入工会中来，不留盲区；二是如何调动非公企业特别是外资企业工会工作的积极性，增强工会对其指导的针对性和有效性。而常熟自2018年至今，为解决上述两方面问题进行了一系列创新探索，并取得了一定成效，其经验能够对其他地方工会组织工作改革具有参考价值。

三、常熟市总工会组织工作创新

在经济发展迅速的苏南地区，传统的地方基层工会标准组织模式正受到巨大的冲击，其缺陷逐渐显现。主要表现在以下几个方面：一是在当前组织体系下，一些新社会组织、新业态职工难以组织到工会中来；二是大量已纳入工会组织的小微企业职工，特别是外来务工人员因其流动性过大等因素，与工会组织的粘连程度不高；三是在原有工会组织体系下，工会提供的服务与灵活就业的职工需求不匹配。为解决上述问题，近年常熟市总工会正在工会的组织架构与阵地建设方面做出一些创新探索。

（一）常熟市总工会打破过去传统行业工会建在乡镇街道的做法，把新建的行业工会建在市总工会这一层级

2018年到2020年，常熟市总工会先后组建快递行业工会、家政服务行业工会、律师行业工会、美容美发行业工会。与传统行业工会相比，这三大类型行业都具有典型的点多、人少、工作场所变动性大的特点。如果由各乡镇街道总工会各自在所属区域内建立相关行业工会的话，常规化的工会工作将很难开展。事实证明由市总工会基层工会工作部对三大新建行业工会的日常运作进行直接指导的做法，能够更有效地统筹协调各种资源，为他们服务，也便于定期开展具有行业特点的活动，增强行业工会的吸引力和活力。

（二）成立常熟市外企工会联盟，探索设立企业工会自愿结合的非正式组织，充当地方工会与企业工会之间的协调者角色

常熟市外企工会联盟是一个市总工会基层工作部牵头，企业工会自愿加入的

非正式组织。由常熟市开发区、高新区和其他板块工会推荐的龙头企业工会主席轮执担任联盟主席,市总工会提供资金等必要的支持及必要的协调工作,而不干预其具体活动。该组织的任务:一是共商外企工会工作的建设和发展;二是组织开展各类政策和业务的学习培训与交流;三是组织开展对外企工会在企业管理、企业文化建设中的重点和难点问题的探究;四是会员企业以资源共享的方式联合开展各种工会活动。这样一种方式为常熟市外资企业工会搭建了互动交流的平台,也为市总工会在举办大型活动时对外企工会资源的利用提供了方便。

(三)在提升基层地方工会的服务力度和针对性方面进行改革

首先,在经费支持方面改变过去按活动项目划拨经费的模式。常熟市总工会以打包的方式向每个乡镇总工会划拨固定数目工作经费,年终市总工会统一审计考核。这样的方式给予了街道乡镇总工会在职工服务项目开发、大型活动组织上最大的自主权。各乡镇街道总工会可以根据本区域内行业、企业、职工的特征提供个性化服务,最大程度上满足不同职工的需求。近年来常熟市各乡镇街道总工会为区域内职工提供的具有区域特色的品质服务已初具规模。以职工服务阵地建设为例,在形式上,有的乡镇街道采用整合资源的模式,党工共建服务中心,有的乡镇街道则建设了独立的工会职工服务中心。在各职工阵地提供的服务内容上也是各具特色,各有侧重。其次,强化工会送服务到家,增加工会职工服务点的建设。常熟市工会服务点的选址和大多数地方工会统一设于社区活动中心场所不同,常熟服务点选址重点为职工集中居住的地区或其他群众团体服务点覆盖未及地区,而不一定放于社区活动中心。在服务点服务项目的设立方面,采取菜单定制的方式以确保各站点服务项目最贴近职工需求。当前党群团体都高度关注乡镇、社区服务站点的建设,一旦协调不充分,很容易造成某些服务项目上的重复建设,而有些群众需要的服务又存在空白。特别是在一些设立党群综合服务中心的乡镇,工会服务的特点并未得到充分显现,服务"最后一公里"距离的问题始终没有得到很好的解决。常熟市总工会这种化整为零的布点方式,能够很大程度上解决上述问题。

常熟市总工会在不断进行探索和尝试的过程中,逐渐形成了现在的组织体系(见图1、图2),扩大了工会的影响力,特别是对农民工的吸引力大大提升。[①]

[①] 常熟市总工会吸纳会员数从2014年到2019年增加了74437人,而农民工会员人数增加了30835人(数据来源于常熟市总工会报表)。

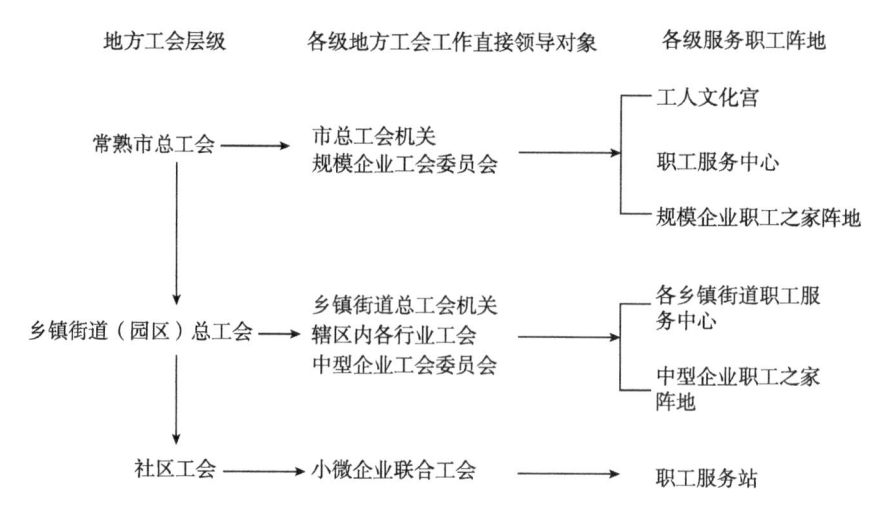

图 1　改革前常熟工会组织体系及服务阵地架构图

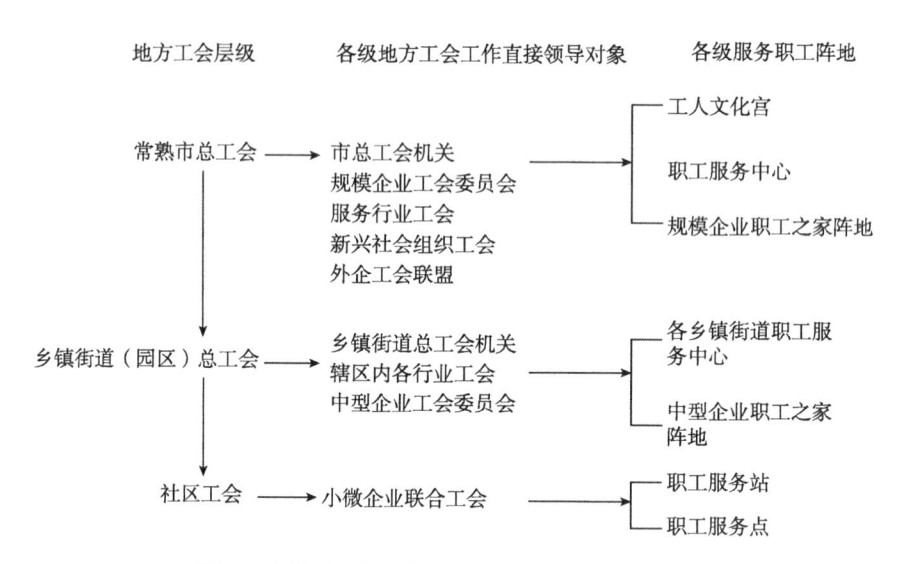

图 2　改革后常熟工会组织体系及服务阵地架构图

四、常熟样本引发的思考

（一）新时代行业工会建设将成为当前基层工会改革的关注重点

当前产业工人队伍建设成为尤为紧迫的一项任务。通过大力开展行业集体协商的方式制定行业劳动标准来维护产业工人的劳动权益，积极组织各行业劳动竞赛、职工技能培训以提升在职职工的整体素质，是时代赋予各级地方工会的新使命，在此过程中，地方工会对行业工会的依托程度将大为提升。20世纪90年代逐步建立起来的行业工会主要集中在传统制造业，其规模被限制在乡镇街道这一层级，且其成员单位以非公企业为主。这样的模式下，很多行业公有制龙头企业的带头协调作用发挥受到制约，较大规模的行业特色活动很难开展。所以，组建区县一级行业工会以及进一步理顺地方工会与行业工会之间、不同层级行业工会之间的关系是今天我们需要研究解决的问题。在常熟样本中，我们看到他们将新建的行业工会设于市总工会直接领导之下，而传统的行业工会依然维持原有的隶属体系。在新的历史时期，大量散落在小微企业的农民工的素质提升将成为区县总工会和乡镇街道总工会的重点工作任务，而完成这一任务的关键还在于有效整合各街道、乡镇（园区）相同的行业工会资源。

（二）对于各级地方工会而言，调动企业工会的积极性是组织建设的另一个重点

作为职工群众自愿加入的群众性组织，工会工作的落实与企业和职工的配合程度密切相关。企业工会是离职工最近的工会组织，对于职工的需求他们了解得最为直观。他们通过集体协商的形式策划一些大型职工活动，一方面能极大提升活动对职工的吸引力，另一方面对于各企业工会职工服务阵地资源的利用也更为便捷、高效，企业、职工参与的积极性也能大幅度提高。常熟样本中，成立外资企业工会联盟这一非正式组织，通过它与地方工会的互动来协调推动企业工会工作的做法给我们提供了启示。它的存在可以为上下游企业成立劳模联合工作室、相近行业企业联合开展职工技能培训等提供了组织思路。

（三）工会服务形式及内容的创新升级是当下工会效能发挥的关键点

新时代工会的维护职能主要是通过服务的方式进行的。服务是工会这一社会组织的主要产品。服务形式的改革要以提升职工获取服务的便捷程度为最终目标，服务内容的创新要以职工需求为导向。地方工会在服务项目的开发上要因地制宜，特色鲜明。在这一点上，常熟样本提供了很好的示范。它化整为零，深入职工居住区设服务点，职工按市总工会提供的菜单点单，提供个性化定制服务的模式，很好地在服务供给者的开发能力与服务接受者需求之间达成了平衡，最大限度地满足了职工的多样化需求。只有对于所有服务对象而言，享受服务的机会均等，才是真正意义上深层次的普惠服务。高质量的服务是具有高度的便捷性和

满意度的服务。这将成为地方工会在服务创新方面的主要努力方向。

参考文献：

［1］姜卫红，王安伟. 关于山东省乡镇（街道）、开发区（工业园区）工会组织建设情况的调查与思考［J］. 山东工会论坛，2018（6）：60-63.

［2］屈红霞. 建设创新型工会加强工会组织建设［J］. 绿色环保建材. 2017（10）：245.

新时代加强和改进职工思想政治工作的思考
——关于全省工会加强和改进职工思想政治工作集中调研报告

杨 静

（安徽省总工会干部学校）

摘　要：安徽省总工会于 2020 年 8 月开展了全省工会加强和改进职工思想政治工作集中调研。调研结果反映出当前安徽省职工队伍思想状况总体稳定，主流是积极向上的。职工思想政治工作仍存在形式单一，对职工吸引力不足；缺乏系统化、规范化的工作机制；缺少从事思想政治工作的专业人才和相关专业知识的系统培训等问题。各级工会组织应当明确角色定位，充分认识新时代加强和改进职工思想政治工作的重要性和紧迫性，建立职工思想政治工作定期调研分析制度，坚持把解决职工思想问题与解决实际问题相结合，不断创新工作内容和方式方法，培育一支热心群众工作、掌握职工思想政治工作规律和方法的工会干部队伍，不断增强职工思想政治工作的预见性、实效性、时代性、创新性。

关键词：职工　思想政治工作　工会组织　工会干部

2020 年 8 月，安徽省总工会加强和改进职工思想政治工作调研组深入全省 16 个地市、企业认真开展调研，笔者有幸作为调研组成员参与了此项工作。在此期间，调研组通过网络问卷调查、实地走访、召开座谈会、入户访谈、数据和文献分析等多种方式全面了解了全省工会在加强和改进职工思想政治工作方面的基本情况、经验做法、意见建议。这对于我们及时准确掌握新时代职工队伍的思想动态和主要诉求，总结、推广基层在职工思想政治工作方面好的做法，有针对性地提出加强和改进职工思想政治工作的举措具有十分重要的意义。特别是在当前国际形势复杂多变，新冠肺炎疫情对我国经济和世界经济产生巨大冲击，我国很多市场主体面临前所未有的压力，部分劳动者面临失业风险和收入降低的背景下意义更为凸显。

一、调研总体情况

从调研结果反映的情况来看，当前，我省职工队伍思想状况总体稳定，主流是积极向上的。广大职工政治立场坚定，能够做到在政治原则、政治方向、政治道路上始终与党中央保持一致；认真学习和贯彻党的创新理论，积极践行社会主义核心价值观，争做有理想、有文化、有道德、有纪律的社会主义新型职工；主人翁意识较为强烈，能够时刻牢记立足本职岗位，干好本职工作，自觉规范自身言行，为把我国早日建成社会主义现代化强国而努力奋斗，职工向心力和凝聚力进一步加强。但随着中国特色社会主义进入新时代和改革开放的持续深入，广大职工对美好生活的向往日趋强烈，职工价值取向呈现务实、个性鲜明的特点，职工对个人权益实现、职业发展提升和精神文化享受的愿望更加强烈，对社会问题和公共事务的关切度加大，对民生保障和共享发展成果的诉求增强，职工思想动态越来越呈现出多元化、务实化、个性化的特点。

全省广大职工在对新冠肺炎疫情带来的影响的认识上态度积极，认识一致，在疫情防控斗争的国际对比中对中国共产党的领导和中国特色社会主义制度的优势更加认同。普遍认为，面对2020年突发的新冠肺炎疫情，党领导全国各族人民正确积极应对，奋力夺取了疫情防控斗争的伟大胜利。反观西方资本主义国家的无力应对和疫情失控，广大职工理想信念更加坚定，深刻感受到党的领导和中国特色社会主义制度的优越性，"人民至上、生命至上"价值理念的先进性。因而，对因疫情造成的企业暂时性的困难和部分职工个人收入暂时性的降低能够理解，能够正确看待和处理国家利益、集体利益与个人利益之间的关系。

二、当前职工思想政治工作存在的主要问题

从调查走访的情况来看，当前职工思想政治工作主要存在以下几个方面的问题。

（一）形式比较单一，运用互联网手段有效引领职工思想政治工作的内容和形式还不够丰富，对职工吸引力还不足

当前，以信息技术为基础的新媒体传播方式，降低了思想政治工作参与的门槛，打破了思想政治工作原有的界限，越来越多的职工通过互联网、社交平台获取信息、交流互动。思想政治工作方式越来越趋于多样化、网络化、基层化、生活化。各级工会在从事职工思想政治工作的过程中，虽然也会有意识地运用工会网站、"两微一端"等网络渠道传播党的理论、路线、方针、政策，宣传先进典型，开展群众性精神文化活动，职工思想政治工作的形式载体不断丰富，但仍然存在有些基层工会习惯用老形式、老办法开展职工思想政治工作，未充分发挥积极性、主动性推动职工思想政治工作创新，互联网载体作用发挥效果不好、流于形式等问题。

（二）缺乏系统化、规范化的工作机制，职工思想政治工作还存在着不同地区、不同企业、不同机关事业单位间不平衡的问题

总体来说，安徽省职工思想政治工作与过去相比，有了较大的进步，各级工会对职工思想政治工作比较重视，积极在实践中探索新时代加强和改进职工思想政治工作的有益办法。但各地区之间，各企业、各单位之间，由于自身的情况不同，企业规模实力不同，在职工思想政治工作的能力、水平和效果上并不平衡。有些企业做得很有成效，在理论武装、阵地建设和开展活动方面都搞得红红火火，总结形成了一套自己的制度化、规范化的职工思想政治工作有效办法。有的企业、单位则还有一定差距，经费保障和阵地建设不足，理论学习和开展活动形式单一，效果不好。

目前来看，全省各级工会在开展职工思想政治工作中普遍存在缺乏系统化、规范化的工作机制的现象。由于缺乏科学系统的规划设计，党政组织、工会在开展各类活动时，有时不能做到系统谋划、有机配合，无法满足职工差异化的需求。在活动开展过程中和参与者的互动交流往往不够深入，导致参与者在活动过程中出现漫不经心、流于形式的情况，在活动结束后对工作取得的成绩和存在的不足缺乏科学的归纳总结，没有建立职工思想政治工作开展效果的评估考核与反馈机制，使得思想政治工作常态化、规范化开展难以得到有效保障。

（三）缺少从事思想政治工作的专业人才和相关专业知识的系统培训

职工思想政治工作的成效很大程度上取决于思想政治工作队伍的能力水平。

应该说当前安徽省工会干部队伍的整体政治素质是过硬的，但业务能力特别是思想政治工作能力和水平与新时代工会干部承担的任务要求还有一定差距。特别是乡镇（街道）工会和规模较小的企业工会干部队伍素质参差不齐，工会工作者专业能力、思想政治工作水平、服务职工群众的精准化水平还有待提高，制约了职工思想政治工作作用的发挥。亟待加强基层工会干部队伍建设，用党的创新理论特别是党的十九大以来理论创新的最新成果武装工会干部队伍，加强思想淬炼、政治历练、专业训练和实践锻炼，突出思想政治工作方法相关培训，增强广大工会干部做好职工思想政治工作的本领。

三、加强和改进职工思想政治工作的几点意见

（一）明确角色定位，充分认识新时代加强和改进职工思想政治工作的重要性和紧迫性

思想政治工作是中国共产党的优良传统和政治优势，巩固党的执政地位必须进一步加强和改进思想政治工作。职工思想政治工作作为党的思想政治工作的重要组成部分，在职工群众中起着统一思想、凝聚人心、化解矛盾、理顺情绪、鼓舞职工团结奋进的基础性作用。

职工思想政治工作是一项政治性很强的工作，具有鲜明的意识形态属性。必须牢牢把握正确的政治方向，在政治方向、舆论导向、价值取向的问题上保持清醒的头脑，做到旗帜鲜明、立场坚定，切实履行好引导广大职工群众听党话、跟党走的政治责任。工会组织和广大工会干部要从党的工作全局出发，明确自身定位，充分认识到新形势下加强和改进职工思想政治工作的重要性和紧迫性，充分认识到工会职工思想政治工作是为党做争取人心、凝聚共识的工作的，不断增强做好职工思想政治工作的思想自觉和行动自觉。

在职工思想政治工作的全过程和各方面，各级党组织发挥着把关定向的领导核心作用，但并不是说一切都由党组织包办，工会组织就无所作为。职工思想政治工作要扩大覆盖面、增强影响力，必须形成齐抓共管的大思政工作格局，不断完善党委领导、党政协同、工会配合的协调联动机制。工会组织要明确自身在职工思想政治工作格局中的角色定位，加强与党委、政府有关部门、企业行政的紧密合作，协助党委及时掌握职工思想动态相关信息，积极融入国家发展、企业经营管理两个大局，充分发挥自身广泛联系群众、活动丰富的优势和特色，把

职工思想政治工作渗透和贯彻于工会各项工作的全过程，以科学的理论武装职工，以正确的舆论引导职工，以高尚的精神塑造职工，以优秀的作品鼓励职工。

（二）建立职工思想政治工作定期调研分析制度，加强舆情分析研判，增强职工思想政治工作的预见性

"当代社会人员流动性加速，人际信任感降低，传统社会中遇到思想政治困惑而主动寻求指引和帮助的人日渐减少。"[1]这就告诉我们，新时代职工思想政治工作不能被动等待，停留在静候和观望的状态中，而应该主动地找到职工、关注职工、理解职工，掌握工作的主动权。思想政治工作要真正深入广大职工的头脑中去，收到实际效果，就要经常调查分析他们的思想情况和思想特点，及时收集了解职工的意见要求，增强职工思想政治工作的预见性。及时掌握职工思想动态的有效途径，一是定期开展职工思想状况调查，工会干部应经常深入基层、深入实践，通过问卷调查、访谈、座谈会、电话调查等一系列科学的调查方法，全面、系统、及时地了解本地区、本部门、本系统、本单位职工的思想动态。二是通过在单位、系统内部建立覆盖面广、上下贯通的固定信息收集网络，实现对职工思想动态信息的日常性和广泛性收集。在实践中，近些年来，一些企业积极探索构建职工诉求服务工作体系、厂务公开舆情分析系统，设置信息监测员、三级民主管理信息卡、服务专线电话等多种诉求平台，及时主动收集职工的思想动态，加强舆情信息分析研判，提高了防范和化解舆情危机的能力。

（三）坚持把解决职工思想问题与解决实际问题相结合，注意分类施策，增强职工思想政治工作的实效性

将深入细致的思想政治工作与解决职工群众实际问题相结合是经过实践证明行之有效的思想政治工作手段。思想政治工作是做人的工作，必须从人的实际需要出发。当前，随着中国特色社会主义进入新时代，职工群众的需要呈现出多样化、多层次、多方面的特点，期盼有更好的教育、更稳定的工作、更满意的收入、更可靠的社会保障、更高水平的医疗卫生服务、更舒适的居住条件、更优美的环境、更丰富的精神文化生活。维护职工合法权益，竭诚服务职工既是工会组织的基本职责，也是开展职工思想政治工作的物质保障。工会组织应该而且能够在满足职工更高的收入、更好的保障、更好的职业发展等诉求方面发挥重要的作用。职工的思想问题往往不是孤立存在的，而是与职工的工作、生活问题交织在

一起。职工思想政治工作要发挥作用，必须关心解决职工的工作、生活中存在的实际困难，必须融入职工生产生活，如果对职工的实际困难视而不见，与职工的生产生活实践脱节，变成"两张皮"，必然收不到应有的效果。

要增强职工思想政治工作的实效性，必须注意因地制宜，分类施策。如前文所述，各地区之间，各企业、各单位之间在职工思想政治工作的能力、水平和效果上并不平衡，非公企业职工、农民工、青年职工群体的思想政治工作是其中的短板。当前加强和改进职工思想政治工作应突出重点人群，着力加强非公企业职工、农民工、青年职工群体的思想政治工作，要结合他们的生产生活实际，运用符合他们年龄、文化水平的思想政治工作方式，见缝插针，在落细、落小、落实上下功夫，使职工思想政治工作融入日常、抓在经常、做在平常。

要克服当前职工思想政治工作缺乏系统化、规范化的规划设计的现状，不断探索形成职工思想政治工作常态化、规范化、制度化的工作机制，在职工思想政治工作相关活动的策划、组织、开展、反馈、评估考核各环节、各阶段明确工作内容、目标和要求，不断总结优化提升，将工作中形成的好经验、好做法用相关的制度固化下来，不断提升职工思想政治工作开展的科学性、有效性。职工思想政治工作的各环节应充分听取广大职工的意见建议，征集职工群众的智慧和创意，思想政治工作的成效应坚持由职工来评判，不断探索受职工欢迎、职工乐于接受的经验和做法。

（四）坚持与时代发展同频共振，不断创新工作内容和方式方法，增强职工思想政治工作的时代性、创新性

新时代做好职工思想政治工作必须坚持与时代发展同频共振，不断创新工作内容，"要因事而化、因时而进、因势而新"[2]，不断增强时代感和感染力。当前，中国共产党领导的抗击新冠肺炎疫情斗争取得重大战略成果，中国人民和中华民族在抗疫斗争中铸就了生命至上、举国同心、舍生忘死、尊重科学、命运与共的伟大抗疫精神。习近平总书记在全国抗击新冠肺炎疫情表彰大会上的讲话中用了六个"再次证明"，生动诠释了打赢这次抗疫斗争中国共产党的领导所起的关键作用，生动诠释了人民伟力、中国特色社会主义制度优势、中国力量、中国精神、中国担当。这些都为我们加强职工思想政治引领提供了宝贵的教育资源。各级工会组织应当抓住疫情防控斗争中的思想政治引领契机，大力弘扬伟大抗疫精神，积极开展爱国主义、集体主义、社会主义教育，增强广大职工对我国党的领导和中国特色社会主义制度优越性的认识，引导培育社会主义核心价值观，把

广大职工的思想凝聚到党中央对形势的判断上来，凝聚到为全面建设社会主义现代化国家、实现中华民族伟大复兴贡献力量上来。同时，工会组织在开展思想教育、宣传先进典型时"不仅要会讲故事，而且要会讲身边的真人真事，不断增强教育内容的魅力、吸引力和公信力"。"要善于把身边的小人物、微事件讲鲜活，使其可亲可信、可知可感"[3]，只有这样，职工思想政治工作才能更接地气、更具活力。

思想政治工作必须讲究方法，掌握并运用科学合理的方法对做好职工思想政治工作至关重要。当然，思想政治工作具体方法的使用必须因具体情况的变化而做出相应调整，"既要运用过去行之有效的做法，又要注意总结新的经验"[4]。职工思想政治工作如果满足于用过去的老经验、老办法来开展工作，不能适应职工群众的新期待，就很难取得实效。随着互联网的普及应用，"两微一端"等新媒体具有传播迅速、应用便捷的特点和优势，在广大职工中的普及度很高，特别是青年职工对新知识、新技术的敏感度、接受度更强。习近平总书记指出："要运用新媒体新技术使工作活起来，推动思想政治工作传统优势同信息技术高度融合，增强时代感和吸引力。"[5]在此背景下，职工思想政治工作必须积极顺应信息网络技术迅猛发展的趋势，主动迎接新媒体发展给职工思想政治工作带来的挑战，创新"互联网+职工思政"的新模式，推进理论学习、管理、服务进一步精准融合，推动形成健康文明、昂扬向上、全员参与的职工文化。从实践来看，各级工会组织普遍采用线上、线下相结合的方式，线下主要通过发挥工会报刊、工人文化宫、职工俱乐部、职工书屋及工会院校课堂等工会宣传教育阵地的作用，借助党建文化馆等特色阵地，以党建带工建，发挥劳模工匠、道德模范的榜样引领作用；线上主要依托各级工会网站、微博、微信、客户端等网络宣传资源和手段，第一时间精准推送习近平总书记最新重要讲话精神和党的理论、路线方针政策，加强线上正面教育和网络舆情的正确引导，通过有奖竞答等方式吸引职工广泛参与，职工思想政治工作取得了一定的成效。

（五）培育一支热心群众工作、掌握职工思想政治工作规律和方法的工会干部队伍，不断提高做好职工思想政治工作的能力和水平

职工思想政治工作的生命力，根本在于同职工群众的紧密联系。"打铁还需自身硬"，一支政治强、业务精、作风正的职工思想政治工作队伍是工作取得成效的重要保证。要加强企业特别是非公企业思想政治工作队伍建设，使工会干部真正懂党的路线方针政策、懂职工心理、懂群众工作规律，切实把群众工作本领

作为自己的看家本领掌握好、运用好。一方面，工会干部应该自觉主动用党的创新理论武装头脑，加强思想淬炼；熟悉和掌握群众工作的规律和方法，特别要加强对职工思想政治工作规律和方法的学习，加强专业训练；向实践学习、向群众学习，在日常与群众的接触中培养群众感情、树牢群众观点、践行群众路线，加强实践锻炼。另一方面，要加强和改进专兼职工会干部教育培训，在培训内容中要特别加强思想政治工作、群众工作规律和方法相关的培训，引导广大工会干部重视职工思想政治工作、掌握思想政治工作规律和方法，把工会干部培养成为政治上的明白人、职工思想政治工作的内行人、职工群众的贴心人。

参考文献：

[1] 童建军，韦晓英．理解思想政治工作本质的三个维度［J］．思想教育研究，2018（7）：46－51.

[2] 曹文泽．让高校思想政治工作活起来［N］．人民日报，2017－02－13（07）．

[3] 曹文泽．让高校思想政治工作活起来［N］．人民日报，2017－02－13（07）．

[4] 童建军，韦晓英．理解思想政治工作本质的三个维度［J］．思想教育研究，2018（7）：46－51.

[5] 曹文泽．让高校思想政治工作活起来［N］．人民日报，2017－02－13（07）．

非公企业工会组建和运作：问题、原因与对策
——基于苏州市 W 区非公企业的实地调查

叶鹏飞　吴建平　原会建　孟宪红　王彬彬

（中国劳动关系学院　社会工作学院）

摘　要：非公企业工会的组建和作用发挥，是我国工会工作面临的重大问题。从苏州市 W 区的调研来看，地方工会创新性地提出"工会组织力"标准体系，力图以标准化建设引领非公企业工会工作创新发展。但非公企业工会工作仍然面临发展不均衡、主体性不突出、队伍薄弱和影响力不能充分发挥等基本困境。在这些困境的背后，非公企业生产经营活动与非经济活动之间的张力是深层原因，工会工作方面的制度设置和体制机制是宏观制约因素，而对老板的依赖性则是非公企业工会工作难以全面发展的直接原因，这些因素又造成非公企业工会工作难以得到职工的深度参与和广泛支持。针对这些问题，需要在制度、职工、运作机制、干部队伍和借力等方面做出相应的改革和突破。

关键词：非公企业　工会　组织建设　发展困境

一、问题的提出

基层工会组建以及如何有效发挥作用，是我国工会工作长期面临的一个重大问题。如果工会都无法建立起来，那么履行维护职工合法权益、竭诚服务职工群众的基本职责也就几乎无法得到有效落实。早在 1998 年召开的中国工会十三大上，全总就正式提出要求，"哪里有职工，哪里就必须建立工会组织"，"最大限度地把职工组织到工会中来"。1999 年年底召开的全总十三届二次执委会议，以

及 2000 年 6 月召开的全总十三届五次主席团（扩大）会议，都特别指出要把新建企业工会组建作为"重中之重的任务""重大紧迫的第一任务"来抓。2000 年 11 月召开全国新建企业工会组建工作会议，提出要把工会组建率、职工入会率纳入党的工作的考核目标[1]，这就逐渐形成了后来的"党建带工建""工建服务党建"的工作机制。

全总这种自上而下的推动，很快取得了巨大成效：1999 年到 2000 年，全国基层工会组织数从 50.9 万个增加到 85.9 万个，其中，企业基层工会组织从 26.4 万个增加到 75.7 万个，而在企业基层工会中，又以非公企业工会组织数增加最为显著，以私营企业为例，从 1999 年的 1 万多个，增加到 2000 年 15.2 万个。① 此后，基层工会的组建工作更是稳步推进，取得了很大成绩。2018 年中国工会十七大报告中提到，全国工会会员总数已达 3 亿人，基层工会组织 280.9 万个，覆盖单位 655.1 万个。

不过，在这些成绩的背后，仍然存在不少问题。首先是宏观数据可能掩盖了因发展不平衡不充分所带来的区域差异。由于经济发展程度的不同，不同区域所面临的经济增长压力不同，所以对企业工会组建的态度仍然存在差异。其次是基层工会数和工会会员数的增长，并不必然意味着这些基层工会组织就能够有效发挥服务职工和维护职工合法权益的功能。事实上，不少基层工会并不能有效发挥作用，"数字工会"以及职工"被动入会"等问题仍然存在。

针对这些问题，全总先后颁布了一些重要文件，以推动基层工会工作的开展，比如 2014 年颁布了《中华全国总工会关于新形势下加强基层工会建设的意见》，提出了"通过 3~5 年努力，使基层工会覆盖面明显扩大，服务职工能力明显提高，工会组织吸引力凝聚力明显增强，力争实现全国 80% 以上的基层工会基本达到'六有'目标"②。2016 年更是根据习近平总书记"三个着力"的重要指示精神，颁布了《中华全国总工会关于增强基层工会活力发挥基层工会作用的实施意见》，其中明确要求，"创新基层工会组织形式和入会方式，有效扩大工会组织覆盖面"，"创新基层工会活动方式和工作方法，增强工会组织的吸引力

---

① 数据来源：《中国工会统计年鉴（2000）》《中国工会统计年鉴（2001）》《2004 年中国工会维护职工合法权益蓝皮书》《2005 年中国工会维护职工合法权益蓝皮书》。
② 这"六有"分别是：有依法选举的工会主席，建设心系职工、善于维权、开拓进取的骨干队伍；有独立健全的组织机构，完善工会委员会、经费审查委员会、女职工委员会等组织；有服务职工的活动载体，满足职工的多样化需求；有健全完善的制度机制，实现工会工作的群众化、民主化、制度化、法制化；有自主管理的工会经费，真正用于服务职工和工会活动；有会员满意的工作绩效，切实让职工群众感受到工会是"职工之家"。

凝聚力战斗力"[2]。

全总对基层工会工作的重视，是新时代以来我国工会组织改革创新的内在要求。中央党的群团工作会议指出，"群团组织基层基础薄弱、有效覆盖面不足、吸引力凝聚力不够问题突出，特别是在非公有制经济组织、社会组织和各类新兴群体中的影响力亟待增强。"[3]增强政治性、先进性和群众性的工会改革方向，必须通过激发基层工会的活力，才能得以贯彻落实。在私人资本主导的非公企业中，由于企业主或经营管理者常常会担心工会活动带来不必要的非生产性成本，或者担心工会可能成为抗衡自己的组织力量，因而工会组建和作用发挥面临更多的阻碍。因此，如何解决非公企业工会建设面临的难题，发挥非公企业工会的重要作用，切实提高工会对职工群众的团结动员能力，是党中央对工会组织改革创新的要求，也是全总近几年重要的改革任务之一，具有重大的理论和现实意义。

二、文献与方法

（一）文献简述

非公企业工会工作问题的研究主要集中于工会理论工作者。从现有文献来看，由于非公企业工会工作具有明显的典型性、复杂性和重要性，因而得到一些工会理论和实践工作者的关注，围绕非公企业工会组建和运作中的问题、基于实践经验的改革路径等进行了不少探索。

围绕非公企业工会组建和运作问题的研究，一些研究发现和结论的汇总，基本上呈现出当前这些问题的基本面貌。黄绍国简要列举了非公企业组建工会所普遍面临的一些问题，比如地方党政领导认识偏差、业主对工会组建的抵触情绪、职工缺乏积极性、职工流动性大等。[4]唐凯基于北京市的"双沟通"模式，讨论了该模式下企业建会实践中面临的主要问题，如工会干部对企业及职工的需求把握不准确、主动推介意识不足等。[5]陈仁涛在探讨非公企业劳动关系领域的冲突和矛盾中，分析了非公企业工会角色缺位和组织职能缺失的问题，认为这是劳动关系矛盾发生的制度原因。[6]

在非公企业工会工作创新的研究中，目前比较突出的是对于地方工会创新实践的总结。最典型的是上海市的顾村经验。2016年全总还专门印发了《上海市宝山区顾村镇加强基层工会建设的经验做法》的通知，系统总结了上海宝山区顾村镇依法推进非公企业工会改革试点的成功做法，并提出以此为基础推进非公企业工会组建工作,打开工会基层工作的新局面。汤洪伟和杜星将顾村经验称为非公企业工会改革的范本,其核心是坚持党的领导,坚持职工主体地位,依靠职工、组织职工依法建会、依法管会、依法履职、依法维权,并从突出政治性、强化法治性、富于创新性、注重实效性等四个方面对其特点进行概括。[7]赖拥军介绍了上海市宝山区非公企业工会改革的实践发展,对改革的基本内容,即依法建会、依法管会、依法履职、依法维权等进行了详细阐述,并在此基础上总结经验,对深化非公企业工会改革进行了思考。[8]当然,非公企业工会工作在不同地域的差异性很大,很多研究也从不同实践出发提出相应的思考。张举强调的是非公企业的规范化建设,从工会干部、组织建设、活动载体、制度健全、经费保障、职工满意等方面,提出了非公企业规范化建设的思考。[9][10]还有一些研究从具体工作的角度,针对非公企业工会建设中的某个特定主题进行探讨。钟冬生和李力东通过对浙江慈溪非公企业工资集体协商的个案研究,探讨了企业职工参与的改进对策。王艳霞聚焦非公企业劳动竞赛面临"为谁赛、赛什么、怎样赛"的"三难"瓶颈问题,提出创新非公企业劳动竞赛体制的基本设想。[11]牛雪峰和范本国讨论了非公企业工会主席的履职激励问题,提出应以适当的政治经济待遇激励人。[12]

总体上看,目前研究者对非公企业工会实践中的困难有了比较清晰的认识,并基于地方工会的实践经验,提出了改进的对策和思考。但存在的不足也比较明显,由于研究问题的独特性以及研究视角、研究方法的局限性,该主题上的高质量论文还相对较少,扎实的实证研究和对问题根源的深入分析仍有待加强。

(二)研究方法

研究方法主要涉及访谈法和问卷调查。调研地点为苏州市 W 区,在非公企业工会工作方面具有典型性。民营经济在 W 区占主导地位,辖区企业绝大多数为非公企业。并且从企业规模来看,各种规模的企业都有,既有数万人的大型集团公司,也有千人左右的中型企业,还有大量的小微型企业,因而具有较好的代表性。

调研共涉及 16 家企业,在每个企业中,我们都与企业高层经营管理者、企业工会主席、工会干部、职工代表等进行了座谈,访谈对象涉及了企业不同层级。同时,我们还与地方总工会相关部门的负责人以及一些街镇工会主席进行了座谈,从区级和街镇级总工会角度调研了非公企业工会的建设情况及问题。

此外,研究对 W 区非公企业职工进行了问卷调查,在区总工会、镇(区)

工会和企业工会的支持下，共获得有效问卷1870份，其中男性职工1162人，占62.1%，女职工708人，占37.9%；本区职工430人，占23%，来自省外的职工共1157人，占61.9%，来自W区以外的本省职工共283人，占15.1%。

三、W区非公企业工会建设的实践和主要问题

（一）工会组织力建设的创新实践

在苏州市W区经济社会发展过程中，民营经济非常活跃，成为起着主导作用的经济形式。W区工会工作也以非公企业作为主要领域，在非公企业工会工作方面进行了大量实践，创新性地提出了"工会组织力建设"，力图建构完整的工会组织力标准体系，以标准化建设引领非公企业工会工作创新发展。

"工会组织力"的提出，是尝试在理论上从组织层面使用一个综合性概念涵盖基层工会工作的各个方面，为基层工会工作提供一个总体性分析框架。以往提到的"吸引力""凝聚力"，主要反映组织成员的个体感受和认同；"战斗力"虽然属于组织层面的概括，却只反映出工会组织某一方面的属性。党中央和全总已经在重要政策文件中提出了"组织力"概念。党的十九大报告指出，"以提升组织力为重点"，将"基层党组织建设成为宣传党的主张、贯彻党的决定、领导基层治理、团结动员群众、推动改革发展的坚强战斗堡垒"。中国工会十七大报告提出，"坚持党建带工建，以提升组织力为重点，突出政治功能，强化工会基层党组织建设。"上述政策文件中，"组织力"的概念主要针对基层党组织，但同样适用于工会的基层组织。此外，党的十九大报告提出增强党的"群众组织力"，很大程度上需要通过群团组织的组织力来贯彻落实。

工会组织力的内涵可以概括为"工会团结、凝聚和动员广大职工群众的能力"，是一种综合性的组织能力。其外延包含六个维度，分别是组织政治力、组织发展力、组织维护力、组织服务力、组织生命力、组织影响力。政治力是工会的思想政治引领，是一切工会工作的方向和保障；发展力、维护力、服务力是工会的核心功能，体现企业工会"双维护""双服务"的目标和责任；生命力是工会事业发展的基本动力；影响力是工会工作最终成效的社会评价。六个维度界定了工会工作的方向、目标、动力和评价，共同构成非公企业工会工作的整体架构。

W区工会在全区非公企业中推进"工会组织力"建设，借助标准化体系积极应对当前非公企业工会所面临的组织能力薄弱问题，已取得一定成果。但客观

来说，非公企业工会组建和作用发挥问题一直是工会工作的难点和痛点所在，W区非公企业的工会工作中，仍然体现出一些具有典型性和共同性的特征和问题。

（二）非公企业工会建设的主要问题

1. 非公企业工会工作发展不平衡

从调研的 16 家民营企业来看，各企业的工会工作发展不平衡，呈现明显的差异性。一些规模较大的企业，党组织、工会组织的机构设置比较健全，通过党建带工建，有效地促进了工会工作的顺利开展。但也有部分非公企业对工会工作的重视度不足，工会活动非常零散，个别企业在年度工作即将结束的时候，工会经费仍然没有任何支出。此外，调研企业一般是与区总工会、镇（区）工会联系较多、相对比较容易进入的企业，其工会工作开展得也相对较好，更多非公企业工会运作情况不太理想。

2. 非公企业工会工作的主体性不突出

在调研的企业中，由于工会主席的身份多为企业管理部门或业务部门的负责人，很多工会工作是与企业行政业务交叉融合在一起的。客观上说，由行政或业务部门负责人来推动的工作项目或内容，能够得到更为快速有效的实施，这使得工会组织能够借助企业行政的力量，把相关的职工服务工作做得更好。但是也存在一些相关的问题，一是这种行政作用的突出，可能会导致职工对工会认知的弱化，使职工难以清晰地、准确地认识到工会在代表和维护自身利益上能够发挥的积极作用，甚至可能会把工会看作企业行政方的代表；二是企业行政方主导的工会活动，基本的出发点更多是企业利益，活动可能具有一定的倾向性。

3. 非公企业工会干部队伍比较薄弱

在 Y 集团公司等少数大型企业，由公司党委委员兼任工会主席，负责公司的党务和群团工作，具有专职群团干部、工会干部的性质。但总体上看，绝大多数非公企业的工会主席均由人力资源、总经办等管理和业务部门的负责人兼任，工会委员也多由各个业务部门的管理人员兼任，这样一支兼职化的工会干部队伍，面对非公企业中多样化的职工需求和新时代工会工作改革创新的需要等问题，战斗力还相对薄弱。具体表现在两个方面：第一，非公企业工会干部队伍在工会工作的理论和实践上都有不足。尽管区总工会不仅为企业工会主席举办"上岗培训"，还不定期提供相关培训课程、开展指导交流活动，但仍然难以保证非公企业工会主席能够系统地了解工会工作的理论和方法。第二，非公企业工会主席和工会委员的兼职属性，决定了他们的主要精力仍然是企业的生产经营活动，难以投入有效的时间和精力开展工会工作。

从职工调查的数据来看，在询问职工"本次调查之前，是否知道企业的工会主席叫什么名字"的问题时，1870名受访职工中，870人（占46.5%）表示"不知道"。特别是在询问职工"是工会会员吗"的问题上，高达45.3%的职工表示"不是会员"，还有18.3%的职工表示"不太清楚"，说明一些工会工作并没有真正触及职工，很多职工仅仅表现一种"被入会"的状态，并没有感受到工会干部和工会工作对自身的影响。

4. 非公企业工会工作的作用和影响力未能充分发挥

虽然不少非公企业的工会工作都有各自的一些亮点，都在一定程度上满足了职工的需要，得到了企业方和职工群众的肯定，但总体上看，与上述几个问题相对应，非公企业的工会工作还没有发挥广泛的、系统性的作用和影响力。在工会工作所涵盖的众多方面，非公企业工会在职工生活服务、促进企业发展上的体现相对更多，而在政治上对职工的引领作用、在权益上对职工的保护作用等方面相对较弱，最终体现在职工群众的评价上，尚未达到良好的状态。

从职工调查数据来看，第一个问题是"在你们企业中工会的影响力怎么样"，选择影响力大的职工有707人，占调查总数（1870人）的37.8%，49.1%的职工认为影响力一般，另有13.1%的职工认为影响力小。第二个问题是"您认为通过工会向管理层提出相关利益要求或维护利益，效果如何"，选择效果好的职工有794人，占调查总数的42.5%，认为"效果一般"的比例达到47.3%，另有10.3%的职工认为效果不好。此外，在其他诸如"工会干部的水平和能力很高""信任企业中的工会干部"的类似问题上，肯定性回答的比例也都不超过一半。

四、非公企业工会工作困境的主要原因

（一）非公企业生产经营活动与非经济活动之间的张力

这种张力和矛盾是市场经济条件下企业竞争和发展所固有的属性，也是非公企业工会工作困境的深层原因。作为市场经营的主体，企业的核心目标是追求最大化的经济利润，因此焦点自然集中在生产经营活动上，同时企业又通常将工会工作视为不产生经济效益的非经济活动，因而不会给予足够的重视。面对党和国家在政策上对组建工会的规定和要求，企业必然会面临在两种活动之间如何平衡的问题。当然，对工会工作的不同理解会影响企业方的抉择。特别是中国工会的

社会职能中，包含建设和教育的部分，这些功能的有效实现，客观上有利于企业获取更高的经济效益，能够为企业发展提供一定的支撑。这种意识和思维的加强和普及，是未来非公企业工会工作发展的内在动力。

（二）非公企业工会工作方面的制度设置和体制机制问题

立法、制度和体制问题，是非公企业工会工作遭遇困难的宏观因素。首先，从立法和制度设置看，有关非公企业工会工作的法律和制度规定主要体现在《工会法》和《企业工会工作条例（试行）》中，特别是条例对企业工会的组织建设、工作内容、工作机制等方面提出了明确的要求。但条例自2006年颁布以来，在实施过程中面临很大的问题，甚至是被虚置的现象。尤其是对于非公企业而言，像专职工会干部的配备（"工会专职工作人员一般按不低于企业职工人数的千分之三配备"）这样的条款，在实践中基本不可能施行。条例作为中华全国总工会颁布的部门规章，远远达不到全国人大立法的刚性，也缺少约束力。其次，从工会体制机制来看，目前企业工会主席和工会干部，除地方工会派驻人员以外，无论是专职还是兼职工作人员，其劳动关系、工资待遇基本都依附于企业，很难摆脱这种身份约束来开展工作，独立性无法得到保证。

（三）非公企业工会工作过于依赖企业老板的个体态度

对老板的依赖性是非公企业工会工作难以全面开展的直接原因。在工会工作相对较好的非公企业中，工会干部陈述的最重要的经验和条件是"老板很关键"，企业工会工作必须得到董事会和总经理的支持。诚然，老板在人、财、物方面的支持会极大地推动企业工会的各项工作，但如果这一因素是非公企业工会工作的关键要素，那么缺少老板的支持，就意味着工会工作会陷入寸步难行的境地。从地方工会的角度来看，需要找到一条能够推进非公企业工会工作的规范化途径，要让老板的支持成为工会工作的助力，而不是核心动力。

（四）非公企业工会工作尚未得到职工的深度参与和广泛支持

我们常说工会是职工的坚强后盾，反过来讲，职工也是工会最根本的依靠和力量来源。对于非公企业工会而言，广大职工的支持同样是依靠和力量。来自职工群众的需求、声音，就是工会干部开展各项活动的底气所在。得不到广大职工的参与和支持，工会工作就相当于失去土壤，无法支撑起庞大的任务和目标。然而，由于上述几个因素的影响，非公企业工会工作在联系广大职工、服务广大职工方面还不够深入，因此也未能得到来自广大职工的最广泛支持，从而影响非公企业工会工作的深入发展。

在本次调查中，涉及"职工参与工会组织的各项活动"的问题，整体上看，除"教育、培训活动"参加的职工达到63.3%，"劳动安全、卫生状况督查检查"涉及的职工达到50.4%外，其他各项活动中，参与的职工均不到一半。在"工会代表或职工代表的选举"中，参加过的职工只占32.9%，"不知道有没有开展"的职工占18.3%，没有参加的职工占48.8%。在"企业工会开展的征求意见会、民主协商会"问题上，参加的职工只占33.6%。

五、加强非公企业工会组建和运作的思考

（一）完善法律法规和相关制度

中央党的群团工作会议后，在中华全国总工会的改革方案中，增强基层工会活力是基本目标之一。在群团改革背景下，全总也明确要求基层工会组织创新工会组织形式、工作方式，增强工会组织的吸引力、凝聚力、战斗力。贯彻落实党中央要求，推进实施全总的工作部署，需要在法律法规和制度层面，为基层工会工作的改革创新提供法律和制度保障。特别是对于非公企业工会工作而言，2006年颁布的《企业工会工作条例（试行）》已经不太适应形势和实践需要，需要做出相应的修改，"宽严并济"，即一些标准需要放宽，使其符合非公企业的实际状况，但要确保条例的指导性和权威性，能够得到真正的执行，产生实际的约束力。同时，上位法《工会法》也需要进行相应修订。

（二）以职工为中心，坚持"双维护"原则

工会的最终依靠力量始终是职工群众，非公企业工会要坚持以职工为中心的理念，紧紧依靠职工办工会。只有坚持这一理念，才能得到广大职工的信赖和支持，将工会打造成真正的职工之家，工会干部也才能成为真正值得信赖的"娘家人"。

工会还必须坚持"双维护"的原则，维护企业整体利益，维护职工合法权益。职工利益与企业利益是对立统一的关系，对立是双方各有独立的利益诉求，但又统一在企业的生产经营和发展壮大的实践中。工会工作以企业和职工的双赢为目标，才能构建和谐的企业劳动关系，赢得企业支持，真正把"以职工为中心"的理念落到实处。

（三）地方工会联系和指导企业工会工作的制度化

地方工会需要针对非公企业工会工作的薄弱环节，提供更多、更具有针对性的指导和帮助，当然也包括对企业工会工作开展情况进行监督和检查。目前地方工会与企业工会之间的联系相对比较松散，更多地依赖于地方工会干部的主动作为、个人魅力或私人关系。这种方式在推进非公企业工会工作方面，不具有稳定性、长期性、普遍性，也必然会导致不同企业之间工会工作的发展不平衡。因此，实践中需要在宏观的法律和制度框架下，探索一条地方工会与企业工会制度化、常态化的联系和指导机制。

（四）探索培养非公企业工会干部队伍的方式方法

非公企业工会工作的质量和效果，与工会干部队伍的能力、素质、作风密切相关。在目前非公企业工会主席、工会干部大多为企业管理人员、业务人员兼任的情况下，可能需要从以下几个方面来探索加强企业工会干部队伍建设的方式方法。一是为企业工会干部的权利和责任、履职行为提供法律和制度保障，这是前文已经提到的部分。二是加强现有企业工会干部的培训和赋能工作，提高工会干部的基本素质，培养工会干部以职工为本的基本理念。当然，地方工会要督促企业方为工会干部的必要培训提供力所能及的便利。三是探索向非公企业派驻专职工会干部的方法。各个地方都有类似实践，也各有不同的具体做法。可以根据本地非公企业的发展状况，选择重点企业，或者同一类企业，派驻专职工会工作者进行工会活动的组织和指导。

（五）借助党政之力推动工会工作

非公企业工会工作要尽可能整合资源，广泛借助党委、政府和其他组织的资源和力量。在党中央要求加强非公企业党建工作和群团工作的背景下，工会组织要树立全面工会工作的思维，将工会工作作为党的事业的一个部分，积极融入党建带工建、党工共建的过程中，借助党政力量、党群共建体系，把维护职工权益、服务职工群众的工作深入开展起来。当然，在这个过程中，企业工会工作的发展也与非公企业党建工作的发展密切相关。

参考文献：

[1] 尉健行. 在全国新建企业工会组建工作会议上的讲话（2000 年 11 月 12 日）

[M] //尉健行. 工会的基本职责. 北京：中国工人出版社，2008.

[2] 李玉赋. 新的使命和担当——全国总工会改革试点制度文件与释义 [M]. 北京：中国工人出版社，2017.

[3] 黄绍国. 关于非公企业组建工会的几个问题 [J]. 中国劳动关系学院学报，2011（3）：31-33.

[4] 唐凯. "双沟通"模式下非公有制企业建会探析 [J]. 北京市工会干部学院学报，2019（2）：32-36.

[5] 陈仁涛. 试论我国非公有制企业和谐劳资关系之构建 [J]. 学术论坛，2013（6）：54-59.

[6] 汤洪伟，杜星. 上海顾村经验：非公企业工会改革的范本 [J]. 工会理论研究，2018（1）：4-8，14.

[7] 赖拥军. 非公有制企业工会改革的实践与思考——以上海市宝山区为例 [J]. 工会理论研究，2019（6）：35-45.

[8] 张举. 非公企业工会规范化建设的思考 [J]. 工会理论研究，2018（5）：20-23.

[9] 钟冬生，李力东. 基于新合作主义视角的非公企业职工参与探析——以浙江慈溪非公企业工资集体协商为个案 [J]. 学术论坛，2012（8）：165-170.

[10] 王艳霞. "三难"瓶颈破解途径探析——兼论非公企业劳动竞赛创新 [J]. 中国劳动关系学院学报，2016（6）：100-103.

[11] 牛雪峰，范本国. 非公企业工会主席履职激励研究 [J]. 工会理论研究，2017（6）：15-18.

坚持三个导向　做实改革文章
以习近平总书记讲话精神统领工会工作

李崇禧

（山东省日照市总工会）

摘　要：党的十八大以来，习近平总书记围绕工人阶级和工会工作多次发表重要讲话、做出重要指示，深刻阐明了工会工作的地位作用、目标任务、实践要求，形成了习近平总书记关于工人阶级和工会工作的重要论述，为新时代工会工作创新发展提供了理论指导和行动指南。本文围绕落实习近平总书记重要讲话精神，聚焦强"三性"、去"四化"，突出目标导向、问题导向、创新导向，就如何创建引领职工新载体、搭建动员职工新平台、构筑服务职工新体系等进行了深入的研究探讨，对推动新时代工会工作创新发展具有一定的现实意义。

关键词：强"三性"　去"四化"　改革创新　引领职工　动员职工　服务职工

习近平总书记指出：新形势下党的群团工作只能加强，不能削弱，只能改革创新，不能停滞不前。近年来，日照市总工会在学习贯彻落实习近平总书记重要讲话精神过程中，把改革创新作为攻坚克难的利器，聚焦强"三性"、去"四化"，突出目标导向、问题导向、创新导向，高标定位，找准问题，以改革理顺工作机制，以创新破解工作难题，不断探索工会工作新方法，创建引领职工新载体，搭建动员职工新平台，构筑服务职工新体系，以新时代的新作为开创了日照工会工作的新局面。

一、坚定政治性，创建引领职工新载体

政治性是群团组织的灵魂，是第一位的。习近平总书记讲：如果我们群团组

织不讲党的领导，不讲理想信念，不讲共同目标，不讲祖国和人民，只是单纯地去拼"服务"、拼"活动"，那是很难把群众真正组织起来的。他强调：引导职工群众听党话、跟党走，巩固党的执政基础和群众基础，是工会组织的政治责任。对工会组织来讲，坚定政治性，就是要把组织群众、宣传群众、教育群众、引导群众的工作做好。我们立足坚定政治性，尊重职工主体地位，针对工会组织对职工的组织力不足、思想引领力不强等问题，创建引领职工新载体，让职工当主角，切实提升了引领职工工作的实效。

1. 创新工会组建方式，打造职工群众身边的工会组织

坚持职工群众在哪里，工会组织延伸到哪里，借鉴外地经验，采取建立产业工会联合会等形式，确保工会组织应建尽建，让职工时刻感受到"娘家"就在身边；把"楼宇工会"作为破解"两新"组织职工"找家难"的突破口，在职工群众集中的楼宇建设楼宇工会服务站点5处，并精心设计服务载体，让楼宇内每个企业职工都能真切感受到工会的刚性维权和贴心式服务；聚焦破解货运司机入会难题，大胆探索网上召开会员大会的方案，在微信群正式召开会员大会，通过投放小程序，推选出工会委员会、经费审查委员会和女职工委员，选出了司机们信赖的"娘家人"；针对非公企业工会活力不足问题，探索实行非公有制企业工会经费代管服务，撬动了非公企业工会组织活力，小型非公企业工会工作明显活跃，小型非公企业职工也有了自己充满活力的"职工之家"。

2. 举办"唱响劳动之歌·讲好身边故事"系列主题活动

以唱响新时代之歌、唱响企业之歌、歌咏身边人身边事、讲好劳模故事、讲好工匠故事、讲好身边的榜样故事为主要内容，扩大职工参与度，让职工唱主角，在潜移默化中让党的意志在职工群众中落地生根。比如举办职工合唱展演，在微信公众号开设最美企业之歌评选，近10万名职工为心中最美企业之歌点赞；比如讲好身边故事活动，广大职工群众踊跃参与，身边人写身边事，书写职工身上展现出的新时代风采和精神风貌，市总工会编辑出版了《榜样在身边》一书发放给各广大职工群众，深受好评。

二、突出先进性，搭建动员职工新平台

保持和增强先进性是群团组织和党所领导的群团工作的根本着力点。对工会组织来讲，突出先进性，就是要组织动员广大职工群众把个人梦想同中国梦紧密联系在一起，弘扬劳模精神、工匠精神、劳动精神，奋力投身新时代中国特色社

会主义建设洪流。我们立足建设一支宏大的知识型、技能型、创新型劳动者大军，破解脱离群众评先模等问题，搭建动员职工新平台，大力实施以"工创"行动为主题的职工技术创新活动，在广大职工中营造大众创业、万众创新的浓厚氛围，促进全方位、全体系、全领域创新，为推动高质量发展贡献工会力量。

1. 切实增强劳模、工匠的示范引领作用

推动市委、市政府出台了《日照市劳动模范评选管理办法》《提高离退休劳动模范荣誉津贴的通知》和《"日照工匠"评选表彰管理办法》，规范了劳动模范的评选、待遇及服务管理，明确"日照工匠"享受同级劳动模范待遇；在首届"日照工匠"评选活动中，坚持在一线、在基层广泛寻找日照工匠，在全市范围内通过网络等现代新媒体手段，寻找日照工匠，同时把审核和宣传相结合，精心制作了宣传视频，通过日照工会微信公众号开通社会评选通道，职工群众累计投票208089票，扩大了"日照工匠"评选表彰的社会影响，提升了"日照工匠"荣誉的社会美誉度。

2. 开展工匠训练营活动

充分发挥好工会"大学校"作用，开设"工匠讲堂"，引导广大职工以工匠为榜样，提高技能素质，增强创新意识，激发创新活力；充分发挥社会力量，在企业或依托培训机构建设职工技能培训基地，大规模开展职工教育培训；举办"工匠创新沙龙"，定期组织工匠人才交流研讨，组织工匠人才到先进地区、企业考察学习研修，通过研修、研讨切磋创新技能，增强创新思维和创新能力。在乡镇、园区和农业龙头企业开办"农民工学堂"，通过"学堂+农民工之星""学堂+基地"的模式，提高农民工素质，推动工友创业，助力乡村振兴。

3. 举办职工创新成果展

结合"工创"行动启动仪式，举办首届日照市职工创新成果展，展览共分工匠人才展区、职工技术创新成果展区、劳模创新工作室展区三部分，持续一周时间，面向全市人民开放。工匠人才展区主要展示省、市命名的"齐鲁大工匠"和"日照工匠"的事迹材料；职工技术创新成果展区主要展示市级以上职工优秀技术创新成果奖；劳模创新工作室展区主要展示市级以上劳模创新工作室基本情况和承担的技术攻关课题及完成的创新成果等情况。通过职工创新成果展，进一步激发职工群众创新、创造的热情。

三、增强群众性，构筑服务职工新体系

习近平总书记指出，工会要坚持以职工为中心的工作导向，抓住职工群众最

关心、最直接、最现实的利益问题，认真履行维护职工合法权益、竭诚服务职工群众的基本职责，把群众观念牢牢根植于心中。我们立足为职工群众提供精准服务，针对脱离职工群众、"自拉自唱"等问题，创新服务职工工作机制，构筑服务职工新体系，切实提升了服务职工工作实效。

1. 创新职工需求调查机制，精准把握职工需求

采用线上线下结合的方式，在线下，以"职工所急、党政所需、工会所能"的内容为主，通过专题调研走访、召开座谈会、发放调查问卷等方式，全面开展职工需求调查；运用第三方的力量，开展精准调查，与曲阜师范大学政治与公共管理学院合作开展了日照市职工需求抽样调查。在线上，开展了职工需求及工会工作情况调查，探索实行了填写调查问卷抢红包、抽奖等方式，吸引职工群众广泛参与；针对企事业单身青年职工的婚恋需求问题，开展了单身青年联谊活动意向调查。

2. 创新实施为职工办实事项目

针对职工需求，通过公开征集的方式，确定每年为职工群众办10件实事，将服务职工工作进行项目化管理，对每一项工作定人员、定责任、定时间、定进度，确保事有专管之人、人有明确之责、时有限定之期；对每个项目的进度，及时在各类媒体发布，接受广大职工群众和社会各界监督。公开征集、公开承诺、公开办理，为职工办实事项目赢得了职工群众的广泛认可。

3. 创新推行社会化服务职工模式

充分发挥工会组织枢纽型社会组织的作用，撬动各方面社会资源参与工会服务职工项目。在向社会公开为职工办实事项目的基础上，广泛联系各类社会资源主动认领为职工办实事项目，联系社会组织山东海洋律师事务所为职工群众提供法律服务；联系日照银行、市环卫处等单位建设职工爱心驿站，已建成80处；联系土地储备集团共同开展了广泛寻找"日照工匠"活动，跨越1000多千米，发掘和寻访匠人50余人，走访职工群众300余人；联系城投集团开展了首届"爱在日照"单身青年联系活动，参加活动的单身青年职工350余人，现场牵手成功6对。社会化服务职工模式，扩大服务职工工作覆盖面，提升了为职工办实事项目的实效，进一步增强了工会工作的群众性。

下一步，我们将深入学习贯彻落实习近平总书记关于工人阶级和工会工作的重要论述，把改革创新贯穿到工会工作的方方面面，围绕引领职工、组织动员职工、服务职工做文章，进一步厘清思路，谋划工作，努力开创我市工会工作新局面。

加强"智慧工会"建设,提升工会服务能力

——浙江省"智慧工会"普惠服务的探索与思考

刘若实[①]

(浙江省总工会干部学校)

摘　要:"智慧工会"是工会改革创新的重要突破口,也是工会普惠服务职工的重要创新载体。如何向职工提供精准、高效、普惠的服务,是工会面临的重要课题。本文通过分析推进"智慧工会"普惠服务的重要性和必要性,在分析总结浙江"智慧工会"普惠服务实践探索的基础上,提出要通过深化普惠工作新内涵、注入普惠服务新血液、聚合普惠服务新动力和拓宽普惠服务新天地来建立"智慧工会"普惠服务的新模式。

关键词:智慧工会　普惠服务　新模式

百度搜索"智慧"一词,词条显示它是指生物所具有的基于神经器官(物质基础)的一种高级综合能力,是生命基于生理和心理的因素所产生的一种高级创造思维能力,通过对信息的处理和加工,可以启动新的功能。"智慧工会"更突出智能化,在工会工作和为职工服务过程中减少对人的依赖,有自我学习、自我处理、自我协调、自我合成、自我控制的特点。[1]"智慧工会"是中国工会为适应时代发展,加快改革创新而提出的鲜明而具体的发展目标。"智慧工会"与万千职工的工作和生活联系得越来越紧密,逐步成为维系职工、服务职工的重要载体。工会会员通过智能手机,享受工会"一键式"服务,实现工会的"最多跑一次"。[2]在职工需求日益多元化的今天,如何利用好"智慧工会",为职工提

---

① 作者简介:刘若实,浙江省总工会干部学校副教授,主要研究方向为智慧工会和产业工人。

供多层次、高质量、全方位的普惠服务，让职工群众享受实惠，提升获得感、幸福感，是新时代工会工作面临的新任务。

一、推进"智慧工会"普惠服务的重要性和必要性

（一）党中央对工会的要求

积极打造以职工为中心的"智慧工会"，向职工提供精准、高效、普惠的服务，提升职工的获得感和幸福感，是新时代中国工会的重要任务。2015年7月，习近平总书记在党的群团工作会议上强调，要下大力气开展网上工作，亮出我们的旗帜，发出我们的声音，让群众在网上找到自己的组织，参加组织的活动。2018年10月，王沪宁在中国工会十七大会议的致辞中强调要不断深化工会改革创新，牢牢把握群团改革部署要求，构建联系广泛、服务职工的工会工作体系，切实增强团结教育、维护权益、服务职工功能，增强工会工作的动力活力。利用"智慧工会"做好职工普惠服务是落实中央对工会群团工作要求的具体举措，也是工会改革发展的重要突破口。工会组织必须主动出击，才能在新时代有所作为。

（二）网络时代的大势所趋

互联网带来大发展、大融合、大变革，带来了诸多新业态和增长点，以互联网为基础的经济社会发展新形态正在形成之中。互联网的发展必然给工会带来深刻变革，也提出了新的要求和挑战。我国在线政务服务用户规模达5.09亿人，占网民整体的59.6%，我国297个地级行政区政府已开通了"两微一端"等新媒体传播渠道，总体覆盖率达88.9%，"一网通办""一站对外"等逐步实现，以数据开放为支撑、新技术应用为手段，服务模式不断创新。[1] 马云提出互联网从无到有，将来是从有到无，这个"无"是指无所不在，无时不在。互联网技术运用的普遍性和广泛性为利用"智慧工会"为职工开展普惠服务提供了良好的条件和坚实的基础。工会唯有顺应这种趋势，大力开展"智慧工会"普惠服务，维护职工权益，才能提升工会的凝聚力和战斗力。

---

[1] 我国在线政务服务用户规模超5亿 服务整体水平持续向好［EB/OL］. 人民网, 2019-08-30.

（三）工会改革创新的需要

建设"智慧工会"是新时代中国工会的历史使命和必然选择，全心全意依靠工人阶级是中国共产党领导社会主义革命和建设的优良传统和重要法宝。2013年4月，习近平总书记在中华全国总工会机关同全国劳动模范代表座谈时指出，坚持全心全意依靠工人阶级，要在政治上保证、制度上落实、素质上提高、权益上维护，不能只当口号喊、标签贴。中国工会是职工自愿结合的工人阶级群众组织，同时是国家政权的重要社会支柱，这就注定中国工会既是群众组织，又是政治组织，既具有群众性，又具有政治性。工会的政治性、先进性和群众性要求必须落实到组织建设、工作理念、机制运行、工作手段、活动方式和服务手段等各个方面。建设"智慧工会"普惠服务能够更好地服务亿万职工，更好地实现群众性目标。

工会通过与职工群众的指尖交流，与职工群众面对面、键对键，更好地服务职工群众，全天候、广覆盖回应职工关切的问题，提升服务水平。2018年12月，时任中华全国总工会主席王东明在浙江省调研期间明确指出，网上工会、智慧工会建设扎实推进，用大数据、云计算打造新的工会工作阵地、宣传阵地。通过为职工提供有导向、有黏性、高频次的服务，把职工在网上凝聚起来，实现工会服务全天候、全覆盖，在新时代更好地守初心、担使命，服务职工群众。

（四）职工群众的迫切期盼

利用"智慧工会"开展普惠服务是满足职工新需求的必然选择。职工有需求，工会必须有作为。全国有几亿名职工和3亿多个工会会员。职工队伍和工会会员均已经发生很大变化，工会传统的组织方式、活动方式和服务方式已很难再满足广大职工的新需求和新期盼。如果还仅限于采用传统方式方法开展工作，已不可行。互联网时代，特别是80后、90后的新生代职工更是互联网时代的原住民，他们的成长伴随着互联网的发展，生活和工作都和互联网密不可分，是互联网的直接开发者、建设者和忠实使用者。新生代职工需求日益多元化，提升技能、相亲交友、展示自我、表达诉求等都可以通过"掌上娘家人"，享受到工会提供的普惠服务。创新工会服务职工的网络载体，服务对象实现面向全体会员，服务方式实现从"制单"向"点单"转变，服务手段由线下为主到线上、线下深度融合，有序发展。让职工群众在网上找得到工作组织，听得到工会的声音，参与到工会的活动，享受到工会的服务。

二、浙江省"智慧工会"普惠服务典型做法

（一）杭州市总工会探索普惠服务职工新模式

2017年7月，杭州市总工会智慧工会正式上线。杭州市总工会智慧工会将各项工作和服务从线下向线上转移、融合，依托工会会员卡、智慧工会管理平台、网上服务大厅、APP、微信公众号及工会大数据系统这六大服务职工平台，将春风行动、医疗互助、高技能人才奖励、杭州工匠、外来务工人员上大学、杭工学堂、青年职工交友、民主调研等多项工会服务放在网上运作，为工会会员提供便利。杭州市总工会坚持让数据多跑路，让职工少跑路，直至一次都不用跑，增强了工会的吸引力和凝聚力。

从平台架构、项目覆盖、普惠联盟等方面着手，将普惠活动延伸到职工生活的方方面面，编织起了实实在在的"惠民网"。这些普惠活动既有效拓展了工会普惠的覆盖面和增强工会的存在感，更大幅度提升了职工的幸福感和获得感。据统计，市总工会和区县、产业两级推出普惠活动超过210个，活动点击量超过730万次，通过活动直接受益的职工有450万余人次。在调研中，我们发现杭州市总工会普惠服务力度很大，效果显著。如杭州市总工会以杭工E家为载体，用心服务杭城职工，推出的杭工学堂、春风行动、E家有惠、幸福牵手等系列活动，深受杭城职工欢迎。2019年杭州市总工会积极利用智慧工会平台，大力开展普惠服务项目：为100对新杭州人举办集体婚礼；为万名青年职工免费提供婚恋交友服务；为万名职工免费举办职业发展、技能提升、身心健康、生育保健、法律法规等十大服务项目。

（二）宁波市总工会构建普惠服务新平台

2018年宁波市总工会因地制宜拓展本地特色优惠项目，着力扩大会员受惠面，推出"地铁打八折""1元看大片""会员一日游"和微信福利等优惠活动165项，惠及职工近200万人次。推动服务职工实事工程制度化，在完成"春送岗位、夏送清凉、金秋助学、冬送温暖"等常规帮扶服务外，完善职工疗休养政策，规范职工疗休养基地建设管理，做实"两节送温暖""职工医疗互助""职工疗休养""妈咪暖心小屋"和"优秀职工健康体检"等工会服务职工品牌。加强工人文化宫、五一学校、职工疗养院、五一广场、区域化职工文化中心等服务阵地建设。为给职工提供更精准的服务，2019年5月"甬工惠"官微的升级版"甬工惠"APP正式上

线。这个新平台，拥有更全面的功能、更优质的服务和更强大的互动，是掌上一览工会、畅享普惠的主平台。APP还将进一步完善职工福利普惠平台，优化认证会员互助医疗保障线上报销、线上参保系统，推进消费扶贫工作，推出对口扶贫产品专区。"甬工惠"APP建设中也正在积极地与宁波城市服务平台展开密切合作，"甬工惠"APP将逐步加载智慧交通、民政服务、社区服务等各项城市生活服务，探索更多的普惠服务途径，为会员带来全新的体验。

整体来看，宁波市总工会"智慧工会"普惠服务建设做到了以下两点：一是强功能、重实效，让职工在网上享受到工会服务，包含完善服务功能、创新服务方式和提升服务质量；二是多形式、多联动，让职工在网上能参与到工会活动，做到丰富活动内容、创新活动形式、坚持多维联动。宁波市总工会"甬工惠"在2019年"网聚职工正能量 争做中国好网民"主题活动互联网+工会普惠服务优秀平台征集中被评为"最具影响力平台"。

（三）嘉兴市总工会做实做响工会普惠服务品牌

嘉兴市总工会采取"顶层设计、统一建设"的模式推进，开发市、县、镇三级网上职工之家平台及全市通用的功能模块和特色服务模块，实现服务职工平台标准规范统一、结构风格各具特色。各县（市、区）总工会依托嘉兴市网上职工之家总平台和工会微信矩阵，上下联动服务，共享信息资源。在对职工服务中，实现服务项目、内容在后台的联通，在服务职工的信息收集处理中，实现底层数据的联通，进行大数据分析，分级共享，为全市各级工会科学决策提供服务。为了提升普惠服务的效果，嘉兴市总工会做深做实需求调研，将普惠服务和传统业务分类梳理，做到"应上尽上"，形成网上网下深度融合、互联互动、高效便捷的服务职工、服务基层的新格局。加载特色项目，积极开发和打造具有本地特色和职工特点的服务项目，不断提升服务职工的质量和水平。

对"嘉兴工会"微信号进行二次功能开发，升级为功能性、服务型、互动型窗口。一是开发在线查询功能。嘉工卡、职工互助医疗、工会服务地图等信息均可在线实时查询。职工打开微信，通过地图导航，即可一键搜索身边的职工服务中心、职工学校、工人文化宫和妈咪小屋等工会服务设施和阵地。二是开发在线服务功能。职工申请入会、工会业务咨询、法律维权答疑、名师带徒交流、心理咨询服务和青年交友服务等功能，在源头设计时确保技术上与嘉兴网上职工之家平台对接。三是开发在线参与功能。设计开发会员阅读签到、活动抽奖、在线报名等多个小应用，增强与职工的在线互动，提升用户的参与体验。

三、"智慧工会"普惠服务建设现状及问题

为深入了解浙江省"智慧工会"普惠服务建设情况,课题组多次前往地市总工会及基层工会调研,并通过电子调查问卷的方式采集数据。截至2019年11月1日,发出问卷1032份,有效问卷1032份,其中工会会员915人,工会干部145人。结合调研数据和访谈资料,课题组对浙江省"智慧工会"普惠服务的情况进行梳理,不难发现,浙江省在这方面做了大量有益探索,但也存在着一些不足,有待进一步完善和加强。

(一)参与度不够高,普惠力度不够大

问卷数据显示(见表1),职工会员对"智慧工会"普惠服务的参与度不高,经常参加的只有8.3%,有33.3%只是偶尔参加,没有听说过"智慧工会"普惠服务活动的竟然高达41.7%。这些数据说明在各地工会轰轰烈烈地开展"智慧工会"普惠服务的同时,仍存在职工参与度不够高、网上普惠服务平台宣传不到位的问题。这也暴露出当前仍有部分工会干部思想认识不到位,缺乏互联网思维,对新技术的学习运用存有畏难、排斥、等待、观望心理。在"智慧工会"普惠服务建设方面没有明确思路,也不知道从哪方面着手。许多工会干部还持有不着急、不想学、不想干、不会干的心思。这也是造成职工积极性不强、参与度不高的一个重要原因。

表1 您是否参与过工会在网上(群、公众号、微博、APP等)开展的普惠职工活动

参加情况	经常参加	偶尔参加	有这些活动,但我没有参加	没听说过
占比情况(%)	8.3	33.3	16.7	41.7

表2显示,2018年以来参与工会开展的网上普惠服务的频率整体不太高。只有1次的高达75.7%,2~3次的占18.9%,3次以上的仅占5.4%。

表2 2018年以来参加过几次工会开展的网上普惠服务

频率	1次	2~3次	4~5次	5次以上
占比(%)	75.7	18.9	2.7	2.7

从职工享受工会网上普惠服务福利额度来看（见表3），整体额度较小。100元及以下的占57.3%，101~300元的占22.7%，301~500元的占14.6%，500元以上的仅占5.4%。从中不难看出职工享受到的普惠服务福利的金额与职工普惠服务的参与度、参与频率呈正相关关系。

表3　2018年以来享受网上普惠服务福利金额约为

额度（元）	10以下	10~50	51~100	101~300	301~500	500以上
占比（%）	15.7	18.1	23.5	22.7	14.6	5.4

（二）宣传力度不够，为职工服务宗旨体现不突出

参与普惠服务的职工，单位要求参加的占32.5%，亲友同事口碑推荐的占13.5%，上网时无意中发现的占18.1%，还有35.9%的表示已记不清通过什么渠道得知的网上普惠服务活动（见表4）。

表4　您是通过什么渠道知道这些网上普惠服务活动的

渠道	单位要求参加	亲友同事口碑推荐	上网无意发现	记不清了
占比（%）	32.5	13.5	18.1	35.9

当问到没有参加网上普惠服务的原因时，不知晓有普惠服务的高达39.1%，不了解普惠情况的有18.1%，普惠项目没有吸引力的有13.5%，不符合普惠条件的有15.0%，其他因素有14.3%。这说明"智慧工会"普惠服务的宣传力度不够，职工没有听说过或者只是听说但对网上普惠服务了解得不深、不多，也直接影响普惠服务的参与度。

（三）服务定位不够准确，服务程序不够便捷

1. 内容和形式单调，服务缺乏针对性

由于对职工需求没有深入了解，提供的服务内容和项目无法吸引职工的兴趣，无法做到职工需要什么就重点服务什么，更难做到针对职工需求进行量身定制，提供具有特色的个性化服务，服务体验不够人性化。若要持久吸引职工的注意力，必须坚持以内容为王，用优质的资源配以形式多样的载体，再加上独特的享

受普惠服务体验，才可能将职工紧紧团结在工会周围。很显然，个别"智慧工会"平台在设计时背离了以职工为中心的服务宗旨，在程序和功能上不符合职工上网习惯和消费习惯，因此不太受职工欢迎。

2. 功能设计没有很好地体现人性化，反馈渠道不畅通，及时反馈有困难

"智慧工会"普惠服务的初衷就是简化流程，提高普惠服务效率，提升职工的获得感和幸福感。在现实中，部分普惠服务平台存在操作程序不便捷、不清晰的问题。操作过程中人为设置的"关隘"太多，并且栏目设置不合理。职工在运用时常常难以找到急切需要的信息，繁杂的信息使人眼花缭乱，举手无措。而一般情况下，职工又没有反馈的渠道，线上工会的普惠服务是单向的传输，如普惠服务平台重复建设，甚至栏目雷同，无形中都会降低普惠服务平台的品质和信誉度。线上、线下深度融合还不够，普惠活动依托手机平台的较多，线下开展的活动相对较少，虽然省时省力，但针对年龄较大、不会使用手机上网的职工群体来讲，可能会错失享受普惠服务的机会，如12.1%的职工因为对操作技术不熟悉而认为普惠服务项目不好（见表5）。

表5 认为网上工会普惠服务活动不好的原因

原因	觉得麻烦，浪费时间	项目没有吸引力	带给职工的实惠不够	操作技术不太熟悉	参与活动还要收费	其他
占比（%）	18.8	20.8	18.9	12.1	5.6	23.8

问卷显示，对网上工会普惠服务的评价，"很不满意"占5.4%，"不满意"占8.6%，"一般"占32.5%，"满意"占40.5%，"很满意"占13.0%。满意度不高，认为网上普惠服务项目不好的具体原因有以下几点：太麻烦、浪费时间占18.8%，项目没有吸引力占20.8%，实惠力度不够占18.9%，对操作技术不太熟悉占12.1%，另外还有5.6%因为参与活动还要收费而影响了参与的积极性。

（四）内容不够丰富，服务功能有待拓展

1. 活动中的产品质量和优惠幅度，对职工群众的吸引力还不强

表5中有20.8%的被调查者认为项目没有吸引力，有18.9%的被调查者认为普惠服务带给职工的实惠力度不够。无论是线上还是线下，如果商品质量一般，价格与京东、淘宝等相比优惠额度不大，职工参与普惠服务的欲望都会不强。

2. 普惠服务的项目和功能有待拓展

目前工会开展的普惠活动，一般都限定在职工吃、住、行、医、旅、购和娱等方面，而在职工学习、健康生活、人文关怀、志愿者服务等方面还存在开拓空间。表6显示，在职工更愿意参加的普惠服务项目中，排在前三位的是技能培训、休闲娱乐和困难帮扶，对心理健康的需求度也比较高，达到37.8%，法律援助占24.3%，相亲交友占8.1%。

表6 更愿意参加哪一类网上普惠服务（多选 最多选三项）

服务项目	休闲娱乐	困难帮扶	法律援助	技能培训	心理健康	相亲交友	其他
占比（%）	43.2	40.5	24.3	59.5	37.8	8.1	10.8

在"针对网上工会普惠服务平台，您觉得哪些功能是必须的"的调查中，排在前三位的是健康服务（62.2%）、活动模块（56.8%）、诉求模块（51.4%），对职工书屋、购物优惠、捐资助困、心理服务的呼声也都比较高（见表7）。

表7 针对网上工会普惠服务平台，您觉得哪些功能是必须的（选2~5项）

功能	活动模块	诉求模块	健康服务	心理服务	购物优惠	捐资助困	职工书屋	社交互动	其他
占比(%)	56.8	51.4	62.2	48.7	40.5	40.5	40.5	24.3	8.1

表8显示在认为网上普惠服务好的原因中，27.0%认为能得到实惠，感受到工会温暖的占19.3%，能解决实际问题的占13.5%。这组数字也能说明服务功能不够强大，活动内容还不够丰富，影响了职工参与的积极性和对普惠服务的满意度。

表8 认为网上工会普惠服务好的原因是

原因	得到实惠	感受到温暖	帮助解决了问题	其他
占比（%）	27.0	19.3	13.5	40.2

"对目前网上工会普惠服务，您有什么建议或意见？"这是一道主观题，职工提出的建议较为集中：一是工会的普惠服务功能要更加多样化，二是工会普惠服务要能给职工带来实惠，三是普惠服务要便捷化。

四、进一步创新"智慧工会"普惠服务新模式

（一）明确价值导向，深化普惠工作新内涵

1. 加强宣传

新媒体的时代人人都可以成为媒体，都可以采用自媒体的形式发声。工会干部要学会利用新媒体广泛宣传工会工作，用新颖的方法和手段，赢得职工的喜爱。这就要求工会干部转变行政化的工作思路，畅通路径、拓宽渠道，做到工会工作公开、透明。"智慧工会"普惠服务也要加大宣传的力度，把普惠服务给职工带来的实惠和便利讲清楚，让职工了解、熟悉普惠服务的项目和流程，职工才会有参与活动、享受服务的可能性。中铁十一局第二工程有限公司工会利用在"钉钉"上开辟职工服务平台向职工提供在线服务，指导职工使用该平台，并制作了细致入微的使用手册。

杭州市总工会积极推广智慧工会，向全市 109 家"爱心驿家"和重点园区、小镇、规模以上企业派送"杭工 e 家"APP 宣传易拉宝，并放置在员工较集中的窗口、食堂和爱心驿家休息区，利用职工休息间隙做好宣传。还与杭州公交集团合作，在杭州主城区的几条主要公交线路的公交车车身投放"杭工 e 家"APP 的品牌形象，通过"流动的广告"在全市范围内进行推广宣传。《杭小工在线》在市区 6600 余辆公交车上播出，以技能培训、普法宣传、困难帮扶、文化活动等为主要内容，还通过劳动法律知识、政策解读、典型案例分析等内容宣传，让职工群众轻松学法、理性用法。

2. 明确重点

普惠服务是一种全新的理念，找准"智慧工会"的普惠服务的重点非常关键。普惠服务应围绕工会的维护职工权益、竭诚服务职工的宗旨来进行，从内容和形式上都能彰显工会的特殊性、专属性和唯一性，体现工会的特色和优势。"智慧工会"功能虽然非常强大，但也不是万能的，更不能试图用网上服务的平台取代工会线下的服务。互联网也有它的弊端，有些不适合在网上开展的服务还要继续在线下进行。普惠服务需要工会线上线下深度融合、有序推进。工会组建和入会方面，充分利用网站和微信公众号实现在线入会，并建立实名制数据库。民主管理方面，完善网上职代会机制，做到网上签到、网上表决、浏览提案、提出建议，提高职工参与度；在服务职工方面，利用大数据定期向职工推送服务项目，提高服务的精准性。普惠服务就要设身处地为职工着想，始终带着温度和爱

心,传递给广大工会会员。这既是普惠服务活动的初衷,更是赢得广大职工会员,有效提高工会组织吸引力、凝聚力、影响力的前提和保证。

3. 提升效能

如果把"智慧工会"理解成每天刷刷屏、转转帖、回回话,这是很片面的认识。"智慧工会"犹如钢铁侠的无敌铠甲,借助这身铠甲,工会力量可以更大更强。这就要求工会干部了解和使用互联网,转变工作理念,改进工作方式和方法,秉持一切为职工服务的根本出点发,做到服务精准、沟通顺畅、资源丰富。以职工需求为导向,以服务职工为宗旨,在 APP 客户端和微信公众号等平台推送职工需要的服务项目,并畅通职工反馈和互动参与的通道,切实提高服务的精准性和高效性。

(二)加强队伍建设,注入普惠服务新血液

1. 强化互联网意识,培养互联网思维

智慧工会是工会创新发展的必然趋势,是密切联系职工的客观要求,也是破解工会工作难题的必然要求。毛泽东主席早就认识到:有一种恐慌不是政治恐慌,也不是经济恐慌,而是本领恐慌。这种本领恐慌在很多工会干部身上体现得较为明显,不会主动用网、学网,因循守旧。因此,工会干部要充分认识"智慧工会"普惠服务建设的重要性和紧迫性,主动学网、懂网、用网、占网、管网,提高网络技术的运用能力,养成做好工会网上工作、走好网上群众路线的意识和习惯。做好"智慧工会"普惠服务就要求工会干部不仅要熟悉工会常规业务,还要具备一定的网络知识,具有一定的媒介素养,做到政治强、业务精、会维权、懂服务,并不断提升服务的能力和水平。要把"智慧工会"普惠服务作为工会工作的一项重点工作去推,把"智慧工会"普惠服务成果纳入工会工作的考量范围。开展普惠服务,与各个部门相关。一是网络部门要为工会各部门提供业务服务和网络技术指导;二是工会干部要学网、懂网、用网,经常上网看看、潜潜水、聊聊天,了解职工群众的所思所想,了解职工群众的真实需要,积极借助"智慧工会"的平台为职工提供优质的普惠服务。

2. 强化人才队伍保障,做好普惠服务人才储备

"智慧工会"普惠服务是一项系统工程,要有充足的人才队伍保障。人才队伍的建设不可能一蹴而就,但随着职工群众对服务的要求越来越高,工会普惠服务又是时不我待,因此一方面要不断挖掘工会内部的资源,解决工会人手紧缺的问题,另一方面尝试借用市场化的方式,加强与社会组织等专业机构的合作,通

过购买服务等各种方式把人才集中起来为工会所用，接长工会的手臂。[3] 普惠服务队伍要不断优化整合，需确保"智慧工会"的普惠服务项目和服务手段不断充实和更新。工会干部能根据不同的岗位而授权，履行相应的职责。在宣传推广方面，让更多职工关注并持续成为普惠服务平台的忠实粉丝，必须有一批宣传推广人员。"智慧工会"普惠服务因为要面向广大职工提供服务，面广人多，一旦有任何闪失就可能造成很大损失。因此，要有专门的网络安全控制人才，做好实名制数据安全管理，做好各方面的风险预防控制。

3. 加大培训的力度，营造全民参与的氛围

工会干部应当树立8个互联网思维，互联网思维的精髓就是用户至上、体验至上、服务至上、平台至上。在利用"智慧工会"开展普惠服务的过程中，最缺乏既精通工会工作又善于运用网络的复合型人才。专业的人做专业的事，"智慧工会"普惠服务的建设也是如此。工会干部的能力和素质直接影响普惠服务的效果，影响工会工作的整体水平。培养既懂工会业务，又懂新媒体的高效团队非常关键。针对这一要求，要加大培训的力度，并把工会干部互联网思维、大数据思维和"智慧工会"普惠服务相关内容列入新时代工会干部培训的课程之中。另一方面充分发挥人人都是自媒体的特点，号召广大职工一起参与，通过广泛征稿、评选粉丝等方式，把职工的积极性充分调动起来。

（三）聚焦工会职能，聚合普惠服务新动力

1. 强化服务理念

工会必须把维护职工合法权益、竭诚服务职工群众，提升广大职工获得感、幸福感作为工作的目标和动力。所谓以职工为中心就是站在职工的角度思考，一切围绕职工，一切为职工服务，一切从职工出发，一切的起点是职工，一切的终点也是职工。工会干部要把职工当"家人"，让职工切身体会到工会全方位的关心和无微不至的温暖。打造"智慧工会"普惠服务平台，服务职工更快捷高效，就要摒弃体制机制陈旧、方式方法单一的传统工会工作方式，打造普惠服务的新型平台，提升职工素质、维护职工权益、关怀关爱职工，在联系服务职工中彰显工会新作为。

2. 做好平台定位

一个好的"智慧工会"普惠服务平台具有以下特点：①内容丰富。必须以职工为本，集职工所需、工会所能的服务项目，工会的线下服务项目，基本上都能在线上得到实现。②特色鲜明。立足于为职工维权，为职工解忧。特色还体现

为针对特定的人群，如农民工、网约工等。③辨识度高。功能设计、页面风格、操作特点都应该具有亲和力。④吸引力强。高度的用户黏性，才能展现出长久的吸引力。宁波市海曙区"海曙职工之家"微信平台建设坚持以职工需求为导向，坚持做"有料""有趣""有灵魂"的工会新媒体，用"情怀"感召职工、用"诚意"温暖职工、用"服务"吸引职工和用"活力"凝聚职工，为职工提供看得见、摸得着的服务。

3. 拓展服务功能

职工需求是动态变化的，工会在普惠服务的内容、形式和方法上都要不断创新，不断优化服务职工的途径。职工最需要什么，工会就提供什么。工会普惠服务要坚持多领域，不断拓宽服务内容，实现服务项目的多元化。从职工学习、健康、安全、社交、成长等需要出发，将服务由生活福利、救助帮扶、医疗保障等向职工成长成才、金融保险、法律援助、人文关怀、志愿者服务等领域不断拓展，线上线下有序对接，不断丰富普惠服务的内涵，增强职工的获得感和幸福感。

浙江省直机关工会借助市场手段，与诚信的商家合作，向职工提供食、住、行、游、购、娱、健等全方位服务，让职工感受工会带来的实实在在的贴心服务。通过向职工提供"智慧工会"普惠服务，工会的吸引力和凝聚力得以增强。为关怀职工心理健康，2018年12月嘉兴工会网上职工之家平台推出"心灵氧吧"工作模块，在PC端、微信上提供心理服务功能，重点在"职场工作与职业发展、亲子教育、婚姻家庭"等方面为职工提供专业帮助，取得了明显的效果。

（四）促进规范运行，拓宽普惠服务新天地

1. 整合资源，形成整体合力

做好普惠服务，需要加强协调，上下联动，统筹规划，整体推进。对于一些共有共用的具有规模效益的普惠性服务项目，可以在全总层面上统一开展。如工会服务职工的APP，可以由全总开发，各地采用，节省人力物力。一些统一的标准，如工会的统一服务标识，也应该考虑由全总制定。[4]具有地方特色的普惠服务项目，则由各地市工会和基层工会自由开展。

现在的"智慧工会"相关各主体间双向沟通不够，缺少沟通交流机制，联动性不够，不能形成合力。工会网络平台的功能和操作流程差异性大，缺少统一标准，不利于考核管理，更难以形成整体合力。另外，重复建设也造成一定的浪费，基础投入容量过剩，技术开发重复投入必然造成人力、财力浪费。职工之间缺少互动性，没有充分利用好互联网的"黏性"。如果职工只是从平台获取信

息，没有做到信息共享，再加上职工和工会缺乏互动，就不能充分发挥网络平台的优势。"智慧工会"普惠服务可以利用大数据，在各级工会之间、不同的普惠服务平台上实现数据共享，提高数据。将工会原有资源挖掘出来，也要把外界的力量和资源整合进来。比如将智慧教育、智慧家政与"智慧工会"普惠服务平台相融合，为"智慧工会"开辟新阵地。以工会实名制数据库为基础，准确定位职工需求，为职工提供全覆盖、全天候、零距离的服务。上海工会会员服务卡除原有的职工保障、便捷金融服务外，将可以直接刷卡搭乘上海的公交、地铁、出租车等公共交通，并能享受交通卡全国260多个城市公共交通互联互通的便利。会员享有工会提供的一份专享基本保障，并可享受职工援助服务中心和工会组织所属的服务机构和设施提供的免费或优惠服务。

2. 遵循四项基本原则

"智慧工会"普惠服务要严格遵循群众性、服务性、公益性、实惠性四项基本原则。群众性是从普惠服务的对象来看，服务是面向全体职工，不是某一个群体，更不是为领导干部服务。从普惠服务平台建设的目的来看，是让全体职工从中受益。服务性，是指普惠服务要立足职工需求，多方面满足职工需要。需要借助网上平台打通与职工的"最后一公里"，与职工面对面、心贴心，打造让职工看得见、找得到、信得过的服务平台。公益性是指普惠服务不以营利为目的，立足为职工提供免费服务，通过让职工省钱、省心、省力，增强工会的影响力。实惠性是指职工能通过普惠服务享受到得到物超所值的产品和服务。这就要求干部要了解市场，了解产品质量和相关服务等，在保证质量的前提下，最大限度地为职工谋福利，保障职工权益。2019年11月，杭州市总工会在网络平台公开征集2020年工会服务职工实施项目，重点围绕职工维权服务、生活服务、健康服务、教育培训、文体娱乐、帮扶救助以及关爱农民工等方面的实事项目，很好地体现了杭州市总工会从解决职工群众的急事、难事出发，满足职工最关心、最现实、最迫切需求的服务理念。

3. 确保服务常态化、规范化

"智慧工会"普惠服务应成为工会的一项常规性工作来开展，实现普惠活动常态化、规范化，而不是朝令夕改，任意而为。工会要制订长期短期计划，要有切实可行的服务设计方案，确保各项普惠活动统筹规划，稳步开展，成为工会组织服务职工的重要渠道。另外，工会组织也要做好岗位分工，细化责任，专人负责，真正把好事办好，为职工提供更快捷、更贴心的服务。

参考文献：

[1] 郭孝实.“智慧工会”的特征、问题与对策研究J]. 中国劳动关系学院学报，2019，33（5）：59-67.

[2] 王静.“互联网+”时代工会工作模式创新研究——以重庆市产业工会和区县工会为例［J］. 中国劳动关系学院学报，2017，31（3）：119-124.

[3] 张晓莹，等. 互联网+工会［M］. 2版. 北京：中国工人出版社，2017.

二、群团改革研究

先锋型工人阶级群团组织的政治形态与中国实践
——兼论中国特色社会主义工会发展道路的政治性

刘 佳[①]

(北京航空航天大学 马克思主义学院)

摘 要：工会是资本主义体制下劳资对冲的产物，然而面对强大的资本攻势，工会在行动结果上难逃失败厄运，在性质功能上陷入内卷化泥潭。先锋队政党的诞生为工会运动带来了重要转机，先锋队通过无产阶级意识形态灌输和工会组织体系再造将工会纳入政党组织体系内，使之成为先锋队政党的组织要素，从而促使工会从法团型利益团体向先锋型群团组织跃迁。政党与工会关系是理解中国工会政治形态的关键。中国工会政治形态的核心要义就在于中国工会自觉坚持中国共产党领导，这是中国特色社会主义工会发展道路的本质特征，是中西方工会政治形态的根本差异。

关键词：中国共产党领导 中国工会 政治形态 中国特色社会主义工会发展道路

一、引言：中西工会政治形态差异性的现象学

工会是伴随资本主义工业文明而发展形成的工人政治共同体，内在包含着劳动与资本的互斥性，以及两者任何一方都难以绝对凌驾于另一方的守势性。在资

[①] 基金项目：本文系中国青少年研究会2019年度立项课题"新时代劳动伦理青年化研究（课题编号：2019B03）"的阶段性研究成果。
* 作者简介：刘佳（1989— ），男，辽宁抚顺人，法学博士，助理教授，主要从事马克思主义劳动政治研究。

本主义主导的世界历史进程中，民族国家的空间隔绝被资本全球运动所打破，由资本编制而成的世界市场为人类存续繁衍奠定了厚重的物质基础；与此同时，资本的全球运动也使劳资对立从"生产事件"演化为全球公共事件——"资本到哪里，冲突就跟到哪里"①——工人运动此消彼长同资本主义扩大再生产交相辉映，资本不仅向民族国家输出交换原则和民主精神，更为其带来了"工会"这一现代性组织模式。作为工人阶级集体行动的实现机制和组织载体，工会随着资本全球运动而被嵌入不同民族国家政治形态之中，成为民族国家工人阶级走向团结的组织形式。

"不同的工人从事不同的政治。"② 民族国家的历史传统、工业化进程、政治民主化水平、政党体制以及所有制结构等因素，对一国工人阶级集体行动逻辑产生深刻影响，从而造成不同国家工会组织在政治形态呈现显著差异。这一点在中西方工会之间表现得尤为明显。一般而言，人们将中国工会理解为中华全国总工会及其所辖的各级工会组织，中国工会是一个以中华全国总工会为中轴的整体性概念，由于中国大陆实行"单一制"工会体制，因此只存在一个由国家法律（《工会法》）明确规定的工会组织，其他自发组建的工人社团和组织都被视为"非法"。西欧是现代工会的发源地，劳资矛盾与冲突是工会诞生的"助产婆"。与"单一制"工会体制相比，西欧国家的工会组织大多建立在产业体系基础上，国家产业目录中有多少种产业部门和行业类型，就相应地形成多少种工会组织，而且不同产业（行业）工会之间大多构成一种"横向连接"关系，而工会间纵向连接机制相对薄弱。

政党是影响工会政治形态结构特征的重要变量，也是影响中西方工会体制及其政治过程差异性的关键因素。政治形态生发于物质生产领域，受生产力与生产关系制约并反作用于生产力和生产关系。政治形态是对社会政治权力、政治理念、政治活动、政治体制之间结构性特征的总体性描述和概念化表达，是指"在一定社会形态下，政治上层建筑与经济基础和社会意识形态相互作用所形成的、以政治权力为中轴的政治生活的总和"③。政治权力是塑造政治形态的决定性因素，政治形态以政治权力为轴心而展开。政治权力不会悬浮于半空，它依附于国家机器并且唯有借助国家机器的组织化力量才能运转起来。政党在现代民主政治

---

① 贝弗里·西尔弗. 劳工的力量——1870年以来的工人运动与全球化［M］. 张璐, 译. 北京：社会科学文献出版社, 2012：52.
② 裴宜理. 上海罢工——中国工人政治研究［M］. 刘平, 译. 北京：商务印书馆, 2018：289.
③ 林尚立. 当代中国政治形态研究［M］. 2版. 天津：天津人民出版社, 2017：34.

过程中扮演关键角色，由于政党本身不具有政治权力，它必须通过对国家政权的有效控制才能影响或控制政治权力，因此政党始终把夺取和占有国家政治权力作为核心目标。西方政党对国家政治权力的争夺是在议会政治体制内进行的，选票决定了政党在政治形态中的位置，政治权力执掌者轮流"坐庄"已司空见惯，可谓"铁打的议会流水的内阁"。有别于西方议会政党制度，中国共产党是当代中国的领导党和执政党，中国共产党在中国政治形态中处于最高位阶，"在当今中国，没有大于中国共产党的政治力量或其他什么力量"[1]。

政党在国家政治形态中的结构性差异，造成中西方工会体制泾渭分明。在西方国家，政党与工会根据政治发展走向和现实需要（如争取选票、推行政策、维护稳定等）携手合作，组建政治联盟，亦会分道扬镳，陷入竞争泥潭。西方政党与工会在政治形态中呈现为一种平行结构关系，有学者分析国外中左翼政党与工会团体的关系时发现，工会只是作为政党结盟的潜在对象之一，由于新社会团体和组织类型的出现，政党结盟的对象范围不断扩大，工会将面临随时被"遗弃"的可能，因此西方政党与工会的政治同盟关系将随着市民社会的成熟发育而"有名无实"，"双方很可能发展一种较为松散的协作或伙伴关系"[2]。

西方工会理论难以解释中国共产党与中国工会的政治关联及其运作机理，甚至把中国工会错误地定性为"政党派出机构"或"类政府机关"[3]，从而提出工会应独立于政党之外，遵循社会化建会策略，不一而足。这些主张显然与中国工会的性质和功能相背离。中国共产党始终坚持中国共产党领导，中国工会既不等同于政党本身，也不能脱离政党变质为社会利益集团，工会是存在于政党体系内部的群团组织，它与共产党在政治形态上形构为"轴心—外围"结构，"发挥着向社会表达党的意志，向政党表达社会心声，同时为维权协调各种利益关系的功能"[4]。中国工会是中国共产党组织体系的外围延伸，是中国工人阶级组织化的物理载体。

由此可见，中国工会政治形态在世界工会政治版图中独树一帜。习近平指出："坚持党的领导，是做好党的群团工作的根本保证，是必须坚持的正确政治

---

[1] 中共中央文献研究室. 习近平关于社会主义政治建设论述摘编 [M]. 北京：中央文献出版社，2017：30.

[2] 高奇琦. 国外中左翼政党与工会团体的互动研究——一种政党结盟与解盟理论的分析 [J]. 社会主义研究，2012（3）：92－96.

[3] 吴清军. 中国劳动关系学40年（1978—2018）[M]. 北京：中国社会科学出版社，2018：52－53.

[4] 林尚立. 中国共产党与国家建设 [M]. 天津：天津人民出版社，2017：205.

方向，也是党的群团工作的优良传统。"① 坚持中国共产党领导是中国特色社会主义工会发展道路的本质所在，是中国工会政治形态与西方工会体制的根本差异，是马克思主义工会学说中国化的重要理论成果。因此有必要从学理上讲清楚中国共产党与中国工会的政治关系，讲清楚中国工会自觉坚持中国共产党领导的必然性，这是深刻理解和把握中国特色社会主义工会发展道路的民族特色与理论特色的要义所在。

二、工会运动的逻辑及其内卷化困境

工会运动是资本内在张力作用于工厂整体的直接后果。工会的出现意味着工人阶级集体行动进入新阶段，即从自发走向自为、从隐蔽走向公开、从分散走向联合。首先是工人自发的、偶然的、个别的犯罪行为，这是工人阶级相对剥夺感在个人行为上的投射。"他想不通，为什么偏偏是他这个比有钱的懒虫们为社会付出更多劳动的人该受这些苦难。而且贫穷战胜了他生来对私有财产的尊重，于是他偷窃了。"② 偷窃是违法行为，偷窃只能解决应急之需，代价极高，难以长久维系。因此，工人用暴力反抗机器就成为偷窃犯罪的替代方案。此时，工人把斗争领域锁定为砸毁工厂和机器，"但是这种反抗形式也只是零散的，它局限于一定的地区，并且仅仅针对现存关系的一个方面"③。工人斗争在资产阶级"反攻倒算"政策面前难逃"失败循环"。1824年英国《结社法》的出台使工人阶级集体行动出现重大转机。这部法案向工人阶级释放了一个明确信号，即工人反抗资本的行动具有道义上的正当性和法理上的合法性。一份关于工人团体的报告中写道："使工人深信其所报主张之政党，虽立法部门对此迟迟不愿让步，但终于完全让步矣……工人为增加工资，缩短工作时间或减轻劳动之严酷等而组织之团体，不但无罪可言，亦且有功可记。"④ 法案也为工会组织的蓬勃兴起和发展创造了宽松的政治法律条件，"工人得到了过去只是贵族和资产阶级才有的自由结社的权利"⑤，工人组建工会不再被视为对资产阶级统治秩序的挑战，《结社法》的出台直接促成工会组织"井喷式"增长，"当1824年工人得到自由结社

---

① 中共中央文献研究室. 习近平关于社会主义政治建设论述摘编 [M]. 北京：中央文献出版社，2017：190.
② 马克思恩格斯文集：第1卷 [M]. 北京：人民出版社，2009：449.
③ 马克思恩格斯文集：第1卷 [M]. 北京：人民出版社，2009：450.
④ 韦伯夫妇. 英国工会运动史 [M]. 北京：商务印书馆，1959：73–74.
⑤ 马克思恩格斯文集：第1卷 [M]. 北京：人民出版社，2009：450.

的权利时……所有的劳动部门都成立了这样的协会（工联）"①。

工人阶级把组建工会作为集体行动的优先选项，这缘于工会能够维护工人阶级的劳动权益，舒缓资本主义雇佣劳动体制下劳资关系的紧张对立，从而在资本与劳动之间建筑起一层厚实的"保护带"。首先是保卫工人工资。工会代表工人同资本家就工资标准进行谈判，要求工资增长水平同工业发展水平相适应，维护劳动力供求关系的总体均衡。其次是救济贫困工人。救济贫困工人（包括经济贫困、身体疾病、下岗失业、家庭困难等工人）是工人阶级组织化的初始动因，它深受卫斯理宗教的影响，工会会员向工会组织定期缴纳一定比例的会费，一旦陷入贫困即可向工会申请救助。再次是启蒙工人觉悟。工会在组织内部设置无产阶级性质的教育机构（如图书馆、阅览室、学校等），提高工人阶级的文化水平和劳动技能，唤醒工人阶级政治觉悟。最后是谋求工人解放。工会"作为工人同企业主进行斗争的堡垒"②，担负着为实现工人阶级解放而斗争的政治使命，随着无产阶级与资产阶级的对抗性发展到最高表现形式——"全面革命"，工会运动也将从聚焦工资利益、基本劳权为重点的社会运动发展为政治运动，"不能说社会运动排斥政治运动。从来没有哪一种政治运动不同时又是社会运动的"③。

随着工人阶级力量壮大、工会组织发展以及工会运动与政治运动"合流"，工会将在组织形态上发生跃迁——孕育形成工人阶级政党。马克思、恩格斯在评论英国工人运动时指出："在英国，工人们就不限于组织一些除临时罢工外别无其他目的并和罢工一起结束的局部性同盟。他们还建立经常性的同盟——工联，……这些罢工、同盟、工联是与工人的政治斗争同时并进的，现在工人们正在宪章派的名义下形成一个巨大的政党。"④ 然而，工会运动并没有按照马克思、恩格斯的理论预设前进，资本主义的调整策略加速了工人运动的转向。随着资本对劳动过程控制策略的调整、商品销售策略的空间转换、机器体系自动生产能力的提升、社会公共福利体制的建立，工会运动的激进性逐渐淡化，工会组织深陷"内卷化"困境而难以自拔。

"内卷化（involution）"是用以描述事物发展过程及其阶段性特征的哲学概念，康德将"内卷化"定义为事物成长的过程中没有发育完毕或发展成熟，以

---

① 马克思恩格斯文集：第1卷 [M]. 北京：人民出版社，2009：451.
② 马克思恩格斯文集：第1卷 [M]. 北京：人民出版社，2009：653.
③ 马克思恩格斯文集：第1卷 [M]. 北京：人民出版社，2009：655.
④ 马克思恩格斯文集：第1卷 [M]. 北京：人民出版社，2009：653.

至于事物始终摇摆于其生命初期的初级形态，表现为事物发展的停滞不前或性能退化。[1] 工人阶级集体行动的组织形态历经从非制度化形态到制度化形态的动态演化，而工会恰好是连接非制度化组织形态与制度化组织形态的"过渡地带"，因此，工会运动的发展方向在理论逻辑上有两种可能性：一是工会发展为工人政党，它在议会政治框架下同资产阶级政党进行选票竞赛；二是工会后退为狭隘的经济利益团体或工人贵族团体，被资产阶级政党所分化、同化。我们把第二种可能性称为工会组织的"内卷化"，工会"内卷化"具体表现为三个方面：

首先，组织内卷化。无产阶级劳动者是工会的细胞，工会应以开放态度吸纳无产阶级劳动者加盟。然而，自动化机器体系的改良以及劳动分工的细化加速了工人阶级内部分裂，从而打破了工人阶级作为"一块整钢"的共同体结构。产业部门的利润率将工人阶级划分为不同档次，分工协作体系将工人划分为非技术性工人（机器操作工、添料工）和技术性工人（检查维修工）两类，工厂制度在传统劳工之外培植出一批听命于资方指令的监工。工人阶级一体化格局被彻底打碎，随之而来的是工人工资性收入的分化，即少数工人日常生活得到改善，大多数工人仍未摆脱绝对贫困。此时，工会入会门槛不断提高，高工资工人备受工会青睐，低工资工人则被工会排斥在外。正如恩格斯所说："旧工联所网罗的都是'有技术的'工人；它们带有闭塞的性质，根本不接纳没有受过行会训练的工人……它们有钱，但是越有钱，它们就越退化为单纯的患病职工补助会或丧葬基金会；它们保守，千方百计地尽一切可能躲避'可诅咒的'社会主义。"[2] 入会标准的提高造成工会与工人阶级之间发生严重区隔，工会逐渐内卷化为由工人贵族把持的利益团体，"工联是少数工人贵族的组织"[3]。

其次，治理内卷化。工会的组织运行与职能实现必须遵循一定规则和程序，构建高效通畅的工作体系和制度体系。这套治理结构的核心要义在于无产阶级掌握工会领导权，工会真正成为工人阶级的阶级共同体。然而，由于工会入会"门槛"的抬高，大多数工人被排斥在外，工会领导权最终由工人贵族把持。所谓"工人贵族"是深受资产阶级意识形态浸染、早已被"资产阶级化"了的权贵工人。资产阶级与工人贵族取得联系并为其提供高官厚禄，"他们为自己争取到了比较舒适的地位，于是就认为万事大吉了"[4]。工人贵族是资产阶级在工会中的

---

[1] 李长文，李旭，等. 依附型学会治理内卷化及其化解 [J]. 学会，2017 (12)：5-9.
[2] 马克思恩格斯论工会 [M]. 北京：工人出版社，1980：315.
[3] 马克思恩格斯论工会 [M]. 北京：人民出版社，1980：182.
[4] 马克思恩格斯文集：第1卷 [M]. 北京：人民出版社，2009：375.

代理人，工会的无产阶级性质逐渐丧失，它倒退为维系资本主义雇佣劳动体制稳定性的附属机构。

最后，功能内卷化。在组织与治理双重内卷化影响下，工会运动未能延续马克思、恩格斯设定的"社会运动—政治运动"的路线前进，相反，徘徊于"社会运动"的边缘，缺乏提出变革资本主义社会制度诉求的自觉性。由于资本主义制度及其生产方式是工人阶级深陷劳动异化泥潭的根本原因，如果不触碰资本主义制度，工会运动终将难逃失败厄运。"工会的所有这一切努力都不能改变工资决定于劳动市场上的供求关系这一经济规律。因此，工会在所有影响这种关系的重大原因面前是无能为力的。"[①] 由此导致的结果是，工人阶级解放的政治使命与工会组织的行动逻辑渐行渐远，工会逐渐退回到其原生形态——狭隘的工人阶级经济利益团体。

三、超越"内卷化"：先锋队政党对工会政治形态的重构

工人阶级集体行动的组织形态，除组建工会外亦可能形成政党。政党首先是阶级的组织，是阶级发展到一定阶段并以政治斗争来表现阶级斗争的政治组织形式。工人政党是工人阶级进行政治斗争的"桥头堡"。问题的关键在于，工会与政党作为工人阶级集体行动组织化的两种可能性结果，工人阶级为何会选择后者呢？由于在资产阶级政治统治面前，工会显得十分渺小，"资产阶级却利用他们的财产和他们掌握的国家政权所能提供的一切力量来维护自己的利益"[②]，加之工会组织内卷化趋势造成政治斗争收效甚微，"工会对左右着劳动市场的较大的原因是起不了作用的"[③]。工人政党处在资产阶级政党的对立面，它代表着工人阶级同资产阶级争夺政治领导权和社会管制权，以求更迭资本主义雇佣劳动体制，工人阶级"只有把自身组织成为与有产阶级建立的一切旧政党不同的、相对立的政党，才能作为一个阶级来行动"[④]。因此，组建政党是工人阶级集体行动走向成熟的理性选择。

共产党是工人阶级的先锋队，作为工人阶级利益的代表者和作为工人运动历史走向的代表者，共产党的阶段性政治使命就是让无产阶级获得阶级意识，避免

---

① 马克思恩格斯文集：第1卷[M]．北京：人民出版社，2009：452．
② 马克思恩格斯文集：第1卷[M]．北京：人民出版社，2009：448．
③ 马克思恩格斯文集：第1卷[M]．北京：人民出版社，2009：453．
④ 马克思恩格斯文集：第3卷[M]．北京：人民出版社，2009：228．

走向自我分裂，推翻资产阶级政治统治，使无产阶级上升为统治阶级。先锋队政党是工人阶级从自发走向自为，获得无产阶级意识，避免阶级走向分裂的决定性因素，"只有组织成这样一个政党的无产阶级，即现代俄国最革命的阶级，才能完成它所肩负的历史任务"[1]。先锋队政党首先建立在共产主义历史必然性的信仰上，其直接理论来源就是马克思主义，这使得在经济社会发展相对落后、缺乏充分政治动员资源的国家内建立先锋队政党具备了可能性；以共产主义共同信仰而组织起来的先锋队政党，为确保政党组织整齐划一和集体行动协调一致，在运行体制上确立了民主集中制的组织原则和制度安排；向群众灌输无产阶级意识形态，启发工人阶级的政治觉悟，培养先锋队后备力量，从中吸纳先进分子成为共产党员，是先锋队政党带领工人阶级和人民群众取得政治革命胜利、建立无产阶级专政的关键要件。

先锋队政党一横空出世，就面临如何处理与工会的关系问题。列宁从理论上分析了工会组织陷入内卷化的原因与机理，形成了工联主义批判理论。他认为，在资本主义体制下，同社会阶级结构的二元性相对应的是意识形态的二元性，即只存在资产阶级的思想体系或者无产阶级的思想体系，两者之前没有中间选项，而工人阶级的自发性运动不可能形成无产阶级的阶级意识，工人运动始终被资产阶级思想体系所包围，从而难以摆脱资产阶级思想体系的支配。列宁将这种受资产阶级思想体系支配的自发性工人运动称为"工联主义"。"自发的工人运动就是工联主义的，也就是纯粹工会的运动，而工联主义正是意味着工人深受资产阶级的思想奴役。"[2] 那么，工联主义何以产生？一方面是由于资产阶级对工人阶级采用了分化策略，培植大量工人贵族和利益代理人所造成的，另一方面在于资产阶级思想体系在历史传统和传播能力方面远远强于无产阶级的思想体系，"资产阶级思想体系的渊源比社会主义思想体系久远得多，它经过了更加全面的加工，它拥有的传播工具也多得不能相比"[3]。工联主义将工人运动和工会组织活动范围严格限定在经济领域，只根据经济要求决定政治斗争策略的选择，鼓吹"使经济斗争本身具有政治形式"的观点。列宁揭露了工联主义的本质，认为这种放弃政治斗争而一味追求经济利益上的满足，或者用"政治性质"的说辞来包装经济斗争之实，本质上都是对无产阶级的背叛，"都意味着资产阶级思想体

---

[1] 列宁. 论无产阶级政党 [M]//列宁专题文集. 北京：人民出版社，2009：51.
[2] 列宁. 论无产阶级政党 [M]//列宁专题文集. 北京：人民出版社，2009：85-86.
[3] 列宁. 论无产阶级政党 [M]//列宁专题文集. 北京：人民出版社，2009：87.

系的加强"①。

工联主义主张用经济斗争美化政治斗争,从而造成只要经济斗争、放弃政治斗争的假象,工会运动被严格限定于经济领域,对改变资本主义社会制度却无能为力,"它们只限于进行游击式的斗争以反对现存制度所产生的结果,而不同时努力改变这个制度"②,从而造成工人运动的接连失败。列宁进一步指出:"经济斗争就是工人为争取出卖劳动力的有利条件、为改善工人的劳动和生活条件而对厂主进行的集体斗争。这种斗争必然是职业性的斗争,因为各种职业的劳动条件极不相同,从而争取改善劳动条件的斗争也就不能不是按职业来进行的。"③ 职业性斗争撕裂工人运动整体性、解构工人运动的政治性,这与恩格斯晚年对英国工联的批评是一致的,"工联忘记了自己作为工人阶级的先进部队的责任。这个新武器在它们手里已经有十多年了,但是它们几乎从来也没有拔出鞘来用过它"④。与工会致力于经济斗争的短视相比,先锋队政党以深邃的历史眼光廓清自身肩负的政治使命,把斗争的靶心锁定为资本主义社会制度,"社会主义人领导工人阶级的斗争,不只是为了争取出卖劳动力的有利条件,而且是为了消灭那个迫使穷人卖身给富人的社会制度","不但不能以经济斗争为限,而且也不能容许把组织经济方面的揭露工作当作自己的主要活动"⑤。

面对被工联主义意识形态裹挟的工人阶级,以及被资本主义雇佣劳动体制所吸纳的工会组织,先锋队政党面临两种选择:一是彻底放弃工会,任由其被工联主义所侵蚀同化;二是对工会进行无产阶级性质的改造,将其引入先锋队政党组织体系,使之成为先锋队政党与工人阶级常态化联系的组织机制。在一无政治资源、二无经济资源、三无空间资源的条件下,先锋队政党若要存续和发展就必须充分发动民众,有效整合民众力量,使民众克服反体制行动的"自发性"。但是,先锋队政党意识到:首先工人阶级不等同于先锋队政党,两者之间有着严格区别——先锋队政党是工人阶级的先进部队,"党只吸收能接受最低限度组织性的分子"⑥。其次,群众内部构成并非整齐划一,而是分层异质性的,"在一切群众中,通常总有比较积极的部分及中间状态与落后状态的部分"⑦,这就要求先

---

① 列宁. 论无产阶级政党 [M] //列宁专题文集. 北京:人民出版社,2009:85.
② 马克思恩格斯文集:第 3 卷 [M]. 北京:人民出版社,2009:78.
③ 列宁论工会 [M]. 北京:工人出版社,1952:137.
④ 马克思恩格斯论工会 [M]. 北京:工人出版社,1980:273.
⑤ 列宁论工会 [M]. 北京:工人出版社,1952:133.
⑥ 列宁. 论无产阶级政党 [M] //列宁专题文集. 北京:人民出版社,2009:102.
⑦ 刘少奇选集:上卷 [M]. 北京:人民出版社,1981:365.

锋队政党在整合群众时必须遵照分层分类原则。因此，保留工会组织，使其在先锋队政党与群众之间构建连接机制，有利于先锋队政党整合吸纳"比较积极"的群众，教育引导"中间状态和落后状态"的群众。在这个意义上，列宁把工会视为先锋队政党与群众之间的"传动装置"。

先锋队政党保留工会，只是留存其形式外观，去除工联主义影响，灌输无产阶级意识形态，构建工会—政党的政治联动体系才是先锋队政党改造工会的关键。首先是意识形态改造。先锋队政党当务之急就是破除工会运动的自发性倾向，工会"'最初碰到的'思想体系总会是资产阶级的（工联主义）的思想体系"[1]，列宁把消除工联主义影响作为先锋队政党在意识形态领域的首要任务，同时由于工人阶级自身难以形成无产阶级意识，因此先锋队政党必须将无产阶级意识形态从外部"灌输"到工人阶级头脑之中，"党应当并且努力把自己的思想灌输到行业工会中去，使工会接受自己的影响"[2]。以使工人阶级意识到本阶级利益与资产阶级构成对立性结构，这一矛盾的彻底解决除了推翻资本主义社会制度之外，别无他途。

其次是组织体系改造。消除工联主义是从工会内部进行的，因此先锋队政党首先要进入工会组织内部，从工会内部清理工联主义残余。先锋队政党首先在工会组织内设立党支部，工会负责人应是共产党员，在组织结构上使先锋队政党嵌入工会组织内部，在权力结构上使工会组织置于先锋队领导之下，"必须在这些组织内部建立共产党支部，这些支部应该通过长期顽强的工作，争取工会为共产主义事业服务"[3]。"组织嵌入"策略使工会组织置于党的领导之下，因此共产党就将工会吸纳到先锋队政党组织体系之内，使之在党的组织体系内部获得存续空间，"尽可能在党的组织中给它一个位置，那是绝对必要的"[4]。历经意识形态改造和组织改造的工会，获得了先锋队政党的组织性质和功能使命，成为无产阶级性质的革命工会，进而转变为先锋队政党组织体系的构成要素，正如列宁所说："（1）革命家组织；（2）尽量广泛和多种多样的工人组织（我只说到工人阶级，当然，在一定条件下，这里也包括其他阶级中的某些分子）。这两种组织就构成党。"[5]

---

[1] 列宁. 论无产阶级政党 [M] //列宁专题文集. 北京：人民出版社，2009：89.
[2] 列宁. 论无产阶级政党 [M] //列宁专题文集. 北京：人民出版社，2009：109.
[3] 列宁. 论无产阶级政党 [M] //列宁专题文集. 北京：人民出版社，2009：272.
[4] 马克思恩格斯文集：第3卷 [M]. 北京：人民出版社，2009：413.
[5] 列宁. 论无产阶级政党 [M] //列宁专题文集. 北京：人民出版社，2009：111.

由此观之，先锋队政党通过对工会的组织嵌入，在清除工联主义对工会消极影响的同时，还从根本上改变了工会组织的政治形态：在政治意识上将工会的政治视野抬升到同先锋队政党政治目标一致的高度，使之树立起实现工人阶级解放和劳动解放的崇高信念；在政治格局上形成先锋队政党嵌入工会组织，工会组织进入先锋队政党组织体系的新型格局，从而在政治权力上确定了先锋队政党领导工会组织，工会组织接受先锋队政党领导的权力结构。工会组织尽管诞生于资本主义雇佣劳动体制之下，位于"市民社会"之中，但随着劳资关系矛盾的恶化和先锋队政党的诞生，工会组织政治形态将迎来新一轮调试，即从市民社会领域走出进入先锋队政党体系，融入先锋队政党的政治革命和社会革命的历史实践，这是工会组织对工联主义的彻底抛弃以及对工人阶级解放理想的重新拾起，也意味着工会政治形态获得了新的本质规定，从资本主义法团型利益团体转型为先锋队型群团组织。

四、先锋型工人阶级群团组织建构的中国实践

中国工会是一个庞大的组织网络，既有地方工会也有产业工会，既有工会领导机关也有基层工会组织。中国工会与西方工会的本质区别在于，中国工会始终自觉坚持中国共产党领导，始终坚定不移走中国特色社会主义工会发展道路。习近平指出："中国最大的国情就是中国共产党的领导。什么是中国特色？这就是中国特色。"[①] 坚持中国共产党领导是理解中国工会政治形态的"金钥匙"。中国工会的政治形态可以定义为：工会组织"始终自觉把自己置于党的领导之下，在思想上政治上行动上始终同党中央保持高度一致，自觉维护党中央权威，坚决贯彻党的意志和主张，严守党的政治纪律和政治规矩，……把自己联系的群众最广泛最紧密地团结在党的周围"[②]。始终坚持中国共产党领导是中国工会政治形态的核心要义，是第一位的，否则"就会庸俗化，就会成为一般社会组织，甚至会走向邪路"[③]。坚持中国共产党领导是确保中国特色社会主义工会发展道路行稳致远的"定海神针"。

---

① 中共中央文献研究室. 习近平关于社会主义政治建设论述摘编 [M]. 北京：人民出版社，2017：28.
② 习近平. 论坚持全面深化改革 [M]. 北京：中央文献出版社，2018：167.
③ 中共中央文献研究室. 习近平关于社会主义政治建设论述摘编 [M]. 北京：人民出版社，2017：190.

第一，中国工会是遵循马克思主义工会学说基本原理建构起来的代表中国工人阶级和职工群众整体利益的群团组织。如前所述，由于工人阶级自身难以形成无产阶级意识和政治觉悟，工人阶级集体行动的"自发性"造成接二连三的失败，因此先锋队政党就必须从外部向工人阶级灌输无产阶级的阶级意识，使其摆脱"自发性"困境，实现从自发阶级向自为阶级的转变。中国共产党通过对工会的组织再造，一方面，党支部嵌入工会组织，使其成为工会组织的政治领导核心；另一方面，由于共产党成为工会组织的政治领导核心，这就使工会获得了无产阶级的意识形态，"这就使无产阶级理解了资本主义社会的本质，理解了社会阶级的剥削关系，理解了无产阶级的历史任务"[①]，工会从以实现经济目标为主的社会法团型组织转型为以实现工人阶级解放和劳动解放为目标的先锋型组织，从而为工会组织进入政党体系，最终成为中国共产党外围性组织开辟了道路。

第二，工会以群团组织名义进入中国共产党组织体系内，其深远意义在于为中国共产党实现更大范围内的群众动员和社会整合创造条件。作为工业化起始阶段明显滞后的国家，中国共产党面临的首要难题就是在工人阶级基础严重不足的情况下如何巩固和扩大党的组织，并最终带领民众实现阶级解放和劳动解放的宏大理想。党有两种方案可选：一是通过大力发展现代工业塑造新工人阶级，但这在"战时条件"下难以成行；二是向产业工人群体之外的其他无产阶级群众灌输无产阶级意识形态，使其成为在思想上塑造起来的新工人阶级，从而扩大中国共产党政治录用的范围。这样一来，工会就类似于共产党在社会各经济部门中延伸出去的"头脑"和"手臂"，群众与政党既可以直接发生联系，也可以借助工会组织同政党取得间接联系，这在拓展中国共产党社会整合渠道的同时也为群众更全面深入了解中国共产党和马克思主义创造机会。正是因为介于政党与群众之间的特殊地位，工会能够采取各种形式向各界群众和劳动者传播马克思主义与无产阶级意识形态，在扩大工会阵营的同时为中国革命输送一批先锋战士，巩固和扩大了中国共产党领导政治革命的阶级基础和社会基础。

第三，工会是中国共产党践行群众路线的组织机制，能够充分兼顾政党与工会两个方面的组织功能。群众路线是中国共产党对群众工作方法的独特创造，既是先锋队政党的政治哲学，有助于保持先锋队政党同人民群众的血肉联系，也是

---

① 中华全国总工会，中共中央文献研究室. 毛泽东 邓小平 江泽民论工人阶级和工会工作 [M]. 北京：中央文献出版社，2002：17.

先锋队政党在政治资源、经济资源相对有限情况下的制胜法宝。尽管中国共产党代表工人阶级群众的利益,但党毕竟不等同于群众,两者之间存在某些潜在性矛盾,比如共产党始终坚定共产主义远大理想,而群众则比较关注眼前利益和局部利益;党会从国家大局和民族整体的角度来思考问题,而群众思考问题则要具体得多。但这绝不意味着党可以无视群众的利益和诉求,党既不能脱离群众,也不能被群众牵着走,这就要求在党与群众之间构建一种有效的"传递—反馈"机制,使党的意志和主张能够转化为群众的思想认同,使群众的利益和诉求传递到党的决策体系,使之进入党的政策议程。工会不仅能将政党和职工群众连接起来,而且工会向党传递职工群众的利益诉求,党会根据职工群众的利益诉求做出政策回应;工会也会充分理解党所处的现实条件和资源存量情况,向职工群众做好解释说明工作。这一过程即中国工会发挥代表功能、维权功能、代表功能的过程。随着党出台一系列政策举措满足职工群众利益诉求,职工群众与党之间潜在的矛盾冲突得到有效化解,共产党与职工群众的利益共同体结构将更加牢靠,党长期执政的群众基础将更加稳固。

第四,由于工会是工人阶级和职工群众利益的代表者,它本身应属于社会法团组织,但随着工会进入政党体系之内,实现对群众和政党的双重联结,形成"群众—工会—政党"的关系链条,从而被先锋队政党塑造出不同于社会法团组织的政治形象。资本主义市民社会和工厂体制是现代工会的主要诞生地,工会是资本与劳动对冲的结果。反观历史,中国共产党在加强对既有工会存量资源整合与改造的同时,还十分注重通过党的组织力量推动工会建会运动,由此形成了共产党推动工会组织建构的另一种建会模式。这种建会模式改变了工会作为社会法团组织的性质定位,它不再属于市民社会中代表某一特定产业领域职业工人利益的独立性社团,不再是资产阶级政党的平行组织和政府当局的对抗性组织;相反,它成为先锋队联结群众的组织载体,成为先锋队政党组织体系之内的一部分,工会获得了先锋队政党的政治形象。这从根本上决定了中国工会在指导思想、目标任务、工作重心等与中国共产党保持高度一致。如果工会脱离党的领导,则"群众—工会—政党"的关系链条就会断裂,工会作为职工群众单方面利益的代表将会放大群众与政党之间的潜在性矛盾,从而造成社会撕裂与政治动荡。

总而言之,中国特色社会主义工会发展道路是马克思主义工会学说在当代中国政治实践的理论表达,是先锋型工人阶级群团组织建构原理与中国工人运动具体实际相结合的本土化方案,是中国特色社会主义政治制度的重要组成部分。先锋型工人阶级群团组织建构原理是马克思主义经典作家直面资本主义工业化进程中劳资矛盾的内在冲突所提出的关于工人阶级何以实现政治解放的政治行动方案和组织形态方案，这一方案的基本精神在当代中国工人运动实践中集中表现为中国工会必须坚持中国共产党领导，坚持中国共产党领导是中国工会政治形态的核心要义，是中国特色社会主义工会发展道路的本质特征和制度优势。

赋权增能：职业化工会工作者的发展路径探析
——基于深圳经验

朱志惠[①]

(广东省总工会干部学校 广东南华工商职业学院)

摘 要：在新一轮群团工作改革背景下，职业化工会工作者的可持续专业发展问题一直备受学术界和工会实务界的关注。职业化工会工作者队伍是工会组织参与基层社会治理的重要力量。基于对深圳职业化工会工作者发展的现实考察，从赋权增能视角分析其专业化发展存在困境，提出从改善制度设置、优化社会环境、提高个体自觉三个维度推动职业化工会工作者专业发展。

关键词：职业化工会工作者 赋权增能 专业发展

一、问题的提出

2015年7月，中共中央召开党的群团工作会议，标志着以"增三性""去四化"为核心的新一轮群团工作改革拉开序幕。为了深入贯彻党的群团工作会议精神，落实《全国总工会、民政部、人力资源社会保障部关于加强工会社会工作专业人才队伍建设的指导意见》，全国各级工会都根据各地企业、职工队伍和劳动关系情况、职工服务类社会组织发展状况、工会人才队伍建设和保障现状，因地制宜、分类有序地推进工会社会工作专业人才队伍建设，积极探索富有地方特

[①] 作者简介：朱志惠（1983— ），女，广东云浮人，广东省总工会干部学校/广东南华工商职业学院劳动关系与工会理论研究院，助理研究员。

色、多样化发展的发展模式，如以公开招考聘用职业化工会工作者推进劳资纠纷源头治理的"深圳模式"、以购买工会系统职工服务类社会组织等方式使用社会化工会工作者创新工会服务职工机制的"上海模式"。[1]职业化工会工作者是工会社会工作专业人才队伍的重要组成部分，壮大职业化工会工作者专业队伍，不但可以补齐基层工会人员不足的短板，而且将更好地满足职工群众多样化的服务需求，助推工会实现职能转型。"可持续专业发展"是由学者Richard Garden提出的，他认为新专业要获得可持续专业发展，必然要经历自我专业化和专业社会化"一内一外"的专业化过程。[2]而职业化工会工作者作为适应新时期工会改革而出现的新专业人才队伍，目前还存在一线队伍数量缺口大、管理不规范、流动性大、专业性不足、服务能力不强等问题，这些问题不但影响工会社会工作专业人才队伍可持续专业化发展，而且制约了基层工会改革工作的纵深发展。因此，职业化工会工作者的发展问题既是一个新的研究领域，也是一个渐进化的过程，急需社会各界努力共建内外赋权增能的专业共同体来促进其可持续化专业发展。

深圳，是职业化工会工作者队伍建设的先行者和示范者，从2009年便开始试点职业化工会工作者改革，按照"社会化招聘、契约化管理、专业化运作"逐步建立了一支职业化工会工作者队伍。2016年，深圳市总工会根据"三个一批"工作要求制定了2016—2018年度的职业化工会工作者队伍建设三年工作目标及员额设定方案，提出到2018年至少配备1000名职业化工会工作者的建设目标。深圳市职业化工会工作者队伍在工会参与源头治理劳资纠纷的探索实践中发挥核心支撑作用，成为在试验区中推动基层工会改革的重要参与主体，而关于职业化工会工作者"选、育、用、留"的经验做法也成为典型工作经验受到全国各级工会的高度关注和推广学习。深圳职业化工会工作者经过十多年的培育和发展，目前这支队伍发展状况如何？存在什么发展特点和困境？未来，将如何破解职业化、专业化发展过程中面临着困境？本文将以赋权增能的视角对以上问题进行剖析。

二、阐释职业化工会工作者发展的理论分析框架

赋权增能理论的核心内涵是通过帮助个人、家庭、团体和社区提高个人的、人际的、社会经济的和政治的能力，从而达到改善自身生活处境的目的，它是现代社会工作理论的一个分析框架。美国著名学者拉波特指出，赋权增能是指个体能够尽可能地掌控自己的生活，它是一个持续的有意识的过程，通过一定的过程

使得缺少平等分享资源机会的人能更容易得到资源或者掌控资源。[3]它意旨个体或者事物能够尽最大可能地掌控自己的发展,包括赋权和增能两个面向:赋权是指借助外部之力推动个体或事物的发展;增能是通过发挥个体主观能动性,提升发展能力和获得自身资本发展。[4]赋权增能理论自20世纪60年代产生发展到现在已经有60余年,其应用范围不断扩大,内涵外延不断扩展。目前赋权增能理论的研究主要有社会工作、教育发展、社会保障三种视角。基于社会工作研究视角,谭祖雪、杨义凤、徐立娟等学者通过对研究对象存在权利保障不足、个体能力提升不够等问题进行剖析,阐释各行动主体的赋权增能动力和实现机制;基于教育发展的研究视角,王鹏、岳燕、马蕾等学者从赋权增能视角探讨学校专业教师、社区教育工作者等专业化、职业化发展路径;在社会保障领域,陈晓莉、孙中伟、王英等学者主要聚焦社会弱势群体的生存发展困境,围绕农民、农民工、老年人等社会参与的主体性重塑,从制度、机制、环境和心理等维度提出赋权增能的权益保护发展路径。关于职业化工会工作者的研究目前尚处于起步阶段,以实证研究为主,理论探讨较少,有学者基于职业化工会工作者的实证研究,提出从队伍功能定位、管理模式、晋升通道等三方面培育策略;[5]有学者则提出要构建"价值—知识—技术"三位一体的工会社会工作者核心能力指标体系。[6]本文将赋权增能概念应用于职业化工会工作者的可持续专业发展之中,探讨职业化工会工作者的赋权增能发展模式,在理论与实践研究方面都是一次有益的拓宽。

(一)职业化工会工作者的概念

本文所称的职业化工会工作者是在各级工会核定编制以外,工会组织通过公开招考聘用、购买工会系统职工服务类社会组织服务等方式使用的具备社工专业素质能力、专职从事工会工作的人员,是工会社会工作人才队伍的重要组成部分。目前全国总工会和其他一些地方工会一般采用"社会化工会工作者"概念,而由于深圳在2009年便开始职业化工会工作者的探索实践,所以一直沿用"职业化工会工作者"的称谓,而本文因为是以深圳市的工会社会工作者作为研究对象,所以也采用"职业化工会工作者"这一概念,聚焦的是其专业性发展问题。

(二)职业化工会工作者赋权增能的理论分析框架

依据目前职业化工会工作者的职业特点、发展需求,基于身份定位不清、工资待遇不高、社会地位不高、招聘管用矛盾突出、工作差异化明显等发展困境,职业化工会工作者赋权和增能模式应包含两个层面的内容。

首先,职业化工会工作者发展权利目标的实现基础源于"能力的发挥"或"权力的保障"。目前职业化工会工作者的身份定位、职业晋升等发展权利等无论是法律法规,还是政策制度都没有非常清晰、明确和完善的规定;此外,由于受到各种权限不清晰、权责不完整等组织因素制约,职业化工会工作的自主性、独立性、专业性尚未形成一个稳定可持续发展的工作势态。因此,只有明确职业化工会工作者的发展权利,从体制改革赋权才能真正让这支队伍享有可持续化的发展空间。

其次,职业化工会工作者专业能力的发展是其"权利发挥或实现"的结果。通过单向度的组织、制度赋权还不能实现职业化工会工作者的可持续专业化发展,只有把职业化工会工作者作为有专业发展潜能的群体,以专业发展为原则,唤醒其权利意识和主体意识,引导他们从自我处境和反思实践出发,通过建立多维度的社会支持网络,才能为其专业发展提供资源、策略、理念和技能提升机会,从而真正实现职业的可持续专业发展。

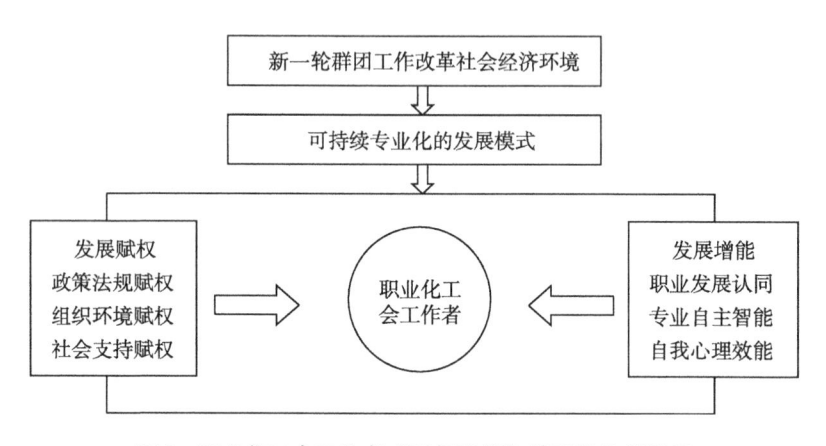

图1 职业化工会工作者"赋权增能"的理论分析框架

职业化工会工作者赋权和增能是有机融合的,赋权的目的是增能,增能的同时也是为赋权提出新的发展要求,彼此密切呼应、有机统一在职业化工会工作者培育系统当中。基于以上讨论,本文建立职业化工会工作者可持续专业化发展赋权增能的理论分析框架,旨在满足职业化工会工作者职业化、社会化、专业化的发展要求,全面保障职业化工会工作者可持续发展的权利。职业化工会工作者培育发展的"赋权"包括政策法规、组织环境、社会支持等三个维度;职业化工会工作者培育发展的"增能"是由其职业发展认同、专业自主知能、自我心理效能三个维度组成的。职业化工会工作者的可持续专业化发展模式既是权利和权力的相互统一体，又是赋权与增能的有机统一。

三、职业化工会工作者可持续专业发展的赋权分析

本文采用定量与定性相结合的研究方法，设计《2019年深圳市职业化工会工作者队伍建设情况调查》问卷，了解深圳市职业化工会工作者发展状况，以整群抽样的方法，分别选取深圳市各区的职业化工会工作者进行调查，内容涵括职业化工会工作者基本信息、薪酬待遇和福利保障情况、各区聘用和管理情况、考核和激励情况、培训培养情况、工作范围以及工作经验情况、对工会工作的满意度及存在的问题等，收回有效问卷549份。此外，还结合个别访谈、典型分析等定性研究方法对这支队伍发展的赋权增能情况进行分析。

（一）调查对象基本特质

表1的数据反映，参与本次调查的职业化工会工作者有549名，以女性为主，占67.58%，男性占32.42%；在年龄结构上，25～30岁占41.71%，31～40岁占41.35%，80后、90后正逐步成为基层工会社会工作者的中坚力量；在工会的工作年限上，3年以下（不含3年）的占54.10%，3～6年（不含6年）的占18.94%，6～10年（不含10年）占21.13%，10年以上的占5.83%，工会工作年限较低、工会工作经验不足是他们的主要特点；在学历水平上，"本科以上学历"占90.17%，其中本科学历占84.52%，研究生及以上学历占5.65%，充分反映出这支队伍拥有较高的学历及接受过系统的专业教育；政治面貌上，中共党员占44.08%，群众占33.70%，共青团员占22.22%，党员比例不算高，工会工作做的是群众工作，实质上就是政治工作，讲政治是第一位的要求，政治性是工会工作的灵魂，提升职业化工会工作者的党员比例有利于更好地开展群众工作；关于劳动关系建立的形式，与劳务派遣公司签订劳动合同的占58.47%，与街道总工会、区总工会签订劳动合同的分别占21.13%、17.67%，反映出职业化工会工作者劳动关系的建立没有统一标准，具有一定的不稳定性。

表1 深圳市职业化工会工作者队伍结构基本特点

指标		数量	占比	指标		数量	点比
性别	男	178	32.42%	工会工作年限	3年以下（不含3年）	297	54.10%
	女	371	67.58%		3~6年（不含6年）	104	18.94%
年龄	24岁以下	45	8.20%		6~10年（不含10年）	116	21.13%
	25~30岁	229	41.71%		10年以上	32	5.83%
	31~40岁	227	41.35%	学历	大学专科	51	9.29%
	41~50岁	46	8.38%		大学本科	464	84.52%
	51岁以上	2	0.36%		研究生及以上	31	5.65%
签订劳动合同的单位	街道总工会	116	21.13%		其他	3	0.54%
	区部工会	97	17.67%	政治面貌	中共党员	242	44.08%
	市总工会	0	0.00%		共青团员	122	22.22%
	劳务派遣公司	321	58.47%		民主党派成员	0	0.00%
	其他	15	2.73%		群众	185	33.70%

（二）职业化工会工作者可持续专业发展的赋权分析

1. 政策法规赋权

政策法规赋权是职业化工会工作者可持续发展权利实现的前提和基础，具体而言就是通过法律、法规、制度等明确职业化工会工作者的发展权利。表2列出了近10年以来，由各部委、中华全国总工会、广东省总工会、深圳市总工会所签发的文件，基本上反映了近10年来职业化工会工作者发展权利的赋权路径。

表2 近10年来保障职业化工会工作者发展权利的政策措施

时间	政策法规	签发部门	主要内容
2011.11	《关于加强社会工作专业人才队伍建设的意见》	中央组织部、民政办、中华全国总工会等18个部门和组织	中央第一个关于社会工作专业人才队伍建设的指导性纲领文件，指出要加大群团组织使用社会工作专业人才力度

续表

时间	政策法规	签发部门	主要内容
2016.12	《关于加强工会社会工作专业人才队伍建设的指导意见》	全国总工会、民政部、人力资源社会保障部	工会领域首个关于社会工作专业人才队伍建设的全国性指导政策
2019.9	《关于加强社会工作专业岗位开发与人才激励保障的实施意见》	广东省民政厅等13个部门	力争到2022年，实现乡镇（街道）社会工作服务全覆盖
2019.11	《关于加强工会社会工作专业人才队伍建设的实施意见》	广东省总工会、广东省民政厅、广东省人力资源和社会保障厅	广东省工会领域首个关于工会社会工作人才队伍建设的全省性指导政策
2019.10	《广东省社会化工会工作者管理办法（试行）》	广东省总工会	广东省首个关于社会化工会工作者队伍建设的指导性文件
2011	《关于进一步加强和改进我市新时期工会工作推动和谐社会建设的若干意见》	深圳市委	支持建立一支素质较高、热爱工会工作、能够切实发挥作用的职业化基层工会干部队伍
2011	《深圳市社区工会干部职业化工作实施方案》	深圳市总工会	首次开始对职业化工会工作者的建设做出指导方案
2015.1	《深圳市职业化工会工作者管理暂行办法》（已废止）	深圳市总工会	深圳市首个关于职业化工会工作者队伍建设的指导文件
2015.7	《深圳市职业化工会工作者任职资格管理制度（试行）》《深圳市职业化工会工作者任职资格等级认证办法（试行）》（已废止）	深圳市总工会	进一步规范深圳市职业化工会工作者任职资格管理，使任职资格等级认证更具可操作性
2016.7	《深圳市职业化工会工作者管理办法》	深圳市总工会	对2015年的暂行办法进行优化，规范了全市职业化工会工作者的招录、管理和使用

续表

时间	政策法规	签发部门	主要内容
2017.9	《深圳市总工会关于建立应急分队加强基层工会干部队伍建设的工作方案》	深圳市总工会	为职业化工会工作者的发展提供一个新的发展方向

第一，政策赋权稳定性不够。目前职业化工会工作者相关法律法规以政策意见为主体，包括中央群团工作会议精神、中共中央《关于深化人才发展体制机制改革的意见》精神，中央组织部、民政部、中华全国总工会等18个部门和组织《关于加强社会工作专业人才队伍建设的意见》等国家层面的政策意见；《关于加强工会社会工作专业人才队伍建设的实施意见》《广东省社会化工会工作者管理办法（试行）》等由广东省总工会牵头制定的政策意见；由各地市工会制定的关于职业化工会工作者具体招录、管理和使用等管理办法。目前职业化工会工作者的政策赋权主要由全国总工会、广东省总工会负责制定纲领性指导文件，具体的政策赋权在于各地市、区总工会进一步制定实施。职业化工会工作者相关制度体系不完善，相关政策制定常处于一种变化不稳定的状态，导致职业化工会工作者在发展过程中遇到一些制度性困境。深圳市总工会早于全总和省总层面开始规划职业化工会工作者的政策制定。深圳市委于2011年就提出"支持工会按照'社会化招聘、契约化管理、职业化运作'的原则，建立一支素质较高、热爱工会工作、能够切实发挥作用的职业化基层工会干部队伍"。其后，深圳市总工会开始实施《深圳市社区工会干部职业化工作实施方案》，2015年首次出台职业化工会工作者的管理办法、任职资格管理办法和任职资格等级认证办法，对职业化工会工作者的可持续专业化发展进行了理论和实践的探索。2016年根据暂行管理办理的试行情况再次优化了职业化工会工作者的管理办法，将职业化工会工作者招聘录用、合同签订、日常管理、工作考核、工资福利发放等相关工作赋权给各区总工会，由区总工会进一步建立职业化工会工作者激励机制、考核细则及其他补充规定。总之，深圳市总工会先后围绕职业化工会工作者的队伍建设出台了很多政策，先后对招录程序、职业资格认定、薪酬待遇等规定做出调整，缺乏相应的连贯性和一致性，造成职业化工会工作者及基层工会的很多不适应和困扰，甚至无形中成为这支队伍发展的不稳定因素。虽然说政策变动是政策赋权的一种常态表现，是政策系统对内部因素和外部环境的变化所做出的一种适应性变革，但是政策变动并非都是必要的和正确的，并非都是符合事物发展的客观规律的，

只有政策赋权在"稳定"和"变动"中努力达到一种平衡状态，才能从根本上保障职业化工会工作者的发展权利。

第二，发展权利保障不足。目前深圳职业化工会工作者是按照"谁用人谁负责"的原则由社区基层工会进行统筹安排，但是在具体工作安排上却因不同社区的实际情况而有所不同，有些职业化工会工作者被安排在社区作为专职工会副主席使用，有些则被抽调到区或街道工会辅助机关工作，工作岗位设置偏差让部分职业化工会工作者陷入身份迷失困境，有些甚至沦为社区的"杂工"，直接影响到职业化工会工作者专业能力的提升；在工资、福利及社会保障上，绝大多数职业化工会工作者实发工资基本都在5000元左右，新入职的职业化工会工作者仅有4000多元的工资，工作年限长、工作成绩突出的职业化工会工会工作者与新入职的社区专职、中级社工等相比，工资收入存在1000~2000元的差距，调查数据显示，81.79%的职业化工会工作者认为生活中最大的苦恼是"工资待遇低，生活压力大"，也存在部分职业化工会工作者反映每年一次的体检、餐补、节日福利、蛋糕券、生育慰问金等福利在社区工作站得不到保障；在职业晋升上，目前职业化社会工作者的最高职业定位是在社区（园区）工联会担任副主席，尚未有政策空间进入社区（园区）决策班子，也没有机制可以提拔至参公、参照事业单位人员编制，导致职业化工会工作者的缺乏向上的发展空间，高素质人才流失严重。尤其一些工作年限较长的职业化工会工作者由于编制的限制，未能实现跨部门、跨条块、跨领域开展交流，未能通过一些途径进入社区党委班子、事业单位以及公务员队伍，大多面临职业发展"天花板"问题。

2. 组织环境赋权

组织环境赋权是指进一步营造尊重职业化工会工作者可持续发展的企事业机关单位、职工群众和社区社会环境，增强职业化工会工作者的发展权利意识和主体意识，以政府支持、工会主导、社会参与为发展准则，进一步构建实施主体、责任主体、参与主体等分工有序、权责明确的工作机制。深圳市总工会在推动职业化工会工作者队伍过程中始终倡导各区、街道、社区等各级工会各司其职、形成工作合力，促进规范化和专业化发展。调查中发现职业化工会工作者在组织管理过程中还存在管理权责不清、管理缺乏统一规范等问题。

首先，基层管理权责不清。深圳市职业化工会工作者的管理坚持"权责对等、属地管理"的原则，市总工会负责职业化工会工作者的统筹管理工作，包括制定管理办法、核定各区员额及核准年度配置人数，制定和调整年度经费标准、及时拨付经费、制订培训计划及培养目标以及抽查督导等工作；区总工会按照属地管理的原则开展职业化工会工作者的日常管理，如制定岗位需求方案、按照"谁用人谁负责"的原则统筹招聘录用、合同签订、管理使用、工作考核、工资福利发放等、编制人员经费预算、对工作过程进行指导和督导向上级工会反馈工作进度提出改进意见等；职业化工会工作者主要配备的社区（园区）、行业等区域性、行业性工会联合会，主要负责工会组建、职工维权、会员服务、工作宣传等工作。在关于"阻碍职业化工会工作者队伍建设主要原因"的调查中，排名前三位的因素分别是上级领导对职业化工作者实际情况不了解、社区情况复杂多变、管理制度建设不完善。访谈中职业化工会工作者也有反映在工作中面临管理边缘化的困境，他们认为个别区的职业化工会工作者没有归入街道党委组织部的员额管理范围，使得很多福利保障得不到落实；个别职业化工会工作者在社区被认为是街道总工会下派驻点的，难以融入社区，得不到社区工作站支持；也有些街道总工会认为职业化工会工作者是上级工会派驻的而疏于管理和监督，认为其应当归社区管理和使用。虽然"聘用分开、属地管理"的模式是出于提高行政效能的初衷而设置的，但是在现实中却由于基层干部对职业化社会工作者岗位职责认知得不充分，基层管理责任不明、不清，权责不对，街道总工会和社区工会疏于管理让"在其位不谋其职及渎职"等现象时有发生，不但造成"管而不用与用而不管"的矛盾突出，而且造成职业化工会工作者被边缘化，削弱其组织归属感，进而消解他们参与基层治理的积极性和主动性。

其次，组织管理欠缺统一规范。虽然各区工会得到上级工会的进一步赋权，制定实施了职业化工会干部的具体管理办法，但由于各地区工会事业发展存在差异、行政资源配套不足等原因，各区的管理缺乏统一、完整、综合的招录标准和考核体系。在劳动关系建立上，大多采取劳务派遣方式，有些职业化工会工作者由区总工会向劳务派遣公司购买服务，有些由街道工会购买服务，标准不统一，劳动关系不稳定，尤其是劳务派遣用工的设置，难以让职业化工会工作者建立对工会事业的忠诚；在人员考核上，各区总工会制定的管理办法虽有职级晋升的规定，但是晋升依据局限于工龄和年度考核评定，不够科学和完善，造成许多职业化工会工作者觉得职业成就感不强、发展空间小、发展瓶颈大；在经费保障上，各区职业化工会工作者的人员经费来源差距较大，目前深圳市总工会是按照每人每年 7 万元标准固定拨付人员经费，其余部分由各区总负责，尽量争取区财政支持，而当前各区职业化工会工作者人员经费来源差距较大，有些区能严格按一比一的比例配套 7 万元人员经费，由区财政承担 4 万元、区总工会承担 3 万元；有的则因难以获得区财政支持，而全部由区总工会自行承担；也有的区总工会未按一比一的比例配套,进而导致不同区域的职业化工会工作者工资差距较大。

3. 社会支持赋权

社会支持赋权是指职业化工会工作者在开展工作过程中除了需要得到政策法规、组织制度等赋权以外,还需要从上级工会领导、同级专业团队、工会积极分子等各群体获得外部的支持和配合,只有在参与基层工会工作的多方主体形成一个良性互动的工作氛围,职业化工会工作者的职业发展、专业能力提升才能实现持续发展的态势,才能进一步提升他们参与基层工会工作的积极性和主动性,保障他们可持续发展权利的真正实现。

上级工会领导支持力度不够。职业化工会工作者作为工会助推构建基层社会治理新格局的重要推手,对上负责沟通上级工会,对下深入各大社区开展工会工作,目前职业化工会工作者一般通过工作例会以工作汇报的形式向上级反馈工作进度和相关问题。职业化工会工作者普遍反映社区工会领导重视、社区工作基础扎实的,他们的工作会减少很多阻力和障碍,比如他们可以直接参与社区工作站专职人员的工作例会并进行工作发言,而部分社区的工会领导不重视、社区工作基础较差的则没有机会在工作例会上进行专项汇报,只能私下向工会主席(一般由社区党委副书记担任)汇报。与此同时,他们也反映在开展工作过程中要进一步协调同级党委和上级工会的工作要求存在一定难度。关于"上级工会对职业化工会工作者工作的重视程度及关心、关爱程度"调查,"一般重视、关心"的占34.60%,"不重视、不关心"的占6.56%,"非常重视、关心"的只占14.03%、"比较重视、关心"的占44.81%,总体来看上级工会对职业化工会工作者的支持尚有待加强。

同级专业团队合力优势较弱。深圳市总工会目前是按照各区的工业社区(园区)数、企业数、单独建会的组织数、职工人数、会员数等基本情况,依据与基本情况匹配、不搞平均主义、充分考虑原特区内外工会状况等原则,对职业化工会工作者进行员额配备,原则上尽量配到街道或社区一级工会,因此一般每个基层工联会都会形成一个规模在10人左右的职业化工会工作者团队。目前职业化工会工作者团队以年轻、缺乏工作经验的人员为主,大多没有经过系统化、专业化的训练,资历深、业务强的优秀人才留不住、数量少,人才梯队结构不合理,难以实现职业化工会工作者之间的传帮带,进而导致专业团队优势发挥不明显。此外,针对职业化工会工作者量身定做的培训少,尤其是上岗前有针对性的、高质量的培训缺乏,培训内容枯燥、与实际工作结合不密切,造成职业化工会工作者在平时工作中遇到专业问题,大多依靠个人的钻研和摸索解决,很难从自身专业团队成员中获取专业性的指导意见，进而导致整个团队专业化工作能力提升速度慢，很难形成内生性力量强的专业共同体。

工会积极分子协同支持不够。工会积极分子是职业化工会工作者凝聚和团结广大职工群众的"种子"，是助力职业化工会工作者做好工会工作的重要依靠力量。目前深圳各基层工联会都在逐步培育和建立起一支以工会积极分子为核心的组织网络，在职业化工会工作者的带领下，他们通过建立工人兴趣协会、开展文体活动等凝聚基层职工群众，对职业化工会工作者的发展在无形中起了助推作用，进一步壮大了职业化工会工作者在基层的服务力量。但是不少职业化工会工作者认为，工会积极分子队伍虽然成为职业化工会工作者的重要助手，但是他们的工会意识、组织领导能力、自治能力等尚未发展成熟，组织化程度不高。

（三）职业化工会工作者可持续专业发展的增能分析

1. 职业发展认同

职业发展认同是指职业化工会工作者对自身从事职业的认可程度，积极向上的职业认同可以促进他们职业的稳定性。职业认同是职业化工会工作者专业化发展需要奠定的心理基础，他们对自身从事职业的肯定性评价的高低不仅影响他们对本职业的热衷程度，也是促使他们专业发展的内在动力。在关于职业化工会工作者社会地位的评价上，职业化工会工作者认为自己是中下等阶层的占98.36%，其中认为"属于中下阶层，社会地位较低"的占54.46%，"属于中等阶层，社会地位一般"的占43.90%，只有1.28%的工作者认为自己属于中上阶层，社会地位较高，而认为自己"属于精英阶层，社会地位最高"的占0.36%。职业化工会工作者对自身评价缺乏信心，根源在于他们的专业性不强、工作压力很大、待遇却相对偏低、发展的前景与出路过窄等。调查中，有58.84%的职业化工会工作者有"离开职业化工会工作者队伍的念头"或者"在考虑中"，分别占29.51%、29.33%，显然大量的人才流失不但影响了基层工会工作开展的连续性，而且不利于职业化工会工作者队伍可持续专业发展。正如个案GHX认为，"在实际工作中，因得不到社区工作站的支持和街道总工会的关心，繁重的工作任务及海量的工作指标，更让我们对工作存有不满情绪，组织归属意识淡薄，工作激情和工作效率不高，更不用谈什么职业认同了，每天都处于疲于奔命的状态。"

2. 专业自主知能

职业化工会工作者作为工会组织培育和使用的社会工作专业人才，在专业能力结构方面务必突出政治性、先进性、群众性这三种特质，政治性要求其具有坚定正确的政治立场，以习近平新时代中国特色社会主义思想为指导，拥护中国共产党的领导；先进性要求其具备较高的工会工作及社会工作业务水平，引领广大职工听党话、感党恩、跟党走；群众性要求其工作要掌握群众工作的价值观、工作方法、运行方式、目标追求，在强调工会工作政治性的前提下，注重发挥职工群众的主体性，发挥社会工作方法的优势，切实推动资源向服务职工倾斜，向服务基层聚力。专业自主知能是指职业化工会工作者开展工作所蕴含的"精熟的理论和知识"和"解决问题的能力"，拥有较高的工会业务及社会工作业务能力可以促进他们对自身发展有更高的掌控能力。目前，职业化工会工作者普遍面临对自身能力素养认知有偏差、专业化程度不高、工会业务能力不强的困境。

第一，能力认知有偏差。通过"职业化工会工作者所具备的能力素养""职业化工会工作者实践所具备的工作技能"两个维度对职业化工会工作者专业核心能力进行赋分所知，职业化工会工作者认为"所具备能力素养"最重要的依次为沟通协调能力、组织管理能力、工会业务能力、政治理论学习能力；"所具备工作技能"最重要的依次为应急事件处理方法、群众工作方法、财务管理能力、心理疏导技巧。这反映了职业化工会工作者对自身专业能力的定位以应用型为主，特别重视"沟通协调能力""应急事件处理方法"等"解决问题的能力"，而对"工会业务能力""政治理论学习能力"的重视程度不够，对工会组织的政治性、先进性、群众性的认识不够。因此，职业化工会工作者对"政治性""先进性"所对应能力素养的认知还有很大提升空间。只有对自身的能力素养有科学的、正确的认知，才能明晰自身作为职业化工会工作者的专业发展方向，朝"政治性""先进性""群众性"的专业核心能力特征进行增能发展。

表3 职业化工会工作者专业发展能力自评表

职业化工会工作者所具备的能力素养	沟通协调能力	组织管理能力	政治理论学习能力	工会业务能力
百分比	40%	25%	15%	20%
职业化工会工作者实践所具备的工作技能	群众工作方法	财务管理能力	应急事件处理方法	心理疏导技巧
百分比	32%	21%	35%	12%

第二，能力结构专业性不够。根据表4数据反映的职业化工会工作者职业资格证书获取情况，劳动关系协调员资格证书获得率最高，为42.47%，其次分别为社会工作者、心理咨询师、人力资源管理师、法律职业资格；在证书等级上，以初级资格证书获取率为最高，其次为中级和助理级别，高级资格证书通过率最低。职业资格证书作为检验职业化工会工作者专业能力的重要指标，反映职业化工会工作者涉及工会业务能力的核心素养不突出。目前深圳市总工会虽然有配套职业资格等级津贴奖励办法，但是物质奖励还不足以促进专业能力提升，关键是要唤醒职业化工会工作者专业发展的权能和责任意识，构建一种自内需满足而向外延伸的增能路径，才能真正促进其可持续专业发展。

表4 职业化工会工作者所获职业资格证书及等级

职业资格证书 \ 等级	无	助理	初级	中级	高级
劳动关系协调员	57.53%	4.30%	20.61%	12.37%	5.20%
人力资源管理师	91.62%	1.82%	4.01%	2.19%	0.36%
社会工作者	71.04%	12.20%	12.02%	4.74%	0.00%
心理咨询师	90.16%	1.82%	3.46%	4.55%	0.00%
法律职业资格	97.27%	0.55%	0.91%	0.00%	1.28%

3. 自我心理效能

自我心理效能是指职业化工会工作者对自己是否有能力完成、胜任工作的一种推测和判断，如果他们感觉自己的工作获得肯定和认可，他们就会得到心理上的赋权，直接影响工作效能；如果他们觉得得到不公评价，就会影响其工作积极性。在职业化工会工作者对开展工作的难易程度的评价上，最容易开展的活动排名前三位的是文体活动、宣传活动以及困难帮扶，最难开展的是民主管理、集体协商、职工维权、工会组建等工会主干业务。访谈过程中职业化工会工作者也都反映涉及工会基本职能的组织、维权工作是最难开展的，再加上社区企业数及职工数不一，以工业园区为主的社区企业上千、职工过万，花园小区为主的社区企业十几家、职工几千人，在工资待遇基本相同的前提下，一样的工作存在不一样的难度、不一样的工作评价，这些都容易让职业化工会工作者陷入"忙多错多、干多错多"的认识误区，产生负面的心理效能，最终消极应对工作。正如个案DY所说："由于没有形成基于工作绩效和岗位权责的差别工资体系，同时缺乏科学合理的考核激励机制和退出机制，我们在基层开展工作过程中存在'干好干坏一个样、干多干少一个样和吃大锅饭'的现象，一方面我们真正努力付出了很多，却得不到正面积极的评价，另一方面一些得过且过的却享受和我们一样的待遇，长此以往我们自己内心也产生倦怠感，特别容易打压我们自己的工作积极性。"因此，要将职业化工会工作者的发展需求、工作认知、情感体验结合起来，通过建立起合理的评价机制来提升自我效能感，加强对工会主干业务能力的培训力度，提升他们对核心业务的掌控力，进而减轻职业化工会工作者的无力感和职业倦怠感，有利于其增强职业自信感和尊严。

四、结论和政策建议

本文的研究表明，赋权增能是影响职业化工会工作者可持续专业发展的重要因素。在现有的职业化工会工作者管理运行体系下，与其专业发展相关的制度、机制、环境等尚未充分赋权于职业化工会工作者，他们的可持续专业发展权利急需保障。同时，在职业化工会工作者培育过程中，对职业化工会工作者的职业认同、专业自主职能、自我心理效能等尚缺乏系统、专业的指导和训练，现阶段的职业化工会工作者培育体系对他们的专业发展能力的提升还有很大的空间。从可持续专业发展的视角探讨职业化工会工作者的赋权增能实践，权和能两个方面相互依存，缺一不可。职业化工会工作者有权利而无专业发展能力不是赋权增能，职业化工会工作者有专业发展能力而无权利也不叫赋权增能。真正的"赋权增能"不仅需要从制度、机制、环境等外部因素提升职业化工会工作者的身份地位、权利保障，还需要鼓励和支持职业化工会工作者自觉自发地、积极主动地、富有建设性地参与基层工会工作的决策和管理，以增强其职业幸福感、专业自主性和自我效能感，实现其专业技能的有效提升，促进职业化工会工作者队伍整体专业发展水平。

（一）改善赋权增能的制度设置，保障职业化工会工作者的专业发展

职业化工会工作者相关政策法规的建设既是保证职业化工会工作者赋权增能的前提，也是确保赋权增能取得实效的长效机制。纵观当前职业化工会工作者相关法规政策的演进，虽然多次强调"提高职业化工会工作者专业化水平"，但基本上是"有要求，无权利""有建议，无对策"，即对于其应享有的权利、享受的待遇和社会地位总是笼统概括，导致基层工会在执行过程中找不到依据，标准

不统一，劳动关系不稳定，容易导致高素质人才的流失。

1. 全面加强顶层设计

在立法层面，将职业化工会工作者的身份地位、权利和义务保障纳入工会相关法律法规，明确其专业地位和自主权利。同时，各地市工会也要完善相关管理政策和规章，建立健全职业化工会工作和落实专业地位与行使自主权利的内部环境和运行机制，如通过工会与编制、财政、人力资源、组织等部门联合发文，明确按照基层工会组织数、在职职工数等，确定社区工会应配备专职工会工作者的人数，明晰各级工会在职业化工会工作者使用、管理、考核等方面的权利和义务，使文件既符合法律法规的要求，又切合实际需要，并且可操作可执行。

2. 健全职业晋升机制

在招聘机制上，勇于突破现有招考条件、招考程序的局限，进一步突破年龄、学历限制，减少笔试和理论的权重，使优秀基层工会干部得以破格任用。一方面，在晋升机制上，建立公平合理的晋升机制，解决职业生涯中"天花板"的问题，建立职业化工会工作者的任职资格体系，根据能力、工作业绩、能力态度分为不同等级，建立纵向职业发展通道，形成符合职业化工会工作者工作性质的定级晋升制度，做到有升有降、有进有出，有准入的标准；另一方面，在公务员和事业编招录中创新采取定向考录方式，专门对职业化工会工作者进行定向录取，打通职业化工会工作者的晋升通道；实行领导机构兼职、挂职，职业化工会工作者可以兼职或者挂职区街工会副主席，这既是留住优秀人才，为其提供发展舞台的重要举措，也能为上级工会输送懂工会、基层工作经验丰富的优秀工会干部开辟一条新道路。

3. 完善评价激励机制

在薪酬体系设计上，既要遵循市场原则，又要发挥激励机制，实现工资的差异化，根据入职条件、绩效表现和岗位职责，建立差别工资体系，建立合理的工资增长机制，使工资水平能够和同区域同层级人员工资水平、社会物价水平、个人工作能力评定等级、个人生活需求和实际工作表现相结合。一方面，考核评价体系要结合职业化工会工作者的工作实际，将工会核心业务纳入考核内容，以推动整体队伍专业能力提升；另一方面，要明晰区、街道和社区工会等各级考核主体的权责，对照职业化工会工作者的岗位职责，采取自上而下和自下而上相结合的考评方式进行考核，考核结果要和职级晋升挂钩，形成奖优罚劣的机制。

4. 构建长效培训机制

健全职业化工会工作者职后培训长效机制，制定培训规划与制度，列入年度培训计划，采取骨干培训、短期交流、同伴互助等多样化教育模式，分层分类实施培训；探索建立任职晋升考核制度，将参加上岗培训、职业资格培训、岗位轮训及专题培训等，作为从业上岗、定级定职和职务晋升的重要依据；鼓励支持参加社会工作、劳动关系协调、心理咨询、人力资源管理、法律等与工会工作相关的国家职业水平、职业资格证书等专业技术等级考试，并与定级定职、津补贴工资挂钩；组织观摩交流，以区或街道工会为单位，不定期组织职业化工会工作者互相之间进行学习观摩。

（二）优化赋权增能的社会环境，支持职业化工会工作者的专业发展

社会环境"增权赋能"主要是从社会舆论宣传、专业发展共同体建设营造促进职业化工会工作者专业发展的良好舆论氛围和社会环境，提高工会社会工作者的社会认知度，为他们的发展提供社会舆论支持；建设专业发展共同体，为热爱工会社会工作的工会干部、职业化工会工作者、工会积极分子提供一个专业发展平台，引导社会各界力量参与到职业化工会工作者的专业发展过程中来，为他们的专业成长提供所需要的技术和资源，帮助职业化工会工作者获得更多的社会资本和支持网络。

1. 构筑全方位宣传体系

通过宣传推广典型案例、优秀职业化工会工作者、品牌工会社工服务项目，加强对工会社会工作专业人才的精神激励和引导，提高职业化工会工作者的社会地位和职业威望，形成关心支持、理解尊重职业化工会工作者的良好社会氛围，激发广大职业化工会工作者的工作热情和创造潜能；同时，通过新闻媒体树立榜样，挖掘先进典型身上的工作亮点，对职业化工会工作者人才队伍建设起"见贤思齐"的示范作用，带动更为广泛的个人或群体参与到职业化工会工作者人才队伍建设中来，加强新闻媒体的舆论监督引导，及时发现工会社会工作人才在工作中遇到的问题、难点，促进工会社会工作兴利除弊、健康发展。

2. 构筑专业发展共同体

专业发展共同体以共同提高工会社会工作水平的综合素养、业务能力为共同愿景，以培养"学习型、专业型、专家型"工会社会工作者为重点，共学、共行、共研，促进每位成员的专业成长，共同促进工会社会工作的发展；实行职业化工会工作者成长导师制度，开展"传帮带"行动，选拔资深的职业化工会工作者对年轻的成员进行"一对一""一对多"结对帮扶，加强指导培训，提高职业化工会工作者的专业实践能力；发挥高等院校、研究机构、社工组织等

平台作用，探索职业化工会工作者联合培养方式，借多方专业团队力量助推职业化工会工作者成长成才；深化工会积极分子和服务职工志愿者队伍建设，通过构建常态化工会积极分子激励机制，提升他们参与工会社会工作的支持度和配合度，真正建立与工会社会工作者的服务协同机制，调动广大工会积极分子和服务职工志愿者规范有序地参与工会社会工作服务，壮大职业化工会工作者的服务力量。

（三）提高赋权增能的个体自觉，维续职业化工会工作者的专业发展

职业化工会工作者的专业发展是一个长期、艰辛的过程，除了在体制环境、社会环境等外源性因素获得支持、政策保障和环境创设外，增强专业自主意识对职业化工会工作者内源性的成长也非常重要。职业化工会工作者不仅需要掌握专业知识、专业能力，还应该主动反思自身的工作实践，以增强权能意识和自我效能感为目的，不断提升影响自身专业发展的核心素质，增强工作自信感和成就感，进而获得更多的社会认同，促进职业化工会工作者队伍的内涵建设。

1. 增强权能发展意识，担当学习专家

职业化工会工作者的发展能力结构需要具备政治性、先进性、群众性三种特质。职业化工会工作者的素养提升务必将知识技能、能力素养、工作角色都准确定位在工会"政治性、先进性、群众性"的组织属性上，力求专业培训的多元化。除了课堂授课、小组讨论等传统学习方式以外，还应倡导角色扮演、个案研究、行动研究等，注重对劳动关系与工会理论、社会工作、社会学、管理学等的贯通和领会，并且身体力行，坚持自我终身学习，将工作任务视为学习机会，勇于从理论上和实践上担当学习专家。

2. 发挥主体能动性，进行专业反思

反思是一种理论与实践的对话，职业化工会工作者要不断对自身工作实践进行反思、审视和分析，从而发现自己在专业成长过程中存在的不足和问题，尤其对于刚入职的职业化工会工作者，需要主动适应新工作岗位带来的各种机遇和挑战，发挥自主学习的能动性，通过开展系统学习、反思性学习、自我学习等途径，不断改善工作实践，提升专业能力。

3. 积极搭建社会支持网络，重视职业生涯的规划

职业化工会工作者要加强自身专业学习成长的主动自律，要不断进行自我导向性学习，善于对自己进行职业生涯规划设计，把个人的职业生涯发展规划与日常工作实践相结合，厘清自己专业成长需求与工作困境的利害关系，主动在工作

中建立朋辈支持、专家支持等社会网络，从职业升华、职业发展的长远角度消解转化负面情绪，从而主动促进自身业务能力提升。

参考文献：

[1] 吴同. "第一主席"能够夯实基础吗？——兼论工会社会化改革［J］. 工会理论研究（上海工会管理职业学院学报），2019（2）：30-35.

[2] Watins JW. *From Evolution to Revolution：The Pressures on Professional Life in the 1990s*［D］. Bristol：University of Bristol，1992：23.

[3] Kloos B, Hill J, Thomas E, Wanderman A, Elias MJ, Dalton JH. *Community Psychology*［M］. Belmont：Wadsworth，2012：352-353.

[4] 王英，谭琳. 赋权增能：中国老年教育的发展与反思［J］. 人口学刊，2011（1）：32-41.

[5] 陈超，孙岩. 上海社会化工会工作者队伍建设研究［J］. 山东工会论坛，2019，25（4）：58-64，91.

[6] 刘斌志，秦莲. 中国工会社会工作者能力建设：核心指标与培育策略［J］. 工会理论研究（上海工会管理职业学院学报），2020（1）：41-49.

激励机制与基层工会改革

——上海顾村经验的理论与政策意义探析

吴建平[①]

（中国劳动关系学院）

摘 要：基层组织薄弱是当前中国工会改革面临的重要问题之一，在现有工会体制下解决这一问题，就必须首先合理界定基层组织的职责，对其职责进行"瘦身减负"，并在此基础上对基层工会干部进行适当的激励，以此来调动基层工会干部的积极性和主动性，从而激发基层工会活力；这种职责的合理界定和激励机制的合理设计，是顾村经验中最具原创性的改革举措，对理解和思考中国工会深化改革问题具有重要的实践意义和理论意义。

关键词：激励机制 基层工会改革 基层工会干部 顾村经验

一、引 言

2015年7月中央党的群团工作会议的召开以及《中共中央关于加强和改进党的群团工作的意见》的发布，拉开了中国工会新一轮改革的序幕。同年11月，中央全面深化改革领导小组第十八次会议审议通过了《全国总工会改革试点方案》《上海市群团改革试点方案》和《重庆市群团改革试点方案》，工会改革试点工作正式启动。在这种自上而下的政治要求和推动下，改革试点工作迅速轰轰

[①] 吴建平，中国劳动关系学院社会工作学院副院长，教授，主要研究领域为工会理论与历史、员工参与、中国工会改革与制度变迁。

烈烈地铺展开来,一些改革经验也陆续出现,其中最令人瞩目的莫过于上海市宝山区顾村镇总工会的改革经验。

宝山区顾村镇是上海市总工会选择的首批试点单位之一,该镇总工会将改革的突破口放在非公企业工会上,于2016年7月11日召开了非公企业工会改革试点动员大会,并下发了《关于搞活非公企业工会的改革方案(试行)》,着力探索解决非公企业工会组建难、职工入会难、工会经费收缴难、维权服务难、干部履职难等问题。[1] 同年11月中旬,时任全国总工会主席李建国在上海调研工会改革试点情况时,高度肯定了顾村镇总工会非公企业工会改革的做法,提出要以总结推广这一试点经验为起点,来破解非公企业工会工作难题。于是,全国总工会基层工作部很快总结出《上海市宝山区顾村镇加强基层工会建设的经验做法》,并由全国总工会办公厅印发,要求各地工会学习和推广顾村经验,结合地方实际推动工会改革向基层延伸,切实破解基层工会特别是非公企业工会工作难题。[2]

2017年1月16日,全总党组书记、副主席李玉赋在全总十六届五次执委会会议的工作报告中提出了2017年工会的主要任务,其中有关工会改革方面的工作任务,就是集中开展"强基层、补短板、增活力"行动,把非公企业工会作为激发基层工会活力的切入点和着力点,并特别提出要推广上海市宝山区顾村镇等非公企业建会经验,真正使基层工会建起来、转起来、活起来。[3] 2月16日召开全国工会基层工作会议,会上明确提出全总在2017年将集中开展"强基层、补短板、增活力"行动,推广上海市宝山区顾村经验,以推进非公企业工会的组建、扩大工会有效覆盖面。[4] 5月26日,全总又在上海召开全国工会推广顾村经验的观摩交流会,将以顾村经验为代表的基层改革做法推向全国。此后,随着顾村经验的推广、发展和完善,"顾村经验"逐步扩展为"上海经验"。[5]

顾村镇总工会的改革能在短短几个月时间里取得如此成效,在很大程度上与此次改革试点所具有的运动式特点密切相关,正如有的研究者所指出的,运动型机制通过采用大张旗鼓、制造舆论声势、全面动员的形式,在短期内将中央的意

---

[1] 汤洪伟,杜星.上海顾村经验:非公企业工会改革的范本[J].工会理论研究,2018(1).
[2] 赖拥军.非公有制企业工会改革的实践与思考——以上海市宝山区为例[J].工会理论研究,2019(6).
[3] 李玉赋.团结动员广大职工为促进经济平稳健康发展和社会和谐稳定作贡献以优异成绩迎接党的十九大胜利召开——在全总十六届五次执委会议上的工作报告[N].工人日报,2017-02-20(01).
[4] 张锐,彭文卓.全国工会基层工会会议在京召开[N].工人日报,2017-02-17(01).
[5] 赖拥军.非公有制企业工会改革的实践与思考——以上海市宝山区为例[J].工会理论研究,2019(6).

图和信号传递到各个领域和部门,从而能够集中资源和注意力①,在这种情况下,一些改革举措就会在这种特殊的动员氛围中迅速见效。

事实也的确如此,中央对群团改革的政治要求直接推动此次工会改革的试点工作,为其营造了一个政治动员氛围,让试点地区成为政治关注焦点,各级党政以及各级工会领导机关也相应地从政策、资源和舆论等方面提供最大限度的支持。就地方党政的支持来说,宝山区及各街道或园区都是以党委名义召开非公企业工会改革会议并下发改革文件,将基层工会改革纳入党委重点推进和督查工作、街镇或园区年度绩效考核、党建工作责任制检查以及党组织书记抓基层党建工作述职评议考核等;而为了推动企业的支持,宝山区委要求在酝酿推荐经营管理者或企业主为党代表、政协委员、工商联执委或人大代表等政治身份人士以及各类评优评先活动时,要征询工会对人选的意见,对于一些市级或区级财政扶持的非公企业,还将是否支持工会工作作为重要的审核条件。② 就上级工会的支持来说,在市总工会和区总工会的"让利"下,顾村镇总工会得以对工会经费分成比例进行变革,将80%以上的工会经费留在了基层。③

如果顾村镇总工会的改革举措只能基于动员机制才能取得成效,那么这些举措就几乎无法复制或推广了。事实上,在各地学习推广顾村经验的过程中,也的确出现了一些怀疑的声音或问题,比如有些地方就认为顾村经验适合发达地区,不适合经济落后地区,容易出现"水土不服"问题,有的地方在推广顾村经验时就出现了不能与本地工会改革紧密结合,从而出现了"两张皮"的现象。④ 但无论如何,顾村镇总工会的改革举措能够成为一种经验得到全总的积极认可和推广,其中必然抓住了当前工会的某些实质问题,其中的一些改革举措是适用于常态或常规机制的,从而具有可复制性或可推广性。只不过这些具有常规机制特点的改革举措,与那些具有动员机制特点的改革举措通常是混合在一起的,这就需要对二者进行识别,并将前者分离出来,以便对其进行提炼和概括,形成具有一般意义或常规意义的制度与机制,这不仅有益于这些制度与机制的推广,而且对于探索工会深化改革工作具有很好的政策意义。

事实上,在顾村经验被全总认可后,很快就有一些研究者陆续对顾村经验进

---

① 周雪光. 运动型治理机制:中国国家治理的制度逻辑再思考 [J]. 开放时代, 2012 (9).
② 赖拥军. 非公有制企业工会改革的实践与思考——以上海市宝山区为例 [J]. 工会理论研究, 2019 (6).
③ 吴建平. 地方工会"以上代下"与基层工会"瘦身减负"——近40年来中国工会改革的趋势与特点 [J]. 中国劳动关系学院学报, 2018 (1a).
④ 汤洪伟, 杜星. 上海顾村经验:非公企业工会改革的范本 [J]. 工会理论研究, 2018 (1).

行了分析和概括,并表现出较为明显的研究特点。有的研究主要从宏观原则层面来概括顾村经验,比如强调顾村经验的核心是"坚持党的领导,坚持职工主体地位,依靠职工、组织职工依法建会、依法管会、依法履职、依法维权"[①];有的研究则是注重具体改革举措的介绍,比如基层工会组建模式的创新,机关干部来源的优化,经费向基层的倾斜、社会服务的购买、职业化社会化工会工作者队伍的建设等[②];也有研究者将顾村经验嵌入整个上海工会改革体系中来分析,认为经过此次"提质增效"的改革,一个由党政支持的、更全能的、天网式的、上下联动的工会组织体系呈现在职工群众面前,通过不同层级工会组织的精确的职能定位和更广泛编织起来的工会组织网络,以实现对职工群众的更高水平的维护、服务与控制,从而缩小了民间组织和工人自发的活动空间[③];还有研究者从制度变迁的视角指出顾村经验是改革开放以来工会不断改革的必然延续和发展,通过基层工会"瘦身减负"和上级工会"以上代下"来实现工会内部的上下分工和互补,这是在不改革现有工会组织体制的前提下所能进行的最大效能的改革[④];等等。

不过,已有研究在不同程度上存在以下两个彼此相关的问题:首先是没能很好地将具有动员机制特点的改革举措和具有常规机制特点的改革举措进行分离,因为唯有从后者中才能概括出具有复制或推广价值的改革举措;其次是这些研究大都没有透过这些改革举措来反思中国工会的理论独特性,进而在这种理论反思基础上提出进一步改革的可能性。而要解决这两个问题,一种较为可行的办法就是回到顾村镇总工会此次改革所针对的主要问题,深入系统地分析其背后的主要原因,在此基础上考察顾村镇总工会为解决这个主要问题而采取的改革举措的合理性,而不是像已有研究那样只是简单地罗列一下各种改革举措,唯有如此才能从中识别并分离出具有常规意义的制度安排,确立其合理性、可持续性和可复制性,并在此基础上思考中国工会的理论特性和改革方向,这也正是本文的主要研究目标。

---

① 汤洪伟,杜星. 上海顾村经验:非公企业工会改革的范本 [J]. 工会理论研究,2018 (1).
② 王厚富. 上海工会改革的主要做法与认识体会 [J]. 工会理论研究,2017 (2);赖拥军. 非公有制企业工会改革的实践与思考——以上海市宝山区为例 [J]. 工会理论研究,2019 (6);王珍宝. 群团改革与工会工作创新——基于上海的实践与思考 [J]. 山东工会论坛,2019 (2).
③ 乔健. 工会改革:中国特色工会道路的"提质增效"——2016年上海群团改革的经验探析 [J]. 中国劳动关系学院学报,2017 (2).
④ 吴建平. 地方工会"以上代下"与基层工会"瘦身减负"——近40年来中国工会改革的趋势与特点 [J]. 中国劳动关系学院学报,2018 (1a).

二、中国工会体制特性与基层组织困境

顾村镇总工会此次改革主要针对的是什么问题呢？全国总工会给出了一个客观准确的概括，认为顾村经验在于，"破解非公有制企业工会组建难、职工入会难、经费人员保障不足、维权服务不到位等基层工会面临的突出问题，以此打通了联系服务职工的'最后一公里'，扩大了工会有效覆盖，激发了基层工会活力"①。简言之，顾村镇总工会的改革举措主要针对的是基层工会问题。事实上，《中共中央关于加强和改进党的群团工作的意见》中就特别指出，群团组织当前存在的问题就是"基层基础薄弱、有效覆盖面不足、吸引力凝聚力不够问题突出，特别是在非公有制经济组织、社会组织和各类新兴群体中的影响力亟待增强"②。这种基层组织的薄弱的现状，甚至在一定程度上引发了工会组织"毛细血管堵塞，神经末梢坏死"以及"高位截瘫"的问题③，换言之，容易出现脱离职工群众的危险。其实，中国工会一直对这种危险保持高度的警惕，并不断通过自身的改革来解决或避免这一危险④，但为什么经过这么多次的自我改革，中国工会还是未能很好地解决基层组织问题呢？这就需要回到中国工会的组织结构、领导原则和干部或人事制度等体制特点上来分析。

中国工会在组织结构上的一个重要特性，就是其基层组织的建制在很大程度上仍沿袭单位制时期的模式，即单位建会仍是基层工会主要的组建模式。这种建会模式不是以行业或职业为基础建立行业工会，而是以用人单位为基础，即依托于各种企事业单位、党政机关和其他社会组织等，建立起基层工会组织或单位工会。虽说近些年来，为了扩大工会的覆盖面和入会率，尤其是针对小微企业或各种灵活就业人员，一些地方创造性地组建了新型的基层工会组织，比如楼宇工会、街面工会、社区工会、园区联合工会，甚至区域性的行业工会等，但无论是从数量规模来看，还是从实质的组织运行来看，依托于用人单位组建的基层工

---

① 李玉赋. 新的使命和担当 Ⅱ——中国工会改革创新实录：2015—2017 [M]. 北京：中国工人出版社，2017：173.
② 李玉赋. 新的使命和担当 Ⅱ——中国工会改革创新实录：2015—2017 [M]. 北京：中国工人出版社，2017：6.
③ 乔健. 工会改革：中国特色工会道路的"提质增效"——2016年上海群团改革的经验探析 [J]. 中国劳动关系学院学报，2017 (2).
④ 游正林. 60年来中国工会的三次大改革 [J]. 社会学研究，2010 (4).

会，仍然占据绝对的主导地位，所以通常所说的基层工会主要是指各种单位工会。①

那么这些基层工会的领导归属关系是怎样的呢？《中国工会章程》第十一条规定："中国工会实行产业和地方相结合的组织领导原则。"这意味着这些基层工会组织中，有一部分按照产业原则，归属产业工会管理，另一部分则按照地方原则，归属地方工会管理。事实上，在全国总工会的领导下，的确设有数十个产业工会，而近些年来，一些地方为推行行业性集体协商也组建了一些行业工会，不过，第十一条中进一步规定，"除少数行政管理体制实行垂直管理的产业"，"其他产业工会均实行以地方工会领导为主"，换言之，由产业工会实行垂直领导的只是个别产业（铁路、民航和金融），而归属于其他产业工会的基层工会，仍是以地方工会领导为主。简言之，全国绝大多数基层工会是按照属地化管理原则，由相应的地方工会来领导。这样就形成了一个从基层工会到各级地方工会，再到全国总工会的层级化组织结构，这种层级化组织结构也直接反映在《中国工会章程》的结构上，其第三、四、五章的标题即分别是"全国组织""地方组织"和"基层组织"，而没有单列一章"产业或行业组织"。

不过，基层工会归上级地方工会（比如县市级总工会）管理，这只是局限于工会系统内部的领导原则，而众所周知，中国工会的另一个重要特性，就是强调坚持中国共产党的领导，那么这一领导原则又是如何实现的呢？特别是如何与工会系统内部的领导原则进行协调的呢？1958年3月的"成都会议"通过的《中共中央关于工会组织问题的意见》，就主要是为了解决这个问题。该意见强调，"各级工会组织应该以由同级党委领导为主，同时接受上级工会的领导。"②这个原则一直持续至今，特别是《中共中央关于加强和改进党的群团工作的意见》也重申了"群团组织实行分级管理、以同级党委领导为主的体制"。

在这种领导原则下，对于任何一级工会（比如县总工会）来说，一方面要接受上级工会（市总工会）的领导，另一方面也要接受同级党委（县委）的领导，且以后者的领导为主。这就意味着，上级工会的领导更多的是业务上的指导和要求，而同级党委的领导则更具有决定性，直接影响或决定该级工会实际的组

---

① 从当前实际劳动关系状况来看，基层工会问题多集中于企业工会（尤其是非公企业工会），而且后者也是基层工会的主要构成部分，所以本文根据需要将基层工会与企业工会混合使用。

② 中华全国总工会. 建国以来中共中央关于工人运动文件选编（上、下）[M]. 北京：工人出版社，1989：648.

织目标和工作手段等。因此，虽说中华全国总工会及其领导下的各级工会构成了一个统一的组织体系，有统一的指导思想和制度要求，但在这种"同级党委领导为主"的领导原则下，其组织内部存在较为明显的层级差异，即不同层级的工会因为所处的结构位置不同，在组织目标、工作手段和行动资源上会有很大差异。事实上，这种差异已经得到了越来越多的中国工会研究者的关注，他们开始明确地将工会领导机关和基层工会区分开来。①

在这种领导体制下，基层工会对用人单位就具有较强的政治或行政从属性。这种行政从属性，则因为基层工会的干部或人事制度特性而进一步得到强化。由于基层工会干部首先是用人单位的雇员，然后经过选举程序而成为工会干部，因此，即便是专职工会干部，他们的工资、福利也都来源于用人单位，至于兼职工会干部，则不仅其工资、福利来源于用人单位，而且还是基于其行政岗位而获得的，与其工会职务基本没有关系。这意味着基层工会干部在经济上（包括个人职业生涯发展）完全依赖于用人单位。这种经济依赖性不仅表现在工会干部个体身上，也表现在组织层面。虽然根据《工会法》的规定，用人单位必须给工会提供办公场所和基本设施等，同时必须按照职工工资总额的2%拨缴工会经费，但事实上，办公场所和设施好坏、工会经费是否及时和足额拨缴，在很大程度上都取决于用人单位。

由此可见，中国工会体制的独特性，使得基层工会在政治（或行政）和经济层面对用人单位存在很大程度上的从属性或依赖性，这种从属性或依赖性在企业，尤其是非公企业中表现得尤为明显，并对其实际运行产生较为重要的制约作用，其结果就如同很多研究者所指出的那样，企业工会在维护职工权益和协调劳动关系上，表现出一定的"制度性弱势"②，一些企业工会因此会把工作重心放在配合企业做好生产管理或文娱活动上，甚至超常规地介入到生产管理过程中，以此作为自己的工作"政绩"。③

---

① Chen Feng. Union Power in China: Source, Operation, and Constraints [J]. Modern China, 2009, 25 (6); Zhang Xiaodan. Trade Unions under the Modernization of Paternalist Rule in China [J]. The Journal of Labor and Society, 2009 (12); Bai Ruixue. The Role of The All China Federation of Trade Unions: Implications for Chinese Workers Today [J]. The Journal of Labor and Society, 2011 (14).

② Chen Feng. Legal Mobilization by Trade Unions: The Case of Shanghai [J]. The China Journal, 2004 (52); Chen Feng. Union Power in China: Source, Operation, and Constraints [J]. Modern China, 2009, 25 (6); 冯钢. 企业工会的"制度性弱势"及其形成背景 [J]. 社会, 2006 (3); 吴亚平. 企业工会：劳动者权益的代表者和维护者——兼论工会组织体制改革的目标和方向 [J]. 新视野, 2010 (6); 乔健, 钱俊月. 对民营企业工会建设问题的思考 [J]. 中国人力资源开发, 2010 (10).

③ 游正林. 政绩驱动下的工会行动 [J]. 学海, 2011 (1).

由于工会的上述体制特性自计划经济时期以来就基本没有发生过什么变化，因此，当前基层工会的这种处境其实早在计划经济时期就一直存在，这最直接地表现在职工群众对基层工会的评价或态度上。以全国总工会每5年进行一次的中国职工状况调查的数据为例，即便这种官方的调查也都显示了职工对工会的认可度一直不高[1]：1986年的调查表明，59.8%的职工对工会工作不满意[2]；1992年的调查表明，56%的职工认为工会未能履行其职责；1997年的调查表明，53%的职工对工会评价不高[3]；2002年的调查表明，当遇到困难时，首先选择向本单位工会或上级工会寻求帮助的工人分别只有14.9%和0.8%[4]；2007年的调查表明，认为工会在维护职工合法权益方面"作用不大""没有作用"和"说不清楚"的职工共占43.6%[5]。

只不过在计划经济时期或者改革开放初期，基层工会的这种处境并没有得到各界的高度关注，因为当时的劳动关系在很大程度上还没有发生市场化转型，国家、企业和职工的利益具有较高的一致性，虽然也会出现一些利益矛盾问题，但这种矛盾处于较低水平，而且在性质上更多地被定性为一种公私矛盾或干群矛盾，而不是劳资矛盾。但是，随着市场化改革的不断深化，劳资矛盾或劳动关系紧张问题，成了影响社会和谐稳定的重要问题，在这种情况下，基层工会的这种处境也就越来越凸显，并得到越来越多的关注。

不仅如此，随着非公企业的不断发展，中国工会的基层组织甚至面临无法组建的困境。从企业的角度来看，工会的组建意味着需要拨缴工会经费，提供办公场所和设备等，这会被认为是增加运营成本，而工会的一些活动也会被看作非生产性活动。另外，对于一些外资企业来说，它们甚至担心工会会成为一种对抗性的组织，诸如此类的原因让企业不愿意组建工会。不过，还有一些阻力甚至来自地方党政部门[6]，因为后者为了在地方经济增长竞争压力下营造"良好的"招商引资环境，对地方的用工状况不进行干预或协调，甚至会抑制一些被认为会破坏招商引资环境的做法，其中就包括基层工会的组建。

总而言之，由于中国工会的体制特性，基层组织在不同程度上一直面临着一

---

[1] 由于职工群众更多的是与基层工会打交道，因此其对工会的认知或评价也更多的是针对基层工会。
[2] 中华全国总工会. 中国职工队伍状况调查（1986）[M]. 北京：工人出版社，1987：100.
[3] Chen Feng. Between the State and Labor: The Conflict of Chinese Trade Unions' Dual Institutional Identity [J]. *The China Quarterly*, 2003：176.
[4] 中华全国总工会研究室. 第五次中国职工状况调查 [M]. 北京：中国工人出版社，2006：1269.
[5] 中华全国总工会研究室. 第六次中国职工状况调查 [M]. 北京：中国工人出版社，2010：809.
[6] 尉健行. 工会的基本职责 [M]. 北京：中国工人出版社，2008：154.

些组织困境，特别是针对非公企业，存在工会组建难、职工入会难、经费收缴难、维权服务难等问题。

不过，上述困难也并非一成不变，事实上，随着劳动关系紧张问题逐渐成了重要社会问题，从中央到地方都开始重视劳动关系的协调和治理问题，特别是在党的十六届四中全会提出加强社会管理、建设和谐社会的要求之后，各级党政部门也开始把劳动关系领域当作践行科学发展观、构建和谐社会的一个重要突破口。① 在这种情况下，工会也就成了劳动关系治理的重要参与者，而这就需要扩大工会的覆盖面和职工入会率。为此，1998年，中国工会十三大正式提出"哪里有职工，哪里就必须建立工会组织"以及"最大限度地把职工组织到工会中来"的要求。② 1999年年底召开的全总十三届二次执委会会议又提出，把新建企业的工会组建工作作为重中之重的任务。2000年6月，全总十三届五次主席团（扩大）会议，提出把新建企业工会的组建工作作为重大紧迫的第一任务。如前所述，由于有些阻力来自地方党政部门，所以，全总认识到，必须借助国家自上而下的力量来推动这项工作，即要求各级工会在建会时，争取形成一种"党委领导、政府支持、工会主抓、各方配合的新建企业工会组建工作格局"，而且争取将新建企业工会的组建工作纳入党建工作目标中，"以党建带工建"。在2000年11月召开的全国新建企业工会组建工作会议上，这种建会的运作机制得到了肯定并开始推广，即把工会组建率、职工入会率纳入党建工作的考核内容。③

因此，尽管基层工会组建问题仍然存在一定的困难或问题，但在总体上，经过这些年全总的大力推动，基层工会组建问题在很大程度上得到了解决。而如前所述，企业不愿或阻挠工会组建的一个重要原因，就是不愿意拨缴工会经费，显然，没有工会经费，就没法开展工会活动。事实上，工会经费收缴问题也的确在很长一段时间是一个难题，地方工会为了督促各用人单位拨缴经费，往往需要投入巨大的精力。同样，随着工会成为劳动关系治理的重要参与者，从2003年前后起，一些地方工会开始陆续尝试进行工会经费税务代收制度，尽管这种税务代收制度没能实现"应收尽收"，但在很大程度上解决了工会经费收缴难题。④

---

① 乔健. 工会改革创新的理论思考 [J]. 当代世界与社会主义, 2010 (2).
② 中华全国总工会. 2002年中国工会维护职工合法权益蓝皮书 [J]. 人权, 2003 (2).
③ 尉健行. 工会的基本职责 [M]. 北京：中国工人出版社, 2008：166 – 167.
④ 吴建平. 略论工会经费税务代收的制度与实践 [J]. 中国劳动关系学报, 2016 (1).

时至今日，中国工会基层组织所面临的诸多困境中，建会难、入会难和经费收缴难等问题，其实已经在较大程度上得到了缓解，而真正的困难在于工会组建起来后，如何有效运行的问题或如何激发基层工会（尤其是非公企业工会）活力的问题。而就目前的体制来看，要解决这个问题，关键在于如何调动工会干部的积极性和主动性[1]，让他们有意愿、有能力去履行其职责，从而较好地代表和维护职工合法权益，这也被认为是各项工会改革举措能否落地的关键。[2]

三、顾村经验：基层工会干部的激励机制

如前所述，中国工会体制特性决定了基层工会主要依托于用人单位组建，而工会干部首先是用人单位的雇员，然后是专职或兼职的工会干部，这种组织结构和人事制度决定了基层干部在经济上和行政上都极大地依赖于或从属于用人单位，而且，基层工会干部绝大多数是兼职工会干部，这种状况在非公企业中表现得尤为突出，这种兼职化状态更加不利于激发基层工会干部的工作积极性。

以顾村镇所在的上海市为例，据统计，截至2018年年底，上海市的工会基层组织一共有168912名专兼职工会干部，其中专职工会干部仅4954名，占比为2.93%。而这些基层工会干部面对的是46304个基层组织，697.08万名会员[3]。从这个数据就可以看出，基层工会干部中专职干部数量与基层组织和会员的规模相比严重偏低，而且基于经验可以推测，这些专职工会干部很可能大多集中在党政机关和事业单位的工会中，因此，在非公企业中，鲜有专职工会干部，基本都是兼职工会干部，这种工会干部结构也必然导致以下一些问题。

首先就是前面已经提到的基层工会干部对用人单位的依赖性太强而引发的"不敢为"的问题。有研究者对上海市非公企业工会主席进行过调查，发现非公企业工会主席基本上都是兼职，其中由中层正职领导兼任的，约占60%，由副职领导兼任的占15%左右，由一般管理人员或专业技术人员兼任的约占25%[4]。显然，这些工会主席的工资报酬完全来自其所担任的企业行政职务，因此他们在工会主席和企业雇员的角色认同上，更认同后者，而这种认同使得他面对企业主

---

[1] 首都科学决策研究会. 上海顾村非公企业工会改革成全国榜样[J]. 领导决策信息, 2017 (23).
[2] 王珍宝. 群团改革与工会工作创新——基于上海的实践与思考[J]. 山东工会论坛, 2019 (2).
[3] 邹卫民, 孙岩, 宋紫薇. 群团改革背景下上海工会干部队伍建设状况与对策研究[J]. 工会理论研究, 2019 (4).
[4] 邹卫民, 孙岩, 宋紫薇. 群团改革背景下上海工会干部队伍建设状况与对策研究[J]. 工会理论研究, 2019 (4).

时，是被管理者与管理者的关系，其待遇高低、晋升发展、是否续签劳动合同等问题完全受制于企业主。因此，只有在企业管理的需要下，且在企业主同意时，工会主席才会组织职工开展福利帮困和文化体育等活动，但发生劳资纠纷时，约37.7%的工会主席会担心为职工说话办事会损害自身的利益。[①]

其次是"不愿为"的问题。由于非公企业的工会主席的产生通常是应企业行政方的要求而参与当选的，在他们看来，这是一项额外的工作任务，既没有经济回报，更没有对工会工作的积极性。加上他们基本都是兼职干部，没有履职时间和精力，根据上海市总工会的调查结果，仅4.74%的非公企业工会干部可以全职从事工会工作；每周有1到3天的固定时间从事工会工作的只占7.91%；有24.11%的干部完全利用业余时间来工作；约56.52%的干部是结合业务工作一并处理工会工作；还有5.93%的干部是在职工有诉求时才予以处理；其他情形占0.79%。[②] 从这个数据可以看出，基层工会干部是需要付出额外的时间和精力来从事这样一份基本没有经济激励的工作。不仅如此，他们的职业生涯前景预期也不明朗，有44.78%的工会干部认为自己的"职业发展空间有限，晋升机会少"，这是他们对工会工作不满意的最主要原因，所以他们也表示希望能够"落实应得待遇""发放工会工作津贴"以及"评选五一劳动奖章等荣誉称号时给予倾斜性政策"等。[③] 这也间接表明，就目前的实际情况来看，非公企业工会主席存在较为明显的"不愿为"态度，特别是年轻干部不愿从事工会工作。

最后是"不能为"的问题。非公企业工会干部大都兼职，大多不具备履行工会职责所需的工作方式方法、协调协商能力以及法律专业知识等，即便地方工会组织他们进行过一些培训，但这种培训过于简单，主要是工会知识和工作内容的简要介绍，即便如此，据上海市总工会的调查显示，有9.8%的工会干部从未受到过相关培训，24.4%的工会干部没参加过每年的脱产工会业务培训[④]；此外，这些兼职工会干部工作性流动大，能够相对稳定地长期从事工会工作的人很少，因此那些经过培训的工会干部存在一定的流失可能性。总之，在很大程度上，很

---

① 数据来自上海市总工会基层工作部于2016年进行的"关于影响非公中小企业工会主席履职的主要障碍、原因及对策研究"的调研报告。
② 邹卫民，孙岩，宋紫薇．群团改革背景下上海工会干部队伍建设状况与对策研究[J]．工会理论研究，2019（4）．
③ 邹卫民，孙岩，宋紫薇．群团改革背景下上海工会干部队伍建设状况与对策研究[J]．工会理论研究，2019（4）．
④ 邹卫民，孙岩，宋紫薇．群团改革背景下上海工会干部队伍建设状况与对策研究[J]．工会理论研究，2019（4）．

多非公企业工会干部对工会工作都一知半解，缺乏应有的手段或能力完成上级工会的任务或要求。

不仅如此，正如有研究曾指出，各级工会的结构和职责存在"上下一般粗"问题，也就是各级工会的各部门大都根据自身的职责需要层层下达任务，最后都由基层工会来完成，造成基层工会职责"大而全"问题，甚至出现"种了别人的地荒了自己的田"问题。[1] 基层工会干部的这种任职特点和工作任务特点，必然导致这些精力和能力有限的基层工会干部"不能"履行"大而全"的工会工作。

当然，以上三个方面不是明显分开的，通常都混杂在一起，这是现有工会领导体制下基层工会干部普遍兼职而且工会职责又"大而全"等特点所导致的必然结果。[2] 那么，顾村镇总工会是如何破解基层工会干部"不愿为""不敢为"和"不能为"这三个方面的问题的呢？其改革的核心就是对基层工会职责予以"瘦身减负"，即合理界定基层工会的主要职责，并在此基础上对基层工会干部进行考核和激励。

为了解决"不敢为"和"不能为"问题，顾村镇总工会重新合理界定了基层工会职责，即四项主要职责，并明确了其中每项职责的具体内容及相应的考核分值：第一，夯实基层基础，主要是吸引职工入会（15 分），按时办理会员服务卡和会员证（10 分），建立工会女工组织和经审组织（5 分）；第二，协调劳动关系，主要是贯彻执行职代会制度（10 分），建立集体协商制度（10 分），以及协调劳资纠纷（5 分）；第三，竭诚服务职工，主要是开展提高职工技能以及丰富职工业余文化生活的各种活动（10 分），组织有需求的职工参加上级工会组织的各种活动（5 分），组织有才艺的职工参加镇总工会举办的文体协会（5 分），对困难职工进行帮扶（5 分）；第四，沟通报告情况，主要是在工会工作遇到阻力和困难时能及时与上级工会沟通（8 分），出现群体性劳资矛盾时能做第一知情人、第一报告人、第一调解人（8 分），遇到可能引发群体性劳资矛盾时能及时向上级工会报告并辅助其解决问题（4 分）。

这里需要对上述职责进行适当解释，第一项职责简单来说，就是尽量吸引员工入会并为其办理各种手续，同时将工会基本组织架构建立起来。如前所述，经

---

[1] 陶德和. 论城市工会领导体制的改革方向 [J]. 工会理论与实践，1997（5）；李臻，王政，卢国栋，吴晓瑞，刘光庆. 关于工会改革发展的研究 [J]. 山东工会论坛，2015（1）.
[2] 吴建平. 地方工会"以上代下"与基层工会"瘦身减负"——近 40 年来中国工会改革的趋势与特点 [J]. 中国劳动关系学院学报，2018（1a）.

过此前全国总工会自上而下推动的建会运动后,这项职责的履职难度并不大。第二项职责看似有些难度,但在上海市难度也并不大,因为有相应的地方法律,即《上海市职工代表大会条例》和《上海市集体合同条例》,加之上海市的法治化环境相对较好,企业法律意识较强,因此在其他地方或许较难落实的职工代表大会和集体协商工作,在上海市则相对较为容易。此外,还需要注意的是,这项职责的考核指标,也并没有对职工代表大会和集体协商的内容和实效进行考核,而是对是否开展了这些工作进行考核,因此,只要形式上开展好了,也就考核合格了,这在无形中降低了难度。第三项职责因为是福利性的或者提升职工技能水平的,这对于企业文化建设或生产经营来说都是有益的,不仅不会遭到企业的阻挠,反而很可能是受企业欢迎的。第四项职责主要是要求企业工会主席能关注企业劳资矛盾状况,及时将矛盾和冲突向上级工会报告,并主要由上级工会来负责维权和协调工作,因此难度也很低。

由此可见,顾村镇总工会改变了工会职责的那种"上下一般粗"问题,不仅给基层工会干部减轻了负担,而且使其职责变得具有可行性,因为上述职责大多不会让基层工会干部与企业行政方形成对立,甚至还可能受到企业的欢迎。换言之,这是通过减少职责量和降低工作难度来破解非公企业工会干部"不敢为"和"不能为"的问题。

对于"不愿为"的问题,就需要设计一套激励机制。顾村镇总工会就设计了一套与上述四项职责相匹配的考核办法以及以此为基础的非公企业兼职工会干部岗位补贴制度,即对上述每项具体工作予以考核评分,根据评分结果发放一定金额的岗位补贴。补贴金额有两个上限标准,一个是不能超过企业拨缴的工会经费总额的15%,另一个是按照会员人数平均计算,不能超过150元/人。结合实际调查情况来看,一个人数约100人的非公企业,如果工作开展得很好,那么工会主席个人每年能拿到的补贴约为5000元甚至更多。另据统计,2016年顾村镇总工会对35家试点单位的工会主席发放岗位补贴13万余元。[1] 此外,顾村镇总工会还考虑到了经济激励之外的社会激励或政治激励,那就是在评优评先或相关政治荣誉评选时,对工作优秀的非公企业工会主席予以推荐。[2]

综合来看,顾村镇总工会的改革一方面是削减基层工会的工作职责内容并降低其工作难度,这可以形象地称为"瘦身减负",另一方面则提供适量的经济激

---

[1] 首都科学决策研究会. 上海顾村非公企业工会改革成全国榜样[J]. 领导决策信息, 2017 (23).
[2] 赖拥军. 非公有制企业工会改革的实践与思考——以上海市宝山区为例[J]. 工会理论研究, 2019 (6).

励和社会或政治激励,从而在一定程度上激发基层工会干部的积极性和主动性,破解基层工会"不能为""不敢为"和"不愿为"的难题。从激励机制的设计来看,顾村镇总工会的这种制度安排也符合主要的激励原则。

激励机制是组织研究和制度设计中的重要方面,因为在信息不完备、不对称的情况下,委托方无法观察到代理方的努力程度,只能通过给予代理方一定的物质或精神利益促使对方尽可能在委托方的要求下努力。不过,激励机制的设计是有一些基本原则的,否则不仅不能起激励作用,反而会适得其反。而这其中一个非常重要的原则,就是在激励强度的设计上,需要考虑代理方的努力和产出之间的相关性、对代理方的努力表现进行准确测量的程度,以及代理方的风险偏好。[①] 具体来说,如果代理方的努力与产出之间具有较高的相关性,而其工作表现能够得到较好的测量,那么可以增大激励的强度。另外,如果代理方的风险规避意识较高,那么就不太适合过强的激励,特别是负向的激励。

从顾村镇总工会的激励制度设计来看,顾村镇总工会首先考虑到了尽可能减少基层工会维权方面的职责,因为在现有工会体制下,基层工会主席几乎无法通过自身的努力来履行维护职责,相反,顾村镇总工会给基层工会主席安排一些只要适当努力就能履行好的职责;其次,顾村镇总工会安排的这些职责也能够得到较好的测量;最后,考虑到基层工会主席本身就是兼职,需要付出额外的精力和时间,顾村镇总工会基本没有采取负向的惩罚举措来督促他们,而且全都采取正向的激励举措。

总之,正是因为顾村镇总工会基于工会现有体制特性,设计了合理的激励机制,激发了基层工会主席的积极性和主动性,而且这些激励机制,并非一种动员式的改革举措,而是基于理性的分析和判断而设计的常规性的改革举措,具有内在的合理性,在很大程度上是适用于其他区域的,具有一定的可复制性或推广性。或许正是因为此,顾村镇总工会的改革才能够在较短时间内取得一定的改革成效,并得到全总的认可和推广。

四、顾村经验的理论意义:从宏观体制向微观制度的转变

自改革开放以来,中国工会就在不断地进行自我改革,以适应我国劳动关系协调和治理的需要。比如在主要职责方面,在改革开放初期沿袭的是计划经济时

---

① 周雪光. 组织社会学十讲 [M]. 北京:社会科学文献出版社,2003:197.

期的以生产为中心，生产、生活和教育三位一体的职责结构；从20世纪80年代末开始提出建设、参与、维护和教育四项基本职责；进入20世纪90年代中期后，维护职责被当作工会的基本职责，并被写入2001年修订的《工会法》中；进入新时代后，随着社会主要矛盾发生变化，工会在强调维护职责的同时，也注意到了职工群众社会需求的多样化和复杂化，因此也开始强调服务职责。又如在劳动关系协调方式上，在20世纪90年代中后期，中国工会就特别注重参考和借鉴国际发达工业国家的劳动关系协调经验，积极建立或引入劳资政三方机制、集体协商、国际劳工标准等制度或机制。此后，随着我国经济和社会生活日益全球化，面对更为复杂的国际政治经济形势，中国工会又逐渐发展出了中国特色社会主义工会发展道路，强调本土化的、党政主导下的社会化维权模式；等等。①

尽管中国工会的自我改革取得了不少发展和成就，但由于特定体制原因，基层工作薄弱问题，始终没能得到很好的解决。基层工会缺乏活力，不仅会导致上级工会的各项工作成果因缺乏基层工会的配合而难以在基层得到贯彻，也会因此导致职工群众对基层工会的认同度难以提高，容易工会与职工的距离②，这样直接表现在前面引用的职工群众对工会评价不高的统计数据上。因此，《中共中央关于加强和改进党的群团工作的意见》特别强调了"基层组织是做好群团工作的基础和关键"，而当前的问题正是"群团组织基层基础薄弱"和"吸引力凝聚力不够问题突出"。

那么如何来开展进行基层工会组织的改革工作呢？此前已有三种重要的尝试或理论观点。第一个是基层工会干部直选，让工会会员自己选举工会干部，吉林省梨树县早在20世纪80年代中期就曾实行过工会主席民主选举制度，以激励当选的工会干部，这一改革举措在1998年先后受到胡锦涛和尉健行等国家领导人的批示，并成为一种经验模式③，不过这种改革举措没有得到系统的推广；近些年，在沿海地区，工会干部直选被用来当作一种协调劳资矛盾的可能方式，并受到各界高度的关注，但这种举措也并非畅通无阻，仍存在诸多障碍而难以发展。④ 在本研究看来，该举措的预设是工会干部的产生方式会决定其立场或对谁

---

① 吴建平. 地方工会"以上代下"与基层工会"瘦身减负"——近40年来中国工会改革的趋势与特点[J]. 中国劳动关系学院学报，2018 (1a).
② 吴建平. 地方工会"借力"运作的过程、条件及局限[J]. 社会学研究，2017 (2).
③ 庄会宁. 从职工"直选"工会主席做起——吉林省梨树县工会改革追踪[J]. 瞭望，1998 (35).
④ 闻效仪. 工会直选：广东实践的经验与教训[J]. 开放时代，2014 (5).

负责，但在现有工会领导体制下，尤其在非公企业中，工会干部的兼职特性必然使他们无法真正跳出对企业的依赖关系。而为了解决这种依赖关系，有的地区曾尝试实行工会干部的社会化和职业化，其中比较典型的是黄石市总工会的改革，并形成了一种"黄石模式"，即由市总工会面向社会招聘企业工会干部，然后经民主选举程序后成为企业的工会主席，并由市总工会支付其工资。但这种职业化的外派工会主席也难以推广，因为这种做法不仅会遭到企业的抵制，也会使地方总工会难以支付起这么多工会主席的工资福利。仅以上海市为例，其职业化工会干部的工资是远低于上海市的社会平均工资的[①]，这也间接表明地方工会难以负担这些职业化的工会干部的工资。

面对企业工会干部存在的这种对企业的依赖困境，加上对国外工会经验的参考，一些研究者提出了第二种改革方案，即发展行业或产业工会来解决基层工会的依赖问题，发挥其在行业标准制定、工资集体协商等方面具有的优势。[②] 此前，一些地方工会为了扩大工会覆盖面或者为了推动工资集体协商，也曾组建过一些行业工会。不过，出于维护政治稳定的考虑，在行业或产业工会的体制改革问题上，始终缺乏实质性的进展或变化。[③]

还有一些研究者提出了第三种改革建议，也是针对企业工会干部对企业的依赖困境问题的。他们建议改变工会干部管理体制，即从原来的同级党委和上级工会双重领导、以同级党委领导为主，改为以上级工会领导为主，从而实现"用人"与"治事"的统一。[④] 在本研究看来，无论是理论上还是实践上，这种建议都难以实现，其实质上类似于给企业外派了专业化工会干部，与前面的工会干部直选或职业化相类似。此外，中央也没有变革现有工会管理体制的意愿，因为《中共中央关于加强和改进党的群团工作的意见》中就重申了"群团组织实行分级管理、以同级党委领导为主的体制"。

总之，已有的三种主要改革尝试或观点，都试图从不同程度上突破现行人事管理体制或组织体制，显然，这种体制上寻求突破的改革，必然面临较大阻力，从而难以实施或者只能停留在局部试验状态而无法推广。这就要求必须另辟蹊径，在不改变现有体制的前提下进行改革，以激活基层工会的活力。顾村镇总工

---

① 张艳华. 上海市基层工会干部职业化改革调查研究 [J]. 中国劳动关系学院学报, 2009 (5).
② 李臻, 王政, 卢国栋, 吴晓瑞, 刘光庆. 关于工会改革发展的研究 [J]. 山东工会论坛, 2015 (1).
③ 乔健. 工会改革创新的理论思考 [J]. 当代世界与社会主义, 2010 (2).
④ 吴亚平. 企业工会：劳动者权益的代表者和维护者——兼论工会组织体制改革的目标和方向 [J]. 新视野, 2010 (6).

会的改革正是在这个意义上取得了一定的成功,即顾村镇总工会是在现有体制基本不变的情况下,通过改变工会内部的职责分工,同时对基层工会干部进行适当的考核和激励,来调动基层工会干部的积极性,激活基层工会活力。

因此,透过顾村镇总工会的改革经验可以看到,中国工会的改革必须是在现有体制之下思考改革的可能性。这意味着,在对中国工会改革问题进行理论探讨或实践摸索时,必须将视角从宏观的体制层面向中观或微观的制度和机制层面转变。顾村经验正是在微观层面对工会内部的制度或机制进行了调整,而且整个改革过程也无须集中各方注意力或动员各种资源,因此,这种改革就不是动员机制下的改革,而是具有常规意义的组织制度与机制改革,在很大程度上具有可复制性和可推广性。

当然,顾村镇总工会的改革只不过是近些年来中国工会改革的一个很小的组成部分,其他地方也在进行着一些改革实践,同时一些改革研究建议也在不断出现,而且它们都不约而同地指向了基层工会问题,只不过提供了不同的解决方式。

比如深圳市总工会的改革举措就是建立和发展实体化的、具有独立法人资格的社区(园区)工联会,并以社区(园区)工联会为中心枢纽,在上级工会、企业工会、社区(园区)和工人之间建立起联系,并在这个过程中,针对不同的对象,采取不同的工人组织策略。① 也有的地方注重的是通过给工人提供各种社会服务,包括向专业社会组织购买服务,通过精细化的服务,来满足工人的多样化需求,以此来提升工人对工会的认同,因此,研究者认为,新时期工会改革的一种可能模式是"以组织动员为内核、社会服务为外延",这种模式旨在服务于党政体制下的国家治理能力提升。② 还有研究者强调通过培育职工的参与能力和意识来实现工会改革的突破,比如在建会时动员职工参与,以集体协商为平台发展劳资协商民主,从而提高职工参与质量和化解劳资矛盾。③ 此外,很多地方都已经开始建设"社会化招聘、契约化管理、职业化运作"的职业化工会工作者队伍,通过这些职业化工会工作者提供更加专业的服务,以此缓解基层工会干

---

① 岳经纶,陈泳欣. 超越统合主义?社会治理创新时期的工会改革——基于深圳市试验区工联会的实践[J]. 学术研究,2018(10).
② 岳经纶,陈泳欣. 中国工会改革的"第三条道路"[J]. 探索与争鸣,2019(3).
③ 杨涛. 广东工会改革研究——基于非公有制企业职工参与的视角[J]. 中国劳动关系学院学报,2019(4).

部人手不足问题。①

与顾村经验一样，这些改革实践或理论探索都是在尝试解决基层工会薄弱或活力不足问题，以提高职工对工会的认可度，增进工会的群众性。与顾村经验不同的是，它们在不同程度上绕开了或没有深入基层（企业）工会中，而是尝试在企业工会之外建立起地方工会和职工群众之间的联系。虽然这样能够对职工的维权和服务进行一定程度的回应，但并不能从根本上解决企业工会薄弱、缺乏活力的问题。②而顾村经验之所以值得关注，就在于它恰恰直接指向企业工会，通过合理的职责分工和考核激励，来激发企业工会活力，毕竟企业工会仍然是当前中国工会密切联系职工群众的最主要的组织，如果不激发企业工会的活力，那么任凭上级工会怎么努力，因缺乏企业工会的积极配合和落实，其最终成效也必然大打折扣③，也很难对企业日常劳动关系的协调产生重要作用。

不过，虽然上述各种改革举措或研究建议存在一些分歧，但在理论逻辑层面，它们表现出很强的一致性，即都是以现有的宏观体制为前提条件，探索如何进行中观或微观的组织制度与机制的改革。而纵观改革开放以来中国工会的改革实践与政策研究，就会看到一个逐渐清晰的转向，即从对宏观体制或理论模式的关注向对中观或微观的组织制度和机制的关注转变。

首先，从中国工会的实际改革进程来看，在改革开放初期，特别是在20世纪80年代末体现在《工会改革的基本设想》中的改革举措，具有较为强烈的体制改革特点，包括试图改革工会的组织原则和管理体制等；到20世纪90年代中后期，市场化改革的不断深化导致劳动关系紧张问题凸显，工会的改革也倾向于借鉴一些国际劳动关系协调经验来改革现有工会制度，而且较多地关注宏观层面的问题；进入21世纪后，特别是中国特色社会主义工会发展道路提出来以后，本土化的、党政主导的劳动关系协调体制成了基本前提，因此工会的改革和发展也就越来越注重具体的制度和机制的改革与创新了。④

其次，从学界研究的发展变化来看，大体上，在改革开放初期，甚至直至

---

① 石晓天. 基于劳动关系治理的广东工会改革经验及比较 [J]. 中国劳动关系学院学报，2018 (5).
② 石晓天. 基于劳动关系治理的广东工会改革经验及比较 [J]. 中国劳动关系学院学报，2018 (5).
③ 吴建平. 地方工会"借力"运作的过程、条件及局限 [J]. 社会学研究，2017 (2).
④ 吴建平. 地方工会"以上代下"与基层工会"瘦身减负"——近40年来中国工会改革的趋势与特点 [J]. 中国劳动关系学院学报，2018 (1a).

21世纪初,研究者对中国工会改革的探讨会比较多地触及工会体制问题[①],特别是一些海外研究者,更倾向于从一些现有的国外工会理论模式来理解或预测中国工会的发展,其中比较典型的是用法团主义或市民社会理论来理解中国工会的特点或发展趋势。[②] 国内研究者也在不同程度上受其影响,按照某种工会模式或理论想象,对中国工会进行评判或政策建议。不过,近些年来,越来越多的研究者开始转变思维模式,注重客观理解和解释中国工会的角色和职责特点[③],考察在现有体制下中国工会的实际运行特点或问题,并在此基础上寻求可能的改革举措。换言之,研究者更多地寻求一些中层或微观层面的制度与机制改革举措。

总之,顾村经验不仅具有重要的现实意义,这直接表现在自上而下的全国推广过程中,也折射出重要的理论意义,那就是中国工会改革或制度变迁研究需要进行思维模式的转变,即关注焦点应从宏观体制层面向中观或微观的制度和机制层面转变,应该在现有体制的前提下,更多地探索中国工会具体的组织制度与运行机制的创新问题。

五、结论与讨论

中国工会的组织结构、领导原则、干部人事制度以及经费拨缴办法等一系列体制特性,导致基层工会组织对用人单位存在很大程度上的依赖性或依存性,加上基层工会干部普遍兼职化的特点,更让基层工会干部在经济和行政(政治)上依赖于用人单位或雇主。这种基于体制特性而带来的依赖处境,在计划经济时期并没有引发太多的困境,但随着劳动关系市场化转型,特别是随着非公企业中劳动关系紧张问题凸显,这种依赖处境就会变成一种组织困境,于是也就有了基层组织薄弱、难以有效服务和维护职工的问题,这必然会弱化工会的"群众性"。所以,如何化解或缓解这种组织困境,成为当前工会改革的一个重要着力

---

① 吴建平. 中国工会研究40年——对国内工会研究基本脉络与特点的评述 [J]. 中国劳动关系学院学报, 2018 (5b).

② Chan Anita. *Revolution or Corporatism? Workers and Trade Unions in Post-Mao China* [J]. Australian Journal of Chinese Affairs, 1993 (1): 31 – 61; White Gordon. *Chinese Trade Unions in the Transition from Socialism: Towards Corporatism or Civil Society?* [J]. British Journal of Industrial Relations, 1996 (9): 433 – 57; Howell Jude. *Trade Unionism in China: Sinking or Swimming?* [J]. Journal of Communist Studies and Transition Politics, 2003 (19): 102 – 122.

③ 徐小洪. 中国工会的双重角色定位 [J]. 人文杂志, 2010 (6); 许晓军, 吴清军. 对中国工会性质特征与核心职责的学术辨析——基于国家体制框架内工会社会行为的视角 [J]. 人文杂志, 2011 (5); 谭泓. 中国工会双重角色定位的形成渊源与探索发展 [J]. 马克思主义与现实, 2015 (1).

点，也是增强工会群众性的必然要求。

事实上，已经有不少地方工会的改革以及学界的政策研究在探索或思考如何激发基层工会活力问题，并且在不同程度上取得了一定的成效，而其中备受关注的是上海市宝山区顾村镇总工会的改革实践。顾村镇总工会的改革举措就是通过基层工会职责的合理界定以及考核和激励机制的适当设计，来调动基层工会干部的积极性，再通过他们的主动作为激发基层工会的活力，提升职工群众对工会的认同感，从而达到增强群众性的目的。这种改革的主要特征，就是在不触动工会基本体制的前提下，通过工会组织内部的制度与机制的调整，来实现激发基层工会活力的改革目标，而且这种改革是直接指向基层工会组织内部，而不是绕开基层工会组织，这也适应了当前中国工会的基层组织体制特性。因此，顾村镇总工会的这种改革举措，不是动员机制下的改革，而是常规机制下的改革，具有很强的可复制性或可推广性。

当然，此处考察和分析的只是顾村经验的一部分，而且这个部分并不是自足的，因为在基层工会的职责"瘦身减负"后，一个问题就会马上出现，即那些被减下来的、基层工会难以履行的维护和服务职责，又该由谁来承担、如何去承担呢？顾村镇总工会的做法是"以上代下"，即由上级工会（镇总工会）代为履行基层工会所不能履行的维权和服务职责，而且在"以上代下"的具体举措方面，顾村镇总工会也有一些创新之处，尤其表现在善于挖掘和利用各种党政资源和社会资源为职工提供更丰富的服务上。[①] 只不过，"以上代下"作为一种改革创新，并非顾村镇总工会的原创，因为在数十年前，全总就曾提倡过这种制度。比如在2005年《中华全国总工会关于加强协调劳动关系、切实维护职工合法权益、推动构建社会主义和谐社会的决定》中就指出，"探索推行上级工会代行基层工会一时难以承担的维权职责的做法"；2007年《中华全国总工会关于进一步加强劳动争议调解工作的若干意见》也提出，"采取由上级工会代行下级工会部分维权职责的做法"；2014年《中华全国总工会关于新形势下加强基层工会建设的意见》也倡导"在基层工会难以履行维权职责时，上级工会要加强指导帮助或'上代下'维权"；等等。只不过以往对"以上代下"的定义或强调主要集中在维护职责上，而顾村镇总工会则将其扩展到了基层工会因资源或能力有限而无法履行的一些社会服务上。至于这种"以上代下"的改革举措，在多大程度上

[①] 吴建平. 地方工会"以上代下"与基层工会"瘦身减负"——近40年来中国工会改革的趋势与特点 [J]. 中国劳动关系学院学报, 2018 (1a).

能够与基层工会的"瘦身减负"形成互补,那就需要另行考察和分析了。但无论如何,顾村镇总工会对基层工会职责"瘦身减负"并辅以适当的考核和激励的改革举措,是其最具有原创性和启发性的部分。

顾村镇总工会对基层工会的制度与机制改革毕竟属于初创,所以其中必然留有一些问题或有待发展和完善之处,除了上述的"以上代下"如何能真正承接基层工会上移的职责是一个重要方面,另一方面仍然是如何对基层工会干部的考核激励以及职业发展进行更为合理和完善的制度设计,这包括国有部门兼职工会干部的经济激励制度、基层工会干部保护制度、职业技能培训制度,特别是档案管理制度,让曾担任过基层工会干部的职工,以后即便发生工作单位变更,也应在上级工会的备案和支持下,优先推荐为基层工会干部的候选人等。这不仅给基层工会干部提供了个人的职业保障和激励,也为工会自身打造了一个基层工会干部的人才储备库。

总之,顾村镇总工会的成功就在于彻底摆脱了制度移植思维,即有意或无意中套用国外理论模式来理解、解释、预测或思考中国工会的发展路径,而是扎根于中国工会的体制特性,在此基础上来寻求中观或微观的制度与机制的变革。而这种从宏观体制向中观或微观制度和机制的思维模式转变,并非局限于顾村镇总工会的改革经验。事实上,近些年来,无论是地方工会改革实践还是各种学术或政策研究,都在较为普遍地进行这种转变。而且可以断言,正是有了这种转变,中国特色的工会理论或模式才有可能得以产生和发展出来。所以,以顾村经验为代表的工会改革,不仅具有重要的实践意义,也蕴含着重要的理论意义。

参考文献:

[1] 冯钢. 企业工会的"制度性弱势"及其形成背景 [J]. 社会, 2006 (3).

[2] 赖拥军. 非公有制企业工会改革的实践与思考——以上海市宝山区为例 [J]. 工会理论研究, 2019 (6).

[3] 李玉赋. 团结动员广大职工为促进经济平稳健康发展和社会和谐稳定作贡献以优异成绩迎接党的十九大胜利召开——在全总十六届五次执委会议上的工作报告 [N]. 工人日报, 2017-02-20 (01).

[4] 李玉赋. 新的使命和担当Ⅱ——中国工会改革创新实录:2015—2017例 [M]. 北京:中国工人出版社, 2017.

[5] 李臻, 王政, 卢国栋, 吴晓瑞, 刘光庆. 关于工会改革发展的研究

[J]. 山东工会论坛, 2015 (1).

[6] 乔健. 工会改革创新的理论思考 [J]. 当代世界与社会主义, 2010 (2).

[7] 乔健. 工会改革: 中国特色工会道路的"提质增效"——2016年上海群团改革的经验探析 [J]. 中国劳动关系学院学报, 2017 (2).

[8] 乔健, 钱俊月. 对民营企业工会建设问题的思考 [J]. 中国人力资源开发, 2010 (10).

[9] 石晓天. 基于劳动关系治理的广东工会改革经验及比较 [J]. 中国劳动关系学院学报, 2018 (5).

[10] 首都科学决策研究会. 上海顾村非公企业工会改革成全国榜样 [J]. 领导决策信息, 2017 (23).

[11] 谭泓. 中国工会双重角色定位的形成渊源与探索发展 [J]. 马克思主义与现实, 2015 (1).

[12] 汤洪伟, 杜星. 上海顾村经验: 非公企业工会改革的范本 [J]. 工会理论研究, 2018 (1).

[13] 陶德和. 论城市工会领导体制的改革方向 [J]. 工会理论与实践, 1997 (5).

[14] 王厚富. 上海工会改革的主要做法与认识体会 [J]. 工会理论研究, 2017 (2).

[15] 王珍宝. 群团改革与工会工作创新——基于上海的实践与思考 [J]. 山东工会论坛, 2019 (2).

[16] 尉健行. 工会的基本职责例 [M]. 北京: 中国工人出版社, 2008.

[17] 闻效仪. 工会直选: 广东实践的经验与教训 [J]. 开放时代, 2014 (5).

[18] 吴建平. 略论工会经费税务代收的制度与实践 [J]. 中国劳动关系学报, 2016 (1).

[19] 吴建平. 地方工会"借力"运作的过程、条件及局限 [J]. 社会学研究, 2017 (2).

[20] 吴建平. 地方工会"以上代下"与基层工会"瘦身减负"——近40年来中国工会改革的趋势与特点 [J]. 中国劳动关系学院学报, 2018 (1a).

[21] 吴建平. 中国工会研究40年——对国内工会研究基本脉络与特点的评

述 [J]. 中国劳动关系学院学报, 2018 (5b).

[22] 吴亚平. 企业工会: 劳动者权益的代表者和维护者——兼论工会组织体制改革的目标和方向 [J]. 新视野, 2010 (6).

[23] 徐小洪. 中国工会的双重角色定位 [J]. 人文杂志, 2010 (6).

[24] 许晓军, 吴清军. 对中国工会性质特征与核心职责的学术辨析——基于国家体制框架内工会社会行为的视角 [J]. 人文杂志, 2011 (5).

[25] 杨涛. 广东工会改革研究——基于非公有制企业职工参与的视角 [J]. 中国劳动关系学院学报, 2019 (4).

[26] 游正林. 60年来中国工会的三次大改革 [J]. 社会学研究, 2010 (4).

[27] 游正林. 政绩驱动下的工会行动 [J]. 学海, 2011 (1).

[28] 岳经纶, 陈泳欣. 超越统合主义? 社会治理创新时期的工会改革——基于深圳市试验区工联会的实践 [J]. 学术研究, 2018 (10).

[29] 岳经纶, 陈泳欣. 中国工会改革的"第三条道路" [J]. 探索与争鸣, 2019 (3).

[30] 张锐, 彭文卓. 全国工会基层工会会议在京召开 [N]. 工人日报, 2017-02-17 (01).

[31] 张艳华. 上海市基层工会干部职业化改革调查研究 [J]. 中国劳动关系学院学报, 2009 (5).

[32] 中华全国总工会. 中国职工队伍状况调查 (1986) [M]. 北京: 工人出版社, 1987.

[33] 中华全国总工会. 建国以来中共中央关于工人运动文件选编 (上、下) [M]. 北京: 工人出版社, 1989.

[34] 中华全国总工会. 2002年中国工会维护职工合法权益蓝皮书 [J]. 人权, 2013 (2).

[35] 中华全国总工会研究室. 第五次中国职工状况调查 [M]. 北京: 中国工人出版社, 2006.

[36] 中华全国总工会研究室. 第六次中国职工状况调查 [M]. 北京: 中国工人出版社, 2010.

[37] 周雪光. 组织社会学十讲 [M]. 北京: 社会科学文献出版社, 2003.

[38] 周雪光. 运动型治理机制: 中国国家治理的制度逻辑再思考 [J]. 开放时代, 2012 (9).

[39] 庄会宁. 从职工"直选"工会主席做起——吉林省梨树县工会改革追踪 [J]. 瞭望, 1998 (35).

[40] 邹卫民, 孙岩, 宋紫薇. 群团改革背景下上海工会干部队伍建设状况与对策研究 [J]. 工会理论研究, 2019 (4).

[41] Bai Ruixue. *The Role of The All China Federation of Trade Unions: Implications for Chinese Workers Today* [J]. The Journal of Labor and Society, 2011, 14.

[42] Chan Anita. *Revolution or Corporatism? Workers and Trade Unions in Post-Mao China* [J]. Australian Journal of Chinese Affairs, 1993 (1): 31 – 61.

[43] Chen Feng. *Between the State and Labor: The Conflict of Chinese Trade Unions' Dual Institutional Identity* [J]. The China Quarterly, 2003: 176.

[44] Chen Feng. *Legal Mobilization by Trade Unions: The Case of Shanghai* [J]. The China Journal, 2004, 52.

[45] Chen Feng. *Union Power in China: Source, Operation, and Constraints.* [J]. Modern China, 2009 (6).

[46] Howell Jude. *Trade Unionism in China: Sinking or Swimming?* [J]. Journal of Communist Studies and Transition Politics, 2003 (19): 102 – 122.

[47] White Gordon. *Chinese Trade Unions in the Transition from Socialism: Towards Corporatism or Civil Society?* [J]. British Journal of Industrial Relations, 1996 (9): 33 – 57.

[48] Zhang Xiaodan. *Trade Unions under the Modernization of Paternalist Rule in China* [J]. The Journal of Labor and Society, 2009, 12.

新时代深化群团改革的实践载体研究

——以天津经开区群团组织"三基地一中心"为例

天津经济技术开发区总工会、天津市工会管理干部学院
联合课题组

摘　要： 天津经济技术开发区总工会（团委、妇联）牢牢把握群团改革要求，主动服务于党政工作大局，以职工群众为中心，创新建设了"三基地一中心"综合服务阵地。"三基地一中心"具有政策宣传、孵化培育、职工服务、创新创业、企业服务等功能，在思想引领、组织拓展、助力发展、维护和谐、普惠服务五个方面取得了显著成效。调研结果显示，"三基地一中心"契合职工群众需求，有助于提高职工对工会的认可度，并受到企业管理人员的好评。其今后的运维应在宣传力度、精准服务、运行机制、形式内容、资源整合、沟通反馈等方面持续发力，让职工群众拥有更多幸福感、获得感、安全感，助力经济社会高质量发展。

关键词： 群团改革　群团组织孵化　精准服务　劳动关系

习近平总书记和党中央对群团工作特别是新时代群团改革高度重视。习近平总书记在中央党的群团工作会议上发表的重要讲话，从全局和战略高度深刻阐明了推进群团改革的重大意义、目标任务和基本要求，为各级群团组织做好群团改革和群团工作提供了根本遵循。天津经济技术开发区总工会（团委、妇联）[以下简称"天津经开区总工会（团委、妇联）"]认真学习贯彻习近平总书记重要讲话和重要指示精神，紧紧围绕增强"政治性、先进性、群众性"的改革主线，落实以职工群众为中心的工作导向，在深入调研谋划、了解基层需求的基础上，创新建设了"三基地一中心（群团组织孵化基地、创新创业基地、企业服务基地和升级版职工服务中心）"综合服务阵地，着眼于新时代基层群团组织，主动服从服务党政工作大局,找准工作结合点和着力点,增强群团组织的吸引力影响力,把群团组织建设成为党的群众工作的坚强阵地,进行了有益探索。

2020年,天津经开区总工会(团委、妇联)与天津市工会管理干部学院成立了联合课题组,对"三基地一中心"的运维现状进行调研,以期总结提炼经验,为持续深化群团改革奠定理论和实践基础。

一、项目背景与调研情况

(一)项目背景

为深入贯彻落实党中央群团改革工作部署,牢牢把握习近平总书记在中央党的群团工作会议上提出的"增强政治性、先进性、群众性""去除机关化、行政化、娱乐化、贵族化"的重要要求,积极落实《深化党和国家机构改革方案》关于群团组织要"强化团结教育、维护权益、服务群众"三大功能的改革任务,进一步推动群团组织守正创新、繁荣发展,天津经开区总工会(团委、妇联)按照"组织共建、资源共享、合力共担"的发展思路,围绕"心向党的领导、心系群团事业、心牵基层职工、心念品牌服务"的核心理念,针对传统工作中存在的覆盖面不足、凝聚力不强、体制机制不活、影响力不大等现实问题,按照天津经开区第一次党代会部署,依托现有5000余平方米的办公楼,积极打造了"三基地一中心"服务阵地,主要面向区域内基层工会、职工和企业,旨在进一步扩大群团组织覆盖面凝聚力、提高职工创新创业能力、促进企业提升市场竞争力、满足职工多元化需求上,提供具有群团组织特点的全方位服务。

(二)调研情况

调研采用问卷调查和现场访谈相结合的方式进行。

问卷主要包括基层工会和职工服务活动需求、"三基地一中心"服务项目情况和运维模式建议三部分内容,共发放1050份。课题组共走访天津顶益食品有限公司、富士康科技集团天津科技园、长城汽车股份有限公司天津哈弗分公司、零氪科技(天津)有限公司、诺和诺德(中国)制药有限公司等26家中外企业,对参与"三基地一中心"活动的经开区总工会(团委、妇联)工作人员、企业工会干部和职工、指导工作的来宾进行了抽样访谈。在调研中,调查对象和受访者对"三基地一中心"的运行现状进行了评估,并对进一步运行维护的具体举措和保障机制提出了建议和对策。

二、项目实践与成效分析

"三基地一中心"包括群团组织孵化基地、创新创业基地、企业服务基地和升级版职工服务中心。群团组织孵化基地是基层群团组织培育与扶持的孵化平台,创新创业基地是帮扶青年创新创业的助推器,企业服务基地是促进企业产品推广及扩大经营覆盖面的展示交流中心,升级版职工服务中心是为区域职工提供各类暖心服务的"职工之家"。

(一)项目实践

1. 运行目标

(1)建成围绕党政工作大局、指导基层群团工作的导向中枢,坚持正确政治方向,充分履行政治责任。

(2)建成服务职工群众和企业单位的便利平台,坚持面向基层、面向一线、面向普通、面向急难,做到基层群众有所需、群团组织有所应。

(3)建成发挥群团组织作用的有形窗口,坚持创新发展、前瞻示范的一流标准。

2. 功能设置

(1)政策宣传。集中发布天津经开区党委、管委会和群团组织相关的法律法规和政策文件,以"三基地一中心"为平台,为企业职工群众提供一个"一站式"服务窗口,促进良性互动。

(2)孵化培育。通过入壳孵化模式,提供硬件设施和软件服务,对未建立或处在成长过程中的群团组织进行系统化的培育和扶持,提供可复制、可推广的工作经验,促进其实现持续健康发展。

(3)职工服务。致力于群体和个人能力培养,为企业职工提供参与社会实践的机会和载体,提供展示才华和技能提升的舞台。搭建企业职工沟通平台,通过升级版职工服务中心帮扶有法律、心理、大病救助等需求的职工,提供工会组织帮扶,建立健全职工互助机制。

(4)创新创业。通过劳模创新工作室、工匠创新工作室和职工创新工作室展示不同领域、不同类型、不同时期的群团组织工作成果以及企业帮扶孵化创新成果,切实发挥三级工作室在企业发展中的推进器作用、在技术创新中的催化剂作用、在培育人才中的孵化器作用。

（5）企业服务。建立企业家、工会主席沙龙，定期开展活动，发挥企业帮扶交流作用。建立群团组织 APP，发布群团组织活动信息，搭建区域内企业间、企业与政府相关部门间的沟通桥梁。运用路演、培训宣讲等方式，为中青年创新创业提供信息交流平台。

3. 品牌项目

目前，天津经开区总工会（团委、妇联）倾力打造了群团组织孵化共享空间、职工子女托管班、"宝宝储粮室"母婴室、职工会员共享健身中心、职工会员共享食堂、心灵放松吧等 14 个"三基地一中心"功能室，形成了一批职工拥护、上级认可、社会反响良好的品牌项目。其中，具有一定创新意义的主要有以下几点。

（1）"企业家、群团干部恳谈会"项目：邀请来自天津经开区内重点企业的企业家、群团干部紧密围绕区域发展、企业经营、群团工作等多方面进行深入交流和探讨，共商群团发展之策，共谋天津发展大计。

（2）"企业工会组织孵化基地建设"项目：向基层企业"孵化理念、孵化组织、孵化标准、孵化服务"，促进基层工会真正建起来、转起来、活起来。

（3）"升级版职工服务中心建设"项目：建设集宣传引领、教育培训、法律援助、就业指导、心理疏导、卫生健康、谈心谈话、帮扶救助、文化服务、休闲娱乐、社团活动、特殊群体关爱等功能于一体的二级职工服务阵地，为广大职工提供普惠性、精准性、多元化服务。

（4）精准送餐"共享餐厅"项目：共享食堂服务于职工会员，也服务于用餐有困难的企业职工。2020 年新冠肺炎疫情暴发初期，多数餐饮企业尚不能复工，企业职工用餐难问题凸显。天津经开区总工会于 3 月 1 日正式启动为期 1 个月的疫情防控期间职工会员共享食堂送餐服务，全力为复工企业排忧解难，努力深化和谐稳定劳动关系。

（5）面向职工的系列"云服务"项目：为克服疫情防控期间线下活动受限的困难，天津经开区总工会有效利用互联网通信手段，开展了大量"云服务"，包括云清单、云课堂、云调适、云帮扶、云活动、云演出等。

（二）成效分析

"三基地一中心"充分展现了工会组织参与社会治理的政治优势、组织优势、制度优势、群众优势和资源优势[1]，在思想引领、组织拓展、助力发展、维护和谐、普惠服务五个方面取得了明显成效。

1. 履行政治责任，突出思想引领

党的领导是工会组织最大的优势，党的领导保证了工会组织正确的政治方向。"三基地一中心"通过"复兴号"高铁造型的 LED 电子连屏、主体建筑楼楣外挂电子屏，面向社会展示时效性宣传内容和劳模先进风采；"一站式"服务大厅面向基地服务受众和来访者，常年免费发放学习宣传活页单、明白纸、政策解读导图等。通过大力宣传习近平新时代中国特色社会主义思想、习近平总书记关于工人阶级和工会工作的重要论述精神、中央市委区委大政方针和战略部署，弘扬劳模精神、劳动精神、工匠精神，"三基地一中心"强化了工会组织根本政治属性，发挥了"党的群众工作部"职能，及时向职工群众传递党和政府的温暖，巩固党的阶级基础，扩大党的群众基础。

2. 孵化群团组织，实现组织拓展

工会组织体系健全，横向到边、纵向到底，其组织优势决定了其在国家治理体系中能发挥举足轻重的作用。"三基地一中心"一方面落实"哪里有职工群众，哪里就要建立工会组织"，努力实现区域内组织全覆盖、工作全覆盖、服务全覆盖，做到守土有责、守土负责、守土尽责；另一方面，努力建成"联系广泛、服务群众的群团工作体系"，落实"哪里的职工合法权益受到侵害，哪里就有工会的声音"，延伸工作手臂，把劳动关系领域、"两新"组织领域等有关组织机构凝聚起来、规范起来，在群团组织枢纽的带动下，发挥服务社会的积极作用。

当前，"三基地一中心"的群团组织孵化指导室，在摸清企业和职工底数的基础上，引导企业依法建会，组织职工主动入会；通过加强与"两新"组织、NGO 公益组织的联系互动，引导参与承接政府购买服务项目，联合开展社会公益活动；充分发挥青联、企联、商会等作用，利用群团各种平台宣传企业履行社会责任、企业家爱心奉献等懿行善举，营造良好社会风尚。

3. 助力企业发展，打造人才高地

天津经开区园区多、企业多，当前正处于产业升级换代的关键期。为推动天津经开区惠企政策信息落地落实，促进区域产业融合发展，"三基地一中心"通过搭建创新创业创意孵化平台、青年之家创新创业基地、半边天家园，提供政策支持、项目路演、风投推介等服务，整合各方资源，加速创新成果市场转化；组织企业家、工会主席恳谈会，提供前沿思想、先进理念、资源共享的交流平台；组织劳模工匠和高技能人才对话会，劳模创新工作室，科技难题攻关，发挥"强强联合""1 + 1 群"的组合带动效应；培育知识型、技能型、创新型产业工人队伍，筑牢企业提升核心竞争力的人才保障根基，打造技能人才高地。

4. 协调劳动关系，保障和谐稳定

在劳动关系三方协调机制框架内，工会组织针对劳动关系矛盾复杂化、多元化的特征多维度发力。"三基地一中心"开设"职工调解室"对劳动纠纷形成的不稳定因素早发现、早介入、早调处，化解在初萌，依法维护职工群众合法权益，促进企业发展；建立"职工心理健康服务中心"，培育职工群众理性平和的健康心态；联合区企业服务局，合力当好"店小二"，组织"企业之间"文体活动，培植创业热土，发展积极阳光、健康向上的企业文化。

5. 瞄准职工需求，普惠精准服务

职工受益是工会工作的根本，实现普惠性、精准性受益是更高追求。"三基地一中心"通过建设"升级版职工服务中心"，按照党政所需、群众所急、群团所能的原则，瞄准广大职工群众分众化、多元化需求，调动更多的基层组织，把党政赋予群团组织的资源更多惠及普通职工群众，把党和群团组织的关心关爱最大限度地传递给每一位职工，用扎扎实实的服务增强职工群众获得感、幸福感、安全感，把党和政府的温暖及时传递到职工群众的心坎儿上。同时，各服务接待点位及时了解掌握职工群众所思所想、所忧所虑，由群团组织形成内容翔实、建议明确的情况报告，为党政决策提供基础依据。

目前，"升级版职工服务中心"依托天津市总工会会员服务卡落实职工大病救助、住院关爱、工伤意外伤害保险、农民工返津补贴和学历技能提升奖励等项目，增加天津经开区总工会专属救助项目；针对劳模先进群体，为各级劳模发放节日慰问金、组织疗休养、免费体检等服务；针对区域职工群众，开展心理健康咨询、文体健身、婚恋相亲、子女托管、知识讲座、共享食堂等。

三、现状调查与数据分析

（一）现状调查

1. 调研设计思路

调查问卷面向天津经济技术开发区国有、民营、外资共计26家企业的一线职工、中层管理人员和基层工会干部发放。访谈采用半结构化方式，选取国有、民营、外资三类企业的7名企业工会主席、3名管理人员、4名一线职工代表，以及12名基层工会和区工会不同层级的工会干部进行面对面访谈。

问卷调查的目的是深入了解"三基地一中心"运维现状，让调查对象在与

"三基地一中心"运维相关的因素上进行熟悉度判断和倾向性判断,用以确认调查对象对"三基地一中心"运维现状的评价。问卷还含有针对工会干部与企业中层管理者的分问卷,可印证不同群体对"三基地一中心"运维的评价。问卷和访谈还可以反映出"三基地一中心"运维的薄弱环节以及各群体对下一步建设的意见。

2. 问卷调查样本的总体情况

问卷调查共计发放电子问卷1050份,回收941份,回收率达90%,职工参与度很高。调查样本分布见表1(注:本调查根据需要没有对控制背景变量进行分析)。

表1 问卷调查的样本分布($N=941$)

序号	样本单位	样本量	比例	序号	样本单位	样本量	比例
1	罗姆半导体(中国)有限公司	81	8.6%	11	天津东海理化汽车部件有限公司	31	3.2%
2	大众汽车自动变速器(天津)有限公司	58	6.1%	12	西迪斯(天津)电子有限公司	29	3.0%
3	天津电装电子有限公司	55	5.8%	13	捷信消费金融有限公司	27	2.8%
4	通用半导体(中国)有限公司	51	5.4%	14	天津杰士电池有限公司	27	2.8%
5	长春富维安道拓汽车饰件系统有限公司天津分公司	51	5.4%	15	诺和诺德(中国)制药有限公司	26	2.7%
6	美克国际家私(天津)制造有限公司	50	5.3%	16	富士康科技集团天津科技园	25	2.6%
7	天津三环乐喜新材料有限公司	46	4.8%	17	天津零氪科技有限公司	25	2.6%
8	渣打环球商业服务有限公司	46	4.8%	18	恩智浦半导体(中国)有限公司	24	2.5%
9	爱达(天津)汽车零部件有限公司	43	4.5%	19	天津顶益食品有限公司	23	2.4%
10	凯莱英医药集团(天津)股份有限公司	43	4.5%	20	天津百事可乐饮料有限公司	22	2.3%

续表

序号	样本单位	样本量	比例	序号	样本单位	样本量	比例
21	天津长城汽车股份有限公司天津哈弗分公司	39	4.1%	24	一飞智控（天津）科技有限公司	19	2.0%
22	丰田纺织（天津）汽车部件有限公司	37	3.9%	25	天津金桥焊材集团有限公司	16	1.7%
23	天津摩比斯汽车零部件有限公司	34	3.6%	26	天津航天长征技术装备有限公司	13	1.3%
	合计	634	—		合计	307	—

在参加本次调查的职工中，有26.14%为30岁以下，43.89%为31~40岁，22.42%为41~50岁，7.55%为51岁以上，中青年职工占较大比重（见表2）。从职工受教育程度上看，14.56%为高中及以下，24.02%为大专，46.65%为本科，13.28%为硕士研究生，1.49%为博士研究生，其中本科学历职工占主要比例，职工受教育程度较高。从职工所属单位与岗位类别上看，抽样占比80.08%的外资企业中有58.46%的一线职工、25.77%的中层管理人员和15.77%的工会干部；抽样占比17.15%的民营企业中有59.88%的一线职工、28.74%的中层管理人员和11.38%的工会干部；抽样占比2.77%的国有企业中有40.74%的一线职工、40.74%的中层管理人员和18.52%的工会干部。样本比例与天津经开区现有的职工队伍状况、企业类型和服务对象分布吻合。

表2 调查样本基本情况统计（N=941）

基本属性	分类	N=941	占样本总量的百分比
性别	男	466	49.52%
	女	475	50.48%
年龄	30岁以下	246	26.14%
	31~40岁	413	43.89%
	41~50岁	211	22.42%
	51岁以上	71	7.55%
家庭状况	单身	257	27.31%
	已婚无子女	129	13.71%
	已婚有子女	555	58.98%

续表

基本属性	分类	N=941	占样本总量的百分比
学历	高中及以下	137	14.56%
	大专	226	24.02%
	本科	439	46.65%
	硕士及以上	139	14.77%
所属单位	国有企业	27	2.87%
	民营企业	167	17.75%
	外资企业	747	79.38%
岗位类别	一线职工	539	57.28%
	中层管理人员	256	27.21%
	工会干部	146	15.52%

3. 问卷信度分析

在对所有样本数据进行筛选，确认数据有效后进行编码处理数据。课题组运用 SPSS 软件对有效样本数据进行频次、平均数、百分数、T 检验等初级统计处理。对问卷的有效数据进行信度和效度分析。结果显示，调查问卷信度系数为 0.85，说明数据具有较好的可信度。

（二）数据分析与访谈总结

1. 职工对"三基地一中心"项目的总体知晓度较高

本次调查中，87.37% 的职工所在单位建有工会组织并参与过工会组织的活动。在"您是否了解经开区总工会的'三基地一中心'项目"这一题目中，数据显示职工对"三基地一中心"的相关功能、定位和服务知晓度较高（见图1）。这说明"三基地一中心"项目建设已具有较大影响力。

根据"是否了解经开区总工会的'三基地一中心'项目"与"您通过哪些渠道了解到'三基地一中心'"的交叉数据显示，天津经开区总工会官网等网站、天津经开区总工会微信公众号等新媒体、单位工会推荐是职工了解、熟悉该项目的三个主要渠道（见表3）。

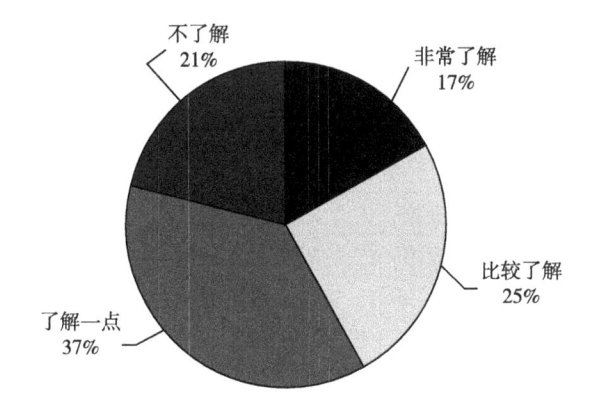

图1 职工对"三基地一中心"项目总体知晓度评价（$N=941$）

表3 职工知晓"三基地一中心"项目的渠道及了解程度（$N=744$）

了解程度	知晓渠道				
	经开区总工会官网等网站	经开区总工会微信公众号等新媒体	单位工会推荐	报纸杂志等纸媒	其他渠道
非常了解	65.24%	68.29%	67.68%	50%	1.83%
比较了解	47.92%	62.92%	70.83%	32.5%	0.00%
了解一点	35.49%	53.52%	63.66%	32.11%	0.28%

2."三基地一中心"服务项目与职工需求匹配度较高

在对"三基地一中心"34个服务项目的需求调查中，调查对象按需求度对所有项目排序，均值［计算方法：均值=（Σ频数×权值）（填写人次）］前十位的项目为"创业知识与技能培训教育""群团组织工作示范与指导""心理咨询"等（见表4），可见职工在这些方面的需求度最高。

均值前十位的项目均为"三基地一中心"项目中最具优势和最具代表性的。由此看出，"三基地一中心"项目的硬件设施已具有一定规模和基础，实践成果具有一定特色，并已逐渐向体系化、可复制化的方向发展，这也从侧面反映了"三基地一中心"的品牌项目契合职工群众需求。

表4 "三基地一中心"服务项目的需求调查均值排序（$N=941$）

排序	服务项目	均值
1	创业知识与技能培训教育	8.8
2	群团组织工作示范与指导	8.6

续表

排序	服务项目	均值
3	心理咨询	7.8
4	共享食堂	7.37
5	企业家、工会主席沙龙	6.9
6	指导运用"三个一"工作法	6.83
7	与高技能人才、工匠、劳模面对面学习交流	6.63
8	困难帮扶（职工互助活动）	6.39
9	子女托管	6.1
10	普法宣传	6.08

3. 职工参加"三基地一中心"志愿服务活动意愿较强

为加强"三基地一中心"下一阶段的运维与建设，充分发挥群团组织工作职能，努力为职工群众提供全面服务，访谈与问卷均设置了职工参与度、参与时间和参与形式的问题。调查显示，职工对"'三基地一中心'服务人员结构"的选择倾向于工会工作者与志愿者队伍、社会化工作者、社会爱心社团等社会资源有机结合。77.68%的职工非常愿意参加"三基地一中心"志愿服务活动，其中50.48%选择在周末参与志愿服务（见表5）。职工对"'三基地一中心'提供服务的时段"选择并无偏好，认为"全天开放""工作日错峰开放或周末及节假日全天开放""APP预约制"都可行（见表6）。由此可见，职工参与"三基地一中心"志愿服务活动意愿较高，但参与时间段和服务提供时间段有偏差。

表5 职工愿意参加"三基地一中心"志愿服务的时间段（$N=731$）

时间段	工作日晚上	周末	法定节假日	调休时
比例	33.52%	50.48%	24.9%	33.93%

表6 职工希望"三基地一中心"提供服务的时间段（$N=731$）

时间段	全天开放	工作日错峰开放、周末及节假日全天开放	APP预约制
比例	36.24%	39.11%	24.65%

4. 参与"三基地一中心"活动显著提高职工对工会的认可度

问卷数据显示，87%的职工对"三基地一中心"组织、带动企业开展的各类活动表示满意和非常满意,且倾向于参加有吸引力、有益身心健康的工会活动;64%的职工每月参加相关群团组织活动(见图2、图3)。

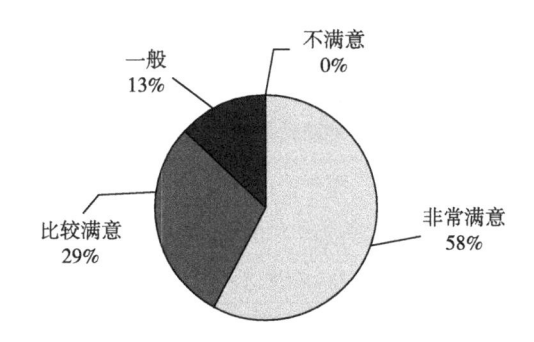

图2 职工对本单位群团组织既有服务和活动的满意度($N=941$)

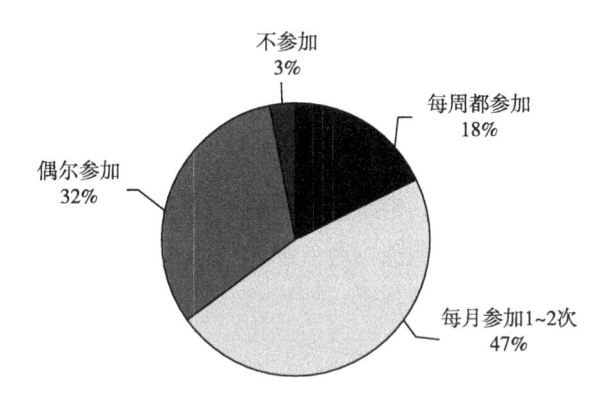

图3 职工计划参与群团组织活动的频率($N=941$)

5. 企业管理人员对"三基地一中心"服务活动评价较高

访谈数据显示,14名参与访谈的企业工会主席、管理人员和职工代表均表示"三基地一中心"14个功能室基本可以满足职工和企业的各项需求,尤其认为群团组织孵化基地很好地承载了企业群团组织培育与扶持功能,升级版职工服务中心为职工提供了特色、精准、暖心的服务。

在"三基地一中心"服务项目的需求调查均值排序中(见表4),"创业知识与技能培训教育""普法宣传""困难帮扶(职工互助活动)""子女托管""共享食堂"位列前十。这些项目是升级版职工服务中心的品牌项目,可满足广大职工普惠性、精准化、多元化的需求。

群团组织孵化基地的"群团组织工作示范与指导"活动在"三基地一中心"服务项目的需求调查均值排序中位居第二（见表4）。为进一步对接企业需求，课题组对146名企业管理人员的作答进行了深入分析，结果如表7所示。由此可见，企业管理人员对群团组织孵化基地各项目评价较高。

表7　群团组织孵化基地项目需求调查均值排序（$N=146$）

排序	服务项目	均值
1	群团组织工作示范与指导	8.63
2	组建群团组织	8.6
3	工作业务培训	5.52
4	群团组织APP	5.23

四、下一步运维思路

"三基地一中心"作为群团服务载体创新模式，需要在进一步把握群团组织建设规律、劳动关系发展规律、群众需求变化规律上持续深入探索，不断完善服务体系、提升服务水平、丰富服务内容、强化服务实效，通过群团组织扎扎实实地工作，让职工群众拥有更多幸福感、获得感、安全感。其今后的运维应在以下几方面持续发力。

（一）扩大宣传力度，促进功能发挥

职工群众的广泛积极参与，是群团服务生命力持久旺盛的关键。要加强社会主流融媒体宣传，以群团公益服务涵养良好社会风尚；利用组织系统宣传，充分发挥群团组织体系健全、联系广泛的巨大联动优势；鼓励职工群众在良好服务体验之后的口口相传，逐步积累起更高的人气。

（二）分级分类建设，实现精准服务

按照区级、园区级以及企业级三级标准展开"三基地一中心"各功能室的分级建设，细化建设项目，努力建成以天津经开区服务阵地为龙头、以所属"一区十一园"分支阵地为依托、以各企业特色服务阵地为基础的区域网络，形成全域覆盖、门类齐全、特色鲜明、互为补充的综合服务体系，为职工群众提供全面

服务，让不同职工群体都能享有适合所需、方便快捷的服务，不断提升职工群众归属感、幸福感、安全感。

（三）线上线下结合，完善运行机制

大数据时代为工会服务提供了新的便利，也激发了新的需求。这不只是技术上的进步，更是服务理念的转变和机制的创新。"三基地一中心"要利用互联网通信手段，继续着力开展面向职工的各类"云服务"活动，不断创新"云"工作模式，全面推广应用"三基地一中心"APP 云服务平台，实现职工群众"随身点单服务"，随时了解内容、随时预定项目、随时反馈意见建议。

（四）丰富形式内容，吸引职工参与

服务项目的设置要力求涵盖不同职工群体——产业工人、农民工、劳模工匠、新业态从业人员、"两新"组织职工等，以职工群众为主角，围绕职工群众的生物钟运转，针对他们的不同需求和爱好、不同工作形式和时间地点，统筹安排项目。

（五）重视资源整合，加强队伍建设

把区域内各群团组织和有条件的企事业单位的内部资源整合起来，纳入群团服务共享阵地，提高阵地设施资源利用率。发挥工会在劳动关系领域社会组织的枢纽作用，采取购买服务、鼓励参与志愿服务等方式，加强平台服务的专业化水平。大力发展志愿服务组织，与区文明办、外来人口管理办公室等联合，引导广大职工群众在业余、工余时间开展志愿服务活动，纳入社会信用积分管理项目。

（六）增强沟通反馈，对接潜在需求

以充分调研为基础，定期深入一线开展职工需求专题调研，及时调整丰富服务项目。同步开展线上服务体验反馈调查，运用大数据分析深挖职工潜在需求，有效提高服务精准性、资源利用率和科学管理水平，努力探索"三基地一中心"更丰富的活动方式与活动内容，使天津经开区的群团工作更有力度、更有温度、更有热度。

参考文献：

[1] 陶志勇.国家治理体系和治理能力现代化视角下的工会角色[J].工会理论研究，2019（6）：4–15.

三、工会参与国家和社会治理研究

创新发展新时代"枫桥经验"与工会参与社会治理研究

——基于浙江省绍兴市总工会的实践分析

浙江省绍兴市总工会课题组[①]

摘 要： 工会在国家治理体系和治理能力现代化进程中，在社会治理方面扮演着政府无法替代的角色。新时代"枫桥经验"的治理理念，与工会参与社会治理在价值理念、目标要求、基层基础、基本方法方面，有共同的内在机理。本研究以新时代"枫桥经验"视角下工会参与社会治理的绍兴实践为案例，分析了绍兴市总工会调解式治理、化解式治理、协商式治理、渗透式治理四种治理模式，发现了新时代工会参与社会治理在制度层面、社会层面、工会层面都存在一定局限。最后，本文对工会如何提高新时代治理能力，从政治能力、法治能力、组织能力、专业能力方面提出了意见和建议。

关键词： 枫桥经验　社会治理　治理模式

一、引　言

随着经济社会的持续发展和全球新冠肺炎疫情的蔓延，新时代中国特色社会主义建设再次受到全球瞩目，社会治理面临比传统社会更加复杂的治理问题和挑战，社会治理体系和治理能力的现代化建设迫在眉睫。党的十九大提出要打造共建共治共享的社会治理格局，这种现代化的社会治理体制，是社会治理社会化、法治化、智能化、专业化水平较高的体系。我国工会组织作为社会治理体系内最

[①] 课题组成员：赵爱庆（绍兴市总工会党组书记、副主席）、陈光祥、吴刚、樊建国、陈立峰、钟坚。

大的社会组织，是党和政府联系职工群众的桥梁和纽带，既可以发挥社会各方面的协同作用，又可以组织职工群众广泛参与，在协调劳动关系和利益矛盾、维护社会稳定方面，具有不可替代的作用。特别是随着中美贸易战的持续和新冠肺炎疫情在全球的暴发，世界经济政治不确定性增强，国内经济下行压力较大，社会利益矛盾和劳动关系矛盾比较突出。面对新形势新挑战，更加需要工会在参与社会治理方面发挥新作为。

"枫桥经验"经过几十年发展已经成为社会治理的经典样板，形成了许多非常成熟的调处化解矛盾的方法手段，并随着时代的发展不断丰富，对于社会治理各领域具有重大指导作用。党的十九届四中全会提出，完善正确处理新形势下人民内部矛盾有效机制，要坚持和发展新时代"枫桥经验"。以新时代"枫桥经验"理念为引领，指导工会参与社会治理，能有效提升工会参与社会治理的针对性和实效性，可以为全省工会组织更好地发挥在社会治理方面的作用提供参考。

二、工会参与社会治理的理论路径

（一）工会参与社会治理的理论视角

国外学者很早就围绕工会组织参与社会治理进行了研究，形成了丰富的理论。国外研究主要是基于劳资关系博弈论的基础，围绕工会谈判、罢工等方面开展研究，进而探索工会在社会治理中的作用。由于国内外社会制度和文化语境的区别，国外相关研究对于我国工会参与社会治理的参考价值相对较弱。

近年来，随着社会治理理论和实践的推进，国内许多学者对工会组织参与社会治理寄予厚望，认为工会组织参与社会治理是其不可推卸的职责和使命，进而围绕工会组织社会治理作用的发挥提出了许多观点和思路。概括而言，国内学者对于工会组织参与社会治理的研究主要从以下四个视角展开。

1. 从国家和社会关系的视角

随着多元利益主体的发展壮大，传统政府和社会高度合一的社会管理模式已经不适用，为此必须改善社会治理结构，建立多元主体参与的社会治理模式。姚仰生指出，工会组织参与社会治理，是国家对工会组织的必然要求，也是其自身职责所在。[1] 张琼认为，国家和社会互动交流的加强，以及工人利益多元化诉求的趋势，都要求工会组织积极顺应新形势下的社会治理格局，做到既与政府保持

---

[1] 姚仰生. 工会参与社会治理创新：地位、作用、问题与路径 [J]. 工会理论研究, 2018 (6)：23-38.

良好的互动关系,又能充分代表职工表达利益诉求。① 陈姣姣认为,探索"以社管社、以群治群"的社会治理新模式,建立工会枢纽型社会组织,能够弥补工会自身不足,更好地发挥在社会治理中的作用。②

2. 从法治建设的视角

李莹瑾指出,基层工会在社会治理中发挥着重要作用,应当大力支持基层工会依法创造性地开展职工维权行动。③ 赵健杰认为,在依法治国的时代背景下,要通过地方立法赋予基层工会更多的资源和手段,提升工会参与社会公共事务的治理能力。④ 涂永珍也持同样的观点,认为工会参与社会治理创新,首先要解决法制健全的问题,对各级社会组织赋权增能,提高其自主性,增强其动员调配各类资源的能力和手段。⑤

3. 从劳动关系的视角

劳动关系是否事关经济发展和社会稳定,是加强和创新社会治理的重要内容。陶志勇提出,工会要把推动构建和谐劳动关系作为工作主线。⑥ 陈俊洁等认为,工会组织要把所有可用的内部资源和外部资源调动起来,确保沟通渠道的畅通,调解劳动关系,提升职工素质,从而推进社会治理现代化。⑦ 也有学者指出了当前工会组织在协调劳动关系方面的不足,比如宋汉林认为,当前工会组织尚未建立完善的劳动关系诉讼配套措施,在整个社会治理过程中存在诸多外部因素的不利影响。⑧

4. 从工会组织自身建设的视角

朱勋克认为,工会治理的基本形式是在党的领导下,以中华全国总工会为龙头,自上而下开展自主治理和协同治理。⑨ 汪新蓉指出,随着我国治理模式从政府单一管理向多元主体共同治理转变,工会职能也要进行相应转变,即淡化工会

---

① 张琼. 工会组织参与社会管理的目标定位和实现路径——基于法团主义的分析视角 [J]. 理论导刊, 2012 (7): 22-24.

② 陈姣姣. 创新型治理结构与工会枢纽型社会组织建设 [J]. 中国劳动关系学院学报, 2014 (10): 40-44.

③ 李莹瑾. 治理现代化视野下基层工会职能转型问题研究 [J]. 重庆与世界, 2015 (7X): 70-73.

④ 赵健杰. 社区工会:工会参与社会管理创新的微观载体 [J]. 中国劳动关系学院学报, 2012 (1): 12-15.

⑤ 涂永珍. 工会组织参与社会治理的机遇、体制困境与立法完善 [J]. 学习论坛, 2015 (8): 68-72.

⑥ 陶志勇. 国家治理体系和治理能力现代化视角下的工会角色 [J]. 工会理论研究, 2019 (6): 4-15.

⑦ 陈俊洁, 王燕荣. 我国工会维权职责面临的困境及对策研究 [J]. 山东工会论坛, 2019 (6): 47-50+79.

⑧ 宋汉林. 劳动公益诉讼:工会参与的困境与对策 [J]. 理论导刊, 2011 (6): 95-98.

⑨ 朱勋克. 工会治理的法律规制及路径选择 [J]. 理论与改革, 2014 (6): 162-165.

的政治色彩，增强工会的代表性和独立性，最大限度地发挥工会的社会治理职能。[1] 陶志勇认为，工会在国家治理体系和治理能力现代化体系中扮演着重要角色，工会组织应当通过自身建设在其中发挥重要作用。[2]

总体而言，国内现有理论研究既有基于国家和社会关系，分析工会组织参与社会治理的意义及其路径，也有从法学、公共治理等角度论述工会如何融合多元参与的社会治理格局。当前国内研究偏重规范层面的价值倡导，相对缺乏实证研究基础上的经验支持，尤其是缺乏动态的实践分析和实地考察，这些问题正是本研究期望重点突破的方面，也是本研究的重要创新之处。

（二）新时代"枫桥经验"与工会参与社会治理的共同内在机理

20世纪60年代，浙江省绍兴市枫桥镇创造了得到毛泽东主席赞赏的"枫桥经验"，这个经验就是遇到基层矛盾时，要"发动和依靠群众，坚持矛盾不上交，就地解决"，创造了捕人少、治安好的治理格局。经过几十年的传承和创新，"枫桥经验"的内涵和外延在不断丰富，从社会治安领域，不断扩展到经济、政治等其他领域，已经成为基层社会治理的典范。

我国工会组织是中国共产党领导的职工自愿结合的工人阶级群众组织，《中华人民共和国工会法》和《中国工会章程》都规定了工会的维护、建设等四项社会职能，充分表明工会在社会治理中扮演着重要的角色，工会工作是典型的群众工作。"枫桥经验"50年来虽然不断与时俱进，但其最本质的特征始终是"发动和依靠群众"，是做群众工作的经验，这与工会本质是高度一致的。同时，近些年来，浙江省各级工会组织积极探索以"枫桥经验"引领劳动领域健康发展，形成了一批典型标杆，得到社会各界广泛好评。无论是从理论还是实践层面，工会参与社会治理与"枫桥经验"都有高度契合。

1. 从价值理念看

"枫桥经验"依靠群众就地化解矛盾，实质上就是贯彻落实党的群众路线。与时俱进地把"枫桥经验"坚持好、发展好，最重要的就是要把"以人民为中心"作为根本立场。工会作为群众性团体，最本质的职责就是维护职工群众的利益，为职工服务，关心、帮助职工解决生活和工作上的各种困难。因此，二者的

---

[1] 汪新蓉. "权利"时代我国工会职能的拓宽与完善——以国家治理现代化为分析视角 [J]. 社会主义研究, 2014 (6): 66-68.
[2] 陶志勇. 国家治理体系和治理能力现代化视角下的工会角色 [J]. 工会理论研究, 2019 (6): 4-15.

本质是一致的，即坚持党的群众路线，始终以人民为中心。

2. 从目标要求看

二者的根本目标都是预防、化解矛盾，助推经济社会发展。"坚持矛盾不上交，就地解决"是"枫桥经验"的基本目标，就是为了维护社会稳定。工会主要是通过自身平台，了解不同利益群体的诉求，建立一种表达民意的机制，引导双方平等沟通，理性表达利益诉求，构建一种协商解决矛盾的机制，缓解社会紧张程度，推动社会健康发展。"枫桥经验"和工会维权职能都是始于化解矛盾，并在化解矛盾的实践中得到坚持和发展。

3. 从基层基础看

二者的基础一致：二者都重视基层基础，都以基层组织网络为支撑。"枫桥经验"坚持"小事不出村、大事不出镇，矛盾不上交"，注重基层源头治理，群防群控化解矛盾。工会作用的发挥也离不开有力的基层支持，从全国到地方，只要有职工的地方，就有工会。工会要充分发挥广大职工在化解矛盾、促进和谐、参与社会治理等方面的积极性、主动性、创造性，回应广大职工的诉求和关切，探索形成集职工智慧、为职工认可、让职工受益的劳动领域"枫桥经验"。

4. 从基本方法看

进入新时代，我国社会主要矛盾发生历史性变化，人民群众在社会治理等方面呈现新需求，"枫桥经验"的生命力在于创新，工会也必须与时俱进地创新社会治理方法。要充分消化吸收现代治理理念，不断优化组织体制、运行机制、管理模式和工作方式，运用大数据、云计算、物联网、人工智能等手段推进社会治理，建立多元矛盾解决机制，构建风险预警防控体系、线上线下矛盾化解体系，把制度创新和科技创新成果有效转化为社会治理效能，用创新为工会参与社会治理"枫桥经验"注入新能量。

三、新时代"枫桥经验"视角下工会参与社会治理的绍兴实践

（一）研究方式

本研究采用了问卷调查和案例分析两种实证研究方式。问卷调查方面，围绕和谐劳动关系、工资协商等，包括工会参与社会治理的途径和效果，设计了《绍兴市职工合法权益维护情况调查问卷》，采取网络调查的方式收集问卷。同时走访企业，收集了工会参与解决职工和企业纠纷的具体案例。

（二）样本情况

问卷根据公司年营收规模，1亿元以下、1亿~10亿元、10亿元以上分别发放1000份问卷，共收回2592份问卷，样本分布情况如表1所示。样本中，男女分布平均，29~38岁和39~48岁两个群体的比重均超过30%，单位类型中民营企业超过一半，所在单位规模以1000人以上的为主，可见样本比较有代表性。

表1　绍兴市职工合法权益维护情况样本分布

项目	类别	人数	百分比（%）
性别	男	1291	50.19
	女	1301	49.81
年龄	18~28岁	291	11.23
	29~38岁	988	38.12
	39~48岁	812	31.33
	48~58岁	449	17.32
	58岁以上	52	2.01
所在单位类型	国有	441	17.01
	政府机关及事业单位	503	19.41
	民营企业	1327	51.2
	其他	321	12.38
所在单位规模	10~49人	360	13.89
	50~99人	250	9.65
	100~499人	586	22.61
	500~1000人	403	15.55
	1000人以上	993	38.31

其中，职工以自愿加入工会为主（见图1），61%的职工自愿加入工会，32%是单位要求全体职工自动加入工会，这种形式以机关单位为主。工资增长方面，有四分之一的职工年收入每年都有增长，34%的职工不定期增长，还有31%的职工三年甚至三年以上收入没有增长，2020年因为新冠肺炎疫情影响，有10%的职工还有所下降（见图2）。

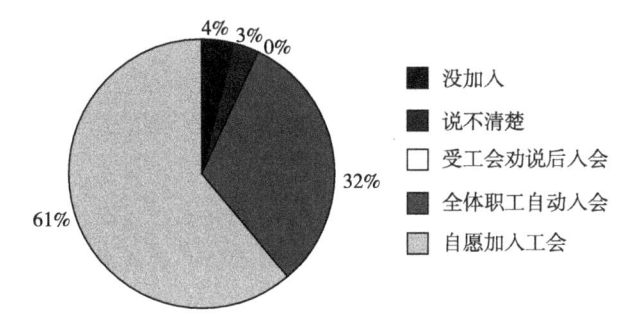

图1 加入单位工会组织方式

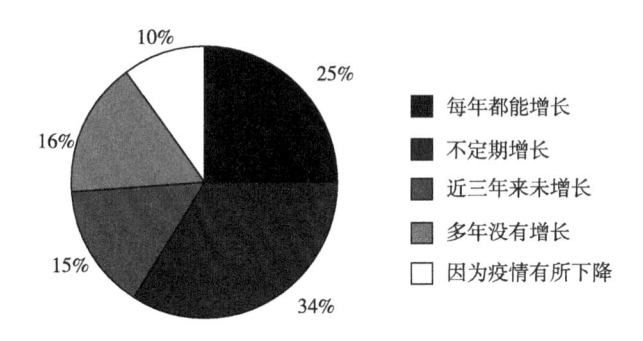

图2 年收入增长变化情况

（三）新时代"枫桥经验"理念下总工会参与社会治理的绍兴模式

新时代"枫桥经验"的治理理念，是要求社会治理要有五个基本特征，即坚持党建引领，坚持人民主体，坚持"三治融合"，坚持"四防并举"，坚持共建共享。绍兴市工会秉持新时代"枫桥经验"的治理理念，在多年参与社会治理中形成了调解式治理、化解式治理、协商式治理、渗透式治理四种治理模式。

1. 调解式治理：协助调解法院劳动争议案件

坚持自治、法治、德治融合是新时代枫桥经验的主要路径，其中法治是目标追求。工会充分在法治中发挥自身的优势，协助法院调解劳动争议案件，积极完善争议多元化调解工作机制。首先是在法院搭建调解平台，推动区县总工会与当地法院联合建立调解平台，在法院成立工作室，加强对工作室的硬件和工作经费等的保障，精心设计装修，刻意营造轻松、温馨、平等的调解环境，明确工会的调解范畴、调解程序、双方职责、调解时间等，确定每周二上午为固定的现场调解时间，调解以诉前劳动争议纠纷为重心。其次是提升调解能力，精选调解团队成员，注重队伍业务建设，组建了由全国维护职工权益杰出律师樊建国同志任负责人的10人调解团队。调解团队既有热心职工维权的工会干部，也有专业的律师和法官，成员为人热心公道、专业素养扎实，调解经验丰富。最后，发挥工会作用，在收到案件材料后，调解团队一般都提前介入，主动作为，会同单位所在地镇街总工会积极与用工单位进行沟通，认真倾听职工诉求，引导其表达合情合理的诉求。具体案例如下：

工会参与法院劳动争议案件调解模式案例

2019年6月，绍兴市总工会联合越城区总工会在越城区人民法院袍江法庭设立"工会工作室"，组建由10名专业人员组成的调解队伍，每周二上午为袍江法庭集中审理劳动争议案件的时间，市、区两级工会选派工会法律工作者及工会法律援助律师参与庭前调解工作，成功率在40%以上。在一起职工起诉企业请求法院判令双方解除劳动关系并由企业赔偿工伤保险待遇共计8万余元的案件中，通过提前沟通，调解时双方心平气和，单位从不愿意支付赔偿金到愿意支付赔偿金，经过一上午的磨合，最终双方达成一致意见，由单位支付赔偿金3.3万元，在保障双方合法权益的前提下，帮助双方找到都能接受的平衡点。

为了培育法治调解理念，工会还积极为职工提供法律服务。比如指导基层工会设立劳动法律监督委员会或聘任劳动法律监督员，通过开展"法律体检"，提供菜单式法律培训等方式拓展劳动法律监督手段。比如积极为工会成员提供法律服务，绍兴市总工会会同市司法局、市律师协会举行了全市"尊法守法·携手筑梦"服务农民工公益法律服务行动，打造了工会法律服务品牌。特别是疫情防控期间，有针对性地开展了线上法律服务，绍兴市总工会主动联系线上浙江泽大（绍兴）律师事务所5名律师组成职工维权律师团，在线接受职工群众咨询、解答法律问题及解读法律知识，半年时间绍兴市各级工会累计为1087家企业提供法律咨询服务，其中电话咨询684家，网上咨询334家，现场咨询284家；涉及职工25673人，其中电话咨询21878人，网上咨询494人，现场咨询4989人。开展法律宣传服务807次，普及职工21101人，发放各类宣传资料74206册。

2. 化解式治理:"小事不出企,大事不出园,矛盾不上交"

劳动关系是最基本、最重要的社会关系,职工和企业的关系事关经济发展与社会和谐。调查发现,员工目前和单位的关系处于较为和谐的状态(见图3),20%的员工和单位非常和谐,46%的员工比较和谐。万一遇到劳动关系纠纷,多数员工还是希望找所属工会在企业内部解决,有82%,说明多数员工并不想把矛盾放大,给企业造成负面影响;2%的员工会到企业所在园区管委会申诉,13%的员工选择找政府部门,3%的员工会到法院起诉(见图4)。

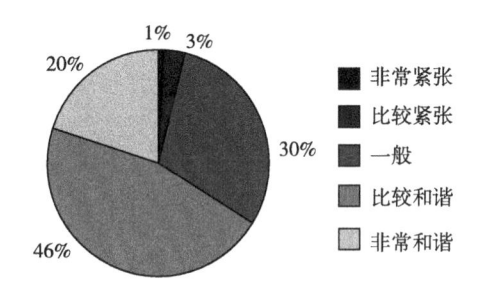

图3 所在单位和员工劳动关系情况

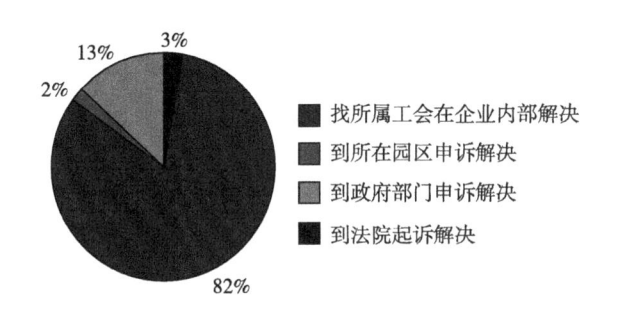

图4 解决劳动关系纠纷的方式选择

针对矛盾纠纷,绍兴市总工会借鉴"枫桥经验",发展出了化解式治理经验,即"小事不出企,大事不出园,矛盾不上交"。在以政府、工会、企业为代表的三方协商机制的基础上,引入由编外法律工作者、优秀外来务工人员、司法工作人员等组成的劳动关系人民调解员,一同介入劳动纠纷调解,建立四方协商机制。把这种工作机制调解的触角延伸到园区和企业,依托园区级平安建设等平台建立园区级调解委员会,在有条件的企业成立职工调解工作站,就地化解企业内部矛盾的目标,形成了"企业矛盾化解模式"。具体案例如下:

金德隆文化创意园调解模式案例

绍兴金德隆文化创意园是绍兴市区首个全部由民营企业投资与运营的文化创意园区。为积极预防和妥善处理企业劳动争议，园区成立金德隆文化创意园劳动争议调解委员（以下简称委员会），明确了委员会的职责，制定了调解小组工作制度。同时，在园区工人数超过50人的企业中，成立企业劳动争议调解小组，其中就有九鼎建筑装饰工程有限公司绍兴分公司调解小组。该小组1年多时间为职工提供劳动关系相关咨询百余次，调解成功率基本达100%。比如公司女员工刘某请产假回老家产子，休完产假后感觉身体不适，打电话向公司请事假继续休息一个月。事假结束后，刘某未到公司报到，也未打电话联系公司继续请假。公司以刘某连续旷工3天以上，严重违反公司规章制度为由解除劳动合同。刘某向调解小组投诉后，调解小组了解她事假到期未能返岗的原因，经与公司协商，刘某认识到了自己违反公司规章制度的错误。考虑到刘某平时工作表现尚可，公司破格再给一次机会，并将刘某调整到另一个部门，调岗调薪。调解小组成功化解了刘某与公司之间的矛盾。

"枫桥经验"的治理精髓，就是在当地化解矛盾，工会则是要求劳动关系纠纷在企业内部化解。绍兴市总工会一方面健全劳动关系预警机制，整合工会内部资源，把工会劳动法律监督、集体协商、工会法律援助和劳动关系和谐企业创建等工作载体统筹到工会劳动关系预警调处机制建设中，形成以工会劳动关系预警调处机制为核心的工会维权机制。一方面加强各方联动，主动与市信访局、市人社局、市司法局等部门对接，实现信息共享、案件共处，切实做好维权维稳工作，建立健全职代会、厂务公开等民主管理、民主参与和民主监督机制，全力维护职工民主权益，保障广大职工的知情权、参与权、决定权和监督权，实现企业和员工在处理纠纷时平等的谈判地位。这种化解式治理方式，节省了当事人的时间和精力，节约了司法资源。

3. 协商式治理：工资集体协商机制

员工工作就是为了获得报酬，工资是维系企业和员工关系纽带的唯一桥梁。当员工在工资回报上遇到问题时，调查对象中有1703人选择找工会协助，684人希望通过劳动仲裁解决，726人会到劳动部门投诉，当然也有305人选择辞职，有229人会委曲求全放弃申诉（见图5）。因此，工资集体协商还是处理工资问题的重要方式。

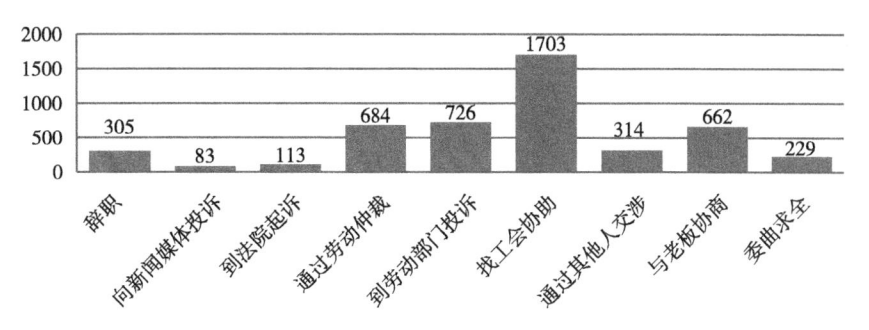

图表数据：
- 辞职：305
- 向新闻媒体投诉：83
- 到法院起诉：113
- 通过劳动仲裁：684
- 到劳动部门投诉：726
- 找工会协助：1703
- 通过其他人交涉：314
- 与老板协商：662
- 委曲求全：229

图5　员工遇到工资问题时处理方式选择情况

工资集体协商制度，是为了维护职工的合法权益，有利于企业构建和谐的职工关系。绍兴市总工会引导市内企业建立和完善企业工资分配共决机制、职工工资正常增长机制和职工工资支付保障机制。这种集体协商，就是企业代表和职工代表，共同协商工资的制定、分配和奖金、补贴等其他利益分配。协商内容，根据行业特色实行"一批一协商"，每承接一次新的订单任务，根据工作任务协商一次工价；协商主题是平等对话，对话模式采用"工会为主、各方参与、平等对话、规范运作"的工价协商模式，工会通过基层民主推荐，选派受广大职工信赖的职工代表、中层代表、技术员代表和企业主进行"平等对话"，同时民政、劳动等部门协同参加听证，协调劳资双方的分歧，行业协会则确保区域内行业内工价的相对统一；程序按规程协商，主要有"五步工作规程"，先确定工种及工资确认方式，再协商计件工资单价，然后一起协商各个工种价格分配，再一起协商每道工序的定价，最后协商与职工工资相关的其他内容。对于经多次协商确定的工资工时工价，须经企业职工代表大会审议通过后，写入集体合同或工资协议。

绍兴市总工会还持续深化推进工资集体协商规范化建设水平，全市已经有90%以上的建会企业签订工资集体协商合同。2019年，全市已建会企业单独签订综合性集体合同1500份，覆盖职工19.8万人，工资专项集体合同1000份，覆盖职工14.5万人；签订区域性集体合同20份，覆盖企业55家，覆盖职工1.6万人；签订行业性集体合同10份，覆盖企业450家，覆盖职工1.4万人。从本次调查来看，内容最普及的是职工的工资水平，有1235人和企业协商了此项内容；其次是职工福利，有1087人。当然还有778人没有和企业签订工资集体协商合同（见图6）。开展工人工资集体协商工作，完善符合工人特点的企业工资分配制度，建立企业工人工资正常增长机制，探索工人长效激励机制，可以进一步提高工人的收入水平。

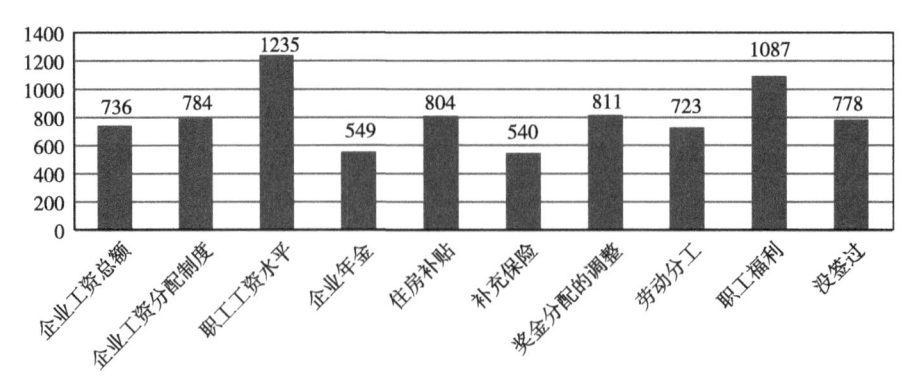

[图表：柱状图，数据如下]
- 企业工资总额：736
- 企业工资分配制度：784
- 职工工资水平：1235
- 企业年金：549
- 住房补贴：804
- 补充保险：540
- 奖金分配的调整：811
- 劳动分工：723
- 职工福利：1087
- 没签过：778

图6 员工与单位签订的工资集体协商合同内容

4. 渗透式治理：完善基层工会组织

渗透式治理就是把工会组织建到最基层的组织单位中，包括社区、机关、学校、企业和"两新"组织中，把治理能力渗透到全市范围的各个小微组织中。在城市社区，联合工会组织，目的是扩大社区小微型企业工会组织覆盖面，目前已经形成以"越都模式"为样板的城市社区工会组织模式，由社区主任兼任工会主席，专职社区干部牵头，社区所有干部共同参与，工会志愿者积极支持，实现对社区内小微企业、零散职工的有效覆盖，团结引导他们积极参与多种形式的社区自治、社会服务和社会综合治理。在单位机关，通过市直属机关工会联合会对市直属的机关单位工会进行组织和管理，开展各类工会活动。在学校，通过市教育工会对高校和中学工会进行组织和管理，开展各类工会活动，同时推进学校校务公开民主管理工作，进一步规范校务公开和教代会制度，引导教职工有序参与学校管理，教代会制度建制率达到100%。在企业，积极适应工会组建工作的新形势新要求，要求非公企业组建工会和农民工职工入会工作，同时推进厂务公开民主管理工作，企业厂务公开、职代会建制率保持在90%左右。在基层"两新"组织，坚持党工共建，将工建要求纳入基层党建工作内容同步部署、同步落实，同时把工会组建的重点放在各类开发区、工业园区这种"两新"组织集中的区域，不断创新工会组建形式和入会方式，探索以主导行业、新兴行业为主的行业性联合工会和以商务楼宇型、商圈市场型为主的区域性联合工会等有效工会组建形式，做到应建尽建，最大限度地把工会组织建立起来。

四、新时代工会参与社会治理存在的困境与挑战

基于以上分析可以看到,工会可以也应当在共建、共治、共享的社会治理格局中发挥重要作用。从调查来看,员工对工会发挥的作用评价较高,20%的员工认为工会作用非常大,31%认为作用比较大,但是也有39%的员工认为作用一般(见图7)。单位对工会的重视程度,员工也认为比较重视,只有6%的员工认为非常不重视或比较不重视,还有28%的员工认为作用一般(见图8)。从实际情况而言,工会参与社会治理依然存在诸多困境,面临体制机制不完善、社会矛盾复杂多元、自身建设不足等问题,制约了工会在社会治理体系中的作用发挥,主要表现在制度、社会和工会三个层面。

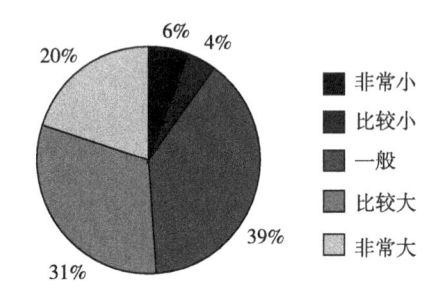

图7 员工对工会发挥作用的评价

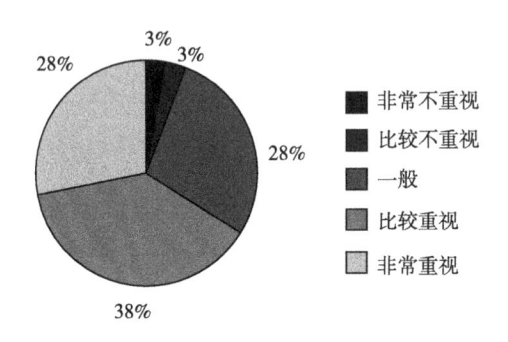

图8 单位对工会重视程度的评价

(一)制度层面:体制机制的不健全阻碍工会有效发挥社会治理作用

1. 工会参与社会治理的配套机制尚不完善

在我国,工会作为党领导下的群团组织,被赋予了许多重要角色,在法理层

面具有极高地位。但从实际情况来看，工会在社会治理中还没有配套的制度建设，法律法规也没有跟上，只有《工会法》第五条规定了工会可以通过各种途径参与国家事务的管理。虽然各地也出台了一些与工会相关的法规制度，但工会参与社会治理的规定大多是一些原则性的规范，并且没有什么法律效力，很难规范社会治理的各个方面。

2. 对工会参与社会治理重要性的认识不足

有些地区和部门对工会组织参与社会治理的作用重视不够，没有意识到工会对维护社会和谐稳定的重要性，忽视工会组织的相对独立性。这些问题致使工会组织欠缺直接为群众服务的资源和手段，影响了工会组织参与社会治理作用的发挥。同时，社会上依然存在工会只是"吹拉弹唱、打球拍照"的传统偏见，也制约了工会有效参与社会治理。

3. 工会与其他社会组织的协同合作关系尚未健全

有效的社会治理，离不开多元主体的协同合作。在社会治理中，工会与其他群团组织在社会治理对象上，经常会发生重合。在具体的工作中，工会容易混淆为职工牟利和提升社会治理能力的关系。同时，工会缺乏与其他群团工作的互联互通，群团组织部门治理单元分割，形成很多空间治理破碎化问题。

（二）社会层面：劳动关系的新变化增强了工会参与社会治理的复杂性

劳动关系是生产关系的重要组成部分，是基本、重要的社会关系之一。[①] 进入新时代，劳动力市场上面临着一系列重要变化，包括劳动力相对规模和绝对规模下降、劳动力队伍质量提高、新生代劳动力价值观转变、经济结构深度调整、产业转型升级、实施创新驱动战略，以及社会主要矛盾变化带来的社会环境变化（更注重公平正义、工人维权意识增强、更具流动性的社会）等。

劳动关系的新变化给工会参与社会治理带来了一系列挑战。一是劳动关系冲突加剧。劳动密集型产业向技术密集型产业转型升级，短时间内会导致大量工人转岗、下岗，因而导致劳动者的抵触和对抗，容易引发劳资矛盾。这些问题的存在，增加了工会维持社会稳定的压力。二是利益诉求调和难度加大。当前浙江劳动关系随着企业用工市场化、劳动关系契约化的加剧，已经呈现出完全市场化的特征。随着经济形势的变化，工会联合参与劳动争议调解的作用越来越不明显，

[①] 徐晓菁. 工会参与社会治理问题初探——以安徽省工会为例 [J]. 天津市工会管理干部学院学报，2017（2）：38-45.

职工很难完全相信工会会全心维护自己的利益。三是新业态的涌现增加了复杂性。随着技术的发展进步，新产业、新模式、新业态不断出现，催生了多种劳动关系形式，用工方式发生很大变化，一些领域出现了劳动关系新形态，如电商、外卖、快递业、网约车等这些新业态，劳动关系呈现更加多样化、复杂化的态势。按照现行法律法规，有的劳动关系难以归类和界定。如何有效处理好新业态带来的新挑战，这是工会参与社会治理必须解决的问题。

（三）工会层面：现有资源和能力不适应参与社会治理的现实需求

1. 工会基层力量不足

工会社会治理力量呈倒金字塔形，基层工会的力量弱小，解决问题的效率也不高。不仅是因为企业和地方对工会不够重视，人员配备和待遇都不高，工会也被认为是闲置部门，无法发挥社会效益，认为没有什么具体工作，因此基层的力量越来越小。

2. 治理资源分布不均衡

中国工会十七大报告明确提出了"参与加强和创新社会治理"，实际上罗列了工会组织参与加强和创新社会治理的主要手段，包括对劳动关系领域社会组织的政治引领等。[①] 从现实来看，党和政府会给工会一定的资源，但级别高的工会得到的资源更多，级别低的工会得到的政治资源和社会资源就非常有限，常常成为政府其他部门的助手。

3. 工会工作人员能力不足

不少工会工作者对于参与创新社会治理工作只是停留在表面，没有进行深入思考，更不用说拿出具体的、可行的、系统的举措。虽然上级工会组织不断要求基层工会组织创新管理手段和服务内容，但限于能力和资金，难以实际履行，导致许多服务理念只能存在于纸面上。由于主观上重视不够，主动沟通较少，一些工会工作者在管理方式和办事风格上仍然沿袭了计划经济时代的特点，思维僵硬，行为保守，没有服务的创新，也不能够贴合时代的需求。

五、新时代"枫桥经验"引领工会参与社会治理的对策建议

新时代"枫桥经验"要求把加强党的领导作为贯穿基层社会治理的主线，

---

① 张波. 国家治理体系语境中工会参与社会治理：规范、困境与趋势 [J]. 天津市工会管理干部学院学报，2017（3）：11 – 17.

健全基层社会治理体制，同时以自治为基础、法治为保障、德治为先导，推动"枫桥经验"向城镇社区治理延伸，筑牢社会和谐稳定的根基。基于这个思路，本研究从政治能力、法治能力、组织能力、专业能力四个方面，探讨提高工会参与社会治理水平的建设路径。其中，员工认为工会的组织能力最应该加强，有1812人选择了组织能力，其次是专业能力，有1579人，再次是法治能力和政治能力，共有2027人（见图9）。可见，对员工而言，工会的组织能力和专业能力更需要加强。

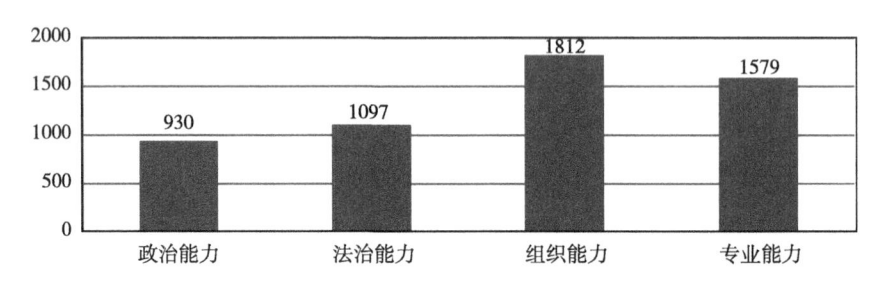

图9 员工认为工会应该增强的治理能力情况

（一）工会政治能力方面

"枫桥经验"一直是"党政主导"的经验，从最初的诞生推广，到后来的坚持发展，都是在党政主导下完成的。加强党对工会主要工作的领导，以工资集体协商工作为例，党委方面，要巩固和发展"党建带工建"活动成果，着力探索"四联并进"的党工共建工作模式，强化合力，联动推进；政府方面，要加强指导和监督，充分承担起推行集体协商制度的第一责任人的使命。劳动保障行政部门要加强行政指导，应根据产业、行业和企业的不同特点制定不同的工资指导线，提高工资指导线的有效性，为企业和行业自主分配和集体谈判决定工资水平提供客观的依据和标准，做好中间人、裁判员。同时，党委、政府要完善奖惩机制，将工资集体协商纳入相关考核体系，要把企业开展工资集体协商作为企业主当选人大代表、政协委员和评选劳动模范等政治荣誉的必备条件。

（二）工会法治能力方面

1. 打造"工会参与法院劳动争议案件调解"升级版

全面总结袍江法庭"工会工作室"的经验做法，在全市推广工会参与法院劳动争议案件调解工作模式，总结相关工作经验，加强宣传，争取在全省乃至全国范围推广经验。

2. 针对疫情为农民工提供针对性的公益法律服务

疫情防控对生产经营的影响，间接加深了企业和员工的关系紧张程度。要继续开展"尊法守法·携手筑梦"服务农民工公益法律服务活动，力争内容更丰富、形式更多样。同时开展"根治欠薪"专项行动、"法治体检"专项服务，引导农民工尊法、学法、用法、守法，督促企业经营者依法保障农民工合法权益，维护社会和谐稳定。结合疫情防控特殊情况，在线上线下互动的维权模式的基础上，力争援助载体更丰富、援助形式更多样。要联合人社、司法等部门开展劳动纠纷多元化调处化解工作，进一步加大对职工合法权益的保护力度。要组织工会法律援助律师走进企业送法上门，实行"关口前移、主动维权"。组织法律服务志愿者队伍进企业、进工地，以职工群众喜闻乐见、易于接受的方式开展普法宣传教育活动，使各级工会干部运用法治思维和法治方式开展工作的能力进一步提高，使广大职工特别是新生代农民工的法律素质得到有效提升。

3. 完善工会劳动法律监督网络

根据工会劳动法律监督条例，精准把握"谁监督""监督谁""监督什么""怎么监督"等几方面内容。开展工会劳动法律监督员培训，充分发挥工会劳动法律监督作用，维护劳动者合法权益；要组织开展贯彻条例的专项督查行动，使工会工作在构建和谐劳动关系中取得更大成效。

（三）工会组织能力方面

1. 扩大工会组织覆盖面

"枫桥经验"的基石是基层基础，其以强大的基层管理组织网络为支撑。继续开展"两新"组织"党建带工建"行动，大力推进区域、行业和特色小镇工会组建工作，最大限度地发展工会会员。针对绍兴经济发达但小微企业多的实际，要致力于创新多种类型的基层工会组织。一方面，要加强产业（行业）工会的组织建设。产业工会要有一定的权威性，凸显产业工会的资源优势、专业优势。产业工会要有坚实的代表性，提高工会代表职工集体协商职业意识和业务水平。另一方面，要完善企业工会的组织建设。一些企业在工会组建过程中任务观比较重，缺乏"民意"，存在"被工会"现象，这给工资集体协商带来后遗症。所以，组建任务完成后，还必须狠抓规范提高，对已经组建的工会加强包括工资集体协商在内的规范化建设。

2. 完善工资集体协商规范化建设

工资集体协商制度落实是考验工会组织力量的重要指标。一是要推进集体协商要约行动，进一步发挥工资集体协商制度在协调劳动关系中的基础性作用，实现企业与职工共商、共建、共创、共享。二是全面开展技术工人工资集体协商工作，进一步完善符合技术工人特点的企业工资分配制度，建立健全企业技术工人工资正常增长机制，探索技术工人长效激励机制，进一步提高技术工人收入水平。企业工资集体协商，最终的落脚点是"平等协商"，最终要通过职工和企业相互协商来落实。一方面，要突出企业主体作用。企业支持组建工会，完善职工代表大会制度，支持工资集体协商，保障职工在工资、福利、休假等方面的知情权、参与权、表达权。要推动企业积极开展"双爱"活动，在履行经济责任的同时积极履行社会责任。另一方面，要增强职工的主人翁意识。提高职工民主管理意识，积极参与工资协商，维护自身劳动权益。

3. 组织多方力量着力构建和谐劳动关系

要发挥各级劳动争议调处作用，就要建立完善各级劳动争议调处组织。要学习和借鉴枫桥经验，最大限度地把劳动纠纷解决在基层、化解在萌芽状态。工会应当将劳动关系治理融入社会治理，与政府和社会组织合作，最终形成党委领导、政府主导、工会及社会组织联动的源头治理、动态管理、应急处置的劳动关系治理体系（见图10）。如果员工和企业产生个别争议，先进行内部调解，不行再进入裁前调解、仲裁、诉前调解、诉后调解等环节。如果产生集体争议，先进行应急处置，再进行集体协商，最后解决争议。通过创建进一步规范劳动用工行为，提高劳动用工管理水平，依法维护劳动者合法权益。关键是要提升工会调解过程中能动用的资源和能力，要开展区域性和谐劳动关系创建工程，努力把劳动纠纷和矛盾化解在萌芽状态。同时，要提高工会在调解工作中的地位和知名度，通过职工之家微信公众号、工会网站、传统媒体宣传等手段，推出"绍兴市劳动关系和谐企业风采展示"篇章，充分发挥示范引领作用；要继续抓好劳动关系协调员（师）培训工作，全面提升劳动关系协调员（师）依法协调劳动关系的能力。

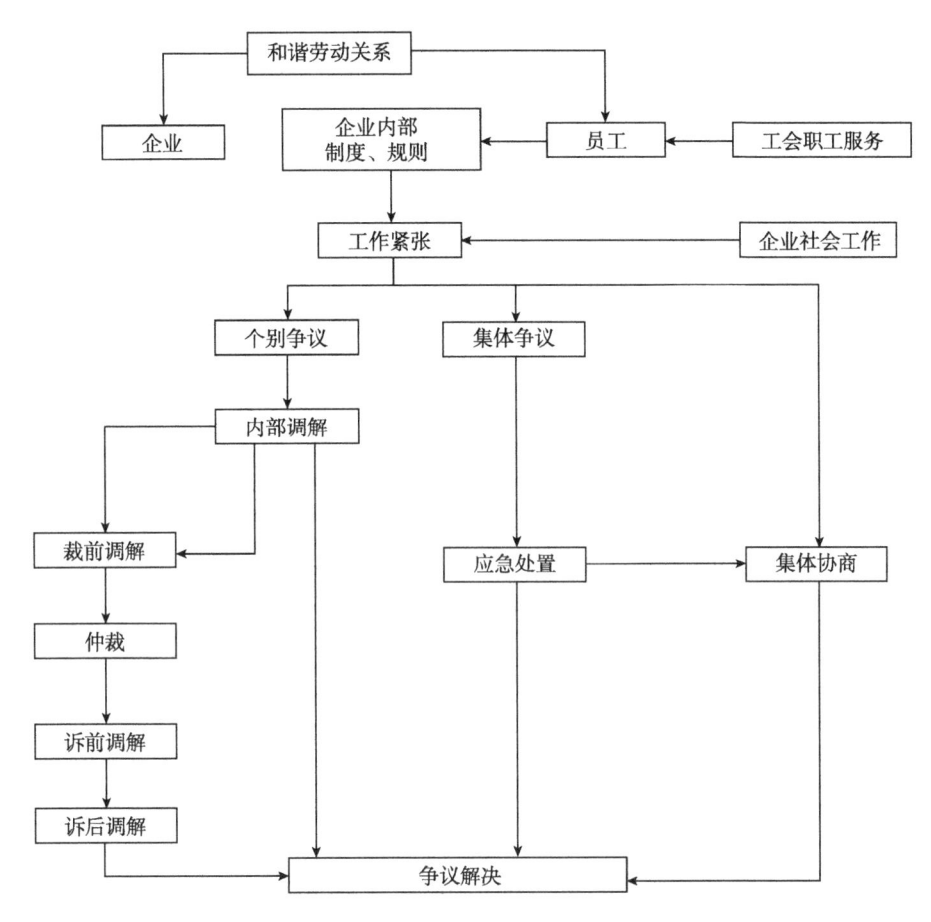

图10　新时代工会治理劳动关系的策略模型图

（四）工会专业能力方面

1. 加强队伍专业能力建设

传承发展新时代"枫桥经验"在工会的实践，需要一支专业化、职业化的队伍。特别是企业工资集体协商也要培养一支优良的队伍。一方面，加强内力。通过"三到位"推进工会干部的专业化、职业化建设。一是保证班子到位。原则上要求乡镇（街道）配备专职工会主席或副主席，要防止出现乡镇（街道）工会主席"专职不专"的现象，切实解决乡镇（街道）工会干部兼职过多的问题。二是保证机构职级到位。乡镇（街道）要明确工会为副镇级机构，工会主席为副镇级干部，享受同级行政副职待遇。企业工会主席要享受企业副职（副总）待遇。三是培训到位。认真研究制订培训内容和培训计划，加强工会干部的业务培训，探索一条绍兴特色的工会培训之路，特别是把绍兴名人文化加入培训内容。另一方面，要借助外力。行业工资集体协商职业化趋势日益突出，需要专业化人才的帮助和推动。当前的重点是工会要完善工资集体协商指导员队伍建设，从社会上有人力资源管理、工资分配支付、企业管理、银行、税务等方面工作经验的人员中选聘工资协商指导员，帮助企业职工一方协商代表获取最大限度的工资信息。同时，要开阔思路，吸收社会贤达人士、人大代表、政协委员、专家学者等对工资集体协商制度的意见和建议，使职工一方协商代表获得智力支撑和民意支撑。

2. 维持工会职工队伍稳定

继续开展排查化解职工队伍稳定风险专项工作，建立健全维护职工队伍稳定的各项工作机制，对排查出的矛盾纠纷实行动态管控，做到排查一个，处理一个，稳定一个。抓实涉及劳动领域的境外非政府组织管理，参加市非官办组织的实体化运作工作。大力开展"职工技能提升""在职职工住院医疗互助保障""职工普惠"等活动，促进职工自身素质提升，切实解决职工生活困难，为职工提供优质的服务，满足职工对美好生活的向往，实现多方共享共赢局面，真正促进职工队伍稳定。

参考文献：

[1] 姚仰生. 工会参与社会治理创新：地位、作用、问题与路径 [J]. 工会理论研究，2018（6）：23-28.

[2] 张琼. 工会组织参与社会管理的目标定位和实现路径——基于法团主义的分析视角 [J]. 理论导刊，2012（7）：22-24.

[3] 陈姣姣. 创新型治理结构与工会枢纽型社会组织建设 [J]. 中国劳动关系学院学报，2014（10）：40-44.

[4] 李莹瑾. 治理现代化视野下基层工会职能转型问题研究 [J]. 重庆与世界，2015（7）：70-73.

[5] 赵健杰. 社区工会：工会参与社会管理创新的微观载体 [J]. 中国劳动关系学院学报，2012（1）：12-15.

[6] 涂永珍. 工会组织参与社会治理的机遇、体制困境与立法完善 [J]. 学习论坛，2015（8）：68-72.

[7] 陶志勇. 国家治理体系和治理能力现代化视角下的工会角色 [J]. 工会理论研究，2019（6）：4-15.

[8] 陈俊洁,王燕荣.我国工会维权职责面临的困境及对策研究[J].山东工会论坛,2019(6):47-50,79.

[9] 宋汉林.劳动公益诉讼:工会参与的困境与对策[J].理论导刊,2011(6):95-98.

[10] 朱勋克.工会治理的法律规制及路径选择[J].理论与改革,2014(6):162-165.

[11] 汪新蓉."权利"时代我国工会职能的拓宽与完善——以国家治理现代化为分析视角[J].社会主义研究,2014(6):66-68.

[12] 徐晓菁.工会参与社会治理问题初探——以安徽省工会为例[J].天津市工会管理干部学院学报,2017(2):38-45.

[13] 张波.国家治理体系语境中工会参与社会治理:规范、困境与趋势[J].天津市工会管理干部学院学报,2017(3):11-17.

国家治理现代化视域下的企事业单位民主管理研究

上海工会管理职业学院课题组[①]

一、研究背景、文献综述、研究方法与思路

（一）研究背景

党的十八届三中全会提出，全面深化改革的总目标是完善和发展中国特色社会主义制度，推进国家治理体系和治理能力现代化。党的十九届四中全会通过的《中共中央关于坚持和完善中国特色社会主义制度推进国家治理体系和治理能力现代化若干重大问题的决定》强调，全心全意依靠工人阶级，健全以职工代表大会为基本形式的企事业单位民主管理制度，探索企业职工参与管理的有效方式，保障职工群众的知情权、参与权、表达权、监督权，维护职工合法权益。党和国家高度重视企事业单位民主管理工作，革命战争年代就已进行积极探索，新中国成立后又不断完善并出台法律法规予以保障。随着中国特色社会主义进入新时代，企事业单位民主管理在国家民主政治建设及国家治理现代化中，具有什么意义和作用，其角色定位、功能价值有哪些，如何创新发展等，急需进行深入研究。这对于完善企事业单位民主管理制度、发展中国特色社会主义民主政治、推进国家治理体系和治理能力现代化具有积极意义。

（二）文献综述

从已有研究文献来看，当前对企事业单位民主管理的研究还是较为丰富的，主要有以下几方面：一是关于企业民主管理的理论研究。企业民主管理往往归于

[①] 课题组成员包括：李友钟，上海工会管理职业学院院长；王仁富，上海工会管理职业学院教授；王华生、李军、金世育、李梅，上海工会管理职业学院讲师。

"产业民主""经济民主"范畴,比较重要的理论依据有经济民主或工业民主理论、劳动力产权理论、人力资本理论、利益相关者理论及企业社会责任理论等。① 二是关于企业民主管理与工人政治、民主政治方面的研究。此类研究将以职代会为基本形式的企业民主管理,同工人阶级政治、基层群众自治、国家政权建设等结合起来进行研究②,有的学者也在研究民主政治中述及企业民主管理③。三是关于我国企业民主管理的探索实践研究。此类研究聚焦于我国企业民主管理的探索实践、发展变迁及经验教训等。④ 四是关于企业民主管理的法律制度研究。此类研究主要聚焦于企业民主管理的法治建设的成果、经验、问题及对策等。⑤ 五是关于员工参与的机制研究。此类研究包括组织团结中的员工参与、员工参与的动力机制等。⑥ 可见,学者们对于企业民主管理的研究,取得了较为丰富的研究成果,这对于深入分析企业民主管理与国家治理的关系具有重要的启示。同时,我们也发现当前从国家治理现代化视角来研究企业民主管理的不多,尤其是从理论上探讨企业民主管理与国家治理现代化的关系的研究较为缺乏,而这正是本课题的研究内容。

(三)研究方法

一是文献分析法,通过查阅相关文献资料,进行整理和总结,为课题研究提供理论基础。

二是历史与逻辑相统一的研究方法,从历史发展的视角厘清企业民主制度确立、创新和发展的历史,从逻辑关系的视角研究职代会、集体协商、职工董监事等各项企业民主管理制度及其与现代企业制度之间的关联。

三是跨学科研究方法,企业民主管理涉及多个学科和多个研究领域,包括经

---

① 代表性的著作有:[美]赫伯特·A. 西蒙《管理行为》,[美]卡罗尔·佩特曼《参与和民主理论》,[美]约翰·W. 巴德《人性化的雇佣关系——效率、公平与发言权之间的平衡》,[奥]约翰·S. 德雷泽克《协商民主及其超越:自由与批判的视角》,[英]韦伯夫妇《产业民主》,曹芳《经济民主思想研究》,沈文玮《西方企业经济民主的理论和实践》,石美遐《多元视角的企业民主管理理论体系研究》等。
② 代表性的著作有:汪仕凯《阶级与公民之间的政治:职工代表大会的实践空间与转型逻辑》,陈周旺、汪仕凯《工人政治》,林拓、虞阳《无声的民主:企业民主与国家治理》,张静《利益组织化单位》等。
③ 代表性的著作有:林尚立《论人民民主》,林尚立、赵宇峰《中国协商民主的逻辑》,燕继荣《政治学十五讲》等。
④ 代表性的著作有:崔义、崔生祥《企业民主管理通论》,王持栋《中国企业民主管理发展史略》,桉苗、崔义《工人阶级现状与职工代表大会制度研究》等。
⑤ 代表性的著作有:周超《职工参与制度法律问题研究》。
⑥ 代表性的著作有:李汉林、吴建平《组织团结过程中的员工参与》,詹婧《企业民主参与动力研究——基于劳资双赢的经济学视角》等。

济学、政治学、社会学、历史学等多个方面，需要从多个维度进行研究阐释。

（四）研究思路

首先，对西方企业民主理论和实践进行考察，以期揭示企业民主管理是市场经济条件下现代企业治理的内在要求；其次，对我国企事业单位民主管理制度的实践探索、发展历程进行梳理，从历史与现实的角度，分析我国企事业单位民主管理的特点与规律，为进一步研究企业民主管理与国家治理现代化打下基础；再次，探析企事业单位民主管理与国家治理现代化的关系，包括企事业单位民主管理的范畴定位及其与推进国家治理现代化的内在逻辑、政治价值和功能塑造等，这也是本课题的重点、难点所在；最后，从国家治理现代化的视角，审视当下企事业单位民主管理存在的主要问题，并提出推进企事业单位民主管理的对策建议。

二、西方企业民主理论发展、实践考察及启示

（一）西方企业民主的主要理论

西方国家对企业民主研究较多，有一系列的理论成果，有代表性的主要包括以下内容：

1. 经济民主理论

经济民主理论的最早提出可以追溯至英国韦伯夫妇的专著《工业民主》（1897），20世纪70年代以后发展成一种具有代表性的企业民主理论范式，代表性的著作包括卡罗尔·佩特曼的《参与和民主理论》（1970年）、罗伯特·达尔的《经济民主导言》（1985）等。经济民主有狭义和广义之分。狭义的经济民主是指企业管理层面的民主，将对经济组织的控制和管理的权力授予具有平等权利和同等重要性的全体劳动者，赋予员工平等地参与企业控制和管理的权力。广义的经济民主是从国家制度维度来界定，包括所有权制度、分配制度等。广义的经济民主涵盖了企业民主，并将企业民主置于经济民主的核心位置，将员工参与作为核心内容。从经济民主的视角来看，西方国家工会与雇主的关系逐步从对立关系向伙伴关系转变，民主形式逐步从集体谈判向参与式管理转变。

2. 协商民主理论

协商民主可以在古希腊的民主实践中发现它的最初存在，20世纪80年代在西方成为一种重要的民主理论范式和政治实践，以弥补代议制民主的不足。协商民主理论将协商作为理解民主本质的核心，认为协商过程中是否存在强制性或潜

在的操控是判断真假协商的重要尺度,强调在协商中的平等参与、相互尊重和充分理由论证。协商过程中意见或观点的胜出不是以官员或专家的意见为基础,而是根据"更佳观点之理性说服的力量"来做出判断。协商民主对提升民主质量的特殊之处在于,强调了意见本身的代表性、真实性及其表达的相互性、充分性、完整性、合理性和说服性。企业民主作为协商民主在经济组织领域的表现方式,注重协商中劳资双方的平等地位与意志表达的自主性,确保双方享有充分阐述理由的程序性权利,协商结果是通过充分协商而非外部力量所产生。

3. 利益相关者理论

"利益相关者"概念是由美国斯坦福研究所在1963年首次提出的。该理论的逻辑起点是将现代企业视作一个由股东、员工、债权人、消费者、社区等利益相关者组成的多边契约组织,企业的存在与发展是各方利益实现的基础与保障。企业经营管理者在决策时,应该考虑更为广泛的社会利益和福利,负有实现诸项利益的社会责任,这从一个侧面体现了企业在经济生活中的道德意义和伦理价值。各方主体因利益的相关性而依赖共生,应有大致均等的机会参与企业治理。员工是企业利益相关者中的重要一方,理应有机会民主地参与企业治理。利益相关者理论反映了全面、均衡的企业发展思路,为维护企业整体利益、社会声誉在理论上提供了解决方案,成为近些年较为重要的企业民主理论。[①]

4. 人力资本理论

"人力资本"概念是由美国经济学家欧文·费雪在1906年出版的《资本的性质和收入》一书中首次提出的,由于改变了传统意义上的资本的物质属性,引起了众多学者们的研究兴趣,尤以被誉作"现代人力资本理论之父"的美国学者西奥多·舒尔茨的研究成果最为显著。他认为,人力资本是由投资形成的包括健康、体力、经验、知识、能力的存量。人力资本理论认为,企业员工作为人力资本的所有者与承载者,在人力资本作用发挥中占据着决定性地位,对于价值的产生发挥着不可替代的作用。因此,重视人在企业中的地位,确立人的本位,赋予员工参与企业管理、监督的权利,能够激发员工的劳动热情,提升员工的满意度,促进劳动生产率的提高,同时可以避免不利于企业利益增长的逆向行为。

5. 自由福利观理论

曾获诺贝尔经济学奖的印度著名学者阿玛蒂亚·森是自由福利观的代表人物之一。他在《伦理学与经济学》一书中阐释了自由福利观的内涵,并将阐释的

---

① 吴建平. 企业民主管理:议题与进展——对国内研究文献的简要评述[J]. 中国劳动关系学院学报, 2019 (5).

重点放在自由、福利的概念及其关系上。他认为，自由是一个包含经济、健康、教育、不受他人压迫、自由迁徙、自由表达以及自我实现等在内的一切人类所珍视的目标的宽泛概念，一个人是否获得利益、获得多少利益，取决于他（她）是否享有自由、享有多少自由，而不是从自由中获得的东西。基于他的理论框架，作为人们珍视的一种目标——企业员工参与，本身就是一种自由，参与的广度与深度代表着享有多少自由、获得了多少利益。员工参与作为目标性的存在，不再是实现某种目的的手段。

6. 行为科学理论

行为科学理论是在20世纪30年代著名的霍桑实验基础上产生的。作为管理学理论中的一个新的分支，与古典管理理论将管理的重点放在事和物上，并且将人视作"经济人"不同，行为科学理论认为，管理的重点在于人及其行为，将人视为"社会人"，即人们不仅需要在社会上寻求经济收入，还需要得到友谊、安定和归属感。该理论关注人的社会关系和感情因素，强调人的欲望、感情、动机的作用。而员工参与能够满足人的情感和尊重的需要，被企业实务界作为"以员工为中心""参与管理"的一种新的管理方式。行为科学理论从人的需要、欲望、动机、目的等心理因素的角度研究人的行为规律，为企业民主参与制度的建立和发展提供了重要的心理学依据。

7. 新制度经济学理论

曾获诺贝尔经济学奖的英国经济学家科斯教授创立的产权理论认为，能够保证经济高效率的产权应具有明确性、专有性、可转让性、可操作性的特征，产权的制度安排深刻影响着资源配置的效率，交易成本范畴是产权理论的基本范畴。新制度经济学认为，企业存在的目的是降低交易费用，进而提高经济效率。新制度经济学代表人物之一，曾获诺贝尔经济学奖的威廉姆森教授提出了人的有限理性、机会主义行为理论并加以评判。人的有限理性即人们获得的交易信息是不完全的，导致收集、处理信息要付出成本；机会主义行为即人们在交易中有推卸经济责任的行为动机，需要投入防范机会主义行为的监督成本。员工参与能降低企业信息收集成本，并降低对员工推卸经济责任、对经营者机会主义行为的监督成本。由此，从交易成本角度也可以验证员工参与的必要性。

（二）西方企业民主的实践考察

1. 德国：取得成功且相对稳定的劳资共决制度

德国是第二次世界大战后西方企业民主实践取得成功的典范，得益于劳资共决制的建立与实施。所谓共决制，就是工人有权共同参与企业决策。[①] 劳资共决的主体包括由全体雇员选举产生的企业委员会、由职工监事与股东监事按照一定比例组成的监事会、有职工董事参与的董事会等，共决的主要内容既有与员工切身利益相关事项，也有企业经济事务。劳资共决制体现了劳资合作的理念，在一定程度上平衡了劳资双方的力量，调和了劳资利益冲突，被称作西方企业民主实践的"德国模式"。职工董、监事制度及企业委员会制度，在欧洲国家中较为盛行。

2. 美国：卓有成效的工人自治小组

工人自治小组是美国企业界在集体谈判率下降和工会成员减少的背景下实行的一种新的员工参与形式，对于改善劳资关系、促进企业发展发挥了重要作用。工人自治小组强调工人在生产过程中的作用，使工人在工作中有更多的自主权，实现了工作再设计。工人自治小组主要有生产小组责任制、质量管理小组等类型。生产小组责任制实施中，生产小组人员通常来自一条生产线，具有较强的稳定性，生产小组负责小组生产计划的制订、工作分配、质量检查、组员选择，甚至可以提出解雇意见；质量管理小组的人员自愿结合，工作默契，共同讨论并确定提高产品质量和劳务质量等问题，形成最优方案，但需经批准方可实施。作为一种直接参与的方式，工人自治小组尊重员工意愿，改变其劳动态度，促进了生产效率的提高。

3. 瑞典：战略工联主义下的集体谈判制度

工会组织与执政党结成的长期合作关系被称为战略工联主义。瑞典是战略工联主义的典型代表。瑞典历史上形成且发展至今的合作精神是战略工联主义得以生根发芽的底土，也是工人与雇主两大群体实现高度组织化的历史缘由与现实基础。瑞典的绝大多数工人都参加了工会组织，绝大多数私营企业主都加入雇主协会，"工人总代表"和"雇主总代表"的形成为开展卓有成效的集体谈判奠定了组织基础。瑞典的集体谈判分为国家级、行业级和企业级三个层次，全国各行业的企业订立一份全国性的协议，地方协议只能作为补充，不能与全国性协议相违背。这种集体谈判制度既提升了全国性组织的权威性，又兼顾了地方组织的实际需要，保障了协议的执行力，对缓和劳资矛盾、实现长期的工业和平具有重要的现实意义。

---

① 沈文炜. 西方企业经济民主的理论和实践——基于马克思主义的分析 [M]. 北京：经济科学出版社，2018：117.

4. 英国：调动职工参与积极性的职工参股制

职工参股制是一种鼓励职工取得本公司股份、成为本公司职工兼股东的"职工持股奖励制度"。[①] 英国职工参股制，允许企业利用税前的部分利润、企业储蓄等购买企业股票分配给职工，并给予一定的税收优惠；企业还可以发行职工股供职工购买。职工参股制度的实施，促进了职工的利益参与，有利于调动职工的劳动积极性；在职工利益参与的基础上，拓展出职工管理参与，构造职工与企业的命运共同体。职工持股制度在美国、日本等国家也较为普遍。

5. 日本：基于集体谈判权的劳资协商制度

劳资协商是在日本企业普遍施行的一种企业民主实践形式，是企业主和工会自愿进行的较为温和的协商活动，旨在通过沟通与合作，在提高劳动生产率的同时改善劳动条件。劳资协商主要内容包括企业经营管理以及与教育、培训等和员工利益相关的部分事项。而工资等有关劳动成果公平分配的直接涉及劳资经济利益的事项，则由集体谈判解决。劳资协商不是孤立存在的，如协商不成，则开展针锋相对的集体谈判，甚至采取包括罢工在内的行动。劳资协商尊重劳资双方的自主意识，有着启动上的柔性，又有集体谈判的刚性保障，在缓和劳资矛盾、稳定劳动关系、发展国民经济上发挥了重要作用。

（三）西方企业民主实践的启示

1. 企业民主是生产力发展到一定阶段的产物

16 至 17 世纪，封建社会的家庭手工业向资本主义初期的工场手工业转变，工场手工业是企业的雏形，工场的场主与工人往往是师徒关系，还谈不上企业民主；18 至 19 世纪，工业革命促进了工厂制的建立，其特点就是机器大生产、雇佣制度、分工深化等，工厂中的工人往往处于受剥削、压迫状态，企业民主极为薄弱，劳资冲突较为突出；20 世纪以来，企业技术创新加速，工厂规模扩张，企业竞争加剧，管理日趋科学，企业民主逐步产生并探索形成了多种模式。可以看出，企业民主是企业发展到一定阶段后形成的，是适应生产力的发展及人权事业发展而不断发展的，企业管理民主化是一个发展趋势，工业领域民主是民主发展的重要领域。美国著名社会学家约翰·奈斯比特指出："有一种理论正在形成，那就是工人权利和工人参与的理论。"[②] 美国学者卡罗尔·佩特曼也指出："工业

---

① 周超. 职工参与制度法律问题研究 [M]. 北京：中国社会科学出版社，2006：184.
② [美] 约翰·奈斯比特. 大趋势 [M]. 北京：中国社会科学出版社，1984：63.

以及工业领域中上级与下级之间的关系,是所有普通人互相交往领域中最富有'政治性'的领域,工业领域中的决策对普通人的生活具有重大的影响。"① 正因如此,工人阶级及工会组织不断地同资本做斗争,组织罢工、谈判,从争取经济权益到政治权益,企业民主、员工参与往往成为工人运动的一项重要诉求,经反复的斗争,资方也逐步接纳了一定程度的员工参与。可见,企业民主是经济社会发展到一定阶段的产物,也是工人阶级自觉斗争的结果,其产生、发展具有一定的历史必然性。

2. 企业民主制度模式与各国历史文化传统密切相关

西方国家在企业民主制度的选择与建构上,深受本国历史文化传统的影响,因此不存在统一的企业民主模式,必须因地制宜。英国、美国具有自由主义、经验主义和实用主义的文化传统,尽管两国都制定了有关企业民主的法律,但企业民主的具体内容不是由法律规定的,而是由惯例、社会经济环境和劳资力量对比等具有经验、实用特征的因素决定的。德国有注重集体主义、民族和国家利益的历史文化传统,在其影响下劳资双方结成社会伙伴关系,在企业民主实践中形成"共决模式"。瑞典历史上曾是海盗国家,民族文化中的互助合作精神促使政府、工会组织和雇主组织之间建立了三方伙伴关系,形成了战略合作式劳资关系。总之,各国不同的企业民主形式是受不同的历史文化传统影响而做出的适合国情的选择。

3. 企业民主制度的核心是员工参与

西方早期企业民主实践经验表明,为改善劳动条件、提高工资待遇,工人们以直接或间接的参与形式推动了企业民主实践的制度化、规范化、合法化。西方工会运动,大体经历了以罢工为主的阶段、以集体谈判为主的阶段到以参与管理为主的阶段。正如有学者指出,"只有当个人有机会直接参与和自己生活相关的决策时,他才能真正控制自己日常生活的过程。"② 人力资本是企业所有资本中的首要资本,员工作为人力资本的所有者与承载者,如何有效利用人力资本,突出员工在企业民主制度中的地位,实现员工的知情权、表达权和监督权,满足员工公正平等、尊重信任的精神需要,激发员工的劳动热情,是企业制度设计的重中之重。

---

① 卡罗尔·佩特曼. 参与和民主理论 [M]. 陈尧,译. 上海:上海世纪出版集团,2012:76.
② 胡伟. 参与民主的复兴:《参与和民主理论》的主旨 [M] //卡罗尔·佩特曼. 参与和民主理论. 陈尧,译. 上海:上海世纪出版集团,2012:推荐序言.

4. 企业民主制度需要法治保障

西方企业民主实践表明，运用法律对企业民主实践予以约束、指导、固化与保障，并形成制度模式，是防止这一实践出现反复甚至倒退的必要手段。美国于1933年制定了《国家工业复兴法》，使集体谈判合法化，1935年通过了标志着集体谈判制度正式确立的《瓦格纳法》。在英国，1871年《刑法修正案》、1875年《合谋与财产保护法》、1875年《雇主与雇工法》的相继出台，使集体谈判得到了刑法的认可；1906年制定的《劳资关系纠纷法》，使集体谈判获得民法的承认。德国在1951年通过《煤钢企业经理委员会及监事会雇员共决法》，在所有煤钢企业中建立了监事会劳资对等共决制和劳工经理制，即"煤钢共决制"。此外，法国、日本、挪威、瑞典等诸多国家都出台了相关的法律来保障企业民主的实施。

5. 西方企业民主实践具有工具性与功利性

西方企业民主实践作为缓和阶级对立与劳资矛盾的产物，工具性、功利性相当明显。生产社会化同生产资料资本主义私有制之间的矛盾，仍然是资本主义社会的一对根本性矛盾，也是西方社会的主要矛盾。西方国家采取的种种促进企业民主的制度，只是表面上赋予了工人一定的平等权利，没有从根本上改变工人阶级被剥削的地位，工人阶级并未获得真正的主人翁地位，这种企业民主也以不危及资本本身的根本利益为限度。同时，这种企业民主也是长期以来劳资博弈的结果，资方认识到不赋予工人一定的民主参与权利，会激化劳资冲突甚至产生罢工等激进行为，最后资方也会受损。可见，西方企业民主实践彰显了当前劳资合作的大趋势，也呈现出一定的工具性与功利性。

三、我国企事业单位民主管理制度的发展历程及启示

（一）我国企事业单位民主管理的发展历程

1. 中国共产党早期争取工人参加企业管理的尝试阶段

在旧中国，中国工人阶级在帝国主义、封建主义和官僚资本主义的剥削压迫下，毫无民主权利可言。中国共产党成立后，集中力量领导工人运动，关心维护工人利益。1922年发布《劳动立法原则》和《劳动法案大纲》，提出工会和劳动者有权参加劳动管理的主张。1922年安源萍乡煤矿工人俱乐部设立生产整顿委员会使濒于倒闭的企业生产恢复，1926年武汉华记水泥厂工会通过工厂管理委员会使瘫痪的工厂起死回生，这两个案例是中国工人阶级早期参加企业管理的尝

试,为以后工人参加企业管理提供了经验。

2. "三人团"和工人大会阶段

我党在革命根据地,建立了自己的工业企业和相应的企业民主管理制度,以"三人团"和工人代表大会为主要形式。1934年4月,苏维埃政府颁发了《苏维埃国有工厂管理条例》,确定了职工民主参与的制度,要求各企业在厂长之下设工厂管理委员会,工厂管理委员会内由厂长、党支部代表和工会代表组成"三人团",协同厂长处理厂内的日常问题。同时,工会通过召开工人大会,动员群众讨论生产计划和完成生产任务。这种"三人团"管理体制和工人大会的出现,标志着我国职工和工会进行企业民主管理的开始。这种民主管理制度一直沿用到抗日战争初期。

3. 以厂长为主的"一元化"领导阶段

到了抗日战争中后期,源于革命根据地时期的"三人团"管理体制弊端逐渐显现,出现了党、政、工不能协调工作甚至"三足鼎立"的现象。1943年,陕甘宁边区在公营企业实行以厂长为主的"一元化"领导制度,厂长集中管理工厂内部有关生产的一切问题,具有最高决定权。在实行"一元化"领导过程中,又出现了厂长包办一切、民主管理受到削弱的问题。1944年陕甘宁边区职工代表大会强调,工厂的党支部与工会应开展本身的独立的群众工作。

4. 工厂管理委员会和职工代表会议阶段

新中国成立前后,我国企业民主管理以工厂管理委员会和职工代表会议为主要形式。1946年5月,中共中央在《关于工矿企业政策的指示(草案)》中,明确公营工矿企业的管理委员会或厂务会议,由厂长(经理)、副厂长(副经理)、总工程师(工程师)和其他生产负责人组成,并吸收相同数量的职工代表参加。1948年9月,第六次全国劳动大会正式提出了"工厂企业化、管理民主化"的重要原则,开始了"工厂管理委员会"和"职工代表会议"这两项制度的建设工作。1949年5月,华北解放区召开职工代表大会,通过了《关于在国营、公营工厂企业中建立工厂管理委员会与工厂职工会议的实施条例》;1949年8月,华北人民政府发布《关于在国营工业企业中建立工厂管理委员会与职工代表会议的决定》。由此,"工厂管理委员会"和"职工代表会议"成为公营企业的两项基本制度,并在新中国成立后的一段时间内继续执行。

5. 党委领导下的厂长负责制和职工代表大会制阶段

1953年到1956年,许多国营企业在学习苏联经验实行"一长制"的过程中,片面强调厂长权威,对企业民主管理造成了冲击。1956年9月,中共八大决定在企业中实行党委集体领导下的厂长分工负责制。1957年4月，中共中央颁发了《关于研究有关工人阶级的几个重要问题的通知》，明确要求把企业中由工会主持的职工代表会议改为职工代表大会（在较小的企业为全体职工大会），并适当扩大其职权。1961年，邓小平主持制定《国营工业企业条例（草案）》即"工业七十条"，专列一章对发挥职工代表大会和企业工会作用做了明确规定。1965年7月，中共中央对"工业七十条"进行修改和补充，形成《国营工业企业工作条例（修正草案）》，规定职工代表大会是职工群众参与管理、监督干部、行使三大民主的权力机关。可见，职工代表大会不是职工代表会议的简单重复，后者是单纯的咨询、议事机构，而前者是特定职权的管理机构，并实行代表常任制等相应的组织制度。"文化大革命"期间，我国企事业单位民主管理制度遭到严重破坏。"文化大革命"结束以后，我国企事业单位民主管理制度逐渐恢复。1978年4月，中共中央发布了《关于加快工业发展的若干问题的决议（草案）》，决定在工业企业中恢复党委领导下的厂长分工负责制，恢复党委领导下的职工代表大会或职工大会制，同时建立工人参加管理、干部参加劳动和领导干部、工人、技术人员三结合的制度。1981年7月，中共中央、国务院转发了《国营工业企业职工代表大会暂行条例》，进一步明确职工代表大会（或职工大会）是企业实行民主管理制度的基本形式，是职工群众参加决策和管理、监督干部的权力机构。1982年通过的《中华人民共和国宪法》，规定"国营企业依照法律规定，通过职工代表大会和其他形式，实行民主管理""集体经济组织依照法律规定实行民主管理"。需要指出的是，党委领导下的职工代表大会制度，处理的是党和群众关系问题；党委领导下的厂长负责制，解决的是党政分工问题。

6. 厂长负责制及职工代表大会制度阶段

1980年开始进行企业领导体制改革，当时曾借鉴南斯拉夫工人自治经验，试点职工代表大会领导下的厂长负责制，即"职工民主决策，厂长统一指挥，党委全面监督"，后由于主客观条件不具备而没有推行，目前一些集体企业仍在实行此种制度。1980—1984年，强调党政分工，主张"党委集体领导、职工民主管理、厂长行政指挥"。1984年10月，中共十二届三中全会通过《关于经济体制改革的决定》，提出改变党委领导下的厂长负责制，实行厂长负责制，"厂长全面负责，职工民主管理，党委保证监督"。1986年9月，中共中央、国务院颁发了《全民所有制工业企业厂长工作条例》《中国共产党全民所有制工业企业基层组织工作条例》《全民所有制工业企业职工代表大会条例》，对厂长负责制、企业党组织工作及民主管理再次做了完善，由原来的"党委集体领导、职工民主管理、厂长行政指挥"调整为"厂长全面负责、职工民主管理、党委保证监督",将过去党委领导下的职工代表大会制改为职工代表大会,接受企业党委的思想政治领导,将职工代表大会性质从"职工群众参加决策和管理、监督干部的权力机构"调整为"职工行使民主管理权力的机构",《全民所有制工业企业职工代表大会条例》还对车间、班组的民主管理做了规定。1988年4月,第七届全国人大第一次会议通过了《全民所有制工业企业法》,明确规定企业实行厂长负责制的同时必须实行民主管理,建立健全职工代表大会制度。这样就从法律上确立了职代会制度与厂长负责制作为全民所有制企业的根本制度,确立了职代会制度在企业领导体制中的地位。1991年9月,国务院颁布了《中华人民共和国城镇集体所有制企业条例》,规定职工(代表)大会是集体企业的权力机构。

7. 企事业单位民主管理的创新发展阶段

1993年以来,企事业单位民主管理呈现多元创新发展势头,主要体现在:

一是实行职工董监事制度。1993年11月,中共十四届三中全会通过了《关于建立社会主义市场经济体制若干问题的决定》,决定对国有企业进行现代企业制度改造。1993年12月,第八届全国人大常委会第五次会议通过了《中华人民共和国公司法》,该法明确坚持职工代表大会制度,实行董事会和监事会中的职工代表制,第一次以法律的形式明确了职工董事、职工监事在企业民主管理中的定位。

二是推进事业单位的民主管理。1993年颁布的《教师法》规定,教师有权"对学校教育教学、管理工作和教育行政部门的工作提出意见和建议,通过教职工代表大会或者其他形式,参与学校的民主管理"。2014年4月国务院颁发《事业单位人事管理条例》,该条例第四条规定:"事业单位制定工作人员年度考核方案和绩效工资分配办法,应当通过职工代表大会或者其他形式听取工作人员意见。"这在国家法规层面完善了事业单位以职代会为基本形式的民主管理制度。

三是推进厂务公开。1999年1月,中央纪委、国家经贸委、全国总工会协商决定成立"全国厂务公开协调小组",下设办公室,办公室设在全国总工会。2002年6月,中共中央办公厅、国务院办公厅联合下发了《关于在国有企业、集体企业及其控股企业深入实行厂务公开制度的通知》(俗称"两办通知"),对厂务公开的重要意义、指导原则、总体要求、主要内容、实现形式和组织领导做了具体规定,明确要求国有企业、集体企业及其控股企业都要实行厂务公开,其他企业可依照法律规定,采取与本单位相适应的形式实行厂务公开。

四是推进各种所有制企业推行民主管理。2009年全国人大通过了《工会法

（修正案）》，其中第三十七条规定："本法第三十五条、第三十六条规定以外的其他企业、事业单位的工会委员会，依照法律规定组织职工采取与企业、事业单位相适应的形式，参与企业、事业单位民主管理。"这是我国法律有关企事业单位民主管理立法的一个重大突破，也为非公企业民主管理奠定了法律基础。2012年4月，国资委、全国总工会等六部委联合发布了《企业民主管理规定》，对企业民主管理的指导思想、基本原则、组织制度等做了明确规定，并设专章对职代会制度、厂务公开制度以及职工董事职工监事制度做出了规定。随着我国市场经济的不断推进，涉及企事业单位民主管理的相关法律、法规和政策相继出台，我国企事业单位民主管理逐渐走向成熟和完善，其范围逐渐涵盖了企事业所有单位，其管理形式也更加多样化，功能也更加完善。

8. 其他民主管理形式及发展历程

我国企事业单位民主管理除了上述形式外，还有以下形式：

一是集体合同制度。1931年中央苏区《中华苏维埃共和国劳动法》、1942年陕甘宁边区政府《陕甘宁边区战时公营工厂集体合同准则》、1949年1月中华全国总工会制定《关于私营工商企业劳资双方订立集体合同的暂行办法》等，都有一些集体合同的规定；1950年《工会法》规定，私营企业中，工会有代表受雇工人、职员与资方进行交涉、谈判、参加劳资协商会议并与资方缔结集体合同之权。1994年7月颁布的《劳动法》，专章阐述了"劳动合同和集体合同"；劳动部于1994年12月颁布《集体合同规定》，劳动和社会保障部于2004年1月修订后重新颁布。2007年6月颁布的《劳动合同法》也对集体合同制度做了规定，同时各地方集体合同条例（规定）也陆续出台。我国的集体合同制度与集体协商制度密切相连，集体合同往往通过集体协商后签订。

二是班组民主管理。20世纪50年代是我国班组民主管理的创立期，当时以爱国主义劳动竞赛为主要内容展开；60—70年代，班组民主管理以主人翁思想和岗位责任制相结合开展；1985年9月，全国总工会发出《关于加强企业班组建设的通知》，明确企业班组实行班组长负责制与班组民主管理相结合的制度；1986年《全民所有制工业企业职工代表大会条例》和1988年《全民所有制工业企业法》中都有关于班组民主管理的条款。

三是合理化建议活动。合理化建议活动始于1947年辽宁的旅大地区，1949年东北解放后扩大至东北地区；1950年8月中央人民政府政务院颁布《关于奖励有关生产的发明、技术改进及合理化建议的决定》，1954年中央人民政府政务院颁布《有关生产的发明、技术改进及合理化建议的奖励暂行条例》，推动了合理化建议活动在全国的普遍开展；1963年国务院颁布《发明奖励条例》和《技术改进奖励条例》；1982年国务院颁布《合理化建议和技术改进奖励条例》并于1986年修订发布。合理化建议活动具有广泛性、层次性、灵活性、经常性、实用性等特点，在我国企事业单位民主管理中发挥着十分重要的作用。

四是企业民主对话。民主对话是我国企事业单位极具特色的一种民主管理形式，是我国社会主义性质及我党践行群众路线的具体体现，企事业单位内部各级党政干部与职工群众、工会组织等进行面对面的沟通交流，通报情况，答疑解惑，决策咨询，研讨论证，听取建议。

（二）我国企事业单位民主管理的经验启示

1. 企事业单位民主管理必须坚持党的领导

坚持中国共产党的领导是中国特色社会主义最本质的特征，也是中国特色社会主义制度的最大优势。从我国企事业单位民主管理的发展历程可以看到，中国共产党的领导是做好企事业单位民主管理的重要保证。在中国共产党成立之前，我国广大工人处于社会的最底层，工作条件极其恶劣，饱受资本和工头的剥削打压，毫无民主权利可言，更谈不上参与民主管理。中国共产党成立后，高度重视维护职工的政治、经济权利，革命年代，在根据地、边区、解放区的公营企业里先后探索"三人团"、工人大会、"一长制"、工厂管理委员会、职工代表会议等多种形式的民主管理制度；新中国成立后，又先后探索党委领导下的厂长负责制、党委领导下的职工代表大会制度、厂长负责制以及职工董监事制度、集体协商与集体合同、厂务公开、民主对话、班组民主管理等多种形式，并出台相关的法律法规提供保障。形成对比的是，新中国成立前，在国民党统治区域，由国民党控制下的黄色工会往往由工人贵族把持或被资本所收买与控制，广大工人没有实质性的民主参与权利。可见，只有在党的领导下，我国企事业单位才能实行真正的、真实的、全面的、直接的民主管理，党的领导是我国企事业单位民主管理的根本政治保证。坚持党的领导有两重含义：一是党从领导党、执政党这个角度，通过整体性的制度设计推进企事业单位民主管理；二是各企事业单位内部的党组织，也在民主管理中发挥着领导作用，即使在实行厂长负责制的模式下，尽管党组织发挥监督保证作用，但工会组织也是在党的领导下的，职工代表大会仍要接受党的思想政治领导，领导工青妇等群团组织工作是党组织的重要职责。

2. 企事业单位民主管理必须纳入企业领导管理体制与法人治理结构

从前面的梳理我们可以看出，企事业单位民主管理制度与企事业单位的领导体制密切相关，或者说民主管理制度已内在地嵌入企业领导体制之中，成为企业领导体制的一部分。历史上，我国企业单位实行的企业管理委员会制度，本身就由党、行政、工会或职工代表组成，体现出民主管理要素。关于党和行政的关系，这在我国企业管理过程中有逐步的探索过程，从抗战时期边区实行的厂长负责制的"一长制"，到新中国成立后至20世纪80年代初的党委领导下的厂长负责制，到80年代中期实行的厂长负责制、党委监督保障，再到2015年中共中央办公厅印发《关于在深化国有企业改革中坚持党的领导加强党的建设的若干意见》再次强调国企改革中要加强党的领导，可以看出我国企事业单位领导体制主要体现在党政关系的处理上。而对于民主管理，无论采取哪种领导体制，都强调要进行民主管理，从工人大会，到职工代表会议，再到职工代表大会，以及集体协商、厂务公开、职工董监事、班组民主管理等，都是企业管理中不可或缺的一环。《公司法》颁布以后，我国在推进现代企业制度建设的同时，将企业民主管理纳入现代企业法人治理结构，确保民主管理落到实处。将企业民主管理嵌入融入企业治理，是我国企业民主管理的内在要求，也是一条基本经验。

3. 企事业单位民主管理必须充分发挥工会组织不可或缺的作用

中国工会是中国共产党领导的职工自愿结合的工人阶级群众组织，是党联系职工群众的桥梁和纽带，是国家政权的重要社会支柱，是会员和职工利益的代表。企事业单位推进民主管理，一方面是企事业单位科学管理的需要，管理民主化是现代企业管理的一个趋势，民主管理有利于科学管理，科学管理离不开民主管理；另一方面是维护企事业单位职工权益的需要，通过民主管理更好地实现、发展职工权益。当然，企事业单位的科学管理、民主管理也有利于单位更好地发展，从根本上说也有利于员工利益的维护和发展，这一目标也与工会组织的职责和任务是一致的。正因为如此，早期的工人大会是由工会主持召开的，"三人团"中工会就是其中一方代表，企业管理委员会中也有工会代表参加，职工代表大会的工作机构明确由工会承担，工会也是集体协商、集体合同签订的重要主体之一，工会还是合理化建议的组织者与推进者。这些都是工会组织在企业民主管理中发挥重要作用的体现。对于职代会工作机构和工会，我国企业民主管理实践中曾探索出三种模式，一种是合一论，一种是结合论，一种是分设论。实践证明，由于职代会和工会的性质、定位、职责、权利不一样，简单地合一是存在问题的；分设论又由于二者在工作对象、工作方式、工作内容方面的相关性、相似性而存在诸多重叠之处，导致工作重复、效率低下，此种模式也不可取；当下采取的是结合论，工会作为职代会的工作机构，将工会工作和职代会工作有机整合、形成合力，这也是通过实践检验的可行的模式。可见，中国工会在企事业单位民主管理中发挥的作用，往往比西方工会发挥的作用要大且不可替代，并纳入企业治理的整体框架之中。

4. 企事业单位民主管理必须依托法治建设作保障

回顾我国企事业单位民主管理的发展历程可以发现，我党一直重视民主管理制度的法治化建设。在早期，尽管受到当时战争环境和政府机构动荡的制约，难以有稳定的法治建设环境，但我党还是出台了相关的法律，为确立职工民主参与制度、提高企业民主管理效能发挥了重要作用。新中国成立后，尤其是改革开放以来，我国不仅颁布了大量与企业民主管理相关的法律法规，全国各省（区、市）也相继出台了三十多部有关企业民主管理的地方性法规，使企事业单位的民主管理工作有法可依。与此同时，各级工会组织还不断整合各方力量，多措并举，与人大的执法检查、政协的巡视监察、政府的行政执法等有机结合起来，认真抓好相关法律法规的贯彻执行，全面提升工会干部依法履职、依法维权的能力，逐步形成了"党政重视、工会力推、部门联动、职工参与"的企事业单位民主管理新格局。企事业单位民主管理的法治保障，是中西方国家企业民主都具有的特征，我国的特点在于：一是从宪法到部门法再到地方性法规，民主管理都有所体现；二是注重法律的实施，立法部门的执法检查、行政部门的劳动监察、工会的法律监督，多管齐下，推进落实。当然，我国企业民主管理法治建设也存在一些不足，后文再述。

5. 企事业单位民主管理必须适应中国国情和经济社会发展的需要

从中外企业民主比较研究及我国企业民主发展历程来看，企事业单位民主管理必须与中国国情相适应，也要与当时的经济社会发展阶段相适应，这样才能形成具有中国特色、满足职工需要、有利于事业发展的企事业单位民主管理工作格局。一要适应中国国体。我国是工人阶级领导的、以工农联盟为基础的、人民民主专政的社会主义国家，党是领导一切的。因此，在企事业单位民主管理中，必须正确处理好党政工三者关系，做到各司其职、协同配合、形成合力，这是中国企事业单位民主管理较西方企业民主的不同之处，具有独特优势。二要满足人民群众当家作主的需要。人民当家作主是社会主义民主政治的本质和核心，工人阶级是我国的领导阶级，企事业单位民主管理必须真正落实职工知情权、参与权、决策权、监督权相结合，体现工人阶级的主人翁地位，发挥工人阶级主力军作用。三要坚持构建和谐劳动关系的根本遵循。我国工会一直倡导"双维护"，即在维护好全国人民整体利益的同时，更好地维护职工群众的具体利益；主张构建和谐稳定的劳动关系,树立劳资共生理念,打造企业命运共同体。因此,企事业单位民主管理也要坚持平等互利、合作共赢的原则,真正做到促进企业发展、维护职工权益。四要构建具有中国特色的企事业单位民主管理体系。经过长期的实践探索,我国已明确职工代表大会是我国企事业单位民主管理的基本形式,同时还有厂务公开、职工董监事、集体协商、集体合同、合理化建议、民主对话会、班组管理等其他形式,构成了企事业单位民主管理体系。职代会制度在中国企业民主治理的制度安排中处于中心位置,成为自上而下的企业管理体制与自下而上的民主参与机制两者有效对接的核心枢纽。[①]

6. 企事业单位民主管理必须学习借鉴并与时俱进

企事业单位民主管理是现代经济社会发展的产物,具有共同的规律可循,可以相互学习借鉴。我国企事业单位的民主管理发展历程,就是一个学习借鉴、与时俱进、创新发展的过程。比如,我国企业民主管理长期以来受苏联等社会主义国家影响较大。俄国在十月革命胜利初期,在工业企业中普遍实行工厂委员会集体管理体制,这对当时恢复生产、巩固苏维埃政权起了积极作用,但也存在多头管理、无人负责的问题。于是,列宁后来提出"一长制",同时主张工会代表群众参加管理。我国企业民主管理也曾学习借鉴"工厂委员会制度""一长制"等制度。我国还受南斯拉夫工人自治制度影响,1980年曾在部分企业试点过职工代表大会领导下的厂长负责制,由于主客观条件不具备而未推广开。又如,西方国家很早就探索的集体谈判、员工参与制度,对我们的集体协商、职工民主参与也有借鉴意义。民主管理是一项政策性和实践性都很强的工作,应随着经济社会的发展而与时俱进。我国企事业单位民主管理形式日益多样、内容日益丰富、程序日益规范、制度日益健全,就是与时俱进的体现。新的形势下,企事业单位民主管理也面临诸多挑战。比如,如何在面广量大的非公企业中推进民主管理?如何在快速增长的平台经济、分享经济、协同经济等新模式中有效开展民主管理工作?如何推进企业民主管理与企业法人治理结构的有效结合?如何推进集团、公司、车间、班组等不同层次的民主管理?如何整合企业民主管理的各种形式提升综合效能?等等。这些问题的有效解答,也要求企事业单位民主管理的创新突破、与时俱进。

[①] 林拓,虞阳. 无声的民主:企业民主与国家治理[M]. 北京:人民出版社,2016:161.

四、企事业单位民主管理在国家治理现代化中的定位及功能

企事业单位民主管理是现代企业治理的内在要求,是民主政治建设的重要内容,在国家治理中发挥着基础性作用。厘清企事业单位民主管理的范畴定位,明确企事业单位民主管理在国家治理中的重要意义、内在逻辑、功能价值,对于健全企事业单位民主管理制度、推进国家治理现代化具有积极意义。

(一)企事业单位民主管理范畴界定

分析国家治理现代化背景下的企事业单位民主管理,首要的问题是要厘清企事业单位民主管理的范畴定位。我们认为,企事业单位民主管理兼属生产力、生产关系和上层建筑三个范畴,具有"三重性"。

1. 企事业单位民主管理具有生产力范畴属性

马克思主义认为,生产力就是具有劳动能力的人与生产资料(生产工具和劳动对象)相结合而形成的改造自然的能力,人是生产力中起决定作用的、最活跃的因素。劳动者、生产工具、劳动对象是生产力中的物质要素;科技、管理是生产力中的非物质要素,但对物质要素起着重要影响作用,科技通过提升劳动者能力或其自身转化为生产工具和劳动对象而影响生产力,而管理本身就是劳动者改造世界的一种劳动,这种劳动当然会产生生产力。马克思在《资本论》中指出:"凡是直接生产过程具有社会结合过程的形态,而不是表现为独立生产者的孤立劳动的地方,都必然会产生监督劳动加指挥劳动,不过它有二重性。"[1] 这里的"指挥劳动",其实就是管理,而且在非孤立劳动的地方不可或缺。在马克思看来,"这是一种生产劳动,每一种结合的生产方式必须进行的劳动。"[2] 邓小平同志创造性地提出"科学技术是第一生产力"[3] 的重要论断。他还指出,"管理是知识"[4] "管理也是一种技术"[5]。党的十六大报告将管理与劳动、资本、技术并列为四大生产要素,这是在党的政治报告中第一次将管理作为一个独立的生产要素提出来。管理是生产力中的重要要素,正如科学技术一样,它深入影响到生产

---

[1] 马克思恩格斯全集:第25卷 [M]. 北京:人民出版社,2001:431.
[2] 马克思恩格斯全集:第25卷 [M]. 北京:人民出版社,2001:431.
[3] 邓小平文选:第3卷 [M]. 北京:人民出版社,1993:274.
[4] 邓小平文选:第3卷 [M]. 北京:人民出版社,1993:52.
[5] 邓小平文选:第3卷 [M]. 北京:人民出版社,1993:65.

力的三要素及其结合。科学、民主的管理遵循企业发展规律，有利于调动人的积极性，有利于促进各种生产资料的有效整合配置，有利于优化人与生产资料的有机组合，提升生产效能，从而促进生产力的发展。生产力三要素的结合的本质就是劳动，而管理本身也是一种劳动，这种劳动也会形成生产力。因此，管理首先具有生产力属性，作为生产力范畴的管理，要求无论是资方还是劳方，都要重视管理、改进管理，实现科学管理、民主管理。这就从理论基础上论证了不管企业的所有制性质如何，都应推进管理变革，这是企业创造生产力、促进自身发展的需要。

2. 企事业单位民主管理具有生产关系范畴属性

生产关系是人们在再生产过程中形成的社会关系，包括产权、生产、分配、交换等关系。管理是管理者通过实施计划、组织、领导、控制等职能来协调他人的活动，管理必然涉及管理者与被管理者的关系，因此又是关系范畴。毛泽东同志曾指出，"所有制的问题基本解决以后，最重要的问题是管理问题"，"这也就是人与人的关系问题。这方面是大有文章可做的"[1]。可见，管理的本质是生产过程中人与人的关系问题，当然也属生产关系范畴。同时，不同的管理方式，形成劳动者之间不同的关系，"以事为中心"的管理模式与"以人为中心"的管理模式不同，刚性管理与柔性管理不同，威权管理与民主管理不同，它们都会产生不同的生产关系。作为生产关系范畴的管理，要根据生产力发展的需要，不断改进、完善、创新管理模式、制度、方法，以更好地适应及促进生产力的发展，而民主管理正是适应生产力发展需要而对管理的变革，不进行民主管理的企事业单位，终将在市场竞争中被淘汰。

3. 企事业单位民主管理具有上层建筑范畴属性

马克思主义认为，上层建筑是指建立在一定经济基础上的社会意识形态以及与之相适应的政治法律制度和设施等的总和。马克思在《政治经济学批判》序言中指出："人们在自己生活的社会生产中发生一定的、必然的、不以他们的意志为转移的关系，即同他们的物质生产力的一定发展阶段相适合的生产关系。这些生产关系的总和构成社会的经济结构，即有法律的和政治的上层建筑竖立其上并有一定的社会意识形式与之相适应的现实基础。"[2] 管理离不开一定的政策、法律、制度为依托，并据此又形成一定的管理制度及制度体系，尤其是民主管

---

[1] 毛泽东读《苏联政治经济学教科书（社会主义部分）》的谈话记录稿［EB/OL］. 豆瓣网，2011-09-12.

[2] 马克思恩格斯选集：第 2 卷［M］. 北京：人民出版社，1995：32.

理，本身就具有人本的、民主的、政治的、文化的意涵，显然，管理也属上层建筑范畴。作为上层建筑范畴的管理，一方面是由经济基础决定的，另一方面又对经济基础起反作用。这就要求管理制度本身要适应经济基础需要，并与民主、法治、人权等上层建筑相关要素相契合。这也是在国家治理现代化背景下，企业适应民主、自由、平等、公正、法治等社会价值形态的需要，推进民主管理的内在逻辑。

（二）企事业单位民主管理与国家治理的理论逻辑

企事业单位民主管理与现代国家治理具有理论上的关联性和内在一致性，体现在治理上的人民性、公正性、包容性、有序性等方面，这是中国民主政治的内在要求和治国理政的逻辑指向。

1. 现代国家治理本质的人民性

社会主义民主政治的本质和核心，是人民当家作主。现代国家治理必须坚持以人民为中心，促进政府与公民共同参与社会公共事务的治理，最大限度地增进公共利益的广泛性与共识性，最广泛地动员和组织人民群众依法管理国家事务和社会事务。推进国家治理现代化，必须坚持人民主体地位，尊重人民意愿，保障人民权益，落实人民依法享有的管理国家事务、管理经济和文化事业、管理社会事务的权力。企事业单位民主管理的重要参与主体就是职工群众，职工不仅享有平等的民主选举权，还拥有充分参与企事业单位管理决策的机会；职工群众还以自由平等的公民身份就社会公共事务进行讨论，并通过舆论媒介、听证协商等多种渠道渗透到政府公共决策的议程中。当下中国，坚持人民主体地位反映了人民群众是国家治理的主人，而企事业单位民主管理能够尊重职工群众的意志，依靠职工群众的智慧，让职工群众在日常工作生活场域中对事关自己切身利益的事项有知情权、参与权、表达权、监督权，并提升自己在更大范围、更高程度上参与国家和社会治理的能力，真切感受到自己是国家的主人。职工民主参与企业管理，突破了职工以往仅仅作为被管理"客体"的困境，实现了从被动服从管理到主动参与管理的转变，即职工也具有了"主体性"，这是一种价值观念的转变。面广量大的企事业单位民主管理，给广大职工群众民主参与提供了广阔空间，体现出"群众性"，与国家治理现代化中凸显人民主体地位的"人民性"内在契合。

2. 现代国家治理原则的公正性

公平正义是中国特色社会主义核心价值体系的组成部分，拥有公正价值导向的国家治理，才能在秩序建构方面提供一种公正秩序。现代国家治理将市场与社会主体逐步发展成为国家治理的参与者，既可以体现国家治理主体的多元化，也有助于形成一种监督力量，避免政治腐败的产生和对公共利益的侵蚀。企事业单位民主不同于强调聚合效果、忽视聚合过程的代议民主，企事业单位民主更加注重职工群众偏好的形成过程，更加注重职工行使权利所必需的权利保证。企事业单位民主建立了较为平等、公正的协商沟通机制，能够增强企事业单位与职工群众之间的相互信任与支持，促使基层民主政治朝着公正性方向发展。在企事业单位管理中运用平等的协商和民主的沟通可以有效缓解劳动人事纠纷，提升企事业单位治理和社会治理效能，促进公正秩序的构建。

3. 现代国家治理方式的包容性

现代国家治理预示着从国家管控社会向国家与社会有效互动转变，客观上要求构建一种有利于人民群众参与政治、表达利益的包容文化与合作氛围。企事业单位民主通过企事业单位与职工群众之间的沟通、磋商和协调达成共识，作用于单位的经营管理决策过程，通过民主协商实现多元诉求的整合。一方面，协商合作可以对选举民主的改进以及对公共决策的科学化提供有效的技术方法，构成公共领域中的平等、包容性的一般框架。另一方面，协商合作对企事业单位内部问题的自我解决，特别是一种民主意识的养成，提供可行的实施方法，有利于职工群众直接或间接地参与公共事务治理。企事业单位民主管理，共同的事商量着办，求同存异，化解分歧，凝聚共识，有利于培育职工的合作意识及企业的包容性文化，进而促进开放包容性社会的构建。

4. 现代国家治理过程的有序性

现代国家治理需要从全能主义向民主法治转变，治理主体不仅要遵守"刚性规则"，还要遵守"软性规则"，国家治理现代化的一个重要衡量标准就是活力与有序。作为基层协商民主的重要形式，企事业单位民主通过制度安排赋予民主管理以规范化与程序化，为消解单位内的利益冲突提供规范有序的渠道和平台。企事业单位民主的有序性与国家治理的法治化要求相契合，需要从制度层面构建一套程序合法、环节合理、功能完善的企事业单位民主管理体系与框架，并与国家其他制度安排无缝衔接，使基层民主政治运作过程的价值偏好、行为方式与社会认同制度化，建立公平合理的利益分配机制，扩大职工群众有序政治参与，促进社会主义法治国家建设。

（三）企事业单位民主管理与国家治理的实践逻辑

企事业单位民主管理与国家治理不仅具有理论上的关联性，更具有实践上的契合性。习近平同志指出,"发展社会主义民主政治,是推进国家治理体系和治理能力现代化的题中应有之义。"① 企事业单位民主管理是国家治理现代化中推进民主政治建设的重要内容,也是民主政治建设的重要实践。

1. 企事业单位民主管理与基层民主

社会主义民主建设,基层很重要,基础在基层。人民当家作主,既包括人民群众通过选举代表组成权力机构而对国家事务进行决策和管理,又包括广大人民群众对自己日常工作、生活中的事务进行决策和管理。中国的政治体系将人民决定自己事务的政治生活定位为基层民主。② 基层民主是人民当家作主最直接的体现,也是我国民主政治发展的基础。我党高度重视基层民主建设,党的代表大会多次进行了强调,党的十九届四中全会又再次对"健全充满活力的基层群众自治制度"做了部署。基层民主在我国主要包括城乡社区自治制度及企事业单位民主管理制度。村、居是人们日常生活的场域,企事业单位是人们日常工作的场域,这两大场域基本涵盖绝大多数人的生活工作空间,人们对自己生活工作空间中与自身相关的事务进行决定是民主建设的最基本的要求。企事业单位民主管理为广大职工履行民主权权、维护自身权益、决定自身事务提供了广阔的实践空间,也为推进劳资合作、促进企事业发展构建了一条共识性路径。企事业单位民主管理的意义不局限于企事业单位本身,其对于更广泛的民主治理具有基础性作用,比如涵养了职工的民主与公共意识,推动企事业单位更好地参与社会治理等。1978年,邓小平同志在《解放思想,实事求是,团结一致向前看》的重要讲话中就指出:"要切实保障工人农民个人的民主权利,包括民主选举、民主管理和民主监督。"③ 发扬民主、扩大民主、落实民主,是基层民主建设的根本要求,要努力做到哪里有群众的需要,民主就应该延伸到哪里,而企事业单位就为民主的延伸拓展创造了条件。应该把民主建设看作治理资源来进行开发和运用,最典型的战略就是充分开放基层民主,使民主成为基层社会的重要治理资源。④

2. 企事业单位民主管理与协商民主

协商是民主原初的存在与运行形式。⑤ 政治合法性之一,就是依靠广泛的政治共识,即共同政治价值和理念原则;共同商讨原则,也是强化政治合法性的重

---

① 习近平:在庆祝全国人民代表大会成立六十周年大会上的讲话[EB/OL]. 新华网,2019-09-15.
② 林尚立. 建构民主——中国的理论、战略与议程[M]. 上海:复旦大学出版社,2012:381.
③ 邓小平. 邓小平文选:第二卷[M]. 北京:人民出版社,1994:146.
④ 林尚立. 论人民民主[M]. 上海:上海人民出版社,2016:180.
⑤ 林尚立. 论人民民主[M]. 上海:上海人民出版社,2016:124.

要原则和途径。①选举民主只是选出人,而协商民主则影响选出来的人的决策。习近平同志指出:"有事好商量,众人的事情由众人商量,是人民民主的真谛。协商民主是实现党的领导的重要方式,是我国社会主义民主政治的特有形式和独特优势。"②党的十九大进一步明确,协商民主包括政党协商、人大协商、政府协商、政协协商、人民团体协商、基层协商与社会组织协商等。可见,基层协商是协商民主的重要范畴,是推动协商民主广泛、多层、制度化发展的内在要求,企事业单位在基层协商中发挥着平台载体、组织主体的重要作用。企事业单位民主管理的主要途径就是协商,这种协商的特点包括:协商内容的广泛性,涉及职工切身利益的事项都要协商,如劳动条件、劳动保护、薪资报酬、规章制度、发展规划等;协商主体的多层性,企事业单位中的协商基本涵盖全体工作人员,既包括一定层级的管理者,也包括普通一线职工,而职工代表、工会会员代表、职工董监事、工会干部等具有特定职责的人员,更是协商的重要参与主体;协商结果的强制性,企事业单位行政方与工会或职工经过协商的事项,通过签署集体合同、形成制度决议等,对协商主体都具有约束力,这也是基层民主的内在要求。协商民主在企事业单位的广泛实践,推进了企事业单位的民主管理和现代法人治理,促进了企事业单位的和谐稳定。

3. 企事业单位民主管理与直接民主

直接民主与间接民主是民主政治的两种基本形式。直接民主是人民群众直接参与国家事务与经济、社会、文化事务的管理,间接民主是人们通过选举代表产生代议机关而代为管理国家与经济、社会、文化事务。直接民主在马克思主义民主政治思想中占有重要地位。马克思在《法兰西内战》中对巴黎公社实行的普选制、罢免制、监督制等高度赞赏。列宁也对直接民主高度重视,他指出:"要建立由群众自己从下面来管理的整个国家制度,让群众实际地参加各方面的生活,让群众在管理国家中起实际作用。"③1981年6月中共中央十一届六中全会通过的《关于建国以来党的若干历史问题的决议》强调指出:"在基层政权和基层社会生活中逐步实现人民的直接民主,特别要着重努力发展各城乡企业中劳动群众对于企业事务的民主管理。"④党的十六大报告也指出,人民依法直接行使

---

① 燕继荣. 政治学十五讲[M]. 北京:北京大学出版社,2013:149.
② 习近平:决胜全面建成小康社会 夺取新时代中国特色社会主义伟大胜利——在中国共产党第十九次全国代表大会上的报告[EB/OL]. 新华网,2017-10-27.
③ 列宁全集:第24卷[M]. 北京:人民出版社,1990:153-154.
④ 关于建国以来党的若干历史问题的决议[EB/OL]. 中国政府网,2008-06-23.

民主权利,"是人民当家作主最有效、最广泛的途径,必须作为发展社会主义民主政治的基础性工程重点推进"①。美国学者卡罗尔·佩特曼也指出:"真正的民主应当是所有公民的直接地、充分地参与公共事务的决策的民主,从政策议程的设定到政策的执行,都应该有公民的参与。只有在大众普遍参与的氛围中,才有可能实践民主所欲实现的基本价值。"② 直接民主受人口、面积规模的影响,超过一定规模的治理共同体,要实行全面的直接民主就存在困难,这就需要人民通过选举代理人代为行使管理国家和社会事务的权力,这就是间接民主产生的依据。直接民主与间接民主无好坏之分,都是实行民主的路径方式。一个治理共同体的规模越小,越可能实行直接民主;规模越大,越需要实行间接民主。当然,对于职工群众这一民主参与的主体来讲,实行直接民主更能直接地体验当家作主的权力运用,而广大企事业单位为实行直接民主提供了巨大空间。直接民主是间接民主的前提和基础,间接民主中包含直接民主的因素。企事业单位民主管理,尽管在一定规模的企业中也有职工代表大会这一间接民主形式,但更多的是直接民主形式,如职工选举职工代表、职工建言献策、职工评议、职工监督、班组民主管理以及规模较小单位采取的职工大会形式等,都充分体现了职工对自身事务的知情权、参与权、决策权、监督权,为保障职工的各类权益提供了支撑。

4. 企事业单位民主管理与实质民主

实质民主与程序民主是民主政治领域的一对重要概念。习近平总书记曾指出:"民主不是装饰品,不是用来做摆设的,而是要用来解决人民要解决的问题的。"③ 这其实强调了实质民主问题。实质民主主张民主的本质是人民当家做主,强调人的主体性和民主的内在价值,认为人民应该有而且能够现实地、实际地实施自己的民主权利,其关注民主的结果而不是过程;程序民主着眼于民主的实际运行,主张建立民主实践的制度、规范和程序,强调民主的过程。可以看出,实质民主是民主的目的与内核,程序民主是民主的表现形式与保障,民主发展中应坚持实质民主与程序民主的统一,没有程序制度规范的民主就没有保障甚至可能发展成无政府主义,而没有实质民主作为内核的程序民主就可能走上形式主义而背离民主的初衷,追求实质民主是民主的原初目的,因此绝不能将民主的形式作

---

① 江泽民:全面建设小康社会,开创中国特色社会主义事业新局面——在中国共产党第十六次全国代表大会上的报告 [EB/OL]. 中国网,2012-10-17.
② [美]卡罗尔·佩特曼. 参与和民主理论 [M]. 陈尧,译. 上海:上海世纪出版集团,2012:39-40.
③ 习近平:在庆祝中国人民政治协商会议成立65周年大会上的讲话 [EB/OL]. 新华网,2014-09-21.

为民主的本质来对待，如有的人将西方的"三权分立"这一民主的形式作为民主的本质或目标来追求就走上邪路了。同时，法律、程序、规制等都有一定的结构性、稳定性和滞后性，不能随着外部环境的改变而因地制宜地及时进行调整，这就需要根据实质民主的内在要求来推进民主的实施。一般来讲，规模较大的治理共同体，必须高度关注程序民主，通过程序民主对广大民主主体权利提供保障，当然不同社会性质的国家在程序民主中对实质民主的保障程度是不同的。如资本主义国家的程序民主往往保护的是资产阶级的民主权利，而社会主义国家的程序民主则是保障广大人民群众的民主权利；对于一定规模治理共同体内的内容丰富、事项繁多、需求多样的人民日常社会生活事务，往往更强调实质民主问题，采取灵活多样的方式来实现人民的民主权利。我国企事业单位的民主管理，着眼于维护广大职工群众的切身利益，不拘形式、因地制宜地形成了一系列职工民主参与、民主决策、民主监督、民主协商的工作模式，实实在在地落实了职工的民主权利，是社会主义实质民主在基层的生动实践。比如，中国的集体协商，在正式协商之前就已进行多轮沟通交流，这种协商更具有民主的本质，后续的协商签约更多具有"仪式"作用。习近平总书记曾指出："我国社会主义民主是维护人民根本利益的最广泛、最真实、最管用的民主。"[①] 我国企事业单位民主管理就体现了我国社会主义民主的真实性、广泛性、有用性，能够直接影响其工作和生活环境的参与才是最具价值的参与形式。当然，我国在推进企事业单位民主管理过程中，也注重制度规范建设，以程序民主来进一步保障职工的实质民主。

5. 企事业单位民主管理与全过程民主

2019 年 11 月 2 日，习近平总书记在考察上海市长宁区虹桥街道古北市民中心基层立法联系点时指出："我们走的是一条中国特色社会主义政治发展道路，人民民主是一种全过程的民主，所有的重大立法决策都是依照程序、经过民主酝酿，通过科学决策、民主决策产生的。"[②] "全过程民主"的论断，高度概括了我国人民民主的特征，也是国家治理现代化对民主政治发展的总体要求。全过程民主，强调了民主的全面性，要求在选举、协商、决策、管理、监督等各个方面都要体现民主；强调了民主的全程性，要求在各种不同民主形式的整个过程中都要体现民主；强调了民主的多层性，在履行民主权利的过程中，不同层面的权利主体都能有效参与其中，反映诉求，表达民意。比如我国立法决策实践，就形成了

---

① 习近平：决胜全面建成小康社会 夺取新时代中国特色社会主义伟大胜利——在中国共产党第十九次全国代表大会上的报告 [EB/OL]. 新华网，2017 - 10 - 27.
② 习近平：中国的民主是一种全过程的民主 [EB/OL]. 新华网，2019 - 11 - 03.

一套包括"立法决策前"编制立法规划、"立法决策中"法律草案征求意见、"立法决策后"跟踪了解法律实施情况并收集修改完善建议等在内的全过程程序规则,汇集民智、反映民愿、体现民情、表达民意。①中国民主追求的是"共识民主",注重民主的全过程性而非一次性票决,防止出现单一选举民主的"只有选举时才有民主"的困境。"民主发展的本意是超越政治排斥,建立公民参与公共治理的制度安排。选举后如果公民只能以民主选举的方式向代表赋权,而不能通过选举之外的主动方式影响政策过程,这将造成民主政治的异化。"② 企事业单位民主管理,是我国全过程民主在基层的生动实践。首先,从企事业单位民主管理在整个民主政治建设中的地位来看,企事业单位民主管理属于基层民主范畴,是我国民主政治建设整体架构中的基础环节,我国全过程民主建设离不开基层民主这一重要组成部分。其次,从企事业单位民主管理体现的职工民主权利来看,企事业单位广大职工的民主权利包括知情权、参与权、决策权、监督权,知情是前提,参与是路径,决策是关键,监督是保障,前后贯通形成一个闭环,企事业单位民主管理贯彻于这个闭环的全过程。最后,从企事业单位民主管理的各种实现形式本身来看,各种民主管理形式实施的全过程也体现了民主,如职工代表大会制度中,从职工代表的酝酿推荐选举,到职工代表的履职,到各类决议的审议建议、审议通过、实施监督、反馈完善,全过程体现了职工及其代表的民主权利;同时,在规定的程序之外,企业管理方经常性地召开职工代表座谈会、对话会,职工代表常态化地联系职工,信访渠道、职工合理化建议等也可以随时进行,都为职工全过程、全时段进行民主参与提供了通道。可见,企事业单位民主管理是我国全过程民主的生动实践,有力地维护和保障了广大人民群众日常工作生活中的民主权利及合法权益。

(四)企事业单位民主管理在国家治理中的功能定位

企事业单位民主管理在国家治理中的功能,是指企事业单位民主管理对于国家治理的作用或效能。功能与职责密切相关,职责决定功能,功能体现职责。从企事业单位治理的相关法律以及实践来看,企事业单位民主管理的功能主要体现在以下几方面。

---

① 张维炜. "全过程民主"的生动典范 [J]. 中国人大, 2019 (24): 23.
② 高春芽. 正当性与有效性的张力———西方国家代议民主的运行机制及其困境 [J]. 当代世界与社会主义, 2017 (6): 188.

1. 维护功能

维护职工的合法权益，是现代企业治理的根本原则，也是国家治理现代化的内在要求。企事业单位民主管理，首要的功能是实现和维护职工群众的民主政治、劳动经济和精神文化权益，维护功能是职工民主参与的原生动力和内在追求。从国外企业民主发展历程来看，企业民主是国外工人运动、工会运动的主要内容，企业民主的发展过程也是职工权益日益得到维护的过程。企业社会责任运动，主要包括人权、劳工权益和环境保护等三个方面，其中劳工权益是核心。从我国企事业单位民主管理来看，职工参与有关规章制度的讨论修改，职工代表大会对涉及职工切身利益事项的审议通过权，职工董、监事代表职工对企业重大决策的参与，职工对劳动安全、劳动条件的监督，职工加入工会并通过工会来维护职工会员权益等，都体现了企事业单位民主管理的维护功能。

2. 教育功能

陶行知先生曾说过，生活即教育。美国著名哲学家、教育家约翰·杜威也认为，最好的教育就是从生活中学习、从经验中学习。企事业单位民主管理实践也发挥着积极的教育功能，从职工角度来看，通过组织职工对企事业单位的发展规划、重要制度等进行审议，提升职工的公共意识、大局意识以及对宏观形势的把握能力；通过组织职工民主选举、民主协商、民主决策、民主管理、民主监督，提升职工民主意识、规则意识、程序意识和民主参与能力；通过开展集体协商、民主恳谈等工作，引导职工正确处理个人利益与集体利益、当前利益与长远利益的关系。从企业行政角度来看，通过民主管理，教育引导企业增强民主意识，更好地尊重职工主体地位，切实维护好职工合法权益，把企业发展与职工发展紧密地结合在一起，推动构建企业与职工命运共同体，同时引导企业履行好企业社会责任，积极参与国家和社会治理。可见，企事业单位民主管理提供了一个重要的"民主训练场"，既提供了民主管理空间，又提升了企业与职工的民主素养。

3. 监督功能

监督是国家治理现代化的重要一环，缺乏监督的权力必然导致腐败。现代国家治理的监督包括政党监督、人民监督、司法监督和新闻舆论监督等，而企事业单位民主管理是人民群众监督的重要路径。企事业单位是否严格落实了国家有关方针政策和法律法规，是否提供了劳动安全生产条件，是否依法建立了职工代表大会制度，是否履行了职工代表大会通过的各类决议、规章制度及集体合同，单位管理者是否存在腐败等违法违纪行为，等等，职工群众都可以进行监督，并可通过正式议案、来信来访、合理化建议等多种形式，提出意见、建议或检举、揭发。由于职工群众的广泛性、监督对象的直接性、监督距离的贴近性以及监督事项的切身性，企事业单位民主管理的监督功能发挥着越来越重要的作用。

4. 治理功能

全球治理委员会在《我们的全球之家》（1995）研究报告中指出，治理是各种公共的或私人的个人和机构管理共同事务的诸多方式的总和。[①] 现代企业治理是包括投资者、劳动者、管理者、工会等多元主体参与的治理，是对企业发展规划、劳动就业、薪酬福利、人力资源开发等共同事务的治理，是采取民主协商、制度规制、员工自治、多元共治相结合的多种方式的治理，打破了以往资方作为单一管理主体、自上而下的单向管理方式、制度依托的刚性管理手段等传统管理模式。企事业单位民主管理的治理功能，首先体现在企事业单位自身的治理，通过调动企事业单位内部多元治理主体积极性，构建多种形式的民主管理制度体系，并将其内嵌于企事业法人治理结构，推进企事业单位健康发展。企事业单位民主管理的治理功能，还体现在企事业单位更好地参与国家和社会治理。经验证明，自身民主管理实施得好的企事业单位，往往更具有法治意识、公共精神、社会责任，在参与国家和社会治理方面也更加积极主动、更富建设性。此外，企事业单位民主管理的治理功能还体现在劳动关系领域的社会治理上。劳动关系作为生产关系的重要组成部分，是最基本、最重要的社会关系之一，企事业单位通过民主管理，加强了劳资沟通和协调，有利于构建和谐稳定的劳动关系，从而促进社会的和谐稳定。

5. 发展功能

一个人、一个组织、一个民族、一个国家的内生基因，首要的是生存和发展。英国著名生物学家理查德·道金斯在《自私的基因》中指出，基因的本质是自私的，基因通过不断重复地拷贝自身，以便在进化过程中争取最大限度的生存和扩张，而为了生存，会演化出利他、合作、欺骗等多种行为。现代企业管理方式的探索、改革、创新，其内生动力就在于市场化、全球化、多元化的背景下，企业生存竞争日益加剧，不注重以人为本的管理，不因情势变迁而调整策略的管理，终将被市场淘汰。企业民主正是适应现代企业从科学管理向科学与民主管理相结合的发展趋势，有效地调动了人这一主体的积极性，增强了企业的竞争力、生存力。需要指出的是，民主管理权当然会对管理者权力进行一定的限制，

---

① The Commission on Globle Governance. *Our Global Neighborhood*：*The Report of the Commission on Global Governance* [M]. Oxford：Oxford University Press，1995：2 - 3.

但这种限制不是取代，而是相互承认与适应，从而更好地促进企业发展。经验表明，民主管理推进得好的企事业单位，往往其人际关系、业务成长、事业拓展、社会交往等都比较好，企业的决策更加精准，管理效率也更高；而劳资矛盾较突出、人际关系紧张的单位，往往也是民主管理工作做得不够好的单位。此外，企事业单位民主管理中的班组管理、质量管理、合理化建议以及立功竞赛等活动，还将有效发挥职工群众主力军作用，促进单位建设发展。

（五）企事业单位民主管理在推进国家治理现代化中的政治价值

价值属于关系范畴，一个事物的价值是在关系中存在、体现和发展的，表示客体的属性和功能与主体需要间的一种效益关系。企事业单位民主管理的政治价值，就是企事业单位民主管理对国家治理现代化的政治效益。企事业单位民主管理不仅保障了社会主义民主从国家层面到企事业单位治理的政治延续性，而且有效避免了社会结构多元化背景下职工群众动员型与被动式政治参与的弊端。具体而言，其政治价值主要体现在以下几方面。

1. 夯实国家治理基础

国家治理在广义上涵盖对国家一切事务的治理，既涵盖从中央到地方，再到基层以及组织、个体层面的纵向上的治理，又涵盖政府、市场、社会等领域的横向上的治理。当社会治理意指具体社会事务治理时，社会治理与基层治理往往是重合的，即基层社会治理。在中国，增强市场治理能力与社会治理能力是国家治理现代化的关键内容，而企事业单位正是政府、市场与社会交汇的重要枢纽和基础单元。基于企事业单位在社会治理体系中的这种独特地位，企事业单位才成为国家治理体系的重要主体和基层社会治理的着力点。企事业单位参与社会治理，既符合自身利益需要，也有助于破解社会治理面临的困局。一方面，公共信息庞杂，需要依托职工群众探查反馈。另一方面，国家政策法律法规能否有效实施也需要基层企事业单位的支持推进。因此，随着企事业单位对社会治理参与程度的深化，职工群众在其中的作用也将越发凸显。

2. 培育基层治理主体

企事业单位民主管理，为企业内各方主体参与企业治理提供了实践平台，对企业内的参与主体以及企业自身作为社会治理主体而言，皆为一种有效的民主培训渠道。从企业内部参与主体来看，企业党组织要领导、指导好企业民主管理，企业行政要打造企业内部平等协商空间、构建企业与职工平等伙伴关系，企业工会要承担职代会工作机构职责、当好职工利益代表者和维护者，广大职工要秉承命运共同体理念、积极参与企业民主、实现互利共赢，这些主体通过企事业单位民主管理实践而形成各司其职、密切配合、不可分割的治理共同体，在这个过程中各治理主体的治理意识、治理能力也得到有效提升。同时，企业内部治理的行为逻辑会影响企业参与公共治理的行为逻辑，在内部治理倾向于民主协调的企业，往往在公共治理中更善于对外协作；以企业为载体的职工参与，也有助于培育社会公众的公民意识与公共精神。[①] 可见，企事业单位民主管理，对于培育具有民主政治参与意识与能力的现代社会公民，打造规范运行并积极参与国家、社会治理的现代市场主体具有积极意义。

3. 丰富基层治理形式

企事业单位民主以其特有的职工民主参与效能赋予了基层协商民主形式多样的比较优势，为当前激活中国存量民主和发展增量民主提供了广阔的实践空间。具体而言，企事业单位民主在推进国家治理现代化过程中主要针对企事业单位内部各主体之间产生的矛盾与冲突，常见于企事业单位中的劳资矛盾和人事纠纷之中，主要通过单位党政部门或工会组织出面进行协商调解，从而使劳资恳谈会、工资集体协商会等类似协商治理形式成为深受职工群众认可的矛盾处理方式。经过长期实践和发展，逐渐形成了以职代会为基本形式，以集体协商、厂务公开、职工董监事制度为重要形式，以班组民主管理、合理化建议、劳资恳谈会、意见箱、民主生活会等其他形式为补充的中国特色企事业单位民主管理制度形式。企事业单位民主管理形式的层次性与多样性使基层治理形式更加丰富与多元。

4. 拓宽基层治理空间

以基层组织协商为运行渠道的社会治理机制，已经成为解决基层群众实际困难和实现基层社会有效治理的重要手段。企事业单位面广量大，是人们重要的工作生活场域，是基层治理的重要空间，为广大职工群众进行有序政治参与提供了良好的政治条件和重要的途径。同时，随着职工群众民主参与意识的提高与互联网技术的普及，企事业单位民主管理以其特有的职工参与属性，除了传统的线下协商外，还拓展网络参与渠道。这也是对基层治理空间的拓展，网络参与同企事业单位治理的参与主体多元性、协商内容丰富性、诉求表达及时性等特点高度契合。此外，基层企事业单位民主管理的范畴日益拓展，与职工切身利益密切相关的劳动报酬、工作时间、休息休假、劳动安全卫生和社会保险福利等问题，事关单位长远发展的重要规划、重大制度、重要战略等问题，职工发挥主力军作用的

---

① 林拓，虞阳. 无声的民主：企业民主与国家治理［M］. 北京：人民出版社，2016：305.

目标、任务与路径问题等，均可成为企事业单位民主管理中的协商内容。这些内容还在不断扩充，实质上也是对基层治理空间的拓展。

5. 规范基层治理秩序

企事业单位内部存在资本与劳动、管理者与被管理者、行政与工会等多元主体，不同主体追求的具体利益会有所不同，因而现实地存在着不同主体之间的利益冲突与博弈问题。企事业单位民主管理，就是通过职工民主参与，有效协调内部利益，规范内部秩序，构建有序的治理共同体。在社会主体日益多元化的背景下，如何有效解决企事业单位内部的各种矛盾，使之适应国家治理现代化的要求，是党和政府所面临和所要解决的重要课题。企事业单位民主管理归根到底旨在有效协调单位内部矛盾和科学处理职工群众之间不同利益冲突，关键是建立平等开放的职工参与机制和程序科学的协商机制，从而以其解决机制的开放性和协商性吸引职工群众参与纠纷处理过程，真正尊重职工群众有序参与管理决策的民主权利。这种解决机制不仅有利于培育基层社会治理的能力，而且有利于充分发挥协商民主的规范性和可操作性，推进基层治理秩序的构建，提升基层社会整体治理效能，从而增强国家治理现代化的合法性和公信力。

五、国家治理现代化视阈下推进企事业单位民主管理的对策建议

党和国家始终高度重视职工民主政治权利的维护和实现，将其作为落实以人民为中心发展思想的具体体现，作为发展社会主义民主制度的重要举措。从国家治理现代化的视角来看，当前企事业单位民主管理还存在功能地位不够巩固、法律体系不够完善、职工参与有待拓展、治理效能有待提升等问题，急需在实践中予以破解。

（一）加强顶层设计，夯实企事业单位民主管理在国家治理中的基础地位

企事业单位民主管理，是职工行使民主权利参与日常工作生活空间治理的重要渠道，是基层民主建设的重要范畴，在我国民主政治建设中发挥着基础性作用。需要指出的是，我国企事业单位民主管理纳入国家政治制度也有一个过程，从改革开放以来历次党代会报告的提法变迁中可窥见一斑。党的十二大报告中未提及基层民主建设；党的十三大报告提出"基层民主生活的制度化""保证工人阶级和广大群众当家作主"；党的十四大报告提出"加强基层民主建设，切实发挥职工代表大会、居民委员会和村民委员会的作用"，这是党代会报告中首次提

及职工代表大会，并将其纳入基层民主建设范畴；党的十五大报告强调"坚持和完善以职工代表大会为基本形式的企事业民主管理制度"，这是在党代会报告中，首次提出"企事业民主管理制度"，并明确"以职工代表大会为基本形式"；党的十六大报告提出"坚持和完善职工代表大会和其他形式的企事业民主管理制度"，明确了"其他形式"的民主管理制度；党的十七大提出"坚持和完善人民代表大会制度、中国共产党领导的多党合作和政治协商制度、民族区域自治制度以及基层群众自治制度，不断推进社会主义政治制度自我完善和发展"，这是党代会报告中首次将"基层群众自治制度"纳入我国社会主义政治制度范畴；党的十八大提出"积极开展基层民主协商"，这是党代会报告中首次提及"基层民主协商"；党的十九大提出"保证人民依法实行民主选举、民主协商、民主决策、民主管理、民主监督"，这是党代会报告中首次将"民主协商"列入五大类民主权利范畴。可见，基层民主建设是逐步纳入国家政治制度建设范畴的，有一个实践探索、总结提炼的过程，是我党对共产党执政规律和社会主义建设规律的自觉把握与运用；企事业单位民主管理又是基层民主建设的一部分，其地位作用也随着实践而日益彰显和得到确认。当前，企事业单位民主在国家治理现代化中的政治价值和功能定位还没有得到准确认知和正确把握，多方主体乃至职工自身对企事业民主管理重视程度严重不足，与村民自治制度和城市居民自治制度相比，企事业民主管理在制度体系、功能定位、运作程序、违规惩戒等方面并不完备。因此，要充分认识基层民主在社会主义民主政治建设中的基础性地位，充分认识企事业单位民主管理在基层民主建设及国家治理中的重要作用，在理论阐释、文件制定以及工作推进中，都要把企事业单位民主管理摆在重要位置，嵌入国家治理大局，不能只强调国家层面的政治建设而忽视基层层面的政治建设，不能只强调村（居）自治建设而忽视企事业单位的民主管理，不能只强调公有制企业的民主管理而忽视非公有制企业的民主管理。

明确并夯实企事业单位民主管理的重要地位，需从以下几方面着手：

一要明确企事业民主管理是社会主义民主的重要内容。社会主义民主的本质和核心是人民当家作主，人民当家作主的关键在于广大人民群众能够对自己的事务及与自身利益密切相关的事务具有选择权、决策权、管理权、监督权，而企事业单位是广大职工重要的工作、生活场域，是落实人民当家作主权利的重要场所和阵地。推进企业民主管理，拓宽了公民有序政治参与的渠道，提升了国家政治体系的开放度以及制度化程度，能够更好地实现人民当家作主。

二要明确企事业民主管理是基层社会治理的重要渠道。党的十九届四中全会明确提出加强和创新社会治理，完善社会治理体系。企业民主管理作为群众参与基层社会治理的主要制度，理应作为基层社会治理的重要渠道被确定，促进实现政府治理和社会调节、居民自治良性互动。

三要明确企事业民主管理是构建和谐劳动关系的基础环节。实践证明，一个单位劳动关系是否和谐稳定，与其是否实施民主管理密切相关。企业民主管理能有效地促进劳资协商，在企业建立劳资双方的沟通协调机制和平台，使作为劳动关系一方的职工的利益诉求，通过一定的民主程序和相应的制度与载体得到充分表达和有效维护，在企业中推动建立规范有序、公正合理、和谐稳定、互利共赢的劳动关系。

四要明确企事业民主管理是实现人民美好生活的重要保障。党领导人民全面建设小康社会、进行改革开放和社会主义现代化建设的根本目的，是通过解放和发展社会生产力，不断提高人民物质文化生活水平，促进人的全面发展。企业民主管理有利于落实职工参与企业利益分配的知情权、参与权、表达权和监督权，是广大职工群众共享经济社会发展成果的重要保障。

总之，以职代会为基本形式的企事业单位民主管理是我国社会主义民主的重要组成部分，是经长期实践检验行之有效的基层民主的重要探索，是我们的制度优势及传家宝，必须坚定这一制度自信。

（二）加强主体建设，构建党委领导、多方参与的企事业单位民主建设大格局

企事业单位民主管理，涉及企事业单位内部及外部多元主体，只有各方主体立足本职，履行责任，才能推进民主管理有序健康发展。因此，要坚持国家治理体系和治理能力现代化的理念，加强民主管理多元主体建设，构建党委领导、多方参与的企事业单位民主建设大格局。当前，企事业民主管理中还存在主体角色不清、职责不明、履职不力等问题，没有形成各主体之间的工作合力。比如，企业中党政工的关系处理问题，我党在革命战争年代就在探索，历经社会主义革命、社会主义建设以及改革开放各个时期，都在不断调整、发展、完善，而其关系处理是否科学、合理，是否契合当时的经济社会发展条件，又对企事业民主管理的效能有直接影响。又如，职工作为企事业民主管理的重要参与主体，当下也存在对民主参与重要性认识不足、参与积极性不高、参与能力不强、参与路径有限等问题。同时，企事业单位民主管理不仅仅涉及企事业内部的相关主体，还涉及外部的政府部门、司法机构、企联组织等，他们的作用发挥得如何，也会影响企事业单位的民主管理。

强化企事业单位民主管理的主体责任，主要包括以下几方面：

一是坚持党组织的领导主体责任。职工在基层经济组织中享有的民主权利是社会主义国家基层民主政治建设的重要内容，是巩固党的执政基础的重要保证。作为发展社会主义基层民主的一项制度性安排，党组织对企事业民主管理负有政治领导、思想领导、工作指导的责任。这是从历史和实践中得出的经验，也是中国特色社会主义制度最大的优势。

二是明确各级人民政府的协调主体责任。政府作为劳动关系三方协商机制的重要主体，在协商机制中履行组织、引导和协调的职能。政府既要发挥政府主管部门作用，指导劳资双方制度化协商解决争议，又要承担三方协商平等主体角色，支持并推进三方协商机制的健康运行。

三是强化立法司法机关的保障主体责任。企事业民主管理是职工依法获得的重要民主权利，受我国宪法、劳动法等法律法规保护。地方人大应充分运用立法监督权，对企事业民主管理制度法规持续跟踪、监督执行；司法机关要加大普法宣传力度，促进广大企事业单位及职工群众知法、懂法、守法、用法；法院作为国家审判机关，负有维护国家法律权威性、彰显社会正义的责任，对拒不建立协调劳动关系制度、规避履行民主程序的企事业单位，要依法判处其履行相关责任。

四是落实企业的建制主体责任。民主管理作为一项企事业单位常规运行机制，最终建制执行依赖企事业单位。企事业单位要从推进企业民主管理、引导鼓励职工参与管理、保证职代会有效运行、支持工会开展工作等方面落实建制主体责任。当前，非公企业在民主管理方面缺乏内生动力，需要引导其认识到民主管理在推进企业发展中的重要作用，增强其支持民主管理的思想自觉与行动自觉。

五是确立工商联、企联等企业家组织的协商主体责任。企事业单位民主管理需要行业、商会力量共同推进，区域性、行业性职代会和集体协商制度推进缓慢，在一定程度上与企业家组织协商主体责任不清有关。企业家组织的作用发挥，不仅有利于行业、区域层面的集体协商，也有利于培育企业家组织中会员单位的民主管理及协商意识。

六是落实各级工会的工作主体责任。着力加强企事业单位的工会组织建设，为企事业工会运作好职代会制度奠定坚实的组织基础；将民主管理作为企业工会的总揽性工作，以此来提纲挈领地推进工会整体工作；将维护职工民主权利作为考核各级工会工作绩效的重要指标，消除工会干部对民主管理"做与不做一个样、做好做坏没差别"的错误认知。

七是增强职工参与主体责任。树立以职工为中心的思想，发挥职工的参与主体作用，加强广大职工参与民主管理的能力建设，提升职工代表、职工董事、职工监事履职能力，不断强化与企业方的协商谈判能力，提升企业民主管理效能。

（三）加强法治建设，完善企事业民主管理法律

从国内外实践经验来看，企业民主建设需要法治作为保障，及时将实践中证明有效的制度、机制、做法，总结提炼上升到制度法律层面进行固化，并不断修订完善，从而为企事业民主管理提供法治支撑。从我国来看，企事业单位民主管理法治建设还存在以下不足：

一是立法层次不高，对企业约束力有限。当前，我国企业民主管理的重要规制依据主要为法规、规章和政策性文件，尚无全国性专门立法，近年来对企事业民主管理影响较大的全国性制度文件《企业民主管理规定》仅为多部委文件，法律效力过低。而同为基层民主建设的村（居）治理，我国早在1954年就颁布了《城市居民委员会组织条例》，1980年重新公布了《居民委员会组织条例》，1987年颁布了《村民委员会组织法》。

二是法律规定分散，且没有专门法。现有的民主管理法律依据分散在《劳动法》《工会法》《公司法》等法律法规中，缺乏系统性和完善性。

三是地方规定表述不一，执行标准存在差异。虽然多数省份出台了相关规定，但对企事业民主管理的形式、性质、地位、内容等规定存有差异，实践中同样的行为在不同地区带来不同的法律后果，这将损害法律的权威性。

四是立法出现"双轨制"现象，企事业民主管理要求因企业所有制而异。职代会等企业民主管理在不同性质的经济与社会组织中存在差异，职代会"五权"仅针对国有企业和集体企业，现行法律制度对非公有制经济仅作为"参与权""知情权"要求。

五是企事业单位执行的选择空间过大。现行的企事业民主管理制度对执行要求多为原则性规定，企事业执行的操作空间过大，如法律规定企事业单位应当实行民主管理，立法措辞模棱两可；《劳动法》《公司法》等对企事业单位在职工代表大会和其他形式之间的选择执行留有操作空间，企事业单位往往选择"领导接待日""座谈会""职工意见箱"等低民主权利形式取代职工代表大会制度等高民主权利形式。

六是违法惩戒力度不够，难以保障执行效果。现有法律对拒不建制的企业的责任追究不明晰，对于妨碍工会通过职代会行使民主权利的行为仅要求整改，缺

乏强有力的惩戒措施保障企业民主管理工作的实效。

加强企事业单位民主管理法治建设，建议：一是修订《宪法》，赋予广大职工同等企事业民主管理权利。我国《宪法》赋予了职工参与企事业民主管理的权利，但对企业的所有制性质进行了限制和区分，使得不同所有制企业的职工在企事业民主管理权利方面存在差异，严重影响《宪法》的权威性。应积极筹备修宪工作，回应社会现实需求。二是提高法律位阶。我国企事业民主管理法律体系有较大局限性，缺乏民主管理全国性立法和专门性立法，急需推动全国性专门法《企业民主管理法》的立法，指导地方制定实施细则，消除当前地方立法差异问题。三是明确企事业民主管理法律制度与其他法律之间的关系。我国的企业法是一个包括法律、行政法规和有关部门规章等在内的有机整体，企业民主管理立法作为该有机整体的一部分，需要明确其法律地位，妥善做好《工会法》《公司法》《劳动法》等涉及企事业民主管理法律之间的衔接，形成配套的企业民主管理法律规则体系。四是统一企事业民主管理法律条款，解决立法冲突与法律适用问题。国有企业同属《全民所有制企业法》与《公司法》适用范围，但二者在职工民主管理权利方面的规定并不一致，致使现实中法律适用存在争议，影响法律的严肃性。

（四）加强平台建设，丰富企事业民主管理形式

企事业民主管理，核心是保障人民当家作主的权利，其施行需要一定的平台和载体。当前，我国企事业民主管理在平台载体建设上也存在着一些问题：一是各种平台、形式很多，相互间的关系有重叠、交叉之处。比如职代会与厂务公开，职代会是厂务公开的主要载体和基本形式，二者在工作内容、方式上有重合之处，而厂务公开的施行范围又往往局限在公有制企业，如何厘清二者的边界并发挥各自优势，需要研究。二是各种民主管理平台的适用范围问题。比如，对于职工代表大会制度这一平台，其职权往往在不同所有制的企业是不一样的，目前的规定没有区分公有制企业和非公有制企业的不同情况，若只对公有制企业做出明确规定而对非公有制企业没有具体规制，不利于不同所有制企业有效实施此制度。三是在一些新兴领域的民主管理探索还不够。比如国外广泛存在的职工持股民主参与制度，在我国除了部分国企改革及个别非公企业有所推进外，还没有在广大非公企业中有效推行；国外的质量管理小组等模式，我们探索推进的力度也不大；非公有制企业在推进民主管理中还存在重视不够、推进不力等薄弱环节，新型业态用工、灵活就业人员等参与民主管理还存在缺组织、缺路径、缺载体等

诸多问题，这些都需要在实践中进行探索和完善。

推进企事业单位民主管理平台载体建设，建议如下：

一是构建企事民主管理平台体系。建议构建职代会制度为基本形式，集体协商、厂务公开、职工董事制度和职工监事制度为重要形式，班组民主管理、民主议事会、劳资恳谈会、合理化建议等为补充形式的民主管理平台体系。尤其需要强调的是，应坚持基本性、互补性、有效性原则，以改革精神对各类民主管理平台逐一审视、全面梳理，确定各自适用范围和职责功能，对于重复的、适用范围有局限的、实践证明效果不好的平台，要大胆进行改革，该吸收的吸收，该舍弃的舍弃。

二是明确职代会在企事业单位民主管理中的基础地位。我国已明确职代会是企事业单位民主管理的基本形式，所谓基本形式，意指范围上适用于所有企事业单位，并在所有民主管理形式中处于基础地位、不可或缺。当下要从职代会在企事业单位民主管理中的基础地位出发，进一步完善职工代表大会制度，坚持普适、管用、可操作原则，对其职责、任务、程序等进行明确，将其打造成与资本相容的、集中表达职工利益的制度化渠道，使之真正成为我国各类企事业民主管理的基本制度，其他职责功能高度重叠的制度可以由其吸收而淡出，民主管理渠道不在多、不在全，而在精、在管用。

三是强化企事业单位民主管理内外部平台的有效衔接。运用系统管理的思想，将企事业民主管理制度建设成横向到边、纵向到底的制度系统，做好与区域性行业性职代会、区域性行业性集体协商的衔接工作，充分保障职工民主政治权利。

四是因所有制而异设定企事业民主管理内容。研究形成企事业民主管理1＋N模式，根据企业行业差异、规模差异，在保障职工民主权利基本实现的基础上，对现有企业民主管理制度进行选择适用。

五是探索创新企事业民主管理新形式。我国民主管理实践在一定程度上滞后于现代企业制度的快速发展，吸收借鉴国外员工质量管理小组、职委会等制度形式，创新民主管理形式，使之更契合国际企业民主管理潮流；聚焦新型业态、灵活就业背景下用工多元化、就业原子化、人员分散化问题，探索劳动者民主权利实现路径与形式。

（五）加强机制建设，促进企事业民主管理取得实效

企事业单位民主管理的机制建设，就是企事业单位民主管理的主体协同、制度执行、作用发挥、改革完善的运行方式。当前，企事业单位民主管理在机制建

设上还存在一些问题，体现在：一是民主管理与现代企业治理的融合问题。现代企业以公司制企业为主体，国有企业改革也是以建立现代企业制度为目标导向的，这就涉及原来适应国企的民主管理制度如何与现代企业制度的嵌入融合问题。二是企业民主管理与企业科学管理的协同问题。科学管理是现代企业管理的必然要求，按照组织发展规律推进管理是科学管理的根本遵循，对于企业经营者来讲往往强调科学管理；民主管理是现代工人运动、工会运动的重要内容，是维护、发展职工权益的重要路径，对于职工来讲往往强调民主管理。因此，如何处理好科学管理与民主管理的关系，统筹兼顾企业发展与职工发展，也是当下企事业民主管理机制建设的重要内容。三是企事业民主管理各种形式之间的有效整合问题。企事业民主管理本身也有一系列的政策、法规、制度，涉及民主选举、民主协商、民主决策、民主管理、民主监督等诸多方面，涉及事前、事中、事后等多个环节，涉及各类民主管理平台、形式间的主次问题与结合问题等，这也需要在实践中不断完善运行机制。

推进企事业单位民主管理机制建设，建议如下：

一是建立企事业民主管理与现代企业制度的融合机制。将企事业单位民主管理纳入我国现代企业法人治理结构及单位章程，理顺公司制企业中的党委会、职工代表大会、工会等"老三会"与股东会、董事会、监事会等"新三会"的关系，既各司其职，又协同配合。

二是完善企事业民主管理具体工作制度。制定完善职代会制度、厂务公开制度、职工董事和监事制度、合理化建议制度、集体协商制度、职工持股会等实施细则，构建职权明晰、内容明晰、程序明晰、监督明晰的工作机制。

三是探索建立文化融合机制。将民主管理融入企业文化建设，公平、正义、民主、自由、人本应成为企业文化的重要内容，推动企业与职工正确认知企事业民主管理内涵及其重要意义，体认民主管理对于企业发展与职工权益的双重促进作用，建立企业与职工"共建共享"的发展理念，打造企事业"命运共同体"。

四是完善企事业民主管理内部运行机制。探索建立企事业民主管理中的科学决策、推进实施、总结反思、完善提升等机制，对企事业民主管理进行质量管控，形成执行检查、评估、反馈、究责、改进的工作闭环。

五是构建企事业单位民主管理外部协同机制。企事业单位民主管理作为民主政治建设的重要内容，需要从政党、政府、市场、社会等多个维度来考量推进，建立完善企事业单位与外部多主体的沟通协商机制、协同合作机制、联合执法检查机制等，推进企事业民主管理法律法规及制度的落实。

关于加强群团组织建设推进创新社会治理工作的思考[①]

周虹琼

（江苏省总工会干部学校）

摘　要：以推进创新社会治理为重要契机，通过"党建带群建、群团共建"实现群团组织转型发展和优化升级，从党和群众间的桥梁升级为多元社会治理主体之间的枢纽，协同各方、共同参与、强化服务，构建广泛联系服务群众的大群团工作格局。

关键词：群团组织　群团共建　枢纽型社会组织　社会治理

党的十九届四中全会提出，坚持和完善共建共治共享的社会治理制度，必须加强和创新社会治理，完善党委领导、政府负责、民主协商、社会协同、公众参与、法治保障、科技支撑的社会治理体系，体现了党领导下多方参与、共同治理的理念，是推进国家治理现代化的必然要求。作为社会治理重要力量的群团组织既是共建共治共享的主体，也是群众参与社会治理的组织渠道。要以推进创新社会治理为重要契机，实现群团组织转型升级，充分发挥群团组织桥梁作用，协同各方、共同参与、强化服务，构建广泛联系服务群众的大群团工作格局。

---

① 本文系2020年度江苏省总工会委托课题"党建带群建　群团共建"。

一、群团组织建设必须坚持党的领导，发挥党对群团工作的引领带动作用

我国的群团组织是党领导下的群团组织，只有将党的领导贯穿于群团工作的全方位、全过程，及时研究解决群团工作中的重大问题，才能确保群团工作始终沿着正确的政治方向高效有序推进。

（一）基于历史的经验（以纵向视野认识中国共产党对群团组织的引领带动作用）

抗战时期，中国共产党对根据地的群团组织进行了综合治理，解决和纠正了当时群团组织中存在的多方面问题，取得了较好的成效。在形式主义问题方面，指出群团组织发展会员应遵循自愿原则；强调根据实际情况进行组织建设，重内容，不必拘泥于形式；提倡实事求是的工作作风。在不良倾向问题方面，党深刻阐述了群众的共同利益和特殊利益之间的关系，并指出群团组织应持有的工作原则和方法；针对影响抗日民族统一战线的情况，党指出群团组织应采用民主协商和仲裁为主的方式，避免用斗争的手段开展活动；为了纠正群团组织在与党和政府之间关系上的片面性认识问题，党明确做出了指示，群团组织应该服从党的领导和政府的管理，群团组织是群众自愿组织的团体，具有独立性。在行政化和官僚主义问题方面，党主张在群团组织内部广泛发扬民主，通过群众民主选举产生领导机关和领导，把民主制度化、常态化；要求群团干部形成群众观点、培养群众化的工作作风；工作方法上党要求群团干部深入实际，加强调查研究，依据调查结果形成决策和工作任务。中国共产党对根据地群团组织采取的措施和方法，取得了成效，推动了根据地群团组织的发展和成长，促进了群团组织的能效发挥。

（二）基于他国的启示（以横向视野综合对比其他国家群团组织在处理与执政党的关系方面的经验）

1. 苏联工会演变的历史教训

苏联工会曾是全世界最大的工会组织，被称为"苏联最有影响力的社会力量"，是苏维埃政治体系中的重要一环。但苏联工会在发展过程中，形成多方面的问题，如官僚作风、脱离群众、形式主义等，为此苏联工会多次进行调整和改革。在此过程中，苏联工会与党和政府的关系逐渐发生了变化，先是强调自己是

党和政府的"伙伴"及合作关系，之后重新组建工会中央机构，改名为"苏联工会全国总联合会"，宣布脱离党和政府，实行独立，定位为"政府平等的伙伴和建设性反对派"；以"平等的代表制原则"来组建总联合会，代替原有的"民主集中制原则"；放弃作为"共产主义学校"的"教育职能"；从维护会员整体的、长远的利益转为具体的、眼前的利益。强大、统一的苏联工会从内部紧密联系的组织逐步发展为思想和主张多元的松散联合体，最终走向解体。

2. 新加坡基层组织的实践

新加坡基层社会组织在社会政治生活中占有重要的地位，是国家政权的基础。人民行动党支持和鼓励基层组织的社会化转型，将部分管理职能和事项依法委托给基层组织，同时主动减少对基层组织的干预，给予基层组织自主性。基层组织与人民行动党及其政府的关系，从"政府主导"转变为"互相合作，协同治理"；基层组织内部进行资源整合，发挥不同基层组织的优势，更好地服务群众；一方面吸引年轻精英担任基层组织领导，另一方面探索适应时代的组织形式、升级活动内容，更好地满足群众多元化的需求，增强基层组织的吸引力。

苏联和新加坡是不同政治体制的国家，但苏联的群众团体和新加坡的基层组织具有相似性，都具有政治性和社会性的双重属性，同时服务于执政党和群众，都是以自身改革的方式应对社会进程中产生的各种问题，但最终的改革效果却相距甚远。苏联工会的改革从党的"可靠助手"，转变为独立于苏联共产党及其政府的社会力量，成为"平等的伙伴和建设性反对派"，造成了工会内部结构和社会结构的巨大裂变，引发社会动荡，其教训应引起我们的深思和警惕。新加坡在改革中首先调整了工会与政党的关系，从"政府主导"转变为"互相合作、协同治理"，同时通过建立特定的沟通协商平台，与人民行动党坚持常态化、动态化的联系，成为人民行动党的重要帮手，并成就了自身在新加坡社会生活中的重要地位。

群团改革除了触动内部深层的问题，还应强化外部监督和科学指导，更重要的是坚持党的领导，坚持正确的方向。改革的前提是明确和坚持现有的科学组织定位，而不是改变其性质。

（三）基于当代的实践（以党建带工建取得的成绩认识中国共产党对群团工作的引领带动作用）

2015年7月，中共中央召开党的群团工作会议，这在党的历史上是首次。习近平总书记指出，党的群团工作只能加强、不能削弱，只能改进提高、不能停滞不前，必须注重解决存在的问题，特别是要重点解决脱离群众的问题。2015 年11 月，中央全面深化改革领导小组第十八次会议审议通过《全国总工会改革试点方案》，改革机构设置、管理模式、运行机制，使群团组织眼睛向下、面向基层，去除"四化（机关化、行政化、贵族化、娱乐化）"、回归"三性（政治性、先进性、群众性）"，工作更贴近群众，为党分忧，为民谋利。

以南京市总工会为例，在区域城市化、产业转型升级、新型业态不断涌现、劳动关系多元化的新形势下，工会组织面临非公企业建会困难、职工加入工会组织意愿不高的困境。南京市总工会主动争取南京市委领导支持，积极发挥"党建带工建"机制作用，建立党委领导、行政支持、工会主抓、各方配合的工作格局。南京市委、市政府高度重视工会工作。市委常委定期听取市总工会工作汇报，专题研究工会工作，市政府与市总工会召开联席会议，解决工会发展相关问题。市委相继出台《中共南京市委关于加强新时期工会、共青团、妇联工作的意见》《南京市总工会改革实施方案》，加强和改进党对工会工作的领导。市总工会党组高度重视工会系统党的建设，全面从严治党，全面加强工会系统党的建设，用党建工作引领推动工会各项工作。通过党建与工建工作深度融合，以党建工作引领工建工作，南京市工会基层组织覆盖面不断扩大，党工组织建设不断加强，党工队伍素质不断提升，工作方式不断改进，组织功能不断强化。

历史和实践充分证明，在革命、建设、改革各个历史时期，群团组织的发展壮大都离不开党的领导。只有政治方向明确，不走偏路，群团工作才能做得扎实有效，有声有色。

二、群团组织建设要坚持阵地联建、服务联手、活动联办、品牌联创，通过整合资源共同推动创新社会治理

党的十九大报告强调"加强和创新社会治理，维护社会和谐稳定""打造共建共治共享的社会治理格局"。作为社会治理重要力量的群团组织必须与时俱进，创新群团工作体制机制，打破自家"一亩三分地"的思维定式，构建工会、共青团、妇联的群团共建模式。

（一）群团共建是其应对内外环境变化的必由之路

1. 群团组织的工作对象异质性和复杂性增强

首先，职业、教育和收入等方面存在差异性，造成群众内部出现利益和需求

的差异化。其次，由于传统的城乡结构被打破和劳动关系稳定性降低，出现人员跨区域跨行业大规模流动。同时，就业观念和方式的转变萌生出很多自由职业者，如网络主播、自媒体从业者等，从而产生了新的社会群体——社会人，社会人的数量已超过单位人。群团组织的工作对象在就业理念、价值取向、行为方式等方面都较以前有了很大的变化。

2. 群团工作的复杂程度增大、难度加大

目前经济结构、城乡结构、阶层结构的变化，带来了社会结构、社会关系的改变，也改变了社会组织动员方式。虽然近年来群团改革取得了一定的成效，但目前群团组织存在一些问题：组织覆盖与社会发展还不相适应；运行机制与群众需求还不相适应；活动方式较单一，缺乏吸引力；工作方法与形势发展还不相适应等。以上问题造成了群团组织桥梁纽带作用的弱化。

3. 加强和创新社会治理对群团组织提出了新任务

《中共中央关于坚持和完善中国特色社会主义制度推进国家治理体系和治理能力现代化若干重大问题的决定》中提出"必须加强和创新社会治理，完善党委领导、政府负责、民主协商、社会协同、公众参与、法治保障、科技支撑的社会治理体系"，"发挥群团组织、社会组织作用，发挥行业协会商会自律功能，实现政府治理和社会调节、居民自治良性互动，夯实基层社会治理基础"。早在2015年的《意见》中就明确提出，群团组织要"推动政府治理和社会自我调节、基层群众自治良性互动，促进多元治理主体协同协作协调、互促互补互融"。在推进国家治理体系和治理能力现代化的进程中，党和政府对群团组织提出了新的任务和更高的要求。

由上述分析可知，群团组织的内外环境都发生了较大的变化，群团组织必须根据新的形势和新的历史条件，推动组织形态创新，由单一走向联合，整合各家资源，合力服务群众，探索新的组织功能，引进社会工作理念，强化服务，在社会治理创新实践中发挥独特作用。

（二）群团共建的可行性分析

工青妇三家群团组织有不同的服务对象，有各自的工作章程和经费渠道，但存在更多的共性，有利于整合。

1. 相同的组织定位

《工会章程》提到，中国工会是党联系职工群众的桥梁和纽带，是会员和职工利益的代表；《共青团章程》提到，中国共产主义青年团充分发挥党联系青年的桥梁和纽带作用,为党做好青年群众工作;《妇联章程》提到,中华全国妇女联合会是党和政府联系妇女群众的桥梁和纽带。由此可见,工青妇都具有鲜明的政治性,既是人民群众自己的组织,又是党联系群众的桥梁和纽带,他们"是国家政权的重要社会支柱""是中国共产党的助手和后备军"。

2. 交叉重叠的工作对象

工青妇工作的对象在章程中都有说明。中国工会是中国共产党领导的职工自愿结合的工人阶级群众组织,以职工群众为工作对象;中国共产主义青年团是中国共产党领导的先进青年的群众组织,以青年群体为工作对象;中华全国妇女联合会是中国共产党领导的全国各族各界妇女为争取进一步解放与发展而联合起来的群众组织,以妇女群众为工作对象。工青妇三家群团组织的工作对象既各有侧重又有重合。职工群众里有青年职工、女职工,青年群众里有女青年、青年职工,妇女群众中有职工、青年。

3. 相似的工作任务

工青妇的章程中都明确了各自职责或者要完成的任务。《工会章程》总则指出"中国工会的基本职责是维护职工合法权益、竭诚服务职工群众";《妇联章程》也提出"以联系和服务妇女为根本任务,以代表和维护妇女权益、促进男女平等和妇女全面发展为基本职能";《中国共产主义青年团章程》提出:"把培养社会主义建设者和接班人作为根本任务""坚持把帮助青年确立正确的理想、坚定的信念作为首要任务""坚持服务青年的工作生命线"。由此可见,工青妇的职责或者主要工作任务都是维护和服务所联系的群体。

4. 相同的工作方法

工青妇工作的方法在《章程》中没有太多涉及,但在《意见》中有所说明。《意见》第三部分"加强党委对群团工作的组织领导"中提到,各级党委要形成对群团工作的领导体系。群团组织实行分级管理、以同级党委领导为主的体制,工会、共青团、妇联受同级党委和各自上级组织双重领导。《意见》第九部分"推动群团组织改革创新、增强活力"涉及了工青妇基层组织的工作方法。《意见》提出,工青妇等群团组织"按行政区划、依托基层单位建立组织、开展工作""群团组织要以喜闻乐见、便于参加的形式开展工作""打造网上网下融合的群团工作格局"等。

综上所述,工会、共青团和妇联都是党联系群众的桥梁和纽带,是国家政权的重要支柱,具有政治性、先进性和群众性。虽然工作对象不同,但存在交叉重叠的情况。三者都是在同级党委的领导下,依托基层组织,通过多样的形式,开展维护和服务群众的工作。工青妇工作都是党政整体工作链条上的一环，群团组织多由同一位领导分管，群团组织的工作多以活动的方式推进。这些相同、相近的要素，形成了工青妇三家群团组织联动共建，发挥整体作用的前提和基础。

（三）建立健全群团组织共建机制

1. 建立群团共建联席会议工作机制

由群团组织参与社会治理领导小组牵头定期召集召开联席会议，研究部署围绕党委政府中心工作形成一体化工作模式的主要举措、谋划共同开展的重点工作、共同举办的重大活动，对群团组织综合服务中心重要事项和涉及群团组织、群众利益的重大问题进行专题研究，不断推进群团组织合作的深度和广度，提升群团组织参与社会治理的能力和水平。建立日常联系机制。工青妇三家组织分别设置联系人和联络员，负责日常联系协调，推动联席会议确定的重点工作、重大活动具体组织实施、协调落实，形成多元协同工作模式。

2. 建立组织保障机制

党政的重视、支持和指导是群团共建的前提，资金和人员是群团共建的基础，要建立相应的保障机制确保群团共建发展的规范化、长效化。落实党委对群团组织的统筹指导责任，把群团工作与党委其他工作同等看待，作为考核党委领导班子的重要依据。在财力、人力和物力等方面主动争取党委、政府支持，依托党政部门的资源为群团组织参与社会治理提供坚强保障。完善群团工作经费保障制度，将群团工作经费列入政府年度财政预算，依法足额拨付。设立公共账户，建立有效的资金筹集、管理和分享机制，建立联合的财务审计委员会，针对公共议题进行财务资金的全程审计和拨付。通过设立群团公益基金，兴办福利产业、企业赞助、社会募捐等多种方式筹措资金。在人员方面，争取党政及有关部门将群团共建的公益性岗位纳入统筹，争取人员编制支持，同时人事行政部门应制定一定的激励政策吸引专业社工和大学毕业生。探索采取"专职+兼职+公益岗位"等模式组建群团服务队伍，建立招募、培训、管理、关怀、激励的职业发展激励机制，招募、吸纳高校毕业生、社会工作者和志愿者加入。

3. 完善群团共建的组织形式

探索建立省、市、县（区）、镇街、村社五级服务中心和网上服务平台，构建线下线上融合的群团组织综合服务体系，形成"省市统筹、基层落地"的工作格局，金字塔形工作构架。省级层面成立群团组织参与社会治理领导小组，由省委分管群团工作的领导担任组长，省总工会、团省委、省妇联及政府相关部门任小组成员。领导小组主要负责指导和协调。市级层面整合各群团组织的阵地资源，如职工活动中心、青少年活动中心、妇女儿童活动中心等场所，设立群团组织综合服务中心。主要职责是为基层服务中心提供政策推动、项目申报、交流培训、督查评议以及社会组织的管理和服务等。县（区）层面设立群团组织综合服务岗，履行统筹协调、会议筹备、活动策划等。村社层级在村、社区和各类工业园区、专业市场、商圈、楼宇、重大项目工地等区域，建立群团组织综合服务站，实行一站式平台、门店化管理、社会化运作。以联系服务群众、承接项目落地为重点，集中力量开展联系服务群众活动。

三、群团组织建设应注重发挥枢纽型社会组织功能，促进社会治理模式进一步创新发展

群团共建不应只是群团组织之间横向的简单协作，而应顺应时代发展要求，在共同建设中实现群团组织功能的提档升级。构建群团枢纽型联合体，发挥强大枢纽功能，与多元社会治理主体形成广泛联系，培育引导同领域的社会组织[①]，推动深层联合、发起有效联动，促进社会治理模式创新发展。

"枢纽型"社会组织是近年来社会治理领域出现的一种创新的组织形态，是经由相关部门认定的联合性社会组织，承担同类别、同性质、同领域社会组织的联系、服务和管理职责。"枢纽型"社会组织不直接服务于个体，采取提供经费、信息、培训、咨询等方式服务于其他的社会组织和自治组织。从我国社会转型的具体背景来看，"枢纽型"社会组织顺应了政府职能转移的时代趋势，发挥了社会治理格局中"社会协同""公共参与"的功能，肩负着建立健全社会动员机制、激发社会活力以及提升社会组织能力的新时期重任。

（一）突出对社会组织的政治引导和思想引领

党和政府关于社会组织发展的文件表述中多有"引导支持"，其中"引导"意味着确保社会组织发展的政治方向。群团枢纽型组织是联系党政和社会组织之间的桥梁，负责在同领域社会组织中贯彻执行党的路线方针政策，发挥引导、规范社会组织的功能，起着"安全阀"的作用。

---

① 本文中的社会组织主要包括两大类：一类是依法在民政系统注册登记的社会团体、民办非企业单位和基金会；一类是未在民政系统登记的另外五种组织，即工商登记非营利组织、城市社区群众活动团队、高校学生社团、农村基层民间组织、其他新型社群组织。

群团枢纽型组织对社会组织的政治引导、思想引领要以做好服务为基本抓手。在社会治理中,群团枢纽型组织跨越体制内与外、连接政府与社会;既是党的助手,又是同领域社会组织和群众自组织的引领者,既要管理好又要服务好同领域的社会组织和群众自组织。将政治引导、思想引领融入对社会组织和群众自组织的服务、培育中,找准社会组织群建与业务能力提升的融合点。搭建社会组织与党政机关、职能部门双向沟通和联动机制,将党和政府的要求贯彻到社会组织建设中,将社会组织发展的诉求反映到党和政府方面,畅通党政机关、职能部门与社会组织在开展社会工作方面的联动、合作渠道。

协调和解决社会组织发展中遇到的问题和困难;创造社会组织发展的积极条件;推动社会组织向政府购买服务机制落实;引导和督促社会组织和群众自组织依法运行,理性表达诉求,坚守投身公益、服务社会的正确价值目标;拓展渠道,整合各方力量支持和保障社会组织发展;等等。把社会主义核心价值观转化为特色鲜明、富有成效的实践活动,在社会组织中开展"劳动模范""青年五四奖章""三八红旗手"等评选表彰活动,积极发挥典型示范带动作用。

要以实实在在的服务推动群建工作在社会组织中的开展。通过党建带群建、群建促党建的共建互促方式整体推进社会组织的党建和群建工作,逐步引导社会组织团结和凝聚在党组织周围。

(二)发挥增能社会组织和整合各类资源的功能

1. 健全公共服务购买制度,完善培育扶持系统

2013 年出台的《国务院办公厅关于政府向社会力量购买服务的指导意见》,明确政府购买服务的承接主体"包括依法在民政部门登记成立或经国务院批准免予登记的社会组织"。这表明,工会、共青团和妇联作为免于登记的社会团体,在法理上已经具有承接购买服务项目的资格。一方面,要梳理与自己业务相关、领域相近的社会组织,实施分类归口服务和管理,掌握相关社会组织从业基础、工作经验、人员配备、专业化程度、信用信息等资质情况,建立社会组织数据库;另一方面,建立社会服务项目需求库。以需求为导向,形成社会服务项目需求数据库,通过招投标的形式,将承接或购买的项目交由社会组织负责实施,建立公共服务购买制度可以最大限度调动社会组织能量,激发活力,促使其加强自身能力建设,提升专业服务力。

2. 实施孵化培育,为处于不同发展阶段的社会组织增能

对于力量弱小、尚未成熟的社会组织,或者新兴、稀缺、专业性强的社会组

织,或者尚未在民政管理部门注册登记的社会组织,通过提供资源整合、政策咨询、提供场地、协助注册和资金、技术、人员等方面的支持,进行孵化培育,助推其顺利"出壳"。打造一批具有群团组织烙印、能够密切联系群众的社会组织,使其逐渐具有独立承担服务群众的能力。对于相对成熟的社会组织,通过培训指导、交流学习、政策咨询、法律服务、宣传推介、项目对接、活动协调等方式进一步提升能力,培育一批专业性强、公信力好的社会组织协同参与社会治理事务。与社会组织、高校联合建立公益人才培养基地,建立公益行业骨干人才培养机制,培训基层社工人才。积极吸纳更多非营利组织、慈善机构、公益组织、爱心企业和志愿者参与进来,发挥项目统筹、孵化培育等综合性社会支持功能,为社会组织增能,促使其为社会提供高质量高水平的公共产品和公共服务,满足群众多元化的需求,增强群团组织的吸引力、凝聚力和影响力。

3. 整合放大各类资源

充分发挥群团组织的"枢纽"作用,实现对党政资源、群团资源、社会资源的有效整合和放大。将工青妇三家群团组织以及所属的基金会整合在一起,建立群团组织内部共建协作格局;与高校、社会组织联合开展公益人才培训项目,为公益行业培养骨干人才;设立专门的项目部门,为社会组织、企业和志愿者提供洽谈咨询、产品推介、项目执行、监督反馈、人员培训等服务;与相关基金会建立协作,运用财政资金撬动社会资金广泛参与群众服务;与社会组织建立常态化联系机制,加大外延型整合,横向扩大对社会资源的利用、融合,最大限度地运用社会资源、社会力量、社会手段开展工作,提高服务群众的能力。

(三)建立枢纽型社会组织的具体做法

1. 建立资源整合平台

建立党政、群团、社会组织与企业资源整合平台,整合政府购买服务资源、群团部门自身资源、社会组织和企业公益资源,建立社会公共服务资源库,为群团组织和社会组织参与社会治理提供人力、物力、智力资源保障。充分利用工青妇三家群团组织在组织网络、人力资源、活动阵地以及政策信息等方面的优势,把内容相近的工作项目有效整合。

2. 扩大组织覆盖面

要扩大群团组织有效覆盖面,吸纳更多的群众尤其是农民工群体、自由职业者等自愿加入群团组织,要从提升群团组织的吸引力入手,变"要我加入"为"我要加入"。在提高非公经济组织和社会组织覆盖面方面,积极探索党群组织同步建设、党建先行带群建、群团组织率先建设等办法。对已建立工会的非公经济组织和社会组织，坚持以工会为先导，推进建立团组织；妇联依托工会女职工委员会开展妇女工作，拓展服务内容。针对非公经济组织开展群团工作意愿不强等情况，采取综合运用政策引导、荣誉激励、经费支持、工作表扬等多种方式，引导非公经济组织和社会组织加大群团组织建设力度。

3. 提升服务水平

设置在村、社区和各类工业园区、专业市场、商圈、楼宇、重大项目工地等区域的村社层面的群团组织综合服务站实现了距离上的走近，更要实现心理上的走近。通过整合各类群体多元化的需求，采取公开招标、项目发包、委托管理等方式，吸引凝聚社会组织和志愿者等社会力量为群众提供更高质量、更丰富的服务，譬如法律援助、创业就业、学童托管、困难帮扶、教育培训、文体娱乐、健康管理等与权益维护、困难援助、生活服务有关的内容。服务站以多样的服务内容打造一站式服务平台，采用门店化管理、社会化方式运作，灵活机动地开展工作。不论是服务内容还是服务方式，一切的出发点都是为了群众。

4. 公共危机服务协同

《意见》中提到，群团组织要"完善应急动员、公益募捐等行动机制，在保障重大任务、支援抢险救灾、应对重大突发事件中发挥积极作用"。群团共建应发挥公共危机服务协同功能，有效协同、规范、引导各方力量参与危机应对。2013年雅安地震发生后，当地临时组建了以群团组织为主要力量的"雅安抗震救灾社会组织和志愿者服务中心"，承担起灾区社会管理服务工作。在群团组织的管理服务下，做到了各群团部门协同、社会组织协同和志愿者协同，加强了各方的协作配合和优势互补，形成最大合力，有序、有效地参与抗震救灾。群团组织在雅安救灾中的实践表明，联结党政、群众、企事业单位、社会组织的群团枢纽型组织在应对重大突发事件、支援抢险救灾中能发挥更积极的作用，协同不同机制，形成良性合作关系是公共危机服务有效供给的重要途径。

5. 聚合、培育、引导社会组织

群团共建要以构建枢纽型组织形态为核心，发挥枢纽功能，联系、吸纳、聚合与各自服务对象关联度高的社会组织，提供管理服务和孵化培育，引导他们承接各类社会服务项目，如技能培训、法律援助、困难帮扶、创业就业等，以其专业的服务内容、灵活的服务方式更好地服务群众，使其成为群团组织的帮手。

以群团共建为重要契机，实现群团组织的转型发展和优化升级，从党和群众间的桥梁升级为多元社会治理主体之间的枢纽，构建群团枢纽型工作体系，推动党群之间、政群之间、群团之间、群社之间的联系、联合、联动,最大限度地运用社会资源、社会力量、社会手段开展工作,依托社会组织提供的公共产品和公共服务,更好地满足群众多元化需求,解决联系服务群众"最后一公里"的问题,以此提升群团组织在群众中的吸引力、影响力、凝聚力、号召力,增强群团组织参与社会治理水平的能力和水平。

参考文献:

[1] 顾东辉. 群团工作与社会工作的同构异涵 [J]. 社会工作与管理, 2018, 18 (4): 5-11.

[2] 葛志强. 充分发挥群团组织桥梁纽带作用研究 [D]. 北京: 中共中央党校, 2017.

[3] 张帆. 全面抗战时期中共群团改革的历史实践与经验启示 [J]. 齐齐哈尔大学学报 (哲学社会科学版), 2020 (3): 57-60.

[4] 王斌. 变革与创新: 共青团打造"枢纽型"社会组织的探索——以深圳共青团为例 [J]. 青年探索, 2014 (3): 82-87.

[5] 夏江旗, 包蕾萍. 上海群团组织枢纽性功能建设研究——以社会组织的枢纽式服务管理为中心 [J]. 社团管理研究, 2012 (5): 40-43.

[6] 岳经纶, 陈泳欣. 社会管理创新与"枢纽型"社会组织的打造——以广东省总工会为例 [J]. 黑龙江社会科学, 2013 (4): 75-78.

[7] 葛亮. 工会发挥枢纽作用的目标、路径与对策 [J]. 中国劳动关系学院学报, 2017 (2): 53-59.

[8] 李润乐. 群团组织参与基层社会治理研究 [D]. 重庆: 中共重庆市委党校, 2018.

[9] 熊丽明. 群团组织参与社会治理的路径研究 [D]. 南昌: 南昌大学, 2016.

[10] 高永飞. "4·20"芦山地震以来四川群团组织参与社会治理的案例研究 [D]. 成都: 电子科技大学, 2018.

[11] 张波. 国家治理体系语境中工会参与社会治理: 规范、困境与趋势 [J]. 天津市工会管理干部学院学报, 2017 (3): 11-18.

社会治理创新背景下工会向枢纽型
社会组织转型的实现路径

陈俊洁①

（山东管理学院）

摘　要："以群众为中心""赢得群众"是工会改革的出发点，运行机制是工会组织改革的重要环节。工会向枢纽型社会组织转型的实现路径涉及政府、工会和其他社会组织三个层面。其中，政府的认可、扶持、赋权和引导是工会顺利转型的前提，其他社会组织的良性发展和有效参与是工会转型的支撑力量，而工会自身能力的建设是工会转型的重要内容。工会应当坚持社会治理创新的理念，推动工会工作在社会治理中的社会化（共建、共治、共享）、法治化、智慧化和专业化。

关键词：社会治理创新　工会　枢纽型社会组织

改革开放以来，随着我国体制转轨和社会转型，社会利益群体呈现多元化，社会管理的难度和跨度逐渐增大。党的十八届三中全会审议通过的《中共中央关于全面深化改革若干重大问题的决定》中指出，要"创新社会治理体制""改进社会治理方式""激发社会组织活力"。这标志着党和政府已经意识到政府单一的管理主体和"自上而下"的管理方式已经不适应社会发展和人民期待，需要推动多元共治的模式，实现社会治理主导权向社会的回归，实现政府治理和社会

---

① 基金项目：2017年度山东省社会科学规划课题"社会治理创新背景下工会枢纽型社会组织的作用研究"（项目编号17CSHJ11）。

* 作者简介：陈俊洁（1980—），女，山东武城人，山东管理学院劳动关系学院法学教研室主任，副教授，研究方向为劳动行政执法、工会理论。

自治的良性互动。社会治理多元共治体系形成的关键在于政府的职能转型和社会自治主体的发展壮大，通过培育和发展社会组织、激活社会资源，形成承载公民利益诉求表达渠道的社会自治组织。"枢纽型"社会组织便是在我国社会改革过程中提出的新概念。

一、"枢纽型"社会组织的概念

在多元化的社会治理主体中，社会组织是社会治理的中坚力量。社会组织是市场经济破解政府捆绑而导致利益分化和利益聚合的产物。作为与政府和市场鼎足而立的第三部门，社会组织承载着管理和服务社会组织内部成员的职能，能够及时聚合和表达组织成员的利益诉求，是连接政府和人民群众的重要桥梁和纽带。因而在创新社会治理的时代背景下，社会组织的作用和地位不容小觑。社会组织是国家治理现代化的重要角色，"是社会管理和公共服务的合作者；是社会慈善道德文化的引领者；也是政府社会职能转移的承接者"[1]，肩负着时代赋予的使命。然而实践中，我国的社会组织却存在规模小、自我发展和建设能力不足、社会服务能力弱、诉求无法整合等问题，缺人、缺钱、缺政策的现实局面严重影响了社会组织治理能力的发挥。社会治理的推进迫切需要培育和发展社会组织，"枢纽型"社会组织便是在党和政府提出社会治理的背景下，为适应创新社会治理体制的要求而做的探索。

"枢纽型"社会组织是指通过联合同领域、同类别和同性质的社会组织，在政治上发挥桥梁纽带作用、在业务上处于龙头地位、在管理上承担业务主管职能，发挥理念枢纽、公信力枢纽、执行力枢纽、项目枢纽、资源枢纽和网络枢纽六大"枢纽"功能的组织运行者。"通过建立枢纽型社会组织，解决了社会转型面临的多元组织分化散乱、组织管理体制涣散僵化、部分地区社会组织创新发展等问题。"[2]着力凝聚各类社会组织，整合政府、社会和市场组织资源，激发群众参与热情，从而增进社会组织对社会事务的服务能力。与一般的社会组织相比，"枢纽型"社会组织具有浓厚的"法团主义"特征，表现在：一是合法性（国家认可），从设立的背景看，"枢纽型"社会组织与政党保持着紧密联系，是由政府有关部门认定和法律许可的正式组织，其认定标准、程序和考核评价等都由各地政府根据情况自行决定，从而在社会组织体系中获得"中枢"的地位和法律权威，代替政府行使社会治理的职能。二是代表性（垄断地位），"枢纽型"社会组织须是在同类别、同性质、同领域的社会组织中具有代表性和权威性的组织

（每个枢纽型社会组织承担着本领域内的职能，不同枢纽型社会组织之间不存在职能的交叉重复），即在业务上处于龙头地位和垄断地位，才能在承担好服务社会功能的同时，还能够整合社会资源对其他同类别、同性质、同领域的社会组织进行联系、引领、管理和培育。三是服务性，"枢纽型"社会组织的核心定位是服务，是构建"政府扶持、社会协同、组织运作、公众参与"的社会服务体系的重要力量。"枢纽型"社会组织通过搭建统筹协调的平台，便于社会组织之间加强联系和协作，凝聚社会资源、整合社会诉求，将社会组织的意愿诉求纳入制度化、有序化的社会参与轨道，从而形成组织合力，实现社会协同。

"枢纽型"社会组织的构建是政府逐渐从"划桨者"走向"掌舵者"，社会组织从"被动管理"走向"自我管理"的过程，也是创新社会治理的重要举措。目前"枢纽型"社会组织在我国的发展主要有两种类型：一是政府主导型的人民团体，包括工会、共青团、妇联、文联、残联等。二是有民间自发性的联合会，包括行业性协会、企业家联盟、社区服务中心等。涉及社会治理领域的方方面面。"枢纽型"社会组织工作体系为政府积极培育、扶持和促进社会组织的发展提供了良好的平台，也为政府提高社会治理能力提供了更为有效的途径，是当前面对社会问题新挑战、社会管理新要求和社会建设的新机遇，更为适宜的应对策略。

二、工会向"枢纽型"社会组织转型的意义

群团组织改革是国家社会组织治理体系与治理能力现代化的一次制度尝试。2015年2月中共中央印发的《关于加强和改进党的群团工作的意见》要求"以工会为代表的群团组织要通过改革实现群团工作的理论创新、实践创新和制度创新"。因此，工会改革的方向是顺应国家提出的群团组织改革要求，通过制度创新构建自身的枢纽型社会组织功能。其中"以群众为中心""赢得群众"，是工会改革的出发点；运行机制是工会组织改革的重要环节，重点是加强工会的维权改革，使其回归职工权益维护者的角色，这也是现实社会对工会组织的迫切要求。

（一）有利于工会社会组织角色的回归

中国工会作为体制内最大的社会组织，其政治性、先进性和群众性决定了工会参与社会治理的必然性。工会作为党和政府联系群众的桥梁和纽带，向枢纽型

社会组织转型，是其原有功能和角色的回归。通过在运行机制上去机关化、行政化、贵族化，找准定位，转变角色，提升其代表性（群众性）和对职工的凝聚力，推动工会工作的社会化和专业化。

工会向枢纽型社会组织转型，必然会借力于其他社会组织，且比普通社会组织拥有更多的枢纽特质。一是在组织体制上具有政治的合法性，有参与政府决策的制度化途径，有完整的组织网络。二是在组织职能上，除了法定的维护职能不可取代外，对于其他服务性功能，工会可以借助专业的社会组织，为职工提供职业培训、法律服务、就业指导等。三是在工作经费上有优势，尤其是基层会费采取税务代收后，经费充足，越是层级高的工会经费越多。地方总工会通过购买社会组织的专业化服务的方式，将一些非核心职能转移出去，可以开放更多的工会资源流向基层组织，让更多职工享受更多的专业化的服务项目。

（二）有利于提升工会服务职工的能力

社会治理是一项系统工程，仅仅依靠工会的力量，无法满足职工多元的社会需求。工会向枢纽型社会组织转型，有利于发挥其各项优势，加强工会自身建设，提升其服务职工的能力。一是有利于发挥其政治优势，借助政府行政权力，承接政府服务社会的部分职能，通过与政府建立联动机制，将工会工作纳入政府规划，达到协同治理的目的，更好地保障职工的就业权、参与权、发展权和安全权。二是发挥其资源优势，工会作为党联系职工的桥梁和纽带能够实现多种资源的聚合，既包括行政资源（如政府在购买社会服务时的资源再分配），也包括社会资源（如吸纳体制外的维权组织），使工会组织的影响力延伸至社会的各个层面，改变现有社会组织之间碎片化的巨变，凝聚和孵化与职工相关的各类社会组织参与社会治理，通过项目化的运作方式，将工会打造成人、财、物等资源聚集、共享的平台，更好地维护职工的切身利益。

（三）有利于工会提高其社会地位

工会在政治上发挥桥梁纽带作用，在职工维权主业上处于龙头地位，拥有天然的枢纽特性和潜质。习近平总书记指出："坚持全心全意依靠工人阶级，充分发挥工人阶级的主力军作用，这是我们党的一个突出政治优势，也是中国特色社会主义的一个鲜明特点。"[2]相比较其他社会组织，工会具有较强的政治优势和社会优势，享有《工会法》授权的合法地位，既对党政中心工作了然于心，又对各领域社会组织的运行规律有所了解，可以更广泛地整合不同利益的诉求，通过构建自下而上的民意表达机制和利益沟通平台，引导职工理性地表达诉求，缓解社会矛盾，增进社会的利益共识。工会通过其利益协调者和社会管理职能的发挥，不断提升其在社会中的公信力和凝聚力。从组织体系上看，我国的工会组织覆盖全国，从全国总工会到省市县各级工会，从地方工会到产业工会、基层工会，只要有职工的地方，就有工会。枢纽型社会组织的构建，为工会组织提供了"形象重塑"的良好契机，从而充分发挥工会的组织动员优势，把广大职工群众紧紧团结在党和政府周围，带领广大职工投身社会主义建设事业，开辟社会治理新局面。

三、工会向"枢纽型"社会组织转型的实现路径

工会向枢纽型组织转型涉及政府、工会和其他社会组织三个层面。政府的认可、扶持、监督和引导是工会顺利转型的前提，工会枢纽型组织的作用发挥离不开工会自身能力的建设和政府与社会的支持和配合。

（一）国家的培育和扶持

党的十八届四中全会强调，要加强社会组织立法，规范和引导各类社会组织健康发展。这为工会作为"枢纽型社会组织"参与社会治理提供了新的战略机遇。在此背景下，政府需要摒弃管制主义、强化培育理念，推动社会组织承接政府转移的职能，加大工会赋权，拓展其他社会组织的生长空间。

我国的社会转型是政府主导型的，社会组织存在先天发展不足的弱势，因而创新社会治理需要强化政府赋权和积极培育社会组织。郭道晖先生认为，"基于我国特有的国情，如果要形成法治社会，就需要发展社会组织，而社会组织的发展和壮大又需要国家权力的扶持"[3]，从而实现国家和社会之间的良性互动。而事实上，"包括国家在内的社会组织和其他社会组织都是共生共存的"[4]。

国家培育和支持社会组织的具体措施有：第一，政府要做好顶层设计，确保社会组织自主、自治。社会组织管理的精髓在于自治，尽管包括工会在内的（枢纽型）社会组织的发展离不开政府的参与，工会在社会治理中作用的落实，需要发挥党政工各方优势，形成工作合力，但是政府对社会组织干预的权限应当受到限制，尤其是人员配置上，从而一定程度上保持社会组织的自主性和自治性，激发社会组织的活力。第二，强化培育理念，加大财政扶持、权益保障、税收优惠等各项培育和扶持措施，推动社会组织在社会治理中的共建、共治、共享。德鲁

克指出："为了转变政府职能，激发政府活力，重要的就是培育社会组织。"[5]工会枢纽型社会组织的枢纽作用之一在于孵化和管理其他社会组织，从而满足社会治理的需要。第三，健全与完善社会组织法律体系，加大对工会等枢纽型社会组织的赋权。目前，我国法律尚未明确规定对社会组织的支持范围和标准路径，很多措施散见于工会系统内部文件或者一些部门规章之中，地方政府对于社会组织的支持力度和范围缺乏明确依据。例如，政府向社会组织购买服务是政府激发社会组织活力、明确社会组织职能的重要途径，然而我国目前尚无专门的立法。工会去行政化改革使工会枢纽型社会组织的作用陷入履行的困境，需要通过立法赋权给工会。按照行政法原理，工会作为社会团体可以通过法律、法规授权成为行政主体，履行行政职权，承担行政义务。因而笔者建议通过立法，强化工会组织在社会治理体制中的法律地位，明确规定工会组织的社团化运作定位，在党委领导下加强工会组织的独立性，明确规定工会枢纽型社会组织的地位、作用、权限责任及其履行方式、履行手段和保障措施，政府也需要制定工会枢纽型社会组织承接政府职能的项目清单，为工会充分发挥其枢纽型社会组织的作用保驾护航。

（二）推动工会在社会治理中的社会化、法治化、智慧化和专业化

为适应国家社会治理创新的需要，工会向枢纽型社会组织转型应当坚持社会治理创新的理念，推动工会在社会治理中的社会化（共建、共治、共享）、法治化、智慧化和专业化。

1. 推动工会工作社会化

当前，我国工会工作的运行机制呈现被动性的特点，其根源在于工会组织行政化的思维模式。我国基层工会主席多是由上级工会委派的，这也造成了工会组织行政化的倾向。工会工作的行政化，导致工会工作一味听从行政安排，群众性和代表性不足。国家应从"顶层设计"上推动工会工作的社会化，尤其是基层工会、乡镇街工会、区域性工会工作的社会化。工会也要明确自身角色，妥善处理好与国家、其他社会组织的关系，发挥工会"政策引导、平台搭建、标杆引领"和组织动员的优势，通过聘用、考核等机制激发社会组织活力。

（1）承担好自身的社会公共服务工作。满足职工群众的公共服务需求是工会组织的基本职责，除了维护职工群众在劳动生产活动中应有的劳动保护、福利待遇、劳动报酬、休假休息等权益，还须针对职工群众的生活需要给予基本公共服务，特别是农民工群众和高危特殊行业职工群众，使得职工群体无法在政府部门、社区和其他社会组织取得的服务能够在职工群众自己的组织内取得，比如医

疗、养老、文娱、教育、保险等各个方面的服务。各级工会应主动承担社会公共服务职能，坚持职工利益无小事，聚焦与职工群众利益密切相关的社会问题，主动关照职工群众的工作与生活，力求为职工群众提供更加细致与广泛的公共服务。

（2）加强对关联社会组织的培育。以枢纽型组织身份培育和引导社会组织是工会组织的重要任务。党的十九届四中全会明确指出，要"发挥群团组织、社会组织作用，发挥行业协会商会自律功能"[6]，夯实基层社会治理基础。当前社会组织在社会治理的协同参与中，遇到了机制失灵、能力不强、资源缺乏、组织不健全、行为不规范、参与空间狭小、准入管控过死、协作不足等低效化、碎片化、失范化的问题。工会组织作为枢纽型社会组织，可以充分发挥引导者、协调者、管理者、培育者的作用，以更加专业、更加合意的方式实施管理，整合领域内社会组织和志愿资源，形成集约效应并避免多头治理，加快社会组织成长和吸纳自发性的草根组织，推动相关社会组织依法参与社会治理。工会工作采取项目制运作的模式，有利于去除行政化的弊端。因而加强对关联社会组织的培育，将工会工作以项目化的方式向社会组织购买相关服务，并且适度发展竞争机制，有利于整合更多的社会专业资源。通过加强与职工服务类社会组织的联系和合作，进而对其他社会组织施加工会理念和价值观的渗透影响，发挥工会枢纽型社会组织的管理、引领作用。在推动体制外工会专业团队建设的同时，让工会展开的服务工作更具专业化与精细化效果。通过建立社会组织的孵化中心和管理机构，为相关社会组织的发展和行动提供制度保障、物质资源、业务培训、政策引导，并在工作改革中逐步承接相关社会组织的部分管理职能，推进领域社会组织的协同互动和战略发展。

（3）促进社会治理体制内外多方联动。工会组织的中间身份是沟通体制内外治理力量的关键变量。社会组织自身"官民二重性"使其横跨国家治理体系和社会自治力量体系，可以通过协作机制和组织体系的创新，构建起一个由工会组织、社会组织、政府职能部门、职工群众组成的合作治理网络，有效整合体制内外资源。以往社会组织特别是草根社会组织，之所以难以针对一些职工群众及其他群体关心的问题采取行动或进行治理创新，很大程度上就是受到现有制度的过度管控以及缺乏资源供给，所以只能围绕一些常规性事务做工作。政府力量有机嵌入工会组织的社会治理协同系统，可以为工会组织以及社会组织拓展和深化自身治理参与提供更多的行动空间、制度通道和资源支持。党的十九届四中全会指出，要"实现政府治理和社会调节、居民自治良性互动，夯实基层社会治理基础"[7]。在社会治理的"放管服"政策引导下,工会组织要积极承接好政府转移的相关公共服务,以多种形式与企业在职工服务工作上开展合作,构建社会事业的共建网络。各级工会要做好公共服务工作,积极推进自身改革,加强与地方政府、企业等的衔接与协调,建立、完善与人社、信访、住建、公安、司法、法院等部门的信息互通和日常工作沟通协调机制。在加强顶层设计,形成各方联动、整体推进的工作局面的同时,继续推进实践探索创新,不仅加强工会内部各部门之间的协调配合,还要加强生产、保障、基层、法律、服务中心等多个政府部门和企业之间的良性互动,共同提升社会公共服务的供给数量与质量。探索服务提供的内部发包、服务外包、内外分工等多种形式,提升工会组织服务提供的专业化和社会化,形成与企业组织、社会组织、基层工会的动态合作架构。

2. 引导有序参与,推动工会工作的法治化

国家治理现代化涵盖多个领域,依法治国是国家治理现代化的核心,工会工作的法治化是国家治理现代化的必然要求。新时代社会治理的特点是党领导下的人民民主治理,但是治理民主的实际效用还要依靠一定的治理法治及其规则来保障,真正的治理民主只有在良好的政治秩序和制度规范下才能发挥出完全的正向功效。工会组织要引导和组织职工群众有序参与,通过制度化的平台和渠道行使自身民主治理权利。

(1)充当好职工群众意见传输的制度渠道。充当职工群众意见传输的制度渠道,是工会组织代表广大职工群众利益的重要体现。职工群众作为规模最为庞大的社会群体,对社会变迁和经济发展感受是十分敏锐的和直接的。这一群体的利益诉求往往反映了社会发展过程中暴露出的许多问题,需要得到社会治理的行动主体的高度重视和认真对待,特别是一些社会整体的经济生产治理需要依照职工群众诉求进行适当调整。但是,在现实中职工群众的诉求很多往往没有得到有效表达和传递,致使职工群众的利益在经济发展的同时受到不少损害而导致其产生抗争行动。工会组织可以利用自身具有的政治资源和制度渠道,一方面向政府方面反映职工群众的诉求和传递政府方针对问题的回应,起到信息传输的作用,另一方面能发挥社会风险化解和释放社会怨气的安全阀作用,使职工权益的争取或抗争运行在制度规范体系中。工会创新改革要增强政治性、先进性、群众性。群众性是工会的重要属性,如果工会不能够关怀职工群众所需、聚焦职工群众所困,工会存在的意义与价值则沦为虚无。工会作为连接政府与职工群众的桥梁,只有充分发挥其上传民情、下达政令的传输作用,才能够完成其使命,实现其价值。

（2）构建社会治理民主协商的制度平台。工会组织实现和维护职工群众的权益，可以通过民主参与社会治理的政策制定和行动决策来实现，以发挥民主协商的重要作用。在这一参与过程中，工会组织代表职工群众的利益或引导职工群众与相关政府部门、企业方进行交流和沟通，充分表达职工群众自身的诉求和需要，确保职工群众的利益在治理政策的制定和执行中得到维护。通过一定的制度建构和规范规约，工会组织围绕问题解决的临时性协商治理行动，也可以发展为围绕民主参与权利的常态化协商治理机制，使得相关的社会矛盾在协商民主互动中有效解决，培育职工群众的协商意识和行动理性，进而推动社会治理在各领域广泛建立起民主协商机制。

（3）推进社会治理参与行动的法治建设。工会组织作为职工群众民主参与制度化和组织化的载体，以法律制度的形式维护社会治理行动的有序性，为社会治理活动的稳定发展提供了保障。社会治理的民主参与，不仅是为了保障人民群众当家作主的政治权利的有效实现，更是为了提高基层社会治理的有效性。然而，社会治理参与一旦演变为无序化、非理性的恶性抗争，不仅会因得不到体制内力量的支持而阻碍重重，而且会因过度的行动冲突而导致新的社会失范和治理问题，最终导致参与行动的目标替代和失败。换句话说，民主参与本来是为了促进社会治理的有效性和精准性，使社会发展更稳定持续，使人民群众的生活更加幸福安康，而无序化的参与状态不仅会破坏正常的政治秩序和治理活动，而且所带来的问题会对社会生活的各领域产生负面影响。习近平总书记就要求各级党委和政府要坚决执行《工会法》《劳动法》等法律法规，通过制度建设和机制创新推进工会依法维权的能力、方式和职能发展。因此，工会组织应将广大职工群众有效组织起来，通过制度化和组织化的集体参与形式去实现自身权利和表达诉求，用法治力量去规范和引导职工群众，推动基层治理民主的法治化建设。

（4）健全工会法律法规体系。目前我国工会工作的运行制度和职能的发挥多是根据全国总工会、各省总工会的发文进行的，而这些发文仅限于工会系统内部查阅，对外并不公开。《工会法》由于缺乏程序法和相关实体法律法规，如集体协商、企业民主管理、职代会等制度的立法，在某种意义上更贴近于法律宣言，严重影响着工会工作的实践效果。例如，集体谈判是工会发挥维权职能的重要途径，而我国法律尚未明确规定企业方拒绝谈判的法律责任。因而健全工会法律法规体系是推动工会工作法治化的首要任务。工会法律法规体系的建立可以从实体法和程序法两个方面推进，以工会的职责（权利义务）为主线，实体法上着重于工会的职能及其相关制度（如《集体合同法》《职工参与决策法》等）以及法律责任（明确政府部门如何"责令改正"，司法部门如何"依法处理"）的立法规范；程序法则是从工会履职的程序上进行设计，包括工会主席的选任、工会组建、工会运作模式、工会参与立法、介入司法诉讼、进行劳动监督等程序的立法规范。在此，工会要增强责任感、提高主动性，有效发挥工会在人大立法中的积极作用，为工会工作创造法治化的工作环境，为构建社会主义和谐社会做出应有贡献。

当前，我国工会法治监督存在多种机构并存、各自为政的局面，急需整合力量，建立沟通有序的法治监督体系。其中审计监督侧重于财政监督，国家权力监督侧重于社会经济发展的宏观监督，舆论监督侧重于社会公开谴责的监督。总之，工会法治监督应当渗透到劳动关系的每一个角落，切实维护职工的合法权益。如 2009 年，深圳市总工会公开谴责企业非法解雇工会主席的行为[8]，便是很好的工会法治监督实例。

司法实践中，劳动仲裁、劳动监察、劳动诉讼是解决劳动纠纷的三驾马车，工会在处理劳动争议中的作用主要体现在调解和仲裁两个阶段，工会在其中既是参与者也扮演着独立的角色。我国劳动争议案件的处理具有浓厚的本土色彩，表现为劳动法所调整的劳动关系具有很强的"伦理性"，即劳动关系具有强烈的人身依附性特点，因而，案件处理必须准确面对劳动伦理对现实劳动生活的渗透力。当前，各地法院对劳动法律规范理解不同、裁判标准各异，急需培育专业的劳动法治人才来充实司法队伍和工会队伍，从而更好地推进工会工作法治化的进程。

3. 协同多元主体，推动工会工作智慧化

《中共中央关于加强和改进党的群众组织工作的意见》明确提出，要形成线上线下相互促进、有机融合的新型群众组织工作格局。中国工会十七大报告提出"推进'互联网＋'工会普惠性服务，积极建设智慧工会，建设实名动态、全面覆盖、安全共享的工会大数据库"等工作要求。推进工会工作智慧化，构建工会智慧平台，是国家创新社会治理的需要，旨在协同多元主体，为职工会员提供普惠、便捷、精准、常态化服务，凸显工会"维权、服务"职能，也为其他社会组织搭建信息共享的平台。

引导职工的参与是智慧型工会服务精准、普惠的前提，根据不同职工的诉求给予针对性的服务，才能提升职工的幸福感、获得感，让职工切实把智慧工会平台看成维护权益、获取服务的"家"，进而提升工会的凝聚力和向心力。因而智慧平台的内容建设、运行活力、信息更新、职工参与度、服务效果等成为绩效评估的重要指标。当前，智慧工会建设正由各省总工会逐步推进，并在推进中对各地市、企业工会进行引导，明确会员信息的真实性，从而建立起全国唯一职工会员识别号，推进职工流动过程中工会服务的无缝对接。为确保智慧工会平台的活力，各省总工会在推进智慧平台系统运行层面应当管理好权力，构建分工明确、各级协同的工作格局，避免管控过严。各地级总工会应当承担起智慧工会平台运行的枢纽作用，联系并吸纳职工服务类社会组织参与，协同分工、各司其职，共同回应职工诉求和社会关切，引导公众理性合法地表达诉求，缓解社会矛盾，增进社会共识。

4. 加强自身建设，推动工会工作专业化

工会组织的自身建设是参与基层社会治理的前提，目前工会组织存在组织定位不准、职责不清、组织行政化、人力物力不足等问题，建议采取以下措施。

（1）优化工会组织建设。

一是加强产业、行业工会建设。2008年中华全国总工会通过《关于加强和改进新形势下产业工会工作的意见》，对产业工会的主要职责、组织体系、运行机制、工作方式和自身建设进行规范性指导，并试图理顺地方总工会与产业工会之间的关系。但在实践中，地方总工会与产业工会的关系特别是职责划分并不清晰，特别是市级以下产业工会组织不够健全，既缺乏人手也缺乏资金来源，作用没有得到发挥。重视产业、行业工会建设，有利于奠定和凸显工会的职能作用。笔者建议在充分考虑国内工会的发展情况后，经基层工会参照所在区域的行业情况等来实现资源整合，为更好地开展法律援助以及技能培训等工作提供足够的力量支持。充分发挥工会的力量，营造出行业协商维权的新局面，为职工获取到更多的合法利益，推动社会的稳定发展与进步。

二是加强基层工会建设。工会的维护、参与、建设、教育职能的发挥主要依靠基层工会。首先，加强乡镇街道、经济开发区、工业园区工会建设，配备专职的工会工作者，建立相对稳定的工会干部队伍，在经费上向下倾斜，保证工会开展工作的经费来源。其次，改进行政化的工作方式，由上级下达指令，下级汇报完成情况，转变为更多地为下级解决问题、提供服务。上级工会要帮助下级工会从与工会工作无关的繁重事务中解脱出来，发挥好工会的职能，加强基层工会干部队伍建设，推动配备专职的工会干部，加强工会干部培训，提高工会干部干事创业的本领。

三是推进工会组织的扁平化改革。通过机构精简、职能整合以及人员调整，将工会工作的中心下沉到组织基层，授予基层工会组织更多自主权，提升工会工作的回应力和灵活性，摆脱以往行政化和科层化的弊端，为工作创新提供条件和空间。省总工会为基层工会"瘦身减负"，合理界定基层工会的工作职责。坚持中心下移、力量下移、资源下移、资金下移，保障基层工会有健全的组织、能干的队伍、合理的经费以及基本的制度。

(2) 加强工会干部队伍建设。

一是健全工会组织干部和工作人员的人力资源管理制度。一方面通过建立科学化和系统化的人员培训机制，提升工会组织人员的综合素养和业务能力。另一方面通过建立动态性和市场化的人事制度和薪水激励制度，吸引更多职业化、年轻化的专业人才，激发基层工会人员的工作活力和能动性。

二是加强对工会工作人员的《工会法》《工会章程》学习培训，使之掌握工会的基本理论并运用于实践中，明确工会的四项职能及其相互关系。工会要以奉献、服务精神为指导，始终自警、自省，从维权服务着眼，以参与职能凝聚职工的力量，以建设职能引领职工建功立业，以教育职能提升职工素质，推进工会四项职能齐头并进，积极为工会的事业而努力。

(3) 科学引入社会化工会工作者，充实基层工会队伍。

当前，工会工作作为群团组织工作中的重要一环，需要引入年轻化、高学历的社会化工会工作者，为充实基层工会人员队伍、缓解基层工作人手不足、解决工会干部老龄化等相关问题开辟出全新路径。当前社会化工会工作者队伍建设缺乏科学性，如何解决好社会化工会工作者队伍人员流失的问题、稳定现有队伍，也是社会化工会工作者的队伍建设面临的最大挑战。要提升社会化工会工作者队伍建设与管理的科学性，稳定现有社会化工会工作者队伍，应主要从社会化工会工作者重点关注的薪酬体系、职业前景、考核机制、激励机制等几个方面展开。作为一种职业，社会化工会工作者也需要有明确的职业规划和职业前景，然而当前相关文件对于社会化工会工作者的职业规划和职业前景的具体规定是缺失的。因而，只有通过完善的待遇晋升机制和岗位职务晋升机制，推进身份认同、改变当前同工不同酬的现状，规范对社会化工会工作者的聘用和安排，社会化工会工作者的工作的热情和积极性才能被充分调动，社会化工会工作者的队伍才会更稳定。

(三) 其他社会组织的有效参与和良性发展

"善治"的过程是一个还政于民的过程，与政府组织相比，社会组织植根于社会，反应灵活，专业化强，在提供公共服务方面有自己的独特优势。而且从国家治理的角度来看，各种社会组织代表着不同的利益群体，是公民参与社会管理的有效渠道，也是培养公民意识和民主精神的土壤。然而，我国社会组织发育不成熟是其参与社会治理、承接政府社会职能的瓶颈。党的十九届四中全会指出，要"构建基层社会治理新格局。完善群众参与基层社会治理的制度化渠道"[9]。枢纽型社会组织的功能之一就是要培育、孵化和规范管理社会组织，提升社会组织的治理能力。当前社会治理的复杂性和不确定性，使得政府组织要充分利用社会力量处理公共事务，以弥补自身机制失灵、能力不足和事务过多的弊病。发挥社会力量在社会治理中作用，就必须充分调动基层群众通过各项制度形式和机制进行有效参与，激发出基层群众的治理创新活力。而社会组织自身也要借力、借势加强自身的能力建设，完善组织内部的治理机制，逐步做到领导人自选、经费自筹、决策自主、运行自由、责任自担，同时要加强社会组织内部治理的公开化、透明化，防止权力专断，促进社会组织的良性发展，从而更大范围地获得政府的信任、社会的青睐、群众的认可。实际上，无论是工会组织的制度载体，还是各种社会组织及相关的制度机制，从本质上讲都是为了使职工群众直接或间接地去解决自身问题、表达自身诉求、满足自身需求、争取自身权益。基层职工群众只有真正成为自身事务的管理者和服务者，方能针对基层治理的不同具体环境和需要，充分发挥出能动性和创造力，因地制宜地探索出新治理形式，进而提升基层社会治理的有效性，深化社会治理的多元格局。

四、结　论

综上所述，政府的认可、扶持、赋权和引导是工会顺利转型的前提，其他社会组织的良性发展和有效参与是工会转型的支撑力量，而工会自身能力的建设是工会转型的重要内容。工会转型为枢纽型社会组织，一要调整其身份定位，强化枢纽型社会组织的服务特征，代表其所联系的社会组织及时与党委政府沟通，反映诉求，表达利益，重构与政府的合作关系，提升工会在所属领域的群体认可程度，提升对社会组织的感召力和凝聚力。二要着重抓好维权主业，处理好维护与服务的关系。在"维护"职能上，进一步明晰工会服务对象是劳动领域的职工个体，通过引领好各种劳工维权组织，借助政府的经费资源、人力支持、大量的信息收集，以及由政府组织的资方、劳方与工会的联席会议，实现信息通报和工作联动，构建协调劳资关系，维护职工利益，提高专业化维权水平的工作新局面，彰显工会在职工维权上的独特地位。而对于具有替代性的服务功能，可以通过委托、购买、合作等市场化方式转移给其他社会组织。最终，通过工会的枢纽型组织体系改革，激活工会群团组织自身改革和能力建设的内在动力，激发工会干部的创新思维，创造一批工会品牌，重塑工会履行社会维护职能和发挥社会枢纽型组织作用的良好新形象。

参考文献：

［1］马庆钰，贾西津. 中国社会组织的发展方向与未来趋势［J］. 国家行政学院学报，2015（4）：64.

［2］单友方，单丽. 枢纽式治理：城市基层社会治理的新发展［J］. 江苏省社会主义学院学报，2019（3）：74.

［3］郭道晖. 法治国家与法治社会、公民社会［J］. 政法论丛，2007（5）：5-12.

［4］乔尔·米格代尔. 社会中的国家：国家与社会如何相互改变与相互构成［M］. 李杨，郭一聪，译. 南京：江苏人民出版社，2013.

［5］彼得·德鲁克. 社会的管理［M］. 徐大建，译. 上海：上海财经大学出版社，2006.

［6］中共中央关于坚持和完善中国特色社会主义制度 推进国家治理体系和治理能力现代化若干重大问题的决定［N］. 人民日报，2019-11-06（01）.

［7］中共中央关于坚持和完善中国特色社会主义制度 推进国家治理体系和治理能力现代化若干重大问题的决定［N］. 人民日报，2019-11-06（01）.

［8］张玮，西夏风. 深圳总工会公开谴责企业非法解雇工会主席［J］. 工友，2010（1）：16-18.

［9］中共中央关于坚持和完善中国特色社会主义制度 推进国家治理体系和治理能力现代化若干重大问题的决定［N］. 人民日报，2019-11-06（01）.

社会治理体系中工会的角色定位和路径分析

杨 婷

（广东省总工会）

摘　要：在构建国家治理体系和治理能力现代化这项庞大系统工程中，工会作为党的群团组织，是社会治理参与的主体之一，被赋予了重要使命。工会参与社会治理，是顺应时代发展的必然要求，要始终坚持党的领导，围绕服务大局，把握以职工为中心的原则，在履行工会职能中推动实现共建、共治、共享。

关键词：工会　社会治理　角色定位　发展路径

当今世界正经历百年未有之大变局，国际国内环境都在发生剧烈变化，我国正处于实现中华民族伟大复兴的关键时期，社会治理面临更加严峻和复杂多变的形势。党的十八大以来，"社会治理"频繁在政府工作报告和文件中出现，体现了党和国家对社会治理的高度重视，也是在复杂多变的新形势下提出的科学道路和有效方式。伴随着全面深化改革的不断推进，社会治理理念、方式、机制、内涵等不断在实践中丰富和完善。党的十九大对"打造共建共治共享的社会治理格局"做出战略部署，党的十九届四中全会进一步提出坚持和完善中国特色社会主义制度、推进国家治理体系和治理能力现代化，倡导"建设人人有责、人人尽责、人人享有的社会治理共同体"。中国工会作为党联系职工群众的纽带和桥梁，具有鲜明的政治色彩，组织机构健全、联系职工紧密、社会影响力广泛，在激发职工活力、整合社会力量等方面优势明显，是国家治理体系建设的重要力量。在此背景下，各级工会能否立足自身政治优势、组织优势、制度优势、群众优势、资源优势，发挥工会在坚持和完善中国特色社会主义制度、推进国家治理体系和治理能力现代化中不可替代的作用，既是新时代对工会工作的新要求，也是新挑战。

一、工会参与社会治理是构建国家治理体系的必然要求

（一）工会参与社会治理是由中国工会的自身属性决定的

中国工会是党领导下的具有广泛影响力的群团组织，具有鲜明的政治属性，是党开展群众工作的一个分支机构。历任党和国家领导人都高度重视工会工作，习近平总书记将工会工作提高到了前所未有的重视程度。习近平总书记对工会等群团组织参与国家治理多次做出重要指示，强调我国工运事业是党的事业的重要组成部分，工会工作是党治国理政的一项经常性、基础性工作，必须把群团组织建设得更加充满活力、更加坚强有力，使之成为推进国家治理体系和治理能力现代化的重要力量。《工会法》从法律层面明确了工会参与社会治理的主体地位和工人阶级唯一代表的合法性地位，这是党和国家赋予工会的责任与使命，也是工会天然的身份优势。党的十九届四中全会深刻阐述了工会等群团组织在参与社会治理中的角色、地位和作用，充分说明以习近平同志为核心的党中央对工会参与社会治理寄予厚望，也为工会参与社会治理带来了全新的发展机遇。

（二）工会参与社会治理是全面深化改革的重要组成

全面深化改革的总路线图已经绘就，加强产业工人队伍建设作为其中一项重要内容，要求加快造就一支宏大的知识型、技能型、创新型产业工人大军，为推动经济高质量发展提供人才保障。在这项改革工作中，中华全国总工会被列为产业工人队伍建设改革的牵头单位，既体现了党和国家对这一工作的高度重视，更是对新时代工会工作赋予的新任务。2016年，中央群团工作会议召开，群团工作改革启动，改革内容涉及机构调整、夯实基层队伍、提高服务水平等内容，其中，增强人民团体的政治性、先进性、群众性，把各自联系的群众紧密团结起来，是群团改革工作最终的落脚点。从这一系列改革举措和目标来看，都需要工会发挥更大作用，更广泛地团结动员职工在全面建设小康社会中建功立业，积极响应改革的集结号，积极参与改革主战场。落实好全面深化改革工作中对群团工作的重要部署和具体要求，是工会参与社会治理的重要抓手。

二、工会参与社会治理是密切联系职工群众的必然选择

受国际、国内经济环境和新冠肺炎疫情的影响，职工队伍的不稳定性因素仍

然较多。一方面，企业经营困难，职工合法权益受损等状况不能完全杜绝，这类事件往往事关一批职工的切身利益，对职工影响大，社会关注度也高，工会参与处置及时，效果好，就能够聚拢一批职工的心。在一个劳资纠纷事件中，职工的诉求多样化，有时候往往不是一个部门能够解决的，需要协调多个部门、多种资源共同推动。如企业倒闭职工欠薪的问题，可能同时伴有欠社保、经济补偿金、职工困难帮扶、再就业等一系列问题，需要从职工生存、发展等不同层面协助处理。另一方面，互联网新媒体的快速发展，给职工表达诉求提供了平台。职工在工作中遇到的困难或者不公正待遇，第一时间通过网络传播，给事件的协调和处置带来更多不可控风险。这些问题的存在和发生，一是反映了当前职工群众的维权和服务工作尚有短板，工会在当好职工群众贴心的"娘家人"方面有待继续改善；二是反映了党领导下的社会多元主体有机互动和协同合作方式在化解劳资矛盾中具有重要作用，例如在一起欠薪纠纷中，政府部门、住建部门、人社部门、工会等共同参与，可以在更大领域动员更多资源加快事件处置。

因此，无论从工会自身条件来看，还是从当前工会所处的外部环境来看，工会参与社会治理都是必然选择，是符合中国特色社会主义工会历史发展趋势的道路。

三、工会履行职能和实现社会治理价值目标的内在逻辑关系

（一）服务大局的目标一致

工会履行四大职能：维护、参与、建设和教育，最终目标是团结和带领广大职工跟党走，激发职工群众的创造力，夯实党的执政基础，维护稳定的大局，促进社会的和谐和人民生活的安定。而社会治理的目标是预防和化解社会矛盾，通过协调不同群体的利益，协调国家、社会和公民的利益，激发社会的活力，实现利益最大化，实现和谐稳定发展的局面。

（二）过程的依据一致

一是在社会主义法治国家，依法治国、依法治会是社会治理和工会履职的共同要求。以法律规范行为，以法律指导工作，以法律促进民主，是社会进步的重要标志。《劳动合同法》从根本上保障了职工就业的各项权益，工会可以通过民主建会、集体协商等方式实现职工群众的民主权利，依法保障职工合法权益，促

进社会公平正义。在社会治理的过程中，建立民主制度是重要途径，从制度建设上保证不同利益群体表达诉求，从机制上畅通诉求表达渠道，构建社会治理新格局，通过法律保障、制度完善、机制调整等方式让更多人可以参与到社会治理过程当中。二是参与主体的多元化，社会治理要求多元主体参与，各主体既独立又相互联系，在遵守法律法规的框架下，各自发挥职能。而服务型工会是新时代工会的典型特征，工会和职工之间不是单纯的单向发号施令，而是更加重视互动关系，通过工会的组织优势，充分整合资源，形成协同共建、合力共建的基本面。

（三）产生正比成效

工会维护职能是指维护职工合法权益，保护劳动安全卫生，这两点内容和社会治理中的预防化解社会矛盾、公共事务管理内容是交叠的，并且呈正向的影响关系。处理好多元社会利益关系，及时化解社会矛盾，提升社会的包容性和公正性，是社会治理的重大任务。在这个过程中，社会治理体系越完善，各类部门、组织、社会团体响应能力越强，机制运转处置效率越高。如能及时有效介入劳资矛盾，维护职工合法利益，职工和谐稳定了，社会矛盾也就自然化解了，工会履职能力也就必然提高了。反之亦然。同样，给职工群众创造安全生产环境，减少安全生产事故，也就减少了社会安全隐患。从维护权益的机制来看，工会维权既有源头维护、参与立法、保护职工权益，也有具体权益维护，如组织集体协商、开展民主管理等方式，而这些内容正是社会治理所倡导的源头治理、依法治理、系统治理的理念。

（四）两者互相融合发展

工会调整的是政府、企业和职工之间的关系，社会治理调整的是国家、社会及公民之间的关系。在这个层面，工会履行职能，是社会治理的一个缩影。工会履行职能的实践完善了社会治理理论体系和实践论证，社会治理理论体系为工会更好地履行职能提供了理论参考。工会以构建和谐劳动关系为目的参与社会治理，主要表现在维护职工群众的工资权益、协助促进劳动就业、推动职工福利和社会保险、开展劳动保护、提供困难帮扶、推广民主管理、组织教育培训等内容。

综上所述，工会履行好自身职能，就是为全面实现国家治理体系和治理能力现代化奠定牢固的阶级基础。构建国家治理体系和治理能力现代化，需要工会立足当前，厘清工作定位，明确发展路径，在履行好自身职能中不断开拓进取，不断开创中国特色社会主义工会工作新局面，不断提升职工群众的获得感、幸福感、安全感。

三、当前工会参与社会治理实践的难点分析

近年来，各级政府、各级工会都在工作中把社会治理作为重要理念进行推动。以广东省工会为例，回应职工在网络表达诉求较多的特点，建立舆情监测系统，成立省、市、区三级劳资纠纷应急处置分队，将劳资纠纷矛盾抓早抓小，及时妥善处置了一批劳资纠纷，切实发挥了维护职工队伍和谐稳定的作用。在职工服务方面，回应基层人手少、基层工作开展困难的问题，通过建立一批村居（社区）工联会、聘请一批社会化工会工作者、建设一批职工之家的方式，切实解决了基层人手场地和经费等给工作带来的掣肘。此外，组织策划职工社团"公益创投"、将线下职工服务搬到线上"粤工惠"APP等精准对接企业职工需求的活动，也得到了广大职工的热捧，工会的凝聚力在一次次的实践探索中得到了增强。

应该说，紧贴当前社会发展形势，工会积极参与社会治理，已经在不同层面取得了成效，但距离社会治理现代化仍然有一定的差距。笔者在工作中随机抽取某市局系统对工会工作的意见和建议共12大项内容142条具体意见，进行梳理后从社会治理的五个关键环节分析当前工会工作的难点。

（一）工会参与社会治理保健化功能有待完善

社会治理保健功能的基础是保障，化解社会矛盾，保障和改善民生，促进社会公平正义。而维权和服务是工会的主要职责，只有切实把职工群众合法利益维护好、保障好、发展好，才能最大限度地减少不和谐因素，预防和化解社会问题和公共危机的产生。在这个环节里面，维护职工群众的合法利益是本，保障职工群众基本生活是源。从各方面的情况和数据我们也可以看到，目前的劳动关系总体还是和谐稳定的，城市困难职工解困脱困、困难帮扶工作等方面也有非常明显的成效。但在现实中，我们也要清醒地看到，职工权益受损、权益缺乏保障等情况依然时有发生。如近期网络火爆的"困在系统里的外卖员"，热点就是大家关注的外卖员劳动权益和劳动安全保障等问题。

（二）工会参与社会治理法治化水平有待提高

以立法为例，工会以群团组织的身份参与立法建言献策，以法律保护职工群

众生产生活当中的合法利益，从法律层面减少对职工利益的损害。但在现实操作过程当中，立法过程是一个多方利益权衡和博弈的过程，政府、企业、工会都会有不同的声音出现，在最后的取舍过程中，有可能存在重视经济发展高过重视职工权益的现象，或者工会的声音不被重视的情况，因此，职工的权益保护仍是一个不断争取的过程。以职工表达诉求为例，仍然有一部分人抱着"大闹大解决、小闹小解决、不闹不解决"的观念，煽动和怂恿职工群众聚集闹事，甚至出现损坏企业财物等行为，对事件的处置造成一定的干扰。甚至可能最终将合法诉求争取到了，但也因为不理性地表达诉求的方式被法律惩罚，这说明职工的法律教育仍是任重而道远。

（三）工会参与社会治理系统化机制有待健全

一个良性的社会治理机制应该是高层统一谋划，自上而下分工明确、各个主体责任清晰、协调机制发挥作用。但在实际操作当中，因为各地经济发展水平不一，各级党政对社会治理的重视程度不一，导致工会对参与社会治理的认识水平也是参差不齐，差异明显。总的来说，有几个比较显著的问题：①顶层设计不足，例如在工会社工发展方面，虽然联合人社、民政等部门共同发文推动，但是在长效机制、激励机制、人才培养等方面的配套制度仍然没有，不利于队伍的长期稳定，急需在顶层制度设计方面加强。②权责不清。包括政府和工会之间的权责存在一定程度的"越位"和"缺位"。比如在劳资纠纷现场，部分地方政府担心事态扩大，派出公安、特警等强力机关在现场，一旦发现职工在现场情绪激动，可能会采取"拘留"的方式以达到震慑的作用，给职工造成很大的心理压力，甚至是和地方政府对抗的情绪，这就是"越位"的典型表现。缺位主要表现在企业不足额缴纳社保甚至不缴纳社保，企业未按要求及时发放工资甚至拖欠薪资等损害职工权益的行为时有发生，职工安全生产环境依然在不同地区存在隐患等问题。③协调机制需再完善。工会是党的群团组织，主要依靠群众方法开展群众工作，但实际当中碰到的如《工会法》执行不到位等问题，工会只能通过向地方党政和其他职能部门反映协调，借助党政力量才能彻底解决。但是部分地方党政对工会工作的认知不足，工会和地方政府联席会议制度不健全或者建立了却未能发挥实质性作用的情况比比皆是，这些对于工会参与社会治理都有明显的制约作用。

（四）工会参与社会治理社会化力量有待加强

致力于在服务中实现治理，在治理中体现服务，寓治理于服务，以服务促治理，在治理中调动社会积极性，实现防范型管理向平等型服务型治理的转变，这是动员社会资源参与社会治理的魅力。但是，因为法律法规体系的不健全，工会对于动员社会化力量还是存在一定戒备，枢纽型社会组织的平台功能未能充分实现。主要体现在：一是社会组织自身生存能力基础薄弱。"社会组织一管就死，一松就乱"，就很好地形容了当前社会组织的情况。在广东社会治理创新机制的热土上，涌现了许多社会组织参与社会治理和社会服务。这些社会组织的资金基本来源于政府委托，社会组织以项目购买的方式参与提供服务。社会组织自有资金筹集能力有限，只有少数的一些大机构可以通过公益资本运作的方式获得资金支持，更多资金来自政府。在这种情况下，政府一旦对社会组织"断粮"，社会组织的生存都有困难，更谈不上持续性的服务。二是社会组织发展水平良莠不齐。社会组织在我国还是一个比较年轻的组织，目前在经济发达城市相对活跃，也吸纳了一定的就业人员和专业人才，但形成规模效应、品牌效应还有一段距离，社会组织在职工服务的生态系统还未完全形成。而在欠发达地区，社会组织数量和专业人员队伍就更加薄弱，能够扎根在基层和欠发达地区的力量更加不足。而实际上，基层力量薄弱正是工会工作的短板，要在社会组织活力激发、基层干部队伍培养、项目服务长效机制等方面加强统筹，建立制度化、规范性文件，保障基层服务力量。

（五）工会参与社会治理信息化手段有待提升

社会治理信息化是提高社会治理水平和社会治理效能的需要，这要求工会积极促进区块链、大数据人工智能等现代科技力量深度融入社会治理过程，形成全面覆盖、联通共享、动态跟踪、功能齐全的社会治理系统，构建精细化服务感知、精准化风险识别、网络状行动协作的智慧平台。但客观情况是，工会目前在数据应用方面和满足职工的需求方面还有差距：一是未及时捕捉到职工信息。职工反映诉求的情况可能已经在网络上信息满天飞的时候，我们有一些地方政府和工会还"全然不知"。二是工会媒体声音有待进一步做大。近年来，工会转变职能成效较多，例如主动履职及时介入劳资矛盾处置，在疫情防控期间协助党政做好疫情防控和复工复产双统筹工作等，但是从各个渠道、各个层面获得的工会信息仍较少，工会的声音和工会影响力有待进一步加强。三是服务职工的方式和理念还有待进一步提升，如何将传统的服务内容和信息化系统进行融合，让职工服务借助互联网发挥更大影响力，是工会服务转型的通道。

三、工会参与社会治理的角色定位和路径分析

在新形势下，寻找一条适合中国国情的工会参与社会治理路径，满足国家利益和职工群众利益，是工会参与社会治理的意义所在。国家法团主义理论认为，社会团体被国家承认，并接受国家的领导，国家对社会团体地位的支持，使社会团体可以获得资源和地位，拥有有影响力的利益团体身份，这些身份包括资源地位、代表地位、组织地位、程序地位。这些地位可以帮助社会团体具备某些领域的独有权力，扩大它的发展空间和影响力。从法团主义理论角度来看，具有独特地位的中国工会，发展始终坚持中国共产党的领导，服务于中国发展的战略布局，维护职工群众的合法利益，服务好广大职工群众，工会的社会影响力将在国家治理体系中体现更加突出的作用。

（一）明确工会参与社会治理的指导思想

1. 坚持党的领导

中国工会的发展要始终坚持中国共产党的领导，将工人阶级的发展壮大和国家命运紧密相连，将中国特色社会主义工会理论建设作为中国特色社会主义理论建设联系起来，这是中国工会的性质要求，也是中国工会必须坚持的方向。

2. 坚持依法治会

工会发展要放在国家的发展战略当中去考虑，工会依法治理，是依法治国战略的体现之一。要将法律作为工会工作开展的依据和准绳，依法治会，依法管会，是工会参与社会治理必须遵循的准则。

3. 坚持主责主业

工会工作涉及面广，范围大，但始终需要牢记，应坚持以职工为中心的思路，将工会的主责主业作为出发点和落脚点。密切联系群众，让职工群众感觉到工会的确是自己的组织，是能够信得过、能够替自己说话、能够为自己办事的组织。

4. 坚持问题导向

改革是由问题倒逼引发的。要把解决问题放在发展的高度来思考。在问题中寻找出路，在出路上谋求进步，持续改善，持续发展，是工会参与社会治理的原则。没有一劳永逸的方式，只有不断实践，不断发现问题，不断改善环境，才可以实现通向社会治理现代化的目标。

（二）厘清工会角色定位

1. 政策制定者

工会长期和职工群众打交道，最直接了解职工群众的利益诉求。针对劳动领域出现的新情况新问题，在省级人大制定、修订地方性法规政策出台前，工会要主动推动党政部门、社会组织、专家学者和有关利益群体进行讨论，及时反映职工诉求，并将职工利益通过法律条文的形式予以明确，从源头上维护职工的合法权益。工会还可针对职工权益方面比较突出的问题和群体，广泛开展调研，积极推动法律法规的完善，最大限度保护职工群众。促进公平正义，是工会参与社会治理的重要角色。

2. 利益协调者

劳资关系涉及企业和职工群众之间的直接利益，劳资矛盾是社会矛盾之一，劳动关系不和谐影响社会总体和谐与稳定。工会参与社会治理，是在国家、社会、企业和公民之间利益最大化的基础上，优化维权机制，构建多方联动的工作格局，完善劳资纠纷处置，防止劳动领域社会风险向其他领域蔓延。例如在去产能的过程当中，工会协调利益是在维护党政决策的前提下进行的，协调的基础是改革政策的落地。在企业因环保达标关停的过程当中，工会在维护社会大众的利益的基础上争取职工利益维权才能维稳，维稳需要维权。在劳资关系博弈的过程当中，工会要积极参与协调，反映职工诉求，做好政策解释工作，做好法律的宣传工作，维护职工法定利益，代表职工协调法外诉求。

3. 服务提供者

工会作为职工群众的娘家人，要靠实打实、心贴心的服务才能凝聚职工群众的力量。开展职工喜爱的活动，开设妈咪小屋为女职工提供贴心关怀，为困难职工开展帮扶等，都是工会服务职工的内容。在新形势下，职工的整体素质不断提升，年龄结构不断发生变化，对工会服务的需求也在不断变化。针对外在因素的变化，工会在传统服务的基础上还需不断创新活动形式和活动载体，满足职工群众的需求。

4. 思想政治引领者

工会在参与社会治理中，要弘扬劳模精神，劳动精神、工匠精神，组织动员职工投身经济社会发展，建立一支宏大的产业工人队伍，引导职工积极干事创业，培养一批大国工匠型人才。工会要在职工群众中发掘榜样，树立榜样，以劳模精神影响广大职工队伍，通过报刊媒体、网络、微博微信等方式进行广泛宣传。同时，要积极宣传倡导社会主义核心价值观，通过文化宣传，在职工队伍中营造积极向上的气氛，汇聚正能量。

5. 民主法治监督者

发挥民主法治监督的作用，从法治保障的角度提升职工的参与度，这是工会在实际工作中独特的作用。工会发挥监督者的作用具体体现在：①深入企业组织民主建会，畅通劳资关系沟通渠道；②推广厂务公开制度，开展民主管理，保证职工群众的知情权；③监督企业落实《工会法》《劳动合同法》，保护职工的各项合法权益；④组织开展集体协商，从待遇上保障职工的合法权益，维护劳动关系和谐稳定；⑤开展安全生产检查，为职工构建安全生产环境。

6. 资源连接者

一方面工会可以积极协调政府、企业、社会、慈善等多方力量，为职工打造立体的服务系统，加强不同系统、不同资源的相互融合，形成合力解决问题；另一方面可以发挥工会组织优势，通过培育壮大职工服务类社会组织，引导劳动领域的社会组织积极参与职工服务。工会作为党委领导下的群众组织，自身的双重属性决定了工会成为"枢纽型"社会组织的必然，要充分用好这一身份优势，以社管社，以社服务社，弥补工会服务内容和能力不足的短板。

（三）工会参与社会治理的行动路径

1. 加强顶层设计

工会参与社会治理是一个系统工程，关系到全国几亿职工群众的切身利益，需要将工会参与社会治理放在国家发展和治理的高度进行顶层设计和规划，开展战略性、系统性、前瞻性的工作谋划。一是要统一思想认识。工会需要在社会治理当中大展身手，要将这一理念和思想在各级工会干部当中形成统一的思想认识，部署统一行动，号召和动员工会干部参与社会治理的布局当中，提高工会参与社会治理的责任感和紧迫感。二是要理顺多元主体关系。工会参与社会治理，涉及的主体包括政府、企业、工会、社会组织和职工群众多个主体。如果关系没有理顺，则可能相互牵制、相互影响，最终无法达到社会利益最大化的理想目标。从治理本身来看，有为才有位，有位才可以有为，因此，在"为"和"位"之间，需要在顶层设计的时候，给予清晰的界定，明确在社会治理当中，政府角色、企业角色、工会角色、社会组织角色和职工群众角色，清晰的角色定位才可以避免工作当中的"越位""错位"和"失位"，实现共建共享的社会治理格局。三是要明确职能分类。在工会参与社会治理当中，有一个问题不容忽视，那就是厘清工会的现有职能,并将工会的现有职能进行细分类。社会治理现代化的标志之一就是专业化,只有将职能细分,职责细分,才可以实现专业化。因此,这些在顶层设计的时候就必须考虑清楚,工会如何"简政",哪些可以减出来交给社会组织来做,哪些必须由工会来承担,这之间需要有准确的分类和清晰的界定。这样的功能分类,无论对于发挥作用还是引导组织等方面都有重要的指导意义。

2. 强调主责主业

任何改革,都是造福职工群众的,任何改革,都是围绕主责主业,否则,就是舍本逐末。一是加强源头参与。参与涉及职工利益的立法,这一点在当前的工会工作当中已经有了很多的参与实践,但仍需继续加强,要在各种场合坚定地为职工代言,为职工发声,为职工争取权益。工会要敢于发声,合理发声,有理有据,发出有效的声音。二是加强依法维护。职工有理的行为,工会要做好代言人,为职工争取。职工超过法律规定的诉求,工会要及时做好政策解释,呼吁职工理性表达。心中牢记法律,让工会代表职工权益时有底气、有力量。三是加强法律宣传。新生代职工逐渐成为职工群体的主体,他们对新知识、新观念有着密切的关注,对自身权益密切关注,也有强烈的表达诉求的意愿。工会要重视职工群众这一特点,对职工开展法律宣传和法律服务,让职工群众用法律武装头脑,指挥行动。通过广泛的普法宣传,让职工群众能够更加准确地评估自身权益的实现情况,表达诉求有法可依,让职工群众在维护权益时理性表达,保护自己不踩法律的红线。在具体工作过程中,可以依托目前已经建立的社会化工会工作者、工会社工、职工服务类社会组织,开展形式多样的职工服务,发挥志愿者的作用,引导更多社会力量、更多资源参与职工服务,做职工群众的贴心人,筑牢基层服务基础。

3. 夯实工会基础

基层工会是工会工作的基石,是和职工群众联系的直接纽带。基础不牢,地动山摇。因此,夯实工会基础,对于巩固和发展工会工作有着不容置疑的重要作用。基层工会工作的好坏,直接影响职工对工会的信任和认可。一是夯实民主建会。上级工会在指导和参与下级工会的时候,要突出抓好民主这一关键词。只有让广泛的职工代表,选出真正能够代表职工群众的工会代表和工会主席,才能避免工会选举走过场、走流程。上级工会还要定期检查工会换届情况和工会委员更换补充情况,对于不符合《工会法》要求的工会,要及时提出整改意见,督促整改完成。二是注重提升能力。对基层工会干部要做好工会业务知识培训,及时解答基层工会提出来的问题,及时协调基层工会当中存在的问题,让基层工会干部有能力解决职工群众的问题，有资源克服工作当中的瓶颈。三是保障渠道畅通。要打通职工群众与基层工会之间、各级工会之间、工会和党政之间的沟通渠道，避免出现"肠梗阻"的情况。信息畅通，渠道畅顺，问题才能快速解决。不要局限于传统的沟通方式，要将现代沟通工具运用到工作当中，快速发现，快速反应，快速处理，避免事态升级和扩大。

4. 发挥平台作用

工会参与社会治理，要求工会更多地运用社会资源，借力社会组织，弥补自身体制不足、人才队伍力量不强的短板。因此，工会需要摆好自己的位置，将"自治"和"治理"结合起来，将打造平台和完善机制结合起来，将"放"与"管"结合起来，做出具有工会特色的服务平台。一是建立平台机制。工会拥有自己的资产，工会经费收缴制度为工会工作开展提供了一个良好的资源支持。工会可以充分利用现有资源，以市为单位，打造各市的职工服务类社会组织孵化平台和扶持平台，为有志于从事职工服务的社会组织提供登记和办公场所，并对入驻的社会组织业务范围和内容进行指导与监管。二是履行监管作用。制定科学有效的评估体系和考核标准，引入第三方机制对各社会组织开展职工服务的情况和内容进行监管和评估，对于服务内容不符合工会要求的，要及时予以制止和调整，甚至联合社会组织监管部门进行清理。三是撬动资源作用。激发社会组织内生动力，激发民间活力，引入"公益创投"的概念，为社会组织提供资源连接的机会，为职工群众的自发性组织团体提供支持。如广东省工会，直接回应基层人手不足力量不强的难点，由广东省总工会统筹安排资金，按每人每年4万元的标准支持乡镇街道工会聘请社会化工会工作者参与基层工会工作，得到了基层工会系统的一致好评。

5. 借力信息化手段

信息化、数据化是这个时代的主要特征。快速的信息沟通反馈、精准的服务投送、人性化的互动模式，已经成为现代人生活的基本体验。在工会参与社会治理的时候，信息化建设是一个必须重视的途径。一是要快速采集信息。在人人都是话筒、人人都是自媒体的时代，职工群众遇到问题，第一时间不是向有关职能部门反映，而是通过网络直播或者传播，引发网民关注，在很短的时间内就可以迅速扩散和发酵。在这种情况下，信息就是情报，是工会下一步工作的抓手。工会必须加强对信息的扫描和收集，才可以应对这个瞬息万变的环境。二是要及时发布信息。获取信息后，工会在核实、了解和跟进处置之后，要及时在网络上予以发布，减少因信息不透明带来的"谣言满天飞"现象。此外，工会要善用新媒体工具与职工群众打交道，及时将活动信息和工会的服务内容通过新媒体告知职工群众，广东省佛山市南海区狮山镇总工会微信平台运营广受好评的成功经验说明，零距离地沟通才是打通关系的友好方式。三是要精准服务。在一切都可以用数据来说话的年代，精准服务不再是空谈。工会要借力大数据平台，建立工会会员信息的大数据网络，收集职工群众的基本情况、需求、喜好等信息，通过数据的分析，将细分的服务精准到职工个人，体现工会服务的个性化和人性化的特点。如2020年夏天，广东工会利用"粤工惠"APP平台，精准向环卫工人、快递人员赠送清凉饮料，职工通过平台领取服务，就近在便利店获得饮料，这一做法完全突破了时间和空间对职工服务的限制，给职工带来了极好的服务体验。

6. 巩固自身建设

打铁还需自身硬。工会工作也是一样，树立一个良好的形象，工会工作才能获得职工群众的信任和支持。工会参与社会治理，更加需要工会带头，廉洁清明，风清气正，凝聚社会正能量。一是加强党性教育。工会组织是党的群团组织，工会形象代表党的形象，工会干部队伍代表党的干部队伍，因此要加强工会干部的党性修养和党性教育，发挥头雁作用，树立有责任、有担当、有作为的工会干部榜样。二是充分发挥工建在党建当中的作用。党和国家高度重视党建和工建的作用，工会要把工会组建、发挥工会作用作为支持党建工作的重要手段，当作参与社会治理的重要内容，不断巩固深化"不忘初心、牢记使命"主题教育成果，当好党联系职工群众的纽带和桥梁。不断建立健全党建引领、联系广泛、服务职工的工会工作体系，努力发挥工会和职工群众在打造共建共治共享的社会治理格局中的重要作用。主动融入党领导下的社会治理大格局，探索建立区域化党建带工建工作机制，在区域性、行业性工联会中体现党的领导。三是加强监督执纪。加强工会平台建设和工会服务外包等具体项目、具体工作的监督，要让工会经费取之于会员，用之于会员，塑造工会干净、廉洁、有担当的群众组织形象。

7. 重视品牌建设

在工会参与社会治理的过程当中，离不开理论的指导，但同时，经验也是从实践当中来，要在实践当中不断反思和总结，对有可借鉴意义的做法加以提炼，以实践丰富理论，打造一系列工会服务职工群众、参与社会治理的品牌项目，增强工会的影响力和凝聚力。一是要及时总结经验。及时总结各级工会参与社会治理的实践经验，发现好的经验和做法，不断补齐服务当中的短板，持续改善，促进工会参与社会治理不断向科学化、现代化水平迈进。二是要加强理论创新。要将工会参与社会治理的工作与社会治理理论相结合,以理论指导实践的同时,从实践中谋求创新,完善工会参与社会治理的理论体系,在实践中摸索适合中国特色社会主义工会发展的路径。三是要凸显服务品牌意识。以职工需求为导向,在各类职工服务项目当中,挖掘一批党政满意、企业认可、职工喜爱的工会服务品牌项目,给予适当的资源支持和鼓励,并在各级工会当中宣传和推广,增强工会服务的影响力和号召力,激励更多、更好的民间智力加入工会参与社会治理的过程当中。

四、小 结

工会是一个庞大的组织机构,在参与社会治理过程中有着独特作用。但参与社会治理是一项渐进性的系统工程,涉及面广,还需要在实践中不断调整功能,完善体制机制,提升参与社会治理能力,以适应国家发展需要和职工群众的需求,在国家治理体系中展现更大的担当作为。

参考文献:

[1] 张静. 法团主义 [M]. 上海:东方出版社,2015

[2] 殷昭举. 创新社会治理机制 [M]. 广州:广东人民出版社,2011.

[3] 殷昭举. 社会治理学 [M]. 广州:广东高等教育出版社,2014.

[4] 王名,刘国翰,何建宇. 中国社团改革:从政府选择到社会选择 [M]. 北京:社会科学文献出版社,2001.

[5] 俞可平. 治理与善治 [M]. 北京:社会科学文献出版社,2008.

[6] 张癸. 发挥人民团体参与社会管理的作用 [J]. 当代行政,2008 (3):36 - 38.

[7] 杨丽,赵小平,游斐. 社会组织参与社会治理:理论、问题与政策选择 [J]. 北京师范大学学报(社会科学版),2015 (6):5 - 12.

[8] 张佑祥,郭玲. 基于职工需求导向的服务型工会组织建设 [J]. 文史博览(理论版),2013 (12):55 - 57.

[9] 陈俊洁. 中国工会在社会治理中的角色及其作用研究 [J]. 山东工会论坛,2020 (3):13 - 20.

[10] 李玉赋. 在推进国家治理体系和治理能力现代化进程中充分展现工会组织新作为 [J]. 机关党建研究,2020 (2):12 - 15.

对城市社区治理视域下发挥基层工会组织作用参与化解重大卫生公共危机的调研

——以T城市H城区3社区为对象

高 文 蒋 毅

（天津市工会管理干部学院）

摘 要：社会治理是国家治理体系的重要组成部分，也考验着我们党的执政智慧和管理能力。作为国家政权的重要社会支柱，工会组织协助党和政府参与社会治理责无旁贷。那么，如何发挥工会组织在社会治理中的作用，尤其是当遇到重大公共危机事件时，以及我们现在所处的"后疫情"时代，如何发挥基层工会的职能，显得颇为重要。带着这个课题，学院专题调研课题组深入一线，战斗在疫情防控的最前方，亲力亲为对社区治理和工会工作的内在关联做了探索性思考。

关键词：社会治理 工会 疫情 公共危机

庚子鼠年伊始，传染性很强的新冠肺炎疫情首先在湖北武汉地区暴发，进而演变成一场全国性的重大公共卫生安全危机。2020年1月23日至25日两天时间内，包括T城市在内的全国25个省市先后启动了重大突发公共卫生事件最高级别响应，由此可以看出此次事件的严重性、广泛性和紧迫性。

疫情发生后，在党的正确决策领导下，在包括3亿名职工在内的全国人民广泛协作和广大医护人员的艰苦努力下，我国疫情防控形势持续向好，生活生产秩序逐步恢复，现在已经全面进入疫情防控常态化阶段。

疫情防控期间，T市各级工会组织全面落实党中央、市委市政府和全总、市总相关部署要求，参与化解重大公共危机，维护国家政治安全；统筹推进疫情防控，协助企业复工复产；维护职工合法权益，积极创新工会工作方式服务职工群众，协调劳动关系等工作，展现了 T 城市各级工会组织的责任担当。

2019 年 10 月召开的中国共产党十九届四中全会，提出了社会治理的宏伟目标和要求，仅仅过了两个多月，新冠肺炎疫情暴发，客观上要求我们要加快城市治理的步伐，也体现了党中央高瞻远瞩、审时度势、高屋建瓴宏观谋略的正确性、科学性和前瞻性。

本文以城市社区治理背景为参照坐标，结合 T 城市 H 城区 Z 街道 Z 社区（以下简称 Z 社区）、T 城市 H 城区 T 街道 G 社区（以下简称 G 社区）、T 城市 H 城区 X 街道 Y 社区（以下简称 Y 社区）三个基层社区治理现状、"2020 抗疫"社区行动和基层社区工会工作三个方面的基层调研，对发挥工会等群团组织的作用，参与化解重大公共卫生危机做了相关的总结和思考。

一、本次调研中主要概念的内涵及外延

（一）国家事务与社会事务

国家事务是有关国家安全、社会秩序、公民人身和财产权益的相关问题。

社会事务特指公共事务。公共事务从广义上说是社会所有组织的所有非商业化行为；从狭义上说是社会所有组织涉及的政治活动及其与政府的关系。

国家事务与社会事务的区别之一是所属机构不同。国家事务的法理隶属是国务院直属机构，社会事务的法理隶属是各级政府职能部门。

国家事务与社会事务的区别之二是职责不同。国家事务具体工作是国家事务的管理、保障和服务等宏观工作；社会事务具体工作是社会发展中日常管理、治安、消防、城建、卫生、民生和救助等具体基层一线微观工作。

（二）中国工会组织职能：参与国家事务和社会事务管理

在 2018 年新修订的《中国工会章程》中有这样的表述："……工会组织要代表和组织职工参与国家和社会事务管理，参与企业、事业单位和机关的民主管理。"此表述有以下两个层面的含义：

第一，宏观层面是参与国家和社会事务管理，其方式是工会组织代表职工参与或者组织职工直接参与。

第二，微观层面是参与基层组织（企业、事业单位和机关）的民主管理。

（三）社会治理

1. 社会治理的内涵

社会治理是政府、社会组织、企事业单位、社区以及个人等多种社会主体通过平等的合作、对话、协商和沟通方式，依法对社会事务、社会组织和社会生活进行引导和规范，最终实现公共利益最大化的过程。

社会治理从宏观看，是治国理政和社会整合的实际客观要求；从微观看则是基层社会的实际客观需要；从长远来看，社会治理的目标是保障公共安全、化解社会矛盾和培育自治社会；从短期来看，社会治理的当务之急是要建制建章、完善治理体系、优化治理结构和做实基层一线工作。

2. 社会治理的提出

社会治理一词是由社会管理一词逐渐演化而来的。社会管理最早见于1998年《关于国务院机构改革方案的说明》，《说明》提出各级政府有宏观调控、社会管理和公共服务三项基本社会职能。随后，伴随经济社会的快速发展，特别是多元社会的日益形成和社会流动性的日益增强，社会管理者逐渐认识到社会管理应该走向社会治理。

正是基于这种认识，党的十八届三中全会从改进社会治理方式、激发社会组织活力、创新有效预防和化解社会矛盾体制等方面部署社会治理体制创新。这是第一次公开提出"社会治理"的概念。党的十九大则提出要打造共建共治共享的社会治理格局，推动社会治理重心向基层下移，实现政府治理和社会调节、居民自治的良性互动。

从"社会管理"到"社会治理"，体现了从一元到多元、从单向到互动的新模式。党的十八大以来社会改革进入深水区，我国的社会矛盾日益激化，经济社会发展处于重要的战略机遇期，客观上要求从"社会管理"到"社会治理"的转变。

3. 党的十九届四中全会报告对社会治理战略的宏观顶层设计

党的十九届四中全会报告提出，"建设人人有责、人人尽责、人人享有的社会治理共同体。"社会治理是新时代的必答题，人人都是答卷人。社会治理的力量支撑在广大人民群众，应该把社会治理的各类资源、服务彻底放到基层去。社会治理的重点在基层，难点也在基层，应下真功夫抓好基层治理，要着眼于细微处，不断提高基本公共服务水平和质量，让人民群众更有幸福感。

报告中指出，社会治理是国家治理的重要方面，必须加强和创新社会治理，完善党委领导、政府负责、民主协商、社会协同、公众参与、法治保障和科技支撑的社会治理体系，建设人人有责、人人尽责和人人享有的社会治理共同体，确保人民安居乐业和社会安定有序，建设更高水平的平安中国。

报告中指出，完善正确处理新形势下人民内部矛盾有效机制，坚持和发展新时代"枫桥经验"，畅通和规范群众诉求表达、利益协调和权益保障通道；完善信访制度，完善人民调解、行政调解和司法调解联动工作体系；健全社会心理服务体系和危机干预机制；完善社会矛盾纠纷多元预防调处化解综合机制，努力将矛盾化解在基层。

（四）社区治理

1. 社区工作

社区作为城市细胞，承载着文明、和谐、美好创建的基石，是党和政府联系群众、服务群众的神经末梢。可以理解为在党和政府的领导下，依靠社区力量，利用社区资源，强化社区功能，解决社区问题，促进社区政治、经济、文化、环境协调和健康发展，不断提高社区人员的生活水平和生活质量的过程，也是建设管理有序、服务完善、环境优美、治安良好、生活便利、人际关系和谐的新型社区的过程。

Kramer & Specht（1983）认为，社区工作是透过工作者使用各种工作方法，去帮助一个社区行动系统，包括个人、小组及机构，在民主价值观念的指引下，参与有计划的集体行动，以解决社区内的社会问题。工作目标是改变环境及机构的条件，它包含两个过程：一是社会政治过程，二是技术作业过程（问题分析与解决阶段）。

2. 城市社区治理

"社区"的概念是由德国社会学家滕尼斯最先提出的。所谓社区是以一定地域为基础，由具有相互联系、共同交往、共同利益的社会群体、社会组织所结构成的社会实体。

社会治理是国家治理的重要方面，城市治理是社会治理的重要环节，社区治理是城市治理的"最后一公里"。

随着社会的发展与进步，利用信息化等手段加强社区的建设和管理、完善社区功能、加快建设智慧社区已成为重要趋势。随着国家治理体系和治理能力现代化更高要求的提出，社区治理被提到一个新的高度。

城市社区治理则是在基层社区成立治理工作领导小组，在党委统一领导下，在明确社区工作职责的基础上,协助政府做好基层社区管理工作,并引入社会力量、志愿者力量共同参与。

针对关于社区治理和社工队伍建设,我国多省、市和地区出台了类似《社会治理基础提升城市社区治理意见》和《加强城市社区专职工作者队伍建设的意见》等宏观顶层设计方案,这在加强基层社会治理领域属于微观制度建设先行举措,其意义重大。

3. 社区工会工作

社区工会工作是社会工作的一部分,针对的是企业组织、事业组织、社会组织等基层组织和职工群体的服务。各级工会组织是整个社会组织结构中的一个分支,如何加强其自身建设,使之发挥作用,将有助于整个社会和谐健康发展。工会组织除了要履行服务职工职能以外,还要拓展思路,创新工会活动方式,积极参与管理社会事务,维护好国家、单位、个人三者利益,达到多方共赢,这有助于职工生活改善,社会效益提升,国家和谐繁荣。

党的十八大以来,T城市创建了工会社会化工作者和工资集体协商指导员新职业,其中的一个工作领域就是针对基层社区的治理。T城市制定了《社会化工会工作者聘用管理规定》,从聘用到管理,再到考核,从制度上保证了工会组织参与社区治理职能的落实。

2020年的《政府工作报告》中提出:"这次新冠肺炎疫情,是新中国成立以来我国遭遇的传播速度最快、感染范围最广、防控难度最大的公共卫生事件。"在新冠肺炎疫情防控形势最为严峻的时候,社区防控为广大居民提供了最后一道防线,在进入常态化疫情防控阶段后,城乡社区更是提供了基础性和日常性的安全保障。在后疫情时代,以社区安全护航居民安全,对巩固前期疫情防控成果具有重要的作用。

(五)公共危机

1. 公共性危机的本质

公共性危机是在社会运行过程中,由于自然灾害、社会运行机制失灵而引发的,可能危及公共安全和正常秩序的危机事件。公共危机是指对一个社会系统的基本价值和行为准则架构产生严重威胁,并且在时间压力和不确定性极强的情况下,必须对其做出关键决策的事件。公共安全管理的任务与目的就在于解决公共危机问题,它是伴随着人类社会的产生而客观存在着的。

公共性危机的指向对象是特定区域的所有公民,每个人都是危机侵害的对象。公共性危机往往威胁所有公民的人身安全，容易引发社会恐慌，加剧破坏性。因此，处理好不期的公共性危机，成为社会治理能力的重要指标。公共性危机不同于误解性危机、事故性危机、假冒性危机和灾害性危机，根本区别在于公共性。

公共危机的出现会严重威胁其正常的生活和生产秩序，这些突发事件包括难以预测的、不可抗拒的、严重的自然灾害、公共卫生事件、社会冲突及战争、极端行为方式如恐怖袭击等。它具有突发性和紧急性、高度不确定性、威胁性和破坏性、影响的社会性和扩散性。而公共危机管理通常指的是一种有组织、有计划、持续动态的管理过程，是在发生危机时，政府针对潜在的或者当前的危机，在危机发展的不同阶段采取有助于公民和环境的一系列措施和控制行动以期有效地预防、处理和消除危机。

2. 公共危机分类

公共性危机主要有以下几类：自然灾害（火灾、风暴、地震、洪水）；公共安全突发事故；恶性刑事案件；恐怖事件；疾病传播（公共卫生问题）；自然环境恶化。

公共性危机的实质是危及公共安全、破坏社会秩序和生存空间、侵犯人身安全和财产安全。社会在一定历史时期内无法根除这六种祸因，难免就会遭遇公共性危机。处理好公共性危机，对于构建和谐社会、提高社会幸福指数具有极其重要的意义。

3. 危机 = 危险 + 机遇

突发事件，一般也称为"危机"。在汉语中，"危机"是由危险和机遇两个词组成的。危机的本质具有二重性。危险总是与机会并存，而且二者是可以相互转换的。"危机"概念的本质内涵是"变坏或变好的转折点"，危机是恶化与转化的分水岭。

4. 社区危机管理

以社区为单位参与社会危机的预防、治理、减损的一系列活动的总称，是社会危机管理的一部分。社区危机管理需要社区成员参与，社区成员应该具有微观性、自主性和自觉性。社区危机管理是社会民间力量参与政府管理的方式之一，是一种新的民间自助支援系统。在公共危机发生前，应做好预警工作；危机发生时，应做好应急工作；危机发生后，应做好恢复工作。

由于公共危机的特性和公共危机管理主体多元化的要求，为了保证公民的人身财产安全，我们必须将目光聚集在社区，聚焦在社区危机管理，大力发展社区危机管理，完善社区危机管理体系建设。同时，对于建设社区公共危机管理体系也有重大的意义。

从社区方面来讲，有利于保障社区居民的生命和财产安全；从社会方面来讲，有利于社会稳定、和谐发展；从国家层面来讲，有利于国家基层建设，减少"政府失灵"带来的负面效应，建立起政府、社区与非政府组织合作、分权、共治的新机制。

二、对街道社区现状、"2020抗疫"社区行动、社区治理现状、社区工会工作的调研

（一）对3街道与3社区现状的调研

1. Z街道与Z社区现状

Z街道现状。据"六普"最新统计，Z街道辖区面积2.38平方千米，户籍总数32450户，常住人口84675人，总人口98193人，是T城市H城区12个街道中辖区面积最小、人口数量最多、人口密度最大的街道社区。辖区内有15个社区党委。该街道是20世纪50年代建设的工人新村，直至1992年危陋平房改造建设成今天的大型纯居民社区，居民主要由曾经为社会主义建设做出贡献的产业工人构成。Z街道干部通过对街情的科学认识和把握，根据实际情况，找准发展定位，确定发展思路，实施党建"3431"工作模式，即实施三大工程、建立四个平台、开展三项活动、实现一个目标。Z街道目前正在加强对社区党建工作的指导，系统地规范社区党建工作内容、活动方式和工作方法，不断促进社区管理。

Z社区现状。社区于1950年建成，辖区面积0.14平方千米，有户籍3718户，户籍8542人。现常住户2601户，人口数6620人。现有居民楼45座，152个楼门，2处平房，驻社单位11个，社区党员241人，社区党委下设5个支部。

Z社区呈现"四多、四少"的特点，"四多"即残疾人（精神病患者）多、老年人多、失业下岗人员多、低保特困户多。"四少"即经济发展空间资源少、有实力的社区共建单位、文化体育资源设施少、社区群众普遍收入少。

Z社区居委会原有一套偏单办公，建筑面积63平方米，一套独单40平方米，共计103平方米。至本文成稿之时Z社区居委会办公地点已经准备动迁，具体情况不详，但会比原先条件大有改善。

Z社区作为调研样本出于以下考虑：老旧破住宅建筑；社区内企业偏少，社区

环境较差,居民素质一般,土著居民和移动居民各占50%;为准物业管理社区。

2. T街道与G社区现状

G社区所在T街道现状。据"六普"最新统计,T街道辖区面积2.81平方千米,辖14个社区,设12个社区居民委员会,人口72845人。

T街道"一居一品"特色社区品牌建设是突出亮点。比如"泊客港湾社区""书香翰墨社区"之类的社区品牌,一直以来以每个社区的特色打造别具一格的社区风格,品牌效应也初见成效。

T街道在多个社区开展了"一居一品"特色社区创建活动。例如,开展群众喜闻乐见、乐于参与的活动,创建文明、温馨、和谐的"悦动宜居社区";开辟老年聊天室,实现老有所乐、老有所养、老有所为的"情系桑榆社区";针对流动人口、人户分离情况较普遍,开展特色活动,用温情服务打造流动人口之家"泊客港湾社区"。

G社区现状。G社区辖区面积达0.16平方千米,现有1个居民小区。居民住宅楼18栋,60个楼门。共900余户,2700余居民;社区系党委建制,有自管党员69人,下设2个支部。拥有4支志愿者队伍,志愿者人数达270余人。G社区居民多以G大学退休教、职工居住为主,居民整体文化素质较高,人文环境较好。

G社区依托社区特色文化资源优势,在强化基础文化设施建设、丰富文化活动载体、加大宣传,力求打造一个学习进取、奋发有为、温馨和谐的"书香翰墨型社区"。

G社区以旧楼区提升改造工作为契机,加强环境整治。开展除"四害"工作,预防传染疾病发生。推进社会保障工作,救助困难群众。落实住房保障政策,服务社区残疾人、老年人。

该社区作为调研样本出于以下考虑:老旧破住宅建筑最新提升改造升级;社区体量较小,无企业所在,社区环境一般,居民素质高,土著居民在90%以上;为准物业管理社区。

3. X街道与Y社区现状

Y社区所在X街道现状。据"六普"最新统计,X街道辖区面积4.10平方千米,辖15个社区居委会、1个社区筹备组。实施物业管理的居民小区13个、准物业管理小区10个。常住人口3.54万户9.37万人,流动人口0.13万人。界内有注册企业307家、经营单位437家、机关事业单位49家。XX送变电工程公司、XX学院、XX行政许可服务中心、XX医院、XX大型综合超市坐落在域内。

X街道加强党组织和党员干部队伍建设,推进创先争优活动。做好就业、再就业工作，全年创岗安置 1800 人。加强社会治安防范和管理，做好社会矛盾排查调处工作，深化平安社区建设。开展群众性文化活动，提升教育、科技、文化、卫生、体育工作水平，丰富社区居民生活。X 街道加强对权力运行的监督，深化党风廉政建设，提升干部群众思想道德素质和文明素质。X 街道被 T 市多次评优，获得 T 市人口信息化岗位练兵活动优秀街镇评比二等奖；"五好"关工委；X 街道获得各种荣誉 10 余项。

Y 社区现状。Y 社区楼宇是 2007 年新建成片高端商品住宅，Y 社区于 2011 年成立，社区包括高层楼房等 31 栋楼，53 个门栋加 1 个平房院。常住 2849 户。常住居民约 7812 人。社区党员 64 人。60 岁以上老年 430 人。已婚育龄妇女 784 人。残疾 12 人。低保 7 户。流动人口 74 人。义务制专职委员 4 人。兼职委员 7 人。社区成员代表 68 人。社区目前包括党总支、居委会、社区警务、业主委员会、物业公司四位一体管理模式已初步形成。

Y 社区广泛开展共建文明和谐社区活动，在社区居委会的组织下，开展了"四个机制"的创建活动，尤其在化解各类矛盾、创建平安社区中做了大量细致的工作，并开展了自娱自乐的各项文化娱乐活动，如晨练队、合唱团、舞蹈队、葫芦丝班等，辖区内有健身馆、超市、便民早点部、饭店等各种便民服务网点。

Y 社区作为调研样本出于以下考虑：新型住宅建筑；管理模式成熟；已形成服务型社区。

（二）对 3 社区"2020 抗疫"社区行动的调研

1. 领导：科学引领筑牢战斗堡垒

为了控制疾病的蔓延传播，T 城市以社区为单位，隔绝社会人员相互之间的流动，以便切断病毒的传播通道。在这样的背景下，社区工作突出了重要性和危险性。这场疫情深度挑战了 T 城市的基层社区治理体系和治理能力，是对城市社区的一次大考。社区作为城市社会的基本构成单元，面对重大公共卫生危机，出现了社区工作人员和防疫物资不足、辖区人口多排查难、公共危机应对经验欠缺等一系列实际问题，在疫情防控时期，最受瞩目的社区管理和服务面临了巨大挑战。

社区是疫情联防联控的第一线，也是外防输入、内防扩散最有效的防线。疫情就是命令，防控就是责任。三社区在"2020 抗疫行动"中，所在社区党组织积极响应号召，迅速行动，广大基层党员不论年龄、不分性别，最大限度地在疫情中践行"不忘初心、牢记使命"。门岗值守、疫情排查、采购物资……他们以平凡人之姿克服了一系列困难，展示出不平凡的责任与担当。

2. 群众：多方参与凝聚治理合力

社区治理主体多元化，必须凝聚合力，方能取得疫情防控阻击战的最终胜利。无论是居家战"疫"还是社区防控，都离不开居民群众的参与。疫情防控人人有责，打赢疫情防控阻击战，必须依靠广大人民群众的自觉遵守与积极配合，才能确保党的政策措施有效执行，取得实效。非常时刻，社区群众力量的聚集是化解危机的重要途径之一。有居民选择挺身而出，加入社区志愿者行列，为社区疫情防控默默奉献；也有居民积极献计献策，有效提升社区疫情防控效力，如 G 社区采纳业主建议，在小区出入口设置 5 米长的简易消毒通道，让进出业主安心、放心。社区群众为打赢疫情防控阻击战贡献着自己的一份力量，成为做好社区防控工作不可或缺的力量资源。

社区治理需要社区、辖区单位、非营利组织等多方参与。治理主体多元，必须坚持党建引领，有效整合多方资源，凝聚合力，取长补短，相辅相成，才能提升自身能力，更好地强化社区治理，发挥各自优势，并把优势转化为治理效能，筑牢疫情防控的坚强堡垒。

3. 舆论：引导打造宣传阵地

疫情来势迅猛，波及面广，部分居民难免会出现恐慌、焦虑等负面情绪，社区充分认识到舆论引导的重要性，用有力的正面宣传更好地暖人心、聚民心，引导居民坚定信念，不信谣，不传谣，配合做好疫情防控。

疫情防控期间社区宣传方式多种多样，既有传统朴实的"小喇叭"，也有现代便捷的微信群与公众号等自媒体形式，优势互补，营造了良好的宣传氛围。互联网的有效运用，为防控疫情提供了极为有利的治理平台，不仅减少了人与人之间面对面的接触，而且使得上情下传、下情上达更加便捷迅速。这些都为打好疫情防控战发挥了积极有效的作用。

此次疫情防控，恰似社区治理的试金石、助推器。基层社区应以此为契机，总结经验教训，不断加强和创新社区治理、提升治理能力和水平。补短板、强弱项，共建共治共享，构建好韧性社区，推动社区健康持续发展。

4. 支援：T 城市数万名下沉干部共分 3 批次支援社区抗"疫"

下沉干部是网络热词，指抗"疫"期间从上级机关到抗"疫"一线工作的干部。新冠肺炎疫情来势汹汹，迅速蔓延肆虐。在这场没有硝烟的疫情阻击战中，3 个社区因地制宜落实责任，但也面临人手短缺的短板。尽管社区干部和社区工作者缩短休息时间，但是仍然满足不了服务需求，导致社区防控疫情工作受到一些质疑，业主与物业、防疫人员发生冲突的可能性加大。

习近平总书记指出，"社区是疫情联防联控的第一线，也是外防输入、内防扩散最有效的防线。"T城市积极响应习近平总书记"把防控力量向社区下沉"的号召，2月15日，T城市市委办公厅印发《通知》，要求市区两级机关干部下沉到社区（村）一线。全市各机关闻令而动，干部踊跃报名，仅仅两天时间，T城市137个部委办局、13078名党员干部报名下沉到社区（村）一线，展现出应对疫情极强的凝聚力和责任感。

下沉干部的工作职责是制定方案、防控摸排、知识宣传、值守点位巡逻、关注孤老户和困难户的生活、解决前线抗"疫"人员家属的困难……

"上面千根线，下面一根针。"作为社区防疫的领头雁，下沉干部明白自己的责任，带着各级组织的委托深入一线，处理着与防疫相关的各样事情。

（三）对"疫情"前后以3社区为背景的社区治理工作调研

1. T城市的宏观社区治理工作：一条热线温暖一座城市

T城市的城市发展宏观目标是建设"创新发展、开放包容、生态宜居、民主法治、文明幸福"现代化的城市。T城市社区治理工作确立了"活力之区、绿色之区、安全之区、文明之区"的社区建设目标。

T城市的便民专线服务中心集纳了全市服务热线总共76条，是集政务服务、公共服务、社会服务于一体，覆盖全市46个委办局、16个区政府、24个公共事业单位、19家行业协会和3万多家加盟企业，建立了10万余条知识的数据库，实行统一服务标准，统一培训考核。《人民日报》发布的《2019年第三季度人民日报·政务指数微博影响力报告》中指出，T城市便民专线服务中心官方微博"T城市服务热线"再次位列全国十大服务中心微博排行榜首位。

"T城市服务热线"微博自开通运行以来，累计发布信息数量达5.4万条，受理求助和互动总量达68.3万条，"粉丝"总量达15.8万人次。同时，市便民专线服务中心还与市主流媒体、各政务融媒体进行双向互动交流，对一些重要和热点信息通过线上联动做到多层级、多途径、多渠道发布，扩大了其"传播力"。

T城市开通的民生热线，集中解决群众反映的有关"衣、食、住、行、养老、教育、医疗"等方面的民生问题，还成立督促检查领导小组，设立专门办公室，责令专门负责人协调解决民生问题。民生热线开通以来，一些反映集中的"老大难"问题得以妥善解决，得到群众的一致好评。

2. 3社区微观治理"三创"行动

3社区结合自身特点开展了创建文明城区、国家卫生城区和食品安全示范城区的"三创"活动（简称"三创"）。"三创"活动是社区工作的重要抓手，是提升城区管理水平的重要途径，是提高群众文明素养的重要载体。自开展"三创"工作以来，全街道各个社区上下齐心协力、攻坚克难，取得了阶段性的胜利，城区环境发生了很大变化。目前，正处于"三创"工作的决战决胜关键时期，任务艰巨，形势严峻，更需要坚持党建引领，党员带头，全民发动，人人参与。

"三创"工作是一项系统工程，更是一项重要的民心工程，需要举全民之力，依靠人民共同参与。要让百姓切实感受到此项工作的重要意义，更要让社区百姓看到这场攻坚战带给他们生活和环境的变化，变被动为主动，形成全民参与的良好局面。

"三创"工作是改善百姓居住环境、生活环境，提升城市综合功能，让人民共享发展成果的一项重要工程。可以说，这项重要工程的最大受益者就是社区百姓。脏乱的环境中感受不到幸福感，随意破坏环境也不是主人翁的应有作为。唯有上下齐心协力，把"三创"当成自己的事、自己家的事、关乎自己未来发展的事，才能横下一条心，汇聚万众力，干出好环境。

"三创"不是目的只是手段，是优化城市环境、提升城市品位的务实之举，是关系人民群众切身利益的惠民工程、民生工程。在这最吃紧的关键节点，要不松劲、不让步，标准不降、力度不减，咬定目标，全力攻坚，共同打赢这场攻坚战。

3. 大力发展社会民生服务业

由于篇幅所限，这里仅举其中一个事例。民以食为天，老年人每天做饭是一个大事，包括计划餐饮、外出购物、掌勺下厨等。很多老人每天都为三顿饭发愁，如果家门口有了老人食堂，就再也不用担心午饭问题了。

T街道老龄人口已达到1.3万余名，占街道总人口的18%，老龄化程度非常严重。如何更好地为老年人提供便利有效的服务成为社会的共性问题。对于老年人来说，午餐问题具有一定的普遍性和突出性。特别是对独居或身体不好的老年人来说，买菜、做饭、洗碗变成了很大的负担。早、晚饭还好，有子女帮忙解决，午餐问题可就难办了。开设老年食堂正是为了解决老年人午餐难的问题而谋划的一项惠民举措。当前在企业配送的基础上，T街道计划发动社区志愿者参与配餐送餐服务。开办的老年食堂不仅菜色品种多样、营养卫生，价格还实惠，老人食堂的开业彻底解决了老年人的后顾之忧，受到周边老人一致欢迎。

该食堂可以从源头上解决老人的用餐需求。同时，考虑到很多老年人出行不便，老人食堂主要以配送为主、就餐为辅，并且为长期订餐且年满80周岁及以上的老人提供免费上门送餐服务。

T街道目前已建成老人食堂8处，下一步将在全区逐步推广。在具体运作中，食堂的承办企业会对各社区的食堂实行统一配备配餐车、统一工作人员服装、统一规章制度、统一监督回访，以确保老人食堂的长效运转及午餐的安全和质量。

（四）对疫情防控期间3社区基层社区工会工作调研

由于3社区所辖为T城市H城区，故在T城市H城区总工会的领导下，工会社区工作总体部署是一致的，3社区结合自身社区情况，社区工会工作侧重点有所不同。

1. "云端"召开职代会，民主管理"不掉线"

基于全国新冠肺炎疫情防控常态化形势，为最大限度地降低新冠肺炎疫情的传播风险，某驻社区企业在社区工会的指导下，以主会场加视频会议的形式召开了职代会。这也是该企业在疫情防控期间组织的范围最广、人数最多的网络会议。除企业领导和各分工会主席在主会场参会以外，其他代表则居家或在各自办公地通过互联网"云端"参会。"云端"平台人头攒动，不同场地的画面在显示屏上来回切换着，热闹非凡。代表们先后听取和审议了2019年度工作报告、工会工作报告（含2019年工会经费收支情况说明）、提案工作报告、2019年财务决算和2020年财务预算工作报告。会上，每位工会主席及职工代表纷纷在网络群中以文字或语音的方式参与讨论，积极建言献策，同时使用在线投票功能，分别对各项工作报告进行了无记名网络投票表决。

2. 工会干部培训"微课"效果显著

为满足疫情防控下工会干部在岗培训和自主学习需求，应广大基层工会干部要求，T市工会管理干部学院组织优秀教师，围绕疫情防控期间工会工作与劳动关系领域热点问题，推出"工会微课"系列在线课程。至本文截稿时已推出3期，共24个课程资源，访问量达12118人次。

为进一步提高工会干部整体素质，努力建设一支德才兼备、精干高效、精力充沛的工会干部队伍，社区工会结合疫情形势，组织社区工会干部在线学习"工会微课"系列在线课程。社区工会干部利用工作微信群讨论课程内容，梳理年度重点工作，制定工会工作落实举措成效显著。

3. "沟通"是疫情防控时期工会工作的重要形式

对于正在复工的职工，上班之后的防护工作如何？企业会降工资吗？有裁员的可能吗？这些成了职工挂在心上的问题，也是社区工会干部疫情防控期间的所急所虑。如何做好特殊时期的工会工作，全靠走入企业，近距离协调沟通。

面对职工的疑虑，三社区工会安抚、稳定住所驻企业职工的情绪，大力宣传贯彻T城市总工会复产复工的指导意见，和所有企业沟通，就疫情防控期间职工的工资发放、假期计算等问题，防护设备和设施短缺问题等提供政策支持。在熟知这些法规政策后，辖区所有企业管理层承诺"不裁员、不降薪"。

4. 疫情防控期间社区工会提供职工心理疏导

疫情防控期间拥有健康的心态和均衡的免疫力十分重要。针对大众普遍关心的心理和健康问题，2020年3月18日，国家卫生健康委印发《关于新冠肺炎疫情心理疏导工作方案的通知》，要求各地卫生健康、民政、工会、共青团、妇联、残联等多部门根据重点人群特点，提供关心关爱、社会救助、心理疏导等关爱服务，必要时请专业医师为需要的人群会诊。

对于工会组织来说，疫情防控期间职工的心理疏导是重要工作内容。疫情发生后，职工复工的心理压力都特别大，有些职工担惊受怕，不愿来上班；有些外地回来的职工，觉得14天隔离期还不够，想多隔离几天。这些情况都需要心理支持，社区工会干部积极联系上级工会，反映情况，在有关社会组织支援下，解决了这个棘手的难题。

5. 面对疫情挑战，网上工会建设平台和新媒体应用发挥巨大作用

构建网上工会是顺应互联网+时代的要求，是工会自身改革的新路径，是提升服务职工水平的需要。2019年T城市上线的职工手机移动端"工会APP"，在疫情防控期间发挥巨大作用。主要体现在以下几方面：应用APP线上调查问卷功能，面向职工收集关于加强改进疫情防控工作的意见建议；建立职工心理咨询服务；上传职工技能学习视频等。

针对下沉社区服务的工会干部，及时建立微信平台专项工作群，实行实名制，经审核后入群。下沉干部详细上报工作时间、社区要求、接触人群、体温情况、联系方式等信息，保持密切联系。工作群协同、公开工作信息，指导宣传引领抗疫工作。

三、对"后疫情时代"社区治理与工会组织参与的思考

（一）"后疫情时代"的内涵与城市社区发展趋势

1. "后疫情时代"两个时段

2020年6月16日，中国国家主席习近平同塔吉克斯坦总统通电话时，提到"后疫情时代"一词。时隔6天，在以视频方式会见欧洲理事会主席时，习近平

再次使用"后疫情时代"一词。至本文收稿时，国内疫情还小有反复，国外疫情日增20余万例。由此，未来"疫情"前景不可预知。有专家预测，此次"疫情"要持续数年之久。

"后疫情时代"通常包括常态化疫情防控阶段和疫情被彻底控制后长期恢复两个阶段。其中常态化疫情防控时期是指疫情本土传播途径已经被基本阻断，疫情得到有效控制，但疫情反弹风险依然存在。因此，疫情防控具有长期性、复杂性和艰巨性特点。其中疫情被彻底控制后长期恢复阶段是指疫情被彻底控制后，由于疫情的深度破坏影响，人类社会要回到疫情暴发前的时代要经历一个漫长的过程。"疫情"对人们的思维方式、心理健康和生活习惯都将产生很大的影响甚至改变。

2. "后疫情时代"城市社区的新变化

城市社区自身的"免疫力"会逐步得到提升。城市社区是构成城市社会的基本单元，未来的城市社区不再是居住单元的物理集合，而是寄托情感、凝聚价值观的复合健康空间。人体的免疫力是人体自身的防御机制。城市社区"免疫力"特指社区人居的智能智慧应用系统；智能团购系统；健康生态生活空间；安心周全物业服务；遇到重大危机的应对措施和保障等社区居住环境。

其中的智慧社区系统包括人脸识别智慧门禁；有效避免接触公共设备的智能设施；智慧访客系统；安全报警系统；高清数字视频监控；社区安全防范系统；家居安防系统；智慧车库系统；智慧物业服务系统等子系统。

"后疫情时代"社区团购会得到逐步普及和升级。在疫情的助力下，社区团购由原先的小部分人群，逐渐被大众所认知和接受，且其便利性强、价格低等特点，能够充分适应城市社区的快节奏生活，成为生活的第一选项，被越来越多的用户信赖，未来社区团购将在不断完善其商业模式的过程中进步，有巨大的发展潜力。未来的社区团购会成为一种常态化的购物方式进入社区人们的日常生活，逐渐成长为家庭日常性的和常态消费渠道。这里需要说明的是社区团购与P2P的网络购物有很大不同，具体区别在此不再赘述。

"后疫情时代"社区危机管理的水平会逐步提升。社区作为政府与公众的连接纽带，贴近群众和基层的客观条件赋予了社区公共危机管理在公共危机管理中的诸多积极意义。现实中社区作为事实上的政权体系的延伸，应该确立危机管理的责任感和配备危机管理的力量。作为群众的自治组织，社区要加强自身建设，充分发挥社会动员潜力。

3. 此次"疫情"社区治理存在的问题

社区是抗击本次疫情的前哨阵地，从本次疫情总体上看，基层党建工作引领的制度优势，加上广泛的群众参与程度，在社区疫情防控中效果凸显，但是在抗疫过程中也暴露出社区治理组织、管理、社区服务能力、社区信息系统建设、社区治理机制等方面的问题。社区治理信息系统建设存在的问题体现在：社区治理信息系统的设计上注重自顶向下的方式，对基层现状把握不足；信息科技力量在社区层级应用不足；应对重大突发事件的科普信息工作欠缺；社区网格员信息处理能力有限；上级指令快速响应需进一步加强；社区服务与居民需求对接要进一步紧密；缺乏对社区基层实际需求的收集和分析渠道等问题。

面向居民的横向服务、街道社区综合管理部门都需要依赖各方基层反馈的数据后形成综合的分析研判，然而基层工作责任多、权利少、时间紧、人员少，社区综合管理的工作者又对辖区内居民生活轨迹、健康变化、出行情况等动态数据根本不掌握，难以对辖区内各方信息形成汇总，也更无法谈及及时快速发现和解决问题。

疫情防控期间绝大部分城市和社区单独使用的小信息系统，难以融入已有城市管理大信息系统。比如疫情防控初期对社区疑似病人排查收治信息和对新冠病人日常治疗、跟踪信息在疫情发生和发展初期曾一度陷入混乱无序的状况，摸不清居民确诊病例数量及病情、细分不出其他病情类别，导致延误治疗、危及生命，造成一定程度的恐慌。

4. 未来城市社区治理新模式

"党建引领·多元共治"的城市社区治理模式。在疫情防控中，城市社区发挥了重要作用，为此，从宏观视角来看应该把加强和改进城市社区治理作为推进基层治理体系和治理能力现代化的重要举措，立足每个社区实际情况，坚持以问题导向为初衷，探索建立"党建引领·多元共治"的城市社区治理模式，在社区党委领导下，推进业委会、物业管理和社区志愿者融合协同工作，全力构建后疫情时代城市社区治理新格局。

"韧性社区"的城市社区治理模式。党的十九届四中全会《决定》指出，"建立健全运用互联网、大数据、人工智能等技术手段进行行政管理的制度规则。""韧性"一词最初被应用于生态学领域，后被引入城市规划研究中，"韧性城市"随之受到关注。在城市中，社区是人们生产生活的重要场所，"韧性社区"便成为"韧性城市"的重要环节。"韧性社区"能够有效整合、利用内外资源，提升应对灾害的能力，从损伤中自我恢复，并自我适应环境的变化，实现可持续发展。

（二）工会组织参与社区治理

1."抗疫"期间，工会等群团组织成为应对突发公共事件工作中的重要补充力量

突发性公共危机事件在短时间内发生并严重威胁社会大众生活与社会秩序，具有高度不确定性、突发性、紧急性与危害性等特征。面对此类事件，除了政府与其他社会主体外，还应重视发挥工会组织的积极作用。

工会组织可以提供专业救助。工会等群团组织的成员来自社会各阶层和行业，不少专业性社团凭借自身的专业知识与经验，为危机的发生提供预警。

危机发生后，工会等群团组织可运用自身的专业优势提供救助，向政府提供应对建议。任何突发性公共事件都会对职工身体、心理、就业等构成一定的威胁和损失。在重大疫情出现时，工会要组织工会人员宣传科学知识，减轻疫情危害，协调劳动关系。

工会组织要派出工会干部和工会义工，探访居住在社区的职工群众，宣传防疫知识，赠送口罩等物资，要号召社区成员自愿加入社区组织的抗疫支援服务后备队，并提供医疗、护理与心理、社区安全等的支援和服务。

工会等群团组织还可以有效传播信息，整合社会资源，稳定社会心理以及协助灾后重建。公共危机事件容易造成社会情绪与心理动荡，仅凭政府力量难以实现全面的心理辅导，需要借助工会等群团组织力量与网络平台向社会及时传达真实可靠的信息，避免谣言蔓延，消除民众的恐惧心理，同时利用其广泛的成员基础和接近民众的优势，对受灾民众给予精神鼓励，疏导与稳定民众心理。

鉴于工会等群团组织在应对公共危机事件中发挥的多方面作用，在"后疫情时代"，应该动员工会等群团组织力量，投入防疫抗疫之中，发挥其多元功能，并总结经验，增强工会等群团组织能力，以应对新的突发公共危机事件。

2."后疫情时代"工会等群团组织对构建强大的公共卫生体系能发挥重要作用

2020年6月2日习近平总书记发表重要讲话强调："人民安全是国家安全的基石，只有构建起强大的公共卫生体系，才能切实为维护人民健康提供有力保障。"

工会组织要建立构建强大公共卫生体系常态思维，在慎终如始地抓好疫情防控的同时，面对问题不回避，深层次梳理工会等群团组织体制机制上的短板和不

足，筑牢职工安全基石。

3. 工会组织做好应对我国劳动关系领域危机的准备

工会组织要全面准确认识和把握疫情防控期间内外部环境的深刻变化以及对我国劳动关系领域可能带来的新情况、新问题、新挑战和新风险，着力防范化解劳动关系领域重大政治风险。劳动关系和谐稳定是社会和谐的基础，维护劳动领域政治安全，确保职工队伍稳定，引导职工听党话跟党走是巩固党执政的阶级基础和群众基础，工会组织使命在肩、责任重大。

2020年4月10日，全总在十七届三次执委会会议上对各级工会提出了"五个坚决"要求，即坚决防止敌对势力借所谓"维权"插手煽动、渗透破坏，这是维护劳动领域政治安全的前提；坚决防止所谓"独立工会""民间工会"的出现，这是维护劳动领域政治安全的关键；坚决维护职工队伍和工会组织的团结统一，这是维护劳动领域政治安全的基础；坚决维护企业和社会大局和谐稳定，这是维护劳动领域政治安全的重点；坚决捍卫中国共产党工会和我国社会主义制度，这是维护劳动领域政治安全的根本。

4. 强化"五种思维"提升工会干部社会治理能力

"推进国家治理体系和治理能力现代化"，是党中央高瞻远瞩、审时度势做出的重大战略决策，与此同时也对工会干部的治理能力提出了更高要求。作为新时期、新形势下的工会干部，需要强化"五种思维"，融入当前的时代背景下，提升我们的社会治理能力和水平。

要强化"全局思维"。古语云，不谋全局者，不足以谋一域；不谋万事者，不足以谋一时。全局思维就是战略思维，是胸怀大局、把握大势的重要能力；是从实际出发，正确处理全局与局部、未来与现实的关系，并抓住主要矛盾制订相应规划，以实现全局性、长远性目标的思维。具体到社会治理实践中，工会干部工作所面临的环境既是全局又是局部，站在全局的高度上负总责，特别是在事关全局的关键抉择面前，工会干部要识大体、顾大局，时刻把大局利益摆在第一位，善于抓主要矛盾，驾驭复杂的局面、解决复杂的矛盾。

要强化"破题思维"。当前，从"点题"到"破题"，习近平总书记已把伟大的改革发展新蓝图转化为全方位治国理政新的成功实践。在社会治理中我们还面临着许多矛盾和挑战，随时会出现难题、怪题和新题，工会干部也只有强化"破题思维"，保持敢于"涉险滩、打硬仗"的拼搏精神，用好调查研究这个"法宝"，才能在基层的社会治理中找准问题的关键和瓶颈，才能"对症下药"，才能在不断发现问题、解决问题中锤炼治理能力。

要强化"学习思维"。对于工会干部来说，社会治理是一项烦琐而复杂的工作，更容易出现"知识恐慌""本领恐慌"的现象。这就要求我们干部要强化"学习思维"，牢固树立终身学习的理念，既向书本学，又向实践学，探索学习上的认知和智力活动。真正把学习当作一种责任、一种习惯、一种追求，让学习的过程贯穿到整个社会治理的具体实践当中。

要强化"法治思维"。在应对危机的过程中，基层干部要加强法治思维，注重提高依法防控、依法治理能力。习近平总书记强调："领导干部要把对法治的尊崇、对法律的敬畏转化成思维方式和行为方式，做到在法治之下、而不是法治之外、更不是法治之上想问题、作决策、办事情。"将党组织、政府、社会组织和公众等多主体共同参与治理基层事务的过程纳入法治化轨道。工会干部同时要做到"遇事找法，解决问题用法，化解矛盾靠法"，才能真正提升工会工作的各项能力与水平。

要强化"互联网思维"。运用互联网思维，是当今形势下了解民意，防范和化解矛盾最直接、最便利的手段之一，也是创新社会治理的重要路径和重要环节。社区的工会干部可以采取"大数据＋网格化＋铁脚板"的成功经验，利用大数据赋能服务、实行网格化联动共治、"铁脚板"力量组织三大体系，以达到收集社情民意，了解民众诉求，反馈处理结果，推进信息公开、共享和事务共建、共治。

参考文献：

[1] 郭建芹. "社会治理"的理论内涵和实践路径 [J]. 管理观察，2018 (36)：52-53.

[2] 秦国伟，董玮. 城市治理现代化的逻辑范式、作用机制与实践路径 [J]. 河南社会科学，2018 (5)：84-87.

[3] 秦寒. 共建共治共享的社会治理格局：时代价值、架构与实践路径 [J]. 上海市经济管理干部学院学报，2019 (6)：8-14.

[4] 曲姿璇. 马克思主义社会治理思想在中国新时代社会治理创新的实践路径 [J]. 理论观察，2019 (2)：35-37.

[5] 余剑平. 防范化解社会风险协同共治模式的构建与运行 [J]. 理论建设，2019 (5)：64-69.

[6] 闪淳昌. 防范化解重大风险提高危机管理能力 [J]. 中国党政干部论坛，2019 (5)：6-11.

[7] 邓晓婷,陈冠林,黄莹偲,储大可,高永清. 突发公共卫生事件风险评估方法 [J]. 中国预防医学杂志, 2014 (3): 285–287.

[8] 刘晋. "社会风险——公共危机" 演化逻辑下的应急管理 [J]. 党政论坛, 2014 (2): 100–104.

[9] 谢海军. 健全重大公共卫生风险的源头防控机制 [N]. 河南日报, 2020–03–04 (07).

[10] 张洋. 提高防控能力着力防范化解重大风险保持经济持续健康发展社会大局稳定 [EB/OL]. 人民网, 2019–01–21.

[11] 林德尔. 应急管理概论 [M]. 北京:中国人民大学出版社, 2010.

[12] 薛澜. 危机管理 [M]. 北京:清华大学出版社, 2003.

[13] 田毅鹏,张帆. 新时期基层社区 "展示性治理" 的生成及运作 [J]. 学习与探索, 2016 (9): 37–44.

[14] 徐向文,李迎生. 志愿服务助力城乡社区自治:主体协同的视角 [J]. 河北学刊, 2016 (1): 164–170.

坚持和完善中国工会的优势

——兼论中国工会在国家治理中的作用

乔 昕

（陕西工运学院）

摘 要： 中国工会自身具有政治、组织、制度、资源、群众等诸方面独特的显著优势，坚持和完善中国工会的优势，使其转化为助力国家治理能力和治理体系现代化的效能，对于发挥好工会的桥梁纽带作用，彰显工会在共建共治共享的社会治理体系中的新作为和新担当，从而更好地肩负起引领广大职工听党话、跟党走的政治任务，具有重要的现实意义。

关键词： 中国工会 优势 国家治理

中国工会与世界上大多数工会相比，有许多工会固有的共性，譬如维护劳动者合法权益、代表工人利益与雇主方谈判或对话、为劳动者争取生活和劳动条件的保障等。但中国工会自身又具有政治、组织、制度、资源、群众等诸方面独特的"显著优势"，这些优势不是照抄照搬别国得来的，而是在历史背景、独特国情、生动实践和自身改革的共同影响与作用下，逐渐形成并不断丰富的。把中国工会的独特优势转化为助力国家治理能力和治理体系现代化的效能，对于发挥好工会的桥梁纽带作用，更好地担负起引领广大职工听党话、跟党走的政治任务，十分必要和重要。

一、坚持和完善中国工会的政治优势

（一）中国工会的双重属性

关于中国工会性质的表述主要有"工会是职工自愿结合的工人阶级群众组织"（《工会法》2009年8月27日），"中国工会是中国共产党领导的职工自愿结合的工人阶级群众组织"（《中国工会章程》2018年10月26日），"工会、共青团、妇联等群团组织是党领导下的政治组织"（《中共中央关于加强党的政治建设的意见》2019年1月31日）。从"群众组织"到"中国共产党领导的群众组织"再到"党领导下的政治组织"，定位越来越清晰，定性越来越明确。政治工作是一切工作的生命线，工会工作当然也不例外。显然，中国工会既是一个群众组织，又是一个政治组织，中国工会具有政治和群众双重属性。

（二）中国工会"守魂"担使命

政治性是群团组织的灵魂，是第一位的。历史和现实反复证明，我国工运事业和工会工作的主要经验，就是在党的领导下，依法依章程独立自主地开展工作。这是中国工会突出的政治优势，党有号召，工会有行动，党发展到哪里，工会就跟进到哪里，党的中心工作在哪里，工会的力量就凝聚到哪里。离开了政治性，群团组织就容易产生脱离党的领导的倾向，就会庸俗化，就会成为一般社会组织，甚至会走向邪路。中国工会坚守"政治性"这个第一位的灵魂，肩负着引领工人阶级跟党走、使之成为党最坚实最可靠的阶级基础的使命，决不成为西方那种"独立工会"。

二、坚持和完善中国工会的组织优势

（一）中国工会的全面覆盖

从国家到地方，从地方到产业，哪里有职工，哪里就有工会组织，这是中国工会组织的力量体现，是"一呼百应"的基础所在。截至中国工会十七大召开，我国工会会员已达到3.03亿人，其中有农民工会员1.4亿人，拥有基层工会组织280.9万个，覆盖单位655.1万个。毫无悬念，中国工会是世界第一大工会，其覆盖的全面性、广泛性优势十分突出。中国工会广泛团结亿万职工，更好地维护职工合法权益，在新时代越来越多地展现出中国工会的非凡力量。

（二）中国工会"固本"强基础

工会是做工人阶级工作的，而工人阶级是我们党最坚实、最可靠的阶级基础。习近平总书记指出"不论时代怎样变迁，不论社会怎样变化，我们党全心全意依靠工人阶级的根本方针都不能忘记、不能淡化，我国工人阶级地位和作用都不容动摇、不容忽视"。工人阶级是"根"、工人阶级是"本"，新时代不断加强我国基层工会建设，是增强工会组织活力的必然要求，也是工会组织参与共建共享的社会治理体系的客观需要。各级工会大胆实践和探索，相继出现了产业园区工会、乡镇街工会、社区工会、楼宇工会、总部经济工会等组织形式，近年来，持续开展"强基层、补短板、增活力"行动和"八大群体"集中入会行动，坚持依法建会、依法管会，把职工群众最广泛、最紧密地团结在党的周围。

三、坚持和完善中国工会的制度优势

（一）中国工会的有力保障

中国工会有多方面的制度优势。首先，中国工会有法律保障优势。在我国数十万个群团组织当中，工会是唯一一个有立法的组织，这是中国工会最为突出的制度优势。《工会法》对工会的建立、法律地位、组织机构，工会的权利和义务以及工会活动保障等重大问题做出了法律规定。其次，中国工会有参政议政优势。中国工会在源头参与立法，能够参与到全国人大等立法机构法律制定的过程中；中国工会还是人民政协的重要界别之一，通过建言献策、民主监督，更广泛地联系和团结职工群众；中国工会还有党委定期听取和研究工会工作机制，有政府与工会联席会议制度，把党政所需、职工所盼、工会所能的事办好做实，从而发挥工会组织在推动经济社会发展、促进社会和谐稳定等方面的积极作用。此外，中国工会还有与政府、企业劳动关系三方协调机制、企事业单位民主管理制度、中国特色社会主义维权机制、工会经费保障机制等，这些制度优势为工会工作开展提供了全面系统、高效有力的保障。

（二）中国工会"举旗"守初心

维护是工会的初心和旗帜，也是发挥广大职工群众积极性、增强工会凝聚力的重要工作。工会要赢得职工群众的信赖和支持，必须做好维护职工群众切身利益的工作。维护需要方法和手段、路径和平台，维护更需要制度保障，只有通过制度保障的维护，才是更规范、更持久、更管用的维护。中国工会按照以"维护职工合法权益、竭诚服务职工群众"为基本职责，运用和发挥我国工会的各项制度优势，重视利用制度优势维护和服务职工，主动争取更多资源和手段，努力增进广大职工福祉，让职工群众的获得感成色更足、幸福感更可持续、安全感更有保障。

四、坚持和完善中国工会的资源优势

（一）中国工会的多样平台

工会的资源是工会工作的重要依托，中国工会的资源大致可分为有形资源和无形资源。有形资源，主要是指工会的人、财、物、活动等，包括工会工作人员配置（编制）、办公条件保障等，也包括工会有独立的经费收缴、管理和使用的权力，以及开展专项活动需要政府（行政）拨付或接受社会资助的经费，还包括独立的工会资产管理使用的权力，有工人文化宫、工会院校、工人疗养院、工会报刊等阵地。无形资源，主要是指工会的组织、法规、机制、信息（数据）等，中国工会有依照法规为保证其履职而被赋予的权力，包括用来行使工会职能的手段、策略及技巧，也包括党委和政府（行政）把一定的权力赋予工会，如"劳动模范""五一劳动奖""工人先锋号"等评选中基础的、具体的工作，以及对劳模、工匠、"五一劳动奖章"获得者等英模人物的服务和管理等，这些都是中国工会独特的无形资源。

（二）中国工会"圆梦"抓落实

"体面劳动、舒心工作、全面发展"是广大职工群众的梦想和追求，新时代职工群众对美好生活充满向往，如何让劳动者梦想成真、人生出彩，是新时代工会工作需要聚焦和发力之处，也是新时代工会的奋斗目标。中国工会在党的领导下，严格规范利用各类资源和各种手段，努力使资源效益最大化地发挥，用好用足工会的资源优势去"圆"广大职工群众的幸福梦，干党委想干的事，帮政府干好正在干的事，解决职工群众关心的事、操心的事、揪心的事，团结带领职工把自身前途命运同国家和民族前途命运紧紧联系在一起，用智慧和汗水圆梦，用劳动和奋斗托起我们的中国梦。

五、坚持和完善中国工会的群众优势

（一）中国工会的巨大力量

群众性是工会组织的根本特点，可以说，群众路线是工会工作的生命线。中国工会在组织构成上，最大限度地覆盖所组织的群众；在服务宗旨上，坚持一切为了群众；在运行机制上，突出群众的主体地位。我国工会最大限度地吸收职工群众自愿加入工会，正如列宁说的那样："工会始终是工人阶级实现阶级联合的最广泛的组织，工会的会员构成具有工人阶级范围内的广泛性。"同时，我国工会以牢固的群众工作理念为指导，密切同职工群众的联系，使广大工人都感到工会是工人自己的组织，是工人信得过、能替工人说话、替工人办事的组织。中国工会的血脉在职工群众，中国工会的力量来自职工群众，突出职工群众的主体地位，紧紧依靠职工群众，彰显了中国工会的磅礴力量。

（二）中国工会"明道"找差距

工会组织来源于职工群众，发展壮大于职工群众，与职工群众是命运共同体。列宁指出：工会"是一个形式上非共产党的、灵活的、比较广泛的、极为强大的无产阶级机构，党就是通过这个机构同本阶级和群众取得密切联系的"。离开了群众性，工会组织就容易走向官僚化、空壳化。我国各级工会遵照习近平总书记关于群团组织增强"三性"、去除"四化"的要求，通过在工作中找差距、查不足、补短板，努力把群众工作做到实处，当好桥梁和纽带，把执行党的意志的坚定性和为职工服务的实效性统一起来，切实夯实党执政的群众基础和积极基础。

六、发挥中国工会在国家治理中的作用

我国社会治理体系的主要特征是党政主导、多元参与，中国工会在国家治理中有不可替代的地位和特殊的作用。坚持和完善中国工会的优势，找准做实工会参与国家治理的切入点和结合点，发挥中国工会在国家治理中的独特作用，是新时代工会的重要工作。

（一）化优势为柱石

中国特色社会主义工会发展道路，深刻反映了中国工会的性质和特点，要坚持中国特色社会主义工会发展道路，彰显工人阶级主人翁地位和主力军作用，把握工人运动时代主题，认真履行工会的基本职责，发挥好工会源头参与立法的作用，推动完善党政主导、工会推动、部门协同的维权机制，聚焦新时代职工群众的新需求，着力为职工提供更多高质量、精准化、普惠性的服务，常做围绕中心、统一思想的工作，善做凝聚人心、增进感情的工作，多做化解矛盾、激发动力的工作。把广大职工群众团结起来，使之成为党最坚实、最可靠的阶级基础，成为坚持中国道路的坚强柱石。

（二）化优势为力量

工人阶级是实现中华民族伟大复兴的中国梦的主力军。工会通过自身社会职能的发挥，引导职工群众围绕中心、服务大局，奋力拼搏，积极投身经济发展和社会建设。激励引导职工群众立足岗位，辛勤劳动、诚实劳动、创造性劳动，并通过劳动竞赛、岗位练兵、合理化建议、"五小活动"等群众性经济技术创新工作，练本领、促发展，大力弘扬劳模精神、劳动精神和工匠精神，加大劳模工匠的选树、服务的力度和引领作用，加强产业工人队伍建设，打造知识型、技能型、创新型劳动者大军，把工会的优势凝聚为实现中国梦的磅礴力量。

（三）化优势为效能

优势就是效能，把中国工会的诸多优势充分发挥出来，就能增强工会工作自信，谋事就有底气，干事就能硬气，最终把优势转化为工作成效。我国工会高举中国特色社会主义伟大旗帜，代表和组织职工参与国家和社会事务管理，参与企业、事业单位和机关的民主管理，参与协调劳动关系和社会利益关系，推动构建和谐劳动关系。我国工会协助人民政府开展工作，依法发挥民主参与和社会监督作用，使工会组织在共建、共治、共享的社会治理体系中体现新担当，彰显新作为。我国工会还通过扩大覆盖面、增强代表性，努力健全联系广泛、服务职工的工会工作体系，哪里有职工群众、哪里需要做群众工作，工会组织和工会工作就跟进到哪里，不断把中国工会的优势转化为推进国家治理体系和治理能力的效能。

参考文献：

[1] 十九大报告辅导读本［M］. 北京：人民出版社，2017.

[2] 党的十九届四中全会《决定》学习辅导百问［M］. 北京：党建读物出版社、学习出版社，2019.

[3] 习近平：在庆祝"五一"国际劳动节暨表彰全国劳动模范和先进工作者大会上的讲话［EB/OL］. 中国文明网，2015－04－28.

[4] 王东明. 中国工会第十七次全国代表大会报告［R］. 2018－10－22.

[5] 叶宝东. 工会发展道路的特征与优势［J］. 中国工运，2012（8）. 14－15.

[6] 崔金和，秦砖. 中国工会的五大优势［J］. 天津市工会管理干部学院学报，2013（3）.

四、产业工人队伍建设与改革研究

民营企业中的高素质产业工人队伍建设研究
——以绍兴市产业工人队伍建设改革工作为例

绍兴市总工会课题组（课题负责人　赵爱庆）

摘　要：高素质产业工人队伍是推动产业结构转型升级的重要支撑。中美贸易摩擦和2020年新冠肺炎疫情再次加速浙江省民营经济产业结构调整，高素质产业工人队伍建设显得越来越迫切。绍兴市的民营经济创造了全市74.5%的地区生产总值、贡献了82.2%的税收以及82.5%的外贸出口额、90%的就业岗位，是浙江省名副其实的民营经济强市。2017年以来，绍兴市积极贯彻落实中央决策部署，抢抓产业工人队伍建设改革契机，按照"政治上保证、制度上落实、素质上提高、权益上维护"的总体思路，结合绍兴民营经济主体和产业工人队伍现状，从产教融合、企业自主培养和评价、高素质产业工人引进、政府作用发挥、制度机制创新等方面，在民营企业高素质产业工人队伍建设领域积累了比较有用的实践经验。因此，解剖绍兴案例，对全国其他地区建设高素质产业工人队伍具有重要价值。

关键词：民营企业　高素质产业工人队伍　产业工人队伍建设改革

改革开放以来，以浙江为代表的民营经济已经实现了从零到有、从弱到强的快速崛起。2017年以来的中美贸易摩擦和2020年新冠肺炎疫情再次加速浙江省民营经济产业结构调整。随着产业结构转型升级的持续推进，高素质产业工人队伍建设显得越来越迫切。绍兴地处长三角腹地，位居"长三角一体化"的核心地带和连杭接甬的关键位置。2019年，绍兴地区生产总值达5781亿元，居全省第四位，按可比价格计算，同比增长7.2%，增速高于全省平均水平0.4个百分点。① 据统计，绍兴民营经济创造了全市74.5%的地区生产总值、贡献了82.2%的税收以及82.5%的外贸出口额、90%的就业岗位，是浙江省名副其实的民营经济强市。② 2017年以来，绍兴市创造性地抢抓全球产业重新布局和产业结构调整优化的历史性机遇，着力念好"两业经"：一手抓纺织、金属、化工等三大传统产业以及珍珠、黄酒等两大历史产业的改造提升，一手抓集成电路、高端装备制造、新材料新能源、现代医药等新兴产业培育。同年，为支持绍兴产业结构转型升级，绍兴开始推进产业工人队伍建设改革工作，旨在为绍兴产业转型升级建设一支有理想守信念、懂技术会创新、敢担当讲奉献并且数量充足的高素质产业工人队伍。两年时间过去了，绍兴改革的成效如何？还有哪些需要改进之处？管中窥豹，绍兴市推动产业转型和高素质产业工人队伍建设的经验能够较好地反映浙江省的普遍情况，同时我们也可以从其中探寻一些反映当前及未来全国产业转型升级过程中带有普遍性的规律认识。

一、基本内涵、趋势判断及其实践价值

（一）高素质产业工人的基本内涵

2017年中共中央、国务院印发《新时期产业工人队伍建设改革方案》，强调要把产业工人队伍建设作为实施科教兴国战略、人才强国战略、创新驱动发展战略的重要支撑和基础保障，要求建设一支有理想守信念、懂技术会创新、敢担当讲奉献的宏大的产业工人队伍。这从三个方面诠释了高素质产业工人的内涵，明确高素质产业工人的评价维度："有理想守信念"侧重加强和改进产业工人队伍思想政治觉悟，坚定理想信念，以此坚守职业道德、职业情操和职业方向；"敢担当讲奉献"侧重产业工人敢作敢当和敢于奉献的精神，以此来培养担当意识和使命感，在工作中无私奉献、脚踏实地、兢兢业业的精神；"懂技术会创新"侧重产业工人操作技能的熟练程度，强调生产操作的职责定位，以及生产过程中推动工艺流程、操作方法等方面革新的能力，并突出其推动创新的新使命。把民营企业中的高素质产业工人队伍建设作为绍兴市产业工人队伍建设改革工作的重点对象，则突出强调了经济社会转型发展对产业工人的新期待新要求。

从产业工人现状判断，当前阶段高素质产业工人中高技能人才群体占据绝

---

① 《2019年绍兴市国民经济和社会发展统计公报》。
② 该数据由绍兴市统计局提供。

的数量优势。根据高素质产业工人的成长和分布规律来看，我们认为，高素质产业工人应当具有如下三个基本特征：①掌握较强的专业知识和职业技能；②具备良好的职业道德和工匠精神；③社会责任感和社会贡献比较突出。

（二）产业人才竞争的基本趋势

1. 国际层面，以高素质产业工人为重要内容的产业人才竞争将更趋白热化

2008年全球金融危机余波未平，2017年以来的中美贸易摩擦和2020年新冠肺炎疫情再次加速产业结构调整步伐。随着转型升级的不断推进，中国正在向全球产业价值链中高端迈进，与世界其他发达经济体之间的同质性竞争会更加激烈，推动中国制造向"中国智造"转变、中国速度向中国质量转变。反映在人才竞争上，就体现为包括产业工人在内的人才质量的全面竞争。值得借鉴的是德国经验，16岁至19岁的青少年中分流到职业教育的超过70%，并成长为有知识、懂技能、能创新的产业工人后备力量，发达的职业教育为德国制造提供了数量充足、素质优良的产业工人。[1]

2. 国内层面，国内人才竞争趋势逐渐与发达国家趋同，即逐步从人才竞争走向人口竞争

经过40年的改革发展，以各层级地方行政区为基本单位的"锦标赛体制"逐步形成，带动区域经济发展和人口加速流动，由此造成两方面后果。一方面，"刘易斯拐点"到来之后，人口老龄化和劳动力数量总体下降趋势同步加速，劳动力的市场价值得到更好体现，各地区之间的竞争已经表现出从人才争夺向人口争夺转变之势。尤其是在当前以国内大循环为主、国际国内双循环相互促进的新发展格局下，东南沿海各地区之间以及东南沿海和内地之间的产业竞争会更加激烈，由此带来的产业工人竞争也会随之加剧。另一方面，产业转型升级还有空间，生产一线工人短缺仍然是企业面临的共同难题。因此，只有继续推进产业结构转型升级，用先进技术改造传统产业，加快推进"机器换人"，加快培育新兴产业，才能从根本上缓解一线工人短缺，但这也对高素质产业工人队伍提出了更高要求。

3. 省域层面，与周边城市相比在产业工人竞争方面绍兴正面临前有标杆、后有追兵的激烈态势

一方面，与周边城市之间的人才竞争激烈。尽管绍兴市在积极打造"一小时

---

[1] 姚永明. 德国是如何进行职业教育的 [N]. 中国社会科学报, 2020–08–28.

交通圈"，主动融入杭绍甬一体化，为产业转型和人才引进创造了有利条件，但是上海、杭州、宁波等城市先发优势明显，在同质化竞争中对绍兴形成明显的人才"虹吸效应"。同时，绍兴周边还有温州、嘉兴、台州等强势竞争对手，丽水、金华、衢州等城市后发优势逐渐释放，从两端同时挤压绍兴人才竞争空间。另一方面，外省市籍的职业院校毕业生留绍的不多。尽管与周边城市相比，绍兴引才政策力度较大，但是受综合因素影响，绝对优势并不明显。面对"六稳""六保"的压力，浙江各地市之间对高素质产业工人的竞争也会更加激烈。

（三）实践价值

1. 高素质产业工人队伍建设是打造新时期国家核心竞争力的迫切需要

历史经验揭示，国家经济实力、综合国力的竞争，归根结底是人才的竞争。高素质产业工人是支撑一个国家现代化进程的基础性力量，是决胜未来的关键变量之一。在全球产业结构调整和重新布局的关键时期，推动中国制造向中国创造转变、中国速度向中国质量转变、中国产品向中国品牌转变，迫切需要一支有理想守信念、懂技术会创新、敢担当讲奉献且数量充足的高素质产业工人队伍。尽管我国人力资源丰富，但是由于劳动力整体素质不高，2019 年农业就业劳动力占全部 77471 万就业人员的 25.1%，[1] 占比远超发达国家 3%～5% 的比例。对此，需要扎实推进"农民工学历与能力提升行动"，尽可能多地把农民工转化为高素质产业工人。

2. 高素质产业工人队伍建设是推动绍兴产业转型升级的战略性举措

作为东部沿海改革开放先行地和市场经济先发地区，绍兴经济出口依存度高、民营经济占比较大，经济增速一度领先于浙江全省。从近 10 年的发展情况来看，绍兴民营经济主体多，全市个体工商户从 2008 年的 20 万户增长到 2020 年的 43.2 万户，私营企业从 4.4 万家增加到 16.9 万家，民营企业成了绍兴发展最重要的贡献者。[2] 步入新发展阶段，伴随规模扩张和市场环境变化，资源环境约束日趋严峻，急需通过产业转型再造经济发展新优势。传统产业转型升级和新兴产业培育离不开高素质产业工人。所以，各地对高素质产业工人的需求表现出爆发式增长。当前，绍兴已经进入从制造向"智造"转变、从创新向智能转变、从规模规格向高质优品转变的关键阶段，产业工人的需求缺口不断增大，对高素

---

[1] 《2019 年度人力资源和社会保障事业发展统计公报》。

[2] 数据由绍兴市统计局提供。

质产业工人的需求更加旺盛。

3. 高素质产业工人队伍建设是劳动者实现自我价值的有效途径

从产业工人成长成才来看,只有拥有过硬的本领和技能,勤于学习、勇于实践,才能不断提升综合素质和能力,真正把技能知识转化为实际操作能力,才能在激烈竞争中立于不败之地,以技能立身,靠素质发展,通过辛勤劳动、诚实劳动、创造性劳动开创美好未来。因此,建设高素质产业工人队伍的过程,就是广大劳动者学习新知识、掌握新技能、增长新本领的过程,也是帮助劳动者不断提高思想道德素质和科学文化素质、培养职业精神和提高操作技能的有力举措。

二、绍兴市高素质产业工人队伍建设的主要做法

为全面掌握绍兴市高素质产业工人队伍建设情况,课题组坚持文献研究与实证研究相结合,通过实地走访、个别访谈、小型座谈、问卷调查等方式,对绍兴高素质产业工人队伍建设情况开展了专题研究。课题组以绍兴市上市企业为主体,面向全市共计发放调查问卷1675份,收回有效问卷1663份。访谈和问卷调查覆盖了纺织服装、装备制造、绿色化工、金属加工、生命健康、文化旅游、数字经济、现代住房等十大产业,基本反映了绍兴市民营经济的产业类型、产业结构及其发展趋势。调研发现,各级政府、工会和企业围绕高素质产业工人队伍建设开拓创新,初步形成了一套符合地方和企业实际的典型做法。

(一)探索"产教融合、校企合作",力推"订单式"人才培养

目前,绍兴市有浙江工业职业技术学院、绍兴职业技术学院、浙江邮电职业技术学院、浙江农业商贸职业学院、绍兴市中等专业学校、绍兴市技师学院、绍兴市职教中心等高职和中职学校共计10余所。然而,由于高职和中职院校在专业设置、实际培养数量以及能力结构方面与企业现实需求之间存在较大差异性,因此在派遣毕业生、建立实习基地等传统的"产教融合、校企合作"模式基础上,逐渐探索出了"订单式"人才培养模式,得到了企业的普遍青睐。企业与学校签订技能人才联合培养协议,企业根据未来人才需求向学校下"订单",学校根据企业"订单"所要求的人才数量、质量和能力结构,有针对性地招收学生、制订教学计划、设计教学模式,并按计划进行人才培养。企业参与到学校招生、培养、实习等全过程以期培养出符合自身需要的产业工人,同时企业为订单内的学生支付全部或部分学费、生活费,学生毕业后直接到签约企业工作。在

"订单式"人才培养模式中，委托企业一般还会派遣德艺双馨的高素质人才定期到合作院校授课，推动"产教融合、校企合作"向深度拓展。客观上，"订单式"人才培养模式已经具备德国"双元制"职业教育的基本特征，是符合现代产业工人成长规律的职业教育模式。问卷显示，60%以上的大中型企业通过产教融合、校企合作、协同育人的方式培养高素质产业工人。

（二）凸显企业用人主体地位，自主培养和评价高素质产业工人

在工业化和信息化时代，行业分类精细化和变迁快速化的特征呈现自我强化之势，同时市场化推动企业用人主体地位进一步凸显，随之产生了人才培养规模化、人才服务滞后化与企业人才需求小众化、需求变迁快速化之间的紧张关系，因此自主培养和评价高素质产业工人成为企业满足人才需求的主要途径。在产业工人队伍建设改革工作的推进下，企业自主培养和评价职工工作不断优化提升。研究发现，目前绍兴有62.86%的企业主要通过以下三种方式自主培养和评价高素质产业工人。

一是建设技工院校和实训基地。初步统计，全市大中型企业建立企业学院、人才实训基地等各类人才培养机构共计100多家，根据企业发展和员工成长需求，自主开展人才培训，提升人才质量。

二是广泛开展"名师带徒"式的新型学徒制。基于高素质产业工人对企业的重要性，不少绍兴企业已经推行"名师带徒"制，由经验丰富的高素质产业工人，尤其是各级技能大师、技术能手、首席技师等典型的高素质产业人才负责指导和帮带有培养潜力的青年工人。截至目前，绍兴有88.57%的企业通过不同形式的"名师带徒"活动培养青年工人。新昌制药厂、浙江新京药业等企业还把指导和培养"徒弟"的数量和效果作为考核"师傅"的关键指标，纳入其绩效评价体系。

三是推广企业人才自主评价。不断强化企业用人主体地位，完善产业工人自主评价制度，持续推进人才评价市场化和社会化改革。近五年来，绍兴市累计发展人才自主评价企业3000多家，企业每年自主评价人才2万名左右。[①] 新一轮行政审批制度改革后，不少特殊行业的职业资格证照已被取消，企业自主评价的地位更加重要。

---

① 数据由绍兴市人社局提供。

（三）拓展产业工人引进渠道，基本满足了产业转型升级需求

在产业转型升级的背景下，不仅高素质产业工人短缺，生产一线工人短缺也成为企业常态化困境，甚至导致一些企业开工率不足。对此，广大企业各显神通，努力拓展产业工人引进渠道。

一是高薪引进高素质产业工人。据了解，对于顶尖高技能人才和急需紧缺的专业技术人才，只要企业开出有竞争力的薪酬待遇，通过猎头公司在全国全球范围内搜寻，总能找到合适的人才。这也是企业引进高层次人才较为普遍的方式。

二是拓展劳务合作。调研发现，与劳务派遣公司开展长期的劳务合作，已经成为劳动密集型制造企业和服务类企业解决一线工人短缺问题的重要手段。在产业转型升级不充分的情况下，一些生产企业的订单在淡、旺季分化明显，因此企业对生产一线工人的需求也表现出明显的季节性特征，从而加剧了生产企业对劳务派遣的依赖性。

三是基层工会推动地区之间的劳务合作。由于地区之间在经济发展水平、产业结构、劳动力丰裕程度等方面存在差异，贵州、安徽、江西、湖南等经济欠发达地区已经成为绍兴地区企业开展劳务合作的重点地区。因此，市县工会积极探索推动地区之间的劳务合作。例如，柯桥区杨汛桥镇作为制造业基地，长期面临生产一线工人短缺的问题，为此杨汛桥工会推动当地企业与江西省永丰县建立了长期劳务合作关系，杨汛桥企业每年定期集中赴永丰县开展招聘，效果较好。

（四）充分发挥工会牵头作用，助力高素质产业工人队伍建设

市场化和社会化并非"放任不管"，市场失灵正好划定了党政部门的工作边界。调研发现，绍兴市总工会、市人社局、市教育局等职能部门分别按照产业工人队伍建设改革工作责任清单要求，在各自职能范围内推动高素质产业工人队伍建设。

一是弘扬劳模精神和工匠精神。以工会系统为主导，每年组织开展各类技能竞赛和技能比武100余场次，持续开展"寻找最美劳动者""绍兴工匠"等系列宣传活动，大力弘扬劳模精神和工匠精神，掀起了"比、学、赶、帮、超"的热潮，不断刷新"讲学习、重创新、争成才、建新功、促发展"的局面。

二是充分发挥绍兴市职工中等专业学校、公共实训基地等产业工人培养平台的作用，加强通用型技能人才培训。例如，2020年，绍兴市职工中等专业学校有针对性地组织开展职工培训30多期，服务职工6000余人。2017年以来，绍兴

市人社局开发的母婴护理、婚姻家庭辅导、农村电商、"小笼包"等"职业培训包"获得浙江省人社厅立项，为通用型以及特殊型高素质产业工人培养探索了有益经验。

三是搭建人才引进和服务平台。大力推动人才服务产业化，通过市场化手段实现要素配置和人才有序流动，是破解产业工人短缺瓶颈的有效举措。例如，诸暨市店口镇在充分调研的基础上，引进江西省聚力人力资源公司进驻店口镇，打造"诸北人才市场"；引进意大利人力资源培训机构，以满足企业对高素质产业人才的需求。

四是建立市县两级"工匠人才库"。市县两级分类建立"工匠人才库"，为高素质产业人才提供交流学习和市场化服务平台。其中，绍兴市工匠人才库已经入库7000名各行业高素质产业工人。

（五）探索体制机制改革，加强高素质产业工人政治引领

"工人阶级是我国的领导阶级，是我国先进生产力和生产关系的代表，是改革开放和社会主义现代化建设的主力军，是我们党执政的阶级基础和群众基础，而产业工人是工人阶级中发挥支撑作用的主体力量。"[1] 党的十八大以来，党中央高度重视人才政治引领和政治吸纳工作，先后出台了《新时期产业工人队伍建设改革方案》《关于深化人才发展体制机制改革的意见》《关于进一步加强党委联系服务专家工作的意见》等政策文件，明确加强人才的政治引领和政治吸纳的举措和要求。一是精神引领让产业工人心有所向。绍兴市充分利用海外高层次人才联谊会、职工之家等平台载体，建立健全政治学习机制，定期举办专题培训班，组织产业工人学习习近平新时代中国特色社会主义思想，为人才创业创新注入精神力量。通过"人才联谊会""人才沙龙"等平台，推动优秀党员人才与党外高素质产业工人建立深厚情谊，带动高素质产业工人投身绍兴改革发展大局。二是参政议政让产业工人身有所属。突出政治引领和德才兼备导向，积极推选符合条件的高素质产业工人担任"两代表一委员"。发挥高素质产业工人智囊参谋作用，邀请高素质产业工人参与地方重要规划、重大决策以及重点科研项目的论证咨询等活动，推荐高素质产业工人到群团组织兼职。三是贴心服务让人才情有所依。完善市领导联系高素质产业工人制度，建立人才服务专员制度，通过经常性走访座谈、节日慰问等方式，加强与高素质产业工人的联络沟通。推进产业工

---

[1] 李玉赋. 建设宏大的产业工人队伍 唱响新时代的劳动者之歌 [J]. 求是，2017（9）：20-22.

人领域"最多跑一次"改革，汇集"产业工人服务、政策宣传、成果展示、项目对接、创业创新、联谊交流"六大功能，为产业工人提供"一站式"专业化服务。建立政府与工会联席会议制度，市县两级已召开例会 43 次，协调解决居留、落户、医疗、子女入学等人才实际困难问题 185 个。

三、高素质产业工人队伍建设面临的问题

尽管绍兴市在高素质人才队伍建设领域已经取得显著成效，但是与人才竞争的根本趋势变化以及全市产业转型升级对人才的需求相比，面临的挑战依然严峻。

（一）一线产业工人"用工荒"持续蔓延

调研发现，一线产业工人（蓝领工人）短缺是当前绍兴产业发展最为紧迫的问题，尤其是高端装备制造、电子信息等新兴产业面临巨大的产业工人缺口。不少企业，由于一线产业工人流失，又不能及时得以补充，不得不压缩订单和生产能力。综合分析，主要有以下四方面原因。

一是职业技术院校人才培养与企业人才需求不匹配。由于历史文化的影响以及人才评价、收入偏低等方面的问题，优秀学子普遍青睐以白领为培养目标的高学历教育，轻职业教育和技术教育，不少职业技术院校招生困难，职业教育教学资源闲置。同时，大中专教育专业设置、课程安排普遍滞后于企业人才需求变化，导致人才培养与人才需求匹配度不高，不少企业急需的技术工人和专业人才并没有对应的毕业生可以选聘。此外，职业技术院校人才培养存在重理论轻操作、重文凭轻能力的倾向，其结果是学生动手能力差、承压能力弱、职业认同度低。

二是社会观念偏差。一方面，一线产业工人长期被界定为"打工仔"，特别是在股权分配、薪酬福利、晋升通道、企业管理等方面话语权缺失，主人翁地位无法得到充分体现，导致青年人不愿意选择技术工人作为职业，一般都是成绩差或贫困才选择职业教育。另一方面，企业对一线产业工人短缺的长期趋势变化缺乏足够认知，因而对"机器换人"以及技术、产品、渠道和商业模式创新等方面的重视不够，长此以往，一线产业工人"用工荒"问题只会愈演愈烈。

三是一线产业工人流失严重。问卷显示，企业一线产业工人流失率居高不下，年度人才流失严重（21~50 人）和非常严重（50 人以上）的分别占 28.57% 和 5.71%；

一些家族企业的人才流失率达到60%以上。一方面，一些年龄大的工人不断退休。另一方面，许多生产一线岗位劳动环境比较恶劣、劳动强度很大，本地青年人一般都避而远之，而从外地引进的产业工人又流失严重，导致一线产业工人流失率逐年攀升。

四是"机器换人"的短期冲击。当前，绍兴正处于产业转型升级爬坡过坎的关键时期，企业流水线的智能化和自动化水平不断提高，"机器换人"趋势不断强化，造成一线产业工人需求趋势变化。更为紧迫的是，老工人智能化、自动化操作能力较差，无法适应企业生产环境的趋势性变化，"被流失"现象也十分突出，"会操作的不愿来，愿来的不会操作"的尴尬局面不断上演。

（二）产业工人队伍表现出结构性失衡

技术和技能是工人的安身立命之本，也是企业赖以生存与发展的基础条件。当前，产业工人队伍存在梯队结构、能力结构、年龄结构失衡问题，难以适应实体产业结构转型升级的需要。

一是产业工人梯队结构失衡。长期以来，产业工人的文化程度普遍偏低，多数企业普通工人多，技术"尖子"少，能够操作数字化、网络化、智能化高端制造设备的高素质产业工人更加紧俏，企业开展技术攻关、突破新技术新工艺往往需要高薪外聘技术人员。

二是产业工人能力结构失衡。产业工人的教育层次普遍偏低，反映出产业工人的学习能力和学习动机不足。2017年，我国制造业领域产业工人大学以上、大专、高中、初中及以下文化程度的职工分别占16.4%、26.2%、20%、23.2%。绍兴企业也存在类似问题。[①] 问卷显示，在绍兴一些传统产业领域更为严重，尤其是纺织产业从业人员中本科及以上的仅占6%左右，初中及以下的接近60%。调查问卷还显示，82.86%的绍兴企业未按照职工工资总额8%的比例提取教育培训经费，11.43%的企业未按照规定将教育经费的60%用于一线职工。同时，为调动工人生产积极性，企业广泛采用计件工资制，工人脱产学习会导致计件数量和工资收入降低，工学矛盾突出，严重影响了工人学习进修的积极性。

三是年龄结构失衡。产业工人年龄结构断层已经成为普遍趋势。改革开放以来，农村劳动生产率的提高和人口自由流动，使得农村富余劳动力源源不断地补充城市产业工人。绍兴作为市场经济先发地和改革开放前沿阵地，长期以来成为中西部欠发达地区农民工流动的重要目的地。然而，随着中西部地区经济社会发

---

① 李玉赋. 第八次中国职工状况调查 [M]. 北京：中国工人出版社，2017.

展,沿海地区吸引工人的比较优势逐渐丧失。同时,陆续走上工作岗位的"90后",表现出对工作环境要求高端化、职业选择多元化、发展路径多样化的趋势,以"脏、乱、苦"为特征的传统制造产业更加难以吸引工人。由于工人年龄普遍偏大,企业难以建立"金字塔"式的产业工人梯队结构。

(三)政府公共服务质量和数量支撑不够

基层政府和企业普遍反映,由于人才平台、人才公租房、子女教育等公共服务的质量和数量难以满足产业工人需求,高素质产业工人引进困难,流失严重。

一是人才招聘和交流平台不足。一些产业发达镇缺乏正规的人才市场,无法引导产业工人合理流动。各地区间的人才市场相互独立,人才信息没有共享渠道,导致各地之间、用工单位和求职者之间信息不对称,影响人才资源有效配置。同时,现有的"产教融合、校企合作"以大中型企业自发行为为主,工会和政府搭台的作用尚未充分体现,从而对产业整体转型支撑不够。

二是人才公租房、子女教育等基本公共服务无法惠及所有高素质产业工人。人才公租房不能满足产业工人需求。在新昌万丰航空小镇这样的高端产业集聚区,大部分企业也要自建员工宿舍或租赁偏远民房,不仅增加了企业成本,而且造成了一些安全隐患。在子女教育方面,由于外地籍工人子女一般无法享受到优质教育服务,造成工人流失严重,一些高端人才的子女教育也无法完全满足,导致一些企业高素质产业人才大量流失。

三是人才评价制度不健全。近年来,绍兴市积极探索企业人才自主评价机制,一定程度上激发了企业自主权,取得了较为显著的成效。然而,在新一轮行政审批改革中,大量职业资格证照被取消,同时一些新兴行业、特殊行业本就缺乏相应的职业资格认定,导致相关领域的产业工人无法晋升到高级职称序列,无法享受相应待遇,一定程度上限制了工人晋升空间,挫伤了工人积极性。

四、加强高素质产业工人建设的路径策略

民营企业中的高素质产业工人队伍建设关系到产业转型升级和地方经济社会发展。在疫情防控常态化背景下,加快推进民营企业产业工人队伍建设改革是实现"转危为机"的迫切需要。为此,要进一步健全党委领导、工会牵头、部门各司其职、企业主体的工作格局,坚持问题导向,在适应长期趋势变化的基础上,兼顾产业发展对产业工人的短期需求,有针对性地采取综合措施,充分发挥

党委政府、工会、企业以及产业工人各方面的作用，实施差异化竞争战略，造就一支有理想守信念、懂技术会创新、敢担当讲奉献的宏大产业工人队伍，为推动民营经济高质量发展、打造先进制造业、建设"重要窗口"提供重要保障。

（一）更好发挥教育作用，深化拓展"产教融合，校企合作"

"产教融合，校企合作"是培育高素质产业人才的成功经验，也是当前建设高素质产业工人队伍的有效办法。

一是鼓励大中型企业深化与职业技术院校合作，全面推广"订单式"人才培养模式。紧紧围绕传统产业和历史经典产业转型升级为世界时尚纺织之都、全球高端印染创制中心、世界高端铜产业集群、世界黄酒之都、国际一流珠宝中心对高素质产业人才的需求，加快"订单式"人才培养。紧贴绍兴市培育高端装备制造、现代医药、电子信息、新材料等新兴产业三年行动计划，引导企业有计划地向职业技术院校下"人才订单"。帮助企业与湖南、陕西、甘肃、河南等中西部地区职业技术院校合作，开展"订单式"人才培养。

二是支持中小企业联合开展"订单式"人才培养。受成本因素影响，目前"订单式"人才培养以大中型企业为主。对此，要更好地发挥工会的牵头作用，定期举办高素质产业工人培养对接会，鼓励和支持中小企业实行横向联合，共同向职业技术院校下"人才订单"，分担人才培养成本，共享人才收益。

三是提升"产教融合，校企合作"质量。鼓励有条件的大中型企业与本科以上层次的高校、科研机构签订"订单式"高素质产业工人培养合作协议，探索培养一批具备高学历的高素质产业工人，推动"校企合作、产教融合"走向常态化、高端化、小众化。

四是推广通用型和特殊行业"职业培训包"。根据产业发展需求，开发并推广黄酒酿造、特色餐饮、金属加工、珍珠产业等"职业培训包"，以培训补贴的形式鼓励职业技术院校培养通用型和特殊行业的高素质产业工人。

（二）充分发挥市场作用，引导企业在更广区域内配置人才

要在更广阔的市场范围内配置人才资源，解决企业短期产业工人短缺问题。

一是培育人才市场和人才服务业。坚持产业导向的基本原则，在产业集中度高的特色小镇培育发展公共服务型人才市场，或者采取以奖代补的形式，培育或引进市场化人才服务企业进驻。突破块状经济的分割特性，在全市范围内统筹培育若干区域性人才市场，推动人才资源在全市范围内优化配置。出台人才服务业

支持专项政策，鼓励大型猎头公司、人才服务企业、劳务派遣公司到绍兴发展，从而在更大市场范围内优化资源配置。

二是扩大省级人才合作范围。通过跨省政府合作的形式，与山西、云南、贵州、四川、甘肃等劳务输出大省建立较为稳定的长期合作关系，引导和鼓励企业到这些省份引进产业工人，争取产业工人输出地政府参与到引进人才的管理和服务之中，以维持产业工人队伍的相对稳定。

三是鼓励和引导企业提高产业工人福利待遇。参考不同类型人才稀缺程度和周边城市薪酬待遇，分类编制和发布绍兴市人才工资指导线，鼓励企业给出不低于甚至高于上海、杭州、宁波等地的薪酬待遇，大量引进高素质产业人才，推动实现人才集群与产业集群良性互动。鼓励企业积极改善生产生活环境，把绍兴引进人才的相对劣势转变为相对优势。

四是设立人才引进"伯乐奖"。根据产业规划和转型升级目标，编制和发布绍兴市年度引才目录，对于根据引才目录引进高素质产业人才的企事业单位及其负责人给予一定奖励。

（三）建立健全人才机制，不断探索创新人才评价和激励方式

适当的人才评价和激励方式，能够引导和鼓励更多产业工人成长为有理想守信念、懂技术会创新、敢担当讲奉献的高素质产业工人。

一是深化企业自主评价人才制度。全面赋予大中型企业和中小型特殊行业企业自主评价人才的权限。坚持人才优先发展理念，建立企业自主评价人才和专业技术职业资格主管部门联动机制，对企业自主评价的职业技术资质及时给予官方确认，颁发相应的资格证书，以鼓励高素质产业工人合理流动，在流动中实现自身价值最大化。对于行政审批改革中取消某些职业资格证照造成的负面影响，尽可能采取补救措施，并积极向上级主管部门报告。

二是建立健全行业人才评价制度。适应块状经济发展需求，加快建立健全行业人才评价制度。鼓励行业协会探索本行业人才技术技能规范，对于特殊行业和中小企业，则以行业协会为主体开展人才评价。对于已经成熟的行业人才技术技能规范要积极向上级主管部门申报，争取绍兴标准成为省标、国标。

三是鼓励企业加大对高素质产业工人的激励力度。引导企业摒弃短期利润最大化行为，树立人才优先发展理念，凝聚更多高素质产业工人。引导企业对顶尖高素质产业工人推行期权股权激励、职位激励、知识激励、荣誉激励等多种形式的激励，鼓励产业工人潜心钻研技术技能、发明创造以及工艺流程改造，以人才

优先发展引领产业转型升级。

四是完善高素质产业工人晋升通道。进一步完善职业技能资格与专业技术职称相衔接的制度。

（四）提升公共服务质量，确保高素质产业工人队伍稳定壮大

公共服务质量是确保高素质产业工人队伍稳定和发展壮大的基础。

一是强化党委领导，形成各部门服务产业人才的强大工作合力。强化党委统筹力度，整合"碎片化"人才政策，努力为高素质产业人才提供优质高效的公共服务。工会、劳动监察等部门要充分发挥职能作用，努力维护产业工人合法权益，积极构建和谐劳动关系。根据企业和人才需求，将工会服务项目和人才保障服务项目代办点延伸到产业集中度高的乡镇。

二是加大公共财政投入，提升公共服务质量和数量。市县两级要加大公共服务投入力度，将子女义务教育、人才公租房等外来产业工人最关心、最直接的公共服务纳入工作地公共财政保障范围，力争在人口竞争趋势日渐强化的背景下，形成产业工人持续流入的竞争态势。在产业集中的乡镇，要及时集中建设公租房，增设公共交通线路以及公交站点，方便产业工人生产生活。在外来产业工人集中地区，要统一规划、高质量建设寄宿制义务教育学校，就近解决外来产业工人子女入学问题。

三是充分发挥职工服务中心作用。将"最多跑一次"改革延伸到人才服务领域，在产业集中的城区、乡镇、产业园区设立职工服务站，为来绍兴工作或定居的产业工人提供政策咨询、职业介绍、技能培训、项目申报等公共服务。发挥工会搭台作用，构建高校、企业、行业中介组织等资源协同配置的服务体系。

四是积极推动外来产业工人落户绍兴。适应未来人口竞争的需要，降低落户门槛，扩大人才补贴范围，提高人才补贴标准，吸引外来产业工人在绍兴置业和定居。发挥工会牵头作用，每年暑假吸引一批在读大学生和技校学生到绍兴市参加社会实践活动。

（五）采取"立体化"措施，为产业工人队伍壮大营造有利氛围

要通过各种途径和形式，营造有利于高素质产业工人成长成才的舆论氛围。

一是深化系列宣传。构建立体化宣传网络，持续开展"寻找最美劳动者""浙江工匠""绍兴工匠""技术能手"等系列宣传，发挥好劳模工匠宣讲团作用，大力弘扬劳模精神、工匠精神和创新精神。通过典型案例现身说法的方式，

推动"技术立身"的理念进院校、进头脑、进课堂、进企业、进社区，重塑社会观念，引导更多青少年从事职业技术技能工作。

二是深化技能竞赛、技能比武活动。优化技能竞赛活动设置，扩大参与范围，引导产业工人热爱技术技能、钻研技术技能。加大人才奖励力度，对于获得省级以上技能竞赛奖励的高素质产业人才，市、县两级政府以人才引进标准发放奖金。

三是推广人才和人力资源相关知识。在各类企业家培训中设置"人才战略与实践"课程，强化企业家对高素质产业工人的重视。分级分类开展工会干部知识更新培训，不断提升人才工作者能力素质。在党校干部主体班次中全面开设"人才战略与实践"课题，全面提升领导干部懂人才、服务人才的能力素质。

四是提供平台激发产业工人的主人翁地位。积极为产业工人参与企业民主管理以及参政议政搭建平台，增加产业工人在各级党代表、人大代表、政协委员、党员发展以及评选评优活动中的比例，为他们表达利益诉求畅通渠道。

（六）深化体制机制改革，持续完善高素质产业工人政治引领和政治吸纳

通过不断深化体制机制改革，加强对高素质产业工人的政治引领。

一是注重组织引领，构建党委统领、齐抓共管的工作格局。人才政治引领是一项系统工程，必须加强各级党委（党组）的集中统一领导，引导各类产业工人增强"四个意识"，坚定"四个自信"，做到"两个维护"，增进思想认同、情感认同、政治认同，引导产业工人把精力聚焦到实现党的十九大做出的战略部署上来。注重在党委领导下，构建工会牵头抓总、相关职能部门齐抓共管的政治引领格局，注重解决"谁来引领""引领什么""怎么引领"等问题，做到体制内同向发力、专业机构协同参与、产业工人自觉发声。充分发挥企业党组织凝聚产业工人的作用，注重压实党管人才责任链条，把产业工人政治引领和政治吸纳作为党管人才的重要组成部分，纳入"一把手"述职评议范围。综合采取政党吸纳、行政吸纳、人大政协吸纳、群团组织吸纳、社会组织吸纳、政治沟通等多种途径，扩大人才政治引领和政治吸纳覆盖面。

二是注重思想引领，多层面筑牢人才爱国奋斗的思想基础。要统筹各层次和各部门举办的专题培训班，力争实现国情研修和专题培训覆盖高素质产业工人。在广大产业工人中常态化开展"弘扬爱国奋斗精神，建功立业新时代"主题实践活动，采取爱国奋斗教育、事迹报告会、专题采访报道、学习研讨、专题研修、典型引路、岗位实践等多种形式，引导广大产业工人坚定理想信念，树立正

确的人生观、价值观、事业观，把爱国奋斗精神转化为埋头苦干、开拓创新的自觉行动，实现"中国梦""绍兴梦""企业梦"与"人才梦"深度融合。

三是注重制度引领，推动产业工人政治引领和政治吸纳常态化。深化市县两级政府与工会例会制度，定期召集经信、人社、科技、金融、财政、科协等相关部门例会，研究解决产业工人政治引领和政治吸纳过程中遇到的问题。组建若干服务产业工人小分队，推动市县两级工会全员参与、分片联系、定向服务产业工人，促进产业工人政治引领常态化。做到情感联络常态化，联系服务常态化，引领吸纳常态化。畅通产业工人参政议政制度化渠道，各级"两代表一委员"经常性听取产业工人意见，把听取产业工人意见作为重大政策出台的前置环节。充分发挥用人单位与产业工人联系紧密的优势，探索重点产业工人联系制度，由所在单位党组织负责人进行结对联系，实现精准引领。健全产业工人和党员"双向培养"制度，把业务能力突出的党员培养成高素质产业工人，及时把政治成熟的产业工人吸纳为党员。加强行政吸纳，探索通过竞争性选拔和组织推荐等方式，探索高素质产业工人进入党政机关、国有企事业单位挂职、任职等制度。

参考文献：

[1] 张桂霞."多位一体"打造高素质产业工人队伍［J］.就业与保障，2020（6）：135－136.

[2] 徐展新，张文胜.郑栅洁在调研新时代产业工人队伍建设工作时强调：努力造就高素质产业工人队伍为宁波走在高质量发展前列提供有力支撑［EB/OL］.鄞州新闻网，2019－09－27.

[3] 高海燕.实施赋能工程打造高素质产业工人队伍［J］.工会信息，2019（15）：34－36.

[4] 朱海波.加强技能人才建设，打造高素质产业工人队伍［J］.天津市工会管理干部学院学报，2019（1）：29－35.

[5] 朱海波.贯彻工会十七大精神，建设高素质的产业工人队伍［J］.北京市工会干部学院学报，2018（4）：10－15.

[6] 姚永明.德国是如何进行职业教育的［N］.中国社会科学报，2020－08－28.

[7] 李玉赋.第八次中国职工状况调查［M］.北京：中国工人出版社，2017.

[8] 李玉赋.建设宏大的产业工人队伍唱响新时代的劳动者之歌［J］.求是，2017（9）：20－22.

关于推进我省纺织行业产业工人队伍建设改革的建议
——南通市纺织行业产业工人队伍情况调研报告

江苏省总工会干部学校课题组[①]

摘　要：纺织行业在江苏省占有举足轻重的地位，其纺织工人队伍数量庞大。南通是江苏省产业工人队伍建设改革的首批试点城市之一。通过对南通市纺织产业工人队伍状况的分析，探讨了南通市纺织行业产业工人发展存在的问题，对江苏省纺织行业产业工人队伍建设改革提出了建议。

关键词：纺织行业　产业工人　问题　建议

一、前言

产业工人队伍建设改革，是以习近平同志为核心的党中央着眼巩固党的执政基础、实施制造强国战略、不断巩固党执政的阶级基础做出的重大决策，是江苏省全面提高产业工人队伍素质、推动高质量发展走在前列的必然要求。纺织行业作为江苏省产改试点之一，江苏省委、省政府于2018年11月8日印发《新时代江苏产业工人队伍建设改革实施方案》以来，各地各有关部门结合该行业实际认真研究，聚焦重点环节持续发力，取得阶段性成果。为进一步逐步完善各方面配套政策，促进江苏省纺织行业职工队伍建设，江苏省总工会干部学校受江苏省总工会委托，对南通市纺织行业职工队伍建设现状进行了一次全面的调查研究。之所以选取南通作为调研地，是因为南通是江苏省产业工人队伍建设改革的首批试

---

① 江苏省总工会干部学校课题成员：胡建明、赵志东、闻雪琴、翁理忠、施宏、梁亭。

点城市之一，纺织行业在全省占有举足轻重的地位，其纺织工人队伍数量庞大。该市纺织行业产业工人队伍建设改革的情况，从一定程度上可以折射、反映出全省纺织行业的情况。

本次调研我们采用了抽样调查与访谈相结合的方式。具体情况如下。

（一）企业样本采集情况

本次调研中我们共发放"企业问卷"100 份，回收企业样本共计 81 份，其中有效样本为 79 份。主要分布是民营或私营企业，占比为 83.5%，外商投资企业占比为 8.9%，港澳台商投资企业占比为 6.3%，国有及其控股企业占比仅有 1.3%。八成企业的职工人数为 500 人以下，11.7% 的企业的职工人数为 500～1000 人，企业的职工人数为 1000～3000 人和 3000～5000 人的占比均为 3.9%。没有"两代表一委员"产业工人的企业占比为 55.7%，有 1 名"两代表一委员"产业工人的企业占比为 27.1%，有 1 名以上"两代表一委员"产业工人的企业占比为 17.1%。没有"产业工人在各级各类劳动模范和先进代表"的企业占比为 48.6%，有 1 名"产业工人在各级各类劳动模范和先进代表"的企业占比为 27.1%，有 2 名的占比为 13.9%，有 2 名以上的占比为 25%。

（二）职工个人样本采集情况

本次调查中我们共发放"职工个人问卷"600 份，回收职工个人样本合计 559 份，其中有效样本为 530 份。调查职工样本六成以上为女性，男性占比为 35.7%。本次调查各年龄段均有涉及，其中 25 岁以下和 51 岁以上首尾两个年龄段样本分布占比均低于 10%，其他年龄段样本分布占比均高于 10%，31～35 岁和 36～40 岁较多，占比分别为 22.6% 和 17.9%。职工政治面貌集中在群众，占比为 61.1%，其次是共青团员，占比为 23.2%。教育程度为"高中、职高、中专、中技"较多，占比为 31.3%，其次是"初中及以下""大学本科"和"大专及高职"，占比分别为 23.7%、23.3% 和 20.6%，三者相差不大。职工户籍以本地非农户口和本地农业户口为主，占比分别为 47.4% 和 30.6%，外地户籍职工占比为 22%。五成以上职工没有职业资格证书，初级工和中级工职工占比分别为 17% 和 15.5%，高级工以上职工占比为 10.8%。

此外课题组于 11 月 6 日—8 日赴南通以座谈会及个别访谈的形式对一些具体情况进行补充了解。参与座谈人员为海安、如皋、崇川、港闸、海门、启东、通州、如东等 8 个县（市、区）的 29 家企业的工会主席、人力资源主管及部分劳模。

二、南通市纺织行业职工队伍基本特点

（一）南通纺织行业一线职工女性占比较大

在本次调研随机采集的样本中，一线职工中女性占比为67.28%，中层以上管理岗位男性与女性各占50%。

（二）南通纺织行业内企业劳动合同签订情况良好

受调查样本中，97.7%的职工和企业签订了劳动合同，七成以上的职工与企业签订的劳动合同是"固定期限劳动（聘用）合同"，20.6%的职工与企业签订的劳动合同是"无固定期限劳动（聘用）合同"。

（三）南通纺织行业职工普遍存在每天工作时间较长的情况

南通纺织行业内五成的职工每天工作8～10个小时，39.6%的职工每天工作8个小时以内，10.4%的职工每天工作10个小时以上（见表1）。

表1 南通纺织行业职工每天工作时长调查统计表

每天工作时间	总体	25岁以下	26～30岁	31～35岁	36～40岁	41～45岁	46～50岁	51岁以上
8个小时以内	39.6%	6.2%	11.9%	25.7%	15.2%	16.2%	18.1%	6.7%
8～10个小时	50.0%	13.2%	13.2%	21.5%	18.1%	14.7%	7.5%	11.8%
10个小时以上	10.4%	1.8%	7.3%	16.4%	27.3%	20.0%	14.5%	12.7%

（四）南通纺织行业六成以上的职工参加过培训，但职工对于培训对自身的帮助褒贬不一

从图1中我们可以看出，在有效样本中，认为很有帮助的职工占比为26%，认为有些帮助的占比为29%，认为帮助不大的占比为10%，三成左右的职工没有参加过企业培训。职工对企业提供技能培训帮助的满意度不高，感觉满意的仅有27.4%，六成以上的职工对企业提供技能培训帮助感觉一般，职工对企业提供技能培训帮助感觉不满意的占比为9.6%。

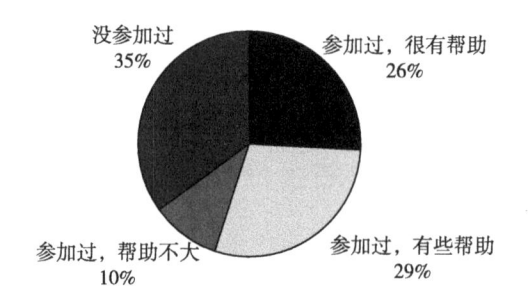

图 1 职工参加培训现状

（五）职工对工作状态满意度因年龄段不同、岗位不同而有显著差异

1. 不同年龄段职工满意度分析

职工对工作状态的满意度较高，占比为 79.4%，其中 31～35 岁满意度较高，非常满意为 26.8%，比较满意为 23.7%；36～40 岁不满意度较高，占比为 25.2%（见表 2）。

表 2　不同年龄段职工满意度

年龄段	非常满意	比较满意	不满意	非常不满意
25 岁以下	5.6%	11.6%	0.0%	4.7%
26～30 岁	8.5%	12.1%	100.0%	14.0%
31～35 岁	26.8%	23.7%	0.0%	16.8%
36～40 岁	12.7%	16.8%	0.0%	25.2%
41～45 岁	16.9%	15.6%	0.0%	16.8%
46～50 岁	14.1%	11.0%	0.0%	15.0%
51 岁以上	15.5%	9.2%	0.0%	7.5%
总体	13.5%	65.9%	0.2%	20.4%

2. 不同岗位职工满意度分析

分不同岗位来看，一线岗位职工对工作状态的满意度较高，其次是一般管理人员。非常满意中，一线岗位职工占比为 43.7%，一般管理人员占比为 32.4%；比较满意中，一线岗位职工占比为 38.8%，一般管理人员占比 32.1%（见表 3）。

表3 不同岗位职工满意度

岗位	非常满意	比较满意	不满意	非常不满意
一线岗职工	43.7%	38.8%	0.0%	52.8%
辅助岗职工	9.9%	16.0%	100.0%	19.8%
一般管理人员	32.4%	32.1%	0.0%	23.6%
中层管理人员	11.3%	12.5%	0.0%	3.8%
高层管理人员	2.8%	0.6%	0.0%	0.0%
总体	13.5%	65.9%	0.2%	20.4%

三、调研过程中发现的问题及成因分析

南通市各级政府对纺织行业职工队伍建设高度重视，近两年相继出台了一系列政策。比如向转型企业提供专项资金补助、为普通职工提供免费技能培训、为劳模打通学历提升通道等。这些举措有力地推进了本地纺织行业的发展，但在调研中特别是通过调研数据的分析，我们还是发现在推进纺织行业职工队伍建设这项工作中尚有一些问题需要各方努力去解决。具体如下。

（一）纺织行业职工队伍的总体学历水平偏低，且出现职工老化趋势

本次调研中我们发现南通纺织行业受查职工中一线职工学历水平偏低，难以适应纺织行业自动化、智能化转型升级的要求。在受调查的229个一线职工样本中有166人学历在高中（或中专、职高）以下，占比为72.48%。本行业对于年轻人的吸引力越来越小。在我们随机抽查的样本中，36岁以上职工占56%，其中有39%的一线职工在40岁以上，25岁以下的年轻人只占9.2%。不少企业出现了银发打工一族，年龄最大的甚至已到70岁。

出现这一现象的原因是：工人的职业吸引力不强，造成现在的年轻人、本地户籍人员等不愿意当工人、从事一线技能岗位。纺织业作为我国制造业中传统劳动密集型行业，在国人心目中造成了"苦、脏、累"的固有印象。随着我国经济飞速发展，新兴制造业的崛起，特别是服务行业的发展，年轻人对职业的选择面不断扩展，很少有人会主动选择"纺织工人"这一职业。即便是身在纺织一

线的职工，对职业的认同感也不高，在受调查的一线职工中有五成以上的职工对自身在单位内的职业规划并不是很清晰，没有在单位内长久的职业规划，其中有29.9%的职工希望挣够了钱自己创业做生意，更有26.2%的职工没有规划，过一天是一天。43.9%的职工对本职工作有长远的规划，其中有24.6%的职工希望成为企业管理干部，16.0%的职工希望成为行业内顶尖技师。

（二）南通纺织行业职工劳动经济各项权益保障方面尚有提升空间

首先是本行业职工收入偏低。在访谈中，不管是企业行政方代表还是职工代表都认为纺织行业产业工人收入相对较低。据江苏省财贸轻纺工会的调研数据，2018年南通地区纺织行业样本职工的全年应发工资为50439.08元（月平均应发工资为4203.26元），平均实发工资是44523.01元（月平均实发工资为3710.25元），低于2018年江苏省城镇私营单位就业人员年平均工资54161元（折合月平均工资4513元），更远远低于2018年江苏省城镇非私营单位在岗职工年平均工资86590元（折合月平均工资7216元）。在企业内部，工人收入也处于低位，产业工人工作环境差、工资收入低、福利待遇差，生活水平明显低于管理人员和专业技术人员。值得注意的是，在本次调研中我们还了解到这样一个情况：一线纺织工人工资中有近三分之一来自加班工资，调查数据显示有五成以上的职工希望企业采用物质奖励提高工作积极性。

此外，在其他劳动权益维护方面，我们在调查中也发现一些不足。比如依然有2.7%的职工未与用人单位订立劳动合同，一些企业中产业工人的休息休假权没有或很难得到保障，一线产业工人的呼声难以得到充分表达、意见难以得到充分采纳等情况在不同程度上依然存在。

造成上述问题的原因主要在于：一方面，部分企业党政干部和企业负责人对职工参与民主管理的重要性认识不足，特别是一些中小型纺织企业，职代会制度没有真正落到实处，企业行政行为缺乏有效监督；另一方面，多数纺织行业订单存在明显的淡旺季现象，导致某一个时间段职工加班量大。此外，行业中存在大量外来务工人员，工休时他们的娱乐生活相对枯燥，所以他们愿意用休闲时间加班以换取高额加班工资为将来回乡发展积累资金。一方面，企业订单量大、任务紧，需要职工超时工作；另一方面，职工愿意甚至主动加班，直接导致纺织行业加班工时超过法定限制成为普遍现象。

（三）纺织行业职工职业技能培训状况不容乐观

本次调查数据显示：南通纺织行业有五成以上的职工没有职业资格证书，拥有高级工以上证书的职工不到20%。本行业一线职工技能水平低，提升缓慢。

造成这一问题的主要原因在于：面向产业工人的职业教育和培训体系仍不够完善。职业教育和培训缺乏整合与统筹，存在教育培训管理政出多门、教育培训项目内容交叉等一系列问题；职业教育与企业用工实际之间存在严重的脱节现象，不能充分满足企业的需要；行业企业协会在产业工人教育培训中发挥的主体作用也不够充分；对技能人才"重使用、轻培养，要求多、支持少"的现象依然存在，很多企业尤其是民营和中小企业，不愿自己培养。在本次调研中，就有企业工会主席代表提出，部分企业主存在惧怕工人培训后跳槽等心理，对提升产业工人技术技能素质的重视程度不够，积极性也不强。此外，本行业中部分岗位职业鉴定"无门"，技能提升与收入不挂钩、高级技工面临发展"天花板"等因素也是导致职工主动提升技能的意愿度不高的主要原因。

四、对策建议

针对本次调研中发现的纺织行业职工队伍建设中的三大主要问题，通过对问卷相关数据的分析，结合座谈所了解的企业与职工的需求，我们建议如下：

（一）地方政府需进一步制定相关政策，增强地区、行业对青年劳动力的吸引力，以解决纺织行业职工队伍人员流失严重，后继乏力的问题

第一，通过适当政策性倾斜提升产业工人的社会地位，引导职工特别是青年职工以自己的职业为荣。

在本次调研中我们可以看到：南通纺织行业在本地"两代会一委员"中数量仍然偏少，没有"两代会一委员"产业工人的企业占比高达55.7%，只有1人的占比为27.1%；没有"产业工人在各级各类劳动模范和先进代表"的企业占比为48.6%，只有1人的占比为27.1%。上述数据表明尚需进一步提高一线职工在两会代表中的比例。适当增加"两代表一委员"中产业工人比例，不仅能彰显产业工人的地位的提升，更是畅通产业工人源头参与渠道、扩大产业工人在政治上的话语权，为产业工人依法有序参与政治、社会治理创造良好环境的重要举措。

第二，坚持正确舆论导向，选树先进典型，特别是大力宣传产业工人在经济社会发展中的重要作用，营造全社会以劳动为美、尊重产业工人的良好氛围。

第三，通过官方媒体加大宣传现代化纺织行业的力度，扭转人们对纺织行业

全是"苦、脏、累"的刻板印象,让更多的高素质人才愿意投身于该行业。

第四,政府在帮助企业去劳务输出省份招工方面,需进一步细化,为企业直接到镇、村,面对面向农民工宣传推介搭建平台。

(二)政府要进一步完善公共服务体系,使年轻外来务工人员愿意且能够在企业所在地扎根

在江苏省加快创新转型的新时代背景下,城市公共服务发展不均衡,对产业工人群体特别是农民工的覆盖存在缺位现象。现有的住房、交通、医疗、文化及社保、就业等相关公共资源难以满足这一特殊群体的需要。我们在调研中发现外来务工者子女的入学难、安居难现象普遍存在,这在某种程度上已成为南通外来务工者的流失率增加的主要原因。未来城市之间劳动力市场的竞争,将外显为公共服务水平的竞争。事实上,不仅仅是南通市,对于劳动力紧缺的江苏而言,加快出台专项涉及住房、医疗、文化、社保及就业等相关政策时应重点考虑外来务工人员的特殊需求,降低青年农民工从"农民"向"市民"的转换门槛,已成为当务之急。

(三)通过进一步维护职工群众的劳动经济权益,来激发职工工作的积极性和主动性,让他们愿意将自身的职业规划与行业的发展相融合

劳动经济权益是产业工人的核心权益,维护产业工人劳动经济权益,不仅有利于充分调动产业工人的劳动热情,也是构建社会主义和谐劳动关系的出发点和落脚点。

第一,工会要为职工搭建集体协商特别是工资集体协商平台,让职工在其劳动力定价上拥有相当的话语权,切实提升产业工人收入公平权。

第二,政府相关部门进一步完善健全基本社会保障制度。例如简化工人社保关系转移、接续和异地就医结算程序,提升产业工人社会保障水平;加强职业指导和就业服务工作,建立健全失业动态监测、企业用工需求调查、就业统计分析报告发布等制度,引导产业工人根据本地产业、行业发展需求合理有序流动。

第三,加强安全生产和劳动保护,严格执行安全生产相关法律法规,不断完善劳动安全卫生的监察监督机制,督促企业改善劳动安全卫生条件,坚决遏制重特大安全事故发生,让产业工人体面劳动、有尊严地劳动。

(四)从打通职工发展通道着手,进一步维护职工的职业发展权

本次调查数据表明有五成以上的职工对自身在单位内的职业规划并不是很清

晰，或者在单位内没有长久的职业规划。职工面对自身发展规划的调查选项中，有29.9%的职工选择"挣够了钱做生意自己创业"这一选项；26.2%的职工选了"没有规划，过一天是一天"；即使在选择"对本职工作有长远的规划"的职工样本中，表明希望成为行业内顶尖技师的职工也不到20%。让产业职工特别是一线职工的职业发展权得到有力保障，是提升产业职工队伍素质的基础。

第一，人社部门与工会应进一步督促企业拓展产业工人职业发展通道，让职工能安心在生产技术岗位上，不断提升。我们在调研座谈中发现目前南通纺织行业中，为一线职工专门制订职业规划、打通职业上升通道的企业并不多。

第二，政府部门需改进现有技能鉴定模式。技能鉴定的标准制定权，特别是对于具有行业特色的小工种的鉴定权限应交给行业协会或本行业龙头企业。只有这样才能为各行业不同岗位上的职工参与技能评定提供科学、均等的机会。

第三，改革现有"技能大师"评定制度。在"技能大师"的认定标准方面还应充分考虑不同行业、岗位特点，进一步细化，不宜一刀切。在调研中，我们发现在纺织行业中存在一些特殊岗位上的高技能人才，因工种特殊，无处进行技能鉴定，或年限不够未能取得高级技师证书而被拦在"技能大师"的门槛之外的现象。

（五）进一步改革技能培养机制，切实提升纺织行业职工队伍素质

调研中我们发现目前开设纺织相关专业的中专技校很少，只有少量综合性高校中会有与纺织设计、工艺相关的专业。纺织行业目前熟练工人几乎全靠师带徒，技能传授质量难以控制。最为关键的是，随着产业的转型升级，在新技术、新生产方式面前，行业内老师傅受文化水平的影响，自身技能也在加速老化，越来越无力承担新手的培训任务。要解决这一困境，只有推动形成政府统筹、部门协同，行业、企业、院校、社会力量共同参与的职业教育培训格局，充分发挥行业企业在职业教育和培训的主体作用，深化产教融合。扩大纺织行业的学历教育投入，紧跟产业变革和市场需求，优化职业教育和培训的专业设置，健全教学培训标准，更新课程及培训内容，增加"双师型"教师总量，实行现代学徒制和企业新型学徒制，切实提高职业教育和培训质量。

（六）进一步提升政府对于企业的相关补贴政策的精准性

纺织行业一线职工中女工占比较大，受传统影响，中国女职工业余时间大多用于照顾家庭上，很难抽出时间参加技能培训。我们在调查中发现制约职工参加

政府组织的免费培训的最大障碍是没有时间。建议通过政策导向，让企业愿意为职工提供培训时间，对解决纺织行业一线职工技能提升或转型有着重大意义。特别是对于那些小微企业以及那些转型无望、"关停并转迁"成为必然趋势的企业职工，他们面临随时再就业风险，急需获得新的技能，而这些谋生的技能未必与现有工作相关，在这样的情况下，让企业配合拿出工作时间组织职工参加政府的培训是不现实的。这种情况下，将培训资金补贴给企业，换取职工利用工作时间接受政府部门组织的技能转型升级的培训要比现有政策下将补贴发放给个人有效得多。这也是降低职工再就业难度的有效途径。职工再就业难度越小，那么在企业裁员时发生极端事件的概率就越低。

疫情防控常态化背景下制造业
农民工就业问题研究
——以浙江省某纺织企业为例

赵晨寅[①]

（浙江省总工会干部学校）

摘 要：新冠肺炎疫情给劳动密集型传统制造业带来了巨大的影响，身处其中的大量农民工群体的就业问题备受关注，仅2020年7月，国务院常务会议就三次提及相关问题。制造业中农民工就业问题，从短期看，事关当年经济社会发展主要预期目标的实现——保就业和全面脱贫；从长期来看，事关中国产业升级转型、产业工人队伍建设等重大课题。在这一特殊时期，浙江省总工会组织一批工会干部围绕疫情防控常态化背景下劳动关系状况开展了一次深入的调查研究，发现制造业中农民工就业存在一些急需关注的现状，根据在调研企业中获取的信息与经验，针对制造业中农民工就业问题提出六方面建议。

关键词：农民工 就业 制造业 新冠疫情

2020年上半年，因为新冠肺炎疫情，全球经济受到重大的影响，全国人民上下一心众志成城，目前国内疫情已经基本控制住。但随着疫情在全球范围内持续蔓延，全球政治、经济格局正在发生剧烈的变化，国际上贸易保护主义上升、世界经济低迷、全球市场萎缩，这一系列的事件给以出口业务为主的、劳动密集型制造业带来巨大的影响，身处其中的大量农民工群体的就业问题备受关注，仅

---

① 作者简介：赵晨寅（1988— ），女，浙江台州人，浙江省总工会干部学校讲师，哲学硕士，主要研究方向为工运理论、职工素质提升、劳动精神。

2020年7月，国务院常务会议就三次提及相关问题。制造业中农民工就业问题，从短期来看，事关当年经济社会发展主要预期目标——保就业和全面脱贫的实现；从长期来看，事关中国产业升级转型、产业工人队伍建设等重大课题。

在这一特殊时期，2020年7月13日起浙江省总工会组织一批工会干部开展第二期"当一周工人，体工会初心"活动，在一周时间里与工人同吃同住同劳动，以此拉近与一线工人的距离，增进与一线工人的感情，并借此机会，围绕当前制造业中农民工的就业状况开展一次深入的调查研究，以求为下一步工作的开展提供有效依据。

一、调查研究方式

本次调研主要采用问卷调查、田野调查和文献研究法相结合的方式。问卷调查具有效率高、客观、结果易量化处理等优势，但也存在缺乏弹性、回收信息不够丰富等问题。田野调查则可以通过参与观察、深度访谈、居住体验等方式来弥补这方面的不足，拿到更感性的一手材料。此外，由于本次调查对象仅为一家规模以上企业，难免存在样本缺乏广泛性、不具有代表性的问题，因此配合文献研究法增加相关背景、对比、补充的材料来了解问题的全貌。表1对有效谈话的被访者的基本情况做了一些简单的说明。

表1 访谈对象的基本情况

编号	性别	年龄	合计工龄	职务名称	婚况	学历	户籍住址
N1	男	42	16.751	力织班长	已婚	初中	河南遂平县阳丰乡黑赵村
N2	男	50	11.4	浆纱主管	已婚	初中	安徽省临泉县滑集镇陈庄行政村
N3	男	43	12.274	泵板班长	已婚	初中	河南省社旗县郝寨镇胡庄村
N4	女	40	8.447	浆纱整经工	已婚	初中以下	辽宁省法库县双台子乡关家屯村
N5	女	43	8.578	浆丝整经工	已婚	初中	安徽省临泉县滑集镇陈庄行政村
N6	女	28	3.129	挡车工	已婚	初中以下	湖北省建始县三里乡枫香树村
N7	女	54	16.466	短纤工	已婚	初中	重庆市大足县邮亭镇松岭村

续表

编号	性别	年龄	合计工龄	职务名称	婚况	学历	户籍住址
N8	女	21	2.077	剥丝工	未婚	初中	河南省社旗县郝寨镇李楼村
N9	女	24	1.381	纺丝外检	已婚	初中	广西来宾市兴宾区寺山乡东陈村
N10	男	25	0.411	整经工	未婚	大专	安徽省临泉县滑集镇陈庄行政村
N11	男	24	0.981	卷绕工	未婚	高中	重庆市酉阳县花田乡张家村
N12	女	43	13.46	质量员	已婚	初中	四川省邻水县椿木乡田家村
N13	男	38	8.036	力织机修工	已婚	高中	河南省遂平县玉山镇玉山村
N14	男	33	11.408	力织班长	已婚	初中	湖南省辰溪县修溪乡水冲头村
N15	女	49	10.855	浆丝整经工	已婚	初中	安徽省临泉县滑集镇陈庄行政村

二、调查样本状况

本次调研的是对象是浙江省的一家纺织制造企业，该企业曾入选中国民营企业制造业500强、中国对外贸易民营企业500强，曾荣获浙江省创建和谐劳动关系暨《双爱》活动先进企业、浙江省模范职工之家等诸多称号。这是一家典型的外贸依存度较高的劳动密集型传统制造业，企业受疫情影响较大，但企业过去在构建和谐劳动关系、保障职工权益等方面有着多年的先进经验和基础，由此面对本轮疫情，企业的应对经验也有许多可借鉴启发之处。

（一）企业生产经营状况

2020年上半年企业受疫情和国际形势变化影响，生产经营状况呈现出四方面的特征：第一，全面复工，复产不足。企业自2月17日正式开始复工，是全国较早一批复工复产的企业，截至3月底复工人数达655人，复工率已达98.9%，4月初达到100%复工。但目前企业产能恢复只有2019年同期的85%。第二，订单减少，库存积压。企业总订单减少35%。在只有原来65%的订单需求的前提下，企业坚持保持85%左右的产能以保证职工的工作量，保障职工的收入不要下降太多。同时,也因为这种现状,企业的库存积压量在持续增加。第三,出口减少,不容乐观。与 2019 年同期相比,企业出口的订单减少了 70%,影响巨大。随着全球疫情的蔓延和中美关系持续紧张,企业对于出口业务的恢复没有信心,面对这种情况,除了持续减少产能,企业并没有太好的应对措施。

(二)职工队伍基本状况

企业现有职工 662 名,其中男职工 268 人,女职工 394 人,约占总职工数的 60%;产业工人 549 人,约占总职工数的 83%;农民工①530 人,约占产业工人总数的 97%,外省农民工 284 人,约占农民工总数的 52%;企业内共有中共党员 61 人,其中 29 人为企业管理行政人员,其余 32 人为车间工人。分析本企业中农民工队伍的状况,发现有以下几方面特征。第一,农民工群体是产业工人队伍中的主体。在 549 名产业工人中,有 530 人属于农村户籍,占比高达 96.54%。第二,外省农民工比例略高于本省。外省农民工约占农民工总数的 52%,主要来自河南(26.86%)、四川(18.45%)、重庆(12.30%)、安徽(11.65%)、湖南(9.86%)。第三,农民工学历普遍偏低。50% 的农民工的学历是初中,占比最高,其次是小学毕业的农民工,约占 33%,高中或中专学历的约占 9%,专科以上,或者小学以下学历的都不到 4%(见图 1)。

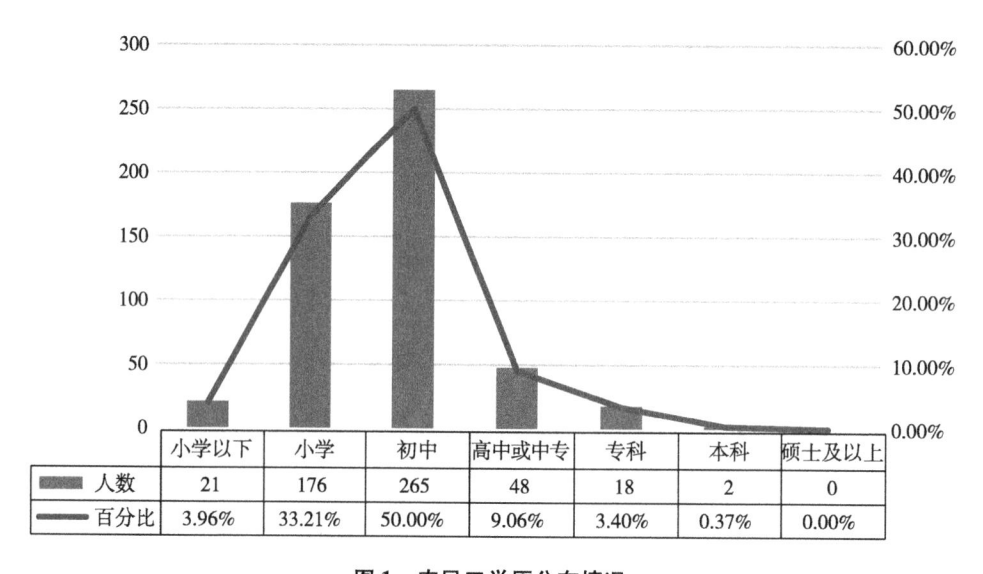

	小学以下	小学	初中	高中或中专	专科	本科	硕士及以上
人数	21	176	265	48	18	2	0
百分比	3.96%	33.21%	50.00%	9.06%	3.40%	0.37%	0.00%

图 1 农民工学历分布情况

---

① 本文所指农民工是目前仍然具有农村户籍,且目前或曾经在工厂工作过的群体。

第四，农民工年龄普遍偏高。其中占比最高的是年龄在 46~55 岁的农民工，约占 40%，其次是 36~45 岁的农民工，约占 30%，约 17% 的农民工年龄在 26~35 岁，25 岁以下的农民工只有不到 3%（见图 2）。

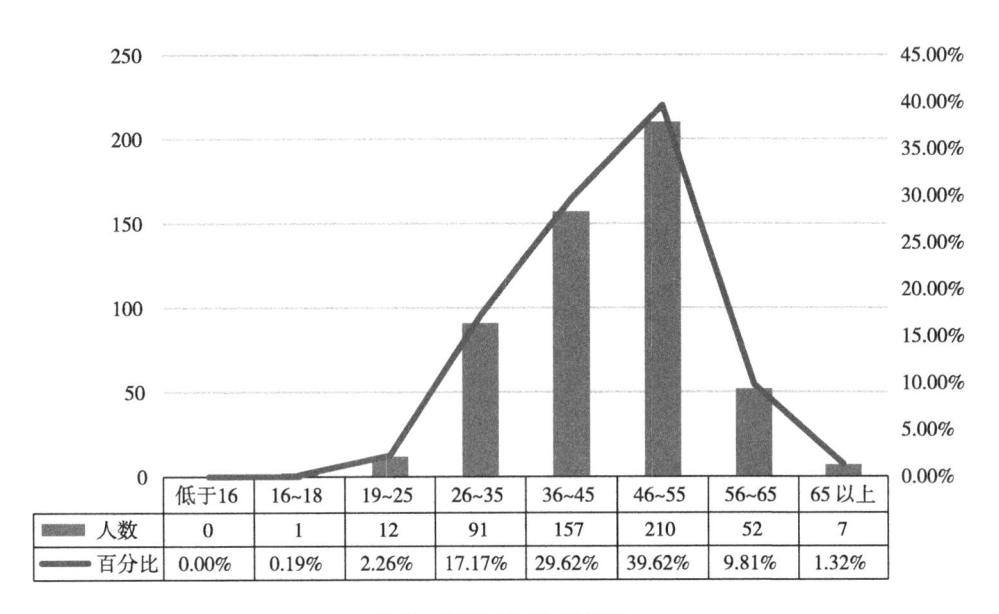

	低于16	16~18	19~25	26~35	36~45	46~55	56~65	65以上
人数	0	1	12	91	157	210	52	7
百分比	0.00%	0.19%	2.26%	17.17%	29.62%	39.62%	9.81%	1.32%

图 2　农民工年龄分布图

第五，党员比例较低。在 530 名农民工中有党员 29 人，约占 5%，比例较低，但在对几位农民工党员代表的访谈过程中，我们发现党员的身份对他们来说既是重要的认可，也是一份沉甸甸的责任。作为党员的他们这样告诉我们，N1："我是党员，在这方面（指工作态度）我肯定是要起带头作用的。"N2："咱们是党员，大小也是一个管理层（车间主管），这种时候咱们一定要走在前面，我跟他们说，要减工资，先减我的工资。"N3："公司让我入党，是对我的认可，说实话我在车间里还是能说上话的，大家愿意听我的，但你不能以为自己是党员就高人一等，你是党员，你就更要注意自己的一言一行，党员是为大家服务的。"

（三）面对疫情影响采取的措施

在疫情防控常态化背景下，企业的生产经营受到了较大的影响，为了应对这些变化，当地政府、工会、企业自身都采取了一些应对措施。早在 2020 年 2 月，该企业所在的浙江省某区就发布了《关于加快兑现应对新冠病毒肺炎疫情支持企业复工复产相关扶持政策的通知》，明确了 28 条先行兑现的政策条款，截至

2020年上半年已经为企业减免各类税费达300余万元，各项补贴经费达80余万元。同时，1—6月份上级工会为企业工会减免经费17余万元。此外，企业内部一方面提出了管理层主动降薪来压缩企业整体成本；另一方面企业授权各个车间主任，让他们在完成订单需求的基础上，可以适当增加产能，以此保障每个一线工人都能有工作可做，不至于降薪太多。企业承诺无论效益如何绝不裁员，并且保证一线工人的收入不能低于正常工资的65%。

（四）农民工就业问题中的经验与困境

一直以来，流动性大、就业不稳定、在城市打工没有归属感是农民工就业环节中的显著特征，这些特征既不利于农民工技能水平的稳步增长，也不利于农民工职业的长期发展。本次调研的企业作为浙江省创建和谐劳动关系暨"双爱"活动先进企业，除了一般常见的员工福利之外，在稳定农民工就业方面有一些值得借鉴的做法。

一是子女助学得人心。自2012年起企业工会开展金秋助学活动，所有员工的子女考上大学都可以享受奖励政策，已惠及员工子女83人，金额达20余万元。此外，考虑到企业中外省职工比例较高，企业积极为省外职工子女协调地方幼儿园、小学，解决孩子上学问题。在与农民工的一对一访谈中，几乎所有人都对企业的这一政策印象深刻，家有适龄就学子女的农民工更是发自内心地表现出感激。N4的孩子今年已经上初二了，在萧山当地的重点中学，这一点让她非常骄傲，"当时公司就安排孩子在这里上学，孩子的变化非常大，后来他自己很努力，考上了重点中学，每次想到这一点，我的眼泪都要流下来，真的非常感激公司"。N5的家里有三个孩子，她告诉我们，"老二老三都是在这里上的学，老家和这里的教育差太多了，我家大儿子以前是在老家上的学，就给耽误了，我们一直觉得对不起他。我们出来打工赚钱就是为了下一代，这一点是我们公司比别家公司好的地方"。

二是互助保障留人心。2006年企业成立萧山区首家企业职工互助资金会，资金会下含项目：困难职工帮扶、医疗互助，其中医疗互助项目也涵盖员工的直系亲属的医疗补助，仅2019年一年补助金额就高达30余万元。N6来公司的时间不长，只有3年多，她是互助医疗的受益者。"我觉得我们那个医疗互助很好的，可能别人没碰到没感觉，我刚来第二年，家里老人就生了一场大病，公司让我们拿医院发票来报销，报了差不多一半吧。这个是在别的地方打工没碰到过的，公司对我们真的很好。"前后在公司待了将近20年的N7说，"我们出来打工其实就是为了家里的老人和小孩,把他们的问题解决了,我们就会一直安安心心地在这里。"农民工在社会中属于收入较低的人群,他们的社会保障问题虽然并不完善,但首先解决他们最关心、最关切的问题,就可以极大增强他们的归属感、对企业的忠诚度,使他们觉得自己被认可。农民工们最关心、最现实、最迫切的问题就是医疗保障和子女教育问题,这两个问题,一端关系到基本的生存,一端指向未来与希望。

另外,虽然本次调研的企业在稳定农民工就业方面已经做了许多出色的工作,但农民工就业是个社会性大课题,许多问题仅凭企业自身还是力量有限,除去受新冠肺炎疫情影响的特殊背景之外,企业也提出了一些普遍存在的困境。一是长期靠企业自身关系解决农民工子女就学问题并非长久之计。本次调研的企业因为自身企业规模较大,在当地具有一定的知名度,因此企业可以利用自身资源,通过成立企业赞助基金等方式资助当地公益、教育事业,由此企业在解决外省农民工子女上学问题时,可以突破户籍限制,但从长期性和普适性角度来看大部分企业无法复制这种做法。二是招年轻工人难,一线工人年龄结构断层。我们看到在 530 位农民工中,80% 以上超过 35 岁,占比最高的是年龄在 46~55 岁的农民工,约占 40%。我们找到了仅有的几位 25 岁以下的农民工,询问他们如何看待在工厂工作的问题,他们普遍表示在工厂工作又累又脏,还不自由,工资也不高,所以大部分同龄人不愿意来工厂。21 岁的 N8 说:"他们男的很多都去送外卖、快递了,比较自由,工资也比我们高,我们女的没办法,跑不动的,只能到厂里。" N9 是一位已婚妈妈,她对工厂最大的不满是,工作时不准用手机,家里的孩子还小,有时候家里有急事,但她没能及时接到电话。我们在询问这批年轻工人为什么会愿意在工厂工作时,发现他们主要是因为家人或者亲戚朋友也在这家企业工作,25 岁的 N10 是其中的典型,N2 和 N15 是他的父母,另外他的姑姑、姑父也都在这家公司里工作,他说:"家里让我在这里,说这里福利还可以,比较稳定吧。" 24 岁的 N11 显然对于自己的职业没有什么规划,"我也没想好要干什么,老乡介绍我过来,就先做着再说"。

三、制造业中农民工就业存在的问题

制造业是立国之本、强国之基,是经济高质量发展的主战场,推动制造业高质量发展是稳增长的重要依托。结合本次调研的企业样本数据来看,不论短期还是长期维度,制造业中的农民工就业情况中可能存在的一些问题,急需引起高度重视。

（一）企业生产经营困难，农民工收入降低

目前，国家统计公布了 2020 年上半年的经济数据，显示第二季度 GDP 总量相比去年同期已经实现 3.2% 的正增长，但综合 2020 年上半年的整体水平来看仍不乐观。据统计 1—6 月份，在 41 个工业大类行业中有 31 个行业利润总额同比减少，其中，化学原料和化学制品制造业下降 32.2%，有色金属冶炼和压延加工业下降 29.4%，汽车制造业下降 20.7%，非金属矿物制品业下降 8.7%，电气机械和器材制造业下降 6.4%，纺织业下降 5.6%。可见，吸纳了大量的农民工群体的劳动密集型制造业目前大都处于负增长状态，随之而来的就是大批的农民工收入降低。以本次调查的企业为例，作为一家实力雄厚的中国民营企业制造业 500 强企业，其农民工月工资水平相比去年下降了 28.3%。短期之内，农民工群体也许对于企业生产经营困难、收入降低等现状持理解的态度，但农民工作为社会中的低收入群体，在各项医疗、失业保障体系不完备的前提下，他们的家庭现实、生活压力都不允许他们长期处于这种状态。

（二）企业生产经营困难导致的裁员或倒闭引发农民工短期内失业增加

从统计局公布的失业率数据来看，第二季度各月城镇调查失业率分别为 6.0%、5.9%、5.7%，呈逐步回落趋势，其中 6 月份失业率较 2 月的顶峰下降了 0.5 个百分点。[①] 虽然就业形势较疫情防控初期有所好转，但国内外环境复杂严峻，企业用工需求偏弱，失业率高位运行，总体就业压力仍然较大。6 月份，城镇调查失业率同比仍高 0.6 个百分点，其中城镇外来农业人口（主要是进城农民工）失业率同比高 0.7 个百分点，这反映出农民工就业受疫情影响大。农民工失业问题事关国家就业大局稳定，事关打赢脱贫攻坚战，这种短期内的失业现状急需引起关注与重视。

（三）新生代农民工不愿意进入制造业，劳动力供给年龄结构断层严重

制造业和服务业同为吸纳农民工就业的两大行业，但以服务业为代表的第三产业已经成为吸纳就业人数最多的产业，进入制造业的农民工的比重正逐年降低。根据国家统计局发布的《2019 年农民工监测调查报告》统计，从事第三产

---

① 宁吉喆. 经济稳定恢复 发展呈现新机 [J]. 智慧中国，2020 (8)：13 – 17.

业的农民工比重为51%，比上年提高0.5个百分点。从事第二产业的农民工比重为48.6%，比上年下降0.5个百分点。其中，从事制造业的农民工比重为27.4%，比上年下降0.5个百分点。这是因为相比服务业，制造业的入行技术门槛相对较高，人才培养的周期也更长。在同等收入水平的前提下，制造业中的工厂车间生活对于工人的活动空间、工作时间、人际交往等都有更多的束缚。与之相反，服务业从业者工作时的活动空间、工作时间与形式都更为灵活，其人际交往的面也更为广泛。正因如此，大众在媒体上时常可以看到关于服务业中农民工的"美丽身影""感人事迹"，而鲜少看到工厂车间内工人们的故事与身影，无形中服务业从业者的社会评价也就更高。这一系列因素将导致制造业从长期来看会持续面临这种劳动力供给的年龄结构断层问题。

（四）劳动力结构性供求矛盾将日益凸显，"用工荒"和"就业难"并存

从一个较长的时间维度来看，随着经济结构、国际营商环境发生巨大变化，就市场和企业而言，在用人需求方面变化速度会进一步加快，产业转型升级过程中，对高技能人才、高素质产业工人、创新型复合型人才的需求将会大大增加。而另一边，农民工群体又面临综合素质与市场需求不匹配的情况。由此从长期来看劳动力结构性供求矛盾就会出现"用工荒"和"就业难"并存的现象。究其原因，一是农民工群体普遍受教育程度偏低，学习能力不强。许多农民工在正式工作之前几乎没有掌握多少职业技能，只凭借在工作中边学边做的方式掌握一定的职业技能，对自身技能水平的要求也只是够用就好，并没有主动学习提高的意识和能力。二是工作时间长，培训意愿不高，培训机会少。大部分制造业中的基层工作都面临工时长、工作重复度高的工作特征，导致农民工对于主动提升技能意愿不强。同时，企业方对于农民工技术技能培训不重视。如企业对规定的职工教育经费的提取不足、管理不规范和使用不当的情况普遍，在职工教育经费使用上，大部分被企业管理人员、行政人员所占用，真正能用到农民工身上的非常少。三是农民工信息获取能力较弱，缺乏对自身职业发展的规划。在调研中，发现农民工群体对于自身的行业发展状况、市场对人才需求、自身的职业发展等问题几乎没有思考与规划。43岁的N12一辈子都在这家企业工作，中途因为生孩子离职过几次，但每次还是回到这家工厂。当我们询问"如果经济不景气，企业倒闭，你会怎么办"时，她的反应有点茫然，"已经习惯在这里工作了，从来没想过这个问题"。对于一些涉及将来发展规划的问题，如"对自己的工作有什么长远的打算"，这些农民工的回答普遍是摇头，表示没有考虑过，认为走一步是

一步。N13的回答是其中的典型，"到时候再找吧，找不到工作就回老家了。"在这样的情况之下，农民工对于自身职业技能是否能跟上行业发展的需要、是否应该提升自己的职业技能、应该提升哪方面能力等问题都缺乏长远考虑，也没有内部动力来提升自己的职业技能水平。

四、疫情防控常态化背景下制造业农民工就业问题的启示与建议

（一）加强和改进农民工队伍思想政治建设

第一，强化和创新农民工队伍党建工作。加大基层党组织建设的力度，发挥好车间、班组等基层党组织中先进工人的带头示范作用；增大在农民工队伍中发展党员的力度，把优秀的工人群体吸纳到党组织当中，提高农民工中党员的比例，提高农民工群体政治地位。

第二，加强对农民工群体的思想政治引领。引导广大农民工牢固树立政治意识，坚定不移听党话、跟党走。强化对农民工群体的职业精神和职业素养教育，针对当前疫情防控引常态化的社会背景，做好国家政策的宣传工作，激发农民工爱岗敬业、甘于奉献的精神，促进企业与职工双向理解凝聚力量，共渡难关。

第三，强化和创新面向农民工的工会工作。全面加强基层工会组织建设，巩固已有组织基础，扩大组织覆盖面，紧抓不同时期社会经济发展新趋势，创新开展工会工作。如通过"当一周工人"的形式，将职工思想政治引领工作融入和职工同吃同住同劳动的全过程，不断提升工会干部的发现问题、解决问题的能力和服务职工的意识，着力做好农民工群体最在意、最关切、最现实的服务保障工作，增强农民工对工会组织的归属感和认同感，切实增强工会组织的政治性、先进性、群众性。

（二）加大政府扶持力度，打造良好外部环境

第一，进一步落实企业帮扶政策。继续坚持为企业减负、赋能、护航，继续加大力度推进降本减负工作，实施减税、减费、减租、减息、减支"五减"行动，加快进度推动各项惠企政策落地见效。强化金融支持，维护市场平稳运行。通过加大贷款展期、续贷力度，减免利息等各类举措，让企业金融活水源源而来，为经济发展保驾护航。

第二，打造良好国际营商环境。依法保护企业产权和自主经营权，发挥好外资企业的桥梁纽带作用，对接高标准国际经贸规则，加大开放力度，持续优化外

商投资环境。高质量推进"一带一路"建设,全方位加强互联互通,破解当前出口难题,打造国际经贸合作的新格局。

第三,以工代赈,多措并举支持农民工就地就近就业。结合乡村振兴战略,支持农民工返乡就业创业,对首次创业且正常经营一定期限的,予以补助;结合推进以县城为载体的新型城镇化、农村水利等基础设施建设、灾后恢复重建等工程,吸纳更多农民工就业。

(三) 强化预警协调机制,化解劳动领域风险

特殊时期企业生产经营和劳动关系领域都面临着前所未有的压力,一方面需进一步强化预警机制做好源头预防工作,另一方面对于已经产生的矛盾要做好协调工作。

第一,构建企业内部劳动关系预警机制。不断提高企业法律意识和法律观念,维护工人的合法权益,加强指标体系的建设,使企业能够掌握更多可能影响劳动关系稳定与和谐的因素,避免劳资纠纷。

第二,在三方协商制度的基础上建立和谐劳动关系预警机制。健全市、县(市、区)、街道(乡镇)三级政府劳动关系预警系统,及时发现并妥善解决关于劳动关系的重点、难点问题。建立健全协调劳动关系的三方机制,定期听取协调劳动关系三方工作情况汇报,研究和协调解决重大劳动关系问题。

第三,常态化开展劳动关系监测、调研、风险排查工作。定期分层分级开展劳动关系监测工作,深入基层一线调研走访工作,职工队伍稳定矛盾风险排查化解工作,优先采取调解方式化解各类劳动争议。

第四,做好企业内部劳动争议调解组织建设。积极推进企业建立职工代表大会、集体协商等民主管理的制度,发挥基层劳动法律监督等劳动争议调解组织作用,把矛盾化解在基层、解决在萌芽状态,切实维护职工队伍稳定,确保社会大局稳定。

(四) 完善权益保障机制,增强农民工就业稳定性

第一,加强集体协商,维护农民工合法权益。加强对企业集体协商工作的指导和监督,针对减薪、裁员等问题,充分发挥职工代表大会等企业民主管理制度,畅通企业、农民工双向对话渠道,既要引导农民工关心理解企业经营现状,又要激发企业社会责任感,合理解决问题,引导双方风雨同舟、共克时艰。

第二,完善外来务工人员子女入学政策。重视解决外来务工人员随迁子女就

学问题，通过增加农民工子弟学校、探索积分入学制度等方式，逐步解决外来务工人员随迁子女的教育问题。

第三，稳步扩大基本住房保障。创新基本住房保障和供给方式，以发展公共租赁住房为重点，完善城镇住房保障体系。多渠道筹集公共租赁住房房源，适度降低公共租赁住房准入门槛，降低农民工居住成本。

第四，积极探索农民工医疗保障制度。一方面依法促进和引导用人单位和符合条件的农民工长期连续参保；另一方面积极探索各类爱心帮扶、医疗互助模式，解决农民工的后顾之忧。

(五) 开展各类培训竞赛活动，提升农民工就业综合实力

第一，开展咨询、讲座提升农民工就业软实力。针对农民工对各类相关政策不了解、信息获取能力较弱、对自身未来"务工规划"不清晰等问题，提供方便快捷咨询和有效实用的讲座，使农民工及时掌握与自身利益相关的政策，了解行业发展前景，充分掌握就业信息等，切实增强农民工就业软实力。

第二，发挥企业在农民工技能培训中的主体作用。一方面督促企业依法履行职工教育培训和足额提取教育培训经费的责任，另一方面完善财政投入机制，将部分财政资金以税收优惠或者补贴的方式直接投放到企业，降低企业负担，减少农民工因参加培训而形成务工损失。

第三，建立健全职业培训体系。建立政府为主导、行业共同参与、校企合作为基础、职业院校为重点，包括工会在内的社会各方共同参与的职业培训格局，提高技能培训的针对性和有效性。

第四，增强劳动和技能竞赛成效。优化技能竞赛组织框架，突出行业区域特征，创新竞赛形式方法，支持企业自主开展职业技能评价活动，构建层次合理形式多样的职业技能竞赛体系。发挥劳动和技能竞赛对技能提升和认定的牵引作用，促进"以赛代训""以赛代评"模式落地，切实增强劳动和技能竞赛成效。

(六) 提高制造业工人社会地位，吸引新生代农民工进入制造业

第一，提高农民工的政治参与度。除了增大农民工中的党员比例之外，适当增加农民工在各类社会组织和团体中的比例，积极推荐优秀农民工代表成为人大代表、政协委员，加大农民工在群团组织中的挂兼职力度，充分听取这一群体的意见，制定和实施有效、实际、关于农民自身利益的政策意见。

第二，扩展农民工的人才评选渠道。除了各级工匠、劳模的评选之外，创新

人才评价模式，在政府参与指导下，增强企业、行业组织、社会组织对农民工技能评价的自主权，以丰富人才评选的层次，同时打通行业内部各类荣誉的通用性、认可度，增强农民工职业发展的长期激励。

第三，加大宣传力度，吸引全社会对农民工群体的关注。充分利用"互联网＋"新媒体等媒介，以灵活多样的方式，讲好工厂车间里农民工故事，让他们劳动的身影、奋斗的精神被更多人看到，树立新时代车间农民工新形象，激发群体自豪感。

第四，坚持以人为本的人才培养理念。不仅在物质上激励、吸引年轻农民工流入制造业，同时开展丰富多彩的文体活动，关心农民工心理与精神文化生活，在农民工群体中打造健康文明、昂扬向上的职工文化，切实增强车间农民工的自我认同感。

关于推动宁夏产业工人队伍建设改革的调研报告

刘文平　陈永福　李翔宇

（宁夏回族自治区总工会）

产业工人是工人阶级中发挥支撑作用的主体力量，是创造社会财富的中坚力量，是创新驱动发展的骨干力量，是实施制造强国战略的有生力量。《新时期产业工人队伍建设改革方案》的出台，是推进新时期产业工人队伍建设改革的行动指南。为深入贯彻习近平总书记重要讲话精神，落实好"改革方案"要求，切实提高宁夏产业工人队伍整体素质，努力打造一支有理想守信念、懂技术会创新、敢担当讲奉献的宏大的产业工人队伍，宁夏回族自治区总工会组织工会理论研究课题组于2019年7—8月深入银川市、贺兰县、灵武市、吴忠市、石嘴山市、平罗县、固原市、原州区、西吉县、中宁县等地的党政机关、企事业单位，就产业工人队伍的现状、存在的问题及改革方向，进行了有针对性的走访和问卷调查，共发放问卷550份，回收有效问卷532份，有效回收率为96.7%，满足中型社会调查所需要的样本量。

一、宁夏产业工人队伍建设的现状

2019年，自治区党委、人民政府聚焦重点任务，强化责任担当，积极推进宁夏产业工人队伍建设，印发了《新时期产业工人队伍建设改革实施方案》，协调小组办公室设在了自治区总工会。自治区总工会按照"政治上保证、制度上落实、素质上提高、权益上维护"的要求，在新时期产业工人队伍的建设过程中，取得了卓有成效的进展。但是，新时期产业工人队伍在建设的过程中，受到产业水平、思想认识、发展方式等各方面影响，整体工人队伍的发展水平不高，给队伍建设带来很大难度。总体而言，宁夏产业工人队伍呈现以下三个特点：

（一）队伍结构不合理，分布不均衡

由于整体产业发展能力较弱，大型企业较少，整个区域的产业工人队伍发展不均衡。受到长期低劳动力成本导向的经济发展模式影响，宁夏多地产业工人队伍整体素质呈现"三多三少"现象，即文化程度低的行业多，高的少；技术等级中低的多，高的少；高等级技术工人年龄大的多，年轻的少；国有企业技术工人的比例比非公企业高，规模以上企业好于小微企业。对于少数几个大企业而言，工人对自己的职业认同感和幸福指数较高，而多数中小微企业的工人对自己的认同感则很低。同时，在整体发展中，各类工人的行业发展分布也不均衡（如图1）。因此，在发展过程中，产业工人的自我发展能力较弱，发展水平有待提升。

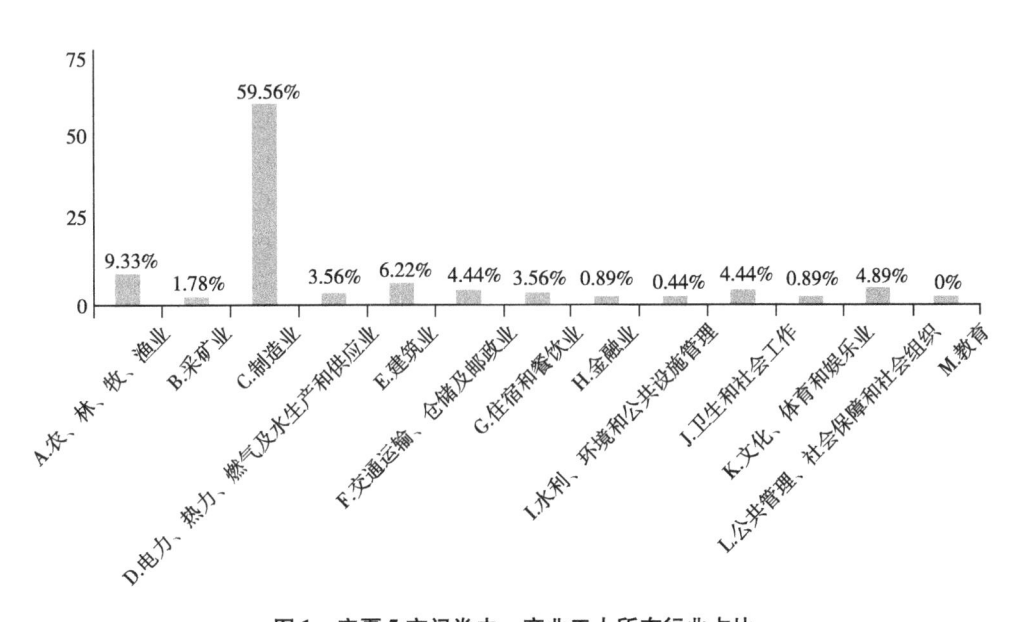

图1 宁夏5市问卷中，产业工人所在行业占比

（二）高技能人才缺口大，技岗不匹配

随着经济结构转型升级、产业优化，特别是在建设新宁夏的新形势下，自治区迫切需要大量素质、高能力强的高技能人才，提升自身产业能力。但现实中，在自治区的产业工人中，创新型、开拓型的中高端人才缺少就业岗位，除了一些大型企业，多数企业的技术工人"找不到、稳不住、留不下"。同时，部分企业人才储备不够，核心竞争力下降，导致产业队伍建设"力不从心"，缺少典型领军人

物，产业队伍建设也后续乏力。就全区而言，劳动力供大于求的总量矛盾仍然存在，而劳动者素质与新兴产业、技术性职业的要求差距较大，企业需要的技能人才严重不足，劳动者技能与岗位需求不匹配造成的就业结构性矛盾更加突出。

（三）农民工队伍庞大，发展较缓慢

在调研中发现，基于宁夏的产业经济情况，工人队伍中农民工较多，而大多农民工为初中以下文化程度，以从事体力劳动为主，整体的素质及技能发展能力较弱，加之稳定性差、流动性强、组织化程度低，大多数企业还没有把农民工当作稳定的产业工人，农民工自身也缺乏这种意识，多数在农忙时回家务农，在农闲时进城打工。因此，农民工群体的自我发展较为缓慢，市场竞争力弱，要真正转型成为产业工人"正规军"还有很长的路要走。

二、宁夏产业工人队伍建设工作的特点

在产业工人队伍建设方面，调研组在相关市总工会、县（区）总工会及多个行业和企业进行了摸底调查。自治区各级工会及多数企业都较为关注产业工人的成长问题，对产业工人思想状况和技能培训、职业生涯发展等方面深入探索，不断促进产业工人队伍的成长，促进职工的职业发展。总体而言，宁夏的产业工人队伍建设的特点如下：

（一）依托企业，积极提升工人队伍基本技能

尽管产业工人队伍建设难度较大，宁夏各级工会在工作中仍然积极进取，依托企业积极开展培训教育工作，结合企业需求大力开展职工技能培训。

1. 注重打造专业素质提升平台

企业是提高工人职业技能的核心主体，各个工会积极搭建产业工人的发展平台，不断促进工人的专业素质技能提升，获得了较好的成绩。例如，石嘴山市总工会围绕企业的发展目标，建立科技创新平台33个（其中企业技术中心及技术创新中心23个），技能大师工作室1个、市级劳模（技能大师）工作室33个。国网宁夏电力有限公司通过"乔广社劳模创新工作室"支持职工创新，先后共有136项创新成果，且成果全部转化为现实生产力，推动了一线工人的革新创造。

2. 创新技术技能培训模式

在调研中发现，大中型企业在工作中经常性开展相关技术培训、考试、有奖知识竞答等活动，针对不同工种、年龄、性别开展各类活动，提升产业工人素

质。例如，在企业及工会技能人才培养情况的调研中，67.11%的企业开展了"名师带徒"活动、56.89%的企业开展了网上学习培训。天元锰业、国网宁夏电力公司等大型企业公司，都为技术工人开展了较为体系化的技术培训。银川市在以杨宁、柏长有等为带头人的哈纳斯技能人才创新工作室、共享集团柏长有劳模创新工作室等36家技能人才（劳模）创新工作室里，"师徒帮带"式的岗位练兵模式已经常态化。此外，为了进一步提高工人参与的积极性，多数企业选择了开展各类技能竞赛、优秀工人评选等活动，鼓励工人的学习和技能提升。

3. 逐步健全技能人才培养激励机制

为进一步弘扬"劳动光荣、技能宝贵、创造伟大"的时代风尚，激发广大工人爱岗敬业、干事创绩的精气神，宁夏各级工会积极引导企业建立职工技能激励通道。例如，在宁夏吴忠利通区，非公企业内部职称评聘体系已经在符合条件的13家非公企业全面推广实施，全区497名一线职工落实相关职称待遇。全区很多行业和企业已经建立了"首席技师""金牌工人"制度，深化群众性技术创新活动，扶持有条件的企业创建"创新工作室"，通过结对帮扶、师傅带徒等方式，发挥劳动模范的传、帮、带作用。这些举措，有力地将企业与职工建设结合起来，提升了工人队伍建设的积极性。

（二）围绕平台，激发基层组织活力

在宁夏各级工会建设工人队伍的过程中，不断健全工作机制，激发基层组织活力是一个重要特点。

1. 搭建示范引领平台

各级工会均积极创建劳模创新工作室、党员创新中心、优秀企业党群工作室、先进职工之家，实行动态管理，取得了较好的成效。例如，石嘴山市总工会建立"袁红劳模创新工作室"，兴庆区总工会充分发挥职工之家凝聚人心、服务职工、促进和谐的作用，建设全国模范职工之家2个、自治区模范职工之家2个、银川市先进职工之家15个等，均对工人队伍的基层建设起了较大的推动作用。银川市以培训、练兵、竞赛结果为依托，积极协调争取人社、人才部门的支持，为职工进行职业鉴定，促进职工技能等级提升，对符合晋级条件的职工，推荐参加国家和自治区级职业技能大赛，并对参加当年国家、自治区职业技能大赛获得国家职业资格证书的职工和符合晋级条件参加考试获得国家职业资格证书的职工给予助推奖励。

2. 搭建宣传教育平台

在工人队伍建设中，宣传和活动平台的建设也较有特点。例如，中卫市总工会积极拓展宣传渠道，利用《中卫日报》、中卫电视台、中卫工会微信公众号，组织新闻媒体对倪岩、董建方、梁小思、聂正宝、宁夏紫光公司二分厂结晶一班等17个先进个人及先进集体代表的典型事迹进行宣传报道,充分展示劳模风采,提升工人阶级领导力;国家能源宁夏煤业集团工会通过合成润滑油项目等6项示范性劳动竞赛和全区高端纺织职工竞赛、"互联网+"行业技能竞赛等8项职工职业技能竞赛,带动全区5700余家企事业单位、37.8万人参与其中,激发了基层职工的参与活力。

3. 搭建文体活动平台

各级工会关心职工精神文化生活,开展的职工文化活动呈现多元化、特色化的特点。例如,全区工会均积极建设"职工书屋",不断满足工人的精神文化需求;永宁县举办全县职工歌手大赛、开展全民阅读活动;吴忠市利通区连续四年举办工会系统"庆五四"专场文艺演出,举办"为劳动者点赞"诗歌朗诵比赛等。这些活动都在一定程度上激发了工人队伍的工作热情,丰富了职工的业余生活,也更加紧密地将基层劳动者和工会联系起来。

(三)发挥职能,护航产业工人队伍建设

维护职工合法权益,是工会的基本职责,也是促进工人队伍稳定发展的基础。近年来,宁夏各级工会多措并举维护包括农民工在内的职工合法权益,积极开展法治宣传活动。多地工会组织志愿者,为新型产业工人进行普法宣传和法律咨询服务。在体制机制上,工会也有所创新。以石嘴山市为例,针对农民工庞大群体,政府部门及时出台《石嘴山市农民工工资保证金管理办法》,成立保障农民工工资支付应急办公室,人社、公安、住建、工会等部门联合开展执法检查,严厉打击欠薪违法行为,为1321名农民工讨薪1373万元。为了更好地给农民工提供基础保障,在部分农民工集中的地区,各级工会积极推动农民工在规范用工、合同签订、工资发放、安全卫生、素质提高,以及农民工社保、户籍、子女入学等方面能够享受更多的市民待遇。总体上,全区的工会均积极发挥保障职能,为工人队伍发展保驾护航。

三、宁夏产业工人队伍建设中存在的问题

通过实地考察,党的十八大以来,宁夏回族自治区产业工人队伍建设工作正处在发展成长的过程中,其中仍然存在一些不容忽视的问题,有待进一步解决。主要表现在以下几方面:

（一）产业工人队伍整体素质有待提升

调研发现，各级工会对人才队伍的需求和培养建设的投入仍有很大差距。"重使用轻培养""重学历轻技能"的现象普遍存在，问卷调查显示，超过63%的产业工人认为自身的技能素质亟须提升，需要有系统的素质及技能培训。究其原因有以下几方面：

1. 企业对自身人才培养力度不够

首先是企业对培训职工的积极性不高。调研中发现，仅有45%的企业开展了自主技能等级认定、42%的企业开展了自主技师考评。工人的技能提升和培训主要由企业承担，一些中小企业经营者消极对待技术培训、技能竞赛，片面认为职工参加这些活动会影响企业生产；担心职工职业技能等级高了，翅膀硬了，容易出现跳槽现象。相较于耗时耗力培养人才，企业更愿意直接从外界招收技术工人、熟练工，能够更好地节约用工成本。其次是企业对产业工人的培训能力不足。宁夏的经济基础较为薄弱，多数企业为小微企业，缺少足够的财力和精力发展产业工人队伍。最后是企业对技术工人激励提升方式单一。例如，在调研中发现，在对产业技术工人的激励措施方面，除了金钱鼓励，选择出国进修、疗休养、带薪上学深造、持有股份等激励方式，真正落实工人队伍的生活、工作、健康需求的企业并不多，均不超过10%（见图2）。这说明，企业对于技术工人的鼓励缺少实实在在的多元化措施，较少真正重视工人需求。

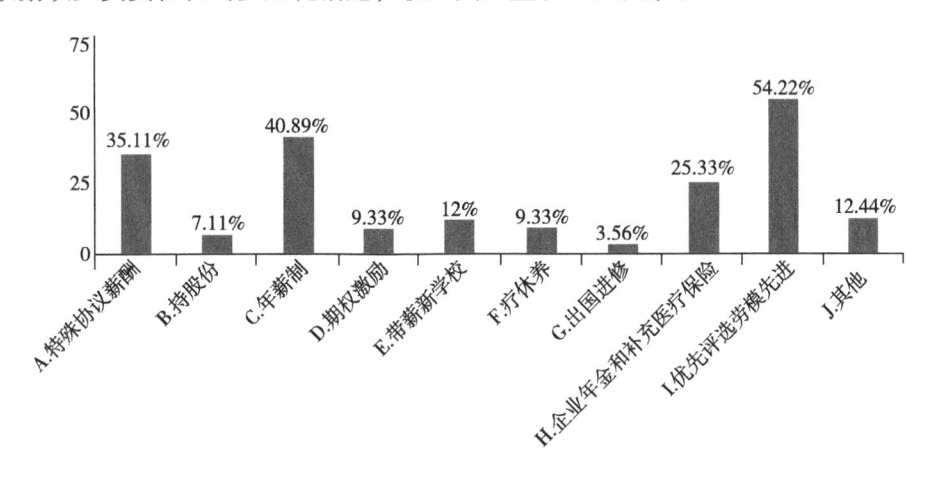

图2 企业对产业技术人才有以下哪些激励措施？（多选题）[①]

- A.特殊协议薪酬 35.11%
- B.持股份 7.11%
- C.年薪制 40.89%
- D.期权激励 9.33%
- E.带薪新学校 12%
- F.疗休养 9.33%
- G.出国进修 3.56%
- H.企业年金和补充医疗保险 25.33%
- I.优先评选劳模先进 54.22%
- J.其他 12.44%

---

① 多选题选项百分比＝该选项被选择次数÷有效答卷份数。含义为选择该选项的人次在所有填写人数中所占的比例。所以，多选百分比相加可能超过百分之一百。

2. 社会培训体系建设不足

从宁夏的整体社会层面来看，自治区的职业培训供给不足，职业培训机构水平参差不齐，仍需要更多的教育资源投入。对于一些特殊制造行业而言，职业院校缺乏实验实训教学装备，没有一线生产的工作界面和熟悉该界面的技能型教师，使得学校的教学模式与工厂的生产实践要求脱节，造成学用"两张皮"的现象。此外，各级工会的培训方式也相对单一，多数是通过培训班的方式完成的，结业以后较少有追踪进阶的相关培训体系。各级工会、劳动就业部门培训多数集中在初级工阶段，高级工以上等级较少，我区特色产业如蔬菜、瓜果、葡萄等种植、葡萄酒酿造、服装加工等专业技能型人才培训少之又少。

（二）产业工人队伍福利待遇有待提升

在宁夏产业工人发展的问卷中，51.56%的产业工人认为自己目前发展中最大的困难是工资太低，很多接受调查的技术工人抱怨"物价高、工资低、强度大、没前途"；17.33%的人认为目前缺少良好的上升通道，向上流动壁垒障碍不易破除，职业发展受限；11.56%的工人认为目前缺少良好的体制保障，企业没有给自己足额缴纳社会保险等（见图3）。总体而言，全区普遍对产业工人队伍建设的资金投入不足。

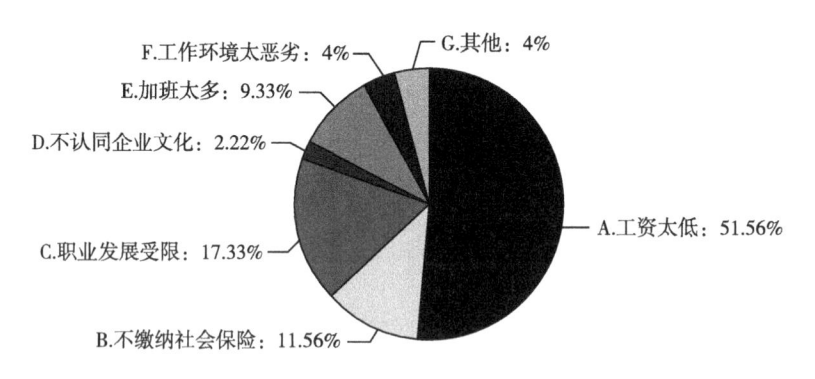

图3 您认为企业工人群体在工作中的最大问题是：（单选题）

1. 薪酬待遇低，发展通道狭窄

例如，根据沙坡头区总工会调研，行政事业单位人员月工资已达到3000~5000元，非公企业由于工资增长机制不完善，职工月平均工资仅为1800元，大部分职工群体处于低收入状态，近75%的产业工人认为自己的经济待遇有待提高。同时，问卷中仅有58%的企业将技能技术人员收入与专业技术职称挂钩、

46%的企业将高技能人才待遇纳入集体协商，对工人队伍的工资保障不足，普遍缺乏有效的工资待遇晋级提档机制保障，2018年以来，中小型企业拖欠工资现象比较普遍。另外，产业工人上升空间相对较小，很多接受调查的技术工人抱怨"工资低，劳动累，没前途"。

2. 多元化高层次需求无法满足

如今产业工人以80后、90后新生代职工为主，他们的生存压力较之父辈要小得多，文化水平有所提高，思想观念发生了很大的变化，其需求已经从单纯地解决温饱问题转向多元化、高层面的状态。例如，在石嘴山市调研发现，企业对职工思想政治工作大多还停留在年终表彰、读书征文、打球拍照的初级阶段，形式单调，传统的思想政治工作对新生代职工吸引力不够，新生代产业工人缺乏对自身身份的认同感和自豪感。普遍来看，"技术工人也是人才"的观念不够普及，企业和工人群体对自身的职业缺少认同，多数认为自己的工作生活幸福感不高，比不上公有制单位，缺少相应的生活福利。对产业工人在物质、精神和发展层面的需求保障，绝大多数企业的理念与措施都还停留在基础水平。在物质层面，员工除了关注工资待遇，更注重新企业的福利待遇、工作环境，对生活环境的舒适性和便利性提出了更高的要求。在精神层面，员工更希望得到尊重和认可，在工作之余能更多地享受丰富多彩、时尚健康的精神生活。在发展层面，员工特别重视自我价值的实现，更希望拥有职业成长的平台、获得晋升的机会，寻求更好、更大的发展空间，以不断改变原有的生活状态和方式。

3. 社会化保障较难实现

对区内的多数企业而言，都将管理人员和工程技术人员列为核心成员，把技术工人的劳动视为简单劳动，在各项福利待遇保障上不能对技术工人"一视同仁"。在医疗保障、教育福利、社会各类保险的问题上，仍有许多工人由于各种原因不参加保险，尤其是农民工，由于其工作不稳定，有较大比例没有参与医疗保险等基本社会福利。同时，企业也较少为工人购买其他补充保险，提高其相关的工作保障。这也成为未来宁夏建设新时代产业工人队伍的较大矛盾。

（三）产业工人队伍建设机制有待进一步完善

近年来，自治区党委、政府和总工会相继制定出台了一系列加强技能人才队伍建设的文件和措施，但与技能人才队伍建设的系统性、多样性相比，仍需进一步健全完善。

1. 产业工人政治地位提高机制有待完善

为进一步鼓励工人队伍的发展壮大，宁夏地区整体对工人队伍的宣传、弘扬力度不足，还没有成功地在全社会营造工人的主人翁地位。社会上对产业工人仍存在诸多误解，认为产业工人的文化程度都较低，导致产业工人得不到应有的尊重。一些非公企业没有建立职代会，行政部门对企业民主管理法规执法弱化，民主管理跟进不及时，导致职工民主权利的实现渠道不够畅通，职工代表大会的法定权利得不到落实，一些企业厂务公开形同虚设，偏离民主管理的轨道，职工主人翁地位面临诸多挑战。因此，在下一步的发展中，首先需要建设一整套完善的机制，在全社会宣传和弘扬产业工人的重要作用，帮助产业工人提高就业意愿，拓宽其参政议政的渠道，提高能力水平。

2. 维护权益机制有待完善

随着劳动关系日益复杂，职工劳动经济、安全健康等权益保障机制建设滞后，劳动执法力度缺乏，工资社保被拖欠现象不同程度地存在，企业用工随意性增大，合同签订不规范，一些以体力劳动为主的职工就业呈现不稳定性，影响着职工队伍的稳定，劳动维权力度须进一步加大。但是，根据各级工会反映，由于工会缺乏具体的执法权，很难对产业工人队伍的保障有所助力。未来还需要形成一套完善的合作体制机制，联合司法、民政等多个机构，针对产业工人的问题建立处理机制，全方位提供保障。

3. 集体协商保障机制有待形成

目前，工会支撑开展工资集体协商的信息资源不多，影响协商的平等性。在部分企业中，有的工资集体协议内容空洞，缺乏操作性，有的企业签订的工资专项协议没有严格履行，影响了职工的积极性，工会的职能作用发挥还有待提高。

四、推动宁夏产业工人队伍建设改革的对策及建议

结合产业工人队伍素质的时代要求和宁夏目前面对的多种问题，工会应当发挥自己的优势，围绕持续提升产业工人队伍的素质发挥积极作用。通过开发自身优势，整合相关资源，探索一条切实可行的产业工人队伍建设改革之路。

（一）以政治保证为根本持续加大制度保障

加强和改进思想政治建设，是贯穿始终的第一要求，是产业工人队伍建设改革的突出亮点。针对工人队伍主人翁地位被忽视的现状，需要不断加大制度的保

证力度，实施民主管理，才能够为工人队伍的整体提升保驾护航。

1. 加强企业党建工作

在信息化、网络化时代，产业工人的新观念、新思想、新情绪不断涌现。产业工人队伍建设改革必须融入推进党的建设新的伟大工程，把加强和改进思想政治建设放在突出位置，教育引导产业工人自觉用习近平新时代中国特色社会主义思想武装头脑，更加紧密地团结在以习近平同志为核心的党中央周围，坚定不移听党话、矢志不渝跟党走。工会工作者要协调好企业党委、行政，甚至产业工人家属的关系，让这些直接利益相关者都投入产业工人队伍素质的建设中。发展产业工人中的优秀分子入党，探索实行产业工人在工会领导机构中挂职、兼职。坚持党对工会工作的领导，强化党建带工建，本着党政所需、工会所能、职工所盼，以职工需求为导向，以强化服务为目标，改革工会组织体制、运行机制、活动方式、工作方法，将更多的人、财、物资源向基层和产业工人倾斜，更好地发挥党联系职工群众的桥梁纽带作用。

2. 完善科学的民主管理制度

工会需督促全面推行职工代表大会制度，努力推进企务公开、厂务公开等工作，凡涉及产业工人切身利益的重大问题必须经过职代会审议通过，保障产业工人的知情权、表达权、参与权和监督权。针对一些非公企业一味强调企业的主体作用，忽视职代会建设，民主管理不落实，职工法定权利不保障的现状，工会需积极推动。深入基层，积极扩大产业工人在党的代表大会、人大、政协中代表委员的比例，并建立闭会期间工人代表（委员）反映问题的机制，最大范围、最大限度地保障职工的民主管理、民主监督、民主参与和民主选举权利。

3. 强化队伍建设改革的顶层设计

产业工人队伍建设改革必须在拓展发展空间上求突破，搭建职业发展的"立交桥"；在健全公共就业服务体系上出实招，畅通合理流动的"绿色通道"；在改进技能评价方式、创新激励机制上做文章，推动形成产业工人持续学习、不断成长的"快车道"。建立评选行业能手的制度以培养大国工匠，建立层级提拔的制度以保证留住优秀人才，建立确保薪酬和住房的制度以解决后顾之忧，用业绩衡量高下，用产品评定优劣，用制度壮大队伍。对全总及宁夏出台的一些关于加强产业工人队伍建设的制度实实在在地落实在有关职工的各项工作中。

（二）以素质提升为核心，持续创新培养模式

提高产业工人素质及技能提升是建设新时期产业工人队伍的重中之重。在发展过程中，各级工会应高度重视，积极配合，引导企业落实职工教育的社会责任，不断增加产业工人的学习提升机会。从调研来看，工人对自身的再教育有很高的热情及积极性（见图4）。

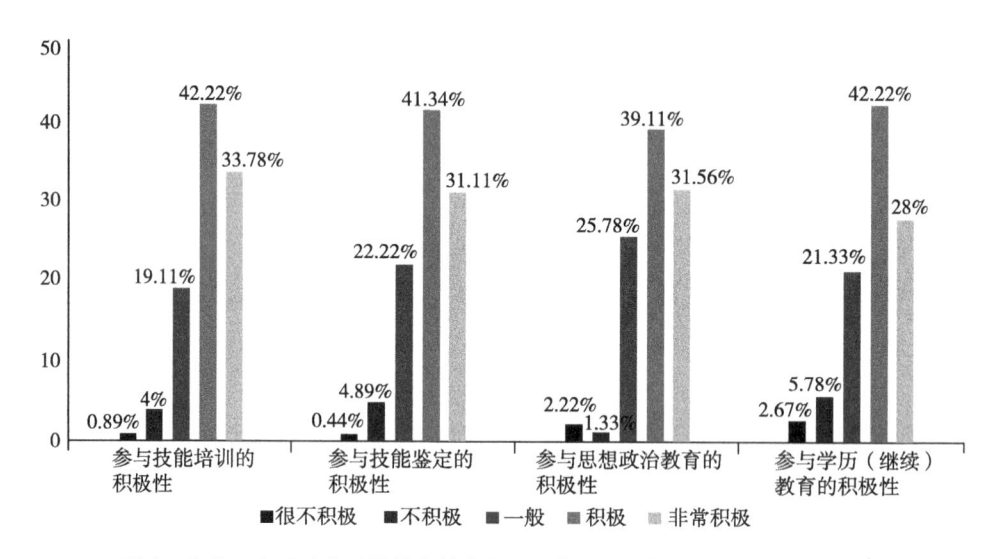

图4 产业工人对以上几类教育的参与积极性是？（请在对应的表格内打√）

1. 创新技能培养机制

调研中发现，对于企业新型学徒制①、首席技师制度、技师研修制度、自办技工实施基地、首席技师工作室、技能大师工作室或者职工（劳模）创新工作室等创新性的工人培训机制不能完全推广。究其原因，主要是企业对这些创新制度了解得不够深入，整个社会的相关配合度不高，因此企业没有足够的改革动力。因此，工会应当不断普及与推广相关制度，并且不断扩大社会教育培训路径，推进职业技能培训市场化、社会化、多元化改革，做好"牵线搭桥"、推广

---

① 在企业推行以"招工即招生、入企即入校、企校双师联合培养"为主要内容的企业新型学徒制。

介绍工作，使企业能够有机会不断拓展工人技能形成体系。①

2. 改进技能评价方式

各地工会要联合人社部门，积极协调，加大对产业工人的技能评定，支持和引导行业协会、企业自主开展技能评价，加大对非公有制企业、小微企业的职业技能鉴定力度，优化职业技能等级标准，完善职业技能等级认定政策，做好职业资格制度与职业技能等级制度的衔接，助力产业工人后续发展。

3. 拓宽创业就业途径

工会要跨区、跨市、跨省，联合人社、民政等部门积极为产业工人搭建学习—就业—提升的发展平台，通过参与对外承包工程项目、外派劳务和对外劳务合作等方式，为产业工人提供参与国内外各类技能交流与合作的机会和平台。拓宽业务范围，多渠道、多方式地为产业工人提供就业岗位。依托企业、职业院校和培训机构等，面向贫困劳动者、退役士兵、就业援助对象等重点群体实施精准技能培训计划。探索"互联网+"模式，建立劳动者个人学习账号和学分累计制度，拓宽终身培训通道。鼓励市内企业与学生、职业院校签订紧缺工种定向培养协议，选择一批大中型企业，推行以"招工即招生、入企即入校、企校双师联合培养"为主的新型学徒制，多管齐下推进产业工人就业。

4. 压实建设改革责任

在加强产业工人队伍建设方面，除国家相关政策外，宁夏也制定出台了一系列的政策措施，取得了一定成效。但政出多门、条块分割、权责不明，缺乏科学有效的政策协同和统筹协调机制，使得主体责任不明确、相关法律法规政策落实不到位。为此，关键要通过体制机制的改革创新，着力解决"谁来抓、怎么抓"的问题。一要切实发挥党政主导作用。坚持党委统一领导，政府有关部门各司其职，打破部门界限，突破体制瓶颈，统筹协调财政、人社、教育、科技、工会等各个部门，统一规划，同步实施，有效整合资源，形成工作合力。二要推进校企合作、产学融合。大力推动职业院校、本科高校与行业企业协同实施人才培养计

---

① 材料补充：在这方面，德国的经验十分值得学习。德国技能形成体系被公认是工业化国家的成功范式，具有两个关键特征：工业技能资格由国家统一认证和企业培训由工会全程监管。作为德国技能供应制度的标志，"双元制"学徒制培养模式卓有成效：一是企业是职业教育和培训的主体，通过厂办技校、设立学徒工实训车间的培养方式，产教融合、工学一体；二是培养成本由企业和学徒工双方分担，政府通过设立公立技校和促进义务职业教育方式补贴部分成本，行业协会和工会通过集体协商签订合同保障学徒工收入待遇；三是联邦职业教育委员会、企业联合会、工会、政府联合进行技能考核评价和技能资格认证；四是通过立法由工会监督学徒工的培训质量。德国通过企业雇主、工会和政府等多方协商的合作方式，化解了企业不愿提供培训只想挖人搭便车的市场失灵问题，解决了高速工业化过程中的技工荒难题。宁夏回族自治区可积极借鉴国内外先进经验，不断完善自治区产业工人的技能形成体系。

划，共同开展职业教育。充分挖掘宁夏高度职业教育资源，主动对接职工和企业的需求，加快教育结构调整，深化专业、课程、教材体系改革，实现职业教育、普通教育和职业技能培训之间的协调衔接，培育更多适应宁夏产业发展需要的技能人才。

（三）以活力激发为手段，持续完善激励机制

要达到产业工人队伍素质建设的目的，必须有相应的机制及制度保障，为工人提供良好的成长环境。根据宁夏目前的调研情况，课题组认为，应形成减上补下、资源下沉、建强基层的总体思路，为基层技术工人开通成长之路。

1. 改善用工环境

加强对《劳动法》《劳动合同法》《就业促进法》等法律法规的宣传和学习。工会作为"协调人"，要与人社部门形成常规性合作，做好劳动监察和仲裁工作，加强面向产业工人的劳动法规宣传教育，引导产业工人依法理性有序表达利益诉求，让工人群体感到自己有依靠、有组织、有力量。能够依法行使权利履行义务，提高和改善用工环境。

2. 改善福利待遇

在调研中发现，工人发展中遇到的最大问题是工资太低（51.56%），而不缴纳社会保险则占第三位（11.56%）（见图5）。因此，在福利待遇方面，工会需积极探索一些新的政策及机制，不断提高工人的待遇水平。一是积极促进企业工资分配制度改革，在企业工资结构中增加体现技术技能价值的工资单元，增加对技术工人的补助和津贴，探索对关键技术岗位、关键工序和紧缺急需的技术工人实行协议工资、项目工资、年薪制等分配形式，着力提高技术技能人才的收入水平。二是以工会为主导，联合各企业、行业协会等，制定适合当地的最低工资标准，保障工人基础工资，并探索适合农民工特点的社会保险缴纳方式及计算方式，在全国形成创新性试点；督促全面落实劳动合同制度，形成健全预防和解决拖欠农民工工资问题的长效机制，引导企业将工资分配向关键技术技能岗位倾斜，提高工人对技能的认同感和成就感。三是完善相关政策，努力协调解决好工人的医疗、子女入学等社会保障问题，使产业工人（尤其是农民工队伍）真正具有职业自豪感和实实在在的社会保障。

3. 改善激励方式

技能人才培养，实际上是一种公共产品和服务，仅依赖市场机制是难以实现预期目标的，况且企业职工培训经费投入、实训基地建设和高技能人才待遇都与

企业经营状况紧密相关，政府以及有关部门必须出台强有力的监督和激励机制，做实做强以用人单位为主的技能人才培养。针对小企业职工培训的能力和意愿双不足的问题，可以考虑对小企业的职工培训给予一些特别优惠。在在岗职工技能提升培训、企业公共实训基地建设、企业自办培训机构等方面，可以通过补贴等方式，给予保障和支持。探索对企业新获得技师或高级技师职业资格的职工、参加新型学徒制培训的新招用及新转岗职工，给予一定的政策性补贴。例如，可以探索与政府相关部门共同改革，采用税收豁免、税收抵免、纳税扣除等综合性的税收优惠政策，对企业的职工培训进行税收激励。

（四）以思想教育为前提，增强信念凝聚共识

需要不断创新理想信念教育方式。面对社会环境和劳动关系的变化，工会必须不断发挥对企业、产业工人队伍的思想政治引领作用，让工人队伍的自豪感油然而生，让整个社会提高对工人队伍的尊重和重视。目前，各级工会已经逐步开展了各类主题教育活动，积极培养产业工人的意识和责任心。但是在各类教育和活动中，仍需要积极创新，不断拓展思想教育的广度和深度。

1. 丰富立体多维教育体系

在对产业工人的思想教育、对企业及社会的宣传过程中，需要不断创新形式，充分运用"互联网+"、手机APP、微信、微博等新媒体，通过生动活泼、灵活多样、喜闻乐见的方式，潜移默化地做好职工思想政治工作。在教学活动主体方面，官方宣讲是主体，各类劳模、一线优秀职工同样也可以是教学活动主体。让各类工人不断走入自治区甚至全国高级技术工人的生活，真切感受技术对自己职业生涯的重要性，培育工人进步的内生动力。教学活动主体方面，顶层要求为主线，但不能仅限于开会、讲授等室内学习，可以结合工地教育基地，将教学活动向外延伸。各式各样的现场教学、展览展示、体验式学习、情景模拟等不仅能极大地丰富理想信念教学形式，而且能增强教育感染力和吸引力，提高理想信念教育效果。

2. 形成多方协同宣传合力

工会应当积极联系自治区内已有的各大媒体和宣传平台，联合相关宣传部门不断创新和优化宣传方式、载体、内容，并充分调动和利用社会力量、资源开展各项宣传活动，确保产业工人、社会公众和各类企业真正认识到产业工人对社会的贡献和重要性，使产业工人队伍建设的知晓率、满意度和支持率达到预期目标。

3. 增强听党跟党情感认同

丰富工人学习教育载体，创新开展革命传统、中华优秀传统文化、改革开放史、中国共产党奋斗史等教育培训，加强道德表彰、劳模表彰、匠才表彰，进一步增强工人"四个自信""五个认同"，进一步引导工人听党话、跟党走，形成服务企业发展、服务地方经济社会发展、服务社会主义现代化强国发展的合力，为建设美丽新宁夏、共圆伟大中国梦作出积极贡献。

五、劳模精神、劳动精神、工匠精神研究

工匠精神、战略共识与组织韧性

段升森[1]　迟冬梅[2]

(1. 山东管理学院劳动关系学院；2. 山东女子学院 经济学院)

摘　要：本研究基于工作价值观理论，利用针对科技型中小企业的大规模抽样调查数据，深入探讨工匠精神对组织韧性的影响机理。研究发现：①员工的工匠精神能够显著提升组织韧性水平，具体表现为爱岗敬业、精益求精和团结协作与组织恢复适应能力显著正相关，精益求精和团结协作与组织整合优化能力显著正相关。②工匠精神可以通过提高员工的战略共识水平对组织韧性产生积极的促进作用，战略共识的三大维度战略理解、战略认同和战略承诺均能够对工匠精神与组织韧性的关系起显著的中介效应。经采用 Heckman 两阶段模型控制选择性偏差与内生性问题，并基于 Bootstrap 方法进行稳健性检验之后，上述结论依然成立。本研究揭示了工匠精神作为一种价值信念所蕴含的巨大力量，发现了工匠精神促进组织韧性的战略路径，也为新时期工匠精神与组织韧性的协同培育提供了指导和借鉴。

关键词：工匠精神　组织韧性　战略共识　工作价值观

一、引言

组织韧性被视为一种有助于组织应对多元逆境的理想特质，不仅仅体现为"灾后重建"式的恢复与适应，更与持续的竞争优势密切关联（Linnenluecke，2017）。近年来自然灾害、金融危机、传染病疫情等一系列不确定事件和突发变化对组织的功能和存续构成重大威胁，如何培育和提升组织韧性成为组织管理领域的研究热点。尽管针对组织韧性的产生及干预机理的相关研究仍未形成权威性解释和可泛化原则（King 等，2016），但员工个体层面的精神特质对组织韧性的重要影响被越来越多的研究所认可（曹仰锋，2020；Weick，1993；Kuntz 等，2017）。

本文继承由个体精神特质到组织韧性的研究思路，深入探讨"工匠精神"这一有着深刻时代烙印的员工理想信念对组织韧性的影响。自2016年首次被写入政府工作报告以来，新时期工匠精神的意义与价值同样引发中国社会各界的广泛讨论。在实现中华民族伟大复兴的历史背景下，弘扬工匠精神是对工作平等和劳动尊严的真正认同，能够为制造业转型和经济高质量发展提供核心价值导向，也是国家永续发展的不竭动力（曾颢和赵曙明，2017）。目前，关于工匠精神的研究文献也在逐渐丰富和深入，但国内研究多是从较为宏观的视角对工匠精神的时代内涵及历史责任进行理论辨析，较少有研究从微观层面实证探讨其对组织韧性的具体影响及作用机制。日本和德国是拥有寿命超过两百年的企业数量最多的国家，而员工富有工匠精神被普遍认为是两国企业历经危机屹立不倒、实现基业长青的主要原因（蔡秀玲和余熙，2016），这表明工匠精神与组织韧性之间必然有着千丝万缕的联系。特别的是，与态度、资本、惯例等概念有所不同，工匠精神在本质上反映了员工的工作信念、行为准则及理想的终极状态，是一种更高阶的和表达了更高力量的个体工作价值观念综合体（高中华等，2020；Paanakke，2019）。因此，本文尝试以工作价值观理论（Schwartz，1992；Ros 等，1999）为研究基础，深入探讨工匠精神与组织韧性之间的关系。

在探索建立工匠精神与组织韧性关系的作用模型时，本文找到了战略共识这把"钥匙"。一方面，根据个体—组织价值观匹配理论，工匠精神这种员工个体价值观与组织价值观的一致性是其影响组织行为的重要途径（龙立荣和赵慧娟，2009）。战略共识作为员工个体对组织战略目标的准确理解、认同和承诺的一种认知和情感状态（Floyd 和 Wooldridge，1992），恰是个体与组织价值观一致性在战略层面的具体体现。另一方面，高水平的战略共识有助于保障组织战略调整或变革的顺利推进（黄再胜，2011），而准确感知外部环境变化并迅速进行相应的战略调整或变革是组织保持韧性的重要前提（Kantur 和 İşeri-Say，2012）。从这个角度，战略共识很可能充当了工匠精神与组织韧性作用关系的中介变量。

本文的研究贡献主要体现在：第一，本文基于价值观理论深入探讨了工匠精神对于组织韧性的影响及内在机制，这不仅拓宽了工匠精神影响过程的研究视野，对于工匠精神的影响后果也具有一定的理论建构意义。第二，现有研究多关注个体精神特质及由此形成的心理资源对组织韧性形成的影响,本文则进一步探讨了工匠精神这种更高阶的个体价值观所具有的影响及作用机制,这对组织韧性前因研究形成了重要补充。第三,本文探讨了战略共识对工匠精神与组织韧性作用关系的中介效应,借鉴战略性人力资源管理的相关文献,通过战略共识这把"钥匙",为个体价值观与组织行为关系研究提供了新的理论视角。

二、理论基础与研究假设

(一)理论基础

1. 工匠精神

工匠精神(craftsman spirit)与时俱进,有着时代的特质和内涵(曾颢和赵曙明,2017)。中国的工匠文化深厚而悠久,古代工匠在传习技艺时所追求的专注、尚巧、求精等优秀品质是工匠精神的雏形(胡冰和李小鲁,2016)。在近代工业时期,受规模化生产及模仿型排浪式消费的影响,手工技艺走向衰落,此时的工匠精神主要是指从业人员在工作过程中所体现的愿干、能干等爱岗敬业的职业态度(肖群忠和刘永春,2015)。2014年以来,个性化、多样化消费渐成主流,保证产品质量安全、通过创新供给激活需求的重要性显著上升。在此背景下工匠精神也具有了更加丰富的内容。方阳春和陈超颖(2018)将工匠精神定义为从业者在工作过程中对待职业的态度、价值取向和行为表现,具体可以从敬业担当、精益求精以及积极创新来理解。郑大发(2018)认为除了爱岗敬业的职业精神和精益求精的品质精神外,协作共进的团队精神是新时代工匠精神的突出要义。叶龙等(2020)认为新时代工匠精神是指具有优秀工作能力的员工在从业过程中所表现出的尽职尽责、爱岗敬业的职业态度和细心坚持、精益求精、积极创新的行为倾向。除此之外,一些研究认为现代工匠精神已融入组织人力资源管理过程中,成为组织员工共同的行事惯例(Kim等,2013)和重要的组织资本(郭会斌等,2018)。

可以看出,工匠精神的内涵随着时代发展而逐步丰富和完善,但也不可避免地导致现有研究对其界定同时存在态度、精神、资本、惯例等多种类别。基于价值观理论(Schwartz,1992;Ros等,1999)并延续部分学者的观点(高中华等,2020;Paanakke,2019),本文将工匠精神归为工作价值观范畴,将其界定为员工在追求内在心理满足与自我实现过程中所展现出来的终极理想信念及相应的工作行为准则。具体而言,工匠精神的核心内涵是爱岗敬业、团结协作和精益求精，分别与工作价值观的三种类型（Elizur，1984；Ros 等，1999）相对应。其中，爱岗敬业与认知型工作价值观相对应，是指员工对工作和岗位发自内心的热爱，用充满敬畏、严肃和责任感的态度对待自己的工作；团结协作与人际型工作价值观相对应，是指员工乐于关怀和帮助组织内其他成员，能够建立起良好的人际互动关系并实现分享和协作；精益求精与权力型工作价值观相对应，是指员工注重声誉带来的满足感和影响力，注重个人技能提升和潜能激发及在此过程中获得的声誉和影响力，能够对自己所从事的工作秉持追求完美、精雕细琢、坚持不懈的原则和态度。

2. 组织韧性

组织韧性（organizational resilience）强调组织能够有效应对非常态环境的冲击（Stephen 等，2012），当面临威胁、干扰、风险等负面事件的威胁时，较强的组织韧性能够帮助组织迅速恢复到原始状态（Buliga 等，2015）。但由于组织韧性具有多维度和多层次特征（Chewning 等，2013；Sawalha，2015），学者们对其概念的阐释逐渐进入"丛林状态"。Holling（2001）从生态学的角度认为组织韧性是在组织与现有环境之间重新建立均衡的适应性行为；Tierney（2003）从系统学的角度分析指出组织韧性包括稳健性、冗余性、充足性和快速性四个要素；Sonnet（2016）则把组织韧性理解为一种兼具行为和信念的二维构念，是"一种活跃的、可被塑造的战略能力和战备资源"；国内学者曹仰锋（2020）则从危机管理的角度将组织韧性定义为组织在危机中重构组织资源、流程和关系，从危机中快速复原，并利用危机实现逆势增长的能力。

不难发现，尽管国内外学者的分析视角呈现多样化，组织韧性在本质上是一种"能力"的观点获得广泛认可，但是关于这种"能力"的具体构成，国内外学者尚未达成一致见解。一些研究认为组织韧性是组织综合抗压能力的表征，能够在组织遭遇不确定性危机环境时限制组织倒退或保障组织的基本功能不受损害，类似于工程或物理韧性（Lengnick-Hall 等，2011；Umoh 等，2014）；另一些研究则指出组织韧性的本质体现为组织在应对干扰或破坏过程中保持持续性和灵活性的能力，这些能力不仅能够帮助组织恢复到受到扰动前的水平，同时可能催生优化组织原始状态的新能力（Sonnet，2016；Linnenluecke，2017）。此外，有学者指出组织韧性是组织应对不确定性危机情景的能力、过程和结果的函数，对组织韧性的考察不应单纯强调能力本身，还需要同时关注作用过程及后果（汤敏等，2019）。基于上述梳理，本文认为组织韧性不仅仅体现为"灾后重建"式的恢复与适应，更与持续的竞争优势密切关联。具体而言，组织韧性是组织立场感知、情境整合和战略制定与执行共同作用的结果（Kantur 和 İşeri-Say，2012），在本质上是组织能力遭遇非常态环境时所激发的"适应恢复能力"和"整合优化能力"。从过程的角度来看这两种能力的形成涵盖从"感知环境变化—识别关键漏洞—采取有效行动"的循环与迭代，而且具有不断进化的演进性特质，最终导致组织恢复原状或超越原状两种可能的结果。

（二）研究假设

1. 工匠精神与组织韧性

影响组织韧性的因素众多，Hackman（2003）从组织结构的视角将其划分为宏观（组织）、中观（组织中的部门）和微观（组织个体）三个层次。其中，积极情绪、人际交互动机、组织承诺等个体精神特质对于组织韧性产生的基础性作用被广泛认可（Giustiniano 和 Cantoni，2018）。希望、乐观、自信等积极情绪能够帮助个体在面对消极的环境影响时进行积极认知，产生富有激情的、创造性的和积极的应对行为，从而诱发员工韧性的产生（Meredith 等，2011；Shin 等，2012）；当个体的积极情绪在与消极环境的长期对抗中濒于耗尽时，较高的组织承诺所带来的认同感、信任感和责任感能够帮助员工从负面情绪中解脱出来并及时补充个体韧性（Sommer 等，2016）；当面临环境压力或挑战等威胁时，人际交互动机较高的员工会激发学习型取向、知识分享意愿和团队合作信念（Britt 等，2016；Morgan 等，2017），此时员工个体韧性会被拓展到团队层面（Meneghel 等，2016），最终帮助组织转危为安。

从这个角度，工匠精神作为比精神特质更高阶的概念——价值观，在理论上也能对组织韧性产生积极的促进作用。根据价值观理论，在正确的工作价值观的引领下，员工个体会准确领会工作的重要意义，进而激发个体的目标导向和实现目标的强烈信念（Schwartz，1992）。这一方面会使个体对所从事的工作怀有积极的情感和充沛的活力（Steele 和 Liu，1983），愿意通过自身的不懈努力及与他人的分享和协作持续提升工作技能和行为标准（Schwartz 等，2012）。另一方面，追求内在目标的过程以及目标的实现也能够在很大程度上满足员工的自主需求与胜任需求，这些基本心理需求的满足会使个体与所从事职业和所在组织之间建立起强烈的心理联系，从而表现出较高水平的职业承诺和组织承诺（Deci 等，2017）。因此，工匠精神作为一种特定的工作价值观，在理论上能够激发员工积极的工作情绪和人际交互动机，并显著提升员工的组织承诺，从而对组织韧性起到有效的促进作用。

进一步地，结合 Kantur 和 İşeri-Say（2012）构建的组织韧性概念框架，本文认为工匠精神的各个维度都有利于促进组织韧性。首先，爱岗敬业有利于强化组织的立场感知。立场感知是指组织面临危机情景时对危机状况及自身的应对条件进行自我感知和判断（Hind 等，1996），其是否准确决定了随后应对策略的合理与否，是组织韧性产生的前提（McManus 等，2008）。由于组织的完整性在危机中受到破坏，准确的立场感知往往需要组织个体成员的协助（Horne，1997）。爱岗敬业作为一种认知型工作价值观，能够激发员工对于自己的工作发自内心地热爱，用充满信心、敬畏和责任感的态度对待自己的工作，表现出较高的组织承诺水平（卢纪华等，2013）。因此，当组织面临感知困境时，爱岗敬业的员工能够主动表达自己的理解和感知，经过聚合达成共同认知，帮助组织强化立场感知甚至修复已损坏的组织系统（Horne，1997）。

其次，团结协作有利于提升组织的情境整合能力。情境整合能力是组织对现存以员工为导向的人力资源和以组织环境为导向的环境资源进行整合和综合利用的能力，是组织的风险应对策略能否顺利实现的关键，也是组织韧性建设的关键。研究表明，提高员工对于危机管理的参与度和员工之间的互动质量是提升情境整合能力的重要途径（Mallak，1998）。团结协作作为一种人际型工作价值观，能够引导员工乐于关怀和帮助他人，进而建立起良好的人际关系和分享协作机制。团结协作意愿较强的员工会在危机管理决策过程中释放信任和诚信，产生兼容交互的决策氛围（Weick，1993），不但有助于提高决策的创新性和适应性，也能够帮助组织提高对人力资源的综合利用能力。员工之间团结协作的过程是不断交流对组织目标、使命和愿景的认识并达成一致的过程，有助于支持型和关爱型组织环境的构建，帮助组织提高对环境资源的整合利用能力。

最后，精益求精有利于支持组织战略制定与执行。基于对危机情境的立场感知和自身的情境整合实际，合理制定并有效实施应对战略是组织建立韧性的主要特征（Mallak，1998）。以往的战略往往不能适应和解决当前的危机，组织需要制定和实施以危机事件为导向的聚焦型战略（focused strategy）。但这种战略的制定需要具有批判性、创造性和主动性的优秀员工广泛参与，并在战略执行过程中做到视野清晰和目标集中（Kantur 和 İşeri-Say，2012）。精益求精体现了一种权力型工作价值观，具有这种价值观的员工强调声誉和影响力带来的成就感。组织遭遇非常态环境及重大突发性危机为展现个人能力、收获声誉和影响力提供了机遇，因此具有精益求精价值观的员工具有强烈的动机参与危机管理决策和聚焦型战略的制定。另外，这类员工注重个人技能的提升和潜能的激发，对待既定工作目标能够做到坚持不懈和持续精进，对产品和服务精雕细琢、追求完美，具有较高的战略执行力。

综上所述，工匠精神作为一种特定的工作价值观，能够有效激发员工积极的工作情绪和人际交互动机并显著提升其组织承诺水平，进而可能从立场感知、情境整合及战略制定与执行等方面促进组织韧性。因此，本文提出以下假设：

H1：工匠精神对组织韧性具有积极的促进作用。

2. 战略共识的中介作用

早期的研究主要把战略共识（strategy consensus）定义为高管团队等组织内部处于支配地位的战略决策联盟对于组织战略目标和手段的看法的一致程度（Bourgeois，1980）。以此为基础，国内外学者围绕战略共识的主体范围及结构维度进行了深入探讨和持续完善。在主体范围方面，逐渐把相关主体扩大到了组织的各级管理者和全体员工，认为忽视员工在战略管理中的重要角色，会导致并加剧战略实施过程中组织内部的摩擦和资源消耗，致使战略目标无法实现（蒋建武和赵曙明，2007）。在维度特征方面，Floyd 和 Wooldridge（1992）指出战略共识不仅指战略理解，还应包含战略承诺。战略理解是对战略目标、手段等议题清晰的、共同的理解和认识，反映的是战略共识的认知特性，而战略承诺则反映了战略共识的情感特性。战略共识之所以重要，是因为要保障组织战略的实施效果，不仅需要组织中各级员工深刻理解和普遍认同既定战略，更需要他们积极投身于战略执行过程。以此为基础，黄再胜（2011）认为良好的战略效果不仅需要员工清晰且准确地理解战略，而且要形成员工对战略的广泛认同和信任，因此将战略共识的维度结构进一步细分为战略理解、战略认同和战略承诺三个方面。

工匠精神能够对战略共识施加正向影响。工匠精神是一种以精益求精、团结协作和爱岗敬业为内核的工作价值观，能够持续激发员工对工作的积极情绪、对职业的理想信念和对组织的情感联系，这些都是提高员工战略共识的重要保障。首先，精益求精可以帮助员工加深战略理解。员工的认知能力和学习意愿是影响其战略理解能力的决定性因素。具有精益求精价值观的员工追求声誉和影响力带来的成就感，因此愿意通过积极的、坚持不懈的学习持续提升个人认知能力和技能水平，以实现个体的目标和理想。同时，具有精益求精价值观的员工看重组织对自己胜任能力的评价（刘洪举和张兴福，2007），使其对组织战略具有浓厚兴趣，具有较强的动机将个体目标与组织战略目标联系起来，从而增进了员工对于战略目标的理解（Ambrosini 和 Bowman，2003）。其次，团结协作能够提高员工对战略的认同。一般而言，员工对组织战略的认同程度主要取决于员工对该战略的实施能够在多大程度上促进个人利益实现的预期。由于个人能力、理想及岗位、层级等方面的差异客观存在,组织员工个体之间的目标或利益并不一致,员工个体目标与组织战略目标之间也存在一定程度的冲突。如果员工认为组织战略的实现是对自身目标和利益的一种威胁,就会直接降低组织战略的可行性,普遍的战略认同就难以建立。团结协作作为一种人际型工作价值观,能够引导员工通过积极有效的沟通交流化解个体目标之间以及个体目标与组织战略目标之间的矛盾冲突,有助于员工就组织战略达成最大程度的认同。最后,爱岗敬业的员工具有较高的战略承诺。战略承诺要求员工具有较高的组织战略执行意愿。由于对自己的工作发自内心地热爱,爱岗敬业的员工能够用充满信心、敬畏和责任感的态度投入到战略执行过程当中。而且,爱岗敬业的员工往往表现出较高的组织承诺,而组织承诺与战略承诺密切关联(韩翼,2008)。

另一方面,战略共识对组织韧性也有积极作用。首先,战略共识是组织战略有效执行的前提。根据战略共识的定义,战略共识是组织战略决策过程的一个结果变量(黄再胜,2010),较高的战略共识水平表明组织各阶层员工都积极参与了战略决策制定,并能够准确理解、认同和承诺组织战略目标;同时,战略共识是提升组织战略执行力的有效手段,战略共识程度越高,战略执行过程中的合作与协调得以提升,战略执行的效果就越好(Floyd和Wooldridge,1992)。而根据Kantur和İşeri-Say(2012)构建的组织韧性概念框架,合理的战略制定与高效的战略执行是组织韧性的重要体现。其次,战略共识能够提升组织的立场感知能力。当员工能够准确理解、认同和承诺组织战略目标时,能够指示员工朝着实现战略目标的方向而努力并坚持,最终达到组织所期望的绩效(Boswell和Boudreau,2001),则员工的态度和行为符合组织期望的一致性就越高(Boswell,2000)。根据内在激励理论,他们会发现自己的努力和贡献对组织战略目标的达成具有突出意义而感知到卓越的精神体验,内在激励员工对组织目标的投入,从而激发员工的积极态度和行为(Deci,1971;Carmeli等,2009)。当组织面临危机情境时,员工的这种积极的态度和行为能够帮助组织敏锐感知危机冲击程度并准确评价组织自身的应对能力。最后,战略共识能够提升组织的情境整合能力。以往研究发现,具有高水平战略共识的员工除了会表现出更佳的工作绩效(任润等,2011)、更少的任务模糊和角色冲突(Boswell和Boudreau,2001)之外,还具有更高程度的共享心智模式(Nelson,1997)。而共享心智模式有助于员工之间进行高质量的知识共享与交流合作,并能够与外部环境实时交互(熊学兵,2011),这对于组织提升情境整合能力具有重要价值。

根据上述分析，工匠精神能够帮助员工准确理解、认同和承诺组织的战略目标从而提升战略共识水平，而较高的战略共识对组织韧性具有积极的作用。由此，提出以下研究假设：

H2：战略共识在工匠精神与组织韧性之间起中介作用。

三、研究设计

（一）样本与数据收集

本文选取科技型中小企业为研究对象。一方面，科技型中小企业是以持续创新为目的和生存手段的特殊群体，创造了大多数发明专利和新技术新成果，工匠精神是其"立身之本"。另一方面，由于兼具科技企业"风险导向性强"和中小企业"抗风险能力弱"的矛盾基因，科技型中小企业很容易因环境不确定性而陷入"死亡谷"（张玉明和段升森，2013），如何提高其组织韧性是亟待深入探讨的重要课题。因此，以科技型中小企业为对象考察工匠精神与组织韧性的关系具有现实可行性，研究结论也具有较强的应用价值。

依托相关的国家和省部级研究项目，课题组于 2018 年 12 月至 2020 年 5 月开展了针对山东省科技型中小企业的抽样调查。抽样调查以能够获取基本抽样信息的、符合科技部《科技型中小企业评价办法》（国科发政〔2017〕115 号）认定标准且已入库的山东企业为总体构建抽样框，采用多阶段抽样调查方法确定调查对象。先根据抽样框内企业数量的地区分布情况设定山东省各地市抽样调查企业样本，再以各地市入样企业在各行业的数量分布比例为权重，随机抽取拟调查的具体企业名单。

抽样调查以网络邮箱发放电子版调查问卷和邮政邮寄纸质版调查问卷的形式进行。对于每一家调查企业，我们同时发放 A 和 B 两种问卷进行配对调查。其中 A 问卷包含工匠精神和战略共识两部分内容，由 3 名以内企业员工作答；B 问卷包括企业基本信息和组织韧性，由于组织高层与一般员工相比对组织的总体情况较为了解，因此该问卷由企业总经理或副总经理作答。A 问卷和 B 问卷以"企业名称"进行配对编码。

本次调查共发放 A 问卷 3000 份、B 问卷 1000 份，分别回收有效 A 问卷 525 份及与之匹配的有效 B 问卷 431 份，有效回收率分别为 17.5% 和 43.1%。在 431 家样本企业中，制造业企业最多（41.6%），其次是软件和信息技术服务业（28.2%）以及科学研究和技术服务业（11.9%）；从发展阶段来看，成长期企业最多（53.8%），创业期（16.4%）和成熟期企业（16.2%）数量相当，还有部分处于衰退期、二次创业和调整转型期的企业（10.3%）；从企业性质来看，民营企业占69.9%，国有企业占18.6%，外资企业等其他形式占11.5%。

956位作答者中，男性占65.4%，女性占34.6%；从年龄分布来看，40岁及以下占47.5%，41~48岁占36.3%，49岁及以上占16.2%；学历方面，大多数作答者拥有本科及以上学历（71.6%），其中研究生及以上学历占17.3%；在工作年限方面，3年及以下占9.4%，4~6年60.3%，7~10年占22.8，11年及以上占7.5%。

（二）变量测量

1. 工匠精神（CS）

三大维度分别采用不同的量表进行测量，其中爱岗敬业采用Saks等（2006）开发的员工工作敬业度量表进行测量，包括"有时候我对工作太投入以至于都忘记了时间"等10个题项。团结协作采用选取Chattopadhyay（1999）对工作任务互依性的测量，该量表包括"我们的同事必须彼此密切合作，才能正常地完成工作"等6个题项。精益求精反映员工对工作力求完美，因此采用Burns（1980）编制的BPS完美主义量表，此量表由"设置并严格坚持不现实的高标准，并以是否达到这些标准来评价自我价值"等10个题项组成。采用探索性因子分析发现以上所有题项提取三个公因子的累计方差贡献率为81.9%，且内部一致性系数（Cronbach's Alpha）为0.784，表明工匠精神测量量表具有良好的信度和效度。

2. 组织韧性（OR）

根据前文的分析，从适应恢复能力和整合优化能力两个维度对组织韧性进行测量。其中，对适应恢复能力的测量参考了Kantur和Say（2015）开发的量表，包括"在需要时，企业会灵活地采取必要的行动"等7个题项；对整合优化能力的测量依据Chen（2016）的量表，包括"企业总是能够及时从错误和问题中吸取教训，从而优化或构建新的应对模式"等3个题项。探索性因子分析得到所有题项提取两个公因子的累计方差贡献率为80.2%，总量表在本研究中的内部一致性系数（Cronbach's α）为0.813。

3. 战略共识（SC）

采用黄再胜（2011）编制的量表，涵盖战略理解、战略认同和战略承诺三大维度共计13个题项。探索性因子分析得到所有题项提取两个公因子的累计方差贡献率为78.8%，内部一致性系数（Cronbach's α）为0.852，举例题项为"清楚有效执行企业战略的途径和方式"。

以上所有量表的题项均采用 Likert 七点量表形式进行衡量，1 代表"非常不符合"，7 代表"非常符合"。另外，参考以往研究文献（杨付等，2014；方阳春和陈超颖，2018），本文还控制了性别（男性设为 1，女性为 0）、年龄（41~48岁设为 1，否则为 0）、学历（本科及以上学历设为 1，否则为 0）等个体因素以及行业类型（制造业设为 1，否则为 0）、企业性质（国有企业设为 1，否则为 0）和生命周期（成熟期企业设为 1，否则为 0）等因素对实证结果的影响。

四、实证结果

（一）共同方法偏差检验

为尽可能降低因作答主体相同而可能导致的共同方法偏差，本文采用纵向设计和设置反向题项相结合的方式进行问卷 A 的数据采集。首先，在第一个时间点请企业员工填写工匠精神量表，并在此量表中添加关于战略共识的反向题项。其次，在间隔一定时间后（3 周以上）邀请同一员工填写战略共识量表，并在此量表中添加关于工匠精神量表的反向题项。最后，整理两个不同时间点作答冲突或不一致的题项，与员工就这些题项的含义和目的进行沟通解释后，由该员工在第三个时间点进行补充性作答。Harman 单因素法检验结果显示，将所有题项提取特征值大于 1 的三个因子，首个因子的方差贡献率为 24.608%，小于总方差贡献率 75.972% 的一半，表明经上述处理后本文的共同方法偏差在可接受的范围内。

（二）区分效度检验

根据 Podsakoff 等（2003）的建议，对工匠精神、组织韧性与战略共识进行验证性因子分析，考察变量间的区分效度。如表 1 所示，本文的基准模型（三因子模型 M1）具有可接受的拟合度（$\chi2$ (df = 2.215，CFI = 0.954，TLI = 0.937，RMSEA = 0.045)，显著优于所有的备选模型（包括 3 个二因子模型和 1 个单因子模型），表明本文量表的区分效度较好。

表 1　区分效度检验结果

模型	χ^2（df	CFI	TLI	IFI	NFI	RMSEA
三因子模型 M1（CS，OR，SC）	2.215	0.954	0.937	0.943	0.933	0.045
二因子模型 M2（CS+OR，SC）	4.137	0.875	0.799	0.804	0.794	0.092
二因子模型 M3（CS+SC，OR）	4.561	0.852	0.758	0.761	0.751	0.115
二因子模型 M4（OR+SC，CS）	4.863	0.810	0.712	0.720	0.708	0.126
单因子模型 M5（CS+OR+SC）	6.867	0.693	0.514	0.528	0.509	0.161

（三）描述性统计与相关性分析

表 2 报告了各变量的描述性统计及变量之间的相关系数。可以看出，工匠精神与组织韧性显著正相关（$r=0.332$，$p<0.01$），这与本文的研究假设 H1 预期相符；工匠精神与战略共识显著正相关（$r=0.242$，$p<0.01$），同时战略共识与组织韧性显著正相关（$r=0.192$，$p<0.01$），这为本文的研究假设 H2 提供了初步的数据支持。另外，控制变量的相关系数呈现出一些有意思的结果，例如处于 41~48 岁年龄段的员工和非国有企业的员工具有更高的工匠精神和战略共识，且能够为组织韧性做出更大的贡献。

表 2　变量的描述性统计和相关系数

	N	M	SD	1	2	3	4	5	6	7	8	9
工匠精神	516	4.65	1.311	1								
战略共识	504	4.62	1.394	0.242***	1							
组织韧性	510	4.91	1.261	0.332***	0.192***	1						
性别	525	0.17	.379	0.014	-0.034	0.045	1					
年龄	489	4.87	1.431	0.309***	0.211***	0.489***	-0.011	1				
学历	493	2.62	1.218	-0.026	0.120***	-0.015	-0.072		1			

续表

	N	M	SD	1	2	3	4	5	6	7	8	9
行业类型	318	4.92	2.593	-0.038	0.009	-0.049*	-0.011	0.021	0.113	1		
企业性质	525	0.38	0.487	-0.107**	-0.121**	-0.159***	0.072*	0.005	-0.016	-0.018	1	
生命周期	483	2.41	1.298	0.110**	-0.073	0.119**	0.028	0.030	-0.120**	-0.098*	-0.025	1

注：N 表示样本量，M 表示平均数，SD 表示标准差；* 表示 $p<0.10$，** 表示 $p<0.05$，*** 表示 $p<0.01$。

（四）研究假设检验结果

主效应的检验结果如表3所示，在控制了性别、年龄、学历、行业类型、企业性质及生命周期之后，将工匠精神纳入模型（2），结果显示工匠精神对组织韧性有显著的促进作用（$\beta=0.195$，$p<0.001$），本文的研究假设 H1 获得验证。为更清晰地认识工匠精神与组织韧性之间的作用机理，模型（6）和模型（7）进一步考察了两个变量维度结构之间的内在关系，结果显示工匠精神的三大维度爱岗敬业（$\beta=0.101$，$p<0.05$）、精益求精（$\beta=0.227$，$p<0.001$）和团结协作（$\beta=0.236$，$p<0.011$）均能够显著促进组织恢复适应能力，而精益求精（$\beta=0.140$，$p<0.01$）和团结协作（$\beta=0.113$，$p<0.05$）也能够对组织整合优化能力产生积极影响。

表3 主效应检验结果

变量	组织韧性			战略共识		恢复适应能力	整合优化能力
	（1）	（2）	（3）	（4）	（5）	（6）	（7）
性别	0.033 (0.816)	0.028 (0.702)	0.032 (0.805)	0.037 (0.906)	-0.035 (-0.762)	-0.076 (-1.790)	0.013 (0.293)
年龄	0.486*** (11.808)	0.421*** (9.790)	0.390*** (8.984)	0.252*** (7.857)	0.180*** (3.665)	0.007 (0.148)	0.168*** (3.447)
学历	-0.043 (-1.051)	-0.033 (-0.816)	-0.025 (-0.616)	-0.035 (-0.865)	-0.073 (-1.576)	-0.084* (-1.957)	0.019 (0.422)

续表

变量	组织韧性			战略共识		恢复适应能力	整合优化能力
	(1)	(2)	(3)	(4)	(5)	(6)	(7)
行业类型	0.000 (0.002)	0.004 (0.092)	-0.004 (-0.110)	-0.007 (-0.173)	0.075 (1.603)	-0.028 (-0.652)	-0.001 (-0.021)
企业性质	-0.129** (-3.141)	-0.129** (-3.184)	-0.107** (-2.648)	-0.106** (-2.584)	0.063 (1.300)	-0.048 (-1.120)	-0.045 (-0.994)
生命周期	0.019 (0.447)	0.035 (0.849)	0.026 (0.641)	0.006 (0.154)	0.065 (1.404)	0.068 (1.570)	0.061 (1.330)
工匠精神		0.195*** (4.608)	0.182*** (4.308)		0.131** (2.852)		
战略共识			0.154*** (3.715)	0.159*** (3.794)			
爱岗敬业						0.101* (2.302)	0.080 (1.734)
精益求精						0.227*** (4.381)	0.140** (2.569)
团结协作						0.236*** (4.552)	0.113* (2.068)
R2	0.253	0.285	0.303	0.274	0.178	0.218	0.134
Adj R2	0.243	0.274	0.291	0.262	0.163	0.202	0.116
F	25.404***	25.273***	23.855***	24.023***	8.339***	13.450***	7.448***

注：括号内为 t 值；* 表示 $p<0.05$，** 表示 $p<0.01$，*** 表示 $p<0.001$。下同。

中介效应的检验结果。第一步检验工匠精神对组织韧性的影响，模型（2）、（6）和（7）的回归结果均表明工匠精神能够对组织韧性起积极的促进作用。第二步检验工匠精神对战略共识的影响，表3模型（5）的结果显示工匠精神对战略共识具有显著的正向影响（$\beta=0.131$，$p<0.01$）。第三步检验战略共识对组织韧性的影响，模型（3）的结果显示战略共识的估计系数显著为正（$\beta=0.159$，$p<0.001$）。第四步检验战略共识对工匠精神与组织韧性关系的中介作用。与模型（2）相比，模型（3）进一步纳入战略共识变量后，工匠精神对组织韧性的

影响明显减弱但仍然显著（$\triangle\beta = 0.013$，$p < 0.001$），表明工匠精神对组织韧性的正向影响部分通过战略共识进行传递，本文的研究假设 H2 通过验证。

（五）稳健性检验

对主检验结果的一个担心在于计量模型可能存在因自选择导致的内生性问题。重视培育和提升自身组织韧性的企业，可能更喜欢聘用爱岗敬业、协作共进和精益求精的员工。本文拟使用 Heckman（1979）自选择模型进行控制。在第一阶段以工匠精神亚变量（高于中位数取值 1，否则为 0）为因变量的 Probit 模型中，工具变量拟选择企业所在地劳模的数量。劳模是工匠精神的代名词与引领者（吕守军等，2018），企业所在地的劳模数量较多，通过媒体宣传等途径可能会激发企业员工对工匠精神的追求，但对企业的组织韧性通常没有直接影响。在此基础上，计算逆米尔斯比率。在第二阶段，将逆米尔斯比率作为自变量纳入模型重新检验工匠精神与组织韧性之间的关系，考察主检验结果对于自选择导致的内生性问题能否保持稳健。表 4 中第一阶段模型（1）的回归结果显示，劳模数量的回归系数显著为正（$\beta = 0.240$，$p < 0.01$），表明工具变量具有一定的解释力。第二阶段模型（2）的回归结果显示逆米尔斯比率的回归结果显著（$\beta = 0.106$，$p < 0.01$），说明自选择问题确实存在；更为重要的是，工匠精神的估计系数仍然显著为正（$\beta = 0.171$，$p < 0.001$），表明主检验结果对于自选择导致的内生性问题保持稳健。

表 4　基于 Heckman 自选择模型的主效应稳健性检验结果

变量	第一阶段 工匠精神亚变量 (1)	第二阶段 组织韧性 (2)
性别	-0.075（-0.539）	0.029（0.731）
年龄	0.046（1.272）	0.411 *** （9.430）
学历	0.050（1.264）	-0.029（-0.700）
行业类型	0.199 * （2.028）	0.009（0.210）
企业性质	0.245 ** （2.668）	-0.128 *** （-3.154）
生命周期	-0.232 *** （-9.973）	0.022（0.525）
劳模数量	0.240 ** （2.587）	

续表

变量	第一阶段 工匠精神亚变量 （1）	第二阶段 组织韧性 （2）
逆米尔斯比率		0.106** （2.515）
工匠精神		0.171*** （3.991）
R_2		0.296
Adj R_2		0.283
Pearson 卡方（F	138.586（Sig=0.654）	22.880***

注：第一阶段模型（1）括号内报告的是 Z 检验值。

由于中介效应估计系数很难满足正态分布，因此可能导致基于 Sobel 检验的四步中介效应检验方法存在偏误。根据方杰等（2011）的建议，进一步运用偏差校正的非参数百分位 Bootstrap 法进行中介作用的检验对战略共识在工匠精神与组织韧性关系中的中介效应进行稳健性测试。在原有样本数据（$N=525$）的基础上，重复随机抽取 1000 个 Bootstrap 样本进行检验，结果如表 5 所示。可以看出，在工匠精神对组织韧性的影响中，95% 置信区间 [0.038，0.072] 不包含 0，战略共识的中介效应显著（$\beta=0.177$，$p<0.01$），占总效应的 36.95%。进一步解构发现，战略共识三大维度战略理解、战略认同和战略承诺在工匠精神对组织韧性的关系中均具有显著的中介效应。上述结果表明，本文研究假设的检验结果是稳健的。

表 5　基于 Bootstrap 方法的中介效应稳健性检验结果

中介模型	直接效应	间接效应	95% 置信区间
工匠精神→战略共识→组织韧性	0.302*** （4.169）	0.177** （2.618）	[0.038，0.072]
工匠精神→战略理解→组织韧性	0.201* （2.463）	0.152*** （3.097）	[0.026，0.051]
工匠精神→战略认同→组织韧性	0.203*** （3.308）	0.115* （1.966）	[0.033，0.085]
工匠精神→战略承诺→组织韧性	0.284*** （3.072）	0.082* （2.063）	[0.020，0.043]

五、结论与讨论

（一）研究结论

随着中国经济进入新常态，重塑增长路径的新条件、新力量与工业化时期的累积问题交织激荡，经济、政策、市场各种不确定性也随之显现，加之传染病疫情等重大突发事件频发，对企业的持续发展提出严峻条件。正如 King 等（2016）所言："当下我们所处的环境比以往任何时候都更加不确定，变革和动荡是这个时代的标志，风险和危机充斥着组织环境。"在此背景下，持续提升组织韧性至关重要。中国工匠文化源远流长，工匠精神是组织高质量发展和基业长青的重要源泉。以价值观理论为内在研究基础，构建了中介效应模型，利用针对科技型中小企业的抽样调查数据探究了工匠精神与组织韧性的关系，同时验证了战略共识的中介效应。研究发现：第一，工匠精神作为以爱岗敬业、精益求精和团结协作为内核的特定工作价值观，能够有效激发员工积极的工作情绪和人际交互动机并显著提升其组织承诺水平，从而对组织韧性产生积极的促进作用。第二，战略共识在工匠精神与组织韧性之间的作用关系中起着显著的中介效应。一方面工匠精神能够帮助员工准确理解、认同和承诺组织的战略目标从而提升战略共识水平，另一方面员工较高的战略共识有助于组织在危机情境下的立场感知和资源整合以及应对战略的有效执行，能够为组织韧性产生提供重要保障。

（二）理论贡献

本文可能的理论贡献主要体现在以下三个方面：

第一，深化了工匠精神内涵、影响后果及作用机制的相关研究。现有关于工匠精神的研究多是从较为宏观的视角对其内涵、价值和政策进行理论探讨，且对其本质特征和结构维度等尚未达成一致见解，存在资本、文化、伦理等争论。与以往研究不同，本文遵循历史演进脉络并注入时代发展特质，将工匠精神界定为以爱岗敬业、精益求精和团结协作为内核的特定工作价值观，并基于价值观理论深入探讨了工匠精神对于组织韧性的影响及内在机制。这不仅拓宽了工匠精神影响过程的研究视野，对于工匠精神的经济后果这个"黑箱"也具有一定的理论建构意义。

第二，丰富了从个体因素层面探讨组织韧性前因变量的相关研究。探索组织韧性的前因变量对于深入理解组织韧性的起源及培育组织韧性都具有重要意义，现有研究对此进行了大量探讨。其中，基于员工—组织匹配的重要价值，从个体层面进行组织韧性影响因素研究的视角被广泛采纳。现有研究多围绕自信、乐观、希望等个体精神特质及由此形成的信任、承诺等心理资源对于组织韧性形成的影响，本文则进一步探讨了工匠精神这种更高阶的个体价值观的影响及作用机制，对现有研究形成重要补充。

第三，找到了战略共识这把连接工匠精神与组织韧性的"钥匙"。个体层面的工匠精神作为一种工作价值观，能够对组织韧性这种组织能力产生实质性影响，其间具有众多的传递因素及复杂的作用机制。借鉴战略人力资源管理的相关文献，本文探讨了战略共识对工匠精神与组织韧性作用关系的中介效应。现有关于个体价值观与组织行为关系的研究，大多从心理和精神状态出发构建两者之间的内在关联，从战略层面关注两者关系的研究较为零星而不系统，目前理论界的积累显然也不充分。在这种情况下，通过战略共识这把"钥匙"，本文为个体价值观与组织行为关系研究提供了新的理论视角。

（三）实践启示

本文得到的一些创新性结论，能够为怎样促进员工与组织双方的持续共同发展这一重要问题提供新的思路，对中国企业管理实践具有重要的启示意义。

第一，重视"信念的力量"，从价值观的高度进行员工工匠精神培育。随着时代的进步和发展，工匠精神早已不再拘泥于手工业者对于技艺的追求，而是演进为指导现代职工在劳动中发现和实现自我的价值信念。本文的研究结论证明了信念也是一种力量，工匠精神能够对组织战略实施和危机应对能力产生积极的作用。因此，组织应高度重视员工工匠精神的培育，以为组织的持续发展提供长足动力。工匠精神的培育应首先从员工的主体意识培养入手，树立尊重劳动价值、追求效率但兼顾人性的人力资源管理理念，同时积极打造学习型组织、精神型领导等有利于工匠精神形成及发挥的微观制度与环境。

第二，杜绝"一言堂"现象，发挥战略共识在战略制定和执行过程中的重要作用。本文的研究结论表明，员工的战略共识能够传导工匠精神对组织韧性的积极影响。新常态下经济由高速增长转向高质量发展，由此组织间的自由竞争也逐渐被战略竞争所取代，且战略执行的内容日趋精细化和复杂化。在此背景下，战略共识作为保障战略执行能力和效果的重要手段，其对组织发展的重要作用必将越来越突出。然而长期以来，我国企业在战略制定工作中的"一言堂"现象比较突出，战略决策被认为是少数精英的事情，导致战略共识严重"缩水"，新时期组织应重视和加强各级员工战略共识的培育和管理工作。

第三，提高"化危机为契机"的能力，制定适合自身的组织韧性构建与提升战略。组织韧性是组织适应恢复能力和整合优化能力的综合体现，能够帮助组织有效应对非常态环境及突发事件的冲击，迅速恢复原状甚至超越原状。如何持续提升组织韧性，在有效应对时代发展带来的挑战的基础上积极把握伴随而来的宝贵机遇，是理论和实践界需要共同面对的课题。组织韧性是组织立场感知、情境整合和战略制定与执行共同作用的结果，因此其构建与提升战略应从以上三个方面着手。但提升组织韧性是一个长期的过程，应循序渐进、量力而行，切忌因急促冒进造成组织资源配置失当和战略过度收缩。

（四）研究局限与未来展望

本研究不可避免地存在一些局限性，具体如下。

首先，在样本数据方面，本文通过对科技型中小企业的抽样调查收集研究所需的数据。但由于抽样调查的固有缺陷以及受疫情的影响，部分地区和行业的有效回收率较低，导致样本企业的统计分布与实际情况有所偏离，这对样本数据的代表性产生一定的影响。同时，限于时间和资源，抽样调查的范围限定在山东省各地市，可能会降低研究结论的普适性。未来将进一步提升抽样的科学性并扩大调查范围，采用纵向多时点的追踪式研究，更准确和深入地理解工匠精神与组织韧性的关系。

其次，本文聚焦于工匠精神对组织韧性的影响效果及中介因素，未涉及对作用边界的探讨。实际上，尽管工匠精神能够超越特定的情境发挥作用，但仍需要行之有效的领导和激励方式相配合（曾颢和赵曙明，2017），而战略共识的作用机制及组织韧性的产生均具有较高的情境需求（黄再胜，2011；诸彦含等，2019）。未来将进一步寻找恰当的边界条件，以增强研究的情境化特征。例如精神型领导是一个不错的选择，这种领导方式强调领导者可以通过满足员工对基于使命和成员身份的精神存在感来实施内在激励（Fry，2003），这与追求工作自主需求与胜任需求满足等卓越精神体验的员工工匠精神相适应，也对组织韧性的产生具有重要影响。

最后，本文仅关注了战略共识这一把打开工匠精神与组织韧性关系黑箱的"钥匙"。个体层面的工匠精神到组织韧性这种组织能力，其间必然具有众多的传递因素及复杂的作用机制。本文借鉴战略人力资源管理的相关文献仅找到了"战略共识"这一个重要的中介变量，未来的研究还需继续寻找新的"钥匙"。

参考文献：

[1] 曹仰锋. 组织韧性 [M]. 北京：中信出版集团，2020.

[2] 曾颢，赵曙明. 工匠精神的企业行为与省际实践 [J]. 改革，2017，(4)：125-136.

[3] 方阳春，陈超颖. 包容型人才开发模式对员工工匠精神的影响 [J]. 科研管理，2018，39（3）：144-160.

[4] 郭会斌，郑展，单秋朵，等. 工匠精神的资本化机制：一个基于八家"百年老店"的多层次构型解释 [J]. 南开管理评论，2018，21（2）：95-106.

[5] 黄再胜. 企业员工战略共识及其影响因素的实证研究 [J]. 南开管理评论，2011，14（4）：32-41.

[6] 龙立荣，赵慧娟. 个人—组织价值观匹配研究：绩效和社会责任的优势效应 [J]. 管理学报，2009，6（6）：767-775.

[7] 杨付，刘军，张丽华. 精神型领导、战略共识与员工职业发展：战略柔性的调节作用 [J]. 管理世界，2014（10）：100-113.

[8] 张玉明，段升森. 创新型中小企业基因结构模型实证研究 [J]. 山东大学学报（哲学社会科学版），2013（4）：1-9.

[9] 诸彦含，赵玉兰，周意勇，吴江. 组织中的韧性：基于心理路径和系统路径的保护性资源建构 [J]. 心理科学进展，2019，27（2）：357-369.

[10] Buliga O, Scheiner C W, Voigt K I. *Business model innovation and organizational resilience：towards an integrated conceptual framework* [J]. Journal of Business Economics，2015，86（6）：647-670.

[11] Burns D D. *The perfectionist's script for self-defeat* [M]. New York：Psychology Today，1980.

[12] Chattopadhyay P. *Beyond direct and symmetrical effects：the influence of demographic dissimilarity on organizational citizenship behavior* [J]. Academy of Management Journal，1999，42（3）：273-287.

[13] Chewning L V, Lai C H, Doerfel M L. *Organizational resilience and using information and communication technologies to rebuild communication structures* [J]. Management Communication Quarterly，2013，27（2）：237-263.

[14] Elizur D. *Facts of work values：a structural analysis of work outcomes* [J].

Canadian Metallurgical Quarterly, 1984, 69 (3): 593-599.

[15] Gibson C A, Tarrant M A. *"conceptual models" approach to organizational resilience* [J]. Australian Journal of Emergency Management, 2010, 25 (2): 8-14.

[16] Hamel G, Valikangas L. *The quest for resilience* [J]. Harvard Business Review, 2003, 81 (9): 52-63.

[17] Kantur D, Say A I. *Measuring organizational resilience: a scale development* [J]. Journal of Business Economics and Finance, 2015, 4 (3): 456-472.

[18] Karri R V N. *Strategic flexibilities and firm performance* [D]. Pullman: Washington State University, 2001.

[19] Kim Y, Bae J, Yu G. *Patterns and determinants of human resource management change in Korean venture firms after the financial crisis* [J]. International Journal of Human Resource Management, 2013 (24): 1006-1028.

[20] King D D, Newman A, Luthans F. *Not if, but when we need resilience in the workplace* [J]. Journal of Organizational Behavior, 2016, 37 (5): 782-786.

[21] Kuntz J R C, Malinen S, Nswall K. *Employee resilience: directions for resilience development* [J]. Consulting Psychology Journal Practice & Research, 2017, 69 (3): 223-242.

[22] Lengnick-Hall C A, Beckte T E, Lengnick-Hall M L. *Developing a capacity for organizational resilience through strategic human resource management* [J]. Human Resource Management Review, 2011, 21 (3): 243-255.

[23] Linnenluecke M K. *Resilience in business and management research: A review of influential publications and a research agenda* [J]. International Journal of Management Reviews, 2017, 19 (1): 4-30.

[24] Paanakker H L. *Values of public craftsmanship: The mismatch between street-level ideals and institutional facilitation in the prison sector* [J]. American Review of Public Administration, 2019, 49 (8): 884-896.

[25] Ros M, Schwartz S H, Surkiss S. *Basic individual values, work values, and the meaning of work* [J]. Applied Psychology: An International Review. 1999, 48 (1): 49-71.

[26] Saks A M. *Antecedents and consequences of employee engagement* [J]. Jour-

nal of Managerial Psychology, 2006, 21 (7): 600 – 619.

[27] Sawalha I H. *Managing adversity: understanding some dimensions of organizational resilience* [J]. Management Research Review, 2015, 38 (4): 346 – 366.

[28] Weick K E. *The collapse of sensemaking in organizations: the Mann Gulch disaster* [J]. Administrative Science Quarterly, 1993, 38 (4): 628 – 652.

劳动模范的作用及新时代解读

李 欢

（陕西工运学院）

摘 要：本文通过重温毛泽东主席在陕甘宁边区劳动英雄和模范工作者代表大会上的讲话，指出劳动模范（英雄）不仅在当时根据地的各项事业中发挥着带头、骨干、桥梁的作用，而且在全面建成小康社会，实现中华民族伟大复兴中国梦的新时代，也将发挥更大的作用。同时，指出在新时代要让劳动模范更好地发挥作用，需要做好完善与劳模相关的制度、弘扬崇尚劳动的社会风气、严格评选劳动模范的标准、落实与劳模相关的待遇等方面的工作。

关键词：劳动模范 作用 新时代

一、引 言

劳动模范是我党在领导中国人民进行革命、建设和改革事业的征程中，在各条战线上涌现出来的成绩卓著的劳动者，他们思想觉悟高尚、工作态度认真、技术手艺精湛、名利意识淡薄。从抗日战争时期的根据地，到新时代的全国各地，在几十年的历史中，劳动模范群英辈出，分布广泛，并以其鲜明的辨识度成为我国工人阶级当中的一个特殊群体，在革命、建设、改革以及中国特色社会主义新时代等不同时期发挥着积极的作用。党的十八大以来，在以习近平同志为核心的党中央的大力倡导下，全社会热爱劳动、尊重劳动者的新风尚已经逐步形成，劳动模范这一工人阶级的特殊群体又一次进入大众视野。

目前学界对于与劳动模范相关的学术研究也日渐升温。除去工会系统的科研力量外，许多普通院校的马院、历史文化学院也纷纷介入，相关的科研成果呈井喷式增长。纵观已经公开发表的科研论文，不难发现，学者们关注的内容主要集中在劳模运动的脉络梳理[1]，劳动模范的概念、内涵及其与其他相近概念的辨析[2][3][4]，具体问题探讨[5][6][7][8]，抗战时期的劳模专项研究[9]等几个方面。

20世纪40年代，毛泽东在陕甘宁边区第二届劳动英雄与模范工作者会议上，通过《必须学会做经济工作》这篇讲话，阐述了劳动模范在根据地的各项事业中发挥着带头、骨干、桥梁的作用。几十年过去了，在我们所经历过的新民主主义革命、社会主义建设以及改革开放的不同时期，都可以感受到劳动模范在各个领域所起的这三种作用。本文通过重温毛泽东主席在陕甘宁边区劳动英雄和模范工作者代表大会上的讲话，总结了劳动模范在新时代全面建成小康社会，实现中华民族伟大复兴的新时代的作用。同时指出在新的历史条件下，要让劳动模范更好地发挥作用，必须做好相关制度的完善、社会风气的改善、选树奖励的标准、培养使用的关系以及防止劳模的异化等方面的工作。

二、关于劳动模范三个作用的由来及其继承和发展

众所周知，我党在领导中国人民进行新民主主义革命的过程中，逐渐开始摆脱苏联教条式的理论给中国革命带来的消极影响，艰难探索出了一条马克思主义中国化革命道路，这就是走农村包围城市，最后夺取政权的道路。在欠发达地区建立民主政权，从事经济建设，无论是在土地革命时期，还是在抗日战争时期，中国共产党都要解决经济社会相对落后、工业基础相对薄弱、百姓思想有待提高的共同问题。面对困难，我党领导广大人民群众不断尝试，努力在实践当中寻找答案。实践证明，适合边区开展经济建设的有效方法是动员全社会的力量开展以提高生产、改善民生为主要目标的劳动竞赛，在运动中寻找、宣传、培养、选树劳动英雄，通过劳动模范的带头、骨干和桥梁作用，推动边区的各项事业不断前进。因此，在陕甘宁边区广泛开展的劳动英雄运动，有助于聚集社会各界的智慧力量，粉碎国民党对苏区和边区的围剿，巩固政权；有助于鼓励工农大众开展生产，发展经济；有助于改造普通人的思想观念，培育新的社会风尚。

（一）时代背景

中国工农红军经过两万五千里长征顺利到达陕北之后，获得了一个为期十年的黄金发展期。在中国共产党的领导下，陕甘宁边区政府采取了一系列的政策措

施，动员群众，推动生产，坚持抗战，建设边区。在全区各方的共同努力，尤其是劳动模范的作用下，边区的社会发展取得了长足的进步。

抗日战争时期，为了巩固民主政权，粉碎国民党的剿共阴谋，陕甘宁边区人民积极响应毛泽东主席的号召，自力更生，艰苦奋斗，纷纷投入轰轰烈烈的大生产运动当中。为了更好地宣传劳动英雄的光荣事迹，弘扬劳模精神，树立劳动致富这一良好的社会风气，陕甘宁边区政府多管齐下，举办了规模不等的表彰大会，出台了相关的法律条文，吸纳了劳动英雄参与政权建设。比较有代表性的表彰大会有：1938年年底，陕甘宁边区政府建设厅在延安县府召开奖励大会，对19位在生产建设中表现突出的生产者进行了奖励；1943年11月，陕甘宁边区政府召开第一届劳动模范代表大会，受到表彰的劳动英雄达200多人，以及第二届劳动英雄与模范工作者会议，受到表彰的各类劳动英雄共计460多人。在制度建设方面，边区政府先后颁布了《陕甘宁边区人民生产奖励条例》《督导民众生产运动奖励条例》和《机关、部队、学校人员生产运动奖励条例》等系列法规，其中《陕甘宁边区人民生产奖励条例》明确将劳动英雄奖章或奖状作为对生产运动中取得特殊成绩者的一种奖励；1943年10月，陕甘宁边区政府公布劳动英雄与模范生产者大会及其代表的选举办法。经过各方的共同努力，陕甘宁边区社会热爱劳动、尊重劳模的风气逐渐形成。在吸纳劳动英雄参与政权建设方面，1944年5月，由陕甘宁边区第一届劳动英雄代表大会选举产生的一批劳动英雄当选为陕甘宁边区第三届参议会工人参议员。[10]

（二）具体内容

1944年12月22日—1945年1月14日，陕甘宁边区举行了为期23天的第二届劳动英雄与模范工作者会议。在此期间，毛泽东同志做了《必须学会做经济工作》的讲话。讲话开门见山："你们（劳动英雄及模范工作者——作者注）有三种长处，起了三个作用。第一个，带头作用。这就是因为你们特别努力，有许多创造，你们的工作成了一般人的模范，提高了工作标准，引起了大家向你们学习。第二个，骨干作用。你们的大多数现在还不是干部，但是你们已经是群众中的骨干，群众中的核心，有了你们，工作就好推动了。到了将来，你们可能成为干部，你们现在是干部的后备军。第三个，桥梁作用。你们是上面的领导人员和下面的广大群众之间的桥梁，群众的意见经过你们传上来，上面的意见经过你们传上去。"[11]这份讲话充分肯定了劳动英雄和模范工作者的带头、骨干和桥梁作用。之后刘景范做了《更加推广劳动英雄和模范工作者的运动》的报告，这份报告是对毛泽东同志讲话内容的展开论述和补充说明。讲话及报告中所述劳动模范的作用，主要应该体现在以下三个方面。

第一，带头作用。劳动模范的带头作用，主要体现在他们通过自己的不懈努力，创造出超出常人的劳动标准和工作标准，并以此来"影响和推动其他群众向他们学习，向他们看齐，把高的标准逐渐普及，把低的标准逐渐提高，使生产和工作不断进步"[12]。

第二，骨干作用。劳动模范的骨干作用，主要体现在变工队、乡村、连队、工厂和机关等不同的劳动场合，通过劳动模范这个中心人物，推动、组织和领导群众，发动群众开展工作，并把群众团结起来，使他们心往一处想，劲往一处使。有了这些骨干，生产和各项工作就能不断地改进和发展。相反，"没有劳动英雄和模范工作者骨干，就不会有模范班、排、连和模范单位的创造，就不会有模范变工队的创造"[13]。

第三，桥梁作用。劳动模范的桥梁作用，主要体现在他们把群众的意见向领导集中，又把领导的方针贯彻到群众中去。在过去的生产和各项运动中，这种桥梁作用得到了进一步发挥。"他们到延安开会，就把群众的意见带上来，他们开会回去，就把领导上的意见传下去，使领导和群众更好地结合起来……许多劳动英雄和模范工作者，向领导提出意见，成为当地领导的'高级顾问'。"[14]

（三）需要做好的相关工作

在各抗日民主根据地开展的劳动英雄和模范工作者运动，对当时的领导来说其实是一种工作方法，是典型示范，推动群众，突破一点影响全局，把一般号召与具体领导相结合，把领导骨干与广大群众相结合，从而推动各项工作顺利开展的方法。因此，刘景范在《更加推广劳动英雄和模范工作者的运动》的报告中要求各级领导在思想上高度重视，并努力做好以下几方面的工作。

第一，在培养和选择典型上坚持走群众路线，深入民间，通过走访调查，把深受群众爱戴，生产好、工作好，又能公私兼顾的人树立为典型。

第二，对劳动英雄和模范工作者的事迹和具体经验通过开会、表彰、互相参观等形式进行广泛宣传，使群众照着这些英雄模范的办法来加强或改进自己的生产或工作。

第三，在条件许可、时机成熟的情况下，鼓励劳动英雄和模范工作者在工厂、机关和部队中，采取订立计划、发动竞赛、互相检查、按期总结等办法，推广经验，改进工作。

第四,关爱劳动英雄和模范工作者,主动为他们减负,推掉一些不必要的会务、拜访,为他们能够完成自己的生产提供条件,同时消除群众对当英雄的顾虑。

第五,重视对英雄和模范人物的教育和培养,要求他们在发挥自己的专项特长的同时,必须不断学习,力求进步,全面发展;戒骄戒躁,尊重领导,团结群众。

据此,我们认为,毛泽东同志提出的劳动模范的三个作用发挥得好坏,与各级领导的思想认识关系密切。如果领导对其作用"估计不足,就不会认真地领导这个运动去推进生产和各项工作;如果对其要求过高,就会发生许多偏差,增加劳动英雄和模范工作者的困难,阻碍运动自然而然地发展"[15]。

(四)对劳模作用的继承和发展

在毛泽东同志发表的关于劳动模范三个作用的讲话之后,中国社会发生了翻天覆地的变化。我们在完成了新民主主义革命任务的基础上,开始了社会主义建设和改革开放的伟大征程。时代在发展,劳动模范在国家建设和改革开放事业当中的作用也更加突出。因此,之后的党和国家领导人总是在一些重要场合强调和深化劳动模范的作用,使其作用更加符合社会主义建设和改革开放的时代需要。1950年,毛泽东在全国战斗英雄和劳动模范代表会议上指出:劳动模范是"全中华民族的模范人物,是推动各方面人民事业胜利前进的骨干,是人民政府的可靠支柱和人民政府联系广大群众的桥梁"[16]。1978年,邓小平在中国工会九大的致辞中指出:"在党的领导和工会的帮助下,全国各民族各地区各工业部门的职工群众中都涌现了一批劳动模范和工人阶级的革命骨干,他们至今还是我们学习的榜样和团结的核心。"江泽民同志曾在1995年和2000年的全国劳模表彰大会上发表重要讲话,强调劳动模范的"思想和行动,体现了中国工人阶级的高贵品格,他们不愧为我们民的精英、国家的脊梁、社会的中间和人民的楷模"。2008年10月,胡锦涛同志在出席中国工会十五大时,要求各级党委和政府高度重视发挥劳模的积极作用,热情关心劳模的成长进步,在全社会大力弘扬伟大的劳模精神。

70多年来,在中国共产党的领导下,劳动模范和模范工作者在中国革命、社会主义建设和改革开放的进程中,不忘初心,时刻铭记党和国家领导人的讲话精神,以"围绕中心,服务大局"为己任,立足岗位,奋发进取,开拓创新,勇于奉献,充分发挥劳动模范的带头、骨干和桥梁作用,带领广大职工群众为中国革命和社会主义建设和改革开放事业做出了应有的贡献。

三、对新时代劳动模范作用的思考

进入 21 世纪的第二个十年，在中国人民齐心协力为建成小康社会，实现中华民族伟大复兴的中国梦的过程中，劳动模范的作用将更加突出。2016 年 7 月，习近平总书记在宁夏考察时指出："社会主义是干出来的，就是靠着我们工人阶级的拼搏精神，埋头苦干，真抓实干，我们才能够实现一个又一个伟大目标，取得一个又一个的丰硕成果。"[17] 因此，向劳模学习，以劳模为榜样，充分发挥劳模的作用，发挥只争朝夕的奋斗精神，仍然是我们这个时代的需要。

（一）新时代劳动模范的作用

党的十八大以来，习近平总书记多次通过对劳模精神、劳动精神和工匠精神的深刻论述而表明劳动模范在新时代所起的重要作用。从 2013 年 4 月 28 日在中华全国总工会机关同全国劳动模范代表座谈时的讲话开始，一直到 2018 年 "五一" 劳动节前夕给中国劳动关系学院劳模本科班学员的回信，几乎在每一个关键节点，习近平总书记都会通过不同场合，专门发表针对劳模以及劳模精神的重要讲话，使讲话成为向全社会宣传劳模作用的窗口。他号召全国人民以劳模为榜样，牢固树立 "劳动最光荣、劳动最崇高、劳动最伟大、劳动最美丽" 的观念[18]，大力弘扬 "爱岗敬业、争创一流、艰苦奋斗、勇于创新、淡泊名利、甘于奉献" 的劳模精神[19]。归纳起来，新时代劳动模范的作用主要表现在以下几个方面：

1. 坚守理想信念的带头作用

劳动模范是工人阶级队伍当中的一个特殊群体，他们思想境界高尚，理想信念坚定。无论是在工作中，还是在生活上，他们能够增强 "四个意识"、坚定 "四个自信"，做到 "两个维护"，做理想信念的忠实捍卫者；能够牢固树立共产主义远大理想和中国特色社会主义共同理想，自觉把个人理想、家庭幸福融入国家富强、民族复兴的伟业之中，让理想信念之光照亮奋斗之路；他们还能够通过自己的言行向周围的工友宣传国家的方针政策，引导职工听党话，跟党走，以此来巩固我党执政的阶级基础和群众基础；他们能够以实际行动教育广大党员干部，将先进个体的引领变成广大职工的共识，进而达到全体职工的政治认同、思想认同和情感认同。被誉为 "我国石油战线上一面旗帜" 的 "铁人" 王进喜，胸怀为国家摘掉"贫油国"帽子的坚定信念，凭着对党的忠诚，在自然条件极端恶劣的东北大庆，硬是靠着"人拉肩扛"，率领 1205 钻井队艰苦创业，打出了大庆油田石油大会战第一口油井，并创造了年进尺 10 万米的世界钻井纪录，展现了大庆石油工人的气概，为我国石油工业的发展做出了重要贡献，成为中国工业战线的一面旗帜。

2. 推动技术进步的骨干作用

劳动模范是工人阶级队伍中的先进分子，他们当中的很多人都是在刻苦钻研的前提下，最先掌握了相关的生产技术，提高相应的工作标准，创造出较先进的生产水平。西北国棉一厂细沙挡车工赵梦桃，刻苦钻研技术，在吸取其他纺织能手经验的基础上，摸索出一套科学的巡回清洁检查操作法，大大充实了"郝建秀工作法"的内容。为了帮助姐妹们共同完成生产任务，赵梦桃曾十多次主动将使用顺手的好车让给别人，自己克服困难开陈旧的"老虎车"，并年年超额完成生产任务。不让一个姐妹掉队，不让周围有一个小组掉队成了赵梦桃的座右铭，在她的帮助下，有 13 名工人成为工厂和车间的先进生产者。因此，劳模在推动先进技术向前发展过程中，一方面自己带头学习，努力掌握先进技术，另一方面还应该主动地将他们的已经掌握的先进技术向普通职工中进行推广，从而使先进技术被更多的人所掌握，帮助别人掌握技术，带动大家都成为先进生产者。2017 年 7 月，中华全国总工会制定出台了《关于进一步深化劳模和工匠人才创新工作室创建工作的意见》和《全国示范性劳模和工匠人才创新工作室命名管理工作暂行办法》，对深化创建工作提出具体要求，这对于充分发挥劳动模范在推动我国技术进步的作用，提供了制度上的保障。

3. 引领社会风尚的榜样作用

在新中国成立前相当长的一段时间里，由于存在事实上的剥削，劳动在我国被当成一种受苦的代名词。而在社会主义国家，在工人阶级成为国家的主人、真正的领导阶级之后，一些人仍然把劳动看成下苦力，所以工厂就成了一个纯粹的下苦力的地方。而劳动模范在工作中所表现出来的对做工对象的精心专注、精雕细琢，使人们对劳动有了新的解读，即不仅可以在劳动中注入感情，也可以在劳动中进行创作，这就是一种新的社会风尚。劳动模范从小处着眼，从身边做起，逐渐改变了人们对劳动的看法，开始使越来越多的劳动者感受到劳动除了是生存的手段之外，还可以进行创造。

新时代的劳动模范不是纯粹的个体发明家、财富的独自占有者、资本的暴发户以及某某专利的实际拥有者，他们不过是一群最为普通的劳动者，他们会因为自己的一技之长、生产工艺的改革创新，或者仅仅因为兢兢业业地辛勤付出而满足了人们的需要，并获得社会对他们的认可，由此国家也会给予劳模一定的荣誉，进行相应的表彰，形成引导社会风尚的一种力量。这就是在劳模身上表现出来的"利他"性，劳模在平凡的工作岗位上通过服务他人成全了自己。因此，用劳模精神去引领、感召、影响工人阶级队伍中其他成员的思想意识和行为习惯，形成了爱党爱国、敬业奉献、互助友爱、敢想敢为的时代风尚，从而提升了整个工人阶级的思想觉悟、道德修养、精神境界和综合素质，这就是劳动模范引领社会风尚的榜样力量。人们在学习劳模的过程中获得了力量，整个民族找到了前进的方向。

4. 推动民主政治的参政作用

中国共产党在领导中国人民推进伟大事业的过程中，十分重视劳动模范的重要作用。历史上，有一大批劳动模范进入各级党委、人大、政府、政协和工会的领导机关工作，在参与管理国家和社会事务中发挥了十分积极的作用。近些年，伴随着到城市务工的农民人数的不断增多，他们当中的一些佼佼者开始进入国家层面的政治舞台，代表身后的数亿农民工开始了参政议政的新征程。在2008年全国两会上，来自上海的全国劳动模范朱雪芹针对农民工在务工过程中所遇到的现实问题向大会提交了一份议案，希望有关部门能为农民工制定全国联网的社会保障制度。从提案的提出者以及内容来看，劳动模范在参政议政以及推动我国民主政治建设过程中开始发挥积极作用。

党的十八大以来，劳动模范的政治地位得到进一步提高，参政议政渠道更加通畅，各级党代表、人大代表和政协委员中的劳模比例不断增加。据统计，在2287名党的十九大代表当中，省部级以上的劳动模范有405人，占17.7%。在2987名十二届全国人大代表中，省部级以上劳动模范有593名，占19.9%，他们当中来自一线的工人、农民代表有102名。在2237名十二届全国政协委员中，省部级以上劳模有113名，占5.1%。我们认为，各级党代表、人大代表以及政协委员中劳模比例的不断增加，为劳模参政议政和参与重大社会活动，充分发挥他们在国家和社会事务管理、基层民主管理中的重要作用创造了条件。

（二）与劳动模范发挥作用相关的因素分析

劳动模范是劳动的化身，因此，要让劳动模范真正地发挥作用，全社会必须对劳动有一个正确的认识。劳动是指能够对外输出劳动量或劳动价值的人类劳动，传统的劳动分类理论又将其分为脑力劳动和体力劳动两大类。目前，奋战在我国各行各业的一线劳动者，大多是体力劳动者。由于从事劳动的人在待遇、工时、条件、环境、地位等方面存在差异，社会上轻视一线劳动的现象比较严重。

以在第二产业从业的劳动者为例，他们当中多数的工作性质属于典型的体力劳动。虽然国人对于一线劳动的整体评价很高，但这部分劳动者的工资低、工时长、条件差、地位低也是不争的事实。在许多劳动争议案件中，合法权益受到侵害的也是以一线劳动者居多，因而它不是大众在择业时的首选目标。比如许多家长在为孩子做人生规划时，仍然把考入名牌大学甚至出国深造作为第一选择，以便大学毕业后能够更顺利地进入国家机关、事业单位等待遇、条件、环境、地位都相对较好的地方工作，这与许多西方国家一流的人才都流向企业形成了鲜明的对比。

从现实的角度来看，我们这个社会需要劳动，尤其是一线的劳动者。从宏观上来讲，2015年5月19日国务院发布了《中国制造2025》，这是部署全面推进实施制造强国的战略文件。这份由百余名院士专家着手制定的行动纲领，为中国未来十年设计的制造业强国的梦想，必须通过奋斗在制造业领域的千百万体力劳动者的不懈努力才能实现。从微观上来讲，人们日常生活中的衣食住行都离不开体力劳动。以住房为例，新中国成立70年来，人民的生活发生了翻天覆地的变化，不断前行的住房改革，带给中国人居住空间和生活方式上的巨大变化。毫不夸张地说，我们的住房面积每增加一平方米，居住环境的不断改善都和建筑工人的辛勤劳动与付出紧密相连。

劳动模范评选的本意，是运用榜样的力量，充分发挥劳动模范的作用，动员和鼓励广大职工群众积极投身改革开放和中国特色社会主义现代化建设，让全社会成员从心底热爱劳动、尊重劳动者。为此，我们需要在完善与劳模相关的制度、弘扬崇尚劳动的社会风气、严格评选劳动模范的标准、落实与劳模相关的待遇等方面做好工作。

1. 完善与劳模相关的制度

劳动模范发挥作用要有相应的制度作为保证。党的十九届四中全会的《决定》指出，完善中国特色社会主义制度建设，是我们党今后一个时期的重要工作。从劳动模范的表彰（抗日战争时期陕甘宁边区的两次大规模的劳模表彰大会，中华人民共和国成立七十年来对劳模的十七次表彰），到劳动模范的选拔标准（1979年，国家首次明确了评选劳模的标准）；从1980年中华全国总工会发布了《劳动模范工作暂行条例》、1982年将"奖励劳动模范和先进工作者"写入宪法，到1985年中华全国总工会做出《颁发"五一劳动奖章"和"五一劳动奖状"的决定》等，劳动模范已经陪伴我们走过了几十个春秋。通过回顾劳动模范运动的历史，我们欣喜地看到，和劳动模范相关的制度建设一直都在进行当中。制度从无到有是一种进步，而要让劳动模范在社会主义建设当中充分地发挥作用，则需要制度的不断完善。目前情况下，要让劳动模范前进有方向、工作无负担，相关部门需要在拓宽劳动模范的升迁渠道、减少劳动模范的社会性事务等方面不断地完善制度。

2. 弘扬崇尚劳动的社会风气

重尚劳动的社会风气有助于劳动模范作用的发挥。社会风气是推动或阻碍社会进步的巨大力量，而一个社会的风气的形成受多种因素影响。就在全社会形成学习劳模的风气而言，凡是国家对劳动模范高度重视的历史时期，社会上都能感受到学习劳模的风气。1978年，邓小平在中国工会九大致辞中提出，把表彰劳模作为新中国成立30周年的礼物，及时遏制住了"文革"时期社会上孤立、疏远甚至排斥劳动模范的不好苗头；新时代，习近平总书记多次发表重要讲话，向全社会倡导劳动光荣、劳动崇高、劳动伟大、劳动美丽。这一切说明党和国家领导人对劳动的化身——劳动模范的重视程度，也有助于重视劳动、尊重劳动者的良好社会风气的培养。此外，舆论宣传也有助于学习劳模风气的形成。近些年来，主流媒体关于劳动模范的专题报道、影视作品等逐渐增多，在一些重要的时间节点比如"五一"国际劳动节、国庆节等还加大了宣传力度，将对劳动模范的宣传与社会风气的净化紧密相连，避免了对劳动模范宣传的随意性、间歇性。

3. 严格评选劳动模范的标准

众所周知，劳模表彰工作是从推荐评选对象开始的。为了确保劳模推荐评选工作面向基层、面向工作一线，真正体现劳动的价值，在推荐评选过程中，一般要明确各类人员的比例。就一线工人在全国劳模评选中的占比，1989年规定大于等于30%，1995年规定大于等于32%，2000年规定大于等于35%，2005年规定大于等于55%（其中还涵盖了专业技术人员）。[20]尽管评选劳模应当遵循相关文件当中规定的标准，但在现实当中，仍然会出现不按规矩办事的情况。河南平高电气股份有限公司的石永亮撰文指出，近期他意外发现了一张2009年某集团公司的报纸，上面载有10名劳动模范的先进事迹简介。出于好奇，他将这张报纸与最近该公司刚刚公布的劳动模范名单做了一个简单的对比，结果发现，10年前的劳动模范均出自企业生产一线工人，而现在15名劳模中中层以上劳动模范就达5人，包含董事会秘书、事业部经理、招标办主任、安全部部长、监察部部长等。[21]就企业而言，各级领导都是拥有一定资源的人，劳模评选中的这种非正常情况只能使荣誉更加向领导靠拢，这与表彰劳动模范的初衷是背道而驰的。因此，为了能够使劳动模范更好地发挥作用，应该杜绝此类情况的发生。

4. 落实与劳模相关的待遇

落实劳动模范的待遇是一个老问题。20 世纪 90 年代，许多国有企业在改制的过程中，职工纷纷下岗，劳动模范作为职工当中的一员也不例外。许多劳模下岗之后的生活令人辛酸，他们在再就业的过程中因自身年龄、文化程度以及专业知识的限制，遭遇了来自人才市场的冷落，更有下岗的老劳模、病劳模艰难地生活着。为了解决部分全国劳模生活困难的问题，从 2003 年起，国家财政拨专款对收入较低、有特殊困难的劳模进行帮助。北京大学的王晓慧认为，作为工人阶级中的精英分子，"当选劳模后，他们的带头作用被要求充分发挥出来"，"但由于整个工人阶级的衰落，最精英的也直陈自己处于社会的底层。劳动的价值在当代社会受到了贬抑，金钱和权力的价值凸显，对劳模来说，他们很难突破工人身份的限制"。[22]因此，落实与劳模相关的待遇，仅靠各级工会经济技术部门现有的工作内容是不够的，应该在落实工人阶级地位上下功夫。

四、结　论

本文集中讨论了劳模的作用问题。这个问题首先由毛泽东同志提出，经过几十年的发展，在新时代被习近平总书记发扬光大，表现出了我党对待劳动模范一以贯之的重视。21 世纪的新时代不比延安时期，随着社会的发展会产生一些新问题，前文中所谈论的只是问题的一部分。它们的存在对劳动模范发挥作用会产生一定的影响，只有将这些问题解决好了，才能够让劳动模范在新时代真正地起到坚守理想信念的带头作用、推动技术进步的骨干作用、引领社会风尚的榜样作用以及推动民主政治的参政作用。

参考文献：

[1] 齐燕庆．中国劳模现象的历史及其沿革［J］．理论前沿，1996（9）：31 - 32.

[2] 王宏伟．论"劳模精神"的内涵和弘扬［J］．北京市工会干部学院学报，2007（6）：12 - 15.

[3] 徐大慰．劳模精神的时代内涵及现实价值［J］．中国井冈山干部学院学报，2016（9）：122 - 127.

[4] 乔东. 劳模精神、劳动精神和工匠精神探析 [J]. 中国劳动关系学院学报, 2019 (10): 35-42.

[5] 游正林. 我国职工劳模评选表彰制度初探 [J]. 社会学研究, 1997 (6): 16-23.

[6] 孙云. 中共英模表彰制度的肇始及演变 [J]. 党的文献, 2012 (3): 71-76+82.

[7] 李珂. 楷模与引领: 劳动模范评选制度的嬗变与省思 [J]. 教学与研究, 2018 (6): 77-84.

[8] 彭维锋. 习近平总书记关于劳模精神的重要论述研究 [J]. 山东社会科学, 2019 (4): 154-163.

[9] 杨忠虎, 张用建. 陕甘宁边区劳模运动述论 [J]. 中国延安干部学院学报, 2010 (9): 95-103.

[10] 贾晓明. 陕甘宁边区的劳模运动 [J]. 党史文苑, 2017 (9): 56.

[11] 毛泽东. 必须学会做经济工作 [M] //毛泽东选集: 第三卷. 北京: 人民出版社, 1968: 915-921.

[12][13][14][15] 陕西省总工会工运史研究室. 陕甘宁边区工人运动史料选编 (下册) [M]. 北京: 工人出版社, 1988: 426-427.

[16] 中华全国总工会, 中共中央文献研究室. 毛泽东邓小平江泽民论工人阶级和工会工作 [M]. 北京: 中央文献出版社, 2002: 46.

[17] 霍小光. 习近平在宁夏考察 [EB/OL]. 中国新闻网, 2016-07-19.

[18] 习近平. 在同全国劳动模范代表座谈时的讲话 [N]. 人民日报, 2013-04-29.

[19] 习近平. 在知识分子、劳动模范、青年代表座谈会上的讲话 [N]. 人民日报, 2016-04-30.

[20] 中华全国总工会. 工会经济技术工作概论 [M]. 北京: 中国工人出版社, 2013: 94-95.

[21] 石永亮. 碎言领导当劳模 [J]. 企业管理, 2020 (7): 61-62.

[22] 王晓慧. 矛盾的自我认同: 当代国有企业工人劳动模范的心态 [J]. 北京科技大学学报 (社会科学版), 2011 (6): 101-105.

传承中国传统工匠技能
加强工艺美术行业产业工人队伍建设

——基于广东省"一市一品"理念的工会改革创新

王学真　黄玉良　林海松

（广东省总工会　广东工匠学院）

摘　要：中央全面深化改革领导小组第三十二次会议审议通过了《新时期产业工人队伍建设改革方案》。会议指出，工人阶级是我国的领导阶级，产业工人是工人阶级的主体力量，要造就一支有理想守信念、懂技术会创新、敢担当讲奉献的宏大的产业工人队伍。广东是工艺美术大省，广东省总工会广东工匠学院坚决执行党的政策方针，紧抓时代主流，把"建设知识型、技能型、创新型劳动者大军，弘扬劳模精神与工匠精神"作为一项重要的使命和担当，通过系列重要举措，提出"一市一品"理念，创新广东省21个地级市的传统工艺美术行业工人产业队伍建设。

关键词：工艺美术　产业工人　劳模精神　劳动精神　工匠精神

一、背　景

2017年2月6日，中央全面深化改革领导小组第三十二次会议审议通过了《新时期产业工人队伍建设改革方案》。方案指出，工人阶级是我国的领导阶级，产业工人是工人阶级的主体力量，要从巩固党的执政基础的高度，从促进我国经济社会持续健康发展的高度，加快产业工人队伍建设改革，坚持全心全意依靠工人阶级的方针，按照"政治上保证、制度上落实、素质上提高、权益上维护"

的总体思路,针对影响产业工人队伍发展的突出问题,创新体制机制,提高产业工人素质,畅通发展通道,依法保障权益,造就一支有理想守信念、懂技术会创新、敢担当讲奉献的宏大的产业工人队伍。

广东是工艺美术大省,从事工艺美术行业的企业,达到产业规模的有700多家,从业人员超过30万人。目前,广东省已经在工艺美术行业产业逐步形成了具有典型特色的产业集群,诸如广州的"三雕一彩一绣",佛山石湾的陶瓷,深圳的工艺美术礼品,肇庆的端砚,四会的玉石,中山大涌、江门新会与台山大江镇的红木家具,潮州的陶瓷、刺绣、婚纱晚礼服、木雕、竹编等,揭阳阳美的玉器等20多个专业市场和产业集群。广东省在工艺美术行业人才培养建设过程中,已经逐步形成人才梯队,从高到低,形成金字塔结构,由中国工艺美术大师、省工艺美术大师、正高级工艺美术师、高级工艺美术师等组成了一支极具创新性的工艺美术人才队伍。通过政府和传统工艺美术行业人才的共同努力,广东省目前申报成功的各级非物质文化遗产代表性项目在全国名列前茅,真正地形成了以"项目带动人才发展,人才梯队建设为项目服务"的欣欣向荣的良好局面。[1]

广东省总工会和党中央高度保持一致,坚决执行党的政策方针,紧抓时代主流,把"建设知识型、技能型、创新型劳动者大军,弘扬劳模精神与工匠精神"作为一项重要的使命和担当,深化新时代工匠学院建设,广东工匠学院的发展定位为服务性、指导性、权威性,坚持以"弘扬工匠精神、传承精湛技艺、造就创新人才"为主题,扎实做好产业工人队伍建设改革工作,成为南粤工匠的摇篮、全国践行《新时期产业工人队伍建设改革方案》的先锋。

广东工匠学院将秉承"精天下工,筑永恒业"的理念,不断深化建设,努力打造与广东社会经济发展相适应的新时期产业工人终身教育体系,提升产业工人的理论和技能水平,提高产业工人的受教育程度,为广东培养知识型、技术型、创新型的高素质产业工人;立足传统工艺美术产业和行业,做好广东优秀传统工艺美术和文化的传承和发展,搭建广东传统工艺美术行业产业的交流平台,促进优秀工艺美术行业产业人才的相互学习和切磋,逐步挖掘广东传统工艺美术内涵,培育精益求精的工匠精神,努力弘扬劳模精神、劳动精神、工匠精神。

二、"一市一品"理念的提出

广东省总工会通过一系列的政策和措施,扶持广东省21个地级市工艺美术品类工种,结合各地级市当地工艺美术行业品类工种的产业优势,强力打造一个品种，形成工艺美术名片，简称"一市一品"，比如广州的广绣、佛山的陶塑、肇庆的端砚、潮州的木雕、四会的玉石、中山的红木家具、揭阳的玉器等。广东省总工会旨在通过"一市一品"打造，对各地市工艺美术行业产业工人队伍建设起到"羊群效应"。

三、政策扶持和相关举措

（一）组建行业工会联合会，发挥工会"娘家人"作用

广东省总工会积极将各地市总工会与各地级市工艺美术行业协会进行对接，促成各地级市工艺美术行业协会组建工会联合会。通过组建工会联合会，发挥工会"受产业工人之托、忠产业工人之事、解产业工人之难、温暖产业工人之心"的产业工人"娘家人"的作用。2019年3月，广东省总工会将肇庆市总工会与肇庆市工艺美术协会进行对接，通过协调和多方努力，最终在肇庆市工艺美术行业协会组建工会联合会。通过组建工联会，把各地级市工艺美术行业产业工人变成中国共产党领导下的无产阶级工人先锋队，真正成为产业工人，使产业工人能够感受到工会"娘家人"的温暖。

（二）打造三级培训体系，"送培到岗"，提升产业工人理论水平、素质和技能

广东工匠学院在深化新时代工匠学院建设，加快产业工人队伍建设改革，弘扬劳模精神、劳动精神、工匠精神的具体重要举措是打造三级培训体系，研究工匠精神培育系统，弘扬劳动精神、工匠精神。广东工匠学院规划为总院、分院、分站三级长效培训体系，分别设立广东工匠学院（总院）、广东工匠学院分院（市级）和广东工匠学院培训基地（中心），构建一个承建、协调、运作广东产业工人素质和技能提升体系。广东工匠学院总部建成，主要功能有培训班开展、文化沙龙、珍品展等；在各地级市工艺美术行业协会成立工会联合会的基础上，在各地级市工艺美术行业协会设立分院或者设立培训基地。目前，广东工匠学院已经在东方彩墨艺术馆设立了培训基地，主要针对工艺美术领域彩瓷方面的素质和技能提升的培训合作。

（三）举办省级行业产业工人职业技能大赛，促进行业产业工人竞争与交流，相互提升技能

通过开展省级劳动技能大赛，扩大工艺美术行业的合作及发展，促进广东省内工艺美术行业的交流，提高职业技能水平。做好广东优秀传统工艺美术和文化的传承和发展，搭建广东传统工艺美术行业和产业的交流平台，促进优秀产业工人的相互学习和切磋，逐步挖掘广东传统工艺美术内涵，培育"精天下工，筑永恒业"的工匠精神。通过开展产业工人职业技能大赛，培养一大批优秀人才，为促进行业产业长远发展提供人才支持。同时，积极弘扬劳模精神、劳动精神和工匠精神，营造劳动光荣的社会风尚和精益求精的敬业风气。

2018年5月—2020年9月，广东工匠学院与广东省工艺美术协会共同向广东省总工会申请成功承办4项省级工艺美术行业产业工人职业技能大赛。

（1）广东省工艺美术行业产业工人职业紫砂、朱泥壶创作技能大赛在潮州举行，通过预赛选拔，共有来自全省73名紫砂、朱泥壶产业工人参加大赛决赛。

（2）广东省工艺美术行业产业工人职业端砚创作技能大赛在肇庆举行，通过开展省级劳动技能大赛，共有来自全省66名端砚产业工人参加大赛决赛。

（3）佛山举办广东省工艺美术行业产业工人职业泥塑创作技能大赛决赛，通过开展省级劳动技能大赛，共有来自全省82名泥塑产业工人参加大赛决赛。

（4）广州举办广东省工艺美术行业产业工人职业彩瓷创作技能大赛决赛，通过开展省级劳动技能大赛，共有来自全省100名左右彩瓷产业工人参加大赛决赛。

产业工人职业技能大赛是培养一支知识型、技能型、创新型劳动者大军，营造劳动光荣的社会风尚和精益求精的敬业风气的体现，也是让传统工艺美术产业工人同场竞技，相互取长补短，促进形成良好的创作氛围。通过大赛推动传统工艺美术创作的传承、创新、发展，弘扬劳动精神、工匠精神，激发广大产业工人立足本产业工作，积极投身改革、服务发展、奉献社会，努力"当好主人翁，建功新时代"。

（四）开展职业素质和职业技能提升培训，弘扬劳模精神、劳动精神、工匠精神

2018年5月—2020年9月，广东工匠学院为超过10000人次的产业工人在素质和技能提升方面开展培训，弘扬劳模精神、劳动精神、工匠精神。产业工人

队伍素质的高低决定着活动的质量和水平，把培养有知识、懂管理、会创造的新型劳动者队伍作为技术创新活动的目标。同时，通过多种技能的综合性培训，使每个产业工人都成为复合型、技能型人才，努力造就一支水平高、观念新、技能精的产业工人队伍。

（1）以高级人才师资队伍建设为重点，全面实施"人才强校"战略，以培养新时代"大国工匠"为目标。广东工匠学院充分发挥、集聚社会人才资源，扩充增强学院师资队伍；聘请国内外顶级人才、全国技术能手，高级技能人才、大学教授、行业专家，"全国五一劳动奖章"获得者，大力培养优秀中青年高技能教师；有计划地融合社会师资力量，提高教育培训教学能力、专业研究能力；积极营造人才集聚，共建共赢的良好环境，着力打造一支超高水平师资队伍。广东工匠学院已经聘请李小聪等20名高级工艺美术师为客座教授，为广东省潮州木雕、石湾陶塑、端砚、牙雕、广彩、瓷板画、广绣、广宁玉雕等类别的传承与发展提供师资教学保障。

（2）广东工匠学院与肇庆市工艺美术协会和佛山工艺美术协会合作，为端砚产业工人和陶塑产业工人在理论水平提高、行业从业素质和技能提升等方面，多次举办"端砚创作艺术""绘画基础""泥塑理论提升"等培训班。

（五）举办职工文化艺术节，建设工人艺术文化长廊，将产业工人艺术技能与工人文化权利有效落实

广东省总工会把工艺美术与职工文化艺术节进行有效结合，既增强了职工文化艺术节的多样性，又将各地级市工艺美术行业品类工种进行了宣传，实现了"一市一品"名片效应。

（1）加强多方协调，不断加大产业工人精神文化建设资金投入的力度，积极主动地协调有关部门，利用好社会资源和优势，创造条件把产业工人文化阵地建设好、管理好、转动好、使用好，丰富广大产业工人的精神文化修养。

（2）创新活动载体，满足产业工人精神文化需求。各级工会组织要适应新形势新变化，针对不同职业、不同层次和不同年龄产业工人对精神文化的需求，开动脑筋，创新活动载体，寓教于乐，与"创作"活动相结合、与企事业文化建设相结合，使产业工人文化建设的触角伸入产业工人工作和生活的方方面面，吸引更多产业工人关注精神文化、参与精神文化、享受精神文化，激发广大产业工人的向上精神和创造潜力。

（3）各级工会组织要建立健全产业工人精神文化建设规章制度和工作机制，

把活跃产业工人精神文化生活列入重要工作日程，倡导科学文明健康的生活方式，自觉维护产业工人精神文化权益，努力构建产业工人精神文化建设的新格局。

（4）挖掘培养人才，抓好产业工人精神文化骨干队伍建设。大力推进产业工人精神文化建设，离不开骨干队伍建设，各级工会组织要注意挖掘培养人才，努力形成产业工人文化建设的浓厚氛围，带动和提高产业工人文化建设水平，在社会主义先进文化建设中发挥工会组织应有的作用。

肇庆市总工会举办"中国梦·劳动美"2020年肇庆市第二届职工文化艺术节，通过多方努力，与肇庆市工艺美术协会建设落成肇庆工人艺术长廊。

（六）在各地级市工人文化宫进行文化艺术沙龙，为工艺美术行业产业工人宣传造势

依托各地级市工会工人文化宫，开展基于当地工艺美术品类工种的文化沙龙，更加有利于展示当地工艺美术产业工人风采。广东工匠学院在广州举办两次"广绣"文化艺术沙龙，分别向来自全国36省市的共有53名新任省级工会主席和来自西藏自治区创业服务中心的30多名藏族同胞展示了"广绣之美"。"广绣"文化艺术沙龙由广绣世家第五代传人、广东工匠学院客座教授梁秀玲老师主讲，并展示广绣技艺，让更多广东省以外的各界人士了解"广绣"这个工艺美术品类工种。

四、目　标

广东省总工会提出"一市一品"理念，广东工匠学院积极落实相关举措，旨在实现：①有效落实《新时期产业工人队伍建设改革方案》中提出的"加快产业工人队伍建设"；②让广东省21个地级市当地具有产业优势的工艺美术品类工种成为当地的一张名片；③大力弘扬劳动精神、劳模精神、工匠精神，提升产业工人的学历水平和技能形成，促进行业的创新发展。

五、结　语

综上所述，深化新时代工匠学院建设，大力弘扬劳模精神、劳动精神、工匠精神，团结动员广大产业工人积极建功新时代，展现奋斗者的新风采，以更加坚

定的政治自觉、更加强烈的责任担当、更加良好的精神面貌、更加扎实的工作作风，以产业工人队伍建设改革为抓手，传承中国传统工匠技能。大力弘扬劳模精神、劳动精神、工匠精神，凝聚起广大产业工人群众的智慧和力量，为实现党的十九大确定的目标任务不懈奋斗、建功立业。

参考文献：

［1］沈卓娅，王宁，李全恒，刘明，吴成贺．基于"三雕一彩一绣"为代表的广东工艺美术［J］．工业设计，2016（5）：37．

［2］王彦军，王美娟．发挥工会作用助力构建和谐劳动关系［J］．中国电力企业管理，2018（27）：86．

［3］宋连持．以产业工人技术创新助力企业转型发展［J］．现代企业文化（上旬），2016（11）：112．

"经权"之道：地方联动主体治理群体性劳动争议的行为逻辑

王 潇[①]

（中国劳动关系学院）

摘 要：中西方理性观对于处置群体性劳动争议的行为逻辑迥然不同。中国的集体劳动关系制度在西方学者看来很不完善，但不能否认近年来中国大多数的群体性劳动争议通过和平的方式得到了较为迅速的解决。中国地方政府和相关部门的具体处置手段体现了传统儒家的"经权"思想，即通过整体性、动态性、平等有限性、强目的性和法律工具性等权衡方法，力争在每次纠纷处置中达到"恰到好处"的结果，以实现中央对于地方构建"和谐劳动关系"的期望。这种处置理念符合中国人独特的理性观与是非标准，在实践中具有灵活、高效的优势，然而也存在可能被错用、滥用，以及过度依赖执行人等弊端。

关键词：经权之道 "大调解"制度 群体性劳动争议

一、问题的提出

从西方学者的视角来看，中国的集体劳动法律空泛又薄弱，也没有西方宪政民主国家那样十分健全的集体谈判制度。然而，改革开放40多年来，中国大多数劳资纠纷都以和平的方式解决而没有引起大的社会动荡，也没有影响经济的飞

[①] 作者简介：王潇（1985— ），女，汉族，劳动经济学博士，中国劳动关系学院讲师，主要研究方向为劳动关系与工会研究。

速发展。西方学者往往简单地用威权主义国家镇压工人抗争来解释这种"平静"（Tilly Charle，1978），但这种解释很可能是源于西方世界对中国的一贯偏见，即认为中国传统的冲突治理制度落后而野蛮。实际上，中西文化在其根基处就不同（谢遐龄，2012），一定的社会文化情景孕育了相应的制度理性，而制度是文化演变过程的静态表象（科特威尔，2015）。因此，中西方冲突治理制度都是人为构建的产物。实践表明，近年来中国地方政府及相关部门在治理群体性劳动争议过程中的具体手段灵活多变，且整体趋于缓和。那么，他们运用具体处置手段的行为逻辑是什么？如何被塑造？本文尝试从中国传统理性观和现代理性观入手对上述问题进行探究。

二、比较的视野：中西方争议处置的理性观差异

中西方理性观有着巨大差异。西方理性观的基础是"理性"与"情感"相对立，以两者不能合而为一为大前提，而中国儒家传统的理性则是"情感"与"天理"的融合统一。中国人的"理性"并非西方原子式地适用于每个人，而是需要结合个体与集体的关系，以及个别性与普遍性的关系来整体看待的"伦"之"理"（陈来，2012）。西方的理性以工具理性为主要特征，是"无限模态"的，即对正义和真理追求极致，而中国传统的理性则是"节制模态"的（张德胜，2001），对正义和真理的追求具有一定的模糊性。因此，中国传统理性观较西方理性观更具权宜性和多变性（肖群忠，2004）。

不同于西方国家的法制为先，儒家思想认为"以人为本"比"以制度为本"更重要。因为"徒法不能以自行"[①]，所以能够合理地执行制度以实现儒家思想所倡导的"仁义"这一核心价值的贤德管理者是最为重要的（陈来，2012）。然而，"仁义"作为儒家推崇的最高道德原则，在特殊的情况下会出现冲突，这被称为"强的道德两难"问题（王剑，2013）。于是先秦儒家创造性地用"经权"理念来解决这个问题。"经"是指儒家全部的道德原则及其正常运用，而"权"是指因地、因时、因人制宜地运用这些原则，综合具体情景灵活变通地处理问题的行动或办法[②]。

"经权"来源于儒家中庸"和合"理想，认为解决矛盾最好能用和而不同、

[①] 参见《孟子·离娄上》。
[②] "经，常也，万世不易之常道也；权，秤锤也，所以称物而知轻重者也。"参见：朱熹. 四书章句集注 [M]. 北京：中华书局，1983：376，116.

并行不悖的方式，而避免你死我活的斗争。"经权"理念被广泛应用于调和民间矛盾与争议，地方权威在处置民间纠纷时的方法具有鲜明的"经权"特征。首先，调和矛盾或争议的最终目标是整体最大化，即在强调个体自利的同时也要考虑他人的利益，或者对立双方都多少承受一些痛苦（滋贺秀三，1998）。而且，判断某一处置方案是否符合整体最大化不能从单纯的结果来看，还要考察做决定的角度、过程，以及考虑过的因素（张德胜等，2001）。民众的集体性行为往往呈现出"乡愿式中庸"特征，即见胜兆则纷纷聚集，见败兆则纷纷逃亡，少有韧性的反抗（邬欣言，2017），这也是"经权"得以实施并起效的社会基础。其次，"经权"理念寻找平衡点的具体手段并非一成不变的，而是动态调整的（杨中芳，林升栋，2012），即随着矛盾发生发展变化而变换。再次，"经权"的最高境界是"中庸"，而"中庸"所提倡的平等是有限度的平等，即实现每个阶层内部的均衡，而突破阶层的要求则被视为对伦常的破坏（魏世梅，2009；迟成勇，2007）。因此，儒家传统的"中和"是执政者缓和阶级矛盾、维持现状的施恩行为，缺乏西方民主平权思想及来自民间的能动性。最后，"经权"理念的目的性极强，具有法律工具主义特征，即仅关注手段是否最有效率，成本最小而收益最大（张德胜，金耀基，2009）。在现代法治理念下，"经权"表现出法律工具主义特征，即在司法中重实体、轻程序（陈雪琴，2009）。综上，"经权"理念的核心特征包括整体性、动态性、平等有限性、强目的性和法律工具性。

包括"经权"理念在内的儒家思想至今仍广泛影响着现代国人和海外华人，指导着人们在实践中的择前思考、策略抉择以及行动执行（杨中芳，林升栋，2012），其独特的冲突处理手段可以推广到不同的是非标准，在现代中国民间纠纷处理中发挥重要作用。还应注意到，中国的传统理念不断受到西方关于民主、平等和法律等观念的影响，而且近年来受到新自由主义的影响，西方工具理性观念在中国社会广泛传播，出现了包括自我中心取向、功利主义、实用主义在内的多元理性取向（何轩，2011）。

在劳资矛盾处置方面，中国传统理念结合现代价值观不断演进，发展出了独特的劳动争议联动调解制度。首先，调解制度自清朝以来就纳入了中国的司法范围，其理性基础是中国传统的"和合""无讼"理念。调解制度分别包括人民调解、行政调解和司法调解三大类型，其调解组织也自民国几经演化发展（侯淑雯，2007）。其次，近代中国持续以西方法律为榜样进行变革，但传统的调解制度却一直在近代的法律体系中得以延续，而且随着20世纪七八十年代的ADR运动在世界范围内兴起，极具"东方特色"的中国传统调解制度也在这一运动的潮流下得以进一步发展（曾宪义，2010）。我国传统理念与现代价值观相结合，发展出中国独特的劳动争议联动调解制度，当代中国的劳动争议联动调解机制正是在这样的大背景下产生的，它对以往的行政调解、人民调解、司法调解等进行整合，形成多部门联动参与的大调解模式。

2007年《劳动争议调解仲裁法》赋予基层人民调解组织、乡镇街道具有调解职能的调解组织法定调解者的角色。2009年人社部《关于加强劳动人事争议调解工作的意见》，将"乡镇街道具有调解职能的调解组织"进一步明确为乡镇街道劳动保障所（站）调解组织，工会、企业代表组织设立的调解组织，行业工会和行业协会双方代表组成的调解组织。这一制度有三个关键理念，首先，以法制为基础。处理劳资纠纷时的依据主要还是相关法律法规。其次，柔性变通。这一制度以"调解优先"为最重要的特色，而且在处理群体性劳动争议中多运用"去司法化"的维稳思路（岳经纶，庄文嘉，2014），当地政府往往权衡多方利弊做出最后的处置决定，而不单纯按照相关劳动法律判定是非和分割利益。最后，党政主导。当地党政部门对群体性劳资争议的处理方式对于事件结果起决定性作用（Lee，2007；王潇，2014）。从纠纷处置效率和事态控制的角度来看，大调解制度在处置大规模集体性劳动争议方面是很成功的（庄文嘉，2013）。

一些西方学者认为，中国地方政府在处置群体性劳动争议事件中的行为是中国碎片化权威的一个重要特征（Lieberthal和Oksenberg，1988；Mertha，2009），并将其概括为"选择性地执行政策"。"选择性地执行政策"形成的原因包括：一是不同的机构、不同政府层级之间有不同的目标，例如资本积累与法律之间的冲突。中央去中心化的资本积累策略使得地方政府减少了在实践中切实加强高标准雇佣权利的动机，而中央对社会稳定的关注又促使地方政府对于控制工人集体行动的法律制度加大执行力度（Friedman，Eli和Lee，2010）。二是法律和政策的模糊性也为处置中的灵活性提供了空间。比如，空虚的集体劳权使得地方政府可以随意地对工会民主改革施加压力并控制草根工会（Chan，2007）。又如，由于罢工在中国法律上的地位模糊，而且相关法律也存在相互冲突之处，地方政府便可以选择性地处罚罢工者（Blecher和Marc，2010），即对罢工和工人抗议可以选择忽略或者处罚。

西方学者将我国地方政府及相关部门的处置理念概括为"随意性""选择性"等特征固然有一定道理，但并没有解释他们是怎样进行"选择"的。事实上这种选择并非"随心所欲"，其背后有一套较为复杂的逻辑理念。西方学者简单化概括的根本原因在于忽视中国理性观的独特性。显然，由于中西方理性观的巨大差异，我们不能单纯用西方"追求极致"的法律逻辑来分析中国"灵活动态"的调解逻辑。

中国式行为逻辑并不体现在统计归纳中，而是蕴藏于每一个事件的处置过程中。笔者曾对2008—2015年群体性劳动争议事件中各地地方政府及联动主体的处置手段进行统计，并没有发现明显的差异，偏强硬手段和偏柔性手段都有运用。普遍印象中处置手段偏柔性的长三角和珠三角一带的地方政府也时常表现出非常强硬的一面。① 而且，同一地方政府在处置性质相似的群体性劳动争议事件时，可能运用截然不同的处置手段。这种现象背后的行为逻辑就在于地方政府及联动主体对于每个事件的处置决策均是"经权"思想指导的结果，而不是遵照某种固定的原则。

三、地方联动主体"经权"治理逻辑在群体性劳动争议处置中的运用

"大调解制度"确立了全方位、多层次、广覆盖的劳动争议社会化调解网络。根据2005年以来国家各部门出台的多项相关政策文件，群体性劳动争议社会化调解联动主体涉及信访办、政法委、维稳办、人民法院、人社局、工会、企业联合会等部门。具体实践中，一般由地方维稳工作领导小组主持宏观工作，按照事件处置的需要会召集公安局、人社局、地方工会、企业联合会等部门参与联动处置。下面对主要联动主体（维稳工作领导小组、人社局和人民法院、地方工会）的行为逻辑分别加以阐释。

（一）地方党政的"经权"之道

由地方党政领导官员组成的维稳工作领导小组②是处置群体性劳动争议的主导部门。在"上下分治"的官僚体制中，地方政府执掌管理民众的"治民权"，而中央政府主要执掌"治官权"（曹正汉，2011）。这就使得地方政府工作人员在处置纠纷时，必须考虑来自上与下两方面的压力。上级对地方工作人员的考核标准中最主要的两大内容是必须保证所辖地区的"稳定"与"发展"，在纠纷处置方面通常被解读为"不出大事"和"不损害GDP增长"。具体到群体性劳动

---

① 基于本人对2008年1月1日—2015年9月30日发生的2300件群体性劳动争议事件的研究结果。
② 地方的维稳工作领导小组一般由市/县/区党政领导、政法委书记、公安局局长、信访局局长等组成。

争议事件的处置，就需要对"满足工人诉求"和"企业长远发展"进行综合权衡。有学者指出，由于近年来地方群体性劳动争议事件不断增多，相对于"发展"，中央更加重视对"不出大事"的考察，敦促地方官员提高治理效率（贺雪峰，刘岳，2010）。因此，地方政府为了平衡日益繁重的治理责任与有限的治理能力之间的关系，在治理中往往通过消除矛盾、简化诉求、转移问题和控制信息等手段将"大事化小"。这种"权宜"的处置方式通常可以迅速平息事件而不扩大事态。就目前的情况来看，各地对于法律严格制止的资方违法行为，如建筑业拖欠农民工工资问题，会果断地强制企业方给付工资，并进行相应的处罚。然而，对于法律规定或法律执行尚有余地的问题，或者利益性劳资争议问题，地方政府就会在经济发展与工人需求之间进行一定的权衡，从而得出一个兼顾整体利益的决策。

例如，2005年7月，某日企的工人因劳动强度过大而集体停工，并要求每月增加150元的工资。日方管理层一开始没有表态，开发区管委会等地方政府部门积极介入劝说日方管理层，于是管理层妥协，同意每月增加150元，并承诺厂庆时每位工人将获得1000元奖励。工人对处理结果比较满意，并很快复工。事实上，当时当地多家日企的工人对薪酬水平普遍不满，在该公司工人取得胜利之后，对当地日企工人中产生了影响。该事件刚刚平息不到两个月的9月9日上午，该地区另一日企也发生了集体停工，工人要求管理层满足涨工资等条件。该公司中方管理层与企业工会主席面对愤怒的工人答应了他们提出的一些条件，其中包括涨工资。但9月9日下午，开发区管委会等政府部门介入，表示不能答应工人的涨薪要求，并明确表示按照法律规定工人的停工闹事属于非法行为。

如果单独看上述两个群体性劳动争议事件，它们发生的时间相近，事件性质和工人诉求相似，处置主体基本相同，却得到了截然相反的处置决策。但当我们把两者按照先后顺序放在一起分析，便可清晰地看到治理主体在处置争议过程中运用的"经权"手段。首先，考虑整体性。整体性在上述事件中可分成两方面来看，一是将开发区所有日企已经发生或潜在发生的群体性劳动争议作为整体考虑，二是将该地区工人合法权益、日企发展、社会稳定作为整体综合考虑。其次，考虑动态性。对先后发生的同类事件采取不同处理方式，主要考虑了事件的扩大化影响，避免形成示范效应，从而引发开发区劳动力成本全面上涨。再次，强目的性与法律工具性。该事件处置中，避免开发区日企形成连锁反应成为处置的首要目标，为迅速控制事态，地方党政此时将群体停工行为的非法性质作为法律依据，责令工人迅速复工。

又如，2014年4月，某鞋厂发生群体性劳动争议，最多时约有5万名工人参与。一开始工人的主要诉求是企业补缴多年拖欠的社保费。在地方政府的公开支持下，企业方答应补缴过去的社保费，今后按法律规定缴纳社保费，并每月发放230元补贴，个人缴纳部分由工人自行承担。但后来由于一些劳工NGO组织介入，问题越来越复杂化，工人不再满足于企业方的答复，认为个人补缴部分应由监管不力的政府和违法企业共同承担，而且要求工资上涨30%以弥补个人缴费的"损失"，并拒绝与资方协商。这时当地政府突然改变了之前支持工人的态度，立即派公安人员强力介入，封锁厂门，并催促工人复工。从"经权"的视角来看，首先，"经权"的整体最大化理念。综合考虑工人利益与该地区制鞋业发展，若该地区制鞋企业都按照该鞋厂的标准补缴、补贴，总共要支付约196亿元①，这将导致中小企业倒闭或跑路，长期来看不利于工人就业。其次，"经权"的动态性。虽然工人在第二轮诉求中的涨薪要求是有根据的，主要基于长期低工资引发的不满，但"得寸进尺"给地方政府更多的感受是事件将向不可控发展，因此地方政府的做法由支持工人转向催促工人复工。再次，"经权"的限度性。工人的第一轮诉求是权利性诉求，是法律范围内的，而第二轮诉求增加了利益性诉求条款，且态度强硬，这就将打破这一行业原有的待遇水平甚至企业营利模式，很显然企业方和地方政府都没有做好人工成本升级的准备，群体性劳动争议有可能给该行业的就业和发展带来始料不及的巨大影响，因此地方政府要及时控制可能危及行业整体发展的"增长性"诉求及其示范效应。

当然，也有很多案例中地方政府超越现有法律规定来维护工人利益。例如，有一种相当普遍的做法是地方政府会在事后要求雇主给工人照常发放罢工期间的工资。②虽然中国法律没有赋予群体性劳动争议明确的合法性，而且中国工会也无权像西方工会那样用会费给工人在群体性劳动争议期间发放资助资金，但工人因停工而受到的经济损失还是会得到一定程度的补偿。当然，地方政府这样做的目的绝不是鼓励工人的行为，而是基于"经权"之道的"整体性"和"法律工具性"原则，即企业方也要承担一些罢工损失，从而平息工人的怒火，尽快恢复生产、生活秩序。

（二）地方人社局和人民法院的"经权"之道

地方人社局和人民法院是参与群体性劳动争议事件处置的联动部门。2006

---

① 根据对广州市总工会前主席陈伟光的访谈，访谈编号：2017112205。
② 根据对广州市总工会前主席陈伟光的访谈，访谈编号：2017112202。

年颁布的《中共中央关于构建社会主义和谐社会若干重大问题的决定》，以及随后几年中央劳动部门、最高人民法院以及中央社会治安综合治理委员会出台的相关政策，共同确立了"大调解"制度，目的是建立党和政府主导的维护群众权益机制，通过整合人民调解、行政调解、仲裁及司法调解和工会调解等多种机制，综合运用法律、政策、经济、行政等手段和教育、协商、疏导等方法，把矛盾化解在基层、解决在萌芽状态。在群体性劳动争议发生后，维稳工作领导小组通常会召集地方人社局（通常涉及用工执法监察大队和劳动争议仲裁委员会）和人民法院参与到联动处置中。

"大调解"制度决定了地方人社局和人民法院在群体性劳动争议处置中必须运用"经权"之道平衡法律规定与现实状况之间的关系，才能达到主导者的治理目的。两者都是以法律为工具，结合调解优先、柔性疏导、抓大放小等手段参与事件处置。人社局与人民法院运用"经权"来处理问题，不仅仅是"大调解"制度的要求，也有一定的现实原因：高标准的个别劳动权利与维护地方经济发展之间确实存在一定矛盾。改革开放以来不断加强个别劳动权益保护，很多条款已经达到甚至高于许多发达国家的法律标准[1]，如社保缴费与解雇条款等。我国目前一半以上的群体性劳动争议事件是由权利性争议引发的[2]，然而现实状况是群体性劳动争议中的权利性诉求无法得到完全满足，在执行标准上适当"放水"已经成为普遍现象。

地方人社局用"经权"方式来解决权利性争议体现在：第一，人社局必须整体考虑法律规定与地方经济、就业的关系。例如，拖欠工资引发的争议要考虑企业的生存状况而采用调解的方式解决，虽然这会"打折地"满足工人的合法诉求。正如人社局一位干部所说，"一般情况下，法定（支付标准）为1万块，（老板）答应给了七八千块，我们就不调解了，不然企业可能直接跑路"[3]。另一个非常普遍的情况是，如果由于企业没有为工人足额缴纳五项法定社会保险而引发群体性劳动争议，地方人社局会在调解中要求企业按照其经济承受能力来履行这项法定义务，一般情况下是要求企业缴纳一部分，因为人社局认为"如果逼企

---

[1] 这些法律包括1995年颁布的《劳动法》，2008年颁布的《劳动合同法》和《劳动争议调解仲裁法》，2011年颁布的《社会保险法》以及2013年颁布的《劳动合同法实施条例》。我国近年来颁布的这些劳动法律对个别劳动权益的保护标准甚至已经高于许多发达国家。如，美国现行的劳动法律对于解雇以及劳动合同签订等条款基本遵从劳资双方合意，所做的限制也非常宽松。

[2] 笔者统计的2008年至2015年9月公开报道的中国群体性劳动争议事件显示，约66%的事件主要是由权利性争议引发的。

[3] 根据在东莞市人社局的访谈记录。访谈编号：20120701。

业足额缴纳社保，他们跑路了，最终受损的还是工人"，"如果严格执行劳动法律监察，（本地）大多数企业都得死"①。一些事实也证明了这样的担忧：在最近对北方某沿海城市总工会的访谈中了解到，由于近年来加强对社保缴纳的劳动监察，很多日资企业已经或正准备迁往监管较为宽松的南方地区②，如果形成趋势，该地区劳动者就业将受到极大影响。第二，人社局和人民法院必须整体考虑有限的司法行政资源与频发的群体劳动争议之间的关系。在调研中发现，地方人社局和人民法院前来调解的工作人员会告诉工人，即使他们对调解的结果不满意而申请仲裁甚至诉讼，最终结果也与调解结果差不多。目前，我国各地劳动争议案件数量之多已经超出了劳动仲裁部门和人民法院的工作负荷，而且"大调解"制度又要求调动有限的人社局和人民法院的人力资源，用"经权"的方式则能平衡这种矛盾。第三，人社局必须考虑争议发展的动态性。在某些情况下，若完全按照法律赋予的劳动权利支持工人的诉求，资方极有可能事后起诉当地人社局存在不合法的劳动监察，这样劳动部门就要费时耗力与资方打官司，而且对于这种"民告官"的诉讼"劳动局面子上也很难看"③。

四、地方工会的"经权"之道

地方工会在参与处置群体性劳动争议中的"经权"之道主要表现在整体最大化原则。学界普遍认为我国工会在劳动关系中的角色异于西方国家工会。不同于西方工会一般以产业行动力量为依托与雇主展开集体谈判，我国各级工会具有代表工人利益与协调劳动关系的双重职责。我国市场化转型后，国家、资本和工人之间的利益出现分化与冲突，要求工会不仅要维护人民总体利益，更要维护职工群众的合法权益。同时，我国的工会机关通常被认为是政府机关的一部分，是国家控制社会的工具（陈峰，2009），其目标、策略和行为都被限制在了政府既定的界限之内。在群体性劳动争议问题上，我国各级工会不仅被禁止发动和支持任何产业行动，而且当工人自发举行产业行动时，工会还有义务去平息劳资矛盾。为此，有工会干部将自己与其他政府联动部门的关系比喻为"同一个战壕内的兄弟"④，而不是作为激进工人的"战友"。

---

① 基于对山西省某市一位审理劳动案件的法官的访谈记录。访谈编号：20171104。
② 基于对DL市总工会干部的访谈记录。访谈编号：20171203。
③ 基于对山西省某市一位审理劳动案件的法官的访谈记录。访谈编号：20171104。
④ 基于对DL市开发区总工会法务部干部的访谈。访谈编号：20171211。

类似于先秦儒家用"经权"理念解决"仁义"的道德两难问题,在群体性劳动争议实践中,地方工会也用"经权"手段平衡双重职能之间的矛盾,有侧重地区整体利益与侧重工人利益两种做法。一种做法是侧重维护地区整体利益,同时兼顾工人利益。通常情况下,大多数地方工会不会在如何处置群体性劳动争议事件的问题上先于地方党政拿出方案。地方工会在当地政府授意下再去了解群体性劳动争议中工人的诉求,并着手参与问题解决,这样就避免了维护地区整体利益与维护工人利益的矛盾。例如,若维权工人事先求助于党委或政府,然后其诉求经由网信办或市委领导的批示转给地方工会处理,则会得到地方工会高效的帮助(郭辉,2017)。另一种做法是侧重维护工人利益,同时兼顾地区整体利益。有些地方工会在参与群体性劳动争议处置中会坚持自己的有利于工人的处置方案,甚至与地方党政提供的方案相左。例如,GZ 市 PY 区珠宝行业工人发动群体性劳动争议抗议资方拖欠工资和社保。当地政法委从扰乱社会治安的角度出发,坚决要让公安部门带走领头工人并行政拘留,从而给群体性劳动争议工人一定的威慑。但区工会支持工人捍卫自身合法权益,不同意政法委的处理方案,导致工会与政府方僵持不下。区工会主席为了坚持工会的处置方案,找到上级工会——GZ 市总工会寻求支持。之后在市总工会和省总工会巡视员的支持下,在事件处置中维护了工人的合法权益并使群体性劳动争议工人免受处罚。

诚然,当与地方党政处置意见相左时能排除困难偏向工人对地方工会来说是很大的挑战,但若地方工会在几次事件的处置中提出了恰当的解决方案,表现出过硬的专业素质,就可能取得同级党委的信任,在以后发生群体性劳动争议时,党政就会主动听取地方工会的意见。[①] 如,2016 年 6 月 SZ 市多家沃尔玛超市工人举行联合群体性劳动争议,抗议企业实行综合工资制度,在地方政府和地方工会等部门联合举行的事件处置方案讨论会上,地方党委领导就提出应该先听取地方工会的意见。[②] 因此,有地方工会主席表示,"工会(不作为)的问题根本上不是在党政部门,有些时候是我们自己不争气"[③]。

五、结论与讨论

由于中西方理性观存在巨大差异,因此不能单纯地用西方宪政民主国家"法

---

① 基于对 2017 年 11 月对 GZ 市总工会前主席的访谈。访谈编号:20171122。
② 基于 2017 年 7 月对 SZ 市总工会副主席的访谈记录。访谈编号:20170705。
③ 基于对 2017 年 11 月对 GZ 市总工会前主席的访谈。访谈编号:20171122。

律渠道吸纳"的理念去衡量中国的群体性劳动争议治理。"经权"的治理手段在中国有其独特的生长土壤，也在某些实践中被证明是高效的，当然也伴随着诸多弊端。

本文的主要结论：我国群体性劳动争议事件处置的整体状况是中央相关法律政策与地方联动主体"经权"之道共同塑造的结果。中央治理群体性劳动争议事件的相关法律政策本身具有一定模糊性、柔性和矛盾性，这就为地方联动主体的具体处置过程留下许多权宜空间。"经权"是中国社会管理者传统的争议处置逻辑，在当今的群体性劳动争议事件中体现为地方联动主体的处置行为具有明显的整体性、动态性、有限性、强目的性与法律工具性等特征。首先，对于作为主导的地方党政来说，处置行为的整体性主要体现在综合考虑地方经济发展、就业与工人诉求满足三项因素；处置行为的动态性体现在根据事态的发展变化阶段采取不同处置方案；处置行为强的目的性和法律工具性体现在为了达成治理目标，选择性地运用治安法律处罚行动工人；处置行为维护平等的有限性体现在增长性的"利益诉求"在某些情况下被视为得寸进尺。其次，对于参与联动的地方人社局和人民法院来说，处置行为的整体性体现在综合考虑法律规范与地方就业的关系，还有有限的司法行政资源与该地频发的劳动争议之间的关系；处置行为的动态性体现在事态发展变化对部门局部利益的侵蚀。对参与联动的地方工会来说，处置行为的整体性主要体现在平衡双重职能之间的矛盾，即维护地方总体利益与维护职工群众合法权益之间的矛盾。一种做法是侧重维护地方整体利益，另一种做法是侧重维护工人利益。

我们应该看到，"经权"行为逻辑在高效处理群体性劳动争议事件的同时也存在一定隐忧。首先，"经权"本来是处理偶然危机的手段，频繁运用于常态事件的处理是否合适。目前，我国很多地区，尤其是东南沿海地区的群体性劳动争议频繁发生，已经不能看成偶然发生的危机。"经权"手段频繁动用地方大量行政资源造成极大浪费和官员疲惫。其次，"经权"本来是处理"仁义"等"强的道德两难"问题，但由于中国理性观"理性"与"情感"界限的模糊性，某些地方联动主体利用"经权"来维护局部利益甚至个人利益。再次，运用"经权"的正当性和正义性是要综合择前思考、策略抉择以及行动执行来考察的，而民众尤其是行动工人却只能看到地方政府和联动主体的行动执行这一部分，他们接受处置而不理解处置的道理，长此以往就会认为地方政府及相关部门脱离群众，缺乏公信力。最后，"经权"理念过度依赖执行人，群体性劳动争议中实际的处置主体是地方政府官员，显然并非每个官员都能达到"经权"所要求的高超能力与高尚道德，他们的决策要达到"恰如其分"的境界非常难。因此，在保留"经权"理念优势的基础上，应尽快完善集体劳动法律制度，通过建立统一执行标准逐步将"经权"手段作为制度的辅助手段，而非主要手段。

参考文献：

[1] 陈来. 孔子、儒学与治国理政（上）（下）[J]. 紫光阁，2012（8、9）：83-85.

[2] 张德胜，金耀基，陈海文，陈健民，杨中芳，赵志裕，伊莎白. 论中庸理性：工具理性、价值理性和沟通理性之外[J]. 社会学研究，2001（2）：33-48.

[3] 肖群忠. 中庸之道与情理精神[J]. 齐鲁学刊，2004（6）：5-10.

[4] 王剑. 论先秦儒家解决道德两难问题的经权智慧——中西比较的视域[J]. 孔子研究，2013（3）：111-117.

[5] 滋贺秀三，等. 中国法文化的考察——以诉讼的形态为素材[M]//王亚新，梁治平. 明清时期的民事审判与民间契约. 北京：法律出版社，1998.

[6] 邬欣言. 中庸理性与现代性困境：民间纠纷解决场域中实践逻辑的传统与转型[J]. 社会，2017（2）：160-167.

[7] 杨中芳，林升栋. 中庸实践思维体系构念图的建构效度研究[J]. 社会学研究，2012（4）：167-186.

[8] 魏世梅. 孔子"中庸"思想的双重内蕴及其现代启示[J]. 理论与改革，2009（1）：98-100.

[9] 迟成勇. 论中庸的伦理意蕴[J]. 西华大学学报（哲学社会科学版），2007，1（26）：35-38.

[10] 张德胜，金耀基. 儒商研究：儒家伦理与现代社会探微[J]. 社会学研究，1999（3）：39-49.

[11] 陈雪琴. 工具理性与价值追求视角下的中国法治化分析[J]. 福建农林大学学报（哲学社会科学版），2009，12（1）：74-77.

[12. 曹正汉. 中国上下分治的治理体制及其稳定机制[J]. 社会学研究，2011（1）：1-40.

[13] 何轩. 寻找理性经济行为的逻辑新起点——试论中国传统伦理下的中庸理性经济人[J]. 财经研究，2011，37（5）：58-67.

[14] 岳经纶, 庄文嘉. 国家调解能力建设: 中国劳动争议"大调解"体系的有效性与创新性 [J]. 管理世界, 2014 (8): 68-77.

[15] 王潇. 我国工人集体行动的结果及影响因素研究 [D]. 北京: 中国人民大学, 2014.

[16] 庄文嘉. "调解优先"能缓解集体性劳动争议吗?——基于1999—2011年省际面板数据的实证检验 [J]. 社会学研究, 2013 (5): 145-171.

[17] 贺雪峰, 刘岳. 基层治理中的"不出事"逻辑 [J]. 学术研究, 2010 (6): 32-37.

[18] 郭辉. 市、区、县总工会依法维权的方式——以四川省为例 [J]. 天津市工会管理干部学院学报, 2017, 32 (2): 6-14.

[19] Lee C K. *Against the Law: Labor Protests in China's Rustbelt and Sunbelt* [M]. California: University of California Press, 2007.

[20] Kenneth L, Oksenberg. *Policy Making in China: Leaders, Structures, and Processes* [M]. Princeton: Princeton University Press, 2007.

[21] Friedman E, Lee C K. *Remaking the World of Chinese Labour: A 30-Year Retrospective* [J]. British Journal of Industrial Relations, 2010, 48 (3): 507-533.

[22] Chan A. *Organizing Wal-Mart in China: Two Steps Forward, One Step Back for China's Unions* [J]. New Labor Forum, 2007, 16 (2): 86-96.

[23] Blecher M. *Globalization, Structural Reform, and Labour Politics in China* [J]. Global Labour Journal, 2010, 1 (1): 92-111.

[24] Chen F. *Between the State and Labor: The Conflict of Chinese Trade Union s' Dual Institutional Identity* [J]. The China Quarterly, 2003, 176: 1006-1028.

[25] Chen F. *Union Power in China: Source, Operationand Constraints* [J]. Modern China, 2009, 35 (6): 662-689.

我国现行法律和政策中的"罢工"规定

郭 辉[①]

(中国劳动关系学院)

摘 要: 我国现行法律和政策中有关罢工的规定包括授权性规定、禁止性规定和将罢工归为不可抗力等因素。禁止性规定包括禁止的对象、罢工后的处理部门和处理措施、将罢工作为信息报送内容等。禁止罢工的规定不违反国际公约,也不违反宪法和立法法。授权性规定虽适用于特别行政区,但并不意味着劳动者在现实中不享有此项权利。党和国家在对待罢工上,对公职人员持绝对禁止态度,对工人持放任态度,同时避免出现大规模罢工。实践中对罢工行为的处理、党和国家的劳资政策说明现阶段罢工权立法的意义不大,而学者所持罢工权入法的观点有其存在意义。

关键词: 法律 政策 罢工 罢工权

一、引 言

(一)文献回顾和论文框架

从罢工的法律性质角度,有学者将研究罢工的观点分为合法说、违法说和非法说。[②] 而从罢工的动态运行角度,可分为立法论、解释论、司法论。

立法论认为,我国宪法和法律中虽无罢工的直接规定,但从学理角度,法无

[①] 郭辉,法学博士,中国劳动关系学院法学院讲师。
[②] 田思路. 权利争议罢工:正当性否定论 [J]. 现代法学,2017 (4).

禁止即自由，则公民享有罢工自由。此外，我国政府已经批准《联合国经济、社会、文化权利国际公约》，对该公约中的罢工权并没有采取保留意见，因此，罢工并不违法。① 考虑到实践中各种形式的罢工，有必要对罢工立法，② 以进一步引导罢工转型。③ 在此情况下，学者还对罢工权立法的法律依据、立法时机和立法内容等方面进行了探讨，④ 在"赋权"和"制约"框架下确定立法模式。⑤

解释论认为，从立法背景和现实角度，《工会法》第二十七条规定的"停工""怠工"实则就是罢工，2001年对该条的修改一定程度上与刚刚批准的国际公约接近，同时，这种规定有利于发挥工会职能，妥善解决工人罢工。该条若运用得好，基本能实现劳资双赢的结果。⑥

如果说立法论和解释论侧重规范角度的探讨，那么司法论则将重点放在实践中政府对待罢工的态度上，司法实践中，司法机关处理与罢工有关的纠纷中所持观点一定程度上可以体现这一点。学者对2008—2014年公开的308件罢工案件判决的分析中发现，法院审理罢工案件遵循的逻辑与立法论相反，是"法无授权即禁止"，本身违法原则在判决中居于主导地位。⑦

可以看出，上述理解罢工的三种角度，可分为两类，即立法论和解释论对罢工持肯定态度，司法论则相反，基本持否定态度。另外，不论是将罢工定性为是否合法还是上述三种角度，皆将罢工的主体视为工人或劳动法意义上的劳动者。这种范围无疑过窄，既不符合罢工的实际，也小于我国1975年宪法、1978年宪法和《联合国经济、社会、文化权利国际公约》中规定的范围。此外，这些研究或研究的视角皆未考虑甚至忽视了现行法律或政策中对罢工规定的条款。

本文的目的在于，通过对我国现行法律和政策中有关罢工规定的梳理，试图弄清这些规定中罢工指涉的含义，以及根据既有法律和政策分析哪些主体有权罢工，或者不能罢工的主体有哪些；如果无权罢工的特定主体参与（或领导）罢工，其法律（党纪）责任是什么，以及从学理上如何解释或看待这些现象。

---

① 常凯．关于罢工的合法性及其法律规制［J］．当代法学，2012（5）．
② 金红梅．论我国罢工权法律规制［J］．延边大学学报（社会科学版），2016（4）：118-125.
③ 王全兴，倪雄飞．论我国罢工立法与罢工转型的关系［J］．现代法学，2012（4）：187-193.
④ 常凯．罢工权立法问题的若干思考［J］．学海，2005（4）：43-55.
⑤ 肖竹．劳动者集体行动的法律规制［J］．法学家，2019（2）．
⑥ 冯同庆．解决劳动社会事件的中国制度性资源——《工会法》停工怠工条款及其实施的解读［J］．中国工人，2011（10）10-15.
⑦ 王天玉．劳动者集体行动治理的司法逻辑——基于2008—2014年已公开的308件罢工案件判决［J］．法制与社会发展，2015（2）：178-192.

（二）研究意义、概念界定和资料来源

我国现行宪法、工会法、党章对罢工均无明确规定，但并不意味着其他法律和党的政策亦是如此。因此，梳理、分析现行法律和政策对罢工的规定，有利于从侧面理解党和国家对待该行为的态度，从学术研究的角度，可以为当前罢工研究提供新的视角。

本文所称的"罢工"是指罢工者为了表示抗议，而集体（全体或相当大一部分）同时一致拒绝工作的行为，在主体上既包括工人（劳动者），也包括其他主体，如公务员、事业单位工作人员等。本文所称的"法律"是指有立法权的国家机关制定的现行有效的法律；本文所称的"政策"，不仅包括各级政府机关（比如司法机关），也包括地方党委制定的政策，或党政联合发文。标题中将"法律"与"政策"并列，理由在于，党的十八届四中全会将党内法规列为中国特色社会主义法治体系的重要组成部分，意味着对特定法律制度的研究，必然绕不开党内法规及其延伸出来的党的其他政策。为便于叙述，本文的题目中将法律和政策并列，在描述涉及罢工的规定时，按先法律后政策的顺序进行。

资料来源上，本文涉及的现行法律和政策，是通过"北大法意"检索"罢工"条获得。鉴于我国"一国两制"的社会制度，本文探讨的法律和政策，其范围暂不包括港澳台地区。

二、现行法律和政策中的"罢工"规定

（一）总体情况

通过在"北大法意"检索"罢工"条，共发现434部文件，其中，现行有效411件，已修正13件。具体而言，在434部文件中，宪法及宪法性文件5部，行政法规及规范性文件7部，司法解释及司法性文件5部，部门规章及规范性文件45部，地方性法规及规范性文件3部，地方政府规章及规范性文件315部，地方司法文件10部，政策纪律29部，行业标准规范15部。

若刨除上述文件中重复的部分，以及与本文研究的"罢工"无涉的文件（如"二七大罢工""受援方国家发生罢工"等），最终剩余3部宪法性法律、6部法律及法律性文件、3部行政法规及规范性文件、3部司法性文件、17部部门规章及规范性文件、1部地方性法规、22部政策纪律，这些文件均明确涉及罢工规定。

在现行包含"罢工"的法律和政策规定中，罢工共有三种含义，一是作为

不可抗力、①重大突发性事件、②群体性事件、③紧急情况④或恶性案件⑤。鉴于其与本文的研究关系不大，在此不做进一步的展开。二是作为自由权的罢工行为。三是作为禁止性规定的罢工行为。

从数量上来看，第三种意义的罢工占据最多。从制定规定的主体分布区域来看，以珠三角为最，原因与该地域经济发达程度以及由此相应的劳动争议引发的罢工频发有关。

权利和义务是法学的核心范畴，⑥在法律条文中，根据其性质，体现为授权性规则、义务规则和权利义务复合规则，义务性规则又可分为命令性规则和禁止性规则。⑦以此为视角，可将上述涉及罢工的法律和政策分为授权罢工和禁止罢工两类。

（二）授权罢工的法律规定

目前，明确规定罢工作为权利的法律共有三部，⑧分别是《香港特别行政区

---

① 比如，《小额支付系统质押业务主协议》（中国人民银行办公厅，银办发〔2006〕24号）、《中国人民银行办公厅关于办理大额支付系统自动质押融资业务的通知》（银办发〔2006〕68号）、《〈铁路建设工程施工合同〉示范文本的通知》（1998年）皆规定，不可抗力包括罢工。有些政策对作为不可抗力的罢工范围进行规定，如《关于印发城镇供热、城市污水处理特许经营协议示范文本的通知》规定，"不可抗力包括但不限于全国性、地区性、城市性或行业性罢工。"有些法律和政策明确了罢工不承担法律责任，如《海商法》规定，"在责任期间货物发生的灭失或者损坏是由于罢工造成的，承运人不负赔偿责任。"《湖南省公安消防总队、中国保险监督管理委员会、湖南监管局关于切实做好火灾公众责任保险试点工作的通知》（湘公消〔2007〕45号）规定，"罢工造成的损失、费用和责任，保险人不负责赔偿。"《关于旅行社接待的海外旅游者在华旅游期间统一实行旅游意外保险的通知》（中国人民保险公司、国家旅游局1990年2月7日颁布）、《船主对旅客责任保险条款》（中国人民银行1996年7月25日颁布）皆规定，罢工作为除外责任的一种。《沿海、内河船舶保险条款》（中国人民银行1996年7月25日颁布）规定，保险船舶由于罢工所造成的损失、责任及费用，本保险不负责赔偿。

② 如交通部《全国交通信息工作章程》（〔1987〕交办字375号）规定，"重大突发性事件，包括罢工、罢课、游行和重大敌情、特情、涉外事件，以及重大事故、自然灾害等。"

③ 如《深圳市预防和处置群体性事件实施办法》（广东省深圳市人民政府办公厅 中共深圳市委办公厅深办〔2005〕51号）规定，"本办法中的群体性事件是指由人民内部矛盾引发的、众多人员参与的危害公共安全、扰乱社会秩序的事件"，其中包括"非法集体罢工"。

④ 如《南京市机关贯彻〈江苏省党委系统值班工作规范〉实施细则》（江苏省南京市人民政府办公厅、中共南京市委办公厅、宁委办发〔2005〕43号）。

⑤ 《工商行政管理系统市场监管应急预案》（工商办字〔2005〕第86号）规定，"Ⅲ级响应，适用于市场监管过程中发生的在全国范围内有重大影响的恶性案件，以及涉及工商职能的罢工罢市、群体性上访等事件。"

⑥ 张文显. 法理学 [M]. 5版. 北京：高等教育出版社，2018：126.

⑦ 本书编写组. 法理学 [M]. 北京：人民出版社、高等教育出版社，2010：41.

⑧ 对我国台湾地区而言，罢工亦是作为一项权利存在，如2009年修订的相关规定将罢工定义为"劳工所为暂时拒绝提供劳务之行为"。鉴于该法仅适用于台湾地区，本文不予展开。

基本法》《澳门特别行政区基本法》和《经济、社会及文化权利国际公约》。《香港特别行政区基本法》第二十七条规定,"香港居民享有言论、新闻、出版的自由,结社、集会、游行、示威的自由,组织和参加工会、罢工的权利和自由。"《澳门特别行政区基本法》第二十七条规定,"澳门居民享有言论、新闻、出版的自由,结社、集会、游行、示威的自由,组织和参加工会、罢工的权利和自由。"《经济、社会及文化权利国际公约》为我国政府于1997年10月27日签署,并由第九届全国人民代表大会常务委员会第二十次会议决定批准,《公约》第八条第一款(丁)项规定,"有权罢工,但应按照各个国家的法律行使此项权利。"

对两部基本法而言,其虽由全国人大制定,但效力仅及于特别行政区,并不适用于大陆地区。对于《公约》第八条第一款(丁)项的效力,鉴于该《公约》已由全国人大常委会批准,意味着该项规定在我国具有法律效力,同时,该项中的条款意味着,我国公民行使罢工权要遵守现行法律规定,这些规定实质上是对行使该项权利的具体而明确的限制。从下文可知,对我国而言,涉及罢工的法律和政策均侧重围绕着对该项权利的限制。

(三)禁止罢工的法律和政策规定

现行法律和政策对禁止罢工的规定,可从以下几个方面进行透视:

1. 不得罢工的主体

(1)公职人员。现行涉及罢工的法律皆规定国家工作人员不得组织或参加罢工。比如《公务员法》规定公务员不得组织或者参加罢工。《法官法》《检察官》《人民警察法》皆禁止法官、检察官、警察参加罢工。从法律的分类角度,《法官法》《检察官》《人民警察法》尽管是《公务员法》的特别法,但从立法精神而言,前者禁止的不仅仅是"参加罢工",还应包括"组织罢工"。

需注意的是,上述人员的公务身份不同于西方国家的雇员,其职权本身也是职责,放弃意味着失职、玩忽职守,要承担相应的法律责任,甚至刑事责任。因此,对他们而言,法律中的罢工规定不仅包括不能罢自己单位的工,还包括不能"参加"(或"组织")(工人的)罢工,从而才可理解后文所言的法律责任。

一些规范性法律文件对上述规定进行了细化。比如《最高人民法院关于贯彻中共中央〈关于进一步加强政法干部队伍建设的决定〉,建设一支高素质法官队伍的若干意见》(法发〔1999〕22号)规定,法官不得有参加罢工行为。《安庆市国家公务员行为规范实施细则》规定,"公务员不得组织或参加罢工。"

(2)特定情况下的普通公民。除了公务员不得参加罢工外,在特定情况下,普通公民也不得罢工。这种情况包括两类，一是在国内的公民，比如，《戒严法》规定，"戒严期间，戒严实施机关可以决定在戒严地区采取罢工措施，并可以制定具体实施办法"。二是在国外的公民，主要是我国派驻其他国家的进修人员，比如，国家机械工业委员会《关于开展工商企业派遣出国实习进修人员工作的暂行办法》（国家机械工业委员会，委外〔1987〕172号）规定，"出国实习培训人员不得介入罢工。"

（3）特定的中共党员。主要是地方出台的政策，比如《中共江苏省国土资源厅党组关于印发〈江苏省国土资源厅干部人事管理工作暂行办法〉的通知》（中共江苏省国土资源厅党组，苏国土资党组〔2006〕32号）规定，"组织或参与罢工应给予处分，构成犯罪的应依法追究刑事责任。"由于该文件由特定的地方党的组织印发，可理解为其效力及于该组织范围内的党员。由此，可进一步推出，凡是由政府或政府部门制定并由相应党委印发的涉及禁止罢工的规范性文件，其效力皆涵盖该组织内的党员。

2. 罢工发生后的问责

参加罢工的责任包括法律责任和党纪责任。

（1）法律责任。法律责任包括行政责任、刑事责任。

第一，行政责任。比如《公务员法》第五十五条规定，"公务员因违法违纪应当承担纪律责任的，依照本法给予处分；违纪行为情节轻微，经批评教育后改正的，可以免予处分。"第五十六条规定的具体行政责任包括"警告、记过、记大过、降级、撤职、开除"。

以《公务员法》为基础，《行政机关公务员处分条例》对参加罢工的责任规定更加细化，该法第十八条规定"组织或参加罢工的，给予记大过处分；情节较重的，给予降级或者撤职处分；情节严重的，给予开除处分。属于不明真相被裹挟参加，经批评教育后确有悔改表现的，可以减轻或者免予处分"。

《人民法院工作人员处分条例》也有类似规定，该法第二十三条规定"参加非法组织或者参加罢工的，给予记大过处分；情节较重的，给予降级或者撤职处分；情节严重的，给予开除处分"。

第二，刑事责任。至于罢工引发刑事责任的名称为何，本文所涉及的法律和政策（以政策规定居多，详见后文）并没有明确规定，仅规定"承担相应的刑事责任"，从法律规则的类别来看，这些规定可归为准用性法律（政策）。[①]

---

① 关于准用性法律规则，参见：朱景文. 法理学［M］. 3版. 北京：中国人民大学出版社，2015：255.

(2) 党纪责任。党纪责任包括警告、严重警告、撤职等。

在涉及罢工的政策领域，问责条款所占的比例最大，从高位阶的《中国共产党纪律处分条例》到低位阶的省市党委制定的政策均有涉及。比如《中国共产党纪律处分条例》规定，因罢工"给党、国家和人民利益以及公共财产造成较大损失的，对负有直接责任者，给予警告或者严重警告处分。造成重大损失的，对负有直接责任者，给予撤销党内职务或者留党察看处分；负有主要领导责任者，给予严重警告或者撤销党内职务处分；负有重要领导责任者，给予警告或者严重警告处分"。《党员领导干部犯严重官僚主义失职错误党纪处分的暂行规定》（中共中央纪律检查委员会1988年5月23日颁布）规定，"对本单位人员中的思想问题和实际问题，该管的不管，能解决的不解决，致使矛盾激化，造成罢工，严重影响了生产、工作、教学、科研和社会正常秩序的，造成重大损失或恶劣影响的，对负有直接领导责任者，给予撤销党内职务或党内严重警告处分；负有重要领导责任者，给予党内严重警告或警告处分。造成巨大损失或特别恶劣影响的，加重处分。"

地方党委结合本地实际情况制定的政策更加细化，比如《深圳市维护社会稳定工作责任倒查规定（试行）的通知》（广东省深圳市人民政府办公厅、中共深圳市委办公厅，深办发〔2007〕12号）规定，"如果发生100人以上300人以下罢工的，经过倒查，认定属于部门或个人责任的，给予通报批评；参与人数300人以上1000人以下的罢工，给予黄牌警告。"中共贵州省委办公厅、贵州省人民政府办公厅《关于印发〈贵州省信访工作责任追究暂行规定〉的通知》（贵州省人民政府办公厅、中共贵州省委办公厅，黔委厅字〔2006〕29号）规定，"造成恶性信访事件，或酿成非法聚集、罢工、罢课，堵塞、阻断交通，围堵、冲击党政机关等重大事件的，根据情节轻重，给予组织处理直至党纪政纪处分；构成犯罪的，移送司法机关依法追究刑事责任。"中共东莞市委办公室、东莞市人民政府办公室《关于印发〈东莞市实行信访工作责任制暂行办法〉的通知》（东莞市人民政府办公室、中共东莞市委办公室，东委办发〔2006〕3号）规定，"按照职责分工和信访事项处理程序及要求，对信访工作中的失职、渎职行为，有下列情形之一的，视情节轻重追究有关党政机关负责人和工作人员的责任：对已发现集体上访苗头或已发生的集体上访事件，未采取有效措施处理，导致信访人罢工，根据情节轻重和损失程度，对有关地区和部门的主要负责人、负有直接责任的领导和直接责任人，给予党纪政纪处分；涉嫌犯罪，需要追究刑事责任的，由司法机关依照法律程序办理。"中共江苏省委办公厅、江苏省人民政府办公厅印发《关于〈信访工作责任追究的暂行规定〉的通知》（江苏省人民政府办公厅、中共江苏省委办公厅，苏办发〔2005〕26号）规定，"造成恶性信访事件，或酿成闹事、罢工、罢课、堵塞交通、冲击机关等重大事件的，根据情节轻重和损失程度，给予组织处理直至党纪政纪处分。构成犯罪的，移送司法机关依法查处。"《中共哈尔滨市委、哈尔滨市人民政府关于加强和改进信访工作的规定（试行）》（黑龙江省哈尔滨市人民政府、中共哈尔滨市委，哈发〔2006〕10号）规定，"由于上访群众闹事、罢工和罢课，堵塞主干道交通，在国家机关办公场所周围及公共场所非法集会，围堵冲击国家机关，拦截公务车辆，有关责任单位党政领导未跟踪处理并进行劝阻教育，公安机关未依法采取警告、训诫和制止等必要的现场处理措施，致使事态扩大、矛盾升级，造成不良影响的，各级党委、政府及其工作部门主要负责人、主管领导和工作人员，责令其书面检查、限期整改，并予以通报批评和诫勉谈话；酿成重大事件，造成严重后果的，给予纪律处分；构成犯罪的，移交司法机关依法查处。"《中共湖南省委办公厅、湖南省人民政府办公厅关于信访工作责任追究的规定》（湖南省人民政府办公厅、中共湖南省委办公厅，湘办发〔2003〕21号）规定，"造成恶性案件，或酿成闹事、罢工、罢课、堵塞交通、冲击机关等重大事件的，根据情节轻重和损失程度，给予党纪政纪处分。构成犯罪的，移送司法机关依法查处。"

有些地方的政策规定了发生罢工的"一票否决制"，如《广东省广州市维护稳定及社会治安综合治理领导责任制实施办法》（广东省广州市人民政府办公厅、中共广东省广州市委办公厅，穗办〔2003〕10号）规定，"对不安定因素和内部矛盾不及时化解、处理，以致发生被境内外敌对势力利用的非法请愿、罢工、罢课、示威、游行等问题，或发生100人以上参与的群体性突发事件，造成严重后果，危害社会稳定的，应给予一票否决。"

3. 将是否发生罢工作为评级标准

将罢工作为评级标准反映了地方在治理过程中对待罢工的否定态度。比如，中共深圳市委办公厅、深圳市人民政府办公厅关于印发《深圳市建设安全文明小区五条标准》和《深圳市安全文明小区摘牌降级限期整改制度》的通知：居民群众是否发生罢工罢课罢市等群体性事件作为评分项。《东莞市非公有制企业文明单位评选办法》（中共东莞市委办公室，东委办〔2004〕33号），将无员工集体罢工作为评选标准。

4. 对罢工的处置措施

（1）将罢工作为重要信息进行呈报。罢工发生后，如果罢工持续的时间、影响程度、参与人数等达到"突发事件""重大情况"的标准，则罢工所在地的相关部门必须向上级部门汇报。比如，《国务院关于坚决制止破坏经济秩序确保工业生产正常进行的公告》（1989年6月9日）、《国务院办公厅关于切实加强紧急重大情况报告工作的通知》（2000年3月21日）规定，"应当把金融兑付、国有企业下岗职工安置、工资和养老金发放、农民负担过重等问题引发的群体性上访、请愿、罢工、罢市等重大情况和事件……各地区、各部门在及时做好处置工作的同时，必须立即报告国务院。"国务院相关部委在自身管辖领域内进一步进行明确，如《交通运输突发事件信息报告和处理办法》规定"本办法所称重大及以上交通运输突发事件和险情主要包括：交通运输行业从业人员，特别是公共交通、出租客运、线路客运、水路运输等敏感行业集体罢工或罢运，影响社会出行，在24小时内不能平息的事件"。

一些地方党委制定的政策中已有这方面的规定，比如《中共哈尔滨市道里区委办公室、黑龙江省哈尔滨市道里区人民政府办公室关于进一步加强重大紧急信息报送工作的通知》（黑龙江省哈尔滨市道里区人民政府办公室、中共哈尔滨市道里区委办公室2010年2月2日颁布）规定，"重大紧急信息报送标准，事件类包括参与人数在30人以上的聚众游行、闹事、罢工、罢课、罢市等事件。"《深圳市紧急信息报送工作暂行规定》（深委〔1998〕62号）规定，"人数较多的罢工，属于必须按本规定报送的紧急信息。"《中共巢湖市委办公室关于建立重要情况报告制度的通知》（中共巢湖市委办公室，巢办发〔2007〕3号）规定，"重大突发性事件，包括群众大规模集体上访、请愿、游行、罢工、罢教、罢市、围堵交通、非法集会等事件。"中共金华市委办公室、金华市人民政府办公室2005年印发的《关于进一步规范值班工作完善紧急情况报告制度暂行规定》的通知（浙江省金华市人民政府办公室、中共金华市委办公室，市委办〔2005〕77号）中规定，"在值班过程中，如遇到参与人数在10人以上或人数较少但参与人员身份特殊或影响较大的罢工事件，值班人员应立即启动紧急情况汇报处理程序。若紧急情况特别严重，可直接向市委、市政府主要领导汇报。"《中共阳泉市委办公厅关于加强紧急信息报送工作的通知》（中共阳泉市委办公厅｜阳办发〔2003〕66号）规定，"重大群体性事件是指，参与人数较多、影响社会稳定的非法集会、游行、示威和罢工。"

（2）公安机关如何应对罢工。罢工发生后，公安机关的职责是配合其他部门进行处理，处理过程中必须讲究工作方法。比如，公安部1996年3月3日颁布的《"九五"公安工作纲要》规定，"对于已经出现的集体上访、请愿、静坐、罢工、罢课、罢市等事件，公安机关要配合党政领导和有关单位做好劝阻工作，防止事态扩大。"公安部1993年12月10日颁布的《关于配合劳动行政部门妥善处理企业职工因劳动争议集体上访罢工等问题的通知》规定,"《中华人民共和国企业劳动争议处理条例》明确规定,劳动争议问题以及由此引起的职工集体上访、罢工,均由劳动行政主管部门出面组织有关方面和当事人依法解决。对此,各级公安机关应当予以积极配合并做好有关工作。一般情况下,不要动用公安、武警力量,必须动用时要严格审批程序,精心组织,讲究方法,防止激化矛盾。""各级公安机关应当与劳动行政主管部门、劳动争议仲裁委员会和工会组织建立密切的联系制度,及时沟通有关情况,掌握有关信息,交流和总结妥善处理因劳动争议引起的职工上访、罢工事件的经验,不断提高处理水平。""各级公安机关要加强调查研究,针对国有企业转换经营机制和'三资'企业不断发展后出现的新情况、新问题,依照《中华人民共和国企业劳动争议处理条例》规定,修订处置因劳动争议引起的企业职工集体上访、罢工的工作预案。工作预案总的要求是,保护职工和企业的合法权益,保障劳动争议调解、仲裁工作免受非法干扰,维护社会秩序和社会稳定。"

（3）工会如何对待罢工（无法律和政策依据）。工会对待罢工的态度,我国法律和政策虽无明确规定,但并不意味着现实中发生罢工工会就能回避该问题的存在。官方的总体看法是,工会不能组织领导罢工。比如中国海员建设工会副主席李全良在全国建设系统协调劳动关系三方机制研讨会会议总结中说,"外国工会在条件得不到满足时,可以随时进行罢工,中国的工会不采取这种方法。中国工会的方法就是依法行事。协商不成功时,就诉诸法律,用法律来保护自己。"中华全国总工会原法律部负责人郭军认为,"对员工自发的罢工,我们的态度是不支持、不鼓励,一定程度上也不反对禁止。但从解决问题的角度而言,我们希望有更好的协商管道……从法律角度来说,没有授权工会组织罢工。如果发生罢工事件,劳动法和工会法都有规定,我们叫作'突出事件',规定工会要介入,代表职工与企业协商交涉,在满足职工合理要求的前提下,帮助企业事业单位恢复生产工作秩序。据我了解,此类事件每年也有上百起。"[①] 郭军一方面使用了"罢工"字眼,另一方面也摆明了全总对自发罢工的态度,并明确了法律没有授权工会组织罢工。

（4）纪检监察机构的处理。《人民法院纪检监察机构信访举报工作暂行规

---

① 赵小剑. 劳动合同法通过后,企业能否扩权?——访中华全国总工会民主管理部部长郭军 [N]. 南方周末,2007-12-18.

定》（法纪检〔2002〕6号）第三条第一款规定，"人民法院纪检监察机构（包括人民法院违法违纪举报中心）受理对人民法院及其工作人员违法违纪行为的检举和控告"，这些行为就包括"参加罢工"。

（5）劳动行政部门的处理。虽然劳动行政部门可通过法律解释方法以《劳动法》第十章和《劳动合同法》第六章为依据对罢工进行处理，但现行法毕竟未从字面上明确这一点。解决的方式除了法律解释方法外，尚需司法解释或下位法进行细化。对此，有些地方性法规做出进一步规定，如厦门市人民代表大会常务委员会制定的《厦门市劳动管理规定》（1994年制定，2004年、2005年修正）第二十八条第十一款规定，"劳动行政部门负责劳动监察工作，并可依法委托其所属的劳动监察机构对下列事项行使劳动监察职责，调查、处理因劳动纠纷引起的集体上访、怠工、罢工等突发事件。"

三、对现行法律和政策中"罢工"规定的几点思考

根据上述对我国法律和政策中有关罢工规定的梳理，可以看出，我国法律和政策中是存在罢工的规定的，这些规定既有授权性规定，也有禁止性规定。对这些规定，一方面要进行规范化分析，另一方面也要结合实际进行理解。具体而言，以下几个问题值得进一步关注和思考。

（一）如何看待法律和政策中禁止罢工的规定

对于我国法律和政策中禁止罢工的规定，首先，并不违反《经济、社会及文化权利国际公约》。《公约》规定，"应按照各个国家的法律行使此项权利"，这意味着，行使罢工权不能违反成员国的法律规定，法律规定既包括保护权利的落实也包括对权利行使的限制。

其次，禁止罢工的规定不违反《宪法》和《立法法》。现行宪法没有规定罢工权，意味着罢工权仍然是一项应然意义上的人权，现实中对这种行为的限制并不违宪。宪法虽然有"国家尊重和保障人权"，但何谓"人权"，尤其是除了公民基本权利和自由以外的人权应包括哪些，需要全国人大常委会启动宪法解释来回答，在该权力启动前，对一些应然意义上的人权的限制并不违宪。《立法法》规定，"对人身自由的限制，由法律规定。"人身自由和罢工自由都是自由权的体现，人身自由属于政治权利，罢工自由属于社会权利。虽然享有人身自由是行使罢工自由的前提，两者亦有一定交叉，但性质上并不相同，因此，一些法律限

制罢工自由并不违反《立法法》。

再次,从禁止对象角度,禁止罢工的对象是国家公职人员,这些人员与普通工人不同,前者握有公权力,对其行使其他权利和自由时所拥有的空间往往要小于普通人。因此,对他们行使罢工权,要有更多的限制。从数量来看,我国公务员的数量亦远远少于工人。

最后,从现行法律和政策中可以看出党和政府对待罢工的总体态度,一是对公职人员绝对禁止,包括参加、领导、组织;二是对一般公民(工人或劳动法意义上的劳动者)的放任,即不禁止、不限制、不提倡,但不能违法(比如罢工过程中的封路、打砸抢);三是防止出现大规模罢工,积极方面是构建和谐劳动关系,消极方面是通过各种政策规定中的追责条款。

(二)现阶段有无必要通过立法规定罢工权

我国法律和政策有关罢工的规定虽然在总体上对罢工行为持禁止和否定态度,但这种态度主要针对的是国家公职人员,对普通人尤其是工人(劳动者)并没有禁止和否定。实践中罢工发生后,绝大多数参与或领导罢工的人员并没有受到诸如法律和政策针对公职人员的处罚,也从侧面印证了这一点。

这说明虽然我国宪法和法律没有规定罢工权,但工人实际上一直在行使这一权利,另一方面也说明我国一直在实践中落实《经济、社会及文化权利国际公约》的相应规定,虽然没有制定为明文规定(通过修宪或在相应法律体系中承认这一权利),但属于"行动中的法"。从比较法角度,不能仅从规范比较的角度认为其他国家规定罢工权,我国法律没有规定罢工权就是对人权的限制,是对国际公约落实不力,而应该进一步从功能比较角度,看该权利具体行使的状况究竟如何。[①] 比如,尽管有司法裁判文书将罢工行为视为非法,但相对于整体罢工行为的数量,这个比例显然是非常小的,因为大量罢工行为并不是通过司法途径解决的。此外,工会作为维护工人权利的组织,虽然不会组织和领导罢工,但罢工发生后,工会一般不会采取压制态度,而是积极通过各种方式与用人单位和政府沟通,妥善解决罢工问题,实现劳动关系的和谐。对政府而言,罢工出现后,一般也不将其作为政治事件来对待。

步入21世纪以来,党和国家始终将构建和谐劳动关系作为处理劳资纠纷的

---

① 关于规范比较和功能比较,参见:朱景文. 比较法社会学的框架和方法[M]. 北京:中国人民大学出版社,2001:55-56。

一个主要方式，尤其是以《中共中央国务院关于构建和谐劳动关系的意见》（2015）的出台为标志，该文件指出，"完善劳动关系群体性事件预防和应急处置机制……及时发现和积极解决劳动关系领域的苗头性、倾向性问题，有效防范群体性事件……健全党委领导下的政府负责，有关部门和工会、企业代表组织共同参与的群体性事件应急联动处置机制，形成快速反应和处置工作合力，督促指导企业落实主体责任，及时妥善处置群体性事件"。《意见》的精神在党的十九大、十九届四中全会中得到进一步确认和强调。可以看出，起码在不短的一个时期内，处理包括罢工在内的劳资纠纷方面，党和国家的主要态度和主要方式不会出现根本性变化。

在此意义上，本文开头文献中一些学者对罢工权立法的呼吁，其实际意义并没有想象中的那么大。

（三）如何看待学者关于我国应制定罢工立法的观点

学者主张罢工权立法，可从以下几个方面进行理解：

首先，历史和现实角度。中共作为革命党，在历史上对罢工多报以青睐态度。新中国成立前革命根据地不少法律皆规定罢工权，新中国成立后，1975年宪法和1978年宪法皆规定罢工自由，[①] 加上国内罢工的频发[②]以及我国批准的国际公约，无疑提升了学者关于我国应制定罢工权立法的观点。

其次，学者的身份和立场角度。罢工的原因多为经济因素，如工资、工时、辞退等，不论相对于用人单位还是政府，罢工者都处于弱势地位，不少学者秉持"三立"和"横渠四句"，加上其天生的批判性，决定了他们对弱者的同情。按党的文件的说法，知识分子是工人阶级的一部分，"皮之不存毛将焉附"？为工人说话，将工人的应然人权上升为法定人权，决定了学者的前述立场。

---

① 对中共领导罢工立法的梳理，参见郭辉：《承诺的困境：罢工自由权流变（1922—2001）》，未刊稿。
② 一些部委的文件中也确认了罢工的存在。如劳动和社会保障部《关于执行新的劳动保障监察统计报表的通知》（劳社法司函〔2000〕10号）规定，"处理突发事件案件数：是指劳动保障监察机构处理罢工、集体上访等突发事件的案件数。处理突发事件涉及的劳动者人数：是指劳动保障监察机构处理罢工、集体上访等突发事件涉及的劳动者人数。"《建设部关于切实做好建设系统维护企业和行业稳定工作的通知》（建精〔2002〕111号）指出，"由于有些地方管理部门监管失当、执法不公、乱收费、乱罚款，以及一些企业经营机制不健全、以包代管、转嫁风险责任等原因，致使出租汽车行业上访、罢工、游行示威、围攻地方政府等群体性事件时有发生。"国外情况，《商务部、外交部关于加强我驻外使（领）馆对对外劳务合作业务管理的通知》（商务部、外交部，商合发〔2005〕285号）指出，"近期，约旦、阿联酋和毛里求斯相继发生了我外派劳务人员大规模罢工事件。"一些地方的劳动厅亦制定了包括处理罢工的文件，比如《陕西省劳动争议集体上访和罢工等突发事件处理办法》（陕劳发〔1995〕255号）。

最后,功能角度。法律漏洞或空白导致与现实之间的张力,另外,不管法律规定得多么完美,都注定其滞后性、语言的模糊性,而且即便法律规定没有问题,但实际的落实与现有规定仍有距离。在此背景下,学者的身份决定了其言说思维的理性、逻辑性和融贯性(比如在宪法和国际公约的框架下,以法理为依据,提出完善法律的思考,或以既有法律为依据,进行法教义学的阐释)。这些建设性的意见和建议虽不排除现行科研体制造就的"溢出效应",但其观点的理性、和平性和建设性,不论是建构还是批判,都有其存在的意义。

参考文献:

[1] 本书编写组. 法理学 [M]. 北京:人民出版社、高等教育出版社,2010.

[2] 常凯. 关于罢工的合法性及其法律规制 [J]. 当代法学,2012 (5).

[3] 常凯. 罢工权立法问题的若干思考 [J]. 学海,2005 (4).

[4] 冯同庆. 解决劳动社会事件的中国制度性资源——《工会法》停工怠工条款及其实施的解读 [J]. 中国工人,2011 (10).

[5] 金红梅. 论我国罢工权法律规制 [J]. 延边大学学报(社会科学版),2016 (4).

[6] 田思路. 权利争议罢工:正当性否定论 [J]. 现代法学,2017 (4).

[7] 王全兴,倪雄飞. 论我国罢工立法与罢工转型的关系 [J]. 现代法学,2012 (4).

[8] 王天玉. 劳动者集体行动治理的司法逻辑——基于2008—2014年已公开的308件罢工案件判决 [J]. 法制与社会发展,2015 (2).

[9] 肖竹. 劳动者集体行动的法律规制 [J]. 法学家,2019 (2).

[10] 张文显. 法理学 [M]. 5版. 北京:高等教育出版社,2018.

[11] 赵小剑. 劳动合同法通过后,企业能否扩权?——访中华全国总工会民主管理部部长郭军 [N]. 南方周末,2007-12-18.

[12] 朱景文. 法理学 [M]. 3版. 北京:中国人民大学出版社,2015.

[13] 朱景文. 比较法社会学的框架和方法 [M]. 北京:中国人民大学出版社,2001.

快递职工权益保障现状及其维权路径

——基于J省快递行业从业人员权益保障状况调研[①]的分析

刘 瑛

(江苏省总工会干部学校)

摘 要：通过对"J省快递行业从业人员权益保障状况调研"的材料分析，可以发现快递行业的高速发展有效促进了就业、快递行业劳动关系比较稳定、快递职工对目前的工作满意度较高，与此同时也存在着快递企业用工行为规范性不足、快递职工安全健康风险突出、普遍存在职业危机感等权益保障问题。要改善这些状况，必须从主管部门突出行业监管、工会组织做好维权服务、快递企业加强自律、职工自身提升素质等方面多管齐下。

关键词：快递职工 "三新"经济 安全健康 行业工会

随着互联网技术的快速发展，人们生活水平的不断提高，越来越多的消费者喜欢网上购物，快递行业得到了持续快速的发展。据国家邮政局的统计数据，"十三五"以来，我国快递包裹量每年以新增100亿件的速度迈进，已连续6年超过美国、日本、欧盟等发达经济体。经过近30年的发展，国内市场已经成长为全球发展最快地区。我国已经成为世界上发展最快、最具活力的新兴寄递市场，也已经成为世界邮政业的动力源和稳定器，对世界快递业增长的贡献率超过50%。

在快递行业高速发展的背后，是数以百万计从业者的辛勤劳动，他们朝迎晨露、夜送月光，夏顶烈日、冬冒严寒，穿梭在大街小巷，奔走在楼宇店堂。他们

---

① 此次调研数据尚未公开发布,本文只做定性分析,不提供相关数据。

联系着各行各业，是助推经济繁荣的重要力量；又联系着千家万户，是连接物资和情感往来的重要纽带。在2020年疫情防控期间，他们像城市的毛细血管，承担了特殊时期的历史使命，成为我们生活中最熟悉的陌生人。

为进一步了解快递行业从业人员基本状况，解决在权益保障方面可能存在的突出问题，推进快递行业劳动关系和谐，实现行业健康可持续发展，2020年5—7月，J省总工会联合省邮政管理局共同开展了"J省快递行业从业人员权益保障状况调研"。

一、调研的基本情况

（一）调研目的

1. 推进新时代产业工人队伍建设改革

推进产业工人队伍建设改革，是以习近平同志为核心的党中央着眼于巩固党的执政基础、实施制造强国战略、全面提高产业工人素质做出的重大决策部署。随着我国经济社会深刻变革，基于互联网技术产生的新产业新业态新模式大量涌现，我国产业工人队伍发生深刻变化，出现了数量庞大的"三新"就业群体，快递职工就是其中的典型代表。[1]"三新"经济对产业工人就业稳定性、职业技能提升、劳动关系协调模式等都提出了挑战，部分产业工人劳动经济权益受到较大影响。调研有助于我们深入思考这些问题，并寻求解决问题的途径。

2. 推动快递行业高质量发展

近年来，快递行业持续快速发展，不仅成为推动流通方式转型、促进消费升级的先导性产业，在稳增长、调结构、惠民生等方面发挥了重要作用，而且已经跻身现代服务业的重要组成部分，成为经济发展中的"黑马"。与此同时，快递物流业的竞争也呈现白热化状态。在严峻的竞争环境下，部分企业通过压缩快递从业人员的劳动权益来保障空间来降低成本，引发人员流动频繁、企业招工困难的问题，影响了快递行业服务质量的提升。调研立足于推动快递行业和谐劳动关系的创建，旨在创造可借鉴、可复制、可推广的协调劳动关系工作经验和模式，为全行业高质量发展奠定基础。

---

[1] 中研产业研究院《2020—2025年中国快递行业市场前瞻与未来投资战略分析报告》中显示，现在中国的外卖员、快递员从业总人数（包括兼职人员）高达1000万人，这是一支数量庞大的新兴就业群体，是新经济业态下的新时代产业工人。

3. 促进快递职工的成长与发展

党的十八届五中全会提出:"坚持共享发展,必须坚持发展为了人民、发展依靠人民、发展成果由人民共享,作出更有效的制度安排,使全体人民在共建共享发展中有更多获得感,增强发展动力,增进人民团结,朝着共同富裕方向稳步前进。"快递职工作为快递物流行业首(末)端的主要力量,强有力地支撑着我国的网络零售市场,保障了消费者便捷的购物体验。他们在守护我们的美好生活时,也有权感受生活的美好。工作时间长、劳动强度大、伤害风险大、缺乏基本的社会保障不应该成为快递员的群像。调研快递职工权益保障现状,了解他们对工作、生活的真实想法与合理诉求,可以彰显社会对快递行业的尊重与认可,为快递职工的职业发展打开更广阔的成长空间和更多元的上升渠道。

(二)调研内容及方法

本次调研的核心内容为快递行业从业人员权益保障状况,调研方法主要采取问卷调查,辅以个别访谈和集体座谈。针对快递职工[①]和快递企业,调研组设计了两套不同问卷:快递职工的问卷调查对象为省内各大快递公司的全职快递职工,调研维度确定为劳动经济权益、安全健康权益、民主参与权益和职业发展权益四个方面;快递企业的问卷调查对象为熟悉企业职工工资支付及社保缴纳情况的经营管理者或部分负责人,主要调研企业用工情况,了解企业面临的困难,收集对促进快递行业健康发展的意见和建议。

为了保证调研数据的科学性与全面性,本次调研的数据采样在全省 13 个设区市全面展开,并要求各地在发放问卷时要安排不同所有制、不同规模的企业员工参与,原则上每家企业接受调研的快递员不超过 10 名。对快递职工的问卷调查采取线上+线下相结合的方式。在线调查由快递员通过扫描二维码进行填写,然后根据线上完成情况选择部分派件网点对快递员进行个别访谈,最终获得 2166 份有效问卷;对快递企业的问卷调查全部通过线上扫描二维码的方式进行填写,最终获得 220 份有效问卷。

---

① 根据人力资源社会保障部、国家邮政局联合颁布《快递员国家职业技能标准》和《快件处理员国家职业技能标准》,快递员是从事快件揽收、派送和客户信息收集、关系维护及业务推广工作的人员,直接面向客户,是外部作业人员。快件处理员是从事快件及总包的接收、卸载、分拨、集包、装载、发运等工作的人员,是内部作业人员。这两类人员是快递从业人员的主要群体,占快递从业人员的 70%。此次对快递行业从业人员的调研涉及的岗位包括揽收、分拣、投递、客服四类,包括快递员和快件处理者,在调研报告中统称为快递职工。

（三）样本情况

1. 快递职工样本分布

样本数据显示，快递职工以男性为主，占比达82.5%。95.2%的快递职工为45岁以下的青年群体，受教育程度在高中或职高以下的人员有72.8%，64.5%的人为农业户籍，75.5%的人已婚。从事快递员工作时间5年以内的人员达到75.1%，中级以下技能等级的人员为82.1%。统计数据说明，快递职工群体的同质化程度较高，一般为受教育程度较低、技能水平不高、从业时间较短的已婚农村男青年。这一结果符合既有研究成果，调研样本数据具有可信度。

2. 快递企业样本分布

快递企业样本涉及13个设区市的各大快递公司，包括邮政、顺丰、"通达系"、京东等知名快递公司的直营店和加盟店，分布较均匀。成立时间在5年以上的公司接近80%，数据采集可以避免偶然性。

二、快递职工权益保障现状分析

通过座谈交流和对2166份快递职工问卷样本及220份快递企业问卷样本的数据分析，我们可以做出几点积极评价：

一是快递行业较低的入职门槛有效促进了就业。快递行业在招聘员工时对应聘者的年龄、受教育程度、职业技能等级、岗位熟练程度并没有严格要求，只要身体健康，受过一定教育都可以胜任这份工作。通过对平均工资的学历层次差异进行比较分析，显示受教育水平的提升并没有带来明显的收入提升，受过高中或职高教育的快递职工收入水平最高。快递行业相对较低的入职门槛给予了那些没有受过高等教育的农村青年就业机会，他们也找到了落脚城市的着陆点，得以走进城市、感受城市生活，成为城乡融合的重要窗口。

二是快递行业劳动关系比较稳定。快递公司对本单位劳动关系总体状况的满意度较高，选择"非常满意"和"比较满意"的明显高于"不太满意"和"非常不满意"的选项，按照五分法满意指数达到3.92。样本数据分析显示，超过三分之一的企业从未发生过与劳动者的争议纠纷，即使发生了，也大多在公司内部协商解决，很少诉诸司法。同时，绝大多数快递员表示自己对单位的生产经营状况以及涉及切身利益的规章制度和重大事项有知情权。这些都是快递行业劳动关系比较稳定的重要因素。

三是快递职工对目前的工作满意度较高。样本数据统计结果显示，快递员对目前的工作满意度较高，按照五分法满意指数达到3.66，职工的持续从业意愿强烈。结合劳动付出与工资回报，快递员对工资水平的满意度也较高，按照五分法满意指数为3.55。根据快递职工样本数据统计，2019年快递职工平均工资低于当年J省城镇非私营单位就业人员年平均工资（96527元），但高于城镇私营单位就业人员年平均工资（58322元）。[①]较高的工资满意度一方面是因为快递职工不好高骛远，能够根据自身的文化层次、技能水平对工资收入有比较务实的预期，另一方面与快递行业多劳多得的薪酬模式、相对自由的工作模式以及城市融入度较高的人际模式相关。

在看到积极一面的同时，我们也发现快递职工权益保障方面还存在以下几方面突出问题，这些劳动用工问题在加盟模式的快递企业中更为凸显。[②]

（一）快递企业用工行为规范性不足

1. 劳动合同不规范

样本数据显示，快递职工与快递公司直接签订劳动合同的比例不高，存在大量劳务派遣、劳务外包的情形，其中劳务派遣用工的比例超过了企业劳务派遣用工不得超过10%的法定上限。

2. 社保参保率不高

国家规定的用人单位必须给员工缴纳的五大保险中，基本养老保险参保率最高，但也不足六成。社会保障的缺失不仅会导致劳动者在年老、生病、工伤、失业等时陷入生活的困境，也会给社会带来巨大的风险。

3. 超时工作为常态

根据样本数据统计，快递员的平均工作时间已经远远超出了《劳动法》所规定的法定工时制下的每周工作40个小时的规定。为了规避超时工作的法律风险和用工成本，大部分快递公司对快递员实行综合计算工时制或不定时工时制，却没有履行特殊工时制的审批手续。即使是按照综合计算工时制，其工作时间也远远超过法定标准，属于违法的超时加班。超时工作一方面由于快递企业的送件

---

① 数据来源：国家统计局。
② 快递企业加盟模式是指通过加盟形式吸收其他参与者共同组建快递网络的经营模式，被加盟人主要负责企业总部基础运营管理平台建设，加盟者预备加盟者是独立的企业主体，通过加盟协议约束彼此行为。在我国的快递企业中，除中国邮政、顺丰速运只采用直营模式进行经营外，其他快递企业的经营中都采用加盟模式开展基层布局。

压力大，另一方面也与"计件提成"的薪酬刺激和"以罚代管"的管理模式相关。

（二）快递职工安全健康风险比较突出

1. 劳动强度大

样本统计结果显示，快递员每天平均的送件量是 160 件，日行至少 2 万步。如果工作区域在没有电梯的老旧小区，快递员必须搬着货物爬上爬下，没有强健的身体是无法承受这样的劳动强度的。这样高强度的劳动是否会带来职业损害，目前还没有相关的研究成果，但因此而导致的高离职率是显而易见的。针对"不愿意继续从事快递员工作的主要原因有哪些"这一问题时，最多人选择了"工作时间长、劳动强度大"的选项。

2. 交通安全风险高

快递职工的配送效率是快递企业员工考核的重要指标，超过八成的快递员表示收入与送货量提成挂钩。这种计薪方式加上限时配送的惩罚机制，倒逼出分秒必争的工作节奏。在经济利益的驱使下，一些快递职工为了提高效率，忽略最基本的道路交通安全规则，随意闯红灯、逆行、超速、占用机动车道、随意停靠、骑行过程中接打手机等。这些行为非常容易导致交通事故，轻则受伤，重则身亡，带来极大的安全隐患。目前，交通事故已经成为快递职工最主要的工作伤害。

3. 新型"职业病"多发

长期从事特定职业的劳动者，因为工作模式、工作场景、工作压力等因素，会出现一些常见的疾病，虽然不是法律意义上的职业病，但也成为行业的隐疾。快递行业超长的工作时间导致很多快递员无法准点作息、按时就餐。遇到电商促销的时节，为了抢占智能快递柜、尽快去库存等，很多快递职工连睡觉休息的时间都没有。胃肠道疾病在快递职工群体中属于高发疾病。长时间的骑行、走路、爬楼等简单运动，导致一部分人出现了腰椎疾病和关节炎。还有一部分受访者提到了工作压力大，容易引发心理疾病。

（三）快递职工普遍存在职业危机感

1. 工作环境差，缺乏劳动保护措施

快递职工绝大多数是户外劳动者，日常工作状态就是风里来雨里去，不是在揽收、投递，就是在揽收、投递的路上。由于工作地点分散，工作环境和劳动条件无法提供有效的保障设施，快递职工普遍存在就餐难、歇脚难、如厕难等现实问题。在高温、低温、多雨、台风等恶劣天气条件下，这些困难尤为凸显，也很容易出现事故风险。劳动保护措施不足降低了快递职工的职业安全感，迫切希望能够解决这个问题。针对调研中"您希望工会组织在哪些方面提供帮助"的提问，最多职工选择了"劳动保护"。

2. 投诉压力大，职业荣誉感不强

快递行业的快速发展导致一部分快递企业管理粗放、随意性大，"以罚代管"普遍存在。同时，在激烈的市场竞争中面对客户投诉时，快递公司往往选择息事宁人，不论快递职工是否有责任与过错，都会要求向客户道歉、向公司缴罚款。由于缺乏相应的维权渠道和维权机制，快递职工在工作过程中遇到客户刁难或遭受委屈时，为了避免被公司罚款，不得不默默承受。面对如此压力，快递职工必然无法感受到职业尊严与职业荣誉感。因此，针对"您在当前的工作与生活中比较担心的问题有哪些"的提问时，最多职工选择了"收到客户投诉较多"的选项。

3. 职业发展通道狭窄，晋升渠道不畅

上升空间对于职工不仅意味着更高的职位与薪酬，更是对其价值的肯定，以及获得更多工作经历的机会。样本数据显示在本单位有过职务、职级晋升的快递职工的比例很低。这一方面是因为快递行业较低的入职门槛导致从业人员素质不高，晋升空间小；另一方面是因为快递企业缺乏明确的快递职工提拔晋升机制，导致员工缺乏工作激情与向上动力。

三、改善快递职工权益保障状况的路径分析

从调研情况分析，改善快递职工权益保障状况，必须从主管部门突出行业监管、工会组织做好维权服务、快递企业加强自律、职工自身提升素质等方面多管齐下。

（一）主管部门

邮政管理局作为快递行业的主管部门，要承担起对快递企业的监管责任。

1. 督促快递企业依法规范经营

引导快递企业开展经营模式变革，逐步以直营网点取代加盟站点，引导快递企业从价格竞争转向服务竞争，提升服务质量，规范用工行为。鼓励快递企业提

升设备的自动化、智能化水平，运用大数据、人工智能、无人机、机器人等高新技术，提高生产率，降低用工成本。加强安全生产监管，落实快递企业安全生产主体责任，降低快递职工安全生产事故风险。引导快递企业经营者承认和尊重职工的劳动价值，通过科学、合理的薪酬设计，建立全方位的激励制度，使职工的劳动价值得到合理回报。要把与职工共谋发展、共享成果、共建和谐的发展目标作为激发职工积极性和创造力的动力基础，从而提升企业的整体实力，增强市场竞争力。

2. 主动为快递企业排忧解难

主管部门应主动与公安、交通、城管等部门联系，及时解决快递行业发展过程中的现实困难。比如，为保证快递职工能安全、顺畅、及时、有尊严地收寄快件，解决"最后一公里"通行难问题，积极与交通管理部门沟通协商，依法保障快递服务车辆通行和临时停靠的权利。通过与相关部门的协调，明确智能快件箱、快递末端综合服务场所的公共属性，纳入公共服务设施相关规划，提供用地保障、财政补贴等配套措施，为快递企业合理"减负"。

3. 加强快递行业职业技能提升工作

调研发现，快递职工的平均工资职业技能等级差异明显，随着快递职工职业技能等级的提升，收入水平也在逐步提升。主管部门应联合人社部门认真做好快递从业人员职业技能培训的组织协调、宣传发动和监督检查，并组织指导快递企业、培训机构开展好快递职工职业技能培训工作，营造"技高者多得、多劳者多得"的良好氛围。通过提升从业人员素质，支撑快递行业高质量发展，扩大就业创业，更好地满足人民对美好生活的向往。

（二）工会组织

工会组织要履行好维权服务的基本职责，采取有效措施提升快递职工权益保障水平。

1. 加强源头参与，为快递职工权益维护建言献策

各级工会组织要做好调查研究，了解和掌握快递职工所思所需所盼，有针对性地提出保障快递职工权益的意见建议。比如针对部分快递职工在现有社会保险制度框架下无法纳入工伤保险体系的制度障碍和操作难题，探索建立由政府主导、工伤保险机构经办、用工单位强制参加的特别工伤保险（职业伤害险），以保障包括快递员、送餐员、网约车司机等非正规就业群体的职业安全。建立与邮政管理局、快递行业协会的三方协调机制，定期就加强快递职工合法权益维护工

作进行沟通协商，制定指导意见，推动形成合力，最大限度地提升快递从业人员的安全感、获得感、幸福感。

2. 组建行业工会，进一步加强服务关爱快递职工工作

针对快递企业品牌众多、经营模式各异、网点分散、人员流动频繁等特点，通过建立快递行业工会，把数量庞大的快递企业和快递职工组织起来，这是工会扩大组织覆盖面、增强职工获得感的重要途径。通过行业工会，做实普惠性服务，将快递职工纳入四季帮扶对象，做好临时帮困、大病救助、法律援助、小额贷款等日常帮扶工作。开展快递行业劳动竞赛、技术比武等群众性经济技术活动，在快递职工中培育、选树先进典型，搭建职工展示风采、快速成才的舞台。按照经济实用原则，依托现有工会阵地或借助第三方资源建立快递职工（户外劳动者）"爱心驿站"，配齐空调、饮水机、微波炉、应急药箱等人性化设施，努力使快递职工感受到工会大家庭的温暖。

3. 推进民主管理，突出职代会建设和集体协商两项工作

加强职代会制度建设，探索行业或区域职代会组织形式，依法选举职工代表，畅通快递员诉求表达渠道。在制定行业标准或制定、修改、决定直接涉及职工切身利益的规章制度和重大事项时，工会可以组织召开职工代表大会进行讨论，提出方案和意见，依法行使民主参与权。深化快递行业集体协商，通过充分讨论、反复沟通，最终达成一致，形成对快递企业和快递职工都具有约束力的协商文本。本次调研显示，快递行业劳资双方均有开展集体协商的强烈意愿，均认为可以就劳动关系中的一些重要事项开展集体协商，比如工资分配、福利待遇、工作时间与休息休假等。工会应加强与行业主管部门、行业协会以及相关企业的联系，帮助职工方从一线劳动者中遴选协商代表，主动提起要约，开展行业集体协商，签订行业集体合同。

（三）快递企业

快递企业应加强自律，承担起保障快递职工合法权益的主体责任。

1. 扩大直营网点数量，收缩加盟网点范围

调研显示，在快递企业直营模式下，快递员的权益保障情况、工作满意度以及劳动关系和谐度等指标明显好于加盟模式下的快递企业。快递企业加盟模式是在快递行业发展初期，为适应快递行业井喷式发展而诞生的经营模式。随着快递行业的逐步发展，快递企业经营步入正轨，加盟网点的弊端逐步显现，不仅在快递职工权益保障方面，更存在于快递服务质量和经营管理上。随着快递市场的成

熟，快递企业将具备扩大直营网点的实力，把加盟商管理的快递员工转变为快递企业职工。同时，要加强对加盟站点的管理，减少其自主权，签订加盟协议时就明确加盟企业对旗下快递职工权益保障的义务。

2. 对快递网点进行规范化管理，依法统一劳动用工标准

随着快递市场规模和服务效率的提升，不少快递企业加大了硬件设施和技术投入。但是，不管行业规模如何扩大，自动化水平如何提高，快递职工作为产业链两端最基础的贡献者，其作用无法忽视，其权益必须重视。一方面，随着国内人口红利的式微，劳动力价值会越来越凸显；另一方面，快递职工队伍的稳定性和高效性，也是快递企业持续健康高质量发展的基本条件。因此，与快递职工签订正式的劳动合同、足额缴纳社会保险、严格控制加班时间、依法支付劳动报酬、给予劳动安全卫生保护、组织参加职业技能培训等就是快递企业必须承担的法定职责。

3. 加强人文关怀，增强快递职工职业认同感

快递企业要落实日常关怀措施，提供诸如通信设备（或补贴）、交通工具、休息站点、劳保用品、爱心早餐、定期体检等贴心服务。妥善处理快递业务中的纠纷，避免对快递职工"一罚了之""以罚代管"等简单粗暴的管理模式。完善培训机制，鼓励快递员参加职业技能鉴定、组织职工参加劳动与技能竞赛，建立基于岗位价值、能力素质、业绩贡献的工资分配机制，增强职工获得感、自豪感、荣誉感。畅通岗位晋升通道，引导快递职工进行合理的职业规划，鼓励员工通过提升技能水平、服务质量获得晋升机会，分享企业发展成果。

（四）员工自身

快递职工要注重自我提升，从根本上改变自身权益保障水平不高的现状。

1. 提高维权意识

快递职工要有自我保护意识，在入职时就要清楚自己的用工关系类别，明晰自身劳动权益的责任主体，签订符合法律要求的劳动合同或劳务合同。在遇到用人单位不缴社保、强制超时加班、不支付加班工资等违法行为时，要主动争取合法权益，同时注意保留证据，做好通过法律途径维权的充分准备。在与客户发生纠纷或遭遇投诉时，要保持冷静，及时沟通，争取客户的谅解与企业的支持。提高风险防范意识，积极参加社会保险和购买商业保险来保障自己未来的生活。

2. 提升综合素质

快递行业从业人员整体上受教育程度较低、职业技能不高，导致可替代性

强,在就业市场上多以让渡自身权利来获得竞争优势,这是快递职工权益保障水平不高的重要原因。因此,快递职工应该从人力资本增值的角度思考如何改善自身在就业市场上的劣势,通过努力提高文化水平、积极参加技能培训、着力改善服务质量,强化职业道德建设、塑造良好职业形象,来增强在劳动力市场上的议价能力。只要用心用力用情做好每一份快递揽投工作,就一定会有所作为,得到社会的认可。浙江杭州快递小哥李庆恒的成才之路充分说明了这一点。①

3. 实现社会融入

快递职工作为奋斗在服务一线的劳动者,是行业的基石、发展的动力,是连接商家与用户的桥梁,他们传递的不仅仅是物品,更是人们对美好生活的期待与情感。快递职工要拥有这份职业自豪感与自信心,展现良好的精神风貌,主动融入城市生活。比如,在每天与客户的沟通中了解跨公司跨领域的业务需求与行业动态,拓宽知识面、扩大朋友圈。在工作中勇于担当、主动作为,力所能及地帮助他人,传播正能量。积极参与企业、社区、工会以及政府部门组织的各项活动,提高公共事务参与度,为争取就业创业、居留落户、子女教育、医疗保健等利好政策获得更多的社会支持。

---

① 浙江杭州快递小哥李庆恒从事快递行业 5 年,2020 年被评为杭州市 D 类高层次人才。根据杭州市此前公布的人才引进措施,他不仅能在落户、子女就学、医疗保健、车辆上牌等方面享受照顾,而且在杭州购买首套房可获得 100 万元的补贴。(据《北京青年报》2020 年 6 月 28 日报道)

从控制理论与集合论透析疫情下的集体协商

龚 申

（四川省总工会干部学校）

摘 要：疫情防控常态化的出现，导致我国经济产业结构发生了变化。各产业的劳动者工资收入出现失衡，引发新的劳资冲突。经济结构中的均衡受到了一定程度的冲击。在这种情况下，工资集体协商的原则与方法，就必须适应新的经济结构变化和新的均衡。本文采用自动控制理论中的"负反馈"和"稳定性"原则，分析疫情持续不断的情况下，怎样确保区域经济和企业经营稳定。以闭环控制系统大循环来分析企业、行业、政府对工资集体协商增幅的把控，进而确保劳动者的工资收入稳定。以稳定性和双赢作为集体协商的主要原则。对政府采用三方机制的"负反馈政策"和"依据负反馈"可能采用的经济政策进行了试探性的分析。采用集合理论，探索性地应用于工资集体协商增幅合理范围的定量界定，为制定劳资双方互为约束的集体协商量化增幅提供了一种较为有效的解决方案，确保双赢和稳定的最优结果得以实现。

关键词：疫情 双赢 稳定 三方机制 量化方案

一、写作背景与本文的逻辑架构

目前，虽然我国各地疫情已经得到有效控制，但全球疫情并未得到有效控制，企业面临着极大的生产经营压力，部分服务行业和出口导向型企业面临着破产倒闭风险。劳动者则面临待岗、失业、收入减少等诸多风险，劳动关系不稳定因素增加，企业和劳动者矛盾逐步凸显。为稳定劳动关系，缓解由疫情带来的劳资矛盾，2020年3月2日，中华全国总工会在《关于做好新冠肺炎疫情防控期间支持企业安全有序复工复产和劳动关系协调工作的通知》中指出："要充分发挥集体协商制度的基础性作用，积极引导职工和企业通过集体协商，共商共谅，妥善处理复工复产前后职工劳动报酬、工作时间、休息休假、劳动保护及女职工生育保护等问题。激活疫情防控期间劳资协商机制。"

在2020年的集体协商中，企业生存压力的增加，导致劳资双方对工资集体协商的平衡点和关注点发生了一定的变化，职工由原来追求工资与企业效益挂钩，以及企业由原来追求持续发展，变成将企业生存放在第一位。因此。我们不禁要问：原来的劳资双方双赢集体协商中，追求双赢能实现吗？"两个低于"的基本原则还能实用吗？

二、中国疫情的有效控制及国际疫情失控造成了劳动力市场失衡

经济学中的均衡理论认为：各种商品和劳务的供求数量和价格是相互联系的，一种商品价格和数量的变化可引起其他商品的数量和价格发生变化。受疫情防控影响，2020年劳动力市场中劳动力的价格（工资）差距迅速拉大，导致经济运行中的各个劳动力市场均衡受到不同程度的冲击。

从市场均衡的理论来说，在一个未受到疫情干扰的均衡市场中，尽管各产业的劳动者的平均工资收入有差异，但工资仍在一个较为合理的、可控的范围之内（垄断企业或独角兽企业另当别论）。由于中国企业的迅速复工复产，劳动力市场总体未受到较大的冲击。但是，随着欧美、印度整体陷落，全球经济衰退已成定局；部分国家出现封闭自主的思潮，进一步加剧了以出口为主的企业的效益的进一步下滑，导致所有产业劳动力市场出现不同程度的失衡现象。以出口为导向的行业面临难以继续生存的风险。同时，一些互联网企业和医疗企业等效益迅速增长。如果任凭效益好的企业按照经济效益发放工资，或效益差的企业进一步降低工资，那么，行业间劳动者的收入差距进一步拉大，行业间工资相对均衡状态将遭到破坏。

三、经济系统稳定是疫情下集体协商多赢的基本前提

以计算机为手段的数字控制和过程控制系统的出现，结合大数据与互联网，

使控制理论在研究经济系统稳定地实现预定的目标，有了非常重要的方法论指导。疫情的突发，造成经济系统瞬间偏离了系统原来的平衡状态。随着时间不断推移，如果系统的平衡状态不能恢复，或不能形成新的平衡状态，也许将会出现不可预知的失衡。因此，我们应提前对现行经济系统的稳定性进行判断、预测发展方向、分析经济结构、进行政策模拟，对不稳定或稳定欠佳的系统采取相关的控制措施，使经济系统的运行接近理想的稳定状态。

市场均衡理论认为，在一个理想的均衡市场经济运行中，如果没有受到大的外界干扰，即便受到小的扰动，市场的力量会自动地使经济调整到一个新的均衡状态。用自动控制理论术语来讲，这一系统是一个渐进稳定的闭环系统。

笔者从控制理论来分析疫情下的集体协商（主要以工资集体协商为主），如果引入三方机制，把控好集体协商的三个不同阶段，实现新的均衡稳定是可行的。

（一）第一阶段：企业内部的集体协商，以协商工资增长幅度范围为主

工资增幅与效益挂钩是集体协商中劳资双方共同接受的原则。由于双方对经济数据和诉求比较透明，在没有发生疫情时，行业内的企业员工工资基本均衡，差距不大。通过企业内部这一系统确定的工资增幅与行业的平均增幅也基本在均衡稳定范围之内。新冠肺炎疫情发生以后，外界经济环境有了较大变化，但对于同一行业的不同企业，受疫情的冲击基本相同，各企业的效益变动也基本一致。因此，我们采用开环控制系统确定企业工资增幅范围（见图1）。

图1 企业工资增幅开环控制系统

T_1 包括：企业今往年财务数据。

$G(S_1)$ 包括如下影响因素：劳方提出工资增幅的合理范围；资方评估工资增幅的合理范围；双赢原则；经济权益对等；两个低于原则（黄金分割原则）；以丰补歉；以一个经济周期来核算平均增长率，企业的扩大再生产等。

那么，未受到或很少受到冲击的行业里，企业经营与疫情暴发前的情况差距不大，基本是均衡状态。劳资双方根据企业自身情况来确定工资增幅。这时，虽

各企业有一定的工资效益差距，但行业工资攀比性质决定了企业协商工资不会差距太大，也会自动地形成优胜劣汰模式，达到相对均衡状态。

（二）第二阶段：行业工资集体协商，确定行业工资平均值或均衡标准

有些企业特别是技术壁垒很低的劳动密集型企业，由于流动性较强，集体协商通常采用行业集体协商。这样，避免由于流动性过大而造成职工队伍不稳定。也有一部分制造企业，通过行业协商，以行业整体效益为核算基础，确定行业工资的平均值，为行业内企业协商工资提供指导标准。

反馈控制是指在扰动存在的情况下，系统能够减少系统的输出量与参考输入量（或者任意变化的希望的状态）之间的偏差。反馈控制是对无法预测的扰动而设计的。反馈控制是系统稳定的基本要求。由于影响行业工资平均值的变数有很多，也受制于各种经济政策制约，且不可预知，因此，不论疫情是否发生，通常都采用闭环控制。疫情发生以后，那些效益急剧下降的行业，如外贸和来料加工行业，员工工资快速下降，与其他行业的工资差距迅速拉开。在这种情况下，第三方协商机制，政府出台政策干预就不可避免了，以使行业之间的均衡不至于受到大的破坏，确保整个宏观经济市场稳定。

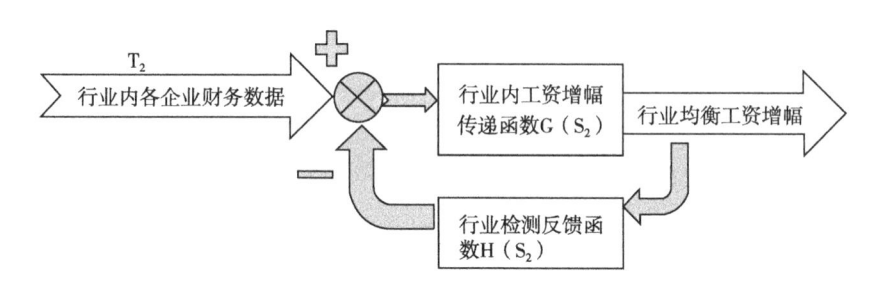

图2 行业工资增幅负反馈控制系统

T_2 包括：行业内各企业财务数据。

$G(S_2)$ 包括：经济权益对等；各企业劳资双方基于企业现状协商合理的工资增幅；行业内企业增幅的加权平均值 = $\sum_{1}^{N}$ {各企业劳资协商合理的工资增幅 × 各企业产量} ÷ $\sum_{1}^{N}$ 各企业产量。

$H(S_2)$ 包括：两个低于原则（黄金分割原则），以丰补歉，以一个经济周期来拉长平均增长率，企业扩大再生产。

负反馈的作用就是对增幅进行反向调节。特别是在疫情防控期间,如果增幅过大,高于行业标准和政府调控上限,那么,负反馈的作用就是降低增幅。反之,负反馈的作用就是增加增幅,是以经济系统的稳定性作为调节标准。比如,疫情防控下的稳定性标准,通常是在最低值与基准线之间。有些行业可能只能维持最低值。稳定的最佳值,各企业、行业不尽相同,既要考虑企业本身的效益,也要考虑行业的平均值;在疫情防控下,还要充分接受政府的调控指导。

(三) 第三阶段:区域政府制定工资增(减)调控指导线

区域政府对工资的调控,通常通过制定调控指导线来实现。政府的调控线的作用:保证区域经济稳定;保证区域物价水平稳定;力图使区域中的职工收入维持在一个相对合理的均衡水平。影响指导线的,不仅仅是各产业的平均工资,也包括了区域的政府制定的产业政策、调控政策、物价水平等,甚至包括国家的经济政策、货币政策、财政政策等。在众多的影响因素中,有不少是不确定的,且不可量化。因此,选择闭环控制系统作为调节手段,是不二的选择。

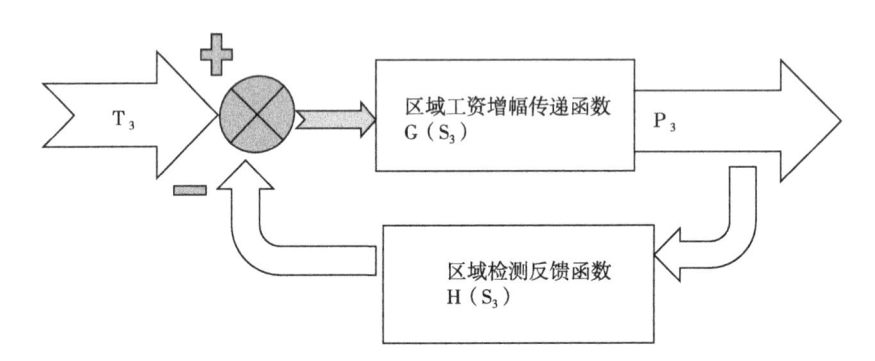

图 3　区域工资增幅负反馈控制系统

T_3 包括:区域经济政策及物价水平。

$G(S_3)$ 包括:经济权益对等;各企业劳资双方基于企业现状协商合理的工资增幅。

(四) 疫情下工资增幅负反馈大循环控制系统

疫情的出现使劳动力市场的均衡受到了破坏,因此疫情防控下的集体协商又不同于疫情暴发前的集体协商,在此,我们增加了疫情防控下工资增幅负反馈大循环控制系统。

从理论上说，系统的负反馈越多，反馈变量越多，系统的稳定性就越好。为保证实际的经济系统在运行中稳定性，实现预定的目标。通常情况下，比较实用的方法有以下几种：

1. 降低系统的增益——通过牺牲带宽来换取稳定性

在集体协商中，就是首先缩小企业内部 G（S_1）集体协商确定的合理增幅范围。这样，由于后续输入到行业和区域工资增幅负反馈系统的输入量范围变小，负反馈校正就更精确，系统的稳定性就越好。

2. 对被控对象进行改良——比如在局部增加内回路来改善外回路的稳定性

（1）在疫情发生后，企业留存中超过经济效益对等的那部分利润，首先应用于补偿企业员工收入的减少、提高职工福利或用于职工和企业共同发展部分，然后用于扩大再生产，也是集体协商中约束劳资双方"以丰补歉"的共同原则。

（2）从一个经济周期来平衡员工和企业的均衡收益。如果在均衡收益中，资方利益明显高于员工收益，在疫情防控下，企业有责任将这部分收益用于补偿员工工资可能出现的降幅。那么，用"两个低于原则"来指导集体协商，显然不利于保护职工群体的利益，工会在这一过程中，特别是上级工会和产业工会，应利用自身优势，积极地"上带下"与"上参下"，加入企业的集体协商中，并配合政府实施工资指导。这是各级工会义不容辞的责任，也是考验资方是否对自己和对劳方采用不同的集体协商标准的一块试金石。

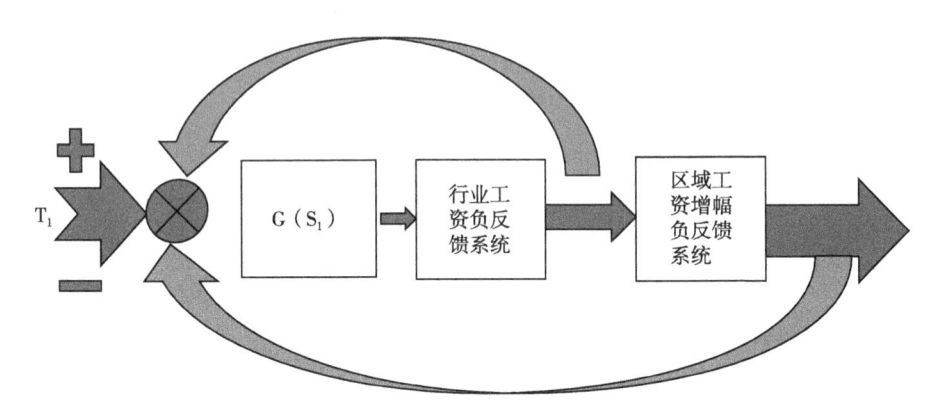

图 4　疫情下工资增幅负反馈大循环控制系统

（3）通过企业集体协商系统确定工资增减幅以后（在疫情这样不可预知的危机发生时，工资出现减幅，也是劳资双方集体协商的一种理性选择），如在同一行业中，各企业增幅出现差异，那么，首先在企业内部采取"以丰补歉"及

"拉长均衡平均收益"等措施,确保同一行业的工资水平不能出现较大的差距。同时,如果行业整体效益下降,在进入下一环节的政府调控中,政府将会出台多种财政与经济政策,对该行业的工资进行指导。在图4中,增加了行业输出端负反馈至企业系统的输入端。

(4)在疫情发生后,同一行业里的不同企业,虽然工资差距并不大,但对于不同行业的企业,效益差的企业与效益好的企业以及效益基本不变的企业横向比较时,差距就出现了。为避免工资差距拉大,造成经济不稳定,政府的"自动稳定器"的作用就必须实施,即政府通过决策制定某种制度或发布规定,使得经济现象达到某一既定的标准时,财政就必须按制度和规定的要求相应地开展收入和支出分配活动,比如采用最低工资保障等。因此,在这里就形成了第一个行业负反馈,来调整企业工资。然后,通过这一行业负反馈传递函数,企业系统再次确定了增幅的范围后,又与区域的政府确定的工资指导线进行比较,首先保证最低线。如二者接近,显然就是一个稳定值。若二者有差距,政府采用第三方协调机制,进行差距调整。比如采用对企业退税、返税、贴息等手段来支持企业弥补与其他行业的工资差距。在图4中,形成了从区域工资增幅负反馈系统的输出再次反馈到企业内部集体协商系统 G(S_1)的输入端,又形成一个二次负反馈。在经过这一调整后,企业的工资增幅相对于不同的行业的差距拉小了,与区域里的经济发展水平的差距也在逐渐靠近。通过两次负反馈,实现了企业工资增(减)幅,确保了行业和区域经济相对稳定。

因此,在疫情常态下的集体协商,追求的首要目标是实现稳定。在稳定的前提之下,通过第三方协商机制的建立,是可以在大范围内实现集体协商的双赢的。

上面我们建立的"疫情下工资增幅负反馈大循环控制系统",不仅仅将集体协商的三个阶段全部涵盖,而且又将政府的第三方协商机制引入,并进行两次负反馈,这样多层次的负反馈下,系统的稳定性无疑是较高的。

系统的稳定性的判定有多种方法。如奈奎斯特稳定性的判据、劳斯稳定性判据等。这些方法的应用,首先需要建立数学模型和收集数据。计算机的出现,为建立模型和运算数据提供了科学的手段,而互联网和大数据的出现,为搜索数据提供了高效准确的手段,这在本文作者参加的2019年年会论文中已有详细论述。在此就不再赘述。

四、基于集合理论的疫情前后工资集体协商增幅分析

上面的分析,虽然提出了一些新的方法或手段,对增幅的界定做了定性的阐述,但在将上述核心点位具体地应用于协商工资增(减)幅的过程中,笔者从模糊数学中的集合理论得到启发,将模糊问题解决思路清晰化,将抽象分析图形化、具体化,便于理解变量之间的数理逻辑关系。

首先,我们做如下约定:

集合T(A,B):企业工资增幅开环控制系统确定的工资增幅值范围,其中,A:企业工资合理增幅最大值;B:企业工资合理增幅最小值。本文作者在《天津市工会干部管理学院学报》2020年第1期的《S市J超市集体协商双赢的计量解析》一文中对确定企业工资增长的合理范围有详细论述。

集合T(C,D):区域工资增幅负反馈控制系统确定的政府指导线增幅值范围,其中,C:政府指导线增幅最大值;D:政府指导线增幅最小值。

E:政府指导线基准值。

F:行业工资增幅市场平均值,主要是通过行业里的企业加权平均确定工资的指导线。大部分企业的工资标准,就在此范围内上下波动。它也是行业工资攀比的一个重要参考指标。

集合T(A,B)、T(C,D),以及E和F,是确定工资集体协商的关键数值。在前述的"疫情下工资增幅负反馈大循环控制系统"中,也是将上述数值来进行输出分析及负反馈调节。

所谓系统的稳定点,一定是系统经常运行且仅有较小波动的取值点。在集体协商集合分析中,通常是多系统集合交集中包含了E、F点的取值范围。包含了E,就意味着这一取值是符合区域政府的经济政策。而包含了F,意味着这一取值接近了众多同行企业得以生存和发展的效益取值范围。企业在疫情暴发前后,可能发生的不同情况,分析如下:

交集(一):用集合表示为T(A,B)∩T(C,D)=T(A,D),T(A,D)∩E∩F=T(E,F)。

政府集合范围高于企业集合范围,同时,F低于E,说明该企业的工资水平低于政府指导线水平。不仅企业效益差,行业的效益也不好。如疫情前是这样,很显然,该企业是落后产业。要么淘汰,要么转型,政府没有必要对该企业进行扶持。

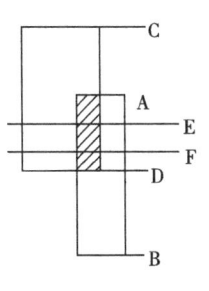

只需按照市场经济的原则，企业自行优胜劣汰。很显然，其共同部分是（A，D）之间的取值。在（E，F）之间取值确定增幅是劳资双方都能接受，而且也是该系统稳定的取值范围。

在疫情发生后，如果该企业是朝阳产业，出现这种情况，虽然效益有所下降，但仍然在稳定的范围，政府没有必要采取措施扶植。

交集（二）：用集合表示为 T（A，B）∩T（C，D）= T（C，B）。

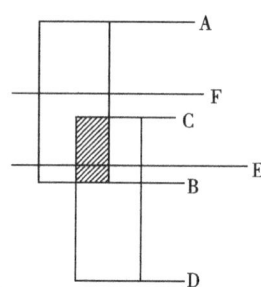

企业集合范围高于政府集合范围，同时 E 低于 F，说明该企业的工资水平高于政府指导线水平，企业不仅效益好，而且行业的效益也好。如果疫情前后都是这样，很显然企业是朝阳产业，且运行也非常平稳，只不过由于 F 超过 T（C，B），行业的工资的平均水平明显高于企业区域政府指导线最高值。这时虽在（B，C）之间选择增幅都能保证系统的稳定，但在疫情造成企业的效益普遍下降的情况下，选择 E 作为增幅符合政府指导线政策。从行业工资的平均水平来看，选 C 作为增幅更利于企业的稳定发展。

通常，在一个稳定的均衡经济系统中，如无疫情影响，或影响程度大大降低，就应完全按照市场经济原则进行自行调控，增幅范围完全由企业双方进行决定。

交集（三）：用集合表示为 T（A，B）∩T（C，D）= Φ（空集）。

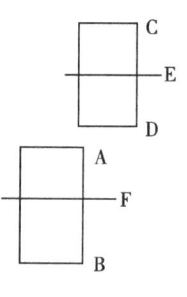

该企业及所属的行业完全与政府区域的指导线范围无关，空集。如果在疫情前发生，毫无疑问这个企业早已是落后产业，应让市场自动淘汰。疫情的发生，也是加快产业结构的转换的一次机会。这种形态，在疫情发生后比较多见，应首先判断这一行业是不是夕阳产业。在疫情缓解后，企业若能够得以恢复，那么，政府的救济必不可少，应对劳动者实施基本的救济措施等手段。由于没有交集，无法寻找稳定点，选择接近政府指导线增幅的最小值。在本案中选 A，有利于保护职工利益。应对企业实行降税、返税、退税、贴息等手段来支持企业弥补与其他行业的工资差距。确保在疫情防控期内得以生存。在疫情缓解后，企业得以恢复和发展。

交集（四）：用集合表示为 T（A，B）∩T（C，D）= Φ（空集）。

该企业及行业的效益远远高于政府制指导线，在疫情发生前，可能是独角兽、高科技或具有较强的垄断等行业企业。对于高科技企业和独角兽企业，由于数量较少，应允许企业按照其效益提高员工工资。但对于垄断企业，由于找不到适应整个经济系统的稳定点，应采用适当的措施，限制其工资增长幅度，确保不能因为该企业过多增加工资而导致区域物价失控。

如果是在疫情后发生的，如口罩，医疗用品等行业，由于企业效益迅速增加，工资增加幅度可能为政府指导线的最高值。如果企业过多出现这种形态，又未形成新的均衡，对区域经济的稳定是不利的。

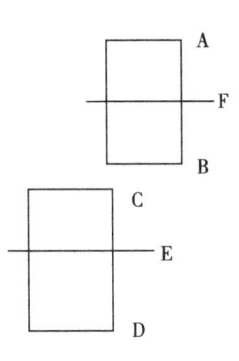

对于可能发生的其他集合，分析方法类似。

五、结束语

本文是从学术探讨角度，分析了疫情下和引入三方协商机制后，集体协商原则的变化，并以集合论为手段，构筑集体协商增幅核心取值范围及其与其他取值之间的界定关系，从而指导我们的实际工作。文中定有不少值得深入研究之点和不足之处，加之时间仓促，诚望各位专家学者不吝指证。

参考文献：

[1] 绪方胜彦. 现代控制工程［M］. 北京：科学出版社，2012.

[2] 龚申. S市J超市集体协商双赢的计量解析［J］. 天津市工会干部管理学院学报，2020（1）.

[3] 曹云，任小平，于欣，徐晓军，吴清军，王晓慧. 博弈·制衡·和谐——中国工会的博弈制衡与和谐劳动关系构建［M］. 北京：中国社会科学出版，2011.

六、教育教学改革研究

上海市工会干部素质能力分析研究报告[①]

陈 超 洪 憨 徐振珏 陈亚男 朱 虹

（上海工会管理职业学院）

摘 要：面对新形势下工会工作的新要求、新挑战，探索建立并运行科学合理健全的培训体系显得尤为重要，而进行细致准确的工会干部素质能力分析，又是构建专业化教育培训体系的基础所在。文章从厘清"究竟要培养怎样的工会干部"着手，从对工会干部的要求出发，梳理了三个维度六个方面的"培养目标"；从工会干部典型工作事件切入，分析了工会干部主要工作内容，基于此形成了工会干部的角色定位，构建了工会干部的素质能力模型，并就进一步推进工会干部培训课程体系建设、提升工会培训质量进行了思考和探索。

关键词：工会干部 教育培训 素质能力 课程体系

一、绪 论

（一）研究背景及意义

1. 加强工会干部素质能力研究，是落实党对干部队伍建设要求的重要途径

党的十九大报告指出："要建设一支高素质专业化干部队伍。""注重培养专业能力、专业精神，增强干部队伍适应新时代中国特色社会主义发展要求的能力。"中国工会十七大也提出："要打造一支高素质专业化的工会干部队伍。"据2019年上海市总工会相关统计，上海市总工会有专挂职干部102人，区、局

---

① 课题来源：上海市工运研究会2019年委托课题"新形势下工会干部素质能力研究"成果。

（产业）工会中有工会干部1197人，街道（乡镇）总工会有工会专职干部967名，"四级园区"有工会专职干部216名，还有一支近1300人的社会化工会工作者，以及量大面广的基层工会组织的工会干部。这些专兼职工会干部是推进工会改革创新和服务职工工作的重要力量，其素质能力建设关乎着上海工运事业和干部队伍建设的质量，而且这支队伍本身也对素质能力提升有着十分强烈的需求和愿望。

2. 加强工会干部素质能力研究，是承担新时代工会组织职责使命的重要保障

习近平总书记对党的工运事业和工会工作高度重视，对工会工作的地位作用、目标任务、实践要求等做了深刻阐述，指出"工会工作是党的群团工作、群众工作的重要组成部分，是党治国理政的一项经常性、基础性工作"，"工会要坚决维护职工合法权益，把竭诚为职工群众服务作为一切工作的出发点和落脚点"等。新时代赋予工会的职责使命，迫切需要一支敢担当、能战斗的工会干部队伍，不断提升履职本领，推进工运事业的发展，有力发挥工会在改革发展稳定大局中的作用。

3. 加强工会干部素质能力研究，是加强人才队伍促进科学培养的重要基础

《2019—2023年全国工会干部教育培训规划》中进一步细致提出："要积极适应新时代对工会工作和工会干部能力素质提出的新要求，探索构建具有先进培训理念、科学内容体系、健全组织架构、高效运行机制的培训体系。"传统工会干校的培训课程多是基于工作中需要的知识和技能进行开设的，这些主要是显性要素，而对态度、素质、价值观等隐性要素关注较少，且传统工会培训课程虽有较强的针对性，但多是零碎的、分散的，缺乏体系化、系统化。因此，探索建立并运行科学合理健全的培训体系就显得尤为重要，而进行工会干部的素质能力分析，又是构建专业化教育培训体系的基础所在。

（二）研究过程

上海工会学院于2019年5月在院领导的带领下组织教学培训骨干教师成立专门课题组，进行课题研究的立项和策划，主要从以下几个方面开展调查研究。

1. 文献研究

主要从两个方面加以梳理：一是查阅全总、市总关于工会干部队伍建设方面

的文献，梳理对于工会干部素质能力的相关要求；二是查阅能力素质模型方面的论文成果等，研究相对成熟的素质能力指标体系。

2. 问卷调查

主要通过对基层工会主席的问卷量表的测量，了解当前工会干部对自身素质能力的需求及主观评价。课题组从区总、局（产业）工会、街镇（园区）总工会、"小二级"工会、基层企业工会等多个层面进行整群抽样和随机抽样，通过问卷星平台开展无记名调查，共收到有效问卷3454份。

3. 个案访谈

课题组走访区总工会、街道总工会、国企工会、非公企业工会、机关事业工会等各类基层单位的工会干部，结合工作事件分析法进行深入个别访谈，通过回忆其近期工作开展，分析其素质能力需求，以及对工会干部教育培训的评价及需求情况。

4. 召开座谈会

分别召开了区总分管领导、局（产业）工会分管领导、街镇（园区）总工会主席、工会社工轮训班学员和新上岗工会主席培训班学员等不同层面的专题座谈会，了解不同层级工会组织对素质能力方面的需求。

（三）相关文献综述

1. 领导干部的"胜任力"研究

关于素质能力的分析，"胜任力"是目前已经较为成熟的研究模式，主要基于工作岗位和工作绩效的要求探寻对应的素质能力需求，本课题也着重从这一视角切入分析。而"胜任力"的研究，最早可追溯到美国哈佛大学心理学家McClelland构建的经典"冰山模型"，由外显可见的"知识""技能"以及深藏内隐的"社会角色""自我概念""特质""动机"六个维度组成。已有不少研究将"胜任力"用于领导干部素质分析，进而应用于培养、激励等各个领域。如段永亮、韩锦基于工作岗位分析构建了气象局处级领导干部"胜任素质模型"，该模型由"政治品质""管理能力""专业能力""执行能力"四个部分组成，其中"政治品质"包含献身气象、严谨务实、清正廉洁3个指标；"管理能力"包含业务管理、队伍管理2个指标；"专业能力"包含领域专家1个指标；"执行能力"包含系统思考、关系管理、创新变革3个指标。冯红英则从"客户服务能力""业务知识能力""人际沟通能力""团队管理能力""心理调适能力"构建了国企高管的胜任力模型。谷向东、王璞则探索构建了党政领导干部胜任素质模型,分为知识、技能、态度、个性、动机5个维度,知识分为综合知识、专业知识;技能分为统筹规划、团队领导、制度建设、决策能力、组织实施、团队合作、工作计划、问题解决、沟通协调;态度分为服务意识、宣传意识、以人为本、价值取向、政治鉴别力;个性分为心理健康、责任心、学习意识;动机分为业绩导向、积极开拓。

综述以上关于领导干部胜任力模型方面的研究,一是其素质能力的分析都探索搭建了相应的模型,用体系化的指标描述了不同领导干部的素质能力;二是模型的研究多运用了文献法、问卷法、行为事件访谈等方式;三是模型的分析都是基于对领导干部的岗位分析;四是都涉及了知识、能力、素质、态度等方面的描述。

2. 工会干部的胜任素质方面的研究

近几年工会干部的素质能力也逐渐受到关注,有不少专家学者从胜任力的角度加以分析和探索。如陈一等从执行力、沟通协调能力、创新能力、管理能力、决策力5个维度界定工会干部领导力。闻效仪从管理技能、人际沟通、心理特质、工会技能、组织文化、人力技能6个维度构建工会主席素质模型。杨元元认为,新时期工会干部的素质主要包括政治素质、法律素质、知识素质、能力素质、道德素质和身心素质6个维度。陈万思等从商业管理胜任力、工会领导胜任力、员工领导胜任力、组织管理胜任力4个维度构建企业工会主席胜任力模型。庄琛等从忠诚负责、关系协调、问题解决、成长学习4个维度构建企业工会主席胜任特征。梁学伟认为工会干部的胜任特征模型有7种,即协调能力、学习能力、主动意识、职业知识、沟通能力、成就意识、人格特质,其中,人格特征、成就意识是最核心关键部分;职业知识、学习能力是中介部分;协调能力、主动意识、沟通能力是提高行为效率的关键因素。赵仲杰等从个人特质、领导能力、沟通协调能力、战略管理能力、服务关怀意识、学习创新能力6个维度构建高校工会主席胜任力模型。徐明针对国企工会干部特点优化胜任力模型,将国企工会干部胜任能力归为职业道德、基础知识、通用能力和专业能力4个维度,并依据4个维度指标提升工会干部专业素质。北京市工会干部学院则从"工会特性""人格特征""政治属性"构建"工会干部能力素质模型"。

分析以上工会干部胜任力模型研究，我们发现：一是关于指标和项目的描述，对管理能力和职业能力有较多涉及，而对于"工会的特质"探寻不足，作为"工会干部素质能力"的特色未凸显工会干部作为群团组织的干部和党政领导干部的区别在哪里，尤其是隐性层面的劳动观、群众观、服务观等价值理念需要进一步挖掘。二是现有研究更多基于工会干部个体访谈调研的信息反馈，是一种自下而上的表达，课题组认为不能忽略自上而下的要求，弄清究竟要培养怎样的工会干部这一培养目标，亦是非常重要的一个问题。三是工会干部素质能力描述虽有很多研究，但如何在素质指标体系的基础上，进一步与工会干部教育培训对接，切实提升教育培训的体系化和专业化，尚需进一步深化研究。

二、上海工会干部素质能力分析

（一）从培养目标（角色定位）的角度分析

课题组认为要分析工会干部所需的素质能力，首先需要厘清"究竟要培养怎样的工会干部"，明确"培养目标"也是整个培训体系构建的基础所在。课题组对全总、市总相关文件、讲话精神等进行梳理，并结合上级工会的访谈、座谈资料，从以下三个维度六个方面立体地梳理了工会干部的培养目标（角色定位）。

1. 群团组织的维度：政治性 VS 群众性

（1）政治性："党的干部"——需要具备"政治素养"。

习近平总书记多次强调工会工作是党的群团工作、群众工作的重要组成部分，是党治国理政的一项经常性、基础性工作。工会组织是党的群团组织，那工会干部的角色分析首先就是"党的干部"。而对于"党的干部"，政治性无疑是摆在第一位的。《中共中央关于加强党的政治建设的意见》中强调"旗帜鲜明讲政治是我们党作为马克思主义政党的根本要求"；习近平总书记在中央党校（国家行政学院）中青年干部培训班开班式上的重要讲话中强调"衡量干部是否有理想信念，关键看是否对党忠诚"；党的十九大报告中也强调"坚持正确选人用人导向，突出政治标准"；习近平在为第五批全国干部学习培训教材作的序言中也提道："不断增强党的政治领导力、思想引领力、群众组织力、社会号召力，不断增强干部队伍适应新时代党和国家事业发展要求的能力。"另外，在中组部下发的《2018—2022年全国干部教育培训规划》中，也对新时代党的干部教育培训工作做出顶层设计、战略部署，鲜明指出要"把提高政治觉悟、政治能力贯穿全过程"。

另一方面，工会干部作为党的群团组织的干部，要深刻认识工青妇联等群团组织是党领导下的政治组织，政治性是群团组织的灵魂。习近平总书记关于工人阶级和工会工作的重要论述强调，工会工作是党的群众工作，实质上就是政治工作，讲政治是第一位的要求；工会工作做得好不好、有没有取得明显成效，关键看有没有坚持正确的政治方向；工会组织要切实承担起引导群众听党话、跟党走的政治任务，为夯实党执政的阶级基础和群众基础做出贡献；等等。这些重要论述明确了工会工作的政治定位和工会组织的政治属性，也对工会干部的政治素养提出了要求。全国总工会《2019—2023年全国工会干部教育培训规划》中明确将"坚定政治方向，切实增强政治意识"作为基本原则，要求"旗帜鲜明讲政治，全面贯彻党的基本理论、基本路线、基本方略，严格遵守政治纪律和政治规矩，落实意识形态工作责任制，围绕党和国家事业发展、着眼工会工作全局开展教育培训"。

这里值得一提的是，王兆国同志曾提出工会干部要成为"三家"、提高"五能力"，放到现在依然有参考借鉴意义。王兆国同志在全总十四届三次主席团（扩大）会议上，要求全总机关和省级工会的主要领导同志"努力成为具有较高判断形势能力、适应市场经济能力、应对复杂局面能力、服务大局能力、依法办事能力的政治家、社会活动家和协调劳动关系专家"。"三家"的角色描述指明了工会干部的培养方向，"五种能力"的具体阐述也在一定程度回应了对工会干部素质能力的要求。

（2）群众性："群团干部"——需要具备"工会特性"。

"工会是职工群众自愿结合的群众性组织"，这一"群团"性质对工会干部的"群众性"提出了要求，工会干部不仅要"上接天线"，还要"下接地气"。中国工会十七大报告在关于当前工会工作的不足中提到"做职工群众工作的本领有待增强"，并强调"要把竭诚为职工群众服务作为一切工作的出发点和落脚点"，使所有工会组织都成为名副其实的"职工之家"，所有工会干部都成为职工群众信赖的"娘家人"、贴心人；《中共中央关于加强和改进党的群团工作的意见》中提道："群团组织领导机关干部要带头树立经常联系群众、直接服务群众、真情同群众交友的好作风，竭诚为群众服务"，"满腔热情做好服务职工工作"；全总下发的《中华全国总工会关于新形势下加强基层工会建设的意见》也提道要"加强基层工会干部培训工作，切实增强政治意识、大局意识和服务意识，不断提高履职能力"。全国总工会《2019—2023 年全国工会干部教育培训规划》中也提出要"以提高做职工群众工作能力为重点"。

"群众性"这一素质能力维度，具体又体现在哪些方面呢？本课题组认为，这一维度可以由工会特色工作来集中体现，工会干部要成为职工群众"权益的维护者""需求的服务者""困难的帮助者""声音的聆听者""活动的组织者""思想的引导者"等。这些在中国工会十七大报告中有一系列具体表述，如"维护职工合法权益，竭诚服务职工群众"的基本职责；"坚持以职工为中心"的工作导向；"组织起来、切实维权"的工作方针；坚持职工需求导向，构建以精准帮扶为重点的工会服务职工体系；深入开展技术革新、技术协作、发明创造、合理化建议、网上练兵和"小发明、小创造、小革新、小设计、小建议"等群众性经济技术创新活动等。同时，还体现为群众工作能力，如心系职工的群众意识、关心职工的群众感情、善于与群众打交道的沟通本领等。在《中国工会章程》"工会干部"章节中有具体阐述："热心为职工说话办事，依法维护职工的合法权益""联系群众，增强群众意识和群众感情，自觉接受职工群众的批评和监督"等。

2. 工作开展的维度：专业性 VS 普遍性

（1）专业性："专家"——具备"专业能力"。

上述诸如维权、服务、组织、动员、建设、教育等各项工会工作的开展，都需要工会干部具有专业知识和专业能力，因此从这一角度来说，工会干部的角色分析中还有成为某一项工作领域的"专家"。中组部下发的《2018—2022 年全国干部教育培训规划》中就非常重视"专业化能力培训"，提出"要组织开展务实管用的专题培训，引导和帮助干部丰富专业知识、提升专业能力、锤炼专业作风、培育专业精神"；中国工会十七大报告中更明确提出要"培养一大批劳动经济、劳动法律、劳动关系、信息技术等方面的专门人才，打造一支高素质专业化的工会干部队伍"；全国总工会《2019—2023 年全国工会干部教育培训规划》也以"专业化培训更加精准"作为主要目标之一，实现广大工会干部"工会工作专业能力明显提高，干一行、爱一行、精一行的专业精神进一步提升"；上海市总工会《关于进一步提升工会依法履职依法维权能力与水平的若干意见》则更加具体地提出要"通过专业知识的培训，切实增强基层工会干部法律知识储备，帮助工会干部提高履行岗位职责的能力"。

（2）普遍性："领导干部"——具备"领导能力"。

作为群团组织的组织者和领导者，"工会干部"的角色分析中无疑还有"领导干部"这一维度，需要在各级各类组织中起着承上启下、连接左右的枢纽作用，这就对工会干部的领导能力和管理本领提出一定的要求。全国总工会《2019—2023年全国工会干部教育培训规划》中提道："着眼培养又博又专、底蕴深厚的复合型干部，全面提升工会干部适应新时代中国特色社会主义发展要求的能力。"作为"领导干部"，如何制订计划、如何统筹分工、如何协调各方、如何整合资源、如何应对危机等，这些都是其开展工作中经常面临的挑战。中组部下发的《2018—2022年全国干部教育培训规划》在"培训目标"中对"复合型领导干部"提出"既懂专业又懂管理"的要求，在关于"事业单位领导干部培训"部分，更加具体地提出要"以提高政治觉悟、管理能力、专业水平和职业素养为重点"。除了管理能力之外，作为"复合型领导干部"，工会干部还要有"围绕中心、服务大局"的理念，这就对其知识结构、眼界视野、思维格局、人文素养等多方面提出了更进一步的要求。全国总工会《2019—2023年全国工会干部教育培训规划》中提到要"开展经济、政治、文化、社会、生态文明、党建和哲学、历史、科技、国防、外交等各方面基础性知识学习培训"，如"开展互联网、大数据、云计算、人工智能等新知识新技能学习培训"。而作为上海市的工会干部，还应紧紧围绕习近平总书记关于上海城市治理的科学指导、围绕上海市委关于进一步提升上海城市能级和核心竞争力的各项部署，掌握相关的经济、社会、科技等前沿形势发展知识和信息，以便更好地策划推进工会工作的开展。

3. 人的维度：社会性 VS 自然性

（1）社会性："职业人"——具备"职业能力"。

从整个社会来看，工会干部无疑也是现代职场的一部分，从这一维度来看，工会干部需要成为很好的"职业人"，具备良好的职业素养和职业规范，如具备责任意识。在职场中每一个人都有相应的职责分工，因此作为职业人，需有强烈的职责承担的意识，不推卸，不拖延，认真负责完成各项工作；要具备时间观念，遵守上下班时间、会议时间，以及与外单位人员约定的时间等，一个没有时间观念的人，是很难让人信任的；要具备商务礼仪，举止得体大方，谈吐彬彬有礼，礼仪是一个人素质素养的重要体现；要注重提升对于工作精益求精的态度，即工匠精神；提升对于工作的热爱和投入的态度，即使命精神；提升对工作团队的友善互助的态度，即团队精神……现代社会对各行各业的职业形象有着越来越高的要求，工会干部也要以更好的职业素养和职业面貌，投入到推进工会组建、服务职工群众、构建和谐劳动关系等工作中去。

（2）自然性："魅力人"——具备"人格素养"。

习近平总书记在《努力造就一支忠诚干净担当的高素质干部队伍》中谈道，要努力造就一支忠诚干净担当的高素质干部队伍，干部在政治品德、职业道德、社会公德、家庭美德等方面都要过硬，最重要的是政治品德要过得硬。在中共中央政治局集体学习时，习近平总书记也多次提道："领导干部要努力成为全社会的道德楷模，带头践行社会主义核心价值观，讲党性、重品行、作表率，带头注重家庭、家教、家风，保持共产党人的高尚品格和廉洁操守，以实际行动带动全社会崇德向善、尊法守法。"另一方面，从工会工作的角度看，其本质上更多是与人打交道的工作，是需要工会干部用人格魅力影响人的工作。正如某区总工会领导在访谈时感慨说道："工会工作有时就是一个'刷脸'的工作，其他人去解决不了，而这位基层工会主席去了就能把工作做好，为什么？因为职工群众认他！这就是工会主席的人格魅力！"它可能体现在工会干部一次又一次耐心地倾听中，可能体现在工会干部面对压力依然站出来仗义执言中，可能体现在工会干部顶着烈日一趟趟坚韧地奔波中，可能体现在工会干部不厌其烦地叮嘱关心中，可能体现在工会干部被人误解被人斥责也毫无怨言的包容中……因此，对工会干部培养而言，除了上述技能技巧之外，人格素养也是非常重要的一个维度。

（二）从工会干部典型"工作事件"角度分析

前文我们从"培养目标"的角度进行了工会干部素质能力要求的分析，接下来将从典型工作事件访谈的角度，梳理工会干部开展日常工作所需的素质能力。

1. 推进工会组建

推进工会组建是工会开展各项工作的重要前提，该项工作对于小三级工会干部而言占用较多时间，且其中往往充满挑战。在个案访谈中，基层工会干部就提道："推进组建工会的过程中，我们需要上门与企业行政沟通，需要耐心说明组建工会的好处，需要改变企业和职工对工会组织的认识。"而要调整他人的认知，首先自己要有正确的认知，即工会干部自身要对工会组织的职责有正确且坚定的认识,要忠于党的事业,忠于工运事业,包括要有政治担当、工运情怀和职工情怀等。工会干部首先得自己"坚信",且对工会组织和服务职工政策等"熟悉"掌握,才能在对话的过程中打动企业和职工,让企业和职工相信。访谈中还有工会干部提到,在指导非公建会的过程中,经常遭遇"门难进、脸难看、话难听"的情况。这就对工会干部的沟通能力、心理调节能力提出了要求。推进组建时,企业方和职工往往忙于企业生产经营活动,留给工会干部的工作时间往往是非常有限的,这就考验工会干部有效的倾听能力与准确的表达沟通能力等。同时,面对挫折,需要一而再再而三地反复工作,这就需要工会干部能及时调整自己的心态,并具有较高的职业忠诚、敬业精神和工作韧性等心理素质。

2. 调处劳资矛盾

维护职工合法权益是工会的天职,也是工会的基本职责。工会维护职责的履行,在构建和谐劳动关系中也有重要体现。一位"小二级"工会主席在访谈中提到,在履行"上代下"维权职能时,他经常要接待来自辖区内各企业的职工。每次接待时,他都会面对情绪强烈的来访职工,这个时候他都会耐心地听职工讲述其遇到的问题,并在倾听的过程中安抚职工的情绪,帮助职工理清思路,引导其依法理性有序地表达诉求。通过这样的接待,职工感到被理解、被接纳,更能体会到工会干部作为"娘家人"的贴心,也更能冷静下来依法理性有序地维权。通过这样的接待,职工再向工会律师咨询求助时,也因为思路清楚能够得到更迅速有效的帮助。一位企业干部在访谈中也提到他近期正为员工与单位的劳动争议奔走,要了解来龙去脉,要咨询律师专家,要耐着性子安抚职工情绪,还要勇于和行政去沟通去争取,这些环节对工会主席的工作能力考验非常大。可见,在做矛盾调处、权益维护工作时,工会干部需要具备良好的亲和力和沟通能力,能有效地倾听和准确地表达,还要有很好的心理承受力和自我情绪控制。另外,尽管可以咨询专业律师,但是在与职工沟通的过程中工会干部不能是一个法盲,应当具备一定的法律意识和法律思维,才能在协调的过程中更有说服力。此外,这个过程有时会遇到很多阻碍,还需要工会主席有强烈的责任感和职工情怀,凭着一份勇气和毅力坚持做好这项工作。

3. 关心关爱职工

工会要成为"职工之家",工会干部要成为职工最可信赖的娘家人、贴心人,关心关爱职工是他们工作中的重要内容。调研访谈中,一位企业工会干部在谈到"慰问困难职工"时，提到几个关键细节，一是"要会说职工的语言"，走访慰问要接地气；二是"要提前做功课"，要把职工的生病情况、家庭情况等都了解全面；三是"要把握好政策"，关心慰问的标准要弄清楚，不能出错。一位工会干部在谈到"服务职工"时，提到要有"一双发现资源"的眼睛。比如，该工会就充分借助申工社"公益乐学"平台，免费邀请专业老师给职工开设插花、美妆、工间操等各类课程，丰富职工精神文化生活。还有工会干部提到，通过培训班搭建的资源平台，他们为各自单位中单身的女（男）职工组织了联谊会，开展青年职工交友活动等。由此可见，做好关心服务职工的工作，需要工会干部具有职工情怀和服务意识，心系职工群众，才能努力让职工群众有更多获得感、幸福感、安全感。此外，服务职工工作中还有一点很重要，即"以职工需求为导向"，正如某企业工会主席提到的"关心关爱职工一定要留意和分析职工的需要，要从我们能做什么的思维，转变为职工需要我们做什么"。工会干部要有发现需要、留心需求的意识，同时还要具备发掘需求、引导需求的能力，引导帮助职工找到自身需要的"空白点"。同时具备资源整合能力，在关心关爱职工的过程中，善于发现单位行政、上级工会、兄弟单位工会的资源及其他可用的社会资源，形成合力，回应职工需求。

4. 组织群团活动

一位企业工会主席在访谈中介绍了他策划的一次别具风格的三八节活动，该企业女职工人数非常少，经费有限的情况下如何开展有意义的活动成了一个难题。该工会主席在听取职工群众意见后，策划了一个极富仪式感的活动：在临近妇女节的一次全体职工大会上，企业高层集体为女职工朗诵了一首诗，并送上慰问品。该活动得到了女职工们的一致好评，纷纷转发朋友圈点赞。活动花费很少，也没有额外占用职工的业余时间，但通过这项富有仪式感的活动，增强了凝聚力，激发了工作热情。一位企业集团层面的工会主席在访谈中提到，为了落实《新时代产业工人队伍建设改革方案》的要求，该工会结合所在企业发展规划与市场环境变化，开展"职工技能竞赛"活动。今年在竞赛项目的设置上，除了传统的核心工种竞赛外，还开发了管理技能比武的项目，如技术人员综合能力、技经管理、财务管理、安全管理、人力资源管理、英语、CAD软件应用等，很好地调动了行政管理人员的积极性。因此，在这个过程中，工会干部需要有活动策划的能力，不仅要会分析需求，还要有一定的创新能力，即面对新形势、新任务、新问题时能守正创新，包括创新工作理念、方式、路径等；同时，工会干部还要把策划方案实施开展，即项目运作能力，具体体现为协调能力、组织能力、资源整合能力、团队合作能力等。

5. 领导管理工作

工会干部尤其工会主席需要面对的是一个群众组织的凝聚和作用发挥，因此，领导管理工作同样是他们日常活动中很重要的一部分。一位企业工会主席在访谈时就提到，在基层单位工会干部以兼职为主，如把兼职的工会委员、工会小组长凝聚起来服务职工群众，对工会主席而言是个重大挑战。首先考验的就是工会主席的领导力，需要把人心凝聚到一起，还要让每一项工作都有切实可行的方案和明确的计划，以利于工会委员的有效执行。此外，人员之间的分工合作，以及兼职工会干部的激励都是基层工会主席需要考虑的问题。另一位基层工会干部提到，几乎每一项工会工作都需要基础性工作的支撑，比如发票报销填写、签字、台账整理、日常检查、文书撰写、需求调研等，这些工作涉及很多细节性问题，也有很强的政策性、规范性要求。这些工作对于行政管理能力的要求非常高。这位受访工会干部同时谈到，除了上述基础性工作，工会干部有时还要处理一些突发事件，比如职工突发疾病、工伤等。这些工作虽然属于职工的维权服务工作，但是在事情发生当时的妥善处理属于突发事件的应对，非常考验工会干部的危机应对能力。可见，工会干部要注重提升自身的领导力，具备良好的行政管理能力、执行力、调研能力、组织协调能力等，具体包括能读懂弄通文件政策内容，吃透文件精神；能有效开展调查研究工作，并将调研结果服务于工作；对未来开展的工作进行宏观的规划，做出具体细致的计划；根据工作任务，合理配置资源，组织激励相关人员完成工作任务；对既定的工作计划与工作任务，能高效、保质保量地完成；高效做好日常办公事务、文书档案管理等行政工作等。

（三）从工会干部自身需求角度分析

本次调研在全市各级工会干部中，依据区总、局（产业）、街镇（园区）、小二级工会、基层企业工会等多个层面进行整群抽样和随机抽样，通过问卷星平台开展无记名调查，共收到有效问卷 3454 份，从工会干部主观评价角度考察了不同素质能力项目的重要性程度。

1. 治素养方面

课题组从"党的干部"这一角色出发，将"政治素养"进一步细化"政治信仰""政治立场""政治意识""政治鉴别力""哲学思维""党史、国史、中国工运史"等项目进行描述，从工会干部的主观倾向角度考察的测量结果来看，"政治立场""政治意识""政治信仰"在重要程度上排序前三（见图1）。

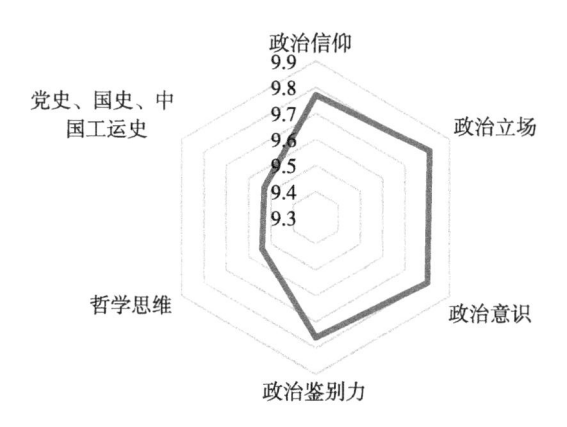

图1　政治素养方面主观测评，重要程度（10分~1分）

2. 工会特性方面

课题组从"群团干部"和"专家"这两个角色出发，将"工会特性"进一步从"工会价值观"和"工会业务"两个层面进行考察。

首先来看"工会价值观"方面，我们从"工会情怀""职工情怀""服务意识""崇尚劳动""法律意识""民主意识"等项目进行细化描述，从工会干部的主观倾向角度考察的测量结果来看，各项得分非常接近（见表2）。我们认为这些工会价值观均非常重要。

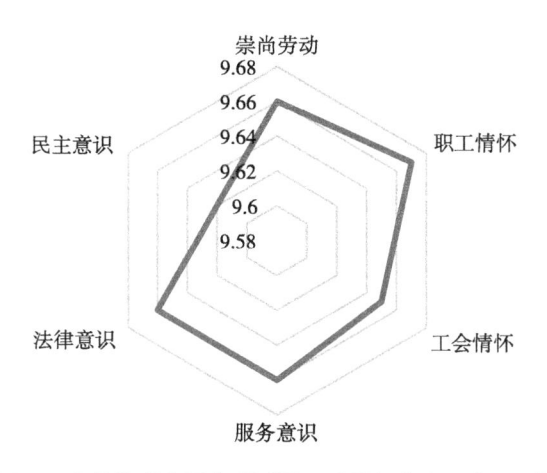

图2　工会价值观方面主观测量，重要程度（10分~1分）

其次来看"工会业务"方面，我们从"组织建设""经费管理""劳动关系""服务保障""宣传教育""经济工作""网上工会""工会改革"等项目进行细化描述，从工会干部的主观倾向角度考察的测量结果来看，"劳动关系""组织建设""服务保障""经费管理""工会改革"在重要程度上排序前五（见图3）。

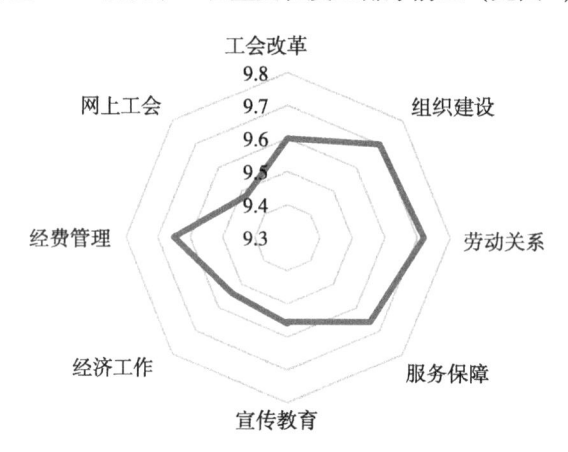

图3　工会业务方面主观测量，重要程度（10分~1分）

3. 领导管理能力方面

课题组从"领导干部"这一角色出发，将"领导管理能力"进一步从"组织协调能力""规划布局能力""沟通交往能力""群众工作能力""资源整合能力""项目运作能力""调查研究能力""危机应对能力""媒体应对能力""创新能力"等项目进行细化描述，从工会干部的主观倾向角度考察的测量结果来看，"群众工作能力""沟通交往能力""危机应对能力""组织协调能力""调查研究能力"在重要程度上排序前五（见图4）。

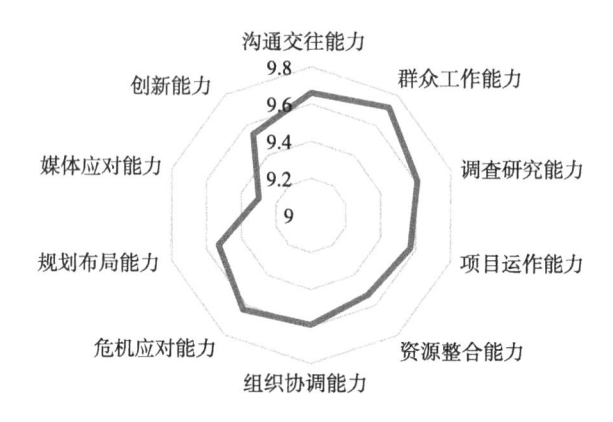

图4　领导管理能力方面主观测量，重要程度（10分~1分）

4. 职业能力方面

课题组从"职业人"这一角色出发,将"职业能力"进一步从"职场礼仪""语言表达能力""文书写作能力""团队协作能力""会务工作能力""学习能力""多媒体运用能力""现代办公能力"等项目进行细化描述,从工会干部的主观倾向角度考察的测量结果来看,"团队协作能力""语言表达能力""文书写作能力""学习能力""职场礼仪"在培养培训的重要程度上排序前五。

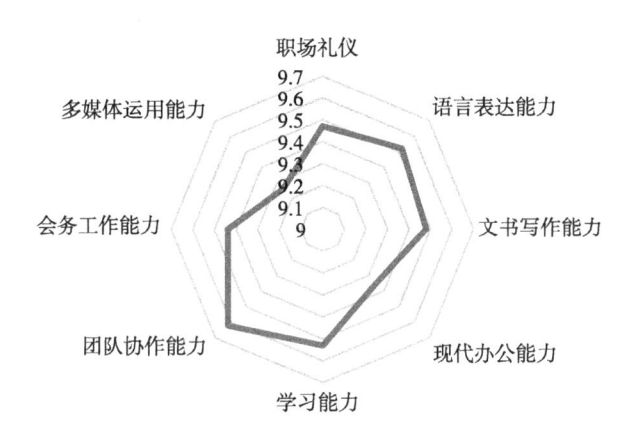

图5 职业能力方面主观考察,重要程度(10分~1分)

5. 人格素养方面

课题组从"魅力人"这一角色出发,将"人格素养"进一步从"心理调适""主动意识""责任意识""包容心态""利他性""成就感"等项目进行细化描述,从工会干部的主观倾向角度考察的测量结果来看,"心理调适""责任意识""包容心态"在重要程度上排序前三。

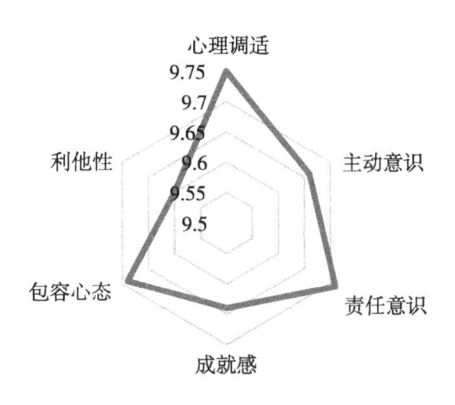

图6 人格素养方面主观考察,重要程度(10分~1分)

三、工会干部素质能力模型构建及工会培训课程体系建设

（一）构建的原则

综合前文自上而下、由点及面、由内而外三个不同维度的分析，课题组确立了接下来梳理工会干部素质能力模型和指标的几个原则。

（1）以培养目标为支撑，综合融合各项调研要素。

（2）以上海需求为特色，体现区域发展和战略定位。

（3）以可塑性为准则，选取适合开展培训教学的指标

（4）以适用性为界限，选取指标在一定数量限制下进行。

（二）上海工会干部素质能力模型构建

上海工会干部素质能力模型构建如表1所示。

表1　上海工会干部素质能力模型构建

	工会干部角色分析	素质能力模型一级维度	素质能力模型二级指标	素质能力模型三级指标
上海工会干部素质能力模型构建	"党的干部"	政治素养	政治意识	理想信念
				政治立场
			政治能力	政治思考力
				政治敏锐性
				组织纪律性
	"群团干部"	工会特质	工会价值观	崇尚劳动
				职工情怀
				工会情怀
				服务意识
				法律意识
				民主意识
			工会专业	组织建设
				经费管理
				劳动关系
				服务保障
				宣传教育
				经济建设

续表

	工会干部角色分析	素质能力模型一级维度	素质能力模型二级指标	素质能力模型三级指标
上海工会干部素质能力模型构建	"领导干部"	领导能力	决策	计划布局
				知识格局
			执行	组织协调
				沟通能力
				调研能力
			问题解决	资源整合
				危机应对
				工作创新
	"职业人"	职业能力	职场适应	职场礼仪
				团队协作
				学习能力
				职业精神
			现代办公	文书写作
				电脑操作
	"魅力人"	人格素养	心理资本	坚韧特质
				成就特质
			包容心态	宽容他人
				允许多元
			利他性	助人意愿
				奉献意识

（三）工会干部培训课程体系建设

工会干部培训课程体系建设如表2所示。

表2 工会干部培训课程体系建设

素质能力三级指标	素质能力二级指标	素质能力一级维度	课程模块	主要项目	主要课程
理想信念 政治立场 政治思考力 政治敏锐性 组织纪律性	政治意识 政治能力	政治素养	↔	政治理论	政治理论教育 理想信念教育 组织纪律培育	习近平新时代中国特色社会主义思想、马克思主义哲学等党史、国史、党性教育，徒步训练等

续表

素质能力三级指标	素质能力二级指标	素质能力一级维度	课程模块	主要项目	主要课目
崇尚劳动 心系职工情怀 工会情怀等	工会价值观	工会特质	工会理论	工会基础理论 工会法律基础 民主管理理论	工运史、工会理论等，依法建会、依法维会，民主管理概述等
法律意识 民主意识 组织建设 经费管理 劳动关系 服务保障 宣传教育 经济建设	工会专业能力		工会业务	组织建设 经费管理 劳动关系 服务保障 宣传教育 经济建设	工会组建、工代会等，经费管理、财务经审等，集体协商、职代会等，服务型工会、社会保障、职工文化、宣教工作等，劳动竞赛、技术创新等
知识格局		领导管理能力	知识拓展	经济发展 社会发展 技术发展 国际视野	宏观经济、经济热点，社会治理、社会热点，科技前沿知识，国际关系、国际局势
计划布局 组织协调 沟通能力 调研能力 资源整合 危机应对 工作创新	决策执行 问题解决		素质能力	领导力培训	制订计划、决策部署、沟通艺术、组织协调、资源整合、项目运作、调查方法、危机应对、创新思维等
职场礼仪 团队协作 学习能力 职业精神 文书写作 电脑操作	职场适应 现代办公	职业能力	素质能力	职业能力培训	职场礼仪、职业规范、职业精神、文书写作、人际沟通、活动策划、时间管理、团队协作训练、多媒体运用、摄影技巧等

续表

素质能力三级指标	素质能力二级指标	素质能力一级维度	课程模块	主要项目	主要课目
坚韧、成就、宽容、多元、助人、奉献	心理资本、包容心、利他性	人格素养	⇔	素质能力	心理能力培训、道德修养培训	积极心态、压力管理等，核心价值观、优秀传统文化等

四、进一步做好工会干部培训、提升素质能力的几点思考

（一）加强顶层设计，提升工会培训的系统性和体系性

培训的顶层设计是推进培训工作健康科学发展的基础，素质能力模型的构建对于工会培训体系的设计打下了重要基础。

一是加强工会培训的需求导向、问题导向、现实导向，各级工会干部培训要按照"培养目标方向需要什么补什么""成长经历和素质能力缺什么补什么"等原则，为不同培训对象开发有针对性的培训项目，设计量身定制的教学计划，对不同工作层级和工作年限的工会干部进一步明确其对应的培训学时要求和学习重点等，体现差异化和针对性。

二是推进系统全面的工会培训课程体系建设与完善。依据素质能力模型的需要，推导出工会培训的课程体系，这相当于将"工会工作"视为一个"专业"，构建了一系列专业培训课程体系。接下来要进一步细化课程设置，明确课程内容、形式、课时、主讲人、适用对象等，同时，要对照学院现有课程，进一步查漏补缺、填补空白，推进新课开发工作，注重贴近形势发展的步伐，贴近工会工作的实际，开发更多具有前瞻性、拓展性的课程。

（二）加强精准培训，增强培训内容的针对性和契合性

一是要构建适用于各级工会干部的分层分类培训体系。基于上述工会干部素质能力通用模型，进一步区分市总、区总与局（产业）工会、街镇（园区）总工会、基层工会干部等不同层级工会干部的培训需求和素质能力要求，同时，针对不同类型、不同层级和不同年限的工会干部的培训需求的不同，合理确定学时要求与培训重点，体现差异化和针对性。结合本次分析，工会培训课程体系拟设置"政治理论""形势任务""工会基础""工会实务""能力素养"5个课程模

块。不同类型的培训班,可以在5个模块所占课程比例及每个模块的课程进行灵活调整,原则上3天及3天以上的班,5个模块都要有内容;层级越高、综合性越强的班,越注重安排"政治理论""形势任务"等内容;越到基层,越注重安排"工会基础""工会实务"等内容。

二是要推进培训项目的开发与完善。要基于素质能力模型进一步研究不同角度、不同专题的工会培训项目,做到错位安排、相互补充、不留死角;同时,在现有培训项目的基础上,根据基层需要,开发新的培训项目,可以聚焦专业性项目进一步深化,或聚焦前沿性、前瞻性问题开展研讨等。

(三)加强教学改革,增强培训效果的吸引力和创新性

工会干部的教育培训,其性质是"成人教育""职后培训",在培训方式、教学方法的选择上要适合成人学习的特点和需求,要更多运用有助于激发学员参与性和互动性的教学方法,更多运用有助于学员增长工作经验、解决工作问题的培训方式。

一是要进一步丰富课程模式,在梳理培训课程体系的基础上,丰富同一课程的不同授课模式,既要有知识传授型课程,也要有前沿研究型课程;既要有理论型课程,也要有实操型课程;既要有知识讲授型课程,也要有参与互动型课程,加强诸如情景体验、互动讨论、案例分析、角色扮演、团队学习、沙盘模拟等各种创新教学方法的综合运用。

二是要注重在培训中搭建平台、链接资源,探索更多如提问答疑、经验分享、学员沙龙、主题论坛、现场教学、实践锻炼等培训形式。各级工会目前有很好的探索,如嘉定区总工会与仲裁院合作,组织"小二级"工会干部、非公企业工会主席旁听案件审理,进行现场体验式教学;又如普陀区总工会轮流安排工会干部前往朱雪芹工作室,参与农民工权益维护工作等。

三是要着力拓展培训资源。通过构建的工会干部素质能力模型,我们可以看到工会干部既是"专家"又需要成为"杂家",其所需要的知识、能力结构涉及许多方面,因此在开展工会干部教育培训的时候,需要不断拓展渠道、开发师资,加强与党校、社会主义学院、高校、人力资源、企联等多部门的合作,丰富培训师资资源;遴选优秀基层工会主席作为兼职教师,优化兼职教师队伍结构;加大人才引进培育力度,推进骨干教师培养工程,采取师徒带教、基层挂职实践等多种方式,着力提升教师专业化水平,打造一支理论与实践并重的多元化专兼结合的优秀师资队伍。

参考文献：

[1] 丁洁，崔金琳．工会干部队伍状况研究述评［J］．山东工会论坛，2019（7）．

[2] 徐明．企业社会工作介入工会管理：国企工会干部胜任特征模型构建与应用研究［J］．中国人力资源开发，2018（16）．

[3] 梁学伟．工会干部的胜任特征模型的构建与验证研究［J］．辽宁行政学院学报，2016（7）．

[4] 王静．企业社会工作视角下工会管理者胜任素质模型研究［D］．北京：中国青年政治学院，2016．

[5] 赵仲杰，孙冬梅．高校工会主席胜任力模型研究［J］．北京建筑工程学院学报，2014（3）．

[6] 段永亮，韩锦．基于胜任素质模型的处级领导干部培训课程体系构建与实践［J］．教育现代化，2016（3）．

[7] 冯红英．基于胜任力模型的国企高管激励体系构建［J］．中国人力资源开发，2015（18）．

[8] 谷向东，王璞．党政领导干部胜任素质模型的探索与构建［J］．中国人力资源开发，2015（14）．

[9] 杨茹．基于能力素质模型的高潜力青年员工选拔培养［J］．中国人力资源开发，2015（6）．

[10] 庄琛，陶慧卿．企业工会主席的胜任特征研究——以上海市闵行区为例［J］．工会理论研究，2011（5）．

[11] 陈万思，董馨，尤满蛟．企业工会主席胜任力研究［J］．工会理论研究，2011（3）．

[12] 杨元元．浅谈新时期工会干部的素质能力［J］．企业家天地，2010（5）．

[13] 闻效仪．工会主席素质模型研究［J］．中国劳动关系学院学报，2008（4）．

[14] 马莹华，张瑶，滕国鹏．专业化＋职业化＋社会化：工会干部队伍建设的新视角［J］．中国劳动关系学院学报，2007（2）．

集体协商模拟教学对协调劳动关系实践能力的重要影响

——以青海集体协商模拟教学为例

徐 良

（青海省总工会干部学校）

摘 要：近年来，青海省的集体合同工作取得了长足的进展。集体协商指导员队伍迅速成长。集体协商模拟教学成为集体协商指导员持证上岗的必修课程。集体协商模拟课堂的直观性、形象性、生动性提高了工会干部的认识、转变了工会干部的角色、积累了工会干部的经验，但集体协商模拟教学中设计过于理想化、经营方协商代表缺位、活动性特征明显等常见问题为实际的集体协商工作带来了一定程度的影响。为此，要认真强化集体协商模拟教学工作，充分运用协商资源，强调实践性和针对性，切实推进集体协商工作。

关键词：集体协商 模拟教学 实践能力

随着我国集体合同工作的深入推进和发展，涉及职工切身利益的劳动报酬、休息休假、劳动安全、职工培训、职工福利等劳动关系的事宜都得到了有效的保障，集体协商在协调劳动关系中的重要作用日渐突出，集体协商已成为广大职工实现利益诉求的重要载体和有效途径。近年来，青海省的集体合同工作取得了长足的进展。截至2019年年底，全省已建会企业共签订集体合同12769份，覆盖企业25813个，覆盖职工1069923人，签订率达到93.6%。其中，签订综合性集体合同8627份，各类专项集体合同4142份，签订率达到90.3%，集体协商建制率达到95%。集体协商指导员队伍迅速成长。就集体协商指导员的培训教学工作来讲，更加强调模拟协商谈判的环节，使之成为培训工作的重头戏，也是集体协商指导员持证上岗的重要学习的必修课程。通过集体协商模拟教学，学员们在模拟教学中感受集体协商，了解集体协商，演练集体协商，加深对集体协商的认知，检视实际工作，推进创新发展。自 2018 年以来接受过此类培训的工会干部达 47702 人，其中，专职工会干部 1223 人，兼职工会工作人员 46479 人，专职集体协商指导员 180 人，兼职集体协商指导员 47 人。

一、青海集体协商模拟教学中的几点体会

集体协商谈判制度最早起源于工业化的发展，是市场经济条件下调整劳动关系覆盖面最广泛、实践性最直接、应用性最普遍的重要手段和国际惯例。在集体协商谈判的过程中，通过劳资双方对已获利益、未获利益及利益最大化的"对决"，逐步确立了劳动关系调整的正规的程序和规则，成为解决和抑制劳动关系对抗性冲突矛盾的重要工作机制，形成了市场经济国家劳动关系制度的核心内容。集体谈判是国际劳工组织通常使用的概念。根据国际劳工组织《促进集体谈判公约》第 2 条规定，集体谈判是指包括在以一个雇主、一个雇主团体或一个或一个以上的雇主组织为一方，与一个或多个工人组织之间进行的谈判。集体谈判的内容包括：①确定工作条件和雇佣条件；②调整雇主和工人之间的关系；③调整雇主或者他们的组织同一个或者多个工人组织之间的关系。在我国，这种协商谈判行为在法律上称为"集体协商"或"平等协商"。[1]就青海集体协商教学工作来讲，模拟教学的重要性是伴随 1995 年《劳动法》的正式实施开始起步的，最初只是知识架构中的一个部分，不是主打课目，是课程设置的一个方面，是学员了解、观看的内容，当时还处于对平等协商集体合同的基础知识的启蒙认识阶段。后来在大力推进专项集体合同的过程中，集体协商模拟课程和普适性政策宣讲、基础理论同时成为课程设置中的重点。从青海集体协商模拟教学从中可以清晰地看到以下几点。

（一）集体协商模拟教学的直观性更能提高工会干部的认识

认识集体协商是开展工作的首要前提，基础性的、常识性的、结构性的认识仅仅通过面对面的教授还是很有局限性的，因为集体协商工作是综合性的工作，是集政策性、专业性、法律性、实践性、策略性于一体的系统工程，其涉及面广，不确定因素多，操作性强、工作难度大。每个概念的认识都需要一个不断深化认知的过程，最初概念性讲解的基本模式是老师讲、学员听，这是单向知识传

输过程，学员在学习中的被动性是显而易见的，如果没有思考力的推动，只能是对集体协商概念最浅表层次的认识而已。而集体协商模拟教学的直观性不仅能够让工会干部知晓概念，还能有效地提高认识，推动概念性认识的深化发展，让静止性的概念鲜活起来，通过生动的模拟实践丰富概念的内涵，延伸概念的外延。

（二）集体协商模拟教学的形象性更能转变工会干部的角色

在开展集体协商工作中，工会是主要的组织者和要约方，工会干部首先要有"谈"的意识，要从思想上明确集体协商是工会干部今后必须承担的重要工作，无可替代。其次，要有"谈什么""怎么谈"的整体工作框架和思想脉络。其中，最为关键的是让工会干部转变角色，进入模拟谈判的环节，在模拟教学的过程中让工会干部提高认知，实现角色转变，从"看人谈"到"自己谈"，由单纯的学习者变为践行者的过程。尽管当时青海省集体协商模拟谈判是依据江浙一带成功的案例进行的高仿，但从双方的重视程度、准备情况、配合程度、角色分工上可以明显看出，由参加培训的学员担任双方的角色，面对面地进行模拟协商谈判，已经从概念性理解阶段转变到了概念性的运用阶段，虽然把控的精细化程度不高，但就整个过程来讲，参训的工会干部在演练中转换了角色，现场直击集体协商工作，距离实际工作又前进了一大步。

（三）集体协商模拟教学的生动性更能积累工会干部的经验

从青海省集体协商模拟教学来看，模拟教学的内容选自实际集体协商工作，并对其进行了理想化的处理，无论是案例的选择、场景的设计还是人员的调配等方面都做了安排，很大程度上规避了实践中集体谈判应有的复杂性、不确定性、突发性等因素。比如近年来有关于专项性的工资集体协商内容居主流，是集体协商工作的重中之重，工资集体协商的模拟教学就成为集体合同工作教学的重点。在实际的教学工作中，学习别人的经验提升自己的工作能力是模拟教学的最终目的，通过对企业、行业工资集体协商模拟，架起理论与实践沟通的桥梁，增强教学的互动性，解读工资集体协商中的关键问题，让学员在模拟演练中提高认知性，强化规律性的认识，特别是对程序规范性的把握，把个别企业、产业、地区已经在实践中得到的认识贯彻在具体工作中，虽有相同点但也有差异性，这些知识的积累是做好实际工作的基础，无疑是对实践直接的推动，使学员在领悟共性认识的同时，能够理性地分析个性知识的差异性。

二、集体协商模拟教学中常见问题及分析

（一）集体协商模拟教学设计过于理想化

集体协商工作是一项复杂的系统工程，涉及方方面面，细节繁多、程序复杂、情况多变是其最为显著的特点，虽然集体协商模拟教学源自现实工作，但又对现实工作进行了理想化的设计，着眼于利用现成的资料做文章，将所有的教学要素全部浓缩在模拟教学的课堂中，避开了如社会关系、经济背景、市场情况、政策变动、调研背景等多元化的实际影响因素，展现在学员面前是一种纯粹的场景设置，并通过这种设定好的场景达到设计效果。实际上，要真正完成集体协商工作，必须经过反复邀约、多次的碰头会和协调会、多轮的实质性谈判等等，恰恰这些问题的解决是开展集体协商的关键性问题，它不仅把控着全部协商过程的主题和核心，带动着集体协商模拟谈判的整个节奏，而且直接影响着集体协商谈判的成果。而集体协商模拟教学的安排源于教学服务，形式单一、目的明确，效果直接，把原有的复杂性、多变性、突发性等都省略了。可以说，将实际工作中最富有挑战性的内容去掉了，主要内容、过程进展、工作成果都趋于简单化、明朗化，这和现实工作存在着较大的差距，导致学员对此工作认识不足，为以后实际工作的开展埋下了隐患，容易引发由认识不足带来的种种不利影响。

（二）集体协商模拟教学中协商代表缺位问题不容忽视

现实中的集体协商实质上是用人单位和职工进行"博弈"，"强资本、弱劳力"的劳动格局始终存在。企业一方在谈判中的力量和优势是显而易见的，正因为如此，企业对工资福利等涉及职工切身利益的问题拥有着绝对的话语权和影响力，甚至决定权。而职工一方的力量相对薄弱一些，有效性的"博弈"很难顺利达成。参加青海集体协商模拟教学的学员，大都是各市州、区县的工会干部，在课堂上进行分组模拟，完全是由工会干部来扮演企业或行业经营者一方的代表，不能充分展现出经营者一方在谈判中的整体状况，只是一种演绎，是工会人之间的演练，队伍单一，协商代表缺位问题很明显。就集体协商工作本身而言，是一个实践性很强的活动，工会干部模拟企业一方协商代表，缺位的教学模拟是不完全的模拟教学，对现实工作缺乏有效的针对性指导。

（三）集体协商模拟教学活动性特征明显

集体协商模拟教学课堂的意义在于提高学员认知，加深概念性的理解，从行为导向上激活工作平台，是一种不同于传统教学的行为教学方式，是体验式的教学方法，教学活动的痕迹明显。实际上，劳动关系的发展路径是一个不断变化的过程，协调劳动关系自然是一个动态的过程，是一个基于时间轴的连续性工作，不只是其中的一个片段、一个活动就能解决现实存在的劳动关系矛盾和劳资纠纷。开展完整的集体协商工作，实质上是一个历史与未来并重的过程，参与协商的人员必须把握好协商前、协商中及协商后三个基本环节，需要准备调查研究资料、意见征集资料、意见梳理资料、协商方案准备、合议与不合议的动态结果管理、企业发展状况及未来趋势等大量的协商工作信息资料。双方的协商代表不仅要在协商前做好充分准备，为协商工作的顺利开展提供坚实的基础，还要在协商中据理力争，随时应对情况变化，调整战略战术，还要善于在协商后保持成果，尽早和实际接轨，进一步深化工作。就青海省的集体协商模拟课堂来讲，分基础知识学习、现场模拟演练、课堂效果评价三个阶段，模拟时间控制在 2~4 个小时，有关集体协商基础知识的学习、模拟教学相关资料研究及进行分组情况在前期进行。从中可以看出，现场模拟只是一个短时间内的教学活动，是协调劳动关系时间链条上的一个点、一个场景，不存在连续性的时间过程，仅仅是在规定时间内完成的教学任务。在整个过程中，打破原有的利益格局，重新分配利益成为终极目的，这样，很容易导致为了获取短期利益而产生急功近利的思想及协商后期带来的种种不利因素不被考虑倾向。这种对实际工作的淡化处理，本质上违背了集体协商的主旨，短期行为限制了长期行为，不利于劳动关系的常态化、长效化机制建设。

三、认真强化集体协商模拟教学工作

（一）提高站位，深化认识

劳动关系问题正在成为我国经济发展过程中不可回避的重大课题和敏感社会问题。[2] 随着中国经济从高速度发展转向高质量发展转变、劳动关系体制改革不断深化，劳动关系矛盾日渐凸显和频发，特别是在新产业新业态新组织中，在以法制为保障的劳动关系市场化体系逐步完善和健全的过程中，和谐劳动关系的构建事关社会发展的全局，如何运用常态化的制度保障解决劳动关系矛盾，减少对抗性的冲突，是稳定职工队伍很重要的举措。集体谈判源于劳动者享有的集体谈判权，与团结权、争议权并称为"劳动三权"，是核心权利。在这里，团结权是集体谈判权的前提和基础，是进行集体谈判的先行行为；争议权则是实现集体谈判权的辅助性权利，是保障集体谈判得以开展的压力手段，没有集体谈判权，争议权也无法最终落实，[2]充分体现了劳资双方自治自律的理念。集体模拟课堂就是推进这一机制运行的教学"主战场"和前沿阵地，在现场课堂进行高仿真的演练、模拟、交流，认真汲取先进经验中的精髓，发现常规问题的处理共识及突发事件的原因分析等，把工会的维权机制建设端口前移，做好事前维护，由被动转为主动，由幕后走到台前，重视模拟课堂带来的实践推力，对于在社会和经济转型时期的"共赢"劳资关系创建具有十分重要的现实意义。

（二）强化责任，规范引导

在集体协商工作中，工会组织如何实现有为有位，改变"不会谈""不愿谈""不敢谈""不能谈"的状况，真正参得进、议得上、说得准，不让集体协商工作流于形式，就要"强身健体"，苦练内功，落实工作责任，发挥自身工作优势，准确认识行业性集体协商和企业性集体协商有共性也有个性，善于把握差异性和共同点，切中协商主题，占据协商主动，确保协商质量和成效，切实维护好职工的合法权益。集体模拟教学课堂就是工会干部最重要的"练兵场"，不能等需要了才去学，才去找老师和相关人员，所谓养兵千日用兵一时，平时就要练好基本功。比如说，就工资集体协商的案例来讲，有工资指导线、当地最低工资标准、周边同类企业的工资水平、相关法律法规等很多相关数据，在模拟教学中就要学会了解各种数据的具体含义及连带关系，认识数据、分析数据、运用数据，为协商主题服务，根本一点就是要教会学员处理数据，虽不能像专业人士，但一定要掌握基本要素，明晰工作线条，有理有据地规范操作，学会以数据支撑为主的集体协商工作的核心要义、变化规律及注意事项等，从规范性、针对性、实效性上把握集体协商工作。

（三）夯实基础，拓展服务

集体协商情景模拟教学由前期组织准备、中期情景模拟、后期总结点评三个部分组成，其中，前期组织准备是基础，中期情景模拟是主体，后期总结点评是关键。[3]虽然我国目前运行的集体协商工作机制无论是在制度本身设计上还是在具体的基层实践中都存在着一些问题，这些问题也影响了模拟集体协商课堂的设计，在这里，从时间的跨度上不能延伸教学过程，但完全可以在空间的跨度上丰富教学内容，增加工作维度，让工会干部在虚拟现实中切实负起责任，理清头绪，明确目标，把控工作，推动进程，取得实效。把握好"五关"，一为"资料关"：提前发放模拟课堂相关资料，让学员认真阅读，了解事件的脉络及案例的整体情况，避免协商资源的浪费；二为"规程关"：在仔细消化案例材料的基础上，要求学员明晰内容，知晓重点，并提出模拟要求，明确模拟程序；三为"角色关"：对学员进行分组，提出角色要求，并准备相应模拟协商谈判方案（两套以上），每一方都有细致的工作分工及补台措施，随时应对多变的情况，制订调整处置方案，始终坚持依规依法协商，需要指出的是，在这个过程中，什么情况都会出现，作为工会方要学会善于打破僵局，积极争取主动，而由工会干部扮演的"经营者"一方要学会角色转换，在演练中逐渐进入角色；四为"博弈关"：在模拟过程中，双方依据相关资料着力找准协商的切入点，开始个性化的协商谈判，双方思维的方式要跟得上模拟的节奏，各执说辞，针锋相对，唇枪舌剑，步步为营，面对面地交流，心贴心地沟通，充分照顾双方的关切，调动双方的积极性，力求达到双方合意，不能形成合意也要为下次的协商做好准备；五为"点评关"：教师要根据现场模拟的实际，进行归纳总结，提升理论概括，客观公正地做出评述，观念引导最为重要，不能囫囵吞枣，照搬照抄典型做法，不走过场，坚持问题导向，针对性地进行问题梳理和讲解，要在学习吸取成熟的市场经济国家管理劳资关系的有益经验的同时，结合实际，提炼特色，做到"五个注重"——注重协调上的策略性、注重操作上的程序性、注重工作上的相关性、注重内容上的针对性、注重资料上的完备性。[4]

参考文献：

[1] 彭红艳. 怎样当好工资集体协商指导员 [M]. 北京：中国工人出版社，2015.

[2] 程延园. 集体谈判制度研究 [M]. 北京：中国人民大学出版社，2004..

[3] 刘哗. 如何做好情景模拟教学 [DB/OL]. 论文写作网，2020-05-09.

[4] 中华全国总工会集体合同部. 集体协商案例选编（2016）[M]. 北京：中华全国总工会集体合同部，2016.

运用大数据推进工会干部教育培训创新发展

杨志强

（中国劳动关系学院）

摘　要：大数据时代的到来，对国家社会经济发展产生了重大影响，也给社会教育发展带来一场深刻变革。同样，在国家干部教育培训院校中，也面临着运用教育大数据，推动培训教育发展的历史性机遇。因此，要聚焦培训教育精准化，运用教育大数据，积极推进工会干部教育培训发展，变革工会培训发展的理念，提高教育培训的针对性、实效性，推动教育培训质量提升，全面提升工会干部教育培训教学管理，建立健全教学质量评价体系，进一步加强工会干部队伍高素质专业化能力建设，推动工会干部教育培训的创新发展。

关键词：大数据时代　教育大数据　教育培训　推进创新发展

信息技术与经济社会的交汇融合引发了数据的迅猛增长，数据已成为国家基础性战略资源。大数据正日益对全球生产、流通、分配、消费活动以及经济运行机制、社会生活方式和国家治理能力产生重要影响。以互联网为代表的信息技术已经渗透到人类生活的各个方面，人类自身也逐渐外化为一个数字化的自我，在网络空间中虚拟化生存。数字化社会中所生产的数据，能够为现实社会发展提供逻辑分析与发展机遇。2015 年国务院向全社会印发《关于促进大数据发展行动纲要的通知》，提出"全面推进我国大数据发展和应用，加快建设数据强国"的奋斗目标。[①] 2019 年党的十九届四中全会《决定》在"优化政府职责体系"中，也明确提出要"建立健全运用互联网、大数据、人工智能等技术手段进行行政管

---

① 《国务院关于印发促进大数据发展行动纲要的通知》（国发〔2015〕50 号）。

理的制度规则"①。这就为包括工会干部培训院校在内的国家干部教育培训机构与部门自觉运用大数据,推进干部教育培训与国家社会大数据强国事业的融合发展提出了明确要求。

一、大数据与教育大数据

大数据是指以容量大、类型多、存储速度快、应用价值高为主要特征的数据集合,正快速发展为对数量巨大、来源分散、格式多样的数据进行采集、存储和关联分析,从中发现新知识、创造新价值、提升新能力的新一代信息技术和服务业态②。

教育大数据则是指大数据概念下教育行业的数据统称,是对传统教育数据的发展。其与传统教育数据最大的不同,在于"大",且能够借助现代先进的计算机设备、存储技术、信息通信技术等,对教育数据进行全面细致的采集,并且可以利用信息系统和专业的数据分析软件,对收集的教育教学信息进行整合与管理、分析与运用。学校在教育教学过程中会产生大量的数据信息,这些数据信息往往能够反映出学校各项工作的进展状况,对学校教育管理工作有着重要的监管作用。就传统教育数据而言,由于受到思想观念、科学技术等方面的限制,教育相关数据在学校教育管理中能够发挥的作用相对有限,很难保障数据信息的全面准确,而教育大数据不仅缩短了学校教育数据信息的采集时间,也扩大了教育数据信息的应用范围,为学校内部的管理运行、制度执行和决策工作都提供了可靠的参考依据。

二、大数据给干部教育培训带来新的发展机遇

(一)大数据技术促进干部教育培训理念变革

传统意义上的教育培训理念,是以教师的经验主义为主导、受训学员为主体的教与学的知识传递过程(或称为灌输式)。传统教育培训,是主管部门按照培训要求,建立在教室(或培训场所)这一时空平台下(一名教师面对数十名受

---

① 习近平. 决胜全面建成小康社会夺取新时代中国特色社会主义伟大胜利——在中国共产党第十九次全国代表大会上的报告 [EB/OL]. 人民网, 2017 - 10 - 18.
② 《国务院关于印发促进大数据发展行动纲要的通知》(国发〔2015〕50号)。

培训者），按照教育培训规律、依据教学手段，通过教学经验的学习、积累、总结和提升，展开的教与学活动。但是，有些经验的学习、积累、总结或提升，是不具备科学意义或普遍意义的，甚至有时会影响人们的正确判断。大数据时代下，教与学的知识传递过程展示为教育培训的实证过程，变成一门实实在在的基于数据的实证学科。大数据使得教育工作者培训理念发生变革、思维方式发生变化。大数据能够通过对教育培训的数据分析，挖掘出培训教学、学习过程、效果评估等更多符合培训学员实际与教育管理主体目标需求的关联数据信息。这样，以关联数据的可视化信息技术处理，就可以更加有效地制定出符合培训组织部门与培训学员主体需求的教学目标、教学流程、教学内容、教学体系，制定出更加符合实际的教育培训方案与培训教学策略。

（二）大数据技术促进干部教育培训教学目标的设计更加合理

传统意义上的干部教育培训目标设计，以培训管理主管部门的需求来设计。培训学员的学习进程与培训效果，通过教育培训总结或考试手段的评价等方式方法来确定，是一个事后过程管理。大数据时代下，教育培训目标的设计，既是一项事后过程管理结果的达成标识，也是一个过程数据积累与过程数据管理的实证演化与进程。每一次教与学的数据收集、存储、分析、修正，都是最终目标数据达成的教与学的数据管理控制。不断用反馈教与学的信息，改变教学流程中的教学方式、递增教学目标最大值的追求，都是预设合理化培训教学目标的执行落实。这是传统教学模式下培训教学目标的设计与管理是做不到的。

（三）大数据技术促进教学过程设计更加符合教育规律

经验主义主导培训理念下的教学过程设计，关注的重点是教师的教学知识的传递与讲授的单向性知识输出路径的依赖，"培训师资决定培训质量"就是其直白的表述。大数据时代下，大数据技术下的教学过程，是数字化实证教学，可以将教师的教学经验传导与学员的知识接受，通过数据载体分截面、界面或断面重复多次地展示出来。在教学过程中，师生的数据交流互动并能够及时反馈给教师，教师能够实现在授课中采取修正对策、调整教案后选择更加有效的教学设计，实现教学流程与教学效果的最大值汇合路径。不同的培训班次有不同的教学教案设计、不同的学员学习偏差值有不同的教学内容满足。这就为建立教学资源库，不断充实丰富教学资源库，并进一步符合不同教育培训主题或学员主体的个性化培训，得以具体实现，更加符合教育规律。

（四）大数据技术促进干部教育培训教学评价体系更加完善

传统的经验主义教学评价方式，是结论性评价、概念性评价、总结性评价，甚至包括一些具有情感要素的评价。大数据时代下，数据读取能够更加完备地对受干部教育培训学员的学习效果与教学评价体系进行痕迹管理与数据实证。通过大数据对教学资源库的教学课程进度、教学体系进程、教学模块比较、教学效果查点等进行数据读取、整合、分析、可视化转化，可以根据大数据库中存储的每一门教学课程与每一个学员存储的个性化培训信息，分析出每一位培训学员的学习效果、学习成效及存在的问题或学习偏差，也可以分析出每一位授课教师的教学业绩，继而判断出培训学员学习成果的多方位评价、教师培训业绩的全过程描述，而不仅仅是传统教学中的考试成绩、等级评价或培训文章总结。

（五）大数据技术促进干部教育培训管理制度全面提升

传统的教育培训教学管理制度，是建立在"教与学"教室时空下的教学管理行为规范体系。为确保教学质量的不断提升，运用传统教育教学理念，积极发挥教师教学主导性与学生学习主体性的双元结构驱动力轨迹下的管理制度的作用。大数据时代下，培训教学的管理制度，可以从培训教学前的数据管理到教学过程（含教学设备的设施状况、教学环境的服务氛围等）的数据管理，再到教学理论政策与问题导向的针对性评价以及由此关联的教学师资主体者、受训学员学习状态（含心理活动要素等），都成为提升教育培训质量管理的相关要素、关联条件。任何与教育培训相关联的物质硬件、服务软件都通过大数据的关联，成为促进整体培训教育质量的要素。教育培训进程的信息数字化，将管理制度数据化、过程化、指标化、可视化，使得教育培训制度质量管理的落实、执行、监督、修正等有更加坚实的运行平台，实现有制度可依、有数据可证、有数据指向、有数据趋同，有目标数据的汇聚，这就在合理化、科学化进程中为全面提升干部教育培训的制度体系提供了更大的发展空间。

三、大数据应用推动工会干部教育培训工作创新发展

教育大数据已成为推动国家教育发展的时代动力。将教育大数据与干部教育培训有机结合，运用大数据推动干部教育培训，成为干部教育培训事业发展的重要平台。工会干部教育培训是国家干部教育培训体系不可或缺的重要组成部分，

是培养造就忠诚干净担当、忠诚党的工运事业、以竭诚服务职工群众为己任的在职成人教育培训。立足新时代新征程，主动适应大数据时代下数据经济发展所带来的新技术革命要求，树立教育大数据理念，运用大数据信息技术，不断推动工会干部教育培训事业创新发展。

（一）运用大数据推动工会干部教育培训理念更加现代化，增强做好工会干部教育培训的责任感、使命感

大数据是第四次产业革命中的信息技术与服务业态，已成为国家基础性战略资源。运用大数据，建设工会干部教育培训数据事业新高地，推动网络信息技术与传统教学教育培训相结合，把习近平新时代中国特色社会主义思想作为中心内容，深入学习贯彻习近平总书记关于工人阶级和工会工作的重要论述，持续加强工会干部培训学员理论武装与党性教育，紧扣工会工作的、政治性先进性、群众性，推进工会系统工会工作的改革创新，坚定中国特色社会主义工会发展道路，以工会干部教育培训的能力提升，促进工会干部队伍的专业能力、群众工作能力、改革实践创新能力稳步提高，自觉履行习近平总书记提出的"八个本领"、做到"五个过硬"的高素质干部要求，不断增强"四个意识"、坚定"四个自信"、做到"两个维护"。

（二）运用大数据推动工会干部教育培训教学课程设置更加合理，有效提升教育培训的针对性、实效性

教育大数据的培训运用，能够将工会干部培训学员的教育管理做到培训前学员数据收集延伸、受训中学员培训数据增量积累、培训后学员成长实践效果数据跟踪管理。

1. 培训前学员数据信息收集延伸的实施，是对每一名受训工会干部培训学员个体数据的整理、归档。这是实施教育培训针对性的核心步骤，是课程教学设计的前提条件，也是对教育培训学员实施按需施教、以需定教、满需执教的针对性培训的出发点，以大数据为基础做到因人设计教学。

2. 受训中学员培训数据增量累积的实施，是对教育培训课程实施过程的施政过程。既产生出培训教学的服务流程，也展示授课教师与受训学员之间"教与学"对教学质量目标的趋同数据。这既是创造培训教师优秀教学质量的演化进程、受训学员优秀培训结果的落实进程，也是教与学交互进程中，对培训实效性目标追求的数据集合。以大数据汇集做到因教因学培训的针对性、实效性。

3. 培训后学员成长实践效果数据跟踪管理,是继教育培训机构后,对受训学员学习能力、素质能力提升下社会实践能力、职业工作能力的数据反馈。这是在更高层次上干部教育培训的学用结合的数据验证,是工会干部教育培训与工会干部队伍建设的关联性指标体系。这就为在培训院校中展开的培训教学课程体系设计提出了新的要求。更宽泛的数据来源、更高层级评价的指标体系、教学延长线上实践价值的指向,使大数据下拓宽工会干部教育培训教学课程的设计成为可能,有了新的要求、新的发展、新的标准体系。

换句话讲,大数据运用,在教学课程设置平台上,以增加培训前学员教育数据路径、培训中教与学质量管理数据路径、培训后受训学员工作能力实效、个人职业素质提升数据路径,将提升工会干部教育培训针对性、实效性成为实际数据。这也为新一轮干部教育培训的培训教学目标设计,提出了新的更高要求或经验总结,指导新时代培训教育不断创新、不断提高。

(三)大数据应用促进培训教学过程更加规范化科学化, 有效提升教育培训教学质量

教育大数据的培训应用,改变了传统教育培训的教学过程。大数据收集、存储、分类、管理、可视化再现的流程,是对工会干部教育培训教学过程的数字化信息转换。大数据将传统教学过程的一次性时空观转化为数字型代码,实现了培训教学过程的痕迹化、可视化、重复化、存储化。这使得在教与学质量关联互动体系下,教师作用质量主导、受训学员质量主体的交互流程管理,有了可重复、可判断、可数据的技术支撑。用数据说话、用数据证实、用数据引导,使得工会干部教育培训的教学环境下,有效判断出教师主导、学员主体的教学质量,做出更加科学的判断,进而获得更加规范化、科学的教学进程,增强培训教育的教学吸引力、传导力,有了现实技术支撑与能力提升。

(四)大数据应用促进工会干部教育培训教学评价体系更加完善, 有效促进教育培训持久发展

传统教育培训体制下的教学评价,从体系上来看,是整体评价体系、事后评价体系、概念评价体系、情感(含心理情绪要素)评价体系等,是经验式教学评价。大数据应用,将教育培训的评价体系转化为数字化代码,用数据指标、数量指标、可视化指标体系等技术手段,再现教育培训的质量产生进程,这就改变了教学评价的方式方法。利用大数据分析,以数据技术的评价,探寻教学培训的

活动规律，更好地优化、改进教学过程。对于数据化培训教学活动来说，学习效果的产生体现在日常行为中，哪些知识没有掌握、哪类问题没有分析透彻、哪类政策执行理解得不够彻底等，成为了分析每一个受训学员个体行为的直接依据。通过大数据归纳，还可以发现受训学员思想、心态与行为的变化情况，可以分析出学员的素质、能力、爱好、职业心理等，从而发现学员中优点、扬长避短、成长事业。用数据化教学评价体系，更好地将工会干部培训的思想政治理论教育、专业工作能力教育、干部素质能力教育融入每一个教学环节中、每一次实践教育中、每一期教育培训中。

（五）大数据应用健全工会干部教育培训质量体系，促进工会干部教育培训事业不断发展

教育大数据应用，既是大数据信息化技术在工会干部教育培训中的应用，也是大数据理念与大数据思维对工会干部教育培训的工具性技术支撑。运用大数据平台，推动工会干部教育培训从干部教育培训理念、教育观念、教学设计、教学管理、教学服务、教学质量管理，到培训学员受训思想、学习状态、学习进程、学习成效、工作表现、职业规划等都拥有了数据化管理物质基础、技术基础、管理基础，这就为全面管理工会干部教育培训，全面提高教育培训质量，增强工会干部队伍高素质专业化能力，提供了大数据时代发展的可靠技术保障。因此，以先进的大数据培训教学理念、教学设施、培训手段及教学方式方法，健全教育培训管理制度，用制度管理服务长期稳定的教学成效，增强培训质量效益。推动大数据时代下工会干部教育培训优质教学资源的共建共享，加强对工会干部教育培训理论与实践问题的探索研究，就能不断取得新成就。

数据要素与信息技术，对工会组织管理与治理体系的不断嵌入，增强了各级工会干部教育培训院校的平台意识、管理意识和服务意识。在大数据时代下，各级工会干部培训院校应确立起教育大数据理念，用数据赋能干部教育培训的历史机遇，聚焦干部队伍高素质专业化能力提升，夯实中国工会参与国家社会治理体系与治理能力提升干部队伍建设，建立起用工会干部教育培训数据说话、用工会干部教育培训数据决策、用工会干部教育培训数据管理、用工会干部教育培训数据创新的教育培训管理体制和运行机制，增强教育培训工作能力，高质量教育培训工会干部、高水平服务党和国家事业发展，不断推进党的工运事业和工会工作向前迈进。

参考文献：

[1] 曲遥. 大数据时代的教育管理模式改革探索［J］. 中国管理信息化，2016（4）.

[2] 王山. 大数据时代中国政府治理能力建设与公共治理创新［J］. 求实，2018（3）.

[3] 付朝霞. 大数据时代高校学生教育管理工作创新探索［J］. 信息管理，2019（6）.

[4] 许晶. 大数据时代下高等教育管理的挑战与创新［J］. 中国成人教育，2016（12）.

职工教育培训需求调查报告
——以广东省为例

周 芳

（广东南华工商职业学院）

摘 要：产业工人队伍建设是国家实施科教兴国战略、人才强国战略、创新驱动发展战略的重要支撑和基础保障。本文通过调查发现，一方面国家缺乏高级技术人才，另一方面大多数受过高等教育的职工都没有专业技术职称或专业技术等级，存在巨大的职工文化资源的浪费现象；职工学习意愿强烈，但学习行动力较弱，出现诸多思想和行动相分离的矛盾。在教育培训的需求上，职工首选技能培训、偏好面授、每年愿意支出 5000 元以内的培训费用。职工对工会服务的总体评价很高，在职工的心目中，教育培训不是工会的主要工作，但也很认可工会的教育培训品牌项目。职工个人、用人单位、各级政府、工会要充分认识到职工素质提升对个人、单位和国家的重要意义，建立合作机制，抓紧落实各项政策，提高产业工人队伍建设的实效。

关键词：教育培训 需求 工会

2017 年 6 月中共中央、国务院印发了《新时期产业工人队伍建设改革方案》。《改革方案》明确提出，要把产业工人队伍建设作为实施科教兴国战略、人才强国战略、创新驱动发展战略的重要支撑和基础保障，纳入国家和地方经济社会发展规划，造就一支有理想守信念、懂技术会创新、敢担当讲奉献的宏大的产业工人队伍。2018 年中共中央办公厅、国务院办公厅发布了《关于提高技术工人待遇的意见》，广东省委、省政府先后出台《关于进一步加强高技能人才队伍建设的若干意见》《关于提高我省技术工人待遇的实施意见》，广东省各地也纷纷完善技能人才政策，深圳、珠海分别制订"鹏城英才计划"和"珠海英才计划"，东莞实施百万劳动力素质提升工程等。为了了解掌握职工参加职业培训的情况、对参加职业培训的态度、需求以及工会在其中的作用发挥，我们开展了问卷调查。

一、调查对象基本情况

本次调查采用纸质问卷和网络调查相结合的方式，共回收1581份有效问卷。调查对象主要来自企业，其中男性55.15%，女性44.85%，21～50岁的职工占调查总人数的94.12%，普通工人（职工）占45.35%，样本覆盖了各种所有制形式的单位，单位规模多样，100人以上的企业占82.54%，反映出样本覆盖面广泛，调查结果具有较好的代表性、普适性（见表1至表5）。

表1 职工的性别比例

选项	小计（人次）	比例
男	872	55.15%
女	709	44.85%
本题有效填写人次	1581	

表2 职工的年龄比例

选项	小计（人次）	比例
20岁及以下	6	0.38%
21～30岁	496	31.37%
31～40岁	632	39.98%
41～50岁	360	22.77%
51岁及以上	87	5.5%
本题有效填写人次	1581	

表3 职工所在岗位比例

选项	小计（人次）	比例
普通工人（职工）	717	45.35%

续表

选项	小计（人次）	比例
专业技术人员	255	16.13%
一般管理人员	379	23.97%
中层管理人员	184	11.64%
高层管理人员	46	2.91%
本题有效填写人次	1581	

表 4　职工所在单位的类型比例

选项	小计（人次）	比例
党政机关、事业单位	261	16.51%
国有企业	871	55.09%
集体所有制企业	48	3.04%
三资企业	25	1.58%
外商独资企业	155	9.8%
私营企业	180	11.39%
个体工商户	41	2.59%
本题有效填写人次	1581	

表 5　职工所在单位规模

选项	小计（人次）	比例
25 人以下	105	6.64%
25~100 人	171	10.82%
100~500 人	582	36.81%
500~2000 人	434	27.45%
2000 人以上	289	18.28%
本题有效填写人次	1581	

二、调查结果及分析

（一）职工入职后的专业发展停滞，职工文化资源浪费严重

调查对象中大学本科学历的最多，其次是大专学历，而他们在专业技术职称和专业技术等级上，没有专业技术职称的占46.74%，无专业技术等级的占47.44%。这表明，他们虽然受过高等教育，但是入职后的专业发展停滞，反映出目前各单位普遍存在职后教育不规范，职工的专业发展路径不畅通（见表6至表8）。

表6 职工的学历比例

选项	小计（人次）	比例
初中及以下	156	9.87%
高中、中专及技校	249	15.75%
大专	357	22.58%
本科	762	48.19%
研究生	57	3.61%
本题有效填写人次	1581	

表7 职工的专业技术职称比例

选项	小计（人次）	比例
没有职称	739	46.74%
初级职称	409	25.87%
中级职称	313	19.8%
高级职称	120	7.59%
本题有效填写人次	1581	

表8 职工的专业技术等级比例

选项	小计（人次）	比例
无技术等级	750	47.44%
初级工	168	10.63%

续表

选项	小计（人次）	比例
中级工	204	12.9%
高级工	354	22.39%
技师	77	4.87%
高级技师	28	1.77%
本题有效填写人次	1581	

（二）职工认为单位提供的教育培训机会一般，不能满足自己的学习需求

从调查结果来看，绝大多数单位都对职工有不同类型的培训，只有8.98%的人表示单位完全没有培训；认为培训机会一般的人最多；不同年龄的人获得的培训机会没有明显差异，不同所有制单位给员工的培训机会和项目也基本一致，单位提供的教育培训项目，比例最高的是不与证书挂钩的本岗位专业技能培训，其次是学历提升或考证培训，管理能力提升的培训也有较高的比例。体现出培训的针对性强的特点，也反映了现有的培训并不能满足职工的学习需求（见表9至表13）。

表9 职工对单位提供的教育培训机会的感受

选项	小计（人次）	比例
很多	316	19.99%
一般	830	52.5%
很少	293	18.53%
没有	142	8.98%
本题有效填写人次	1581	

表10 不同年龄的职工对教育培训机会的感受比较

培训机会的感受 \ 年龄	很多	一般	很少	没有	小计
20岁及以下	2（33.33%）	3（50%）	0（0%）	1（16.67%）	6

续表

年龄＼培训机会的感受	很多	一般	很少	没有	小计
21~30岁	125（25.2%）	254（51.21%）	90（18.15%）	27（5.44%）	496
31~40岁	83（13.13%）	339（53.64%）	126（19.94%）	84（13.29%）	632
41~50岁	86（23.89%）	183（50.83%）	66（18.33%）	25（6.94%）	360
51岁及以上	20（22.99%）	51（58.62%）	11（12.64%）	5（5.75%）	87

表11　不同所有制单位职工对教育培训机会的感受比较

单位性质＼培训机会的感受	很多	一般	很少	没有	小计
党政机关、事业单位	28（10.73%）	138（52.87%）	73（27.97%）	22（8.43%）	261
国有企业	233（26.75%）	481（55.22%）	116（13.32%）	41（4.71%）	871
集体所有制企业	4（8.33%）	26（54.17%）	12（25%）	6（12.5%）	48
三资企业	4（16%）	13（52%）	6（24%）	2（8%）	25
外商独资企业	21（13.55%）	84（54.19%）	35（22.58%）	15（9.68%）	155
私营企业	24（13.33%）	71（39.44%）	42（23.33%）	43（23.89%）	180
个体工商户	2（4.88%）	17（41.46%）	9（21.95%）	13（31.71%）	41

表12　不同所有制单位培训项目的比较

单位性质＼单位训项目	学历提升或各种职业资格证、技术等级证书考证培训	本岗位专业技能培训（不与证书挂钩的）	管理能力提升培训	文艺或体育技能培训	其他，请填写	小计
党政机关、事业单位	75（31.38%）	166（69.46%）	121（50.63%）	42（17.57%）	10（4.18%）	239
国有企业	466（56.14%）	662（79.76%）	362（43.61%）	87（10.48%）	12（1.45%）	830
集体所有制企业	15（35.71%）	27（64.29%）	15（35.71%）	2（4.76%）	2（4.76%）	42

续表

单位性质 \ 单位训项目	学历提升或各种职业资格证、技术等级证书考证培训	本岗位专业技能培训（不与证书挂钩的）	管理能力提升培训	文艺或体育技能培训	其他，请填写	小计
三资企业	8 (34.78%)	16 (69.57%)	10 (43.48%)	1 (4.35%)	0 (0%)	23
外商独资企业	72 (51.43%)	86 (61.43%)	76 (54.29%)	12 (8.57%)	6 (4.29%)	140
私营企业	55 (40.15%)	89 (64.96%)	70 (51.09%)	16 (11.68%)	5 (3.65%)	137
个体工商户	17 (60.71%)	7 (25%)	5 (17.86%)	3 (10.71%)	2 (7.14%)	28

表13 单位提供的教育培训项目类型

选项	小计（人次）	比例
学历提升或各种职业资格证、技术等级证书考证培训	708	49.2%
本岗位专业技能培训（不与证书挂钩的）	1053	73.18%
管理能力提升培训	659	45.8%
文艺或体育技能培训	163	11.33%
其他，请填写	37	2.57%
本题有效填写人次	1439	

（三）绝大多数职工有学习愿望，学习中的主要问题主观上是坚持性较差，客观上是学习时间和费用不足问题

在调查职工的学习愿望和动力部分，我们发现，有三分之一的人是能够经常主动学习的，只有2.72%的人没有学习欲望（见表14）。学习中的主要问题是，没有计划性，不能坚持，有工作需要才会针对需要学习，比较被动。这提示我们，应该让职工了解行业发展、前沿技术进步，感受知识更新的迅速，以产生紧迫感，进而激发学习动力。

表 14　职工的学习状况

选项	小计（人次）	比例
经常主动学习，有计划地持续进行	512	32.39%
偶尔会主动学习，但没有计划性，不能坚持	469	29.66%
有学习的念头或打算，但没有付诸行动	208	13.16%
有工作需要才会针对需要学习	349	22.07%
没有学习愿望	43	2.72%
本题有效填写人次	1581	

对于参加学习的困难，最大的困难是抽不出时间，占了52.56%，其次是培训费用问题（见表15）。结合被调查者工余时间的兴趣爱好的调查发现，60.47%的职工选择工余时间陪伴家人孩子，其次是阅读和体育活动（见表16）。这提示我们，职工非常希望进修或培训与工作时间联系在一起，那么在与企业进行集体协商时，积极落实企业的教育培训费用到位，争取带薪学习的时间是非常值得做的一件事。

表 15　职工参加进修或培训的困难

选项	小计（人次）	比例
抽不出时间	831	52.56%
负担不了培训费用	310	19.61%
没有培训信息	158	9.99%
不知道要学什么	137	8.67%
没有学习欲望	118	7.46%
其他，请填写	27	1.71%
本题有效填写人次	1581	

表16 职工工余时间的兴趣爱好比例

选项	小计（人次）	比例
打游戏	188	11.89%
阅读	680	43.01%
体育活动	571	36.12%
文艺活动	248	15.69%
看电影	473	29.92%
学历技能提升	327	20.68%
陪伴家人孩子	956	60.47%
和朋友聊天	300	18.98%
本题有效填写人次	1581	

（四）职工对参加技能培训的兴趣最大

41.87%的人认为参加技能培训对增加收入的作用较大，认为技能培训和学历提升作用差不多的占33.97%（见表17）；对于证书，他们也是首选国家认证的职业资格证书（见表18），提示在进行产业工人的培训时要注重实际工作能力的提升，加强技能提升培训。

表17 职工对不同类型教育的态度

选项	小计（人次）	比例
学历提升	273	17.27%
技能培训	662	41.87%
两个差不多	537	33.97%
两个都没有作用	109	6.89%
本题有效填写人次	1581	

表18 职工对不同类型教育证书的选择

选项	小计（人次）	比例
学历（学位）证书	491	31.06%
国家认证的职业资格证书	806	50.98%

续表

选项	小计（人次）	比例
行业颁发的技术证书	173	10.94%
继续教育学时认定证书	49	3.1%
其他	62	3.92%
本题有效填写人次	1581	

（五）职工的收入水平不足以支持自费进修

从工资收入看，多数人的工资收入在每月3000～6000元，超过12000元的极少，低于3000元的占9.36%（见表19）。这显示，一线工人的收入处于中等偏下的水平。

表19　职工月工资收入情况

选项	小计（人次）	比例
3000元以下	148	9.36%
3000～6000元	755	47.75%
6001～9000元	443	28.02%
9001～12000元	193	12.21%
12000元以上	42	2.66%
本题有效填写人次	1581	

66.29%的职工近两年没有自费参加过进修或者培训，69.04%自费学习过的人的主要学习目的是晋升职务、技术等级或提高工资收入，19.89%的人是为了满足个人兴趣爱好。为了保住现有岗位而自费投资学习的人只有7.5%，显示出学习在职场中具有极好的投资价值（见表20、表21）。

表20　近两年职工自费参加进修或培训的比例

选项	小计（人次）	比例
参加过	533	33.71%

续表

选项	小计（人次）	比例
没有参加过	1048	66.29%
本题有效填写人次	1581	

表21　职工自费参加进修或培训的主要目的

选项	小计（人次）	比例
为了保住现有岗位	40	7.5%
为了晋升职务、技术等级或提高工资收入	368	69.04%
为了换工作	19	3.56%
为了满足个人兴趣爱好	106	19.89%
本题有效填写人次	533	

（六）职工愿意投入的学习费用数额

一般来说，他们一次性的学习投入平均为2500元，一年累计愿意投入5300元。

（七）职工喜欢的教育培训形式

在学习安排上，职工最欢迎的是面授+网络，以面授为主的学习方式，其次是面授（见表22）。最喜欢本单位同事集体到外面学习（见表23）。

表22　职工对不同形式学习安排的态度

选项	小计（人次）	比例
面授	455	28.78%
网络学习	215	13.6%
面授+网络，以面授为主	592	37.44%
面授+网络，以网络为主	319	20.18%
本题有效填写人次	1581	

表 23 职工对学习组织形式的态度

选项	小计（人次）	比例
邀请老师到单位集中学习	535	33.84%
本单位同事集体到外面学习	657	41.56%
个人去参加培训	389	24.6%
本题有效填写人次	1581	

（八）职工参加进修和培训不是为了跳槽换工作

对于目前的工作，被调查对象的满意度还是很高的，59.96% 的职工选择比较满意和非常满意，只有 5.7% 的人选择不满意（见表24）；43.58% 的人如果有机会换工作，也是选择在原单位换个岗位，不想换工作的人占 27.45%（见表25）。他们普遍感到自己就业选择的空间一般，感到择业空间很大或者很小的人都只有 8% 多一点（见表26）。

表 24 职工对工作的满意度

选项	小计（人次）	比例
非常满意	229	14.48%
比较满意	719	45.48%
一般	543	34.34%
不大满意	70	4.43%
很不满意	20	1.27%
本题有效填写人次	1581	

表 25 职工对现有工作的态度

选项	小计（人次）	比例
在原单位，换个岗位	689	43.58%
离开原单位，做同样岗位	137	8.67%
离开原单位，换个岗位	321	20.3%
不想换工作	434	27.45%
本题有效填写人次	1581	

表26 职工对择业空间的判断

选项	小计（人次）	比例
很大	128	8.1%
比较大	275	17.39%
一般	789	49.91%
比较小	255	16.13%
很小	134	8.47%
本题有效填写人次	1581	

（九）职工与单位之间相对稳定的劳动关系是组织培训的基础

调查结果显示，此次调查对象绝大多数由单位直接聘用，表示他们与单位有比较稳定的劳动关系，他们的工作时间一般在 8~12 个小时，有小部分人每天工作时间少于 8 个小时，51.68% 的人平均每月可以休假 4~8 天，没有假期的只有 5.63% 的人，单位具备组织培训的基础（见表27至表29）。

表27 职工与单位的劳动关系类型比例

选项	小计（人次）	比例
单位直接聘用	1415	89.5%
劳务派遣公司聘用	38	2.4%
业务承包关系	14	0.89%
公司合伙人	30	1.9%
其他形式：请填写	84	5.31%
本题有效填写人次	1581	

表28 职工的劳动时间比例

选项	小计（人次）	比例
4 小时以下	4	0.25%
4~8 个小时	500	31.63%
8~12 个小时	985	62.3%

续表

选项	小计（人次）	比例
12个小时以上	92	5.82%
本题有效填写人次	1581	

表29　职工的休息休假时间比例

选项	小计（人次）	比例
不休息	89	5.63%
1~4天	447	28.27%
4~8天	817	51.68%
8天以上	228	14.42%
本题有效填写人次	1581	

（十）职工对工会的认识情况

1. 工会职能的宣传需要加强

对于工会，43.64%的人知道一点儿，47.38%的人表示了解（见表30）；对于目前还没有加入工会的会员，他们中有76.3%的人表示愿意加入工会，有23.7%的人不愿意加入工会，他们不愿加入工会的原因主要是不了解工会是干什么的，占42.68%，其次是不想被约束（见表31）。可见，在社会上加大工会的宣传力度，让大家都认识工会，了解工会的职能作用，对于工会组织的全覆盖、职工的普遍加入有着至关重要的作用。

表30　职工对工会的了解程度

选项	小计（人次）	比例
了解	749	47.38%
知道一点儿	690	43.64%
不了解	142	8.98%
本题有效填写人次	1581	

表31 职工不愿意加入工会的主要原因

选项	小计（人次）	比例
不了解工会是干什么的	35	42.68%
工会的服务不符合我的需要	9	10.98%
不知道去哪里找工会组织	10	12.2%
不相信工会组织能为职工提供有效服务	4	4.88%
不想被约束	18	21.94%
其他，请填写	6	7.32%
本题有效填写人次	82	

2. 对于工会开展技术培训，职工不了解，很陌生

提到工会，他们最会想到的词是职工代表（59.84%），其次是慰问送温暖、福利补助、劳动合同、旅游和文体活动，提到技术培训的很少，只有10.5%（见表32）。

表32 工会在职工头脑中的印象

选项	小计（人次）	比例
职工代表	946	59.84%
涨工资	213	13.47%
劳动合同	393	24.86%
旅游和文体活动	391	24.73%
劳保用品	184	11.64%
单位领导	50	3.16%
劳动模范	93	5.88%
劳动和技能竞赛	258	16.32%
慰问送温暖	597	37.76%
福利补助	465	29.41%
技术培训	166	10.5%
调解争议纠纷	172	10.88%
交会费	252	15.94%
本题有效填写人次	1581	

3. 职工对本单位工会工作的总体评价和服务效果评价较高

对于已经加入工会的会员来说，他们对本单位工会工作的总体评价还是很高的，78.87%的人认为较好或很好，对工会服务的效果评价也比较高（见表33）。企业的所有制不同，会员对工会的评价有所不同，机关、事业单位对工会评价最高，其次是国有企业、外商独资企业、三资企业，个体工商户评价最差（见表34、表35）。

表33 职工对本单位工会工作的总体评价

选项	小计（次）	比例
很好	505	40.89%
较好	469	37.98%
一般	231	18.7%
不太好	16	1.3%
不好	14	1.13%
本题有效填写人次	1235	

表34 不同所有制单位会员对工会的总体评价比较

单位性质＼评价	很好	较好	一般	不太好	不好	小计
党政机关、事业单位	104 (39.85%)	93 (35.63%)	39 (14.94%)	4 (1.53%)	0 (0%)	261
国有企业	288 (33.07%)	264 (30.31%)	135 (15.5%)	9 (1.03%)	12 (1.38%)	871
集体所有制企业	9 (18.75%)	14 (29.17%)	10 (20.83%)	0 (0%)	0 (0%)	48
三资企业	7 (28%)	9 (36%)	3 (12%)	1 (4%)	0 (0%)	25
外商独资企业	49 (31.61%)	54 (34.84%)	27 (17.42%)	1 (0.65%)	1 (0.65%)	155
私营企业	43 (23.89%)	34 (18.89%)	15 (8.33%)	1 (0.56%)	1 (0.56%)	180
个体工商户	5 (12.2%)	1 (2.44%)	2 (4.88%)	0 (0%)	0 (0%)	41

表35 职工对工会服务效果的评价

选项	小计	比例
很好	475	38.46%
比较好	457	37%
一般	268	21.7%
不太好	17	1.38%
不好	18	1.46%
本题有效填写人次	1235	

4. 工会工作和职工期望存在错位现象

职工最希望工会与企业协商提高职工收入、开展教育培训，而这两项在前面问到职工"听到工会联想到的关键词有哪些"时，排名不高，说明工会现有的工作和职工的期望还有错位（见表36）。

表36 职工最希望工会开展的工作

选项	小计	比例
与企业协商提高职工收入	866	57.77%
开展教育培训	692	46.16%
组织职工参与企业民主管理	321	21.41%
调解劳动纠纷	160	10.67%
心理咨询、婚姻家庭咨询等专业服务	218	14.54%
职工困难帮扶、职工子女托管等生活服务	594	39.63%
劳动保护	273	18.21%
劳动技能竞赛	204	13.61%
开展职工文体活动	538	35.89%
其他：请填写	10	0.67%
本题有效填写人次	1499	

5. 工会现有教育培训品牌项目知晓度位居第二

在工会品牌项目中，知名度最高的是职工之家，其次是"求学圆梦"计划、职工运动会和职工互助医疗保险，知晓率低于20%的项目有就业援助、和谐家园工作站、送文艺演出、农民工平安返乡和心灵驿站。表明职工认可工会开展教育培训活动（见表37）。

表37 职工对工会品牌项目的知晓度

选项	小计（人次）	比例
"求学圆梦"学历、技能提升计划	689	45.96%
就业援助	299	19.95%
职工之家	990	66.04%
职工运动会	587	39.16%
职工书屋	459	30.62%
爱心妈妈小屋	393	26.22%
法律援助	391	26.08%
职工互助医疗保险	487	32.49%
和谐家园工作站	156	10.41%
劳动模范、工匠评选	388	25.88%
劳动技能竞赛	458	30.55%
送文艺演出	212	14.14%
农民工平安返乡	193	12.88%
困难职工子女金秋助学	397	26.48%
女职工关爱行动	385	25.68%
心灵驿站	274	18.28%
本题有效填写人次	1499	

6. 职工更习惯从本单位获取工会信息

对于获取工会信息的渠道，他们更习惯传统的单位通知，短信选择人数最少，微信公众号、宣传海报、网站、手机 APP、短信息的使用习惯依次减弱（见表 38）。

表 38　职工获取信息的渠道

选项	小计（人次）	比例
单位通知	1249	83.32%
宣传海报	470	31.35%
网站	333	22.21%
短信息	227	15.14%
手机 APP	240	16.01%
微信公众号	619	41.29%
本题有效填写人次	1499	

三、对策建议

（一）对职工的建议

（1）职工要重视自身的职业生涯发展规划，珍视自己十多年的学历教育付出，在入职后要树立终身学习的理念，明确专业发展方向，成为优秀的职业人。

（2）职工要合理安排和利用自己的工余时间，平衡好家庭和事业的关系，让它发挥最大价值。

（二）对用人单位的建议

（1）用人单位要关心员工的成长，为职工的学习提供场所、时间等方面的必要条件。

（2）用人单位要履行好企业社会责任，落实职工教育培训经费，保证充足稳定的经费投入。

（三）对政府的建议

（1）建议各级政府要认真落实《关于提高技术工人待遇的意见》，广东省委、省政府先后出台《关于进一步加强高技能人才队伍建设的若干意见》《关于提高我省技术工人待遇的实施意见》，出台专业技术资格与工资相挂钩的政策文件，引导用人单位尊重知识，尊重人才。

（2）加快整合教育资源，尤其是调动学历教育的巨大资源积极投入到职工培训中来，为职工参加进修和培训提供最大便利。

（3）建立教育培训的质量监控体系，保证培训质量，对一些单纯以营利为目的培训机构进行清理，提高各类资格证书的含金量。

（四）对工会的建议

（1）积极发挥工会的桥梁纽带作用，摸清职工队伍状况，掌握产业发展趋势，主动参加政府的职业训练项目规划设计工作。

（2）深入职工群体，做好宣传教育，为职工的职业生涯发展规划提供切实的帮助。

（3）带领职工用好集体协商机制，将教育福利纳入协商内容，不断扩大协商的范围，关注职工长远利益的维护。

以红色工运资源为依托
探索新时代广东工会党员干部党性教育的新途径

冯 惠

（广东省总工会省港大罢工纪念馆）

摘 要：百年来，党领导下的广东工人运动书写了中国工运史上的壮丽篇章，也留下了丰富的红色工运资源。红色工运资源蕴含着工人阶级的政治修养、理论修养、宗旨修养、作风修养等党性教育内容。以红色工运资源为依托，开展工会系统党员干部体验式教学、编写特色教材，探索新时代广东工会党员干部党性教育的新途径，将红色工运资源更好地融入党性教育中，对于加强新时代党的建设伟大工程、保持党员干部先进性和纯洁性、推进实现中华民族伟大复兴的中国梦具有重大意义。

关键词：红色工运资源 党性教育 体验式教学

党的十九大报告中，习近平总书记强调："要把坚定理想信念作为党的思想建设的首要任务，教育引导全党牢记党的宗旨，挺起共产党人的精神脊梁，解决好世界观、人生观、价值观这个'总开关'问题，自觉做共产主义远大理想和中国特色社会主义共同理想的坚定信仰者和忠实实践者。"[①] 而红色资源与党性教育在思想精髓、基本内容和价值取向方面具有高度契合性，蕴含着革命先烈崇高理想和坚定信念，凝聚着党的光荣革命传统和优良作风，凝聚着强大的精神力量，是加强新时代党员干部党性教育的优质资源和重要依托。

---

① 习近平：决胜全面建成小康社会 夺取新时代中国特色社会主义伟大胜利——在中国共产党第十九次全国代表大会上的报告［M］. 北京：人民出版社，2017：63.

广东工人阶级和工会组织具有光荣的革命传统。百年来，党领导下的广东工人运动书写了中国工运史上的壮丽篇章，也留下了丰富的红色工人运动资源。这些红色人工运动资源镌刻着工人阶级和工运前辈为民族独立、人民解放英勇奋斗的光辉历程，蕴含着工人阶级坚韧不拔、勇于胜利、不怕牺牲的革命精神，形成了丰富的精神财富，是党的优良传统和思想精神的重要源泉，已经成为广东红色资源的重要组成部分，也是新时代广东省工会党员干部学好党史、新中国史的重要载体。站在中国工会成立95周年的重要时间节点，以红色工运资源为依托，回顾党领导下的工人运动艰辛历程，探索新时代广东省工会党员干部党性教育的新途径，有助于我们进一步总结工会工作历史经验、揭示历史规律，有助于工会干部更好地继承和弘扬中国工人阶级和工会的光荣传统，进一步增强党性，自觉用习近平新时代中国特色社会主义思想武装头脑，打造工会党员干部新时代砥砺初心、担当使命的精神家园，激励广大工会干部走好新时代中国特色社会主义工会发展道路。

一、依托红色工人运动资源开展工会干部党性教育，具有重要的现实意义

广东是中国工人运动的摇篮之一，也是第一次国内革命战争时期全国工人运动的中心，为中国工人运动做出了历史性的贡献。我国第一代产业工人在广州诞生，三次全国劳动大会在广州召开，中华全国总工会在广州成立，省港大罢工影响全国、震撼世界。抗战期间，广东工会在党的领导下投身于全民抗战的洪流当中，将阶级利益与全民族解放紧密联系在一起，组织工人群众与各党派团体共同参加抗日救亡运动，为抗日队伍的发展和壮大提供了人力和物力，同时锻炼了一批工人出身的英勇无畏的民族战士，为华南地区的抗日斗争做出了不可磨灭的贡献。抗战胜利后，广东各地陷入内战，工人生活状况不断恶化，广大工人又投身反饥饿、反压迫的抗争中，最终迎来了广东的解放。

1953年4月22日广东省总工会成立，全省工人阶级有了统一组织，这是广东工人运动史上一个划时代的里程碑。1978年，改革开放的号角在南粤大地率先吹响。40年来，随着社会主义市场经济体制的建立和完善，劳动关系发生深刻变化，层出不穷的新情况、新问题，给工会工作带来了前所未有的机遇和挑战。有着光荣传统的广东工会初心不改，勇立潮头，开拓创新，为中国特色社会主义工会发展道路的丰富和发展努力探索，形成了许多经验，创下了多个全国第

一。在广东工人运动发展的历史过程中，留下了一大批见证工人运动历史的红色资源，这是不可复制的历史文化资源。在当前加强和改进新时代干部党性教育培训工作的背景下，依托红色工人运动资源开展工会党员干部党性教育具有重大意义。

依托红色工人运动资源开展党性教育，是健全"不忘初心、牢记使命"长效机制的需要。2019 年 5 月 31 日，习近平总书记在"不忘初心、牢记使命"主题教育工作会议上发表重要讲话，指出："开展这次主题教育，根本任务是深入学习贯彻新时代中国特色社会主义思想，锤炼忠诚干净担当的政治品格，团结带领全国各族人民为实现伟大梦想共同奋斗。具体目标是理论学习有收获、思想政治受洗礼、干事创业敢担当、为民服务解难题、清正廉洁作表率。这一目标任务，体现了党对新时代党员干部思想、政治、作风、能力、廉政方面的基本要求。"①"不忘初心、牢记使命"是中国共产党人恒定的可贵品格，更是中国共产党人新时代的庄严宣示。广东工人运动的历史昭示我们，无论是在风雨如磐的革命年代、如火如荼的建设时期，还是在砥砺奋进的改革开放征程中，广东工会都在党的领导下承担起了适应时代要求的历史使命，展示了广东工会人始终与中国共产党人的初心和使命高度一致且一脉相承。而留着南粤大地的红色工人运动资源蕴含着丰富的精神和信仰力量，每一处红色工人运动资源就是一部生动、感人的党性教育素材，充分依托利用好红色工人运动资源开展党性教育，是健全"不忘初心、牢记使命"长效机制教育的需要，将更好地引导党员干部铭记历史、传承红色工人运动基因，把初心和使命转化到推进伟大事业、实现伟大梦想的行动中去。

依托红色工人运动资源开展党性教育，是团结带领广大职工坚定不移跟党走、开创中国特色社会主义事业新局面的需要。中国共产党是工人阶级的先锋队，中国工会是工人阶级的群众组织，工人阶级和工会的前途命运一直同党的前途命运紧密相连。广东是中国工人运动的发源地之一，丰富的红色工人运动资源记录着党领导下的中国工会发展的历史脉络。依托红色工人运动资源开展党性教育，就要发掘工会红色基因和历史根脉，追寻工人运动先驱忠贞无悔的信仰之路，教育引导广大职工群众从正确认知历史中走向未来，从不断弘扬红色传统中开拓前进，增强"四个意识"、坚定"四个自信"、做到"两个维护"，众志成

---

① 习近平. 准确把握"不忘初心、牢记使命"主题教育的目标要求［M］//习近平谈治国理政：第三卷. 北京：外文出版社，2020：523.

城、万众一心，为开创中国特色社会主义事业新局面而奋斗。

依托红色工人运动资源开展党性教育，能更有效地激发党员干部的思考和自我反省，对于传承红色基因，坚定理想信念，提高党性修养有积极的促进作用。红色工人运动资源既包括有形的物质载体，如工人运动纪念馆、工人运动红色旧址、工人运动先驱故居等，又包括无形的精神财富，如工人运动红色精神、工人运动人物故事、感人事迹等。这些红色工人运动资源就是工人阶级执着信念和顽强拼搏的极好见证，通过发挥红色工人运动资源的正向引导作用，使党性教育更加生动、更加具体、更具感染力，能更有效地激发党员干部对照历史进行思考和自我反省，达到思想和心灵上的触动和感悟，对提高党性修养有着积极的促进作用。

二、以工人运动旧址和展馆为载体，搭建党性教育的学习平台

工人运动旧址和展馆是工人运动历史的最好见证。工人运动红色旧址是中国共产党带领工人阶级在革命奋斗历程中形成的重要精神财富和文化遗产。工人运动主题展馆是呈现工人运动史实的重要载体，记录了中国工人阶级的历史发展轨迹。以工人运动旧址和展馆为载体，搭建党性教育的学习平台，能更好地发挥教育的引领功能，增强党员学习的效果。近年来，各地工会充分发挥工人运动历史资源优势，深挖内在潜力，在地方工人运动史研究、工人运动红色资源保护、开发、宣传、建设方面开展了扎实有效的工作，取得了显著的成效。[①] 广东作为中国工人运动的发源地之一，积极推动本地党委政府将工人运动红色旧址列入保护范畴，推进工人运动文化遗产的保护，在此基础上筹建工人运动展馆，收集工人运动史料，做了大量工作，取得明显成效。

（一）广东在红色工人运动资源的保护利用和工人运动展览馆的建设方面开展了扎实有效的工作，为工会系统开展党员干部党性教育奠定了基础，提供了新思路新途径

近代广东工人阶级的反帝斗争，是从反抗英国殖民主义者的侵略开始的。鸦片战争后，广东人民首先树起武装反抗侵略者的旗帜，工人阶级勇敢地加入了反

[①] 中华全国总工会信息中心，中国工运研究所联合调研组. 以工运史研究为依托 助推新时代工运事业发展 [J]. 中国工运，2020（4）：6.

帝斗争的队伍。第一次国共合作后，广东工人运动取得了合法的地位，中国共产党积极利用这些有利条件，派大批干部深入各行各业的工人之中组织工会，开展工人运动。因而，第一次国共合作时期，广东的工人运动得到蓬勃发展，主要集中在省会城市广州。如今，辉煌的历史已经成了记载，曾经闪耀的工人运动人物已离我们远去，工人阶级那段峥嵘岁月和光辉历程如何传承，如何让后人铭记并在新时代的党员教育中发挥作用，是一个摆在我们面前的重要课题。

广东工会在前进的道路上，一直在探索红色工人运动资源的保护利用，助推新时代工会系统党建工作的发展。2021年是中国共产党建党100周年，为深入学习贯彻习近平总书记在瞻仰中共一大会址和南湖红船时的重要讲话精神以及关于保护红色遗产、弘扬红色文化、传承红色基因的重要讲话精神，按照中华全国总工会、广东省委的工作要求，广东省总工会、广州市委加强统筹协调，大力推动对中华全国总工会旧址纪念馆和省港大罢工纪念馆进行全面提升改造，努力打造体现时代要求的红色主题精品陈列展览，计划于2021年建党100周年之际以全新的面貌重新对外开放，全面、客观地展示全总旧址在中共党史、中国工人运动史中的影响力和辐射力，展现中华全国总工会组织发动的省港大罢工在中国革命史和中国工人运动史中的历史地位，突出展示中国共产党在中国工人运动实践中的核心领导地位和指导作用，宣传党的伟大功绩。广东珠海同样是孕育红色工人运动资源的重要地。"珠海红色三杰"苏兆征、杨匏安、林伟民，是我国工人运动的先驱和杰出的领袖。他们在中国人民解放事业奋斗中留下了宝贵精神财富和遗址遗迹，形成了具有特殊历史地位和独特精神内涵的珠海市工人运动红色文化。目前，珠海苏兆征故居陈列馆、林伟民与中国早期工人运动史迹陈列馆都在进行提升改造。这些项目都是挖掘保护红色遗产和弘扬红色文化的具体实践，是加强新时期爱国主义教育和党性教育的必然要求。

（二）依托工人运动旧址和展馆，在工会党员干部党性教育中推广体验式教学的意义

大革命时期，广东是中国大革命运动的策源地和中心，工农运动在南粤大地风起云涌。位于广州市越秀南路的中华全国总工会旧址纪念馆记录着中华全国总工会在广州诞生并以广州为中心，积极推动全国工会组织的发展和统一，领导开展一系列斗争，有力巩固了广东革命政权，促进了国家统一，推动国民革命走向高潮的这一段历史；位于广州市东园横路的省港大罢工纪念馆讲述了在中国共产党和中华全国总工会的领导下，广州和香港工人组织发动长达16个月的反帝爱

国大罢工，奋起抵抗英帝国主义者这一伟大的历史事件；位于广州市沿江西路人民桥北的"沙基惨案纪念碑"纪念着香港罢工工人和广州的工人、农民、学生、青年军人及其他群众10万余人，为声援"五卅"运动进行游行示威时惨遭帝国主义屠杀的那段悲伤耻辱的历史，纪念碑低调、朴实、忍辱负重的姿态和它承载的记忆是一致的。在广东，与工人运动相关的旧址和展览馆还有很多，它们集政治、文化、教学、历史资源于一体，再现了中国共产党领导下波澜壮阔的工人运动史，推动红色基因传承，发挥着教育引领的功能，是党性教育的优质资源。

广东工会系统党员干部党性教育应该充分依托红色工人运动资源，在工人运动旧址和展馆中推广体验式教学，为工会党员干部党性教育增添活力，拉近党员与党组织的情感，在潜移默化当中达到教育目的。体验式教学主要是通过红色资源呈现或再现、还原教学内容，通过亲身体验发挥学习者的主体作用，使学员在亲历的过程中理解并建构知识、产生情感、生成意义的教学方式。体验式教学在地点上可以很灵活，党员干部可以到旧址和展馆中去开展党性教育，到红色精神产生地去感知和亲身体验，效果比较具有冲击力和震撼力，能够有效做到"入脑入心"；体验式教学在方法上可以创造更多的创新点，增强互动性、针对性和实效性；体验式教学在内容安排上，可以将更有分量的升华总结放到现场去讲述，让人理解体悟革命精神更透彻。目前，这种教学方式在不少党校，特别是在各类干部学院红色资源党性教育中得到成功运用。广东工会党员干部党性教育应充分依托工人运动旧址和展馆的天然平台，推广好体验式教学。

（三）整合周边地市红色工人运动资源，设计体验式现场教学内容和行程安排，打造工会系统党性教育的品牌

当前，在红色旅游和党性教育的双轮驱动下，各省市也依据红色资源来打造党性教育经典路线。而工会系统有着独特的工人运动资源，工会各级党组织要整合好红色工人运动资源，把它纳入党的思想建设体系，充分利用红色工人运动资源发挥党组织对工会的引领作用，建立健全工会"不忘初心、牢记使命"的制度，持续巩固"不忘初心、牢记使命"主题教育成果。

一是体验式教学内容要注重理论指引和情感引导相结合。体验式教学有现场感，受教育者很容易产生震撼的力量，人的感性认知逐步提升。但是，党性教育并不是通过几次让人深受感动的体验式教学就可以让人树立起坚定的理想信念，而是要让受教育者深入了解把握历史规律，在独立思考和认真鉴别的过程中逐步形成理论指引，这样才能真正解决好人的世界观、人生观、价值观这个"总开

关"问题。以省港罢工委员会旧址为例，在此进行体验式教学除了让受教育者了解这一伟大的历史事件的历史脉络，对工人运动先驱肃然起敬之外，更重要的是要把这一段历史放到党史、中国近现代史的范围来讲述，才能让受教育者真正理解这场波澜壮阔的省港大罢工，是我党成立之初领导中国革命运动的重要实践，通过这场伟大的反帝爱国斗争，扩大了中国共产党的群众基础和组织基础，在中国革命史上写下了光辉的一页。因此，在体验式教学中把工人运动的历史和革命传统讲透彻，不能局限于工人运动史这个范围和阶段，而要扩展延伸到党史、中国近现代史、世界近现代史这个大的范围，才能讲清历史形成理论指引，最终提升党性修养。

二是整合好周边资源，明确学习主题，合理安排体验式教学的行程。结合广东红色工人运动资源分布的实际情况，集中在广州市区的红色工人运动资源比较多，如第一次全国劳动大会旧址、中华全国总工会旧址、省港罢工委员会旧址、广州起义纪念馆、沙基惨案纪念碑、越秀山海员亭等。其他地市，如深圳、珠海、佛山、河源、汕头等都有丰富的工人运动资源。根据距离的远近，结合党性教育的实际情况，教学行程安排以一天或者两天为适宜。一天的党性教育行程安排可以选择市内两到三个工人运动旧址或展馆，两天的党性教育行程可以利用区域相连的市县，结合工人运动资源合理安排。例如，我们确定了"红色史迹视角下探讨苏兆征的革命精神"这个主题，就要利用好广州、珠海区域相邻的优势，遵循认知——感悟——认同——践行的规律，将有关苏兆征的红色史迹进行系统性挖掘和研究，规划出从珠海苏兆征故居陈列馆出发探究苏兆征从事工人运动的初心，到广州越秀山海员亭探究苏兆征组建工会、工会统一运动的工人运动思想，再到省港罢工委员会旧址探究苏兆征公平、廉洁、严肃的廉政思想，构建成主题鲜明、交通便利、服务配套到位的经典学习线路。只有通过多角度、多层面的努力，党员干部才能真正感悟、认同，才能深刻领会习近平同志关于工人阶级和工会工作的重要论述，进而在实际工作生活中，继承先烈遗志，传承红色基因。

三、以工人运动领袖和先驱为主线，加强史实史料研究，深度发掘红色精神，编写特色教材

党的十九大要求"以坚定理想信念为宗旨为根基"推进新时代党的建设。面对新形势新任务新要求，必须把坚定理想信念作为工会系统党的思想建设的首

要任务，教育引导工会系统广大党员干部牢记党的宗旨，挺起共产党人的精神脊梁。工会系统要充分运用中国工人运动和中国工会的光荣历史、优秀传统和优良作风，以工人运动领袖和先驱为主线，加强史料研究，发掘红色精神，讲好中国工人阶级和中国工会故事。广东这片红色的土地上，留下了毛泽东、刘少奇、周恩来、朱德、邓小平、彭德怀、陈毅、贺龙、聂荣臻、徐向前、叶剑英、张太雷、邓中夏等老一辈无产阶级革命家和一大批党的著名活动家的足迹，铭刻着苏兆征、叶挺、澎湃、周文雍、杨匏安、杨殷、阮啸仙、邓发等一大批广东著名共产党人的英雄传奇。革命先辈们用英勇奋斗和流血牺牲所书写的历史，给我们留下了极其宝贵的精神财富。[①] 他们对广东工人运动的发展也做出了伟大的贡献。

要把工人运动人物形成的工人运动红色精神更好地融入党性教育中，首先要加强工人运动史研究，在史实史料的基础上编写适合党性教育的特色教材。习近平总书记一再强调，历史是最好的教科书。加强工人运动史研究室学习贯彻习近平总书记关于历史科学重要论述的具体实践，是传承工人运动红色基因和践行工人运动初心使命的精神源泉。广东工会系统党性教育的教材并不少，但以工人运动领袖和先驱为主线的特色教材并没有形成。以工人运动领袖和先驱为主线来挖掘史实史料编写教材要注意大历史背景，也就是中国近现代史、中共党史。因此，教材的编写除了挖掘史实史料之外，还要注意结合中国近现代史和中共党史讲清大历史背景，加强同高校、社科院等研究机构的联系，共建研究体系，进一步挖掘红色工人运动史料，推出更多的研究成果，体现党性教育教材的思想内涵和时代价值。

其次，要结合工人运动领袖和先驱的感人故事深度发掘红色精神，编写党性教育特色教材。教材有特色是教育创品牌的重要条件，因此把握住红色精神是红色资源的灵魂和核心，把工人运动人物故事编写进党性教育教材，除了讲好故事之外，必须把发掘红色精神作为党性教育教材的重要环节来源，让工会系统的党员干部真正读懂工人运动领袖和先驱的初心，在回溯历史中担当使命。以工人运动领袖和先驱为主线编写特色教材必须要包含以下几个要素：人物故事的历史背景和意义，感人的故事情节，与故事相关的历史脉络和历史必然性，联系现实总结提升故事蕴含的精神内核和思想动力，分析阐述历史经验和总结历史规律，考虑现场和受教育者的需求设置互动等。

---

① 中共广东省委党史研究室. 广东革命史迹通览 [M]. 广州：广东人民出版社，2008：序言.

四、红色工人运动资源融入党性教育面临的问题和应对措施

党的十八大以来,全面从严治党向纵深发展,对党员干部提出了更高的标准、更高的要求。党的十九大站在新的历史起点上,对加强党的建设、推进全面从严治党做出顶层设计,提出了新时代党的建设总要求,党性教育也摆到了日益突出的位置,红色资源在其中扮演着越来越重要的角色。广东工会在积极探索红色工人运动资源如何更好地融入党性教育的过程中,也面临着一系列的问题,急需探讨应对措施。

(一)红色工人运动资源与党性教育协调机制未建立,应加强组织领导,统筹推进

广东的红色工人运动资源非常丰富,但目前缺乏统一的规划、统一的部署、统一的机构,致使利用红色工人运动资源开展党性教育的针对性不强,推动不够有力。下一步,建议在省总工会党建部门的主导下,统一规划红色工人运动资源融入全省工会党员干部党性教育方案,切实加强组织领导,层层落实,统筹推进,依托红色工人运动资源推进党的建设新的伟大工程,不断把党建设得更加有力。

(二)红色工人运动旧址在陈列展览方面还有待提高,应努力打造体现时代要求的精品展览

广东全省工人运动旧址展览普遍存在着展览陈旧、文物稀少、缺乏资金支持等问题。下一步要努力打造体现时代要求的精品陈列展览,陈列展览要以习近平新时代中国特色社会主义思想为指导,贯彻落实习近平总书记关于工人阶级和工会工作的重要论述和对广东重要讲话、重要指示批示精神,结合国家文物局《关于加强博物馆陈列展览工作的意见》等文件精神,把知识性、趣味性和观赏性有机结合,重点突出党的领导和工人运动的关系,"让历史说话,让文物说话,讲好中国故事",展示工人阶级自强不息、艰苦奋斗、团结协作、敢为人先的斗争精神,增强陈列展览的表现力、吸引力、感染力,为党性教育打下坚实基础。

（三）红色工人运动资源课程体系不够完整，应与党校充分合作进行统一部署，建立完整课程体系

切实有效利用红色工人运动资源进行党性教育，依据红色资源进行课程体系的设计和开发以及培养一支精干的现场教学教师队伍至关重要。当前，各地市都有根据自身的工人运动资源开发课程，配备教师，或者依托展馆的讲解员实现党性教育宣讲的目标。但是，受课程开发团队水平、红色资源内容挖掘深度、标准认定等因素影响，已开发的课程质量和教师水平存在参差不齐的现象，各地市缺乏课程开发的系统性、标准型、整体性，现场教学教师队伍力量薄弱，很难满足党性教育的需求。对此，各地市的工会应该与当地党校充分合作，对已经开发的课程和教师队伍进行质量把关，对未开发的红色工人运动资源进行大普查，进行统一部署，建立起完整的课程体系，结合党校教师和展馆讲解员的优势，对他们进行科学合理分工，建立二者相互协作的机制。

广东红色工人运动资源丰富，工人运动遗址遗迹保存较好，要充分发挥红色工人运动资源的优势，转换思路，通过多种途径确保红色工人运动资源充分融入党员干部党性教育中，把广东红色工人运动资源打造成工会系统党员干部"不忘初心、牢记使命"的红色课堂，建设成广大党员干部践行社会主义核心价值观的重要场所，切实提高工会党员干部党性教育水平，切实增强红色工人运动资源提高党性教育的成效。